Cooperação Internacional para Efeitos de Recuperação de Ativos

Cooperação Internacional para Efeitos de Recuperação de Ativos

Coordenadores

Maria Raquel Desterro Ferreira

Elina Lopes Cardoso

João Conde Correia

ALMEDINA

COOPERAÇÃO INTERNACIONAL PARA EFEITOS DE RECUPERAÇÃO DE ATIVOS

COORDENADORES
Maria Raquel Desterro Ferreira
Elina Lopes Cardoso
João Conde Correia

EDITOR
EDIÇÕES ALMEDINA, S.A.
Rua Fernandes Tomás, n.os 76-80
3000-167 Coimbra
Tel.: 239 851 904 · Fax: 239 851 901
www.almedina.net · editora@almedina.net

DESIGN DE CAPA
FBA.

PRÉ-IMPRESSÃO
EDIÇÕES ALMEDINA, S.A.

IMPRESSÃO E ACABAMENTO

Maio, 2021

DEPÓSITO LEGAL

ALMEDINA | GRUPOALMEDINA

BIBLIOTECA NACIONAL DE PORTUGAL – CATALOGAÇÃO NA PUBLICAÇÃO
COOPERAÇÃO INTERNACIONAL PARA EFEITO
DE RECUPERAÇÃO DE ATIVOS
Coord. Maria Raquel Desterro Ferreira, ElinaLopes Cardoso,
João Conde Correia. – 1ª ed. – (Obras colectivas)
ISBN 978-972-40-9578-3
I – FERREIRA, Maria Raquel Desterro
II – CARDOSO, Elina Lopes
III – CORREIA, João Conde, 1966-
CDU 341

PRÓLOGO

O confisco intransigente dos instrumentos, dos produtos e das vantagens decorrentes da prática do crime tornou-se, na última década, uma prioridade da política criminal nacional (art. 12.º da Lei n.º 72/2015, de 20 de junho; art. 16.º da Lei n.º 96/2017, de 23 de agosto; e art. 19.º da Lei n.º 55/2020, de 27 de agosto): o Ministério Público deverá proceder à sua identificação, localização e apreensão, através do Gabinete de Recuperação de Ativos (Lei n.º 45/2011, de 24 de junho) ou, quando este não seja competente, *motu proprio*. Ao lado da investigação criminal, ele deverá desenvolver a investigação patrimonial e financeira, de modo a promover a ação penal, mas também a perda dos ativos relacionados com o crime, ainda que não haja condenação e, até, sendo o caso, a perda do próprio património incongruente (art. 7.º da Lei n.º 5/2002, de 11 de janeiro).

Em termos internos, para além de um sistema legal robusto, existe já um considerável acervo de decisões e de publicações (por exemplo: «O Novo Regime de Recuperação de Ativos à Luz da Diretiva 2014/42/EU e da Lei que a Transpôs», também publicado pela Procuradoria-Geral Regional do Porto) suscetíveis de elucidar quem, pela primeira vez, enfrenta esta nova tarefa ou de ajudar quem quer consolidar conhecimentos e reforçar a sua prática quotidiana. A insuficiência e a diversidade das cifras estatísticas não se deve aqui a grandes omissões normativas ou doutrinais, mas a uma cultura judiciária que, apesar das várias injunções do legislador, persiste na desconsideração do problema: é urgente mudar as rotinas, implementando, na prática, o direito material e processual vigente, assim cumprindo aquela prioridade.

Em termos internacionais, o panorama é muito mais difícil. O combate ao crime não pode esquecer que a globalização facilitou a criminalidade transnacional ou a mera exportação dos proventos do crime e que só a estreita colaboração entre os Estados permitirá criar uma política criminal comum, suscetível de enfrentar o problema. Num mundo ideal, a circulação dos proventos do crime deve confrontar-se com a circulação das decisões indispensáveis à sua integral recuperação. O que só será possível se as legislações forem relativamente semelhantes e existir alguma confiança entre as autoridades judiciárias dos Estados cooperantes.

As ferramentas internacionais disponíveis, refletindo o consenso possível num universo jurídico ainda tão diverso, são, quase sempre, muitas complexas, estão cheias de lacunas e de burocracias, remetendo, muitas vezes, a cooperação para o domínio incerto da boa vontade. Mesmo quando efetivamente querem cooperar, os Estados procuram jogar só com as suas próprias regras, tantas vezes tidas por superiores apenas por força da ignorância mútua e do preconceito. Apesar dos esforços das grandes organizações internacionais (*v.g.* Nações Unidas, Conselho da Europa), a globalização jurídica é muito mais lenta do que a globalização económico-financeira.

À complexidade dos mecanismos legais internacionais existentes junta-se, aqui, o seu elevado desconhecimento interno. A doutrina nacional, assoberbada por outras tarefas mais urgentes, salvo raras exceções, nunca dedicou ao tema grande atenção. A jurisprudência, limitada pela fronteira dos casos concretos, foi tomando decisões pontuais, mais despoletadas por impulsos externos do que pelo desígnio interno de recuperar os proventos do crime. Solicitar a cooperação para a recuperação dos ativos localizados no estrangeiro ainda é, entre nós, uma raridade.

O Regulamento (UE) 2018/1805 do Parlamento Europeu e do Conselho, de 14 de novembro de 2018, baseado no princípio do reconhecimento mútuo das decisões de apreensão e de perda e na consequente redução da burocracia e, sobretudo, das possibilidades de recusa será, sem dúvida, apesar dos escolhos que subsistem, um louvável contributo para a celeridade e para a eficácia da cooperação no espaço da União Europeia. Esgotar as suas potencialidades práticas, tornando efetiva a *law in books* é, agora, um imperativo jurídico. Mais do que reclamar novos mecanismos devemos utilizar aqueles que já existem. Sem demonstrar a sua insuficiência será impossível reivindicar outras soluções.

A entrada em aplicação deste Regulamento (19 de dezembro de 2020) não foi devidamente realçada por força da situação pandémica que atravessávamos. Mesmo assim foi possível começar a reunir um conjunto de escritos que tinham sido pensados para assinalar essa data e para promover o conhecimento interno do diploma. Tal como os criminosos puderam continuar a cometer crimes, também as instâncias formais de controlo puderam continuar a trabalhar, direta ou indiretamente, no seu combate. A divulgação teórica dos mecanismos existentes (como a Procuradoria-Geral Regional do Porto tem procurado fazer) não é menos importante do que a prática jurídica quotidiana.

Para além disso, foi, ainda, possível recolher outros textos, versando os principais nódulos problemáticos da cooperação internacional para efeitos da recuperação dos ativos gerados pelo crime, assim alargando o propósito inicial. Em vez de um livro dedicado ao Regulamento surgiu um livro dedicado à cooperação internacional no domínio da identificação, da apreensão e do confisco internacional dos bens, direta ou indiretamente, relacionados com o crime. Só faltou, porventura, desenvolver um pouco a temática fiscal, dotada de mecanismos próprios, igualmente, eficazes.

Em causa está um conjunto muito alargado de instrumentos internacionais que pode variar conforme o momento processual (investigação, apreensão, confisco, execução ou partilha internacional daqueles bens), a área geográfica envolvida (Nações Unidas, Conselho da Europa, União Europeia, etc.) ou, até, o ilícito praticado (tráfico ilícito de estupefacientes, corrupção, infrações fiscais, etc.). Escolher o mecanismo mais adequado nem sempre será, assim, uma tarefa fácil e intuitiva. Para bem navegar é preciso conhecer bem os atalhos do mar revolto.

Esta obra, contando com o imprescindível contributo de académicos e de práticos, procura ajudar nessa missão, desbarbando caminhos incertos ou pouco conhecidos. No final, se, pelo menos num caso, tiver contribuído para a recuperação dos proventos do crime já será uma grande vitória. Agradeço, por isso mesmo, a todos aqueles que, em detrimento da sua vida pessoa e profissional, nele aceitaram colaborar, assim concorrendo para uma justiça melhor.

MARIA RAQUEL DESTERRO FERREIRA
Procuradora-Geral Regional do Porto

1. O Regulamento (UE) 2018/1805, de 14 de novembro de 2018, relativo ao reconhecimento mútuo das decisões de apreensão e perda como pedra angular da cooperação judiciária na União Europeia – eficácia *versus* direitos fundamentais?

ANABELA MIRANDA RODRIGUES
Professora Catedrática
Faculdade de Direito/Universidade de Coimbra

I. Introdução

É reconhecida a importância que se tem vindo a conferir ao confisco[1], traduzida na evolução que o instituto conhece no sentido da sua expansão. A explicar esta tendência não está só o menor efeito preventivo que se aponta à cominação de penas em relação a uma criminalidade dita lucrativa e organizada. Fala-se, a este propósito, da *pena-custo*, contabilizada de acordo com uma lógica comercial de encarar o crime por parte do delinquente[2]. É, além disso, a própria perda das vantagens relacionadas com crimes[3] que geram benefícios económicos ou outros benefícios materiais,

[1] Utilizaremos, neste estudo, indistintamente as expressões «confisco» ou «perda», que exprimem a mesma noção. Assim, Caeiro, Pedro, «Sentido e função do instituto da perda de vantagens relacionadas com o crime no confronto com outros meios de prevenção da criminalidade reditícia (em especial, os procedimentos de confisco in rem e a criminalização do enriquecimento 'ilícito'», *Revista Portuguesa de Ciência Criminal, RPCC,* ano 21, n. 2, abr.-jun. 2011, p. 269 e nota 2.

[2] Sobre o sentido normativo do brocardo «o crime não compensa», *id., op. ult. cit.,* p. 275 s.

[3] Sobre a expressão «vantagens relacionadas com o crime», que engloba quer «as vantagens que provêm dos factos ilícitos-típicos que dão origem ao processo, sujeitas à 'perda clássica'», quer «aquelas que se suspeita provirem de uma atividade criminosa não incluída no objeto do processo, sujeitas à 'perda alargada'», *id., op. ult. cit.,* p. 271.

mas, sobretudo, com casos de criminalidade organizada[4], que logra mais eficientemente o objetivo preventivo almejado, dadas as potencialidades que encerra de anular a compensação material trazida pelos crimes. Com efeito, a política criminal atual tem procurado estabelecer uma «estratégia patrimonial contra o crime»[5], em que a perda se constitui como um dos seus pilares, ao lado da prevenção e da repressão do «branqueamento» dos proventos do crime. Tudo expedientes jurídicos conceptualizados em ordem a identificar e fazer perder as vantagens provenientes de atividade criminosa que o Estado tem dificuldade em perseguir e punir. Entretanto, deve ter-se em mente que a adoção de diferentes modalidades de perda crescentemente invasivas dos direitos fundamentais das pessoas e desligadas da função preventiva da criminalidade não reflete

[4] Refira-se que o objetivo lucrativo integra o conceito de organização criminosa contido nos instrumentos jurídicos da União Europeia e internacionais. Com efeito, a União ensaiou, logo em 1998, inovadoramente – ainda antes das Nações Unidas –, uma primeira definição do conceito, com a adoção da *Ação Comum 98/733/JAI, de 21 de dezembro de 1998, relativa à incriminação da participação numa organização criminosa nos Estados-membros da União Europeia* (artigo 1.º), a que se seguiu, dez anos depois, a *Decisão-Quadro relativa à luta contra a criminalidade organizada* (Decisão-Quadro 2008/841/JAI, de 24 de outubro de 2008), ainda hoje em vigor, e que pretendeu respeitar de perto a Convenção das Nações Unidas entretanto aprovada (*Convenção das Nações Unidas contra a criminalidade Organizada Transnacional,* concluída em Nova Iorque, em 2000, conhecida como Convenção de Palermo). Assim, de acordo com o disposto no Artigo 1.º, n.º 1, da Decisão-Quadro, referia-se «o objetivo» da organização criminosa «de obter, direta ou indiretamente, benefícios financeiros ou outro benefício material»; e, na Convenção de Palermo, referia-se «a intenção de obter, direta ou indiretamente, um benefício económico ou outro benefício material» [Artigo 2.º, alínea A)]. Sobre o fenómeno sócio-criminológico e o tratamento jurídico de criminalidade organizada, cf. Rodrigues, Anabela Miranda, «Criminalidade Organizada – das fronteiras à cooperação Judiciária», *Criminalidade Organizada Transnacional* (Coord. Manuel Monteiro Guedes Valente), *Corpus Delicti I,* Almedina, p. 31s.

[5] Assim, Godinho, Jorge, «Estratégias patrimoniais de combate à criminalidade: o estado atual na Região Administrativa Especial de Macau», *Primeiras Jornadas de direito e cidadania da Assembleia Legislativa* (coords. Leonel Alves; Paulo Cardinal), Coimbra Editora, 2009, 139s. No sentido de que a crescente importância da função do Estado de detetar e fazer perder as vantagens relacionadas com a prática de crimes está presente na arquitetura atual de luta contra a criminalidade organizada, que assenta nos pilares da prevenção e repressão do branqueamento e também do confisco, Rodigues, Anabela Miranda, «O crime de branqueamento sob o signo da expansão (as modalidades de ação típica e as alterações resultantes da lei n.º 58/2010, de 31/8)», *In Memoriam do Professor Augusto Silva Dias,* em curso de publicação.

apenas uma tendência da atual política criminal para sobrevalorizar a eficácia na luta contra o crime à custa de limitações cada vez mais profundas dos direitos individuais. Vai para além disso e coloca em causa a função preventiva do jus *puniendi* alicerçada num ordenamento jurídico-penal concebido como um «ordenamento de liberdade», legitimado e limitado à luz da realização e proteção destes mesmos direitos[6]. É isto que, em última análise, pode dizer-se que significa a adoção de procedimentos de perda *in rem*, de natureza administrativa.

De qualquer modo – para além do relevo que assume a consideração do mecanismo, em si, da perda nas suas diferentes configurações –, compreende-se que, em face do cariz transnacional da criminalidade que vem suscitando esta estratégia estadual de recuperação de ativos[7], a cooperação judiciária e, designadamente, a sua facilitação assuma aqui um papel muito importante. Sem embargo, a eficácia que se tem em vista envolve lembrar que aquele objetivo se alcançará tão mais eficazmente quanto maior for o grau de harmonização das várias modalidades de perda utilizadas nos diversos ordenamentos jurídicos.

Neste contexto, propomo-nos abordar, num primeiro momento, o processo de harmonização da perda, à luz da evolução que o mecanismo conheceu, desde que surgiu ligado à luta contra o tráfico de estupefacientes, no âmbito da *Convenção das Nações Unidas contra o Tráfico Ilícito de Estupefacientes e Substâncias Psicotrópicas* (Convenção de Viena), em 1988, até ao relevo que assumiu no espaço de liberdade, segurança *e justiça, traduzido na adoção da Diretiva 2014/42/UE sobre o congelamento e a perda dos instrumentos e produtos do crime na União Europeia*[8]. Nesta base, debruçar-

[6] Cf., a este propósito, no âmbito do direito penal europeu, colocando em relevo a tensão liberdade-segurança, Rodigues, Anabela Miranda, *O Direito Penal Europeu Emergente*, Coimbra Editora, 2008, p.120s. Sobre o papel dos direitos fundamenais como limite e também como fundamento do direito penal, Antunes, Maria João, *Constituição, Lei Penal e Controlo de Constitucionalidade, Almedina, 2019, passim.*

[7] Com a referência a «recuperação de ativos» queremos significar a perda não só de *vantagens* relacionados com o crime, mas também de *instrumentos* e *produtos* do crime. Em sentido diferente, Rodigues, Hélio/Rodigues, Carlos, *Recuperação de ativos na criminalidade económico--financeira*, Sindicato dos Magistrados do Ministério Público, 2013, p. 13.

[8] *Diretiva 2014/42/UE do Parlamento Europeu e do Conselho, de 3 de abril de 2014, sobre o congelamento e a perda dos instrumentos e produtos do crime na União Europeia* (cit. Diretiva 2014/42).

-nos-emos, em um segundo momento, sobre a necessidade de conferir eficácia à cooperação judiciária para efeitos de recuperação de ativos no espaço da União Europeia. Teremos em consideração o princípio do reconhecimento mútuo e o seu significado neste espaço europeu por referência às decisões de perda, tendo por horizonte as inovações trazidas com a adoção do *Regulamento 2018/1805 relativo ao reconhecimento mútuo das decisões de apreensão e de perda*[9].

II. O processo de harmonização da perda

1. O significado da harmonização

Recorde-se que a Convenção de Viena, considerada a «convenção-mãe» em matéria de incriminação do branqueamento, salientou, do mesmo passo, a importância de «privar» as pessoas que se dedicavam ao tráfico ilícito de estupefacientes «dos produtos das suas atividades criminosas» e, assim, de «eliminar» o seu «principal incentivo para tal atividade»[10], dispondo sobre a medida da perda no Artigo 5.º[11]. Na mesma linha, no âmbito regional do Conselho da Europa, já a *Convenção relativa ao branqueamento, deteção, apreensão e perda dos produtos do crime* (Convenção de Estrasburgo), em 1990, considerava a «perda» um dos «métodos modernos e eficazes a nível internacional» para «lutar contra a criminalidade grave», dispondo sobre «medidas de perda», para além de «infrações de branqueamento»[12], numa orientação mantida, quinze anos mais tarde, pela *Convenção relativa ao branqueamento, deteção, apreensão e perda dos produtos do crime e ao financiamento do terrorismo* (Convenção de Varsóvia)[13].

Este entendimento vai subsistir na União Europeia. Os dois primeiros instrumentos legislativos adotados em matéria de branqueamento versavam simultaneamente sobre o instituto da perda. Assim se verifi-

[9] *Regulamento (UE) 2018/1805 do Parlamento Europeu e do Conselho, de 14 de novembro de 2018, relativo ao reconhecimento mútuo das decisões de apreensão e de perda* (cit. Regulamento 2018/1805).

[10] Cf. Preâmbulo da Convenção de Viena.

[11] Cf., designadamente, o n.º 1, dispondo que: «As Partes adotam as medidas que se mostrem necessárias para permitir a perda».

[12] Cf., respetivamente, Artigos 2.º e 6.º.

[13] Cf. Convenção de Varsóvia, 2005, Preâmbulo e Artigos 3.º s. e 9.º.

cou com a *Ação Comum relativa ao branqueamento de capitais, identificação, deteção, congelamento, apreensão e perda de instrumentos e produtos do crime*, em 1998, e com a *Decisão-Quadro relativa ao branqueamento de capitais, à identificação, deteção, congelamento, apreensão e perda dos instrumentos e produtos do crime*, em 2001. Sendo esta já adotada no âmbito de vigência do Tratado de Amesterdão, dava sequência, de resto, às orientações que o Conselho Europeu de Tampere tinha formulado, em 1999, «no dia seguinte» à entrada em vigor daquele, em sede de desenvolvimentos a prosseguir no âmbito penal europeu. Nas suas Conclusões[14], no domínio da «ação específica contra o branqueamento de capitais»[15], o Conselho Europeu, com efeito, declarava que estava «decidido» a garantir que fossem tomadas «medidas concretas para detetar, congelar, apreender e confiscar os produtos do crime»[16] e apelava à «aproximação do direito penal e dos procedimentos relativos à luta contra o branqueamento de capitais», não deixando de referir, «designadamente» a «deteção, congelamento e confisco de fundos»[17]. A estreita relação entre branqueamento e confisco volta a ser recordada pela Comissão, na Comunicação de 2008 relativa a «Produtos da Criminalidade Organizada. Garantir que 'o crime não compensa'»[18] e avulta na recente Diretiva, adotada em 2018, relativa ao combate ao branqueamento de capitais através do direito penal, ao ponto de ter sido inserida no seu articulado uma disposição que não constava da respetiva Proposta de Diretiva, cuja finalidade é tão-só lembrar a legislação entretanto adotada pela União no domínio da harmonização legislativa quanto à perda[19].

[14] Conclusões do Conselho Europeu de Tampere, 15 e 16 de outubro de 1999 – Conclusões da Presidência (cit. Conclusões de Tampere).

[15] Cf. Ponto X.

[16] Conclusão 51.

[17] Conclusão 55.

[18] Bruxelas, 20.11.2008, COM (2008) 766 final, *passim*.

[19] Cf. *Diretiva (UE) 2018/1673 do Parlamento Europeu e do Conselho, de 23 de outubro de 2018, relativa ao combate ao branqueamento de capitais através do direito penal* (cit. Diretiva 2018/1673), que, depois de consagrar um inteiro Considerando à recuperação de ativos, referindo que «o congelamento e a perda dos instrumentos e produtos do crime eliminam os incentivos financeiros que fomentam a criminalidade» (Considerando 16), reforça expressamente a sua importância no disposto no Artigo 9.º – um «corpo estranho» no seu articulado –, que, sob

A atenção dispensada à perda como *questão europeia* ganha autonomia, em 2005, com a adoção da Decisão-Quadro relativa à perda de produtos, instrumentos e bens relacionados com o crime[20] e, posteriormente, consolida-se com a Diretiva 2014/42 já referida. Observa-se que o caminho foi trilhado sempre invocando a necessidade de cooperação mais efetiva entre as autoridades competentes dos Estados-Membros, dificultada, tal como se afirmava já na Decisão-Quadro, «pelas diferenças existentes neste domínio entre as legislações dos Estados-Membros»[21]. Não só o contexto de iniciativas europeias[22] em que foi apresentada a Proposta de

a epígrafe «perda», realça o *dever* que os Estados-Membros têm de tomar todas as medidas necessárias para assegurar que as suas autoridades competentes congelam ou decretam a perda, em conformidade com a Diretiva 2014/42, «dos produtos» provenientes da prática das infrações referidas na Diretiva relativa ao combate ao branqueamento ou «que contribuam para a sua prática, bem como dos instrumentos utilizados ou destinados a ser utilizados nessa prática ou a contribuir para esta». De resto, cabe notar, neste contexto, que, de acordo com o processo de tramitação da Diretiva 2018/1673, se pretendeu dar ainda maior protagonismo à perda, tendo sido proposta a inclusão de vários artigos relativos à matéria (cf. As diversas propostas relativas ao Artigos 8.º-A), inclusive com a devolução de fundos e ativos ilícitos ao país de origem (cf. proposta contida no Artigo 9.º-B), que não obteve vencimento (cf. Relatório sobre a proposta de diretiva do Parlamento Europeu e do Conselho relativa ao combate ao branqueamento de capitais através do direito penal [COM(2016)0826 – C8-0534/2016 -2016/0414(COD) Comissão das Liberdades Cívicas, da Justiça e dos Assuntos Internos. Relator Ignazio Corrao].

[20] Decisão-Quadro 2005/212/JAI do Conselho, de 24 de fevereiro de 2005 (cit. Decisão-Quadro 2005/212).

[21] Assim, Decisão-Quadro 2005/212, cit., Considerando 1.

[22] Cf., no âmbito da Comissão, COM (2008) 766 final, cit., supra, nota 18; o Programa de Estocolmo, de 2009, «Uma Europa Aberta e Segura que sirva e proteja o Cidadão» (Doc. Conselho 17024/09, adotado pelo Conselho Europeu de 10 e 11 de dezembro de 2009); a Comunicação «A Estratégia de Segurança Internada União Europeia em Ação», de 22 de novembro de 2010, COM (2010) 673 final, em que se destaca a intenção de a Comissão apresentar uma proposta legislativa com o objetivo de reforçar o quadro jurídico da UE em matéria de perda, em especial para permitir em maior medida a perda de terceiros e a perda alargada, assim como *para facilitar o reconhecimento mútuo das decisões de perda não baseada em condenação entre os Estados-Membros* (itálico nosso); e, pelo que diz respeito ao Parlamento Europeu, cf. a Resolução sobre a Delinquência Organizada, de 25 de outubro de 2011 (DOUE C 131, de 8.05.2013, p. 71), onde esta instituição europeia pedia a adoção de legislação que permitisse, «por exemplo, a chamada 'perda alargada' e a ação dirigida contra os patrimónios registados por testas de ferro», instando a Comissão a apresentar, «tão depressa quanto possível, uma proposta de

Diretiva sobre o congelamento e o confisco do produto do crime na União Europeia[23] apontava nesse sentido, como a própria Proposta de Diretiva – na base da avaliação de impacto que teve em conta, designadamente, os relatórios de aplicação elaborados sobre os atos jurídicos que na União enquadravam a matéria da perda[24] – *delineou optar* pela solução legislativa máxima[25], que *incluía* uma intervenção da UE quanto ao reconhecimento mútuo pelos Estados-Membros das decisões de congelamento ou de confisco[26]. A verdade é que se verifica que não constam, sequer do articulado

diretiva relativa ao procedimento de perda», em que se contemplassem normas relativas à perda alargada e à perda na ausência de condenação, ao ónus da prova e à cessação de ativos a terceiros e se definisse com rigor o conceito de produto do crime.

[23] COM/2012/085 final - 2012/0036 (COD).

[24] O Relatório de Avaliação de impacto completo está disponível em: *http://ec.europa.eu/homeaffairs/policies/crime/crime_confiscation_en.htm.* Sobre os relatórios da Comissão de aplicação da Decisão-Quadro 2003/577/JAI, de 22 de julho de 2003, relativa à execução na União Europeia das decisões de congelamento de bens ou de provas; da Decisão-Quadro 2005/212/JAI, de 24 de fevereiro de 2005, relativa à perda de produto, instrumentos e bens relacionados com o crime; e da Decisão-Quadro 2006/783/JAI, de 6 de outubro de 2006, relativa à aplicação do princípio do reconhecimento mútuo às decisões de perda (cit., Decisão-Quadro 2006/783), cf., respetivamente, COM(2008) 885 final, de 22.12.2008; COM(2007) 805 final, de 17.12.2007; e COM(2010) 428 final, de 23. 8.2010, todos fazendo ressaltar que os Estados-Membros tinham aplicado de forma incompleta ou incorreta as decisões-quadro, daí resultando que os regimes jurídicos vigentes relativos à perda ampliada e ao reconhecimento mútuo das decisões de congelamento e de perda não eram eficazes, sendo a perda obstaculizada como resultado das disparidades das legislações. De notar que a Comissão só considerou moderadamente satisfatório o grau de aplicação da Decisão 2007/845/JAI, de 6 de dezembro de 2007, sobre a cooperação entre os organismos de recuperação de ativos dos Estados-Membros no domínio da deteção e identificação de produtos ou outros bens relacionados o crime: cf. COM(2011) 176 final, de 12.4.2011.

[25] Cf. ponto 2.2. (Avaliação de impacto) da Exposição de Motivos, onde se apresentavam as várias opções que correspondiam a diferentes graus de intervenção da União: uma opção não legislativa, uma opção legislativa mínima (correção das insuficiências no quadro jurídico que impediam o seu correto funcionamento) e uma opção legislativa máxima (que excedia os objetivos do quadro jurídico da União).

[26] Esta «subopção», que incluía uma intervenção quanto ao reconhecimento mútuo (cf. *op. cit., loc. ult. cit.*), para além de melhorar consideravelmente a harmonização das regras nacionais em matéria de confisco e de execução das decisões, nomeadamente alterando as disposições em vigor em matéria de confisco alargado, introduzindo novas disposições em matéria de confisco não baseado numa condenação e de confisco de bens de terceiros, visava a adoção

da Proposta de Diretiva, ou, da mesma forma, da Diretiva na sequência aprovada, quaisquer disposições referentes ao reconhecimento mútuo, que se ficaram – e bem – por um mero *desideratum*.

Não se nega a complementaridade entre os dois vetores de construção do espaço penal europeu que são a harmonização legislativa e o princípio do reconhecimento mútuo em que se faz basear a cooperação judiciária[27]. A questão que aqui perpassa, todavia, é a de saber se a promoção de uma cooperação estreita e eficaz num domínio onde esta se revela essencial para alcançar o objetivo que a União persegue de prevenção e luta contra uma criminalidade organizada que se apresenta como transnacional e lucrativa[28] não se faz à custa de uma intenção menos clara da União de vincular os Estados-Membros a um alargamento das modalidades de confisco. E, assim, permitindo que a harmonização legislativa surja como «um fim em si mesmo», ao arrepio do entendimento que temos por mais consentâneo, também neste domínio sob a nossa análise, com o papel *subordinado* («se necessário...»[29]) que lhe deve caber em relação à promoção/facilitação da cooperação, em que assenta a construção do espaço penal europeu.

Este recurso algo abusivo à harmonização – ou, se se preferir, o aproveitamento da dimensão de harmonização – ficou patente nas oscilações evidenciadas pelo legislador europeu quanto às bases legais em que se apoiou para adotar a Decisão-Quadro e a Diretiva: pelo que diz respeito à primeira, invocou, para o que agora nos interessa salientar, entre outras, a competência decorrente do Artigo 31.º, alínea c), do Tratado de Amesterdão, que se referia ao asseguramento da compatibilidade das normas aplicáveis nos Estados-Membros, na medida do necessário para melhorar a cooperação[30]; já na Diretiva escolheu como base para legislar o Artigo

de regras mais eficazes para o reconhecimento mútuo das decisões de congelamento ou de confisco.

[27] Sobre esta complementaridade, afirmada desde Tampere, Rodigues, Anabela Miranda, *Direito Penal Europeu, cit.*, p. 72 s e 111 s.

[28] Traduzida no objetivo enunciado no Artigo 67.º, n.º 3, TFUE, que obriga a EU a «envidar esforços para garantir um elevado nível de segurança» no espaço de liberdade, segurança e justiça.

[29] Cf. Artigo 67.º, n.º 3, TFUE.

[30] E que seria objeto de intervenção expressa do legislador europeu no ano seguinte (cf. *infra*, nota seguinte).

83.º, n.º 1, TFUE, que o habilita a harmonizar no domínio das sanções penais, tendo ainda recorrido, de uma forma vaga, ao Artigo 82.º, n.º 2, TFUE, mas não – e é isto que queremos sublinhar – à alínea d), do n.º 1, do mesmo Artigo, que lhe permite adotar medidas para «facilitar a cooperação entre as autoridades judiciárias ou outras equivalentes dos Estados-Membros, no âmbito da investigação e do exercício da ação penal, bem como da execução das decisões». Dito isto, não é com surpresa que o objetivo da Diretiva enunciado no Considerando 5, como sendo o da «aproximação dos regimes de congelamento e de perda dos Estados-Membros» mediante a «adoção de regras mínimas», surja, não verdadeiramente como «subordinado», mas *disfarçado sob as vestes* da promoção da «confiança mútua» e de «uma cooperação transfronteiriça eficaz», ao tempo disciplinada pela *Decisão-Quadro, de 2006, relativa à aplicação do princípio do reconhecimento mútuo às decisões de perda*[31]. Acrescendo ainda sublinhar como, também no domínio da perda, se favorece, desta forma, a realização da vocação securitária e expansiva do direito penal europeu, porquanto se impõem apenas regras mínimas e se permite que nos vários ordenamentos jurídicos nacionais sejam consagrados instrumentos mais agressivos.

Interessa-nos, na economia deste estudo – em ordem ao tratamento do regime do reconhecimento mútuo das decisões de perda com a entrada em vigor do Regulamento 2018/1805 –, ter em mente sobretudo as principais inovações introduzidas pela Diretiva 2014/42, no que diz respeito às modalidades de perda consagradas e que se referem à perda alargada[32] e à perda *non conviction based* (*NCB*)[33].

2. A perda alargada e a perda *NCB*

A primeira tentativa de harmonização da perda alargada fora votada ao fracasso, uma vez que a Decisão-Quadro 2005/212 optou por impor aos Estados-Membros a obrigação de consagrarem uma das três modalida-

[31] Decisão-Quadro 2006/783/JAI do Conselho, de 6 de outubro de 2006 (cf. supra, nota 24, cit. Decisão-Quadro 2006/783).

[32] Artigo 5.º, Diretiva 2014/42.

[33] Artigo 4.º, n.º 2, Diretiva 2014/42 (também referida como *perda NBC*).

des de perda alargada que previa[34]. Foi assim que a Diretiva «condensou» numa previsão única a perda alargada. Este instrumento não era desconhecido de muitos ordenamentos jurídicos nacionais, incluído o português[35], correspondendo no direito europeu a uma decisão de perda em que se visam os bens pertencentes a uma pessoa condenada por determinadas infrações penais que possam ocasionar um benefício económico, quando «um tribunal, com base nas circunstâncias do caso, inclusive em factos concretos e provas disponíveis, como as de que o valor dos bens é desproporcionado em relação ao rendimento legítimo da pessoa condenada, conclua que os bens em causa provêm de comportamento criminoso»[36]. Independentemente da viva controvérsia que entre nós tem merecido a questão da transposição deste dispositivo para o direito interno e de que não cabe ocupar-nos neste estudo, a consequência daqui decorrente para efeitos de reconhecimento mútuo, ainda à luz da Decisão-Quadro 2006/783, era a de que, cumpridos os patamares da diretiva harmonizadora pelo que diz respeito a *presunções legais de proveniência criminosa de património*[37] – cuja incongruência é de verificação

[34] Cf. Artigo 3.º, n.º 2, Decisão-Quadro 2005/212. O falhanço do objetivo – encapotado (cf. *supra*, texto) – de harmonização é reconhecido no Considerando 19, da Diretiva 2014/42: a possibilidade de escolha entre três «conjuntos diferentes de exigências mínimas (...) deu origem a conceitos divergentes de perda alargada nas jurisdições nacionais.»

[35] A Lei n.º 5/2002, de 11 de janeiro (cit. Lei n.º 5/2002), consagrou o regime da perda alargada no Artigo 7.º.

[36] Cf. Artigo 5.º, n.º 1, Diretiva 2014/42.

[37] E, assim, a implicarem uma *interpretação do regime da perda alargada instituída no direito português* (Artigo 7.º, Lei n.º 5/2002) no sentido de *exigir*, como *pressupostos* da presunção de que o património – que, no caso da lei portuguesa, tem de ser *incongruente* (cf. o que se diz em texto) – é vantagem de atividade criminosa, que a decisão de perda alargada, em primeiro lugar, vise uma pessoa condenada por um dos crimes do catálogo previsto no Artigo 1.º, da mesma Lei; em segundo lugar, que se proceda ao apuramento do património incongruente do condenado; e, em terceiro lugar, *que se prove a atividade criminosa anterior*. Neste sentido, Cunha, Damião, «Perda de bens a favor do Estado», *Direito Penal Económico e Europeu: Textos Doutrinários*, Vol. III, 2009, p.127s; *id*, *Medidas de combate à criminalidade organizada e económico-financeira. A Lei n.º 5/2002*, de 11 de janeiro de 2002, UCP, 2017, p. 42; Caeiro, Pedro, RPCC, 2011, cit., p. 313 s e *id*, «O confisco numa perspetiva de política criminal europeia», *O novo regime de recuperação de ativos à luz daDiretiva2014/42/EU e da lei que a transpôs* (Coordenadores: Maria Raquel Desterro Ferreira, Elina Lopes Cardoso e João conde Correia), 1.ªEdição, Imprensa nacional 2018, p. 33 e 34, referindo ainda a «preponderância de probabilidades» como estalão de prova exigido

necessária na lei portuguesa[38], diferentemente do que decorre da formulação da Diretiva[39] –, o reconhecimento da uma decisão de perda nacional tomada na base daqueles pressupostos «é obrigatório para os tribunais de outros Estados-Membros cuja lei não contenha presunções legais de proveniência ilegítima»[40]. Assim como uma decisão de perda emitida por um Estado-Membro que se funde, nos termos descritos, numa condenação por um crime do catálogo juntamente com a prova da atividade criminosa anterior deve ser executada pelas autoridades nacionais. Em resultado da harmonização operada, estava, assim, ultrapassada a dificuldade de reconhecimento mútuo das decisões de perda alargada – reconhecida na Proposta de Diretiva sobre o congelamento e o confisco do produto do crime na União Europeia[41] – resultante da disparidade de tipos de perda alargada previstos na Decisão-Quadro 2005/212, que implicara que as

para a prova da atividade criminosa anterior. Em sentido diverso na interpretação da norma, que não exigiria a prova da atividade criminosa anterior do condenado, Rodigues, Hélio/ Rodrigues, *Carlos*, *Recuperação de ativos na criminalidade económico-financeira*, Lisboa, Editora do Sindicato dos Magistrados do Ministério Público, 2013, p. 224; vide, também, Correia, João Conde, *Da proibição do confisco à perda alargada*, INCM, 2012, p.110 s; *id*, «Reflexos da diretiva 2014/42/UE (do Parlamento Europeu e do Conselho, de 3 de abril de 2014, sobre o congelamento e a perda dos instrumentos e produtos do crime na União Europeia) no direito português vigente», *Revista do CEJ*, 2 (2014), p.97. Acentua-se, na verdade, que, nos termos da Diretiva, a uma decisão de perda alargada basta a condenação do agente por um crime do catálogo e a *existência de uma atividade criminosa anterior* que, todavia, *deve ser provada em factos concretos e provas disponíveis*, a implicarem a interpretação avançada do dispositivo consagrado no ordenamento jurídico português, no sentido de que o funcionamento da presunção legal de que o património incongruente constitui vantagem advinda da sua atividade criminosa anterior exige a verificação dos pressupostos indicados *supra*.

[38] Cf. o que se diz na nota anterior.

[39] Que indica a desproporção do valor dos bens pertencentes à pessoa em relação ao seu rendimento legítimo apenas como *mero indício* da sua proveniência criminosa e, assim, permite a perda alargada «mesmo quando não existe desproporção patrimonial» (cf. Caeiro, Pedro, *O novo regime de recuperação de ativos*, cit., 33)

[40] Na conclusão, expressamente, Caeiro, Pedro, *op.ult. cit.*, p. 34, na base de uma reinterpretação da causa de recusa que consistia na divergência das formas pelas quais o Estado de emissão e o Estado de execução tinham transposto as normas relativas à perda alargada (cf. Artigo 8.º, n.º 3, da Decisão-Quadro 2006/783) em articulação com a Diretiva 2014/ 42.

[41] Cf. COM (2012) 85 final, ponto 2.6. Disposições específicas; poderes de confisco alargado (artigo 4.º).

autoridades de um Estado-Membro só podiam executar as decisões de perda proferidas noutro Estado-Membro «se estas fossem baseadas nas mesmas opções alternativas aplicadas nesse Estado-Membro»[42].

Quanto à perda não baseada em condenação penal – perda *NCB* –, ela foi introduzida na Diretiva 2014/42, embora somente para casos de *doença* ou de *fuga* do arguido ou suspeito e exigindo-se que um processo penal *in personam* já tenha sido instaurado «por uma infração penal que possa ocasionar direta ou indiretamente um benefício económico, e em que tal processo possa conduzir a uma condenação penal se o suspeito ou arguido tivesse podido comparecer em juízo»[43]. De qualquer modo, no âmbito jurídico europeu, isto constituiu uma novidade, já que esta modalidade de perda só era conhecida da Convenção das Nações Unidas contra a Corrupção[44].

Importa lembrar que o instrumento da perda *NCB* se filia no sistema de *common law*, onde o processo de perda é totalmente autonomizado do processo penal e dirigido contra os ativos em si (*actio in rem*) e não contra os seus proprietários. Na sua base[45] está uma ficção jurídica, no sentido de que a propriedade, e não o seu titular, violou a lei (*property is tainted*), não sendo exigível qualquer condenação penal e bastando à prova do vínculo entre o património e a atividade criminosa o *standard civilista*. Cabe aqui, desde logo, a *civil recovery*, prevista na *Proceeds of Crime Act de 2002* (POCA) do direito britânico[46], que não pressupõe uma condena-

[42] *Op. ult. cit., loc. cit.*

[43] Cf. Artigo 4.º, n.º 2, Diretiva 2014/42.

[44] Cf. Artigo 54.º, n.º. 1, alínea c), onde se estabelece que cada Estado Parte considerará a possibilidade de adotar as medidas que sejam necessárias para permitir o confisco de ativos sem que envolva uma pena, «nos casos em que o suspeito não possa ser condenado por motivo de *falecimento, fuga* ou *ausência*, ou em outros casos apropriados» (itálicos nossos).

[45] Cf. Caeiro, Pedro, RPCC, ano 21, n.º 2, 2011, cit., p. 10; e Correia, João Conde, *Revista CEJ*, n.º 2, 2014, cit, p. 102; e Rodigues, Hélio/Rodigues, Carlos, *Recuperação de ativos na criminalidade económico-financeira, cit.*, p. 269.

[46] Cf. Caeiro, Pedro, RPCC, ano 21, n.º 2, 2011, cit., p. 16 s; e Maugeri, Anna Maria, «Il Regolamento (UE) 2018/1805 per il reciproco riconoscimento dei provvedimenti di congelamento e di confisca: una pietra angolare per la cooperazione e l'efficienza», *Diritto Penale Contemporaneo*, 2019, p. 13 e 14. Note-se que o direito britânico contido na POCA 2002 prevê uma dupla via para a perda: para além da perda NCB (*civil recovery*), também o confisco penal (*criminal confiscation*): uma perda alargada, na sequência de uma condenação pronunciada na

ção, sendo a decisão de perda pronunciada por uma autoridade judiciária civilista (a *High Court* ou, na Escócia, a *Court of Session*), num processo conduzido de acordo com normas do direito civil e com um *standard* de prova civilista[47], relativamente a bens obtidos através de atividade criminosa[48]. Prevê-se, ainda, que é possível iniciar o processo civil de perda na sequência de uma absolvição em sede penal, com fundamento no diferente estalão probatório[49]. Depois, também entra na categoria de perda *NCB* a *civil forfeiture* irlandesa[50], introduzida com a *Proceeds of Crime Act* 1996 e a *Criminal Assets Bureau Act* 1996 (CAB), que permite desencadear um processo destinado a aplicar o confisco, sem a necessidade de provar a prática de um crime, desde que exista «*belief evidence*» ou motivos razoáveis para suspeitar que uma pessoa seja proprietária ou possua bens obtidos direta ou indiretamente de atividade criminosa. A doutrina[51] critica este processo sobretudo na base da violação do princípio da presunção de inocência à luz da inversão do ónus da prova – já que sobre o destinatário da decisão de perda recai o ónus de provar a legitimidade dos seus bens para ilidir aquela presunção –, perante uma jurisprudência do Supremo Tribunal irlandês que, para além de não acolher essa posição, defende que o processo de confisco é de natureza civil e sustenta que a lei não viola a proibição de *self-incrimination* na medida em que as provas obtidas

base de uma presunção quanto à origem ilícita dos bens obtidos nos seis anos anteriores ao cometimento do crime e de presunções de modo de vida criminal (fundadas na condenação) e com um *standard* de prova civilista quanto à origem ilícita dos bens.

[47] POCA s. 241: «*The court or sheriff must decide on a balance of probabilities whether it is proved a) that any matters alleged to constitute unlawful conduct have occured*».

[48] POCA s. 240: «*property which is, or represents, property obtained through unlawful conduct*».

[49] Assim, Caso *R (Director of Assets Recovery Agency – ARA) v. Tahler*, (2006) EWHC 3406 (Admn). O Tribunal defende também – assim, Caso R (Director of ARA) v. Ashton (2006) EWHC 1064 (Admn) – que não está em causa uma sanção penal, antes uma eventual «*restitutionary nature*»; e sobretudo que a utilização do estalão de prova civilista – *proof of a balance of probabilities* – não viola a presunção de inocência ex Artigo 6, 2, da CEDH: (2011) UKSC 49, Caso *Gale v. Serious Organized Crime Agency*.

[50] Cf. Maugeri, Anna Maria, *Diritto Penale Contemporaneo*, 2019, *cit.*, p. 14 s.

[51] Cf. Simonato, M. M., «Directive 2014/42/EU and Non-Conviction Based Confiscation:

no processo civil não podem ser utilizadas num subsequente processo penal[52] [53].

Neste contexto, é interessante observar como as disposições referentes à perda *NCB* da Proposta de Diretiva[54] foram das que sofreram mais alterações, orientadas no sentido de reforçar as garantias e os direitos fundamentais face ao potencial de eficácia do instituto da perda. Em resultado do processo de tramitação legislativo, fala-se, a este propósito, em confisco «descafeinado»[55]: a existência de um suspeito ou arguido impede uma decisão de perda quando estes não foram identificados[56]; a exigência de instauração de um processo penal permite garantir o direito de defesa[57]; e o requisito, em relação ao processo penal, de que este «possa

A Step Forward on Asset Recovery?», *New Journal of European Criminal Law*, 2015, v.6, n.2, p. 225.

[52] *Gilligan v. Ireland, Attorney General, Criminal Asset Bureau and others, Murphy v. G.M., PB, PC Ltd,* (2001) IESC 92.

[53] Sobre a inconveniência da instituição de procedimentos administrativos in rem, cf. Caeiro, Pedro, *RPCC*, ano 21, n.º 2, 2011, *cit.* p. 20s, que defende – numa posição que, em nosso modo de ver, aponta certeiramente para a necessidade de se estabelecerem *fire walls* – que «A instituição de procedimentos *in rem* para obter o confisco de bens cuja origem *ilícita* (não necessariamente *criminosa*) se suspeita não é ilegítima no seu princípio.», sendo, todavia, tal solução «muito inconveniente, porque, na prática, tais procedimentos são construídos e mobilizados como um *sucedâneo* dos mecanismos penais», podendo produzir «um sem número de graves disfunções», que aponta, reforçando a conclusão de que tais procedimentos, «quando sejam verdadeiramente autónomos do direito penal, serão provavelmente inúteis e talvez até perniciosos; quando o não sejam, constituem atalhos para o Estado impor, como titular dos *ius puniendi*, medidas com finalidades preventivas num quase-processo penal, subtraindo a ação pública às garantias constitucionalmente previstas» (itálicos do autor).

[54] Cf. COM(2012) 85 final, Bruxelas, 12.03.2012, Proposta de Diretiva sobre o congelamento e o confisco do produto do crime na União Europeia [cit. COM(2012) 85 final].

[55] Assim, Aguado Correa, Teresa, «La Directiva 2014/42/EU sobre embargo y decomiso en la Unión Europea: una solución de compromisso a medio camino», *Revista General de Derecho Europeo* 35 (2015), p. 16 (ao que entendemos, em sentido crítico).

[56] Esta salvaguarda prende-se com a exigência, referida supra, de que um processo penal já tenha sido instaurado.

[57] A este propósito, cf. Considerando 15, onde se pondera que, apesar de, nos casos de doença ou fuga, a existência de processos à revelia nos Estados-Membros ser suficiente para dar cumprimento a uma decisão de perda, no caso específico da «fuga» deverão os Estados-Membros tomar «todas as medidas razoáveis e poderão exigir que a pessoa em causa seja notificada ou informada do processo de perda»; e Considerando 16, onde, no caso de doença, se afirma

conduzir a uma condenação penal se o suspeito ou arguido tivesse podido comparecer em juízo» significa que é uma «prognose do tribunal» o que pode justificar um confisco não baseado em condenação[58]. E referem-se como expressivas, sempre no mesmo sentido, as principais modificações introduzidas na Proposta[59]. Desde logo, a inserção sistemática da perda *NCB*, que a fez perder a sua autonomia, para passar a configurar-se com caráter subsidiário ou de *ultima ratio* em relação à perda clássica[60]. Para além disso, reduziram-se às hipóteses de doença ou fuga os casos em que esta modalidade de perda pode ser decidida, contrariamente ao previsto na Proposta, que os alargava ao falecimento.

Assim, ainda que não se esqueça que a Diretiva apenas estabelece «regras mínimas» – sublinhadas a este propósito[61] –, pode concluir-se que o legislador europeu foi cauteloso na previsão da perda *NCB*[62]. Para

que «O direito que assiste ao suspeito ou arguido de se fazer representar no processo por um advogado não deverá ser afetado».

[58] Este aspeto foi destacado pela Agência Europeia de Direitos Fundamentais (cf. FRA-Opinion-03/2012, ponto 14, p. 10).

[59] Note-se que a Comissão quis prevenir os reparos que podia suscitar a inclusão na Proposta de Diretiva do confisco NCB, recordando, na Exposição de Motivos (ponto 2. 4., p. 10), que, ainda que o Tribunal Europeu dos Direitos do Homem «tenha evitado pronunciar-se sobre questão de princípio da compatibilidade com a Convenção Europeia dos Direitos do Homem dos regimes de confisco alargado e de confisco não baseado numa condenação(...), já proferiu várias decisões defendendo a aplicação destes regimes em casos concretos», adiantando alguma jurisprudência nesse sentido.

[60] O confisco não baseado numa condenação estava previsto no Artigo 5.º da Proposta de Diretiva e passou a estar regulado no Artigo 4.º da Diretiva, no seu n.º 2, conjuntamente com o confisco clássico, baseado em condenação. Mais do que retirar-lhe, desta forma, protagonismo ou querer fazê-lo passar despercebido, tratou-se de consagrar o seu caráter subsidiário ou de *ultima ratio*, como se assinala em texto (cf. Artigo 4.º, n.º 2, Diretiva: «Se não for possível a perda com base no n.º 1...»).

[61] Cf. Artigo 4.º, n.º 2 («... e pelo menos se tal impossibilidade resultar de doença ou de fuga...»).

[62] Aponta-se, a justificar esta orientação final da União Europeia, a resistência dos Estados-Membros à adoção de medidas de perda não baseadas em condenação: assim, Ligeti, Katalin/Simonato, M.M., «Asset Recovery in the EU: Towards a Comprehensive Enforcement Model beyond Confiscation? An Introduction», *Chasing Criminal Money (Challenges and Perspectives on Asset Recovery in the EU)*, Katalin Ligeti; M. Simonato (org.), Oxford, Hart Publishing, 2017, p.7s. No mesmo sentido, Aguado Correa, Teresa, «Comiso: crónica de una

além de a ter limitado aos casos de doença ou fuga, saliente-se que não contemporizou com a suficiência de um padrão civilista de prova, referindo-se a um processo penal capaz de conduzir a uma condenação penal – logo com um estalão superior de prova – caso o julgamento tivesse sido possível[63]. Pode aqui falar-se em perda *NCB de índole criminal* que, tal como a de índole civil[64], é possível mesmo na ausência de condenação.

III. A cooperação judiciária na União Europeia e o princípio do reconhecimento mútuo

1. Reconhecimento mútuo e confiança – parceiros improváveis

Como já se salientou[65], a cooperação judiciária assume um relevo particular no que diz respeito à recuperação de ativos. Configurada, tradicionalmente, segundo o modelo do pedido, em que o relacionamento entre Estados se desenrola de acordo com o princípio geral de direito internacional de respeito mútuo entre Estados soberanos, já a União Europeia, identificada hoje por um nível único de integração, a faz assentar no princípio do reconhecimento mútuo. Acolhido, desde o Conselho Europeu de Tampere, como pedra angular da cooperação judiciária em matéria penal[66], supôs um adeus definitivo à primeira fase de construção do espaço de justiça penal europeu, em que o objetivo residia em aperfeiçoar e simplificar os instrumentos *convencionais* do Conselho da Europa

reforma anunciada. Análisis de la Propuesta de Directiva sobre embargo y decomiso de 2012 y del Proyecto de reforma del Código Penal de 2013», *Indret* 1/2014, p. 37s, dando conta, entretanto, das demandas a favor da eficácia do modelo de perda sem condenação a instituir na União por parte do Parlamento Europeu, do GAFI e do Grupo Lyon-Roma do G8.

[63] Cf. Correia, João Conde (*Revista do CEJ*, n.º 2, 2014, cit, p. 102), que se referiu a «uma espécie de processo penal especial» que, «em vez da condenação clássica conduz apenas ao confisco dos proventos do crime».

[64] Utiliza-se a terminologia proposta no Guia *Carin NCB Typologies*, Guernsey Law Officers, 2015, p 3.

[65] *Supra*, introdução.

[66] Cf. Conclusão 33, onde se subscreve o princípio, tanto em matéria penal como em matéria civil. Sobre o significado das Conclusões de Tampere e o sentido inovador do princípio do reconhecimento mútuo aí defendido, Cf. Rodrigues, Anabela Miranda, *Direito penal europeu emergente, cit.*, p. 67 s.

relativos à cooperação judiciária[67]. A sua consagração – que só aconteceu com o Tratado de Lisboa[68] –, ao mesmo tempo que fomentou a sedimentação do princípio, não significou, todavia, que não se possa verificar uma *fragmentação legislativa* na União Europeia pelo que respeita à cooperação judiciária quando está em causa a recuperação de ativos[69]. O auxílio judiciário mútuo, como forma de cooperação judiciária internacional, assume, então, um relevo particular, na medida em que compreende «os atos necessários à apreensão ou à recuperação de instrumentos, objetos ou produtos da infração»[70].

Não pode esquecer-se, entretanto, que, na origem, o princípio do reconhecimento mútuo foi formulado, tal como outros, pelo Tribunal de Justiça, no âmbito comunitário, para o mercado interno[71]. E que não pode importar-se para o domínio penal sem atender às diferenças que intercedem entre estes domínios[72]: ali, trata-se de assegurar a livre circulação

[67] Cf., sobre isto, FLORE, Daniel, *Droit Pénal Européen. Les enjeux d'une justice pénale européenne*, Larcier, 2009, p. 329s. Como exemplos expressivos do que se quer dizer podem apontar-se, designadamente, a *Convenção relativa ao Processo Simplificado de Extradição entre os Estados-Membros da União Europeia*, celebrada em Bruxelas, em 1995 (10.03.95), ou a *Convenção relativa ao Auxílio Judiciário Mútuo em Matéria Penal entre os Estados-Membros da União Europeia*, também celebrada em Bruxelas, em 2000 (29.05.2000).

[68] Cf. Artigo 82.º, n.º 1, TFUE.

[69] Assim, um exemplo pode encontrar-se em certos casos em que, na vigência da Decisão-Quadro 2006/783, continuou a recorrer-se, para efeitos de cooperação relativamente à perda sem condenação contemplada na Diretiva 2014/42, à Convenção de Estrasburgo de 1990 (assim, MAUGERI, Anna Maria, *Diritto Penale Contemporaneo*, 2019, cit, p. 9 e 10). Em geral, sobre as relações entre os instrumentos da União Europeia e os do Conselho da Europa, no sentido da não substituição integral dos segundos pelos primeiros, KLIP, André, *European Criminal Law. An Integrative Approach*, Intersentia, 3rd édition, 2016, p.376s.

[70] Cf. Lei n.º 144/99, de 31 de agosto (Lei da Cooperação Judiciária Internacional em Matéria Penal), com as alterações introduzidas pela Lei n.º 104/2001, de 25 de agosto (última alteração da Lei n.º 144/99: Lei n.º 115/2009, de 12/10).

[71] A referência é ao caso *Cassis de Dijon*, já do final dos anos setenta do século passado (20 de fevereiro de 1979). Refira-se que um conceito de «reconhecimento» de «decisões judiciárias» já tinha sido introduzido, no domínio civil, pela Convenção de Bruxelas, de 27 de setembro de 1968, relativa à competência judiciária e à execução de decisões em matéria civil e comercial (sobre isto, cf. FLORE, Daniel, *Droit Pénal Européen*, cit, p. 367 s).

[72] *Id, ibidem*, p. 369.Também neste sentido, RODRIGUES, Anabela Miranda, «Judicial Cooperation in Criminal Matters. The Principle of Proportionality and the Effectiveness of the Euro-

de bens ou produtos, por forma a permitir às pessoas interessadas, como «beneficiárias», usufruírem e disporem deles; aqui, estão em causa decisões judiciárias com destinatários precisos, que são as pessoas «objeto» dessas decisões, e que não têm interesse em serem confrontadas com elas. Enquanto a relação das pessoas com os bens realiza a sua *liberdade* de acesso e disposição destes, já as decisões judiciárias penais são impostas e a relação das pessoas com estas releva da *coação*[73]. Sem desconsiderar que a adoção de alguns (poucos) instrumentos legislativos[74] ou o desenvolvimento de alguns princípios[75] permitem que o reconhecimento mútuo no âmbito penal assegure a realização de direitos fundamentais das pessoas visadas com as decisões judiciárias[76], assinala-se que o que está em causa é facilitar a realização do «direito de punir» de cada Estado-Membro e promover a eficácia dos sistemas penais nacionais e a realização da repressão no espaço europeu. E, neste contexto, chamou-se, desde sem-

pean Arrest Warrant», *Joachim Vogel in memoriam, Cahiers de Défense Sociale*, 2013, p. 89.

[73] São também assinaláveis as diferenças (neste sentido, FLORE, Daniel, *ibidem, loc. cit.*; RODRIGUES, Anabela Miranda, *ibidem, loc. cit.*) entre decisões judiciárias em matéria civil – que visam regular conflitos entre pessoas e é a estas que cabe fazê-las executar: o reconhecimento da decisão diz respeito a pessoas contra as quais a execução pode ser pedida – e as decisões judiciárias em matéria penal, que dizem respeito à aplicação do direito no interesse geral, do Estado e da comunidade, e a sua execução é da responsabilidade de autoridades judiciárias *estaduais*: o seu reconhecimento significa, não que o Estado (de execução) permite a sua execução no seu território no interesse da (o Estado-) parte que a emite, mas que as autoridades judiciárias do Estado de execução se responsabilizam no exercício da justiça penal e executam a decisão judiciária de outro Estado.

[74] Cf. *Decisão-Quadro 2008/909/JAI, de 27 de novembro de 2008, relativa à aplicação do princípio do reconhecimento mútuo às sentenças em matéria penal que imponham penas ou outras medidas privativas de liberdade para efeitos da execução dessas sentenças na União Europeia*; e à *Decisão-Quadro 2008/947/JAI*, da mesma data (27 de novembro de 2008), *respeitante à aplicação do princípio do reconhecimento mútuo à liberdade condicional para efeitos da fiscalização das medidas de vigilância e das sanções alternativas*.

[75] A referência é aos desenvolvimentos do princípio *ne bis in idem* no espaço de liberdade, segurança e justiça.

[76] Cf. RODRIGUES, Anabela Miranda, *Direito penal europeu emergente, cit.*, p. 385 s., onde se analisam as propostas legislativas referentes às duas decisões-quadro referidas (cf., *supra*, nota 74) do ponto de vista do significado que encerram para a realização do equilíbrio entre «preocupações de justiça» e «preocupações de segurança» no espaço de liberdade, segurança e justiça».

pre, a atenção para a orientação securitária que promove o princípio do reconhecimento mútuo na União Europeia, quando são mais protegidos os interesses egocêntricos dos Estados e menos os direitos das pessoas.

Neste ponto, entretanto, deve lembrar-se que o Tratado de Lisboa veio conferir um *novo peso* à harmonização do direito processual penal, traduzida em progressos efetivos[77], e que permite minorar os riscos denunciados de o reconhecimento mútuo ser o gérmen de um «nivelamento por baixo» das garantias processuais[78]. O caminho que está a ser percorrido permite confortar-nos na ideia de que se tem procurado levar à prática o *roteiro*[79]estabelecido de *reforço das garantias processuais* e do *respeito pelo Estado de direito nos processos penais*, «independentemente do local da União Europeia onde os cidadãos decidam viajar, estudar, trabalhar ou viver». A avalizar a construção em curso do processo penal *europeu* em que se pretende garantir a todos os suspeitos e arguidos um nível

[77] Refere-se, neste contexto, a aprovação de numerosas diretivas: Diretiva 2010/64/EU, de 20 de outubro de 2010, relativa ao direito à interpretação e tradução em processos penais; Diretiva 2012/13/EU, de 22 de maio de 2012, relativa ao direito à informação em processos penais; Diretiva 2013/48/EU, de 22 de outubro de 2013, relativa ao direito de acesso a um advogado em processo penal e nos processos de execução de mandados de detenção europeus, e ao direito de informar um terceiro aquando da privação de liberdade e de comunicar, numa situação de privação de liberdade, com terceiros e com as autoridades consulares; Diretiva (EU) 2016/343, de 9 de março de 2016, relativa ao reforço de certos aspetos da presunção de inocência e do direito de comparecer em julgamento em processo penal; Diretiva (EU) 2016/800, de 11 de maio de 2016, relativa a garantias processuais para os menores suspeitos ou arguidos em processo penal; ou a Diretiva (EU) 2016/1919, de 26 de outubro de 2016, relativa ao apoio judiciário para suspeitos e arguidos em processo penal e para as pessoas procuradas em processos de execução de mandados de detenção europeus.

[78] Assim, Rodrigues, Anabela Miranda, *Direito penal europeu emergente, cit.*, p. 217 s., referindo que «o vazio», ao tempo, «em matéria de harmonização de processos penais e de garantias processuais aumenta o risco de que se instale no espaço penal europeu uma orientação repressiva e securitária», uma vez que os desenvolvimentos do reconhecimento mútuo podem prosseguir contentando-se com o «menor denominador comum».

[79] Cf. Resolução do Conselho de 30 de novembro de 2009 sobre um *Roteiro para o reforço dos direitos processuais dos suspeitos ou acusados em processos penais* (2009/C 295/01), ponto 10. *Vide*, também, Programa de Estocolmo, ponto 2.4., onde se afirma que: «A proteção dos direitos dos suspeitos ou arguidos em processo penal é um valor fundamental da União, essencial para manter a confiança mútua entre os Estados-Membros (...)»; e se declara que que o Roteiro «passa a ser parte integrante» do Programa.

mínimo comum de garantias processuais em todo o espaço da União[80]. A harmonização em matéria de processo penal permite, assim, justificar a via *específica* da cooperação judiciária que é, aqui, o reconhecimento mútuo. E em que, do mesmo passo que (aquela) não se deixa funcionalizar à realização deste objetivo[81], serve indiscutivelmente a sua facilitação: o facto de uma autoridade judiciária saber que uma decisão processual tomada num Estado-Membro respeita garantias equivalentes às que são tidas em conta caso ela seja tomada no seu Estado favorece a aceitação do bem fundado daquela decisão e reconhecê-la como sua. Desta forma, na verdade, está em causa uma alteração do pressuposto em que esta cooperação se faz. Que passa a ser menos «entre Estados soberanos» e mais de «partilha de soberania entre Estados (soberanos)», do ponto de vista da consideração da União, não como um aglomerado de Estados narcisistas, mas como um autêntico *espaço penal europeu* – cuja existência é, agora, já pressuposta, no Tratado da União Europeia[82] – em que emerge um processo penal comum[83].

O que se vem de dizer, todavia, não isenta da necessidade de se estabelecerem controlos jurisdicionais adequados tendo em vista a garantia dos direitos fundamentais das pessoas visadas num procedimento de reconhecimento mútuo. Esta é uma questão que se equaciona à luz

[80] Aponta neste sentido, afastando uma harmonização no plano processual que se contente em fixar *standards* mínimos de direitos, Rodrigues, Anabela Miranda, *Direito penal europeu emergente, cit.*, p. 218. Também Caeiro, Pedro, «Introdução (ou de como todo o processo penal começa com uma constituição de direitos)», *A Agenda da União Europeia sobre os Direitos e Garantias da Defesa em Processo Penal: a «segunda vaga» e o seu previsível impacto sobre o direito português/ The European Union Agenda on Procedural Safeguards for Suspects or Accused Persons: the ««second wave» and its predictable impact on Portuguese Law* (Organização e Introdução: Pedro Caeiro), Instituto Jurídico/Faculdade de Direito da Universidade de Coimbra, 2015, p.7s (p. 9s).

[81] *Id, ibidem*, p. 202-205, e a referência que aí se faz à «função *autónoma* da harmonização» (itálico no original). Neste sentido, também, Caeiro, Pedro, *op.ult. cit.*, p. 10.

[82] Cf. Artigo 3.º, n.º 2, TUE.

[83] Cf. Rodrigues, Anabela Miranda, *Cahiers de Défense Sociale*, cit., p. 89s; id, *Criminalidade Organizada Transnacional*, cit., p. 46s. Lembre-se que no sistema federal norte-americano, de onde procede o princípio do reconhecimento mútuo – que não foi uma invenção de Tampere –, existe um Tribunal Supremo que uniformiza as garantias básicas do processo penal, que, no espaço europeu, apenas pode ter um paralelo no Tribunal Europeu dos Direitos do Homem.

de uma variável a que não se pode atribuir valor normativo, mas tão-só descritivo e que é a confiança mútua. O conceito surge apenas no *Programa de Medidas destinadas a aplicar o princípio do reconhecimento mútuo das decisões penais*[84], como condição de possibilidade – pressuposto – do reconhecimento mútuo[85]. Acrescentando-se que, por sua vez, a confiança «repousa, em especial, na plataforma comum constituída pelo empenho dos Estados-Membros nos princípios da liberdade, da democracia, do respeito dos direitos humanos e das liberdades fundamentais, e do Estado de direito.»[86].

O aspeto para que se quer chamar a atenção[87] – sendo certo que aqueles valores são hoje enunciados no Tratado da União Europeia[88] – é para o caráter *artificial* de que se pode revestir a confiança invocada para justificar o reconhecimento mútuo das decisões judiciárias. E, assim, para o lado criticável do «brevet de boa conduta» passado aos Estados-Membros: quando se trata de direitos fundamentais, eles não valem se não forem efetivos, devendo prevalecer uma lógica de controlo pelo seu respeito. O que implica defender a possibilidade de as autoridades judiciárias competentes de um Estado-Membro não executarem uma decisão proferida em outro Estado-Membro em nome da salvaguarda de direitos fundamentais. E, assim, não ceder, neste domínio, a uma espécie de *otimismo balofo* e antes assegurar que «as garantias garantem realmente».

A questão do património comum europeu que constituem os direitos fundamentais é uma questão de controlo jurisdicional do respeito dos

[84] Cf. *Jornal Oficial das Comunidades Europeias*, C 12, 44.º ano, 15 de janeiro de 2001 (2001/C 12/02), Introdução, p.11. Note-se, todavia, que, embora o conceito de confiança mútua já fosse conhecido da cooperação judiciária internacional em matéria penal no seio do Conselho da Europa – de que é um exemplo a Convenção Europeia sobre a Transmissão de processos Penais, de 15 de maio de 1972 (cf. Preâmbulo) –, não tem aqui a mesma densidade que pretende assumir na União Europeia, onde surge ligado à aplicação de um novo princípio em sede de cooperação: o princípio do reconhecimento mútuo.

[85] *Ibidem, loc. cit.*, onde se enuncia que «A aplicação do princípio do reconhecimento mútuo das decisões penais *pressupõe* a confiança recíproca dos Estados-Membros nos respetivos sistemas de justiça penal. (...)» (itálico nosso).

[86] *Ibidem, loc. cit.*

[87] Cf. Rodrigues, Anabela Miranda, *Direito penal europeu emergente, cit.*, p. 206 s. (e autores aí citados).

[88] Cf. Artigo 6.º, n.ºs 1 e 3, TUE.

direitos fundamentais[89]. Questão que deve ser vista à margem da confiança mútua – não se situa numa lógica de confiança, pois que é uma questão de garantia «concreta» e «real» e não «ilusória» ou «formal». É apenas na base desta garantia (de controlo) que é racional acordar-se mutuamente confiança. Que não se basta, pois, em ser uma «confiança confiante», politicamente fundada na vinculação teórica dos Estados-Membros a um património de valores comuns, antes exige mecanismos que permitam garantir a sua efetividade e se assume, por contraposição, como uma «confiança desconfiada», juridicamente fundada. O que o controlo jurisdicional demonstra, em último termo, é que a confiança, como pressuposto do reconhecimento mútuo, é *infundada* e *ilegítima*[90]. A existência de controlos pode servir para remediar as eventuais violações de direitos fundamentais, mas nem estes nem, antes deles, os textos legais podem impedir que os direitos e liberdades não sejam desrespeitados, as garantias ignoradas e os valores menosprezados. Deste ponto de vista, portanto, a confiança é tão-só uma aposta, algo que ignora a realidade, apegando-se a uma *verdade anterior* que *resistirá* à possível negação do concreto. Sem poder ser um pressuposto do reconhecimento mútuo, a sua *pré-existência* é-lhe, todavia, necessária. Não só porque comprometer-se na via do reconhecimento mútuo implica a sua *existência anterior* a este compromisso, como bem compreendeu o Tribunal de Justiça logo no início do século, na decisão *Gozütok* e *Brügge*[91]; mas também na

[89] Assim, e no que se segue, Rodrigues, Anabela Miranda, *Direito penal europeu emergente*, cit., p. 132 s e nota 331.

[90] Assim, Flore, Daniel, «La notion de confiance mutuelle: l' «Alfa» ou l' «Oméga» d'une justice pénale européenne?», *La confiance mutuelle dans l'espace penal européen/Mutual Trust in the European Criminal Area* (Edité par Gilles De Kerchove et Anne Weyembergh), Institut d'Etudes Européennes (IEE), Editions de l'Université de Bruxelles, 2005, p. 27 e 28.

[91] Diferentemente do sentido do reconhecimento mútuo para que apontava o Programa de Medidas (cit., *supra*, nota 84) – que não se podia realizar a não ser que uma confiança mútua existisse (como seu pressuposto) –, o Tribunal de Justiça *deduziu da existência de normas materiais de reconhecimento a existência anterior* de uma confiança mútua. O raciocínio foi tão mais interessante quanto o Tribunal não foi chamado a decidir sobre um instrumento de reconhecimento mútuo, mas sobre uma disposição de uma convenção negociada fora do quadro da Comunidades Europeia, antes do surgimento da União Europeia – a Convenção de Aplicação do Acordo de Schengen e o seu Artigo 54.º – e que retomava em larga medida o conteúdo de uma norma de uma convenção do Conselho da Europa (o Artigo 53.º, da Convenção Europeia

medida em que apenas a efetividade da confiança mútua – como garante da participação ativa dos atores do sistema da justiça penal sem a qual o princípio do reconhecimento mútuo seria letra morta – pode assegurar o funcionamento em concreto do princípio do reconhecimento mútuo. A confiança pode, então, ser concetualizada[92] como o elemento meta-jurídico que resulta da interação dos atores do sistema e que permite o desenvolvimento de uma justiça penal europeia comum, numa referência a *Habermas* e à «intersubjetividade superior dos processos de entendimento que se efetuem, nomeadamente, na rede comunicacional dos espaços públicos» e, assim, nas «relações concretas e nos acordos mútuos que se estabeleçam entre os atores do sistema, para além das fundamentações políticas ou jurídicas». Atores que, se não atuam exclusivamente baseados na racionalidade, não são um «povo de diabos» – de novo na senda de *Habermas* –, mas «indivíduos de boa vontade, desejosos de estabelecer o laço social sobre uma base cooperativa». Por isso a confiança mútua releva da intersubjetividade e é *evolutiva*[93]: não pode repousar inteiramente em critérios objetivos e é o resultado de ajustamentos permanentes entre os atores do sistema de justiça penal. O que, no espaço de liberdade, segurança e justiça europeu, faz com que se possa ter mais confiança quando há menos razões objetivas para se ter confiança e ter-se menos confiança quando há mais razões objetivas para se ter confiança, uma vez que o grau de expetativa contido na confiança aumentou mais

sobre o valor Internacional dos Julgamentos repressivos, de 28 de maio de 1970). Assim, cf. Casos C-385/01 e C-187/01, *Processo Penal c. Klaus Brugge e Poceso Penal c. Huseyin Gozutok*, de 11 de fevereiro de 2003, onde se declara que o referido Artigo 54.º «implica necessariamente que exista uma confiança mútua dos Estados-Membros nos seus sistemas de justiça penal e que cada um destes aceite a aplicação do direito penal em vigor nos outros Estados-Membros, mesmo quando a aplicação do seu direito nacional conduzisse a uma solução diferente». Como se salienta (Flore, Daniel, *La confiance mutuelle dans l'espace penal européen*, cit., p. 19), «a confiança mútua é estabelecida pelos seus efeitos: ela existe, porque a disposição referida da Convenção que estipula uma forma de reconhecimento mútuo das decisões judiciárias estrangeiras não teria sido possível se a confiança não tivesse existido».

[92] Cf. Rodrigues, Anabela Miranda, *Direito penal europeu emergente, cit., loc. ult. cit.*, por apelo a Flore, Daniel, «Réflexions sur l'idée de la 'confiance mutuelle'», *Sécurité et justice: enjeu de la politique extérieure de l'Union européenne*, Edité par Gilles De Kerchove et Anne Weyemberghh, Institut d'Etudes Européennes, Editions de l'Université de Bruxelles, 2003, p. 144 e 145.

[93] Cf. Flore, Daniel, *La confiance mutuelle dans l'espace pénal européen*, cit., p. 28.

rapidamente do que a capacidade do sistema penal para se adaptar a esta expetativa. A confiança mútua é, assim, afinal, o que faz com que se seja cada vez mais exigente em face do mecanismo que a permitirá *ir atingindo* e que é o reconhecimento mútuo.

Nesta perspetiva, não tendo embora o princípio sido objeto de definição[94], pode entender-se que o seu núcleo essencial reside em que, «desde que uma decisão é tomada por uma autoridade judiciária competente, em virtude do direito do Estado-Membro de onde ela procede, em conformidade com o direito desse Estado, essa decisão deve ter um *efeito pleno e direto* sobre o conjunto do território da União. Isto significa que as autoridades competentes do Estado-Membro no território do qual a decisão pode ser executada devem prestar a sua colaboração à execução dessa decisão como se se tratasse de uma decisão tomada por uma autoridade competente deste Estado.»[95]. Como se expressou a Comissão,

[94] Nem nas Conclusões de Tampere nem no Programa de Medidas que lhes pretendeu dar execução, como é salientado (cf., por todos, Rodrigues, Anabela Miranda, *Direito penal europeu emergente,* cit., p. 70). Da mesma forma, a União optou por não definir o princípio em qualquer dos instrumentos legislativos adotados até ao momento que versam sobre o seu funcionamento: assim é o caso também do Regulamento 2018/1805, que aplica o princípio às decisões de apreensão e de perda, limitando-se o n.º 1, do Artigo 1.º, a dispor que o instrumento «estabelece as regras segundo as quais um Estado-Membro reconhece e executa no seu território uma decisão de apreensão ou uma decisão de perda emitida por outro Estado-Membro (...)» (termos equivalentes constavam do n.º 1, do Artigo 1.º, da Decisão-Quadro 2006/783).

[95] Cf. Rodrigues, Anabela Miranda, *Direito penal europeu emergente, cit.*, p. 192, por apelo a Daniel Flore («Reconnaissance mutuelle, double incrimination et territorialité», *La reconnaissance mutuelle des décisions judiciaires pénales dans l'Union européenne, Institut d'Etudes Européennes,* Editions de l'Université de Bruxelles, 2001, p. 75; *id,* «Le mandat d'arrêt Européen: première mise en oeuvre d'un nouveau paradigme de la justice pénale européenne», *Journal des Tribunaux,* 121 année, n.º 6050, 13 avril 2002, p. 274); também por apelo a Anne Weyembergh [«L'impact du 11 septembre sur l'équilibre sécurité /liberté dans l'espace pénal européen», *Lutte contre le terrorisme et droits fondamentaux,* Emmanuelle Bribosia et Anne Weyembergh (dir.), Nemesis, Bruylant, Bruxelles, 2002, p. 173 e 174], no sentido de que o princípio do reconhecimento mútuo visa assegurar a execução «o mais automática e o mais direta possível» das decisões judiciárias estrangeiras, o que significa acabar com o processo tradicional de validação», o «*exequator*».

logo em 2000[96], «é *razoável supor* que, *na medida do possível*, o objetivo *geral* do reconhecimento mútuo seria dar a uma decisão (final)» esse efeito (pleno e direto) «em toda a União». Concorda-se, pois, em geral, que o princípio está construído sobre o entendimento de que (algumas) diferenças legais são ignoradas em favor da cooperação, sendo «inaceitável» ou «um sinal de desconfiança»[97] uma verificação do preenchimento dos pressupostos de um mandado ou de uma decisão. Num modelo de cooperação assim concebido, pelo que se refere especificamente à perda, o objetivo é que a decisão sobre ela – que é já tomada num processo pela autoridade judiciária do Estado-Membro onde o processo corre, em relação a bens que podem não estar no território do seu Estado – produza o efeito de as autoridades judiciárias do Estado onde os ativos se encontram a reconheçam e a executem[98]. Mas isto não faz esquecer a exigência de que a diversa legislação europeia que desenvolve o princípio do reconhecimento mútuo deve incluir cláusulas de salvaguarda dos direitos fundamentais a que as autoridades judiciárias devem atender no cumprimento dos mandados ou das decisões nos vários domínios onde o princípio vale[99], assegurando o controlo jurisdicional efetivo perante as suas eventuais violações[100]. Por forma a poder concluir que os progressos

[96] Cf. Comunicação da Comissão, de 26 de julho de 2000, sobre o reconhecimento mútuo das decisões finais em matéria penal [COM(2000) 495 final, p. 8], itálicos nossos.

[97] Assim, KLIP, André, *European Criminal Law*, *cit.*, p. 331; cf. também FLORE, Daniel, *Droit Penal Européen*, *cit.*, p. 370s.

[98] Sobre a redução dos motivos de recusa e a supressão, entre os Estados-Membros, do sistema de conversão da decisão de perda numa decisão nacional, cf. *infra*, sob 2. 2.1.

[99] Assim, Diretiva 2014/41/UE, relativa à decisão europeia de investigação em matéria penal, de 3 de abril de 2014, Artigo 11.º, n.º 1, alínea f); da mesma forma, tal como teremos ocasião de ver, infra, Regulamento 2018/1805, cit., Artigos 8.º, n.º 1, alínea f) e 19.º, n.º 1, alínea h). A União Europeia afastou-se, assim, da posição tomada na Decisão-Quadro relativa ao mandado de detenção europeu e aos processos de entrega entre os Estados-Membros, que não consagrou, entre os motivos de não execução facultativa, qualquer cláusula de respeito pelos direitos fundamentais, ficando-se pelo enunciado da cláusula geral, nos termos do Artigo 1.º, n.º 3.

[100] Deste ponto de vista, não se acompanha inteiramente CAEIRO, Pedro, quando se refere à livre circulação de decisões judiciárias em matéria penal como uma «falácia»: «Reconhecimento mútuo, harmonização e confiança mútua (primeiro esboço de uma revisão)», *Os novos desafios da cooperação judiciária e policial na União Europeia e da implementação da Procurado-*

no sentido da eficácia da cooperação que assim se pretende instituir no espaço da União não são prosseguidos à custa, apesar de tudo, de um sacrifício da garantia da proteção de um nível mínimo comum de direitos fundamentais.

Importa, assim, determo-nos sobre a forma como foi moldada a incidência do princípio do reconhecimento mútuo à luz do Regulamento 2018/1805 no caso das decisões de perda.

2. O Regulamento (UE) 2018/1805, de 14 de novembro de 2018

2.1. Antecedentes e justificação

Importa lembrar o caminho que levou à adoção do Regulamento 2018/1805, em relação ao reconhecimento mútuo das decisões de perda. O *Programa de Medidas* já referido, destinado a levar o princípio à prática, tinha atribuído a máxima prioridade[101] à aprovação de um instrumento na matéria – o que se veio a concretizar com a Decisão-Quadro 2003/577[102] – e, para cumprir o objetivo de *melhorar a execução*, num Estado-Membro, de uma decisão de perda tomada noutro Estado-Membro, enunciado também naquele Programa[103], foi adotada a Decisão-Quadro 2006/783.[104] Esta linha de orientação foi mantida e desenvolvida pelo Regulamento, ao pretender pôr fim ao sistema de conversão da decisão de perda numa decisão nacional. Como se dispõe no *Considerando* 12, em ordem a «facilitar» o reconhecimento mútuo e a execução de decisões de perda, deve ser levado a efeito o estabelecimento de regras «que obriguem os Estados-Membros a reconhecer *sem mais formalidades*» as decisões de perda emitidas por outro Estado-Membro e «a executá-las no seu território» (itálicos nossos).

ria Europeia, Margarida Santos/Mário Ferreira Monte/Fernando Conde Monteiro(org.), Ed. Centro de Investigação Interdisciplinar em Direitos Humanos, Escola de Direito da Universidade do Minho, 2017, p. 38.

[101] Cf. Medidas 6 e 7.

[102] Decisão-Quadro2003/577/JAI do Conselho, de 22 de julho de 2003, relativa à execução na União Europeia das decisões de congelamento de bens ou de provas (cit. Decisão-Quadro 2003/577).

[103] Cf. ponto 3.3.

[104] Cf. Considerando 4, da Decisão-Quadro.

As opções tomadas de adoção de um *novo instrumento* e de que esse instrumento fosse um *regulamento* radicam, ambas, em razões ligadas à eficácia da intervenção legislativa a nível europeu.

De um lado, chamava-se a atenção para o facto de os instrumentos adotados até ao momento não estarem à altura das alterações legislativas levadas a efeito, quer nas legislações nacionais de alguns Estados-Membros, que na União Europeia, com a Diretiva 2014/42[105]. A este propósito, referia-se que o fracasso do reconhecimento mútuo na matéria da perda estava relacionado em alguma medida com o facto de que as Decisões-Quadro 2003/577 e 2006/783 não cobrirem algumas decisões de perda que podem ser tomadas a nível nacional depois da entrada em vigor da Diretiva 2014/42, em especial a perda *NCB*, mas também a perda alargada ou a perda de terceiros. Atribuíam-se, assim, ao enquadramento legislativo da perda os escassos resultados obtidos no espaço da União na recuperação de ativos que os delinquentes transferem e ocultam em outros Estados-Membros[106]. Por outro lado, invocava-se que a utilização daquele tipo de instrumentos jurídicos não se tinha mostrado eficaz, uma vez que não se transpuseram nem aplicaram de maneira uniforme nos Estados-Membros[107]. Toca-se, desta feita, a questão da escolha pelo tipo de instrumento

[105] Assim, Maugeri, Anna Maria, «Prime osservazioni sulla nuova proposta di regolamento del parlamento europeo e del consiglio relativo al riconoscimento reciproco dei provvedimenti di congelamento e di confisca», *Diritto Penale Contemporaneo*, 2/2017, p. 231 s.

[106] Assim, Proposta de Regulamento do Parlamento Europeu e do Conselho relativo ao reconhecimento mútuo das decisões de congelamento e de confisco, COM(2016) 819 final, Bruxelas, 21.12.2016 (cit. COM(2016) 819 final), ponto 1., Contexto da Proposta. Justificação e Objetivos da Proposta, p. 2, citando, designadamente, um estudo da Europol, de onde se retira que os montantes em dinheiro não recuperados dos produtos do crime na EU correspondem a 98,9% dos lucros estimados da criminalidade. Não deixamos, todavia, de sublinhar que também aqui se refere, do mesmo passo, que «as estatísticas são limitadas» – o que nos alerta para o sentido crítico com que se deve olhar para as fundamentações, em geral, das propostas de alterações legislativas a nível da União Europeia.

[107] Os relatórios de execução da Decisão-Quadro 2003/577 e da Decisão-Quadro 2006/783 elaborados pela Comissão concluíram que o nível de transposição destas decisões-quadro para os sistemas jurídicos nacionais dos Estados-Membros não era satisfatório, resultando daí que os regimes vigentes relativos à perda alargada e ao reconhecimento mútuo não eram eficazes, sendo a perda obstaculizada como consequência das disparidades legislativas. A Comissão, de resto, só considerou moderadamente satisfatório o grau de aplicação da Decisão 2007/845/

que é o regulamento, de aplicação direta nas ordens jurídicas internas dos Estados-Membros[108], que, subtraído à álea da transposição, favorece a pretendida uniformização de aplicação. A opção foi justificada pela Comissão exatamente com considerações desta ordem[109], tendo suscitado reparos no Conselho, perante a *novidade* do tipo de instrumento utilizado no domínio da cooperação judiciária penal[110] – que levaram à inclusão de um Considerando no Regulamento em que se assumia, embora com tibieza, o compromisso de alguma prudência a este respeito[111] –, e *perplexidade* na doutrina[112]. A este propósito, refira-se que a base jurídica invocada para a adoção do Regulamento é a alínea a), do n.º 1, do Artigo 82.º, do TFUE[113], com o que se interpretou – ou, mais ainda, se sufragou – esta base de competência do legislador europeu como base de uma atribuição de competência *direta* em matéria de processo penal. Apesar de se tratar

JAI, do Conselho, de 6 de dezembro, relativa à cooperação entre os gabinetes de recuperação de bens dos Estados-Membros no domínio da deteção e identificação de produtos ou outros bens relacionados com o crime. Sobre isto, cf. COM(2016) 819 final, ponto 3., Resultados das Avaliações ex post, das consultas das partes interessadas e das avaliações de impacto, p. 8 s.

[108] Cf. Artigo 288.º, TFUE.

[109] Cf. COM(2016) 819 final, ponto 2., Base Jurídica, Subsidiariedade e Proporcionalidade. Escolha do Instrumento, p.7.

[110] O Conselho defendeu que a forma jurídica eleita não se poderia generalizar: cf. Aguado Correa, Teresa, *Corpus Delicti I, cit.*, p. 115 (por referência ao documento do Conselho de 15 de dezembro de 2017).

[111] Cf. Considerando 53, onde se esclareceu que a forma jurídica de regulamento no âmbito da cooperação judiciária em matéria penal «não deverá constituir um precedente». Simultaneamente – note-se que de alguma maneira abrindo caminho para iniciativas futuras semelhantes –, acrescentava-se que a escolha da forma jurídica de futuros atos legislativos «deverá ser cuidadosamente avaliada numa base casuística», tendo em conta os fatores da eficácia e os princípios da proporcionalidade e da subsidiariedade – tudo aspetos que, em si, sublinhe-se, não constituem nada de novo. Pelo que, em vez de se estar aqui perante um verdadeiro compromisso, a declaração contida no Considerando aponta antes, em nossa opinião, para uma *aparência de compromisso.*

[112] Sobre as dúvidas que a escolha pelo regulamento gerou na doutrina, cf. Maugeri, Anna Maria, *Diritto Penale Contemporaneo,* 2/2017, cit., p. 239 s; id., *Diritto Penale Contemporaneo,* 2019, cit., p. 4 e 5.

[113] Refira-se que a norma do Artigo 82.º, n.º 1, no inciso antes da respetiva alínea a), dispõe que o Parlamento Europeu e o Conselho podem adotar «medidas» para efeitos harmonização em matéria de processo penal no quadro da cooperação judiciária vertical.

de uma possibilidade de competência apenas para efeitos de cooperação vertical – relativa à adoção de regras e procedimentos para assegurar o reconhecimento mútuo em toda a União –, o passo dado pelo legislador europeu ao utilizar pela primeira vez neste domínio um regulamento tem um impacto político-criminal muito forte. Que releva, não só do alcance do Regulamento em si mesmo considerado, mas também do *efeito de arrastamento* do reconhecimento mútuo sobre as questões substanciais. Sem esquecer, ainda, a repercussão sobre os direitos fundamentais que a matéria de reconhecimento mútuo e execução de decisões judiciárias envolve – e que o esforço de harmonização de um processo penal europeu, a que já nos referimos, tem procurado acautelar[114] – e que apela de forma enfática, em *todos* os processos abrangidos pelo Regulamento, para o respeito pelas «salvaguardas essenciais dos processos penais estabelecidos na Carta»[115].

2.2. Âmbito de aplicação

Um primeiro aspeto a considerar tem a ver com o âmbito do Regulamento quanto às *infrações penais* relacionadas com as decisões de perda a que estas dizem respeito, que é diferente do âmbito da Diretiva 2014/42. Neste caso, as infrações penais abrangidas ficam limitadas aos crimes particularmente graves que tenham uma dimensão transfronteiriça – os chamados eurocrimes[116] [117], enquanto, pelo que se refere ao Regulamento,

[114] Cf. Considerando 18 do Regulamento, na parte em que se refere à harmonização dos direitos processuais «que deverão ser aplicáveis» aos processos *penais* abrangidos pelo Regulamento.

[115] Cf. Considerando 18 do Regulamento, especificando agora que «as salvaguardas essenciais dos processos penais estabelecidas na Carta deverão ser aplicáveis aos processos em matéria penal abrangidos pelo presente regulamento que não são processos penais». Voltaremos ao assunto *infra*.

[116] Cf. Artigo 83.º, n.º 1, TFUE, e os domínios da criminalidade aqui elencados.

[117] Cf. Considerando 14, do Regulamento, na parte onde se justifica a limitação (na Diretiva) com o facto de o artigo 82.º TFUE não impor uma tal limitação às medidas que preveem regras e procedimentos para assegurar o reconhecimento mútuo. Não pode deixar de se assinalar que, todavia, a Diretiva se apoia também na base jurídica constante do Artigo 82.º, n.º 2, TFUE (para além do Artigo 83.º, n.º 1); e que, ademais, alarga a definição de infrações penais (cf. Artigo 3.º, último inciso, Diretiva 2014/42) às infrações penais contidas em outros atos jurídicos harmonizadores para além dos expressamente indicados nas respetivas alíneas

não se verifica esta limitação, aplicando-se o Regulamento às decisões de perda relativas a *outras infrações penais*[118].

O Artigo 3.º, n.º 1, do Regulamento contem a lista das infrações penais que, desde que sejam puníveis no Estado de emissão com pena privativa de liberdade de duração máxima não inferior a três anos, dispensam a verificação do requisito da dupla incriminação, devendo as decisões de perda relacionadas com essas infrações ser executadas[119]. Quanto às infrações que não são abrangidas neste dispositivo, abre-se, nos termos do disposto no seu n.º 2, a possibilidade de o Estado de execução «sujeitar o reconhecimento e a execução» da uma decisão de perda «à condição de os factos que deram origem a essa decisão constituírem uma infração penal nos termos da legislação do Estado de execução, quaisquer que sejam os elementos constitutivos ou a qualificação da mesma no Estado de emissão». É neste sentido que, limitando o legislador europeu, de acordo com o previsto no Artigo 19.º[120], os motivos – facultativos – de não reconhecimento e de não execução das decisões de perda, ele prevê como um desses casos o facto de «a conduta que tiver conduzido à decisão de perda» que não deva ser executada por efeito do disposto no n.º 1, do Artigo 3.º, «não constituir uma infração nos termos da legislação do Estado de execução». Em confronto com o que, a este propósito, dispunha a Decisão-Quadro 2006/783, pode dizer-se que o legislador europeu foi, agora, mais restritivo quanto a este motivo facultativo de recusa, uma vez que deixou de considerar o caso em que a decisão de perda dizia respeito a factos que «não constituam uma infração *que permita a declaração da perda*, nos termos da legislação do Estado de execução» (itálico nosso)[121].

do referido Artigo 3.º, se eles previrem que a Diretiva 2014/42 se aplica às infrações neles harmonizadas.

[118] Cf. Considerando 14 do Regulamento.

[119] Sobre os requisitos da transmissão das decisões de perda, cf. Artigos 14.º s, do Regulamento 2018/1805; refira-se a necessidade de a decisão de perda ser acompanhada da certidão de perda normalizada (cf. Artigo 17.º e Anexo II, do Regulamento).

[120] Cf. o n.º 1, do Artigo 19.º, que dispõe que a autoridade de execução «só pode decidir não reconhecer ou executar uma decisão de perda» nos casos elencados nas diversas alíneas deste dispositivo; cf., também, o n.º 2, onde se pretende prevenir os riscos de não reconhecimento ou de não execução.

[121] Cf. Artigo 8.º, n.º 2, alínea b), Decisão-Quadro 2006/783.

E, assim, o caso em que a infração em causa não dá ensejo, no Estado de execução a uma decisão de perda. O que significa que, no caso de Portugal ser o Estado de execução, a partir do momento em que o Regulamento 2018/1805 é aplicável – o que se verificou em 19 de dezembro de 2020[122] – a autoridade judiciária portuguesa apenas pode deixar de reconhecer e executar uma decisão de perda pelo facto de a infração com que ela está relacionada não configurar no nosso ordenamento jurídico uma infração. A este respeito, o Regulamento vem, pois, alterar aquilo que era o entendimento do legislador português, na lei que transpunha aquela Decisão-Quadro[123] e a propósito da qual o que deve dizer-se é que, por um defeito[124], não previa como motivo de recusa facultativa os casos em os factos nem sequer configuravam entre nós uma infração penal.

Uma segunda ordem de considerações diz respeito a saber que decisões de perda são abrangidas pelo Regulamento para efeitos de desencadearem obrigações de reconhecimento e execução.

Tal como decorre da avaliação de impacto para apoiar a Proposta de Regulamento na sua versão originária[125], foram consideradas duas opções de intervenção legislativa[126]: uma, mínima, que exigia o reconhecimento

[122] Cf. Artigo 41.º, Regulamento 2018/1805.

[123] Cf. Artigo 13.º, n.º 2, alínea a), da *Lei n.º* 88/2009, de 31 de agosto, *que aprova o regime jurídico da emissão e execução de decisões de perda, instrumentos, produtos e vantagens do crime,* ao prever que o «tribunal português pode recusar o reconhecimento e a execução da decisão de perda» quando, «fora dos casos previstos no n.º 1 do artigo 3.º, a decisão de perda respeite a factos que não constituam uma infração penal que permita a declaração de perda, nos termos da legislação portuguesa».

[124] Tal como a Decisão-Quadro, de resto, como já referido em texto (cf. Artigo 8.º, n.º 2, alínea b), Decisão-Quadro 2006/783).

[125] Proposta de Regulamento do Parlamento Europeu e do Conselho relativo ao reconhecimento mútuo das decisões de congelamento e de confisco, Bruxelas, 21.12.2016, COM(2016) 819 final (cit. COM(2016) 819 final). De notar que esta versão da Proposta sofreu várias modificações no decurso do processo legislativo.

[126] Cf. COM(2016) 819 final, cit., 3., Avaliação de impacto, p. 9 e 10. Para além destas opções, foi considerada a manutenção do *status quo*, que «implicaria a inação a nível da UE»; e a opção por instrumentos não vinculativos, em que se «apoiaria o reconhecimento mútuo das decisões de congelamento e de confisco mediante, por exemplo, a formação e a divulgação das melhores práticas e o incentivo à utilização dos instrumentos internacionais para promover a apreensão e o confisco transfronteiriços» (p. 9).

exclusivo das decisões de perda previstas na Diretiva 2014/42; e outra, máxima, que podia configurar-se como implicando o reconhecimento, ou de «todos os tipos» de decisões de perda «emitidas *no âmbito de processos penais*»[127], incluindo igualmente o confisco sem condenação penal» (itálico nosso); ou de «todas as decisões de confisco, *incluindo as emitidas em processos de natureza cível e administrativa*, caso ficasse provado que os bens tinham origem criminosa» (itálicos nossos). Sendo que – sempre nos termos da Proposta de Regulamento – a Comissão privilegiou a opção que consistia num instrumento de reconhecimento mútuo que assegurava «as melhores disposições para garantir a melhor circulação» das *decisões de perda «emitidas no âmbito de processos penais* na União Europeia» (itálicos nossos). Neste contexto, entendia-se[128] que seriam abrangidas pelo Regulamento, nos termos da *Proposta*, «todas as decisões de confisco impostas por um tribunal *relativamente a uma infração penal*»[129], sendo, deste modo, «aplicável a todos os tipos de decisões abrangidas pela Diretiva 2014/42/UE, bem como a outros tipos de decisões emitidas sem condenação definitiva no âmbito de um processo penal». Abrangiam-se, assim, pelo que se refere às decisões de perda sem condenação emitidas no âmbito de um processo penal, «casos de morte de uma pessoa, imunidade ou prescrição, casos em que não seja possível identificar o autor da infração, ou casos em que um tribunal criminal possa confiscar bens sem

[127] Na versão em língua inglesa, *in the context of criminal proceedings*.

[128] Assim, cf. COM(2016) 819 final, cit., Explicação pormenorizada das disposições específicas da proposta, Capítulo I, Artigo 1.º, Objeto, p. 12. A este propósito, cf. MAUGERI, Anna Maria, *Diritto Penale Contemporaneo*, 2019, cit., p. 11 e 12, já no sentido de que na Proposta de Regulamento, mesmo na versão originária mais restritiva, se poderiam abranger hipóteses de *actio in rem*, referindo-se aos casos em que o autor do crime não pode ser identificado, «desde que, no entanto, a perda fosse sempre uma «measure imposed by a court *following proceedings in relation to a criminal offence*» (em inglês no original, numa aparente referência ao que se pode ler na p. 11 do *Explanatory Memorandum* da Proposta; itálicos nossos), explicitando que este último inciso «deveria ser interpretado, não no sentido restritivo previsto na Diretiva 2014/42, isto é, para as hipóteses em que é instaurado um processo penal mas não pode conduzir a uma condenação penal, mas exatamente abrangendo as hipóteses de verdadeira e própria *actio in rem*, de um processo autónomo relativamente a bens provenientes de um crime». Cf., todavia, o que a seguir e *infra* se diz, em texto, de onde resulta que se afastam do âmbito do âmbito de aplicação do Regulamento as hipóteses de *actio in rem*.

[129] Na versão inglesa, *in relation to a criminal offence*.

condenação, se tiver decidido que esses bens são produtos do crime»; sublinhando-se que, para poderem ser incluídas no âmbito de aplicação do Regulamento, «as decisões de confisco deste tipo têm de ser emitidas no quadro de um processo penal», ficando assegurado, deste modo, que «todas as garantias aplicáveis a esse processo terão de ser observadas no Estado de emissão»[130]. Acrescentava-se, além disso, sempre nos termos da Proposta, que o Regulamento, não se aplicava a decisões de perda «emitidas no âmbito de processos de natureza cível ou administrativa»[131]. Em consonância com esta opção, na proposta de articulado, estipulava-se, assim, como objeto do Regulamento, o estabelecimento de regras segundo as quais um Estado-Membro reconheceria e executaria no seu território uma decisão de perda «emitida por outro Estado-Membro no âmbito de um processo penal»[132] e definiam-se decisões de perda[133] e os bens passíveis de perda[134]. A estes aspetos voltaremos adiante.

É sabido, entretanto, que foi na sequência da solicitação da representação italiana, que o Artigo 1.º da Proposta foi modificado[135], no sentido de as medidas de perda serem emitidas «no âmbito de processos em matéria penal» (*within the framework of proceedings in criminal matters*, na versão em língua inglesa; *nel quadro di un procedimento in materia penale*, na versão em língua italiana)[136]. A definição do âmbito de aplicação do Regulamento, tendo em conta esta alteração, não pode perder de vista este contexto, em que na sua origem esteve a intenção italiana de o alargar[137] para aí abranger um amplo espetro de decisões de perda sem condenação, aí incluídas as modalidades de perda preventiva existentes no ordenamento jurídico italiano.

[130] Cf. COM(2016) 819 final, cit., Resumo da Proposta de Regulamento, p. 6.

[131] Cf. *op. cit., loc. cit.*; cf., ainda, nesta linha, COM(2016) 819 final, cit., 2016/0412 (COD), Considerando 13 (p. 22) e Artigo 1.º, n.º1 (p. 25).

[132] Cf. Artigo 1.º, n.º 1, COM(2016) 819, final (p. 25).

[133] Cf. Artigo 2.º, n.º 1, COM(2016) 819, final (p. 26).

[134] Cf. Artigo 2.º, n.º 3, alíneas c) e d), COM(2016) 819, final (p. 26).

[135] Cf. Acordo do Conselho de 8 de dezembro de 2017.

[136] Cf. Artigo 1.º, n.º 1, do Regulamento 2018/1805.

[137] Assim, expressamente, MAUGERI, Anna Maria, *Dititto Penale Contemporaneo*, 2019, cit., p. 12.

O sentido a conferir ao conceito de «processos em matéria penal» – que se lembra[138] que é «um conceito autónomo do direito da União interpretado pelo Tribunal de Justiça da União Europeia, não obstante a jurisprudência do Tribunal Europeu dos Direitos Humanos» – suscita alguma controvérsia pelo que se refere a saber que tipos de decisões de perda contempla. Em nosso entender, a resposta deve ser encontrada a partir da interpretação conjugada das definições de decisão de perda e de bens que são passíveis de perda, com o enquadramento que lhe confere o Considerando 13 do Regulamento, tendo ainda em conta o elenco *fechado* de motivos indicados de não reconhecimento e de não execução das decisões de perda[139]. Com efeito, na parte que nos interessa, a decisão de perda[140] é definida como «uma sanção ou medida de caráter definitivo, imposta por um tribunal, *relativamente a uma infração penal*» e os bens como os ativos que são passíveis de perda, quer «mediante a aplicação no Estado de emissão de um dos poderes de perda previstos na Diretiva 2014/42/UE»[141], quer «por força de quaisquer outras disposições relacionadas com os poderes de perda (...) previstos na legislação do Estado de emissão *relativamente a uma infração penal*», aí se incluindo, expressamente «*a perda sem condenação definitiva*»[142]. O Considerando 13, por seu turno, confortando estas disposições, explicita que entram nas decisões de perda emitidas no âmbito de processos em matéria penal todos os tipos de decisões (de perda) «emitidas na sequência de um *processo relativo a uma infração penal*» (itálicos nossos), precisando ainda, por um lado, que aí se incluem «as decisões abrangidas pela Diretiva 2014/42/EU» e, por

[138] Cf. Considerando 13 do Regulamento 2018/1805.

[139] Cf. Artigo 19.º, n.º 1. Note-se que esta norma não inclui um motivo similar ao que constava do Artigo 8.º, n.º 3, segundo inciso, da Decisão-Quadro 2006/783, já referido supra.

[140] Cf. Artigo 2.º, n.º 2, do Regulamento 2018/1805 (itálicos nossos). Assinale-se que esta definição de decisão de perda coincide, no essencial, com a constante no Artigo 2.º, n.º 4, da Diretiva 2014/42, que se refere à «privação definitiva de um bem, decretada por um tribunal *relativamente a uma infração penal*» (itálicos nossos); e também com a definição de decisão de confisco constante da Proposta de Regulamento, no seu Artigo 2.º, n.º 1, quando – note-se – o objeto do Regulamento tinha em vista, nessa versão da Proposta (cf. Artigo 1.º, n.º 1), abranger as decisões de confisco emitidas *no âmbito de processos penais*.

[141] Cf. Artigo 2.º, n.º 3, alínea c), do Regulamento 2018/1805.

[142] Cf. Artigo 2.º, n.º 3, alínea d), do Regulamento 2018/1805 (itálicos nossos).

outro, «outros tipos de decisões proferidas sem uma condenação definitiva». Acrescenta-se, ainda, de imediato – enquadrando, agora, a norma que dispõe sobre os motivos de não reconhecimento e de não execução, mas, sobretudo, «dando o tom» ao Regulamento[143] –, que, «mesmo que tais decisões não existam no ordenamento jurídico de um Estado-Membro, o Estado-Membro em causa deverá *poder*[144] reconhecer e executar a decisão emitida por outro Estado-Membro», evitando que diferenças legislativas entre os ordenamentos jurídicos dos diversos Estados entravem ou dificultem a cooperação judiciária.

Neste contexto, convém começar por ter em mente, como já se chamou a atenção[145], para que o Regulamento teve em vista, a partir de um certo momento, abranger no seu âmbito de aplicação as decisões de perda sem condenação, que, num certo entendimento, não eram abrangidas pela Decisão-Quadro[146], o que podia significar as decisões (de perda)

[143] Em consonância com a justificação avançada para a sua adoção (cf., *supra*).

[144] Itálico nosso. Sobre o sentido desta não obrigatoriedade de reconhecimento e execução, que se prende com o entendimento do princípio do reconhecimento mútuo que avançámos (cf. *supra*) e que, apesar de tudo, não deve ser tão automático como à primeira vista se poderia ter pretendido, veja-se *infra*..., a propósito da garantia dos direitos fundamentais dos visados.

[145] Cf. intenção italiana

[146] Cf. Caeiro, Pedro, *O novo regime de recuperação de ativos, cit.*, p. 30, que se refere às decisões de perda *in rem*, de natureza civil ou administrativa, especificamente à *civil recovery* e à *civil asset forfeiture* do modelo anglo-americano; também na conclusão, pelo que se refere às decisões de perda sem condenação, quer civis ou administrativas, quer penais, Junqueira, Gabriel Marson, *RBDPP*, 2020, *cit*, p. 791 e 792; já em sentido contrário, Rodrigues, Hélio/Rodrigues, Carlos, Recuperação de ativos na criminalidade económico-financeira, cit., p. 283 s. Por nossa parte, no contexto do presente estudo, queremos salientar que, no caso da Decisão-Quadro 2006/783, o legislador europeu foi claro quando definiu o seu objetivo, no disposto no Artigo 1.º, n.º 1: tratava-se de estabelecer as regras segundo as quais se reconheceriam e executariam as decisões de perda «proferidas *por um tribunal competente em matéria penal* de outro Estado-Membro» (itálicos nossos) – referência que desapareceu, como se evidenciará adiante, da definição de objeto do Regulamento. E (referência) que, em conjunto com a definição do Estado de emissão, também contida na Decisão-Quadro (Artigo 2.º, alínea a), que se referia à decisão de perda proferida «*no âmbito de uma ação penal*»), poderia conduzir à conclusão que seriam abrangidas no âmbito de aplicação da Decisão-Quadro as decisões de perda sem condenação *penais*. Com efeito, em nenhum lugar se exigia, nestes dispositivos, que a decisão de perda tivesse na base uma condenação. Todavia, em face de uma leitura sistemática da Decisão-Quadro, verificava-se que o reconhecimento mútuo estava previsto apenas para

sem condenação, penais e *in rem* (administrativas ou civis). Há que lembrar, entretanto, que o critério decisivo[147] de distinção das decisões de perda para efeitos de cooperação judiciária passa por as diferenciar em função de elas serem ou não impostas na base de uma condenação e que o reconhecimento mútuo está, como deve, limitado à sua expressa previsão para os casos específicos que se pretendam contemplar. No âmbito do Regulamento atualmente em vigor, então, desde logo, o reconhecimento mútuo está limitado às determinadas decisões de perda em relação a ativos passíveis de perda que ele próprio definiu e não pode estender-se para além dos casos que, desta forma, quis abranger.

É aqui que é do maior relevo saber quais as decisões de perda e os ativos passíveis de perda previstos no Regulamento, tal como já indicámos. À luz das definições que evidenciámos, resulta que a decisão de perda sem condenação abrangida pelo Regulamento não pode prescindir de uma *conexão* entre uma infração penal e determinados bens, que deve ficar *clara* no *processo penal* onde essa conexão foi estabelecida. O que se verifica, como já se colocou em evidência[148], quando se abrangem no âmbito do Regulamento, quer as decisões de perda previstas na Diretiva 2014/42[149], quer outras decisões de perda de ativos tomadas «relativamente a uma infração penal»[150]. E, assim, sem dúvida, decisões de perda sem condenação penal. Neste ponto, se confrontarmos o atual dispositivo do Regulamento com o da Proposta de Regulamento contidos nos respetivos artigos 2.º, n.º 3, alínea d), observa-se que este inciso não constava da Proposta. A sua inclusão, agora, veio inclusivamente contribuir para esclarecer que estamos perante uma perda *NCB penal*.

determinadas modalidades de perda, por referência ao disposto no Artigo 2.º, alínea d) na alínea d), deixando de fora a perda sem condenação, e, assim, também a perda sem condenação *penal*. Como muito bem evidenciou Junqueira, Gabriel Manson (*op.cit.*, p. 793), deixando de fora também a perda sem condenação depois prevista na Diretiva 2014/42, mas que, tendo os dois instrumentos estado em vigor ao mesmo tempo, suscitou dificuldades à cooperação judiciária, fruto do desfasamento da legislação.

[147] Atenta a diversidade de conformação das decisões de perda nos diversos ordenamentos jurídicos.

[148] Cf. *supra*.

[149] Cf. Artigo 2.º, n.º 3, alínea c).

[150] Cf. Artigo 2.º, n.º 3, alínea d).

O que o Regulamento não abrange são decisões de perda tomadas por um tribunal fora de um processo em que não tome em conta na decisão a relação entre uma infração penal e determinados bens e as exigências, de nível penal, de prova, que se colocam para estabelecer a conexão. E, assim, (não abrange) as decisões de perda (tomadas por um tribunal) sem condenação que, *neste sentido*, não sejam penais, independentemente da circunstância de o tribunal que as tome ter ou não ter jurisdição penal[151]. O que quer dizer, com efeito, que as decisões de perda abrangidas pelo Regulamento não têm de ser emitidas por um tribunal com jurisdição em matéria penal – o Regulamento não se refere a este aspeto[152], mas antes a decisões de perda emitidas «no âmbito de processos em matéria penal» por um tribunal relativamente a uma infração penal[153] –, mas já têm de referir-se a decisões de perda tomadas com estalão de prova penal[154]. Por aqui avultando como a delimitação do âmbito de aplicação do Regulamento relativamente às decisões emitidas no âmbito de processos «em matéria penal» deve fazer-se por referência às decisões de perda especificamente definidas no Regulamento. Neste sentido, estão apenas abrangidas pelo Regulamento as decisões sem condenação penais, *independentemente do tribunal que as pronuncie*, mas já não as decisões tomadas em procedimentos *in rem*. Que, como se observa, o legislador europeu excluiu expressamente – sem surpresa, neste contexto – do âmbito de aplicação do Regulamento (Artigo 1.º,

[151] Parece apontar neste sentido, Aguado, Teresa, «Embargo y decomiso en la Unión Europea: novidades legislativas y retos», (Coord. Manuel Monteiro Guedes Valente), *Criminalidade Organizada Transnacional – Corpus Delicti I*, Almedina, 2019, p. 116; *id.*, «Cinco años después de las reformas del decomiso: does crime still pay?», *Decomisso y recuperación de activos. Crime doesn't pay*, Ignacio Berdugo Gómez de la Torre/Nicolás Rodriguez Garcia (ed.lit), Tirant lo Blanch, 2020, p. 77. Nem será diferente o sentido da conclusão para que aponta Pais, Ana Isabel Rosa, «A decisão de apreensão de bens: reflexões à luz do novo Regulamento da União Europeia de 14 de Novembro de 2018», *RPCC*, Ano 29, 2019, p. 198-200.

[152] Cf. Artigo 1.º, n.º 1, do Regulamento 2018/1805, ao invés do que se verificava na Decisão-Quadro 2006/783, Artigo 1.º, n.º 1 (cf. *supra*, nota 139).

[153] Cf. Artigo 2.º, n.º 2, do Regulamento 2018/1805.

[154] Neste contexto, não só se compreende como é muito significativa a referência constante do Considerando 18, do Regulamento, às salvaguardas essenciais dos processos penais estabelecidas na Carta dos Direitos Fundamentais, que «deverão ser aplicáveis aos processos em matéria penal abrangidos» pelo Regulamento «que não são processos penais».

n.º 4)[155]. Sendo ainda de referir que o legislador europeu não introduziu qualquer alteração na definição de decisão de perda[156], utilizando exatamente no Regulamento a mesma terminologia da Proposta, referindo-a como (uma decisão) «imposta por um tribunal relativamente a uma infração penal»[157].

3. A concluir

O Regulamento não deixa dúvidas de que todas as decisões de perda para efeitos de reconhecimento mútuo tal como estabelecido nesse instrumento têm de ser tomadas, nos Estados-Membros, asseguradas as garantias processuais em matéria penal.

É assim que no articulado se reitera[158] o que já no Considerando 16 se estabelece, no sentido de o Regulamento não ter por efeito «alterar a obrigação de respeito dos direitos fundamentais e dos princípios jurídicos consagrados no artigo 6.º do Tratado da União Europeia». Sendo também de referir a declaração constante do Considerando 17, onde, na mesma linha, se afirma agora o respeito pelos «direitos fundamentais e os princípios» reconhecidos na Carta de Direitos Fundamentais e na Convenção Europeia dos Direitos do Homem. São, todavia, as salvaguardas exigidas no Considerando 18 que confirmam o bem fundado das modificações que sofreu, durante o processo legislativo da Diretiva 2014/42, a perda sem condenação, no sentido da sua conformação como um instituto que não tivesse apenas em vista a eficácia e descurasse a proteção

[155] Note-se que, na Proposta de Regulamento, não se fazia expressamente qualquer restrição às decisões de perda emitidas no âmbito de processos em matéria civil ou administrativa, tal como hoje consta do Artigo 1.º, n.º 4, do Regulamento, que *não se restringe,* como naquela Proposta, às decisões de perda emitidas no âmbito de um processo penal» (Artigo 1.º, n.º 1, da Proposta). Acrescente-se, entretanto, que, quer num caso como noutro, a não abrangência das decisões de perda civis ou administrativas não pode deixar de se ligar ao facto de que o instrumento jurídico em causa ser adotado com base no Artigo 82.º, n.º 1, TFUE, que estatui sobre cooperação judiciária *em matéria penal.*

[156] Cf. Artigo 2.º, n.º 1, da Proposta de Regulamento e Artigo 2.º, n.º 2, do Regulamento 2018/1805.

[157] E que, como já se assinalou, constava também da Decisão-Quadro2006/783, Artigo 2.º, alínea c).

[158] Cf. Artigo 1.º, n.º 2, do Regulamento 2018/1805.

dos direitos fundamentais dos visados com ela[159]. Já tivemos ocasião, ao longo deste estudo, de referir como o patamar mínimo comum de direito fundamentais em matéria processual penal afirmados por uma série de instrumentos jurídicos adotados nos últimos tempos na União Europeia constituem um passo muito relevante na construção de um processo penal comum. Mas atesta a firmeza que se quer atribuir a esse passo a afirmação, tal como consta dos termos do Considerando em apreço, de que esses direitos processuais devem ser aplicáveis, no âmbito de aplicação das respetivas diretivas, aos processos penais abrangidos pelo Regulamento, e, especificamente, como já tivemos ocasião de colocar em destaque, que as salvaguardas essenciais dos processos penais estabelecidas na Carta deverão ser aplicáveis aos processos em matéria penal abrangidos pelo Regulamento «que não são processos penais». Isto representa, desde logo, uma via consistente para melhorar, do ponto de vista do nível das garantias que devem respeitar certos institutos de perda conhecidos nos diferentes ordenamentos jurídicos, tendo em conta a prevenção dos entraves à cooperação judiciária que se visa no presente Regulamento. Que se promoverá através do aumento de garantias de que se rodeie a utilização dos instrumentos em causa e não, ao invés, pela delapidação de garantias dos direitos das pessoas visadas por eles[160]. E assume, ainda, uma importância decisiva, no bom sentido do caminho a ser feito, o poder de recusa de reconhecimento e de não execução das decisões de perda cuja execução «iria, nas circunstâncias específicas do caso, implicar uma vio-

[159] De alguma forma contrariando esse caminho, refere-se o *apelo* feito, no Considerando 16, da Diretiva 2018/1673, *cit.*, para que os Estados-Membros ponderem «seriamente» a possibilidade de «permitir a perda em todos os casos em que não seja possível instaurar ou concluir o processo penal, inclusive nos casos em que o infrator tenha morrido» (lembre-se que a Diretiva 2014/42 foi restritiva e apenas considerou os casos de doença ou de fuga).

[160] Este será o caso quando se aponta (Maugeri, Anna Maria, *Diritto Penale Contemporaneo*, 2019, cit., p.39 e 40) para o incentivo que constitui o Regulamento para adotar, no direito italiano, um modelo de procedimento contra o património conforme com as garantias penais, a partir do *standard* da prova penal, para garantir o reconhecimento mútuo de formas de confisco, designadamente preventivo, previsto no ordenamento jurídico italiano. Já muito crítico em relação ao controlo dos direitos fundamentais por parte do Estado de execução, Correia, João Conde, «Reconhecimento mútuo de decisões de apreensão e de confisco: o Regulamento (UE) 2018/1805 do Parlamento Europeu e do Conselho de 14 de novembro de 2018», JULGAR, Associação Sindical dos Juízes Portugueses, N.º 39, 2019, p. 190-193.

lação manifesta de um direito fundamental relevante tal como estabelecido na Carta, em especial, o direito a um recurso efetivo, o direito a um julgamento equitativo ou o direito de defesa»[161]. A garantir que a confiança mútua só existe na interação entre os protagonistas do sistema judiciário que constantemente a colocam à prova e a fazem progredir.

[161] Cf. Artigo 19.º, alínea h), do Regulamento 2018/1805.

2. Cooperação policial para efeitos de recuperação de ativos

JÚLIO BARBOSA E SILVA
Procurador da República

I. Introdução[1]

Numa obra dedicada à cooperação judiciária para efeitos de recuperação de ativos, falar de cooperação policial para esse mesmo efeito poderia parecer, à vista desarmada, como algo de importância secundária.

No entanto, relegar para esse plano secundário a importância e – atrevo-me a dizê-lo – a essencialidade da cooperação policial, é perder de vista a unidade de sentido que existe entre essas duas modalidades de cooperação, bem assim como a sua complementaridade.

Na verdade, a cooperação policial – mas também a denominada cooperação administrativa ou informal quando entram em campo outras entidades, como se verá – nesta matéria, exerce frequentemente, quando não um papel principal, um papel fundamental de antecâmara dos pedidos/decisões formais de cooperação judiciária internacional, seja na veste de auxílio judiciário mútuo[2], em especial fora do espaço da União Europeia (UE), seja no âmbito dos instrumentos de reconhecimento mútuo dentro do espaço da UE, como a Decisão Europeia de Investigação (DEI) e o Regulamento 2018/1805 de 14 de novembro de 2018, relativo ao reconhecimento mútuo das decisões de apreensão e de perda.

Sendo que não deixa de ser paradoxal constatar essa essencialidade e, ao mesmo tempo, que, não raras vezes, alguns polícias e magistrados

[1] Impõe-se um agradecimento especial ao Exmo. Sr. Inspetor-Chefe Rui Santos, Chefe da Delegação do Centro do GRA, pela troca de impressões, disponibilidade e opiniões, que contribuiram para que o resultado final fosse melhor do que aquele que inicialmente estava destinado.

[2] Usando-se muitas vezes o acrónimo inglês "MLA" (*Mutual Legal Assistance*) para o designar.

ainda não compreendem totalmente o trabalho de uns e outros, bem assim as entidades e ferramentas ao dispor, considerando as respetivas funções como compartimentos estanques, sem qualquer diálogo, ou a outra face de uma mesma moeda, destinada justamente a um fim comum, tratando-se a cooperação policial algo que pode ditar o sucesso ou fracasso de uma investigação patrimonial e financeira e de um qualquer procedimento de cooperação judiciária internacional.

Pense-se, por exemplo, na necessidade de saber se um determinado suspeito ou arguido possui contas ou imóveis no estrangeiro, ou analisar o fluxo de determinados valores que passam por vários países e facilmente se constata que, muitas vezes, sem uma cooperação policial prévia, não haverá forma de determinar judicialmente o congelamento de bens e valores.

A cooperação policial tem, consequentemente, óbvias vantagens em termos de rapidez e informalidade, havendo legislação e estruturas de apoio, nacionais e internacionais, para base de trabalho, interação, troca de informações, práticas e operacionalidade, podendo, inclusivamente, serem criadas equipas multidisciplinares bem como de investigação conjunta, estas exclusivamente para efeitos de levar a cabo investigações patrimoniais e financeiras, algo que poderia ser devidamente explorado pelas autoridades nacionais, sabendo-se do défice da utilização destas equipas em geral em Portugal.

Daí que deva existir um diálogo permanente entre Ministério Público e polícia para, compreendendo cada um o papel do outro, poder delinear um plano de ação, tratando-se esse trabalho prévio policial essencial. Como refere, de forma certeira, o *Basel Institute on Governance*[3], «Esta cooperação informal permite que a equipa de investigação tenha uma imagem mais clara e completa do caso. Ajuda-os a identificar quais as provas formais que podem ser obtidas no estrangeiro para levar o caso a tribunal com êxito e, em última análise, a recuperar todos os ativos adquiridos ilegalmente através dos recursos limitados de que dispõem».

[3] Cfr. o documento "Quick guide n.º 9: Cooperação internacional na recuperação de ativos", Shane Nainappan, 5 de Agosto de 2019, acessível através da ligação https://baselgovernance.org/sites/default/files/2020-09/qg9_cooperation_pt.pdf (última consulta a 19.01-2021).

II. A legislação mais relevante para efeitos de cooperação policial

1. A Decisão Sueca

A Decisão-Quadro 2006/960/JAI do Conselho de 18 de dezembro de 2006 relativa à simplificação do intercâmbio de dados e informações entre as autoridades de aplicação da lei dos Estados-Membros da União Europeia, conhecida como Decisão Sueca, é, nesta matéria, um marco na cooperação policial na UE, tendo sido transposta para o nosso ordenamento nacional pela Lei n.º 74/2009, de 12 de agosto.

Partiu da constatação que «Atualmente, o intercâmbio célere e eficaz de dados e informações entre as autoridades de aplicação da lei é fortemente entravado por formalidades, estruturas administrativas e obstáculos jurídicos consignados na legislação dos Estados-Membros; esta situação é inaceitável para os cidadãos da União Europeia, impondo-se, por conseguinte, o reforço da segurança e uma aplicação mais eficaz da lei, sem descurar a defesa dos direitos humanos»[4], tendo por objetivo principal, em relação a determinados tipos de dados e informações, assegurar um intercâmbio célere de determinados dados vitais para as autoridades policiais no interior da União, entendendo o Conselho ser necessário aprovar um instrumento juridicamente vinculativo sobre a simplificação do intercâmbio de dados e informações.

No caso português, são consideradas autoridade competente de aplicação da lei, a PJ; GNR; PSP; Direcção-Geral das Alfândegas e dos Impostos Especiais sobre o Consumo e outros órgãos de polícia criminal de competência específica.

Tratando-se esta Decisão-Quadro fundamental para a cooperação policial, principalmente no âmbito de criminalidade organizada e terrorismo, facilitando a troca de informações pela UE, mas também com aplicação à Noruega, Islândia e Suíça[5], conclui-se que estas informações,

[4] Cfr. Considerando n.º 6.

[5] O considerando 13 refere que "Em relação à Islândia e à Noruega, a presente decisão-quadro constitui um desenvolvimento das disposições do acervo de Schengen que se insere no domínio a que se refere o artigo 1.º da Decisão 1999/437/CE do Conselho, de 17 de Maio de 1999, relativa a determinadas regras de aplicação do Acordo celebrado pelo Conselho da União Europeia com a República da Islândia e o Reino da Noruega relativo à associação dos

para serem aproveitadas em contexto do inquérito ou processo terão de ser «judicializadas» para terem validade legal. Daí que o artigo 1.º n.º 4 esclareça que «A presente decisão-quadro não impõe aos Estados-Membros qualquer obrigação de fornecer dados ou informações para serem utilizados como meio de prova perante uma autoridade judiciária, nem confere qualquer direito de utilizar tais dados ou informações para esse fim. Nos casos em que um Estado-Membro tenha obtido dados ou informações ao abrigo da presente decisão-quadro e queira utilizá-los como meio de prova perante uma autoridade judiciária, terá de obter o consentimento do Estado-Membro que forneceu os dados ou informações, se necessário ao abrigo do direito interno do Estado-Membro que os forneceu, utilizando os instrumentos de cooperação judiciária em vigor entre os Estados-Membros. Tal consentimento não é exigido nos casos em que o Estado-Membro requerido tenha já dado, aquando da transmissão dos dados ou informações, autorização para a sua utilização como meio de prova»[6].

dois Estados à execução, à aplicação e ao desenvolvimento do acervo de Schengen. Os procedimentos estabelecidos no referido Acordo foram respeitados no que respeita à presente decisão-quadro.
O considerando 14 estabelece «Em relação à Suiça, a presente decisão-quadro constitui um desenvolvimento das disposições do acervo de Schengen, na acepção do Acordo celebrado entre a União Europeia, a Comunidade Europeia e a Confederação Suiça relativo à associação da Confederação Suiça à execução, à aplicação e ao desenvolvimento do acervo de Schengen que se insere no domínio a que se refere o ponto H do artigo 1.º da Decisão 1999/437/CE, conjugado com o n.º 1 do artigo 4.o da Decisão 2004/860/CE do Conselho, de 25 de Outubro de 2004, respeitante à assinatura, em nome da União Europeia, e à aplicação provisória de certas disposições do referido Acordo e com n.º 1 do artigo 4.º da Decisão 2004/849/CE do Conselho, de 25 de Outubro de 2004, respeitante à assinatura, em nome da União Europeia, e à aplicação provisória de certas disposições do referido Acordo».

[6] A este respeito, importa referir que o artigo 3.º, n.º 2 da Lei n.º 74/2009, sob epígrafe «Limites do dever de cooperação» estabelece que "Quando sejam obtidos fora do inquérito ou da instrução, ou do procedimento de averiguação preventiva admitido pela Lei n.º 36/94, de 29 de Setembro, só podem ser transmitidos, sem autorização das autoridades judiciárias competentes, a autoridades previstas no artigo 1.º, os dados ou informações a que se refere a alínea c) do artigo anterior cuja obtenção tenha decorrido das medidas de polícia consagradas no capítulo v da Lei n.º 53/2008, de 29 de Agosto.

Segundo o artigo 2.º, alínea d), por dados e/ou informações que se podem obter através deste instrumento deve entender-se: «i) Qualquer tipo de dados ou informações na posse das autoridades de aplicação da lei; e ii) Qualquer tipo de dados ou informações na posse de autoridades públicas ou entidades privadas a que as autoridades de aplicação da lei tenham acesso sem recorrer à aplicação das medidas de coação a que se refere o n.º 5 do artigo 1.º»[7].

A forma de efetivação do fornecimento de dados é bastante simples, bastando um pedido de uma autoridade competente que, no momento, conduza uma investigação criminal ou uma operação de informações criminais, não podendo ser aplicadas a esse pedido condições mais restritivas que as aplicadas ao fornecimento e pedidos de dados e informações ao nível nacional (cfr. artigo 3.º, n.ºs 2 e 3).

Embora esteja previsto expressamente que os EM não subordinam a acordo ou autorização judicial o intercâmbio, entre as suas autoridades e as de outro EM, de dados ou informações a que a autoridade requerida possa ter acesso, num procedimento interno, sem acordo ou autorização judicial, sempre se prevê que caso a lei da autoridade requerida só permita que esta tenha acesso aos dados ou informações solicitados mediante acordo ou autorização de uma autoridade judiciária, essa autoridade competente de aplicação da lei é obrigada a solicitar o acordo ou a autorização à autoridade judiciária competente para efeitos de acesso e intercâmbio (cfr. artigo 3.º, n.ºs 3 e 4).

Na prática, estabelecem-se aqui o que se podem designar como cláusulas de não discriminação e de tratamento igual dos pedidos de informações, sejam eles da iniciativa das autoridades internas ou de outro EM, sendo interessante notar esta obrigação de suscitar a intervenção de autoridade judiciária em obediência a uma norma interna para satisfazer um pedido de uma autoridade de um EM, não deixando margem para

[7] Este n.º 5 refere que «A presente decisão-quadro não impõe qualquer obrigação de obter dados ou informações por meio de medidas de coacção, definidas de acordo com o direito interno no Estado- Membro que recebe o pedido de dados ou informações».
Contudo, o n.º 6 estabelece que «Se tal for permitido pelo direito interno e em conformidade com este, os Estados-Membros fornecem os dados ou informações previamente obtidos por meio de medidas de coacção».

discricionariedade sobre o acionamento ou não da autoridade judiciária para esse fim.

Por fim, o n.º 5 deste artigo 3.º estabelece que, quanto às informações que as autoridades requeridas possuam e que tenham sido obtidas através de um outro EM ou país terceiro que tenham subordinado essas informações à regra da especialidade, os dados ou informações solicitadas só podem ser transmitidos pela autoridade requerida com o consentimento do EM ou país terceiro que os forneceu.

No que diz respeito a prazos, o artigo 4.º estabelece várias situações:

- Um prazo para casos urgentes de apenas 8 horas para o fornecimento de dados e informações relativos às infrações a que se refere o n.º 2 do artigo 2.º da Decisão-Quadro 2002/584/JAI[8], relativa ao mandado de detenção europeu e aos processos de entrega entre os Estados-Membros (MDE), caso os dados ou informações solicitadas estejam contidos numa base de dados a que uma autoridade de aplicação da lei tenha acesso direto (n.º 1);

[8] De acordo com este n.º 2, as infracções a seguir indicadas, caso sejam puníveis no Estado-Membro de emissão com pena ou medida de segurança privativas de liberdade de duração máxima não inferior a três anos e tal como definidas pela legislação do Estado-Membro de emissão, determinam a entrega com base num mandado de detenção europeu, nas condições da presente decisão-quadro e sem controlo da dupla incriminação do facto: participação numa organização criminosa; terrorismo; tráfico de seres humanos; exploração sexual de crianças e pedopornografia; tráfico ilícito de estupefacientes e de substâncias psicotrópicas; tráfico ilícito de armas, munições e explosivos; corrupção; fraude, incluindo a fraude lesiva dos interesses financeiros das Comunidades Europeias na acepção da convenção de 26 de Julho de 1995, relativa à protecção dos interesses financeiros das Comunidades Europeias; branqueamento dos produtos do crime; falsificação de moeda, incluindo a contrafacção do euro; cibercriminalidade; crimes contra o ambiente, incluindo o tráfico ilícito de espécies animais ameaçadas e de espécies e essências vegetais ameaçadas; auxílio à entrada e à permanência irregulares; homicídio voluntário, ofensas corporais graves; tráfico ilícito de órgãos e de tecidos humanos; rapto, sequestro e tomada de reféns; racismo e xenofobia; roubo organizado ou à mão armada; tráfico de bens culturais incluindo antiguidades e obras de arte; burla; extorsão de protecção e extorsão; contrafacção e piratagem de produtos; falsificação de documentos administrativos e respectivo tráfico; falsificação de meios de pagamento; tráfico ilícito de substâncias hormonais e outros factores de crescimento; tráfico ilícito de materiais nucleares e radioactivos; tráfico de veículos roubados; violação; fogo-posto; crimes abrangidos pela jurisdição do Tribunal Penal Internacional; desvio de avião ou navio; sabotagem.

- Se esse prazo representar um ónus desproporcionado para a autoridade requerida, esta pode adiar a sua transmissão, sendo que, nesse caso, comunica imediatamente o adiamento à autoridade requerente e fornece os dados ou informações solicitadas o mais rapidamente possível, o mais tardar no prazo de três dias (n.º 2);
- No caso de pedidos não urgentes de dados ou informações relativas às infrações a que se refere o referido n.º 2 do artigo 2.º da Decisão-Quadro relativa ao MDE estabelece-se o prazo de uma semana, caso os dados ou informações solicitadas estejam contidos numa base de dados a que uma autoridade de aplicação da lei tenha acesso direto.
- Em todos os casos restantes, os EM asseguram que os dados ou informações solicitadas são comunicados à autoridade requerente no prazo de catorze dias.

Se a autoridade requerida não puder responder nos prazos de oito horas, três dias uma semana ou catorze dias, deve indicar as razões dessa impossibilidade no formulário constante do Anexo A.

Podem ser solicitados dados e informações para fins de deteção, prevenção ou investigação de uma infração quando haja razões factuais para crer que outro EM dispõe de dados e informações relevantes. No pedido devem ser indicadas essas razões factuais e explicitados os fins para os quais são solicitados os dados e informações, bem como a relação entre esses fins e a pessoa a que dizem respeito os dados e informações, sendo que os pedidos de dados ou informações devem incluir, pelo menos, os elementos constantes do Anexo B (cfr. artigo 5.º, n.º 1 e 3)

De acordo com o artigo 10.º da Lei n.º 74/2009 (Canais de comunicação e língua de trabalho)[9], o intercâmbio de dados e informações deve efetuar-se através dos gabinetes Sirene, Interpol ou Europol[10], podendo

[9] Cfr. artigo 6.º da Decisão-Quadro

[10] Nos termos do artigo 12.º da Lei n.º 49/2008, de 29 de agosto (Lei de Organização da Investigação Criminal), sob epígrafe «Cooperação internacional»: «1 – Compete à Polícia Judiciária assegurar o funcionamento da Unidade Nacional EUROPOL e do Gabinete Nacional INTERPOL. 2 – A Guarda Nacional Republicana, a Polícia de Segurança Pública e o Serviço de Estrangeiros e Fronteiras integram, através de oficiais de ligação permanente, a Unidade e o Gabinete previstos no número anterior. 3 – A Polícia Judiciária, a Guarda Nacional Republicana, a Polícia de Segurança Pública e o Serviço de Estrangeiros e Fronteiras integram, através

ser usadas todas as línguas de trabalho previstas para esses gabinetes, competindo ao Secretário-Geral do Sistema de Segurança Interna garantir às autoridades previstas nesta lei o acesso aos dados e informações, de acordo com as suas necessidades e competências, sem prejuízo do disposto no n.º 4, do artigo 15.º, da Lei n.º 49/2008, de 27 de Agosto.

O fornecimento de dados ou informações pode ser recusado, nos termos do artigo 9.º da Lei 74/2009 (cfr. artigo 10.º da Decisão-Quadro) em casos que se podem dizer pretenderem ser excecionais – na medida em que a cooperação na transmissão de dados e informações é a regra – em que haja razões factuais para presumir que o fornecimento dos dados ou informações:

a) Iria afetar interesses essenciais de segurança nacional da República Portuguesa; ou
b) Iria pôr em risco o êxito de uma investigação em curso, de uma operação de informações criminais ou ainda a segurança das pessoas; ou
c) Seria claramente desproporcionado ou irrelevante em relação aos fins para os quais foi solicitado.

Prevendo embora o n.º 2 uma regra de proporcionalidade, ficando a recusa na discricionariedade das autoridades caso se tratem de infrações que, ao abrigo da lei portuguesa, sejam puníveis com pena de prisão igual ou inferior a um ano, a verdade é que, tendo a criminalidade que habitualmente mais lança mão da recuperação de ativos limiares de punibilidade sempre superiores, esta norma fica esvaziada e sem interesse prático. Também não haverá fornecimento de dados ou informações no caso de a autoridade judiciária o recusar, nos termos do artigo 4.º, n.º 3 da Lei 74/2009 (cfr. n.º 3 do artigo 9.º).

de oficiais de ligação permanente, os Gabinetes Nacionais de Ligação a funcionar junto da EUROPOL e da INTERPOL. 4 – Todos os órgãos de polícia criminal têm acesso à informação disponibilizada pela Unidade Nacional EUROPOL, pelo Gabinete Nacional INTERPOL e pelos Gabinetes Nacionais de Ligação a funcionar junto da EUROPOL e da INTERPOL, no âmbito das respectivas competências».

E, de acordo com o artigo 11.º da Lei 74/2009, (Intercâmbio espontâneo de dados e informações) «1 – Sem prejuízo do disposto no artigo 8.º, as autoridades nacionais previstas na alínea a) do artigo 2.º devem, sem prévia solicitação, fornecer dados e informações às autoridades competentes de aplicação da lei de outros Estados membros interessados, nos casos em que existam razões factuais para crer que esses dados e informações podem contribuir para a deteção, prevenção ou investigação das infrações a que se refere o n.º 2 do artigo 2.º da Lei n.º 65/2003, de 23 de Agosto.

2 – O fornecimento de dados e informações deve limitar-se àquilo que for considerado relevante e necessário para o êxito da deteção, da prevenção ou da investigação da infração ou da atividade criminosa em questão».

Por fim, é importante referir que, nos termos do artigo 17.º da Lei n.º 74/2009, relativo ao acesso das autoridades judiciárias «O regime previsto na presente lei não prejudica a aplicação do disposto no n.º 3 do artigo 11.º da Lei n.º 49/2008, de 29 de agosto[11], podendo as autoridades judiciárias competentes aceder, a todo o momento e relativamente aos processos de que sejam titulares, aos dados e informações que a eles respeitem».

2. A Diretiva (UE) 2019/1153 do Parlamento Europeu e do Conselho de 20 de junho de 2019, que estabelece normas destinadas a facilitar a utilização de informações financeiras e de outro tipo para efeitos de prevenção, deteção, investigação ou repressão de determinadas infrações penais e que revoga a Decisão 2000/642/JAI do Conselho, relativa a disposições de cooperação entre as unidades de informação financeira dos Estados-Membros em matéria de troca de informações

Se até aqui a Decisão 2000/642 era relevante no âmbito da cooperação policial, a sua revogação, a 21 de agosto de 2021, pela Diretiva 2019/1153, leva a que se evidenciem aqui alguns aspetos desta legislação mais recente.

[11] Estabelecendo o aludido n.º 3 da LOIC o acesso das autoridades judiciárias à informação constante do sistema integrado de informação criminal.

Sem prejuízo, é relevante ainda dar conta desta Decisão 2000/642, na medida em que a Unidade de Informação Financeira (UIF), com o Decreto-Lei n.º 304/2002, de 13 de dezembro e Lei n.º 37/2008, de 6 de agosto, que aprovou a nova orgânica da PJ, foi criada e incluída, inicialmente, na sua orgânica, e, após, como um serviço da Direção Nacional, estando legalmente previstas as suas competências no âmbito do artigo 5.º do Decreto-Lei n.º 42/2009, de 12 de fevereiro, e no artigo 82.º da Lei n.º 83/2017, de 18 de agosto.

Cooperação e intercâmbio no âmbito do combate ao branqueamento e financiamento do terrorismo são, assim, duas ideias chave de toda esta diretiva, a qual contém conceitos de direito europeu – diversos dos nacionais, o que releva para efeitos interpretativos – sobre o que deve ser entendido por branqueamento de capitais e financiamento do terrorismo[12].

Conforme se pode retirar do portal da Comissão de Coordenação de Políticas de Prevenção e Combate ao Branqueamento de Capitais e ao Financiamento do Terrorismo[13], na parte relativa à cooperação internacional, «No plano internacional, compete à UIF cooperar com as unidades congéneres, nos termos previstos na Lei n.º 83/2017, de 18 de agosto, e nos instrumentos de cooperação internacional aplicáveis, designadamente colaborando na máxima extensão possível com as suas congéneres, independentemente da natureza e do estatuto organizacional destas, com especial observância:

- da carta e dos princípios do *Grupo de Egmont*[14];
- dos memorandos de entendimento estabelecidos em conformidade com aqueles princípios;
- dos instrumentos da União Europeia relativamente à troca de informações.

Cabe em particular à UIF desencadear os procedimentos previstos na Lei n.º 83/2017, de 18 de agosto, para, no seguimento de um pedido de uma sua congénere, garantir a suspensão de operações suspeitas.

[12] Cfr. artigo 2.º, n.ºs 8 e 10 da Diretiva 2019/1153.

[13] Acessível através da ligação https://www.portalbcft.pt/pt-pt/content/unidade-de-informa%C3%A7%C3%A3o-financeira (último acesso a 17-01-2021)

[14] Rede Mundial informal de UIF's, sobre o qual também será feita referência neste texto.

A UIF presta ainda à Comissão Europeia a colaboração que se mostre necessária ao prosseguimento das funções que a esta competem por força da Diretiva 2015/849/EU»[15].

Esta Diretiva 2019/1153, então, pretende atualizar e avançar na facilitação da utilização de informações financeiras para prevenir, detetar, investigar ou reprimir a criminalidade grave, introduzindo melhorias no acesso às informações pelas UIF e autoridades públicas responsáveis pela prevenção, deteção, investigação ou repressão dessa criminalidade grave, aumentando assim a sua capacidade para realizar investigações financeiras e melhorar a cooperação entre essas unidades (cfr. considerandos 1 e 2 e artigo 1.º).

E é o artigo 2.º, n.º 6 que estabelece o que, para este efeito, deve ser considerado como «Informações de natureza policial»:

i) qualquer tipo de informações ou dados que já estejam na posse das autoridades competentes, no contexto da prevenção, deteção, investigação ou repressão de infrações penais, ou ii) qualquer tipo de informações ou dados na posse de autoridades públicas ou de entidades privadas no contexto da prevenção, deteção, investigação ou repressão de infrações penais e que se encontrem à disposição das autoridades competentes sem necessidade de adotar medidas coercivas por força do direito nacional.

[15] Cfr. Diretiva (UE) 2015/849 do Parlamento Europeu e do Conselho, de 20 de maio de 2015, relativa à prevenção da utilização do sistema financeiro para efeitos de branqueamento de capitais ou de financiamento do terrorismo, que altera o Regulamento (UE) n.º 648/2012 do Parlamento Europeu e do Conselho, e que revoga a Diretiva 2005/60/CE do Parlamento Europeu e do Conselho e a Diretiva 2006/70/CE da Comissão. Para além de estabelecer regras quanto ao beneficiário efetivo e prever a autonomia das UIF para disseminarem espontaneamente informações, por sua própria iniciativa, esta Diretiva exige que os Estados-Membros criem registos centralizados de contas bancárias ou sistemas de recuperação de dados que permitam a identificação em tempo útil dos titulares de contas bancárias, de contas de pagamento e de cofres, sendo que as informações que constam desses registos centralizados de contas bancárias devem estar diretamente acessíveis às UIF, e estar igualmente acessíveis às autoridades nacionais competentes para efeitos de prevenção do branqueamento de capitais, das infrações subjacentes associadas e do financiamento do terrorismo.

Mais se referindo que essas informações incluem, nomeadamente, registos criminais, informações sobre investigações, informações sobre o congelamento ou a apreensão de bens ou sobre outras medidas de investigação ou provisórias e informações sobre condenações e sobre declarações de perda de bens.

De forma direta e acertada, com enorme relevância para a matéria deste artigo, o considerando 8[16] estabelece que «O acesso imediato e direto às informações que constam dos registos centralizados de contas bancárias é muitas vezes indispensável para o êxito de uma investigação criminal ou para a identificação, localização e congelamento oportunos dos bens em causa com vista à declaração da sua perda. O acesso direto é o tipo mais imediato de acesso às informações que constam dos registos centralizados de contas bancárias. Por conseguinte, a presente diretiva deverá estabelecer normas sobre a concessão de acesso direto às informações que constam dos registos centralizados de contas bancárias às autoridades designadas pelos Estados-Membros competentes para efeitos de prevenção, investigação, deteção ou repressão de infrações penais», sendo certo que esta Diretiva «não deverá afetar os canais de intercâmbio de informações entre as autoridades competentes nem os seus poderes com vista à obtenção de informações junto das entidades obrigadas, ao abrigo do direito nacional ou da União», significando isto que não se quer, através desta Diretiva, alterar ou revogar qualquer dos regimes vigentes e existentes para este efeito.

[16] Cfr. artigo 4.º, n.º 1 da Diretiva, estabelecendo «Os Estados-Membros asseguram que as autoridades nacionais competentes que sejam designadas nos termos do artigo 3.º , n.º 1, disponham do poder de aceder e pesquisar, de forma direta e imediata, as informações sobre contas bancárias, quando necessário para o exercício das suas atribuições para fins de prevenção, deteção, investigação ou repressão de uma infração penal grave, ou de apoio a uma investigação criminal sobre uma infração penal grave, incluindo a identificação, deteção e congelamento de bens relacionados com essa investigação. Considera-se que o acesso e as pesquisas são diretos e imediatos, nomeadamente, caso as autoridades nacionais que gerem os registos centrais de contas bancárias transmitam rapidamente às autoridades competentes as informações sobre contas bancárias através de um mecanismo automático, desde que nenhuma instituição intermediária seja capaz de interferir com os dados solicitados ou as informações a prestar».
Este acesso será feito numa base caso a caso, nos termos e condições previstas no artigo 5.º.

Prevendo-se ainda no artigo 3.º uma obrigatoriedade de serem indicadas expressamente quais as autoridades ou organismos habilitados a aceder aos registos centralizados de contas bancárias e que podem solicitar informações às UIF para efeitos da presente diretiva – prevendo-se que os GRA devem necessariamente ser uma dessas entidades, mas podendo naturalmente serem indicadas outras, desde logo, entre nós, pelas prerrogativas legais especiais no âmbito da intervenção que tem no âmbito da prevenção e investigação criminal, o DCIAP[17], assim como autoridades judiciárias, outros OPC's[18] e as UIF – sendo que, ao aplicarem a presente diretiva, os Estados-Membros deverão ter em conta a natureza, o estatuto organizacional, as atribuições e as prerrogativas dessas autoridades e organismos, tal como estabelecido no respetivo direito nacional, nomea-

[17] Para além das funções específicas do DCIAP no sistema dual previsto na Lei n.º 83/2017, de 18 de agosto, é quem tem competência para a realização das ações de prevenção previstas na Lei, designadamente na Lei n.º 36/94, de 29 de setembro, tendo ainda em conta as suas concretas funções no âmbito da Lei de prevenção de branqueamento, bem como as suas competências para a definição e execução das ações de prevenção da criminalidade grave.
De igual modo, o artigo 58.º, n.º 4 do Estatuto do Ministério Público determina igualmente que compete ao DCIAP: «promover ou realizar as ações de prevenção admitidas na lei relativamente aos seguintes crimes:
a) Branqueamento de capitais e financiamento do terrorismo;
b) Corrupção, recebimento indevido de vantagem, tráfico de influência, participação económica em negócio, bem como de prevaricação punível com pena superior a dois anos;
c) Administração danosa em unidade económica do setor público;
d) Fraude na obtenção ou desvio de subsídio, subvenção ou crédito;
e) Infrações económico-financeiras cometidas de forma organizada, nomeadamente com recurso à tecnologia informática;
f) Infrações económico-financeiras de dimensão internacional ou transnacional».

[18] Assim como os OPC que procedam a investigações de criminalidade inserida no conceito de infrações penais graves (as formas de criminalidade enumeradas no anexo I do Regulamento (UE) 2016/794, de acordo com o artigo 2.º, n.º 12), mas também, porventura, outras infrações que não sejam consideradas como tal para este efeito, mas para efeitos internos o serão, resultando expressamente do considerando 19 da Diretiva, que «Os Estados-Membros deverão também poder facilitar o acesso das autoridades competentes designadas às informações financeiras e às informações sobre contas bancárias para efeitos de prevenção, deteção, investigação ou repressão de infrações penais que não sejam infrações penais graves», o que em Portugal, pelo menos, deveria abranger os crimes previstos na Lei n.º 5/2002, de 11 de janeiro, bem como aqueles inseridos nos conceitos de criminalidade violenta e altamente organizada previsos no CPP.

damente os mecanismos existentes de proteção dos sistemas financeiros contra o branqueamento de capitais e o financiamento do terrorismo (cfr. considerando 9 a 11).

Para além disso, e relacionado com troca de informações a nível interno, a diretiva estabelece ainda regras que reforçam a capacidade de as UIF partilharem informações financeiras e análises financeiras com as autoridades competentes designadas no respetivo Estado-Membro em relação a todas as infrações penais graves, estabelecendo-se um expresso dever de cooperar com estas autoridades, bem assim «deverão poder responder atempadamente aos pedidos fundamentados de informações financeiras ou de análises financeiras formulados por essas autoridades competentes designadas, sempre que tais informações financeiras ou análises financeiras sejam necessárias, numa base caso a caso, e quando esses pedidos forem motivados por preocupações relacionadas com a prevenção, deteção, investigação ou repressão de infrações penais graves (...)» (cfr. considerando 15[19] e artigos 7.º e 8.º da Diretiva, estabelecendo este último disposições acerca de pedido de informação das UIF às autoridades competentes).

Com muito interesse para efeitos da cooperação internacional, a Diretiva, partindo da constatação que os autores de infrações penais, em especial os grupos criminosos e os terroristas, operam muitas vezes em diferentes Estados-Membros e os seus bens, incluindo as contas bancárias, estão frequentemente localizados noutros Estados-Membros, estabelece que, «atendendo à dimensão transfronteiriça da criminalidade grave, incluindo o terrorismo, e das atividades financeiras conexas, muitas vezes é necessário que as autoridades competentes que realizam as investigações criminais num Estado-Membro acedam às informações sobre contas bancárias conservadas noutros Estados-Membros», prevendo a possibilidade de intercâmbio das informações obtidas pelas autoridades competentes a partir dos registos nacionais centralizados de contas bancárias,

[19] Estabelecendo-se ainda um relevante princípio da especialidade em relação às informações fornecidas por outra UIF, referindo-se, no considerando 15, que as restrições e condições impostas por essa UIF relativamente à utilização de tais informações deverão ser respeitadas e que qualquer utilização para outros fins que não os originalmente aprovados deverá ficar sujeita ao consentimento prévio da referida UIF.

com autoridades competentes localizadas num outro Estado-Membro (cfr. considerandos 12 e 13).

Prevendo igualmente, no artigo 9.º, um rápido intercâmbio de informações financeiras ou análises financeiras em casos excecionais e urgentes entre UIF, sempre que tais informações ou análises estiverem relacionadas com o terrorismo ou com a criminalidade organizada associada ao terrorismo, podendo proceder à disseminação das suas análises a outras UIF sempre que as referidas análises revelem factos, condutas ou suspeitas de branqueamento de capitais e de financiamento do terrorismo que tenham interesse direto para essas outras UIF (cfr. considerando 18).

O artigo 10.º dispõe sobre o intercâmbio de informações entre as autoridades competentes de diferentes Estados-Membros, para que possam proceder ao intercâmbio de informações financeiras ou análises financeiras facultadas pela UIF do seu Estado-Membro, mediante pedido e numa base caso a caso, com uma autoridade competente designada de outro Estado-Membro, sempre que essas informações financeiras ou análises financeiras sejam necessárias para a prevenção, deteção e luta contra o branqueamento, infrações subjacentes associadas e o financiamento do terrorismo.

Por fim, estabelece a Diretiva, nos artigos 11.º a 14.º as relações de cooperação relativas ao intercâmbio de informações com a Europol, prevendo, como mais relevante para efeitos deste texto:

a) A prestação de informações sobre contas bancárias à Europol[20];
b) O intercâmbio de informações entre a Europol e as UIF[21];

[20] Cfr. artigo 11.º: «Cada Estado-Membro assegura que as suas autoridades competentes estejam habilitadas a responder através da unidade nacional da Europol ou, se esse Estado-Membro o permitir, através de contactos diretos com a Europol, aos pedidos devidamente justificados relacionados com informações sobre contas bancárias apresentados pela Europol, numa base caso a caso, nos limites das suas responsabilidades e para efeitos do exercício das suas atribuições. O artigo 7..º, n..ºs 6 e 7, do Regulamento (UE) 2016/794 é aplicável».

[21] Cfr. artigo 12.º:
«1. Cada Estado-Membro assegura que a sua UIF esteja habilitada a responder aos pedidos devidamente justificados apresentados pela Europol através da unidade nacional da Europol ou, se esse Estado-Membro o permitir, através de contactos diretos com a Europol. Esses pedidos devem estar relacionados com informações financeiras ou análises financeiras e ser

c) Modalidades de execução para o intercâmbio de informações[22].

3. A Decisão 2007/845/JAI do Conselho, de 6 de dezembro de 2007, relativa à cooperação entre os gabinetes de recuperação de bens dos Estados-Membros no domínio da deteção e identificação de produtos ou outros bens relacionados com o crime

Esta importante Decisão foi transposta para o ordenamento português através da Lei n.º 45/2011, de 24 de junho, que criou, na dependência da Polícia Judiciária, o Gabinete de Recuperação de Ativos (GRA).

Mais do que dar a conhecer aqui o funcionamento do GRA, importa referir que a aludida Decisão 2007/845 partiu de uma ideia chave e que perpassa toda esta arquitetura jurídica de intercâmbio e facilitação rápida, não só de informações, mas igualmente de boas práticas, seja mediante solicitação ou espontaneamente, independentemente do estatuto que cada gabinete assuma[23].

Como se pode ler no considerando 1 «A principal motivação da criminalidade organizada além-fronteiras é o lucro, que constitui um estímulo para cometer mais infrações a fim de obter cada vez mais lucros. Por conseguinte, os serviços de aplicação da lei deverão dispor das capacidades

efetuados numa base caso a caso, nos limites das responsabilidades da Europol e para efeitos do exercício das suas atribuições.
2. O artigo 32.º, n.º 5, da Diretiva (UE) 2015/849 e o artigo 7.º, n.ºs 6 e 7, do Regulamento (UE) 2016/794 são aplicáveis ao intercâmbio efetuado nos termos do presente artigo.
3. Os Estados-Membros asseguram que qualquer falta de resposta ao pedido seja devidamente explicada».

[22] Cfr. artigo 13.º:
«1. Os Estados-Membros asseguram que o intercâmbio de informações nos termos dos artigos 11.º e 12.º da presente diretiva é efetuado, em conformidade com o Regulamento (UE) 2016/794, por via eletrónica através:
a) Da aplicação SIENA ou da sua sucessora, na língua aplicável à aplicação SIENA; ou
b) Se for caso disso, da rede FIU.net ou da sua sucessora.
2. Os Estados-Membros asseguram que o intercâmbio de informações nos termos do artigo 12.º, é realizado atempadamente e, nesse contexto, os pedidos de informações apresentados pela Europol são tratados como se fossem provenientes de outra UIF».

[23] Com efeito, há gabintes de recupração de bens que assumem um caráter de autoridade administrativa, ligada a estruturas ministeriais; outros uma roupagem mais de autoridade policial (como em Portugal) e outras ainda uma identidade judiciária.

necessárias para investigar e analisar as pistas das operações financeiras relacionadas com a atividade criminosa. Para lutar de modo eficaz contra a criminalidade organizada, os Estados-Membros da União Europeia têm de proceder a um rápido intercâmbio das informações que possam conduzir à deteção e apreensão dos produtos do crime e outros bens pertencentes aos criminosos».

Instando os EM a criar os seus gabinetes de recuperação de bens, para assim garantir que essas entidades, a quem incumbe detetar os produtos e outros bens ilícitos suscetíveis de ser objeto de uma ordem de perda e tomar medidas que permitam a comunicação direta entre essas autoridades (cfr. considerando 3).

A importância desta Decisão também se prende com o facto de pretender assumir-se como uma base jurídica para o intercâmbio de informações entre os gabinetes de recuperação de bens de todos os EM, e dessa forma um complemento à rede CARIN[24], de que falarei em seguida.

Na prática, esta cooperação entre os gabinetes de recuperação de bens e entre estes gabinetes e outras autoridades encarregadas de facilitar a deteção e identificação dos produtos do crime deverá realizar-se no âmbito da já referida Decisão-Quadro 2006/960/JAI do Conselho, de 18 de dezembro de 2006 – a Decisão Sueca – quanto a prazos, procedimentos e motivos de recusa.

O formulário desta decisão é utilizado para envio de pedidos aos gabinetes, acompanhado, por vezes, por outros instrumentos como o correio eletrónico para pedidos simples ou o formulário utilizado pelos pontos de contacto CARIN para os intercâmbios de informações[25].

[24] Como refere o considerando 5, «A Rede Camden Inter-serviços de Recuperação de Bens (CARIN), criada na Haia em 22 e 23 de Setembro de 2004 pela Áustria, Bélgica, Alemanha, Irlanda, Países Baixos e Reino Unido, constitui já uma rede global de profissionais e peritos neste domínio que tem por objectivo reforçar o conhecimento mútuo dos métodos e técnicas de identificação, congelamento, apreensão e perda dos produtos ou outros bens relacionados com o crime a nível transfronteiriço».

[25] Cfr. Relatório da Comissão ao Parlamento Europeu e ao Conselho com base no artigo 8.º da Decisão 2007/845/JAI do Conselho, de 6 de Dezembro de 2007, relativa à cooperação entre os gabinetes de recuperação de bens dos Estados-Membros no domínio da detecção e identificação de produtos ou outros bens relacionados com o crime, de 12-4-2011 COM(2011) 176 final, p. 7.

Para efeito de transmissão de informações de forma segura pode ser utilizado o sistema SIENA.

Também importa referir que nada do que aqui se estabelece prejudica os acordos de cooperação celebrados ao abrigo da também referida Decisão 2000/642/JAI do Conselho, de 17 de outubro de 2000, relativa a disposições de cooperação entre as unidades de informação financeira dos Estados-Membros em matéria de troca de informações, nem os acordos existentes em matéria de cooperação policial (cfr. considerando 8).

4. A Decisão 2008/615/JAI do Conselho, de 23 de junho de 2008, relativa ao aprofundamento da cooperação transfronteiras, em particular no domínio da luta contra o terrorismo e a criminalidade transfronteiras e a Decisão 2008/616/JAI do Conselho, de 23 de junho de 2008, referente à execução da Decisão 2008/615/JAI (Decisões Prüm)[26]

Conforme se pode verificar pelo considerando 1 da Decisão 2008/616, «Pela Decisão 2008/615/JAI, foram transpostos para o quadro jurídico da União Europeia os elementos fundamentais do Tratado de 27 de Maio de 2005 entre o Reino da Bélgica, a República Federal da Alemanha, o Reino de Espanha, a República Francesa, o Grão-Ducado do Luxemburgo, o Reino dos Países Baixos e a República da Áustria, relativo ao Aprofundamento da Cooperação Transfronteiras, em particular no domínio da Luta

[26] Estas duas Decisões foram transpostas pelas seguintes Leis:
- Lei n.º 5/2008, de 12 de fevereiro (Aprova a criação de uma base de dados de perfis de ADN para fins de identificação civil e criminal);
- Lei n.º 73/2009, de 12 de agosto (Estabelece as condições e os procedimentos a aplicar para assegurar a interoperabilidade entre sistemas de informação dos órgãos de polícia criminal);
- Lei n.º 37/2015, de 5 de maio (Estabelece os princípios gerais que regem a organização e o funcionamento da identificação criminal, transpondo para a ordem jurídica interna a Decisão-Quadro 2009/315/JAI, do Conselho, de 26 de fevereiro de 2009, relativa à organização e ao conteúdo do intercâmbio de informações extraídas do registo criminal entre os Estados membros, e revoga a Lei n.º 57/98, de 18 de agosto
- Lei n.º 38/2015, de 11 de maio (Primeira alteração à Lei n.º 73/2009, de 12 de agosto, que estabelece as condições e os procedimentos a aplicar para assegurar a interoperabilidade entre sistemas de informação dos órgãos de polícia criminal, e segunda alteração à Lei n.º 49/2008, de 27 de agosto, que aprova a Lei de Organização da Investigação Criminal).

contra o Terrorismo, a Criminalidade Transfronteiras e a Migração Ilegal (a seguir designado «Tratado de Prüm»)».

Sendo que o objetivo desta Decisão 2008/616 «é estabelecer as disposições administrativas e técnicas necessárias à execução da Decisão 2008/615/JAI, especialmente no que respeita ao intercâmbio automatizado de dados de ADN, dados dactiloscópicos e dados relativos ao registo de veículos, como previsto no capítulo 2 da referida decisão, e a outras formas de cooperação previstas no capítulo 5 da mesma».

Na medida em que aqui se prevê o intercâmbio e transmissão de informações relacionada com arguidos (intercâmbio de dados de ADN e dactiloscópicos) mas principalmente de veículos, que podem justamente ser um ativo relevante para efeitos de recuperação, será importante dar a conhecer que também por aqui e para estes efeitos se pode lançar mão deste procedimento, especialmente os artigos 15.º e seguintes, sobre a consulta automatizada de dados relativos ao registo de veículos, utilizando-se uma versão da aplicação informática do Sistema Europeu de Informação sobre Veículos e Cartas de Condução (Eucaris), especialmente concebida para efeitos do artigo 12.º da Decisão 2008/615/JAI, e as versões alteradas desta aplicação informática. O Capítulo 6 (artigo 17.º) refere-se expressamente à cooperação policial, permitindo patrulhas e outras intervenções conjuntas, sendo que cada EM designa um ou mais pontos de contacto para esse efeito.

O capítulo 3 do anexo à decisão contém regras detalhadas sobre intercâmbio de dados relativos ao registo de veículos e busca automática desses dados, permitindo buscas por veículo, proprietário e detentor.

III. As estruturas nacionais e internacionais facilitadoras de cooperação policial

1. O Ponto Único de Contacto para a Cooperação Policial Internacional (PUC -CPI)

Este PUC-CPI foi criado pelo Decreto-Lei n.º 49/2017, de 24 de maio e, de acordo com o preâmbulo, «projeta-se como um "balcão único", em conformidade com as «Orientações para a criação de um ponto único de contacto para o intercâmbio internacional de informação entre serviços de polícia» (Doc. 10492/14, de 13 de junho de 2014, DAPIX 75 ENFO-

POL 157), que reúne sob a mesma estrutura de gestão e no mesmo espaço físico os diferentes gabinetes nacionais ou pontos de contacto relevantes, como sejam o Gabinete Nacional Sirene, o Gabinete Nacional da Interpol, a Unidade Nacional da Europol, a coordenação dos oficiais de ligação nacionais e estrangeiros, a coordenação dos Centros de Cooperação Policial e Aduaneira e os pontos de contacto decorrentes das denominadas Decisões Prüm, funcionando todos os dias, 24 horas por dia.

A reunião dos diferentes canais de comunicação sob a mesma gestão, no respeito pelas regras nacionais, garante a escolha correta e coerente do canal de cooperação policial internacional, assim como a qualidade dos pedidos e das respostas».

Estando previsto o PUC-CPI no artigo 23.º-A, aditado à Lei n.º 53/2008, de 29 de agosto (Lei da Segurança Interna), competindo-lhe, designadamente (cfr. n.º 2):

a) Assegurar o intercâmbio internacional de informações entre os serviços de polícia, nos termos da Lei n.º 74/2009, de 12 de agosto;
b) Definir critérios e dar orientações em matéria de interlocução externa no âmbito da cooperação policial internacional;
c) Garantir a operacionalidade dos mecanismos e instrumentos de cooperação policial internacional;
d) Definir e implementar boas práticas internas em matéria de cooperação policial internacional e dar execução às orientações veiculadas pelas competentes instâncias internacionais;
e) Definir os critérios para a escolha dos canais adequados para a transmissão de informações, nos termos da lei;
f) Identificar e promover a utilização de soluções de gestão de processos eficazes e definir fluxos de trabalho especificamente destinados à cooperação policial internacional em matéria de assistência jurídica mútua;
g) Assegurar a necessária articulação com as estruturas nacionais responsáveis pela cooperação judiciária internacional;
h) Assegurar a coordenação da representação externa, nas instâncias europeias e internacionais, no âmbito da cooperação policial internacional, por si, ou através dos Órgãos de Polícia Criminal que a integram;

i) Programar e implementar ações destinadas à formação contínua dos trabalhadores em funções públicas em exercício na área da cooperação policial internacional, bem como das demais autoridades de aplicação da lei.

O PUC-CPI funciona na dependência e sob coordenação da/o Secretária/o-Geral do Sistema de Segurança Interna e tem um Gabinete de Gestão constituído por elementos da Guarda Nacional Republicana, da Polícia de Segurança Pública, da Polícia Judiciária e do Serviço de Estrangeiros e Fronteiras, designadas/os Coordenadoras/es de Gabinete, reunindo o Gabinete Nacional Sirene, o Gabinete Nacional da Interpol, a Unidade Nacional da Europol, a coordenação dos oficiais de ligação nacionais e estrangeiros, a coordenação dos Centros de Cooperação Policial e Aduaneira, os pontos de contacto decorrentes das Decisões Prüm e o Gabinete de Informações de Passageiros. Funciona ininterruptamente, em regime de turnos e existe ainda um ponto de contacto indicado pelo Procurador-Geral da República que assegura a articulação permanente entre o Ministério Público e o PUC-CPI, para o exercício das competências que lhe são próprias, no processo penal.

2. O Gabinete de Recuperação de Ativos e os ARO's

Sobre o GRA, é conhecida a forma como surgiu, composição e organização, sendo a sua missão, de acordo com o artigo 3.º da Lei n.º 45/2011, de 24 de junho, proceder à identificação, localização e apreensão de bens ou produtos relacionados com crimes, a nível interno e internacional, assegurar a cooperação com os gabinetes de recuperação de ativos criados por outros Estados e exercer as demais atribuições que lhe sejam legalmente atribuídas. Cabe ainda ao GRA realizar a recolha, a análise e o tratamento de dados estatísticos anonimizados, resultantes da sua atividade ou que a lei mande comunicar-lhe, referentes à apreensão e à aplicação de medidas de garantia patrimonial em processo penal, bem como ao destino final que os bens por elas abrangidos tiveram, nomeadamente a restituição, o envio a autoridade de outro Estado em cumprimento de pedido de cooperação judiciária internacional ou a declaração de perda a favor do Estado, com especificação do tipo de bem, do respetivo valor, da sua titularidade como pertencendo ao arguido ou a terceiro e ainda do facto ilícito típico previsto nas leis penais com o qual o mesmo está relacionado.

O artigo 9.º, relativo à cooperação, estabelece que «1 – O GRA coopera, a nível policial, com os gabinetes de recuperação de ativos criados por outros Estados, independentemente da designação ou do estatuto que lhes tenha sido conferido pela respetiva legislação nacional, procedendo ao intercâmbio de informações, de dados e de boas práticas» e ainda, nos termos do n.º 2, «O GRA coadjuva, além disso, as autoridades judiciárias na realização dos atos de cooperação judiciária pertinentes».

Ora, neste âmbito, os *European Union Asset Recovery Offices* (ARO) são, assim, pontos de contacto centrais nacionais facilitadores, no espaço da UE, da deteção de ativos provenientes do crime, sendo que a decisão 2007/845/JHA obriga os EM à criação destes gabinetes e, como vimos, determina que os diversos gabinetes troquem informação nos termos definidos na Decisão Sueca, podendo, consequentemente, desempenhar um papel importantíssimo, ao permitir um intercâmbio ágil de informações valiosas que podem facilitar a deteção, identificação e apreensão de ativos em todo o espaço da UE, preferencialmente através do sistema SIENA. Para se ter uma ideia do papel e número crescente de troca de informações, os AROS's tiveram 539 intercâmbios de informação via SIENA em 2012, mas 7659 intercâmbios em 2019[27].

Ora, não obstante esta cooperação, a verdade é que continuam a existir questões relativas ao (des)conhecimento sobre o papel e funcionamento dos AROS.

Conforme se pode retirar do documento «Eurojust's Casework in Asset Recovery at a Glance», de fevereiro de 2019, foram identificados alguns problemas quanto à deteção de bens que devem ser ultrapassados, referindo, nomeadamente, que «Eurojust's casework in the reporting period identifies quite a number of legal and practical issues that have arisen in asset tracing, including the following:

[27] Cfr. Relatório da Comissão ao Parlamento Europeu e ao Conselho «Recuperação e perda de bens: garantir que o crime não compensa", Bruxelas, 2.6.2020, COM(2020) 217 final, página 16, a essível através da ligação https://ec.europa.eu/home-affairs/sites/homeaffairs/files/what-we-do/policies/european-agenda-security/20200602_com-2020-217-commission-report_pt.pdf (consultado pela última vez a 17-01-2021).

– Actual identification of the assets abroad and the use of AROs, including in relation to value-based court orders that raise jurisdictional concerns, as the competent authorities do not know to which MS to send the order.
– Difficulties in persuading the requested authorities to conduct such enquiries, and, in some cases, insufficient awareness of the existence of AROs and their role».[28]

3. A Rede CARIN

Embora não seja exclusiva da UE, abrangendo Estados como a Suíça ou os EUA, tem um papel importante no âmbito da recuperação de ativos ao nível da UE.

A CARIN é uma rede informal de contactos e um grupo de cooperação que se ocupa de todos os aspetos relativos ao confisco do produto de atividades criminosas, contando com profissionais oriundos de 53 jurisdições e 9 organizações internacionais, estando ligada a redes de recuperação de bens semelhantes na África Austral e na América Latina. O objetivo da CARIN é aumentar a eficácia dos esforços envidados pelos seus membros, com base na concertação entre várias agências, para privar os criminosos dos seus lucros ilícitos. Para cumprir a sua missão, a CARIN:

a) Criou uma rede de pontos de contacto que abarca várias jurisdições;
b) A sua ação abrange o produto de todos os tipos de crimes, em conformidade com as obrigações internacionais;
c) Procura afirmar-se como um centro especializado em todos os aspetos referentes ao confisco do produto de atividades criminosas, nomeadamente prestando assistência em qualquer fase do processo de recuperação de bens:
   – Deteção de bens: Localização de contas bancárias e de investimento, bens imóveis, empresas, viaturas, barcos e aeronaves, através de informações policiais ou públicas; averiguação do local e da forma como os bens associados às pessoas suspeitas foram

[28] Acessível através da ligação https://op.europa.eu/en/publication-detail/-/publication/691d5ade-33fb-11e9-8d04-01aa75ed71a1 (consultado pela última vez a 17-01-2021).

escondidos ou ocultados através do recurso a estruturas societárias, mandatários, sociedades fideicomissárias (trusts), etc.
- Congelamento, apreensão, confisco, gestão e partilha de bens;

d) Promove o intercâmbio de informações e boas práticas;
e) Formula recomendações dirigidas a organismos como a Comissão Europeia, o Conselho da União Europeia e o Grupo de Ação Financeira, por exemplo, sobre todos os aspetos do confisco do produto de atividades criminosas;
f) Funciona como grupo consultivo junto de outras autoridades competentes;
g) Facilita, sempre que possível, a formação relativa a todos os aspetos do confisco do produto de atividades criminosas;
h) Salienta a importância da cooperação com o setor privado; e
i) Incentiva os seus membros a criarem gabinetes nacionais de recuperação de bens.

Juntamente com as redes regionais interserviços de recuperação de bens (ARIN) que lhe estão associadas, a rede CARIN abrange mais de 150 países e jurisdições.

4. As UIF e o Grupo Egmont

Conforme se verificou, inserida na missão da UIF está um relevante papel de intercâmbio e troca de informações, assegurando, no plano interno, a cooperação e articulação com a autoridade judiciária; autoridades de supervisão e de fiscalização e com as entidades financeiras e não financeiras, previstas na Lei n.º 83/2017, de 18 de agosto, e ainda, no plano internacional, a cooperação com outras UIF e estruturas congéneres.

Neste âmbito, então, é importante o papel do Grupo Egmont, uma rede global de UIF (neste momento cerca de 150, da qual a UIF portuguesa faz parte), divididas em oito grupos regionais[29], sendo o único *forum* internacional para partilha (bilateral e multilateral) de informação financeira e reforço das capacidades operacionais[30] dos seus membros na

[29] Americas; Ásia e Pacifico; Leste e Sul de África; Eurasia; Europa I; Europa II; Médio Oriente e Norte de África; Este e África Central.

[30] Com intercâmbio de informação, tanto tática como estratégica.

luta contra o branqueamento e financiamento do terrorismo, partindo da constatação que sem cooperação não será possível o combate a esta criminalidade[31].

Relevante para efeitos de cooperação entre UIF, ao nível da CPLP, importa referir que as UIF de Portugal, Angola, Cabo Verde e o COAF (Conselho de Controle de Atividades Financeiras) do Brasil são todas membros do Grupo Egmont.

Também aqui se colocaram já questões sobre a falta de utilização deste Grupo e cooperação entre UIF para deteção de bens, sendo que o já referido documento «Eurojust's Casework in Asset Recovery at a Glance», refere, a este propósito, que uma das questões legais e práticas que surgiu era a constatação de «Poor contacts via the FIUs of the MSs involved or networks of FIUs (e.g. the Egmont Group of Financial Intelligence Units), although some networks proved helpful in establishing contacts».

5. A Europol e o EFECC (*European Financial and Economic Crime Centre*)

Partindo da constatação que, não obstante os esforços desenvolvidos, os criminosos ficam na posse de cerca de 98% dos ativos gerados pela prática do crime, a EUROPOL criou o European Financial and Economic Crime Centre (EFECC), com vista a aumentar o apoio operacional aos EM e entidades europeias no âmbito do crime económico-financeiro e promover o uso consistente das investigações financeiras, desenvolvendo alianças com entidades públicas e privadas para detetar, apreender e confiscar ativos provenientes do crime na UE e não só.

[31] Com efeito, um dos objetivos estratégicos delineados em plano pelo Grupo para os anos 2018-2021 (cfr. o Egmont Group Strategic Plan 2018-2021, acessível através da ligação https://egmontgroup.org/en/filedepot_download/1658/60) consiste na facilitação dos intercâmbiso bilaterais e multilaterais de informação financeira, estabelecendo que:
«Given the Group's main purpose, promoting, supporting and facilitating the exchange of financial information will remain its core objective.
An increase in the volume and the quality of the bilateral exchange of information is positive but not sufficient. Special focus will be placed on the development of multilateral exchange mechanisms, with the view of promoting, on a longer term, an operational database that would be accessible to all members».

Nesse âmbito, conforme se pode retirar do site da Europol[32] a plataforma «EFECC Operations», estabelecida em Junho de 2020, foi desenvolvida pela Europol para dar apoio às autoridades competentes em casos em investigação nas áreas de criminalidade fiscal (impostos sobre o consumo e fraude intracomunitária do operador fictício), fraude, corrupção, branqueamento, recuperação de ativos, contrafação do euro e crime contra a propriedade intelectual, sendo que o único pré requisito para elegibilidade para apoio desta plataforma é que o caso implique um ou mais EM e diga respeito a um crime para o qual a EUROPOL seja competente, estando, então, especialmente vocacionada para apoio à prevenção e investigação de organizações criminosas transnacionais envolvidas no crime económico-financeiro.

Tendo por objetivo dotar os EM com uma plataforma pan-Europeia com vista a ao tratamento, análise e processamento de informação económico financeira com base em transações suspeitas/relatórios de atividade por parte de UIF's, relatórios sobre deteção de dinheiro (normalmente por parte das autoridades aduaneiras) e investigações económicas e financeiras por parte das mais variadas autoridades (tributárias, aduaneiras e policiais, entre outras) na UE e não só.

Assim, as informações sobre um determinado caso que sejam submetidas serão confrontadas com todas as informações existentes na base de dados da Europol bem como noutras plataformas como a «Analysis Projects» (que dantes era denominada Pontos Focais), o Sistema de Informação da Europol e a FIU.net.

Através destes mecanismos podem dotar-se as autoridades, por exemplo, de relatórios de *intelligence* financeira, de situação e de análise operacional; reuniões de coordenação e operacionais, financiadas pela Europol; cursos de formação, havendo uma parceria estabelecida a este respeito entre a EUROPOL e a Procuradoria Europeia para que esta cooperação signifique um passo em frente na investigação e ação penal de crimes que afetem os interesses financeiros da União.

Com interesse prático para ajudar a perceber a forma como funcionam e se organizam – para o que releva para efeitos deste texto ao nível

[32] Cfr. https://www.europol.europa.eu/about-europol/european-financial-and-economic-crime-centre-efecc , consultado a 12-01-2021.

de investimento e dissimulação das vantagens das atividades criminosas – as estruturas/grupos organizados criminosos tipo máfia italiana, redes criminosas albanesas e euroasiáticas e gangs motards, importa mencionar a rede «@ON Network», ligada à Europol, a qual, partindo da inciativa de unidades policiais de alguns EM, permite que polícias altamente especializados no combate a estes grupos possam ser destacados pelos EM, em coordenação com a Europol, para auxiliar qualquer investigação relacionada com essas organizações que corra termos no espaço da UE.

6. A cooperação policial ao abrigo de Convenções da ONU e do Conselho da Europa

Por fim, na medida em que na falta de instrumentos bilaterais ou multilaterais mais específicos, pode-se sempre recorrer a estes instrumentos – praticamente de dimensão mundial – para levar a cabo cooperação policial no âmbito da recuperação de ativos, temos, como mais relevantes:

a) A Convenção das Nações Unidas contra a Criminalidade Organizada Transnacional, adotada em 2000 (Convenção de Palermo)[33], a qual, quer pelo número de ratificações (incluindo a própria UE),

[33] Cfr., por exemplo e com mais interesse para esta matéria, os artigos 27.º (Cooperação entre as autoridades competentes para a aplicação da lei) e 28.º (Recolha, intercâmbio e análise de informações sobre a natureza da criminalidade organizada).
Assim, o artigo 27.º estabelece que:

«1 – Os Estados Partes deverão cooperar estreitamente, em conformidade com os respectivos ordenamentos jurídicos e administrativos, a fim de reforçar a eficácia das medidas de controlo do cumprimento da lei destinadas a combater as infracções previstas na presente Convenção. Em concreto, cada Estado Parte deverá adoptar medidas eficazes para:

a) Reforçar ou, se necessário, criar canais de comunicação entre as suas autoridades, organismos e serviços competentes, para facilitar a rápida e segura troca de informações relativas a todos os aspectos das infracções previstas na presente Convenção, incluindo, se os Estados Partes envolvidos o considerarem apropriado, ligações com outras actividades criminosas;

b) Cooperar com outros Estados Partes, quando se trate de infracções previstas na presente Convenção, na condução de investigações relativas aos seguintes aspectos: i) Identidade, localização e actividades de pessoas suspeitas de implicação nas referidas infracções, bem como localização de outras pessoas envolvidas; ii) Movimentação do produto do crime ou dos bens provenientes da prática destas infracções; iii) Movimentação de bens, equipa-

quer pela abrangência da matéria e das medidas investigatórias a aplicar, poderá ter um âmbito de aplicação bastante alargado no quadro da cooperação entre vários países (também da CPLP);

b) A Convenção das Nações Unidas contra a Corrupção, adotada em 2003 (Convenção de Mérida), nos exatos termos e vantagens acabadas de referir, avança ainda mais neste âmbito e contém disposições exaustivas, não só referentes a cooperação policial[34], mas também um Capítulo V dedicado inteira e detalhadamente à matéria da recuperação de ativos, contendo normas sobre:

– Prevenção e deteção de transferências do produto do crime (artigo 52.º);

mentos ou outros instrumentos utilizados ou destinados a ser utilizados na prática destas infracções;

c) Fornecer, quando for caso disso, os elementos ou as quantidades de substâncias necessárias para fins de análise ou de investigação;

d) Facilitar uma coordenação eficaz entre as autoridades, organismos e serviços competentes e promover o intercâmbio de pessoal e de peritos, incluindo, sob reserva da existência de acordos bilaterais entre os Estados Partes envolvidos, a designação de oficiais de ligação;

e) Trocar informações com outros Estados Partes sobre os meios e métodos específicos utilizados pelos grupos criminosos organizados, incluindo, se for caso disso, os itinerários e os meios de transporte, bem como o uso de identidades falsas, de documentos alterados ou falsificados ou outros meios de dissimulação das suas actividades;

f) Trocar informações e coordenar as medidas administrativas e outras; tendo em vista detectar o mais rapidamente possível as infracções previstas na presente Convenção.

2 – Para dar aplicação à presente Convenção, os Estados Partes deverão considerar a possibilidade de celebrar acordos bilaterais ou multilaterais que prevejam uma cooperação directa entre as respectivas autoridades competentes para a aplicação da lei e, quando tais acordos já existam, considerarão a possibilidade de os alterar. *Na ausência de tais acordos entre os Estados Partes envolvidos, estes últimos poderão basear-se na presente Convenção para instituir uma cooperação policial relativa às infracções previstas na presente Convenção.* Sempre que tal se justifique, os Estados Partes deverão utilizar plenamente os acordos, incluindo as organizações internacionais ou regionais, para intensificar a cooperação entre as respectivas autoridades competentes para a aplicação da lei.

3 – Os Estados Partes deverão procurar cooperar, na medida das suas possibilidades, para combater a criminalidade organizada transnacional praticada com recurso a meios tecnológicos modernos».

[34] Destacando-se, em especial, o artigo 48.º (Cooperação entre as autoridades competentes para a aplicação da lei), com redação semelhante ao artigo 27.º da Convenção de Palermo; artigo 49.º (Investigações conjuntas) e artigo 50.º (Técnicas especiais de investigação).

- Medidas para a recuperação direta de bens (artigo 53.º);
- Mecanismos de recuperação de bens através da cooperação internacional para efeitos de perda (artigo 54.º, auxílio judiciário);
- Cooperação internacional para efeitos de perda (artigo 55.º);
- Cooperação especial (artigo 56.º);
- Restituição e disposição dos ativos (artigo 57.º);
- Unidade de Informação Financeira (artigo 58.º).

Dispondo ainda de um Capítulo VI, referente à «Assistência técnica e troca de informações».

c) A Convenção do Conselho da Europa relativa ao Branqueamento, Deteção, Apreensão e Perda dos Produtos do Crime, adotada em 2005 (Convenção de Varsóvia) reveste também aqui de muita importância, estabelecendo-se, no Capítulo IV, normas relativas à cooperação internacional e um princípio geral de cooperação entre as partes, «na mais ampla medida possível, para fins de investigação e de procedimento com vista à perda dos instrumentos e dos produtos»[35], sendo que essa amplitude tem expressão ainda em pedidos de perda de bens específicos e auxílio para fins de investigação e medidas provisórias[36], realçando-se, seguidamente, que esse auxílio e as medidas provisórias «serão executados pela forma prevista e em conformidade com o direito interno da Parte requerida. Se o pedido que visa uma dessas medidas contemplar determinada formalidade ou procedimento impostos pela legislação da Parte requerente, e ainda que tal formalidade ou procedimento não sejam comuns na Parte requerida, esta dará satisfação ao pedido na medida em que tal não seja incompatível com aos princípios fundamentais do seu direito interno»[37].

Para efeitos de investigação, prevê-se uma importante obrigação de auxílio no artigo 16.º, referindo que «As Partes conceder-se-ão

[35] Cfr. artigo 15.º, n.º 1.

[36] Cfr. artigo 15.º, n.º 2, alíneas a) e b).

[37] Cfr. artigo 15.º, n.º 3, assim se pretendendo dar a máxima extensão para efeitos de cooperação, formulação final que consagra uma exceção ao princpio *forum regit actum*, exceção já conhecida, por exemplo, no âmbito de outros instrumentos de cooperação e reconhecimento mútuo, como seja a Diretiva DEI.

> mutuamente, mediante pedido, o mais amplo auxílio possível para identificarem e detetarem os instrumentos, produtos e outros bens suscetíveis de perda. Este auxílio incluirá qualquer medida relativa à entrega e colocação em segurança dos elementos de prova respeitantes à existência dos bens acima referidos, sua localização ou movimentação, natureza, estatuto jurídico ou valor».

Os artigos 17.º, 18.º, 19.º e 20.º preveem, respetivamente, condições para serem efetuados pedidos de informação sobre contas bancárias; sobre operações bancárias; acompanhamento de operações bancárias e transmissão espontânea de informações.

De acordo com o artigo 34.º, os pedidos e transmissões previstos nesta Convenção podem ser apresentados às autoridades centrais (ou diretamente e à autoridade central em caso de urgência), via Interpol.

Também se estabelecem neste instrumento regras relativas à cooperação entre UIF (artigo 46.º) e cooperação para efeitos de adiamento de operações suspeitas (artigo 47.º).

3. Reconhecimento mútuo de decisões de apreensão

BRANCA MARIA LIMA
Procuradora-Geral Adjunta
Ponto de contacto para a CJI na PGReg Porto

I. Introdução

A criminalidade organizada e transfronteiriça, ao visar o enriquecimento ilícito, através do lucro fácil, obtido sem escrúpulos e à custa de bens e interesses alheios, constitui uma verdadeira economia paralela que fragiliza as economias dos Estados e a confiança que os cidadãos depositam nos seus governos.

A depauperação dos Estados de Direito e a possibilidade de desfragmentação dos princípios, valores e estruturas legais que os legitimam, muito devido ao narcotráfico e criminalidade associada que, nas últimas décadas do século XX, assumiu proporções preocupantes, obrigou os Estados e os organismos internacionais competentes a tomar medidas com vista a combater o enriquecimento ilícito.

Iniciava-se assim a produção de vários instrumentos jurídicos com um objectivo bem definido: combater o enriquecimento ilícito, também através da recuperação de ativos dos agentes do crime, direta ou indiretamente com ele relacionados.

Disso são exemplos paradigmáticos a Convenção das Nações Unidas contra o Tráfico Ilícito de Estupefacientes e Substâncias Psicotrópicas, concluída em Viena, em 20 de dezembro de 1988, aprovada para ratificação pela Resolução da Assembleia da República n.º 29/91 e ratificada pelo Decreto do Presidente da República n.º 45/91 (cfr., Diário da República I-A, n.º 205, de 06/09/1991), que dispõe no seu artigo 5.º, n.º 2, que «As Partes adotam igualmente as medidas que se mostrem necessárias para permitir às suas autoridades competentes identificar, detetar, congelar ou apreender produtos, bens, instrumentos ou quaisquer outras coisas a que se refere o n.º 1 deste artigo, para efeitos de eventual perda», podendo, nos termos do n.º 7 deste artigo 5.º «considerar a possibilidade de inverter o ónus da prova no que diz respeito à origem lícita dos presumíveis produtos ou outros bens que possam ser objeto de perda, na medida em que os princípios do respetivo direito interno e a natureza dos procedimentos judiciais e outros o permitam».

No mesmo sentido, a Convenção das Nações Unidas contra a Criminalidade Organizada Transnacional, conhecida por Convenção de Palermo, concluída em Nova Iorque, em 15 de novembro de 2000, aprovada para ratificação pela Resolução da Assembleia da República n.º 32/2004 e ratificada pelo Decreto do Presidente da República n.º 19/2004 (cfr. Diário da República I-A, n.º 79, de 02/04/2004), dispõe, no artigo 12.º (Perda e apreensão)

> «Os Estados Partes deverão adotar, na medida em que o seu ordenamento jurídico interno o permita, as medidas necessárias para permitir a perda:
>
> a) Do produto das infrações previstas na presente Convenção ou de bens cujo valor corresponda ao desse produto;
>
> b) Dos bens, equipamentos e outros instrumentos utilizados ou destinados a ser utilizados na prática das infrações previstas na presente Convenção».
>
> Ainda, no âmbito das Nações Unidas, a Convenção contra a Corrupção (conhecida por «Convenção de Mérida»), adotada pela Assembleia Geral das Nações Unidas em 31 de outubro de 2003, aprovada pela Resolução da Assembleia da República n.º 47/2007, em 19 de julho de 2007, e ratificada pelo Decreto n.º 97/2007 de 21 de setembro, do Presidente da República, dispõe, no artigo 31.º, sob a epígrafe «Congelamento, apreensão e perda», que «1. Os Estados Partes deverão adotar, na medida em que o seu sistema jurídico interno o permita, as medidas que se revelem necessárias para permitir a perda:
>
> a) Do produto das infrações previstas na presente Convenção ou de bem cujo valor corresponda ao desse produto;
>
> b) Dos bens, equipamentos e outros instrumentos utilizados ou destinados a ser utilizados na prática das infrações previstas na presente Convenção.
>
> 2. Os Estados Partes deverão adotar as medidas que se revelem necessárias para permitir a identificação, a localização, o congelamento ou a apreensão dos bens referidos no n.º 1 do presente artigo, para efeitos de eventual perda.

3.(...).

4. Se o produto do crime tiver sido convertido, no todo ou em parte, noutros bens, estes últimos deverão ser objeto das medidas previstas no presente artigo, em substituição do referido produto.

5. Se o produto do crime tiver sido misturado com bens adquiridos legalmente, estes bens deverão, sem prejuízo das competências de congelamento ou apreensão, ser declarados perdidos até ao valor calculado do produto com que foram misturados.

6. As receitas ou outros benefícios obtidos com o produto do crime, os bens nos quais o produto tenha sido transformado ou convertido ou os bens com que tenha sido misturado podem ser objeto também das medidas previstas no presente artigo, da mesma forma e na mesma medida que o produto do crime.

7. Para efeitos do presente artigo e do artigo 55.º, cada Estado Parte deverá habilitar os seus tribunais ou outras autoridades competentes para ordenarem a apresentação ou a apreensão de documentos bancários, financeiros ou comerciais. Os Estados Partes não poderão invocar o sigilo bancário para se recusarem a aplicar as disposições do presente número.

8. Os Estados Partes poderão considerar a possibilidade de exigir que o autor de uma infração demonstre a proveniência lícita do presumido produto do crime ou de outros bens que possam ser objeto de perda, na medida em que este requisito seja compatível com os princípios do seu direito interno e com a natureza do procedimento judicial ou outros.

9. As disposições do presente artigo não deverão, em circunstância alguma ser interpretadas de modo a prejudicar os direitos de terceiros de boa fé.

10. (...)».

No que respeita ao espaço jurídico europeu, a Convenção Relativa ao Branqueamento, Deteção, Apreensão e Perda dos Produtos do Crime, do Conselho da Europa, concluída em Estrasburgo, em 8 de novembro de 1990, aprovada para ratificação pela Resolução da Assembleia da República n.º 70/97 e ratificada pelo Decreto do Presidente da República n.º 73/97 (publicada no Diário da República I-A, n.º 287, de 13/12/1997), dispõe no artigo 2.º (Medidas de perda)

> «1 – Cada uma das Partes adota as medidas legislativas e outras que se revelem necessárias para lhe permitirem decretar a perda de instrumentos e produtos, ou bens cujo valor corresponda a esses produtos».

Também a Convenção do Conselho da Europa Relativa ao Branqueamento, Deteção, Apreensão e Perda dos Produtos do Crime e ao Financiamento do Terrorismo, concluída em Varsóvia, em 16 de maio de 2005, aprovada pela Resolução da Assembleia da República n.º 101/2015 e ratificada pelo Decreto do Presidente da República n.º 74/2015 (publicada no Diário da República I, n.º 142, de 23/07/2015), dispõe no n.º 1 do seu artigo 3.º que «Cada uma das Partes adotará as medidas legislativas e outras que se revelem necessárias para poder decretar a perda de instrumentos, de bens branqueados e de produtos ou bens cujo valor corresponda a tais produtos», acrescentando ainda no n.º 4 que «Cada uma das Partes adotará as medidas legislativas e outras que se revelem necessárias para exigir, em caso de uma ou mais infrações graves, de acordo com a definição do seu direito interno, que o autor declare a origem dos seus bens suspeitos de constituírem produtos ou de outros bens passíveis de perda, na medida em que tal exigência seja compatível com os princípios do seu direito interno».

Entretanto, no âmbito da União Europeia, debatia-se, no Conselho Europeu de Tampere, a concretização de um espaço democrático de liberdade, de segurança e de justiça na União Europeia, do qual resultaram importantes conclusões que ditariam o percurso da União Europeia na consagração do princípio do reconhecimento mútuo das decisões judiciais, que passaria a ser a pedra angular da cooperação judiciária na União, tanto em matéria civil como penal.

Na conclusão 36 estabelecia-se que «O princípio do reconhecimento mútuo deverá ainda aplicar-se aos despachos judiciais proferidos antes da realização dos julgamentos, em especial aos que permitam às autoridades competentes recolher rapidamente as provas e apreender os bens que facilmente podem desaparecer; as provas legalmente obtidas pelas autoridades de um Estado-Membro deverão ser admissíveis perante os tribunais dos outros Estados-Membros, tendo em conta as normas neles aplicáveis».

E na conclusão 5 da Presidência do Conselho Europeu de Tampere: «A liberdade apenas pode ser disfrutada num verdadeiro espaço de justiça, onde as pessoas possam recorrer aos tribunais e às autoridades de qualquer Estado-Membro tão facilmente como o fariam no seu próprio país. Os criminosos não devem ter a possibilidade de tirar partido das diferenças entre os sistemas judiciários dos Estados-Membros. As sentenças e decisões devem ser respeitadas e aplicadas em toda a União, salvaguardando simultaneamente a segurança jurídica de base tanto dos indivíduos como dos operadores económicos. É necessário alcançar um grau mais elevado de compatibilidade e de convergência entre os sistemas jurídicos dos Estados-Membro[1].

Reconhecimento mútuo que tinha como pressuposto a harmonização legislativa, de modo a que as decisões de apreensão produzidas num Estado-Membro fossem diretamente reconhecidas e executáveis noutro Estado-Membro, com causas de recusa limitadas.

A Acão Comum n.º 98/699/JAI, de 3/12, adotada pelo Conselho com base no artigo K.3 do Tratado da União Europeia, relativa ao branqueamento de capitais, deteção, identificação, apreensão e perda de instrumentos e produtos do crime e, mais tarde, a Decisão-Quadro 2001/500/JAI do Conselho, de 26 de junho, também relativa ao branqueamento de capitais, deteção, identificação, apreensão e perda de instrumentos e produtos do crime, já denunciavam a almejada harmonização legislativa, ao definir princípios e normas gerais de harmonização de práticas compatíveis entre os Estados-Membros de modo a tornar mais eficaz a cooperação a nível europeu nesse domínio.

Pouco depois, a Decisão-Quadro 2005/212/JAI do Conselho, de 24 de fevereiro, veio determinar, expressamente, no seu artigo 2.º, n.º 1, que «Cada Estado-Membro tomará as medidas necessárias que o habilitem a

[1] Princípios esses aplicáveis aos cidadãos nacionais de países terceiros, como resulta da conclusão 18 do CE de Tampere «18. A União Europeia tem de garantir um tratamento equitativo dos nacionais de países terceiros que residem legalmente no território dos seus Estados-Membros. Uma política de integração mais determinada deverá ter como objectivo assegurar-lhes direitos e obrigações comparáveis aos dos cidadãos da UE. Deverá de igual modo promover a não discriminação na vida económica, social e cultural e desenvolver medidas contra o racismo e a xenofobia».

declarar perdidos, no todo ou em parte, os instrumentos e produtos de infrações penais puníveis com pena privativa da liberdade por período superior a um ano, ou bens de valor equivalente a esses produtos», instituindo poderes de perda alargada e a possibilidade de utilização de procedimentos não penais para destituir dos bens em questão o autor da infração.

Os esforços de harmonização legislativa teriam a sua expressão máxima na Diretiva 2014/24/EU, do Parlamento Europeu e do Conselho, de 3 de abril, que veio estabelecer regras mínimas para o congelamento de bens tendo em vista a eventual perda subsequente e para a perda de produtos do crime, definindo conceitos como produto, bens, instrumentos, perda, congelamento, perda alargada, perda do valor, ablação de bens de terceiros e perda não baseada numa condenação em casos de doença ou fuga do suspeito (*non-conviction based confiscation order*).

II. Instrumentos jurídicos

Na prossecução do princípio do reconhecimento mútuo na União e com interesse para o tema que nos propomos analisar – o reconhecimento mútuo de decisões de apreensão, o que tentaremos fazer de forma concisa e pragmática – estão em vigor os seguintes instrumentos jurídicos:

1. Decisão Quadro n.º 2003/577/JAI do Conselho, de 22 de Julho, relativa à execução na União Europeia das decisões de congelamento de bens ou de provas, transposta para a ordem jurídica interna pela Lei 25/2009, de 5 de junho.
   Substituída, no que respeita ao congelamento de provas, pela Diretiva 2014/41/UE do Parlamento Europeu e do Conselho, de 3 de abril de 2014, relativa à decisão europeia de investigação em matéria penal, transposta internamente pela Lei n.º 88/2017, de 21 de agosto.
2. Diretiva 2014/42/UE, do Parlamento Europeu e do Conselho, de 3 de abril de 2014, sobre o congelamento e a perda dos instrumentos e produtos do crime na União Europeia, transposta para o ordenamento jurídico nacional pela Lei n.º 30/2017, de 30 de maio.

3. Decisão-Quadro 2006/785/JAI do Conselho, de 6 de outubro, relativa ao reconhecimento mútuo das decisões de perda, transposta para Portugal pela Lei n.º 88/2009, de 31 de agosto.
4. Regulamento do Parlamento Europeu e do Conselho de 14 de novembro de 2018 relativo ao reconhecimento mútuo das decisões de apreensão, aplicável a partir de 19 de dezembro de 2020[2].

O Regulamento do Parlamento Europeu e do Conselho de 14 de novembro de 2018, doravante designado como Regulamento, é um instrumento legal de aplicação direta, em todos os Estados-Membros, por força do disposto nos artigos 82.º e 288.º do Tratado do Funcionamento da União Europeia.

Surge pela necessidade de estabelecer requisitos mínimos para a aplicação do princípio do reconhecimento mútuo das decisões de apreensão e perda em todos os Estados-Membros da União Europeia, porquanto os relatórios de execução da Comissão relativos às Decisões-Quadro 2003/577/JAI e 2006/783/JAI (esta relativa à perda) vieram a revelar que o atual regime de reconhecimento mútuo das decisões de apreensão e das decisões de perda não é inteiramente eficaz[3]. Com efeito, essas decisões-quadro não foram transpostas e aplicadas de modo uniforme nos Estados-Membros[4], o que levou a um reconhecimento mútuo insuficiente e a uma cooperação transfronteiriça aquém

[2] Com excepção do art. 24.º do Regulamento, sob a epígrafe «Notificação relativa às autoridades competentes».
«Até 19 de dezembro de 2020, cada Estado-Membro informa a Comissão da autoridade ou autoridades, na aceção do artigo 2.º n.ºs 8 e 9, que são competentes nos termos do seu direito, nos casos em que esse Estado-Membro seja o Estado de emissão ou o Estado de execução, respetivamente.
2.Se tal for necessário devido à organização do seu ordenamento jurídico interno, cada Estado-Membro pode designar uma ou várias autoridades centrais que serão responsáveis pela transmissão e receção administrativas das certidões de apreensão e das decisões de perda e pela assistência às respetivas autoridades competentes. Cada Estado-Membro informa a Comissão de qualquer autoridade que designar para esse efeito» –cfr. n.ºs 1 e 2 do artigo 24.º.
[3] Consideração 6 do Regulamento
[4] Para o estudo comparado da aplicação das decisões-quadro na EU, ver "*Comparative law study of the implementations of mutual recognition of orders to freeze and confiscate criminal assets in the European Union*"*- disponível em Just/2011/Jpen/Pr/0153/ A4 Final Findings Report,* disponível

do que seria de desejar. Acresce que o quadro jurídico da União em matéria de reconhecimento mútuo das decisões de apreensão e das decisões de perda não acompanhou a recente evolução legislativa aos níveis da União e nacional. Mais especificamente, a Diretiva 2014/42/UE do Parlamento Europeu e do Conselho estabelece regras mínimas comuns para a apreensão e a perda de bens. Estas regras mínimas dizem respeito à perda de instrumentos e produtos do crime, inclusive em caso de doença ou fuga do suspeito ou arguido, no âmbito de um processo penal já instaurado por infração penal, à perda alargada e à perda de bens de terceiros. Essas regras mínimas aplicam-se também à apreensão de bens tendo em vista uma eventual perda posterior. Os tipos de decisões de apreensão e de decisões de perda abrangidos por essa diretiva deverão ser igualmente abrangidos pelo quadro jurídico em matéria de reconhecimento mútuo[5].Aplica-se a todas as decisões de apreensão e as decisões de perda relacionadas com as infrações penais abrangidas pela Diretiva 2014/42/UE, bem como as decisões de apreensão e as decisões de perda relativas a outras infrações penais.

A harmonização dos principais conceitos aplicáveis no regime de recuperação de ativos cria entre os Estados-Membros a segurança e confiança necessários de que as decisões a executar sejam sempre tomadas em conformidade com os princípios da legalidade, da subsidiariedade e da proporcionalidade. Esta cooperação pressupõe também que sejam preservados os direitos das pessoas que são afetadas por uma decisão de apreensão ou uma decisão de perda. Tais pessoas afetadas, que podem ser pessoas singulares ou coletivas, deverão incluir a pessoa contra quem foi emitida uma decisão de apreensão ou uma decisão de perda, ou a pessoa que é proprietária dos bens abrangidos pela referida decisão, assim como quaisquer terceiros cujos direitos relacionados com esses bens sejam diretamente prejudicados pela referida decisão, incluindo os terceiros de boa-fé[6].

em *http://knjiznica.sabor.hr/pdf/E_publikacije/Comparative_law study_of_the_implemtation_of_mutual_recognition.pdf.*, consultado em 2 de Novembro de 2020.

[5] Considerando 7 do Regulamento

[6] Sobre o direito de audição de terceiros de boa fé no âmbito do processo penal, Acórdão

O direito do Estado de execução servirá de base para determinar se tais terceiros são diretamente afetados por uma decisão de apreensão ou uma decisão de perda[7].

O Regulamento não se aplica a decisões de apreensão e decisões de perda emitidas no âmbito de processos em matéria civil ou administrativa, como decorre do artigo 1.º, n.º 4.

Na prossecução das finalidades referidas, o Regulamento vem substituir as disposições da Decisão-Quadro 2003/577/JAI relativamente à apreensão de bens entre os Estados-Membros por ele vinculados a partir de 19 de dezembro de 2020 e substitui a Decisão-Quadro 2006/783/JAI entre os Estados-Membros por ele vinculados a partir de 19 de dezembro de 2020, de que se excluíram a Dinamarca e a Irlanda (cfr. Artigo 39.º). Para mais e melhor eficácia, o Regulamento introduz prazos de reconhecimento curtos, alarga a proteção das vítimas e tem um âmbito mais abrangente do que as Decisões-Quadro que substitui, abrangendo todas as decisões de apreensão e perda emitidas num processo penal.

III. Decisões de apreensão

Na definição do Regulamento «Decisão de apreensão» é uma decisão emitida ou validada por uma autoridade de emissão para impedir a destruição, transformação, retirada, transferência ou afetação de bens tendo em vista a perda.

Em harmonia com os conceitos introduzidos pela Diretiva 2014/42/EU do Conselho, de 3 de Abril, podem ser objeto de apreensão: «Bens», os ativos de qualquer espécie, corpóreos ou incorpóreos, móveis ou imóveis, bem como documentos legais ou atos comprovativos da propriedade desses ativos ou direitos com eles relacionados, que a autoridade de emissão considere que constituem o produto de uma infração penal ou correspondem, no todo ou apenas em parte, ao valor desse produto; constituem os instrumentos dessa infração penal ou correspondem ao valor desses instrumentos; são passíveis de perda mediante a aplicação no Estado de emissão de um dos poderes de perda previstos na Diretiva

do Tribunal da Relação do Porto, Processo 5964/09.6T2OVR-C. P1, de 11 de Abril de 2019, publicado em www.dgsi.pt.

[7] Considerando 15 do Regulamento

2014/42/UE; ou são passíveis de perda por força de quaisquer outras disposições relacionadas com os poderes de perda, incluindo a perda sem condenação definitiva, previstos na legislação do Estado de emissão relativamente a uma infração penal; «Produto», como «qualquer vantagem económica resultante, direta ou indiretamente, de uma infração penal, consistindo em qualquer tipo de bem e abrangendo a eventual transformação ou reinvestimento posterior do produto direto, assim como quaisquer ganhos quantificáveis» e «Instrumentos», quaisquer bens utilizados ou que se destinem a ser utilizados, seja de que maneira for, no todo ou em parte, para cometer uma infração penal.

Como se refere no considerando 52 do Regulamento, «No que respeita à apreensão de elementos de prova, as disposições da Decisão-Quadro 2003/577/JAI foram já substituídas pela Diretiva 2014/41/UE do Parlamento Europeu e do Conselho, para os Estados-Membros vinculados por esta diretiva. No que respeita à apreensão de bens, as disposições da Decisão-Quadro 2003/577/JAI deverão ser substituídas pelo presente regulamento para os Estados-Membros por ele vinculados. O presente regulamento deverá também substituir a Decisão-Quadro 2006/783/JAI para os Estados-Membros por ele vinculados. As disposições da Decisão-Quadro 2003/577/JAI, bem como as disposições da Decisão-Quadro 2006/783/JAI, deverão, por conseguinte, continuar a aplicar-se não só entre os Estados-Membros não vinculados pelo presente regulamento, mas também entre os Estados-Membros não vinculados pelo presente regulamento e os Estados-Membros por ele vinculados».

Ou seja, o Regulamento, para além das decisões de perda, só se aplica a decisões de apreensão de bens, com vista à perda, como aliás, logo decorre da própria definição da decisão de apreensão.

É derrogado o princípio da dupla criminalização nos casos em que as infrações penais sejam puníveis no Estado de emissão com pena privativa de liberdade de duração máxima não inferior a três anos, nos crimes elencados no artigo 3.º, n.º 1 do Regulamento:

> [(1) participação numa organização criminosa; (2) terrorismo; (3) tráfico de seres humanos; (4) exploração sexual de crianças e pornografia infantil; (5) tráfico de estupefacientes e substâncias psicotrópicas; (6) tráfico de armas, munições e explosivos; (7) corrupção; (8) fraude, incluindo fraude

e outras infrações penais que lesem os interesses financeiros da União na aceção da Diretiva (UE) 2017/1371 do Parlamento Europeu e do Conselho; (9) branqueamento dos produtos do crime; (10) falsificação de moeda, incluindo a contrafação do euro; (11) cibercriminalidade; (12) crimes contra o ambiente, incluindo o tráfico de espécies animais ameaçadas e de espécies e variedades vegetais ameaçadas; (13) auxílio à entrada e à permanência irregulares; (14) homicídio voluntário, ou ofensas corporais graves; (15) tráfico de órgãos e tecidos humanos; (16) rapto, sequestro ou tomada de reféns; (17) racismo e xenofobia; (18) roubo organizado ou à mão armada; (19) tráfico de bens culturais, incluindo antiguidades e obras de arte; (20) burla; (21) extorsão de proteção e extorsão; (22) contrafação e piratagem de produtos; (23) falsificação de documentos administrativos e respetivo tráfico; (24) falsificação de meios de pagamento; (25) tráfico de substâncias hormonais e de outros estimuladores de crescimento; (26) tráfico de materiais nucleares e radioativos; (27) tráfico de veículos roubados; (28) violação; (29) fogo posto; (30) crimes abrangidos pela jurisdição do Tribunal Penal Internacional; (31) desvio de avião ou navio; (32) sabotagem.] Relativamente às infrações penais não mencionadas no n.º 1 do artigo 3.º do Regulamento, o Estado de execução pode sujeitar o reconhecimento e a execução de uma decisão de apreensão ou de uma decisão de perda à condição de os factos que deram origem a essa decisão constituírem uma infração penal nos termos da legislação do Estado de execução, quaisquer que sejam os elementos constitutivos ou a qualificação da mesma na legislação do Estado de emissão.

IV. Legislação nacional mais relevante em matéria de decisões de apreensão

1. Lei n.º 25/2009, de 5 de junho

Lei n.º 25/2009, de 5 de junho, que estabelece o regime jurídico da emissão e da execução de decisões de apreensão de bens ou elementos de prova na União Europeia, em cumprimento da Decisão Quadro n.º 2003/577/JAI, do Conselho, de 22 de julho.

A nível nacional, a apreensão referida no Regulamento e noutros instrumentos legais aplicáveis, como é o caso da Lei n.º 25/2009, de 5 de junho, corresponde não só à figura prevista nos artigos 178.º do CPP e seguintes, mas também ao arresto, previsto no artigo 228.º do mesmo diploma e no artigo 10.º da Lei n.º 5/2002, de 11 de janeiro, competindo ao Ministério Público, enquanto recetor da decisão de apreensão, decidir qual dos mecanismos processuais a aplicar no caso concreto.

O artigo 45.º da Lei n.º 88/2017, de 21 de agosto revoga a Lei n.º 25/2009, no que respeita à execução das decisões de apreensão de elementos de prova.

Por conseguinte, a Lei n.º 25/2009, de 5 de junho, continua em vigor para as decisões de apreensão de bens com vista à perda/confisco, naturalmente conjugada com os ditames do Regulamento, pelo que, a partir de 19 de dezembro de 2020, a sua aplicação se cingirá a tudo o que nele não estiver regulado.

Em termos práticos, em regra, sempre será necessária a emissão prévia de uma Diretiva Europeia de Investigação para identificação dos bens suscetíveis de virem a ser declarados perdidos. Só após a sua identificação é que se procederá então à emissão e transmissão da Decisão de Apreensão.

De resto, a prática usualmente seguida era a de execução de decisões de apreensão no âmbito dos mecanismos do auxilio judiciário mútuo, porque habitualmente precedidas de um pedido em que se solicitava, em simultâneo, a identificação e apreensão de bens para efeitos de prova e /ou confisco (No âmbito da União Europeia, a Convenção Relativa ao Auxílio Judiciário Mútuo em Matéria Penal entre os Estados Membros da União Europeia, de 29 de maio de 2000, aprovada para ratificação pela Resolução da Assembleia da República n.º 63/2001, de 16/10, Diário da República I-A, n.º 240, de 16/10/2001, ratificada pelo Decreto do Presidente da República n.º 53/2001, de 16/10; e o Protocolo da Convenção Relativa ao Auxílio Judiciário Mútuo em Matéria Penal entre os Estados Membros da União Europeia, de 16 de outubro de 2001, aprovado pela Resolução da Assembleia da República n.º 61/2006, DR I, n.º 234, de 06/12/2006 e ratificado pelo Decreto do Presidente da República n.º 119/2006, de 06/12.)

De acordo com a definição do artigo 2.º alínea c) da Lei n.º 25/2009, a «Decisão de apreensão» é assim qualquer medida tomada por uma autoridade judiciária competente do Estado de emissão para impedir provisoriamente operações de destruição, transformação, deslocação, transferência ou alienação de bens que podem ser objeto de perda» (*excluindo-se agora os bens que podem servir a prova*).

Bens esses que podem ser e qualquer natureza, corpóreos ou incorpóreos, móveis ou imóveis, ato jurídico ou documento que certifique um título ou direito sobre um bem, relativamente aos quais a autoridade judiciária competente do Estado de emissão considera que constituem o produto de uma infração penal ou correspondem, no todo ou em parte, ao valor desse produto ou constituem o instrumento ou o objeto dessa infração (Cfr. alíneas i) e ii) do artigo 2.º da Lei n.º 25/2009).

De acordo com o artigo 3.º da lei, são reconhecidas e executadas sem controlo da dupla incriminação do facto as decisões de apreensão tomadas no âmbito de processos penais que respeitem aos crimes aí elencados, desde que puníveis com pena privativa da liberdade de duração máxima não inferior a três anos.

Ressalvado o disposto no n.º 4 do artigo 8.º[8], no que respeita às situações não previstas no artigo 3.º, n.º 1, são admissíveis o reconhecimento e a execução pelas autoridades judiciárias portuguesas das decisões de apreensão se os factos em causa constituírem infração punível pela lei portuguesa, independentemente dos seus elementos constitutivos ou da sua qualificação no direito do Estado de emissão.

1.2. Autoridades competentes para a emissão e execução de decisões de apreensão

Nos termos do artigo 4.º da Lei n.º 25/2009, é competente para emitir a decisão de apreensão relativa a bens situados em outro Estado-membro a autoridade competente para a mesma decisão relativamente a bens situados em Portugal. E, como se estatui no artigo 11.º da Lei n.º 25/2009, é competente para a execução em Portugal o tribunal com competência para proceder à instrução criminal da área onde o bem objeto de apreensão se encontra à data da decisão. Quando a decisão abranja mais do

[8] A execução não pode ser recusada com o fundamento previsto no n.º 2, em matéria de contribuições e impostos, de alfândegas e de câmbios, pela circunstância de a legislação portuguesa não prever o mesmo tipo de contribuições e impostos ou o mesmo tipo de regulamentação em matéria de contribuições e impostos, de alfândegas e de câmbios que a legislação do Estado de emissão (cfr. art. 8.º, n.º 4 da Lei n.º 25/2009).

que um bem é competente o tribunal onde se encontra o maior número de bens. Quando não for possível determinar a área onde se encontra o maior número de bens, é competente para a execução o tribunal que primeiro teve conhecimento da decisão de apreensão.

A execução da decisão de apreensão segue os procedimentos previstos no Código de Processo Penal (cfr. n.º 4 do artigo 12.º da Lei n.º 25/2009).

Consequentemente, pode ser competente o Ministério Público ou o Juiz de Instrução, consoante o mecanismo de processo penal utilizado, se a apreensão *sctrito sensu*, para a qual o Ministério Público terá competência, se o arresto preventivo ou o arresto para perda alargada, nos termos do artigo 10.º da lei n.º 5/2002, de 11 de janeiro, da competência do juiz de instrução criminal. Competências essas que, cremos, se manterão inalteradas, pese embora a notificação relativa à indicação das autoridades competentes, constante do artigo 24.º do Regulamento.

2. Código Penal

Para além de normas previstas em legislação avulsa (tais como o Dec. Lei n.º 15/93, de 22 de janeiro – artigos 35.º e 36.º; a Lei n.º 109/2009, de 15 de setembro – artigo 10.º; do RGIT/Lei n.º 15/2001, de 5 de junho – artigos 18.º a 20.º e artigo 9.º do Dec. Lei n.º 28/84, de 20 de janeiro), o regime legal da perda de coisas e direitos relacionados com a prática de um ilícito criminal, encontra-se previsto, em termos gerais, no capítulo IX do Código Penal (CP), atualizado pela lei n.º 30/2017, de 30 de maio, que transpôs a Diretiva 2014/42/EU, intitulado «perda de instrumentos, produtos e vantagens», onde se encontra regulada a «perda de instrumentos» e «perda de produtos e vantagens» (artigos 109.º e 110.º) bem como «instrumentos, produtos ou vantagens pertencentes a terceiro» (artigo 111.º).

Neste regime normativo de âmbito geral prevê-se que sejam declarados perdidos a favor do Estado «os instrumentos de facto ilícito típico, quando, pela sua natureza ou pelas circunstâncias do caso, puserem em perigo a segurança das pessoas, a moral ou a ordem públicas, ou oferecerem sério risco de ser utilizados para o cometimento de novos factos ilícitos típicos, considerando-se instrumentos de facto ilícito típico todos os objetos que tiverem servido ou estivessem destinados a servir para a sua prática» (artigo 109.º, n.º 1) bem como «os produtos de facto ilícito típico, considerando-se como tal todos os objetos que tiverem sido produzidos pela sua prática» e «as vantagens de facto ilícito típico, considerando-se como tal todas as coisas, direitos ou vantagens que constituam vantagem económica, direta ou indiretamente resultante desse facto, para o agente ou para outrem» (cfr. artigo 110.º, n.º 1, alíneas a) e b) do CP).

Ou seja, a apreensão tem em vista não só a prova do crime, mas também assegurar que os bens apreendidos acautelem a execução de perda resultante de uma condenação futura, de modo a garantir que o agente do crime seja privado das vantagens que obteve com o seu cometimento. Essencial para a posterior declaração de perda é que se prove que existe uma relação direta ou indireta entre o crime e as vantagens.

Os instrumentos do crime serão objeto de perda quando, pela sua natureza ou pelas circunstâncias do caso, puserem em perigo a segurança das pessoas, a moral ou a ordem públicas, ou oferecerem sério risco de serem utilizados na prática de outros crimes.

São também suscetíveis de serem declarados perdidos a favor do Estado os produtos obtidos com a prática do crime.

Como decorre da nova redação do artigo 111.º, n.º 3 do Código Penal, mesmo que os produtos ou vantagens não possam ser apropriados em espécie, a perda é substituída pelo pagamento ao Estado do respetivo valor, podendo essa substituição operar a todo o tempo, mesmo em fase executiva, com os limites previstos no artigo 112.º-A, aditado ao Código Penal pela Lei n.º 30/2017, de 21 de agosto.

3. Código de Processo Penal – artigos 178.º a 181.º, 185.º, 186.º

As definições europeias sobre o conceito de apreensão e sobre o que pode ser seu objeto constam agora do art 178.º, n.º 1 do CPP, na versão atual decorrente da transposição da Diretiva 2014/42/EU do Parlamento Europeu e do Conselho, de 3 de abril de 2014, sobre o congelamento e a perda dos instrumentos e produtos do crime na União Europeia, pela Lei 30/2017, de 30 de maio.

Dispõe agora o artigo 178.º do C.P.P. o seguinte:

«Artigo 178.º
Objeto e pressupostos da apreensão

1 – São apreendidos os instrumentos, produtos ou vantagens relacionados com a prática de um facto ilícito típico, e bem assim todos os objetos

que tiverem sido deixados pelo agente no local do crime ou quaisquer outros suscetíveis de servir a prova.

2 – Os instrumentos, produtos ou vantagens e demais objetos apreendidos nos termos do número anterior são juntos ao processo, quando possível, e, quando não, confiados à guarda do funcionário de justiça adstrito ao processo ou de um depositário, de tudo se fazendo menção no auto.

3 – As apreensões são autorizadas, ordenadas ou validadas por despacho da autoridade judiciária.

4 – Os órgãos de polícia criminal podem efetuar apreensões no decurso de revistas ou de buscas ou quando haja urgência ou perigo na demora, nos termos previstos na alínea c) do n.º 2 do artigo 249.º

5 – Os órgãos de polícia criminal podem ainda efetuar apreensões quando haja fundado receio de desaparecimento, destruição, danificação, inutilização, ocultação ou transferência de instrumentos, produtos ou vantagens ou outros objetos provenientes da prática de um facto ilícito típico suscetíveis de serem declarados perdidos a favor do Estado.

6 – As apreensões efetuadas por órgão de polícia criminal são sujeitas a validação pela autoridade judiciária, no prazo máximo de setenta e duas horas.

7 – Os titulares de instrumentos, produtos ou vantagens ou outros objetos apreendidos podem requerer ao juiz a modificação ou a revogação da medida.

8 – O requerimento a que se refere o número anterior é autuado por apenso, notificando-se o Ministério Público para, em 10 dias, deduzir oposição.

9 – Se os instrumentos, produtos ou vantagens ou outros objetos apreendidos forem suscetíveis de ser declarados perdidos a favor do Estado e não pertencerem ao arguido, a autoridade judiciária ordena a presença do interessado e ouve-o.

10 – A autoridade judiciária prescinde da presença do interessado quando esta não for possível.

11 – Realizada a apreensão, é promovido o respetivo registo nos casos e nos termos previstos na legislação registal aplicável.

12 – Nos casos a que se refere o número anterior, havendo sobre o bem registo de aquisição ou de reconhecimento do direito de propriedade ou da mera posse a favor de pessoa diversa da que no processo for considerada titu-

lar do mesmo, antes de promover o registo da apreensão a autoridade judiciária notifica o titular inscrito para que, querendo, se pronuncie no prazo de 10 dias»[9].

Já quanto à restituição opera a norma geral do artigo 186.º do CPP.

Os animais, coisas ou objetos apreendidos são restituídos a quem de direito, logo que se torne desnecessário manter a apreensão para efeito de prova, ou logo que transitar em julgado a sentença que o determine (cf. n.ºs 1 e 2 do artigo 186.º)[10].

Para efeitos de restituição, são notificadas as pessoas a quem os mesmos devem ser restituídos para, no prazo de sessenta dias, procederem ao seu levantamento, sob a cominação de, não o fazendo, os bens serem declarados perdidos a favor do Estado.

No caso de impossibilidade de identificação ou do paradeiro dessas pessoas ou de localização, procede-se, mediante despacho fundamentado do juiz à notificação edital, sendo, nesse caso, de noventa dias, o prazo máximo para o levantamento dos animais, coisas ou objetos[11].

Quanto à administração dos bens vigora o artigo 185.º do CPP.

O artigo 185.º do CPP comporta disposições relativas ao destino a dar a coisas sem valor perecíveis, perigosas, deterioráveis ou cuja utilização implique perda de valor ou qualidades. Neste caso a autoridade judiciária competente pode ordenar, consoante os casos, a sua venda ou afetação a finalidade pública ou socialmente útil, as medidas de conservação ou

[9] Pelo seu interesse prático, ver Acórdão n.º 387/2019 do Tribunal Constitucional, processo em que foi relatora a Exma. Conselheira Fátima-Mata Mouros e que decidiu «Não julgar inconstitucional a norma que defere ao Ministério Público a competência para autorizar, ordenar ou validar a apreensão de objetos que constituam o lucro, o preço ou a recompensa do crime, constante do artigo 178.º, n.ºs 1 e 3, do CPP» e dar provimento ao recurso interposto pelo MP, embora com um voto de vencido do Exmo. Conselheiro Manuel Costa Andrade), publicado em www.dgsi.pt.

[10] Redacção dada pela Lei n.º 39/2020, de 18 de agosto.

[11] Redacção da Lei 39/2020, de 18 de agosto. Atribui agora expressamente ao juiz a competência para ordenar a notificação edital, anteriormente de carácter oficioso. Redacção anterior «As pessoas a quem devam ser restituídos os objectos são notificadas para procederem ao seu levantamento no prazo máximo de 90 dias, findo o qual passam a suportar os custos resultantes do seu custo».

manutenção necessárias ou a sua destruição imediata, ressalvado o disposto nos n.ºs 4 e 5.

Quando a coisa a que se refere o n.º 1 for um veículo automóvel, uma embarcação ou uma aeronave, no prazo máximo de 30 dias após a apreensão, a autoridade judiciária profere despacho determinando a sua remessa ao Gabinete de Administração de Bens para efeitos de administração em conformidade com o disposto na Lei n.º 45/2011, de 24 de junho, nomeadamente nos seus artigos 14.º e 20.º-A, comunicando àquele gabinete informação sobre o valor probatório do veículo e sobre a probabilidade da sua perda a favor do Estado.

4. Lei n.º 45/2011, de 24 de junho, que criou o Gabinete de Recuperação de Ativos, transpondo para a ordem jurídica interna a Decisão-Quadro 2007/845/JAI, do Conselho, de 6 de dezembro

Compete ao Gabinete de Recuperação e Ativos proceder à identificação, localização e apreensão de bens ou produtos relacionados com crimes, a nível interno e internacional, assegurar a cooperação com os gabinetes de recuperação de ativos criados por outros Estados e exercer as demais atribuições que lhe sejam legalmente atribuídas.

Cabe ainda ao GRA realizar a recolha, a análise e o tratamento de dados estatísticos anonimizados, resultantes da sua atividade ou que a lei mande comunicar-lhe, referentes à apreensão e à aplicação de medidas de garantia patrimonial em processo penal, bem como ao destino final que os bens por elas abrangidos tiveram, nomeadamente a restituição, o envio a autoridade de outro Estado em cumprimento de pedido de cooperação judiciária internacional ou a declaração de perda a favor do Estado, com especificação do tipo de bem, do respetivo valor, da sua titularidade como pertencendo ao arguido ou a terceiro e ainda do facto ilícito típico previsto nas leis penais com o qual o mesmo está relacionado.

A administração dos bens apreendidos compete ao Gabinete de Administração de Ativos, na dependência do Instituto de Gestão Financeira, IGFEJ IP.

O GAB intervém, a pedido do GRA ou das autoridades judiciárias, quando o valor do bem apreendido exceda as 50 unidades de conta ou, independentemente desse valor, quando se trate de veículo automóvel, embarcação ou aeronave (cfr. artigo 11.º da Lei n.º 45/2011).

As suas competências mostram-se elencadas no artigo 10.º da Lei n.º 45/2011, competindo-lhe proteger, conservar e gerir os bens recuperados ou à guarda do Estado, determinar a venda, a afetação a finalidade pública oi socialmente útil conexa com a administração da justiça, determinar a destruição dos bens declarados perdidos a favor do Estado, desde que salvaguardado o cumprimento da regulamentação comunitária aplicável, assegurar o destino dos bens recuperados ou declarados perdidos a favor do Estado por decisão transitada em julgado, sem prejuízo do disposto no artigo 20.º-A (Articulação com outros regimes legais).

V. Transmissão, reconhecimento e execução das decisões de apreensão

1. Transmissão

Para efeitos de transmissão de uma decisão de apreensão, a autoridade de emissão preenche e assina a certidão de apreensão constante do anexo I e atesta a veracidade e a exatidão do seu conteúdo, diligenciando pela sua tradução numa língua oficial do estado de execução ou uma língua aceite pelo Estado de execução – cfr. artigo 6.º do Regulamento.

Os Estados-Membros podem apresentar uma declaração que indique que, quando uma certidão de apreensão lhes é transmitida com vista ao reconhecimento e execução de uma decisão de apreensão, a autoridade de emissão transmite, a certidão de apreensão, a decisão de apreensão original ou uma cópia autenticada da mesma juntamente com a certidão de apreensão. No entanto, só a certidão de apreensão tem de ser traduzida, nos termos do artigo 6.º, n.º 2.

Após, transmite a certidão de apreensão e a decisão de apreensão, diretamente ao estado de execução ou, se aplicável, à autoridade central a que se refere o artigo 24.º, n.º 2, do Regulamento, por qualquer meio que permita conservar um registo escrito e em condições que permitam à autoridade de execução determinar a autenticidade da certidão (cf. artigo 4.º, n.º 1, do Regulamento).

A certidão de apreensão deve:

a) Ser acompanhada de uma certidão de perda transmitida nos termos do artigo 14.º ou;

b) Incluir uma instrução para que os bens permaneçam apreendidos no Estado de execução na pendência da transmissão e execução da decisão de perda nos termos do artigo 14.º, sendo que neste caso a autoridade de emissão indica a data prevista para a transmissão na certidão de apreensão.

A transmissão pode ser feita por qualquer meio nomeadamente por correio registado ou por correio eletrónico protegido, podendo «recorrer a todos os meios de transmissão pertinentes, nomeadamente o sistema de telecomunicações seguro da RJE, a Eurojust, ou outros canais utilizados pelas autoridades judiciárias»[12].

Através das ferramentas disponíveis no site da Rede Judiciária Europeia é possível identificar a autoridade competente para a execução dos pedidos de apreensão e de perda, Ministério Público ou Juiz, consoante o direito processual penal do Estado de Execução, elaborar o pedido e transmiti-lo diretamente à autoridade judiciária competente do Estado requerido, com vista ao seu cumprimento, mediante o preenchimento e envio de formulários interativos das decisões de apreensão e perda, assim como das Diretivas Europeias de Investigação, importados do Compêndio, à qual será anexada a Decisão a transmitir. A identificação da entidade competente para o cumprimento da decisão é feita no *site* da Rede Judiciária Europeia, através de busca no Atlas Europeu.

Na impossibilidade de obtenção da informação através do Atlas Europeu, pode ser solicitada a cooperação dos Magistrados do Ministério Público designados como pontos de contacto da cooperação judiciária das comarcas, que funcionam como elo de ligação com a Rede Judiciária Europeia[13] (constituída pela Autoridade Central/PGR, os Diretores do DCIAP, os Diretores dos DIAPS Regionais um Magistrado Judicial[14]) e a Eurojust[15].

[12] Considerando 24 do Regulamento.

[13] Criada pela Acção Comum 98/428/JAI, entretanto revogada pela Decisão 2008/976/JAI de 16 de dezembro, do Conselho da União Europeia (JO L348, de 24 de dezembro), que regulamenta actualmente o funcionamento da Rede Judiciária Europeia.

[14] Designado na sequência da recomendação do Conselho no âmbito do relatório da avaliação feita a Portugal à RJE e à Eurojust, no sexto ciclo de avaliações mútuas do Conselho.

[15] A Eurojust foi criada por Decisão do Conselho da União Europeia n.º 2002/187/JAI, de 28

Nos termos do artigo 23.º do Regulamento, n.º 1 «A execução da decisão de apreensão ou da decisão de perda rege-se pela legislação do Estado de execução, tendo as suas autoridades competência exclusiva para decidir das modalidades de execução das mesmas e determinar todas as medidas com elas relacionadas».

As decisões de apreensão ou as decisões de perda emitidas contra uma pessoa coletiva são executadas mesmo que o Estado de execução não reconheça o princípio da responsabilidade penal das pessoas coletivas – Cfr. n.º 2 do artigo 23.º do Regulamento.

A decisão de apreensão relativa a um montante em dinheiro ou relativa a bens específicos, é transmitida para execução ao Estado-Membro onde o visado possui bens ou rendimentos.

2. Reconhecimento e execução das decisões de apreensão

Como decorre do artigo 7.º do Regulamento, a autoridade de execução reconhece uma decisão de apreensão e toma as medidas necessárias para a executar com a mesma rapidez e prioridade que uma decisão de apreensão nacional, exceto se essa autoridade de execução invocar um dos motivos de não reconhecimento e de não execução previstos no artigo 8.º ou um dos motivos de adiamento previstos no artigo 10.º, n.º 2.

A autoridade de execução informa a autoridade de emissão da execução da decisão de apreensão, descrevendo os bens apreendidos e, se disponível, fornecendo uma estimativa do seu valor. Essa informação é transmitida através da utilização de qualquer meio que permita conservar um registo escrito, sem demora injustificada, após a autoridade de execução ter sido informada da execução da decisão de apreensão.

de fevereiro de 2002, com a redacção que lhe foi dada pela Decisão do Conselho da União Europeia n.º 2009/426/JAI de 16 de dezembro de 2008, com o objectivo de estimular e melhorar a coordenação entre as autoridades judiciárias competentes para a investigação e o execício da acção penal relacionados com a criminalidade organizada de natureza transnacional, quando estão em causa dois ou mais estados membros. Internamente é regulada pela Lei 36/2003, de 22 de agosto, actualizada através da lei 20/2014, de 15 de abril. A nível da Magistratura do Ministério Público pela Circular 1/2012 da PGR.

3. Motivos de não reconhecimento e de não execução das decisões de apreensão

Os motivos de não reconhecimento e de não execução mostram-se elencados no artigo 8.º do Regulamento.

A decisão de apreensão não será reconhecida nem executada se a execução da decisão de apreensão colidir com o princípio *ne bis in idem*; se existir um privilégio ou imunidade suscetível de impedir a apreensão; se existirem regras sobre a determinação ou limitação da responsabilidade penal em matéria de liberdade de imprensa ou de liberdade de expressão noutros média que impeçam a execução da decisão de apreensão; se a certidão de apreensão estiver incompleta ou manifestamente incorreta e não tiver sido devidamente preenchida após solicitação para o efeito, junto da autoridade emissão, conforme previsto no n.º 2 do artigo 8.º do Regulamento; se a decisão de apreensão respeitar a uma infração penal cometida total ou parcialmente fora do território do Estado de emissão e total ou parcialmente no território do Estado de execução, e a conduta que tiver conduzido à emissão da decisão não constituir infração penal nos termos da legislação do Estado de execução; no caso previsto no artigo 3.º, n.º 2, a conduta conexa com a decisão de apreensão não constituir uma infração penal nos termos da legislação do Estado de execução (com exceção dos casos que envolvam contribuições ou impostos, ou regulamentação aduaneira e cambial, em que o reconhecimento ou a execução de uma decisão de apreensão não pode ser recusada pelo facto de a legislação do Estado de execução não impor o mesmo tipo de contribuições ou impostos ou não prever o mesmo tipo de regras em matéria de contribuições e impostos e regulamentação aduaneira e cambial que a legislação do Estado de emissão).

Pode ainda ser recusado o reconhecimento e a execução da decisão de apreensão em situações excecionais, se houver motivos substanciais para crer, com base em elementos de prova objetivos e específicos, que a execução da decisão de apreensão iria, nas circunstâncias específicas do caso, implicar uma violação manifesta de um direito fundamental relevante tal como estabelecido na Carta dos Direitos Fundamentais da União Europeia, em especial o direito a um recurso efetivo, o direito a um julgamento equitativo ou o direito de defesa.

A autoridade de execução, antes de decidir não reconhecer ou não executar a decisão de apreensão deve contactar a entidade de emissão e, se necessário, solicitar as informações ou elementos suplementares que se mostrem necessários.

A autoridade de execução deve igualmente contactar a autoridade de emissão nos casos em que, apesar de ter reconhecido a decisão de apreensão, venha a perceber, durante a respetiva execução, que se verifica um dos motivos de não reconhecimento ou de não execução. Neste caso deverão articular-se e decidir as medidas apropriadas a tomar, podendo, inclusive, retirar a decisão de apreensão – cfr. n.º 4 do art. 8.º.

O Regulamento privilegia e incentiva claramente os contactos entre as autoridades envolvidas (diretos ou através da Eurojust ou da Rede Judiciária Europeia, quando necessário), de modo a que os procedimentos em curso se desenrolem de forma rápida, adequada e de acordo com a ordem de apreensão emitida pela autoridade de emissão. Como aliás decorre do considerando 44 do Regulamento, «O correto funcionamento do presente regulamento pressupõe uma estreita comunicação entre as autoridades nacionais competentes envolvidas, em especial em caso de execução simultânea de uma decisão de perda em vários Estados-Membros. Por conseguinte, as autoridades nacionais competentes deverão consultar-se mutuamente sempre que necessário, diretamente ou, se for caso disso, através da Eurojust ou da RJE».

4. Prazos para o reconhecimento e a execução das decisões de apreensão

O reconhecimento e a execução da decisão de apreensão deverão ser feitos sem demora e com a mesma rapidez e prioridade que em processos nacionais similares após ter recebido a certidão de apreensão, devendo ser tido em consideração o tempo e modo de execução pela autoridade de emissão para a execução da decisão de apreensão, devendo as entidades envolvidas articular-se com o objetivo de cumprimento da decisão.

4.1. Reconhecimento urgente

Quando a autoridade de emissão indique na certidão de apreensão que é necessária a apreensão imediata dos bens em causa por existirem motivos legítimos para crer que estes estão na iminência de serem retirados ou destruídos, ou para dar resposta a quaisquer necessidades processuais ou de investigação no Estado de emissão, a autoridade de execução toma uma decisão de reconhecimento da decisão de apreensão o mais tardar 48 horas após ter recebido a decisão de apreensão. O mais tardar 48 horas após a referida decisão de reconhecimento, a autoridade de execução toma as medidas concretas necessárias para executar a decisão de apreensão (cf. n.º 3 do artigo 9.º).

Deverá ainda a autoridade execução dar conhecimento à autoridade de emissão, através de qualquer meio que fique registado, da decisão de reconhecimento e de execução da decisão de apreensão.

5. Adiamento da execução das decisões de apreensão

Os motivos de adiamento da execução das decisões de apreensão mostram-se elencados no artigo 10.º e subsumem-se aos casos em que a execução da decisão possa prejudicar uma investigação criminal em curso, caso em que execução da decisão de apreensão pode ser adiada o tempo que a autoridade de execução considere razoável; ou os bens tenham já sido objeto de uma decisão de apreensão, caso em que a execução da decisão de apreensão pode ser adiada até que tal decisão seja retirada.

6. Duração das decisões de apreensão

Dispõe o artigo 12.º n.º 1 do Regulamento que «Os bens sujeitos a uma decisão de execução permanecem apreendidos no Estado de execução até a autoridade competente desse Estado dar uma resposta definitiva a uma decisão de perda transmitida nos termos do artigo 14.º ou até a autoridade de emissão informar a autoridade de execução de qualquer decisão ou medida que tenha por efeito a perda da força executória da decisão ou a sua retirada nos termos do artigo 27.º, n.º 1».

7. Gestão dos bens apreendidos e declarados perdidos

A Gestão e afetação dos bens apreendidos e declarados perdidos encontra respaldo legal no artigo 28.º do Regulamento, competindo ao Estado de execução administrá-los de acordo com a legislação interna e tendo em vista evitar a sua desvalorização. O Estado de execução pode vender ou transferir os bens, de acordo com o artigo 10.º da Diretiva 2014/42/UE. Os bens apreendidos, e os montantes em dinheiro obtidos com a venda desses bens permanecem no Estado de execução até que seja transmitida uma certidão de perda e que essa decisão tenha sido executada, sem prejuízo da possibilidade de restituição dos bens ao abrigo do artigo 29.º (Restituição dos bens apreendidos à vítima).

Em todo o procedimento de transmissão, reconhecimento e execução das decisões de apreensão, deverá ser assegurada a sua confidencialidade.

VI. Conclusão

A recuperação de ativos derivados de atividades criminosas com objetivos de apropriação ilícita de vantagens patrimoniais é um imperativo de política criminal e de justiça. A reposição da situação econômica anterior ao crime satisfaz exigências de prevenção especial e geral, dissuadindo o seu autor da prática de crimes no futuro e a comunidade em geral, ao demonstrar que o crime não compensa.

As iniciativas legislativas no âmbito da União Europeia, a nível de harmonização dos sistemas no que concerne à recuperação de ativos, criaram normas mínimas de aplicação geral nos Estados-membros, através da Diretiva 2014/42/EU.

E, a nível do reconhecimento mútuo, a aplicação direta do Regulamento vem simplificar os procedimentos processuais entre os Estados-Membros da União Europeia, de modo a tornar mais eficiente a aplicação dessas regras em sede de apreensão e perda de bens. Para tal, privilegiam-se os contactos entre as autoridades envolvidas que deverão agir numa lógica de cooperação institucional com vista ao efetivo cumprimento das ordens de apreensão e perda. Só a aplicação prática do Regulamento, conjugado com os sistemas normativos internos, ditará o futuro da recuperação de ativos na União Europeia.

4. Reconhecimento mútuo de decisão de perda*

MÁRIO FERREIRA MONTE
Professor Catedrático da Universidade do Minho.

Introdução

No dia 19 de dezembro de 2020 entrou em vigor, na União Europeia, o Regulamento (UE) n.º 2018/1805, sobre reconhecimento mútuo das decisões de apreensão e de perda (doravante, Regulamento). Este instrumento jurídico será a base do nosso texto, procurando perscrutar as suas implicações no direito português.

Como ali se utiliza a técnica do reconhecimento mútuo, começaremos por fazer uma análise desta solução, tendo como objetivo enunciar a sua evolução e o seu alcance.

Depois, faremos uma análise genérica do Regulamento, enunciando os seus aspetos mais relevantes e estabelecendo uma relação com outros

* Com este texto, associo-me à obra coletiva sobre cooperação judiciária para efeitos de recuperação de ativos, tão importante quanto pertinente. Expresso, por isso, os meus agradecimentos pelo convite. Mas com ele, e com a devida vénia, também desejo render homenagem à Sra. Dra. Maria Raquel Ribeiro Pereira Desterro Almeida Ferreira, Procuradora-Geral Distrital do Porto. Já a conhecia, sobretudo pelas suas notáveis qualidades como magistrada do Ministério Público. Tive, no entanto, o gosto de partilhar com a Sra. Dra. Maria Raquel Ferreira, e com outros colegas, funções numa tarefa para a qual fomos designados. Nas várias sessões que tivemos, aprendi muito e percebi que se tratava de uma pessoa de uma elevada nobreza de carácter, muito bem formada e de notáveis qualidades humanas. Aliás, percebi que os restantes colegas – também eles muito experientes e reconhecidos – tinham com a Sra. Dra. Maria Raquel Ferreira uma forte consideração fundada em muitos anos de relacionamento e de conhecimento pessoal. Soube entretanto que muito brevemente vai jubilar-se. Surpreendeu-me. A jovialidade que transparece não faria supor que estivesse já no final da sua carreira. Jovialidade associada a uma serenidade só possíveis quando se tem a noção do dever bem cumprido. E, na verdade, assim foi. Por isso, este modesto texto é-lhe inteiramente dedicado.

instrumentos normativos pertinentes. O objetivo é compreender os seus termos, enquadrando-o materialmente.

Finalmente, abordaremos o *punctum crucis* deste texto: o reconhecimento mútuo de decisão e perda no Regulamento. Vamos tentar compreender esta figura e suas implicações normativas (no ordenamento jurídico português) e práticas (sobretudo de natureza processual).

Deste modo, ficaremos a compreender melhor o alcance do reconhecimento mútuo de decisão de perda, de tão grande relevo na prevenção da criminalidade, em, particular, a de caráter transfronteiriço, e no reforço da segurança da União.

I. O reconhecimento mútuo como pedra angular

1. Cooperação e espaço de liberdade, segurança e justiça: as bases de uma justiça penal comum

Falar de reconhecimento mútuo pressupõe atentar em dois objetivos muito relevantes na União Europeia: a cooperação e a criação de um espaço de liberdade, segurança e justiça. Importa reter aqui alguns dos passos mais significativos da conquista destes objetivos[1].

1986, quando surgiu o Ato Único Europeu, e 1992, com o Tratado de Maastricht, são duas datas relevantes para o início do modelo de cooperação – «cooperação intergovernamental» –, nomeadamente, em matéria de justiça e assuntos internos entre Estados-Membros das Comunidades[2]. Para isso foi instituído o sistema de pilares, remetendo-se as questões de natureza penal para o terceiro pilar[3].

Em 1997, com o Tratado de Amesterdão, mais um passo muito importante foi dado: definiu-se como meta da União Europeia a criação de um

[1] Em parte, já aflorados em outro texto: Mário Monte e Joana Whyte, «Cooperação judiciária e policial em matéria penal», *in* Alessandra Silveira *et. al.* (Coord.s), *Direito da União Europeia. Elementos de Direito e Políticas da União*, Coimbra: Almedina, 2016, p. 398 e ss., que aqui seguimos de perto.

[2] Sobre a evolução e natureza das Comunidades europeias, veja-se, por todos, Moura Ramos, *Das Comunidades à União Europeia. Estudos de Direito Comunitário*, Coimbra: Coimbra Editora, 1994, p. 9 e ss.

[3] Cfr. Lopes Da Mota, «A Eurojust e a emergência de um sistema de justiça penal europeu», in *RPCC*, 13, 2003, p. 179.

«espaço de liberdade, de segurança e de justiça». Tarefa que foi aprofundada[4] no terceiro pilar com o objetivo de criar «um elevado nível de proteção num espaço de liberdade, segurança e justiça». Um avanço significativo foi dado com a ideia da harmonização criminal através da fixação de regras mínimas em certos domínios específicos, mas não mais do que isso[5]. Com Amesterdão, iniciou-se realmente uma nova fase na construção europeia. Ao direito penal foi dado um enfoque implicativamente mais relevante, uma vez que passou a ter como objetivo a «criação de um espaço penal comum»[6].

Veja-se que, até ao Tratado de Maastricht, praticamente a Comunidade Europeia não tinha poderes em matéria penal[7]. A partir daí, com a criação da União e a sua estruturação em pilares, no terceiro pilar foram criadas as bases para uma cooperação judicial em matéria criminal, em certos domínios restritos, embora o poder de criação de normas penais se tivesse mantido praticamente nos Estados-Membros[8]. Pode, portanto, dizer-se que «domínios da justiça e assuntos internos escapavam, desta forma, à elaboração da "ordem jurídica comunitária", configurando uma cooperação de tipo intergovernamental, sem incidência direta sobre o conteúdo dos direitos penais nacionais»[9]. Mesmo assim, já se tratava de uma «cooperação "pouco vulgar"»[10].

Mas foi no Conselho Europeu de Tampere, de 1999, que se deu uma viragem significativa no sentido de reforçar os poderes da UE em matéria penal. Note-se que a reunião teve como objetivo, precisamente, debater a criação de um espaço de liberdade, de segurança e de justiça. O

[4] Nesse sentido, veja-se Anabela RODRIGUES, «O mandado de detenção europeu – na via da construção de um sistema penal europeu: um passo ou um salto?», *in RPCC*, Ano 13, n.º 1, Janeiro-Março 2003, p. 28.

[5] Walter PERRON, «Perspectives of the harmonization of criminal law and criminal procedure in the European Union», in Erling Husabo/Asbjorn Strandbakken (eds.), *Harmonization of Criminal Law in Europe*, Antuerpen/Oxford: Intersentia, 2005, p. 8.

[6] Nesse sentido, veja-se Anabela RODRIGUES, *O Direito Penal Europeu Emergente*, Coimbra: Coimbra Editora, 2008, p. 50 e 52.

[7] Nesse sentido, Walter PERRON, «Perspectives...», cit., p. 5.

[8] *IDEM*, p. 6-7.

[9] Cf. Anabela RODRIGUES, *O Direito Penal*, cit., p. 44.

[10] *IDEM*, p. 45, na senda de Mireille DELMAS-MARTY.

título era sugestivo: *Um Verdadeiro Espaço Europeu de Justiça*. No n.º 28 das conclusões de Tampere podemos ler que «num verdadeiro espaço europeu de justiça, os cidadãos e as empresas não deverão ser impedidos ou desencorajados de exercerem os seus direitos por razões de incompatibilidade ou complexidade dos sistemas jurídicos e administrativos dos Estados-Membros»[11]. Deste modo, acompanhamos Anabela Rodrigues e Lopes da Mota quando afirmam que o Conselho Europeu de Tampere deve ser visto como «o culminar do processo de construção do espaço de liberdade, segurança e justiça, mas, ao mesmo tempo, a promessa de que uma nova fase se iniciava»[12]. Os Estados tinham de *confiar* uns nos outros, sob a mesma partitura. Tinham de *reconhecer mutuamente* as decisões emanadas pelas autoridades judiciárias quando em causa estivessem crimes transfronteiriços. Que outro caminho se poderia seguir?

2. O princípio do reconhecimento mútuo como «pedra angular» da cooperação judiciária

Convém lembrar que o princípio do reconhecimento mútuo foi proclamado precisamente no Conselho Europeu de Tampere como sendo a *pedra angular* da cooperação judiciária[13], nestes termos: «um maior reconhecimento mútuo das sentenças e decisões judiciais e a necessária aproximação da legislação facilitariam a cooperação entre as autoridades e a proteção judicial dos direitos individuais. Por conseguinte, o Conselho Europeu subscreve o princípio do reconhecimento mútuo que, na sua opinião, se deve tornar a pedra angular da cooperação judiciária na União, tanto em matéria civil como penal. Este princípio deverá aplicar-

[11] Conclusões do Conselho Europeu de Tampere, disponível em https://www.europarl.europa.eu/summits/tam_pt.htm, consultado em 28 de fevereiro de 2021.

[12] Anabela Rodrigues e José Lopes da Mota, *Para uma Política Criminal Europeia*, Coimbra: Coimbra Editora, 2002, p. 92.

[13] A expressão, muito apropriada, é sublinhada por Fernanda Palma, «O princípio do reconhecimento mútuo e o reconhecimento de sentenças e de decisões judiciais na União Europeia», *in* Fernanda Palma *et. al.*, *Cooperação Judiciária Internacional em Matéria Penal*, Coimbra: Coimbra Editora, 2014, p. 14, e por Rita Simões, «O Regulamento relativo ao reconhecimento mútuo das decisões de apreensão e perda: inovações e continuidades», *in Revista do CEJ*, n.º 1, 1.º semestre 2019, p. 60.

-se às sentenças e outras decisões das autoridades judiciais»[14]. O princípio do reconhecimento mútuo de decisões judiciais passou a estar no centro da discussão jurídico-penal na UE[15].

Em 2001, o Tratado de Nice tentou aprofundar as bases já lançadas e, embora tenha aberto caminho à discussão de uma Constituição europeia, sabemos que isso não foi bem sucedido. Foi o Tratado de Lisboa, em 2007, que, aproveitando algumas normas do projeto da Constituição europeia e reformando outras do Tratado anterior, abriu trilho para a criação de um verdadeiro direito penal da União Europeia[16]. Um dos pontos mais relevantes deste caminho foi o reconhecimento mútuo de decisões judiciais que adquiriu consagração expressa nos artigos 67.º n.ºs 3 e 4, 82.º e 83.º do Tratado de Funcionamento da União Europeia (doravante, TFUE). O reconhecimento mútuo é então apresentado como sendo um dos tópicos que mais segurança jurídica poderia transmitir aos cidadãos da União Europeia pela sua capacidade de resultados em termos de cooperação em matéria penal.

Se ao reconhecimento mútuo juntarmos a harmonização das legislações penais substantivas e processuais dos Estados-Membros que já tinha sido iniciada, percebemos que estava encontrada a receita para a instauração de um espaço judicial europeu em matéria penal. Se a harmonização permitia uma aproximação entre ordenamentos jurídicos nacionais, superando algumas diferenças que impediam a cooperação, o reconhecimento mútuo ia ainda mais longe «provocando» essa cooperação. Mais do que aproximar, ensimesmava o processo. Vejamos.

O artigo 67.º, n.º 3, do TFUE consagrou assim as duas hipóteses lado-a-lado: «a União envida esforços para garantir um elevado nível de segurança, através de medidas de prevenção da criminalidade, do racismo e da xenofobia e de combate contra estes fenómenos, através de medidas de coordenação e de cooperação entre autoridades policiais e judiciárias e outras autoridades competentes, bem como através do reconhecimento

[14] Conclusão 33 do Conselho Europeu de Tampere, disponível em https://www.europarl.europa.eu/summits/tam_pt.htm, consultado em 28 de fevereiro de 2021.

[15] Manuel Valente, *Do Mandado de Detenção Europeu*, Coimbra: Almedina, 2006, p. 63.

[16] Nesse sentido, inequivocamente, veja-se Fernanda Palma, «O princípio...», cit., p. 19, sobretudo pela formulação do artigo 83.º, n.º 2, do TFUE.

mútuo das decisões judiciais em matéria penal e, se necessário, através da aproximação das legislações penais».

Uma das primeiras e mais relevantes concretizações do princípio do reconhecimento mútuo foi a adoção da Decisão-Quadro 2002/584/JAI relativa ao Mandado de Detenção Europeu (doravante, MDE), válido em toda a União Europeia, em cujo espaço se superou o tortuoso processo de extradição – e que ademais constituía, bem vistas as coisas, um resquício de falta de confiança mútua – e agilizou a entrega de arguidos. É certo que o MDE constituiu um grande avanço na concretização do espaço judiciário europeu[17]. Mas a UE não podia ficar por aí. Continuou a caminhar no sentido de alcançar a total realização de um espaço europeu de justiça.

Convém recordar que uma das conclusões do Conselho Europeu de Tampere foi a necessidade de o princípio do reconhecimento mútuo se aplicar aos «despachos judiciais proferidos antes da realização dos julgamentos, em especial aos que permitam às autoridades competentes recolher rapidamente as provas e apreender os bens que facilmente podem desaparecer; as provas legalmente obtidas pelas autoridades de um Estado-Membro deverão ser admissíveis perante os tribunais dos outros Estados-Membros, tendo em conta as normas neles aplicáveis». Daí surgiu a Decisão-Quadro 2008/978/JAI, relativo ao Mandado Europeu de Obtenção de Provas (MEOP). Este mandado podia ser utilizado para obter objetos, documentos e dados para serem utilizados no âmbito de processos penais em curso e devia ser emitido pelo Ministério Público ou pelo Juiz de Instrução Criminal (no caso português). Era muito importante, porque, enquanto reconhecimento mútuo de ordens específicas de obtenção de prova, tornava desnecessária uma ordem de congelamento

[17] Foi o que se professou com o Acórdão Radu, processo C-396/11 de 29 de janeiro de 2013: «A Decisão-Quadro 2002/584 pretende assim, ao instituir um novo sistema simplificado e mais eficaz de entrega das pessoas condenadas ou suspeitas de ter infringido a lei penal, facilitar e acelerar a cooperação judiciária com vista a contribuir para realizar o objetivo atribuído à União de se tornar um espaço de liberdade, de segurança e de justiça baseandose no elevado grau de confiança que deve existir entre os Estados-Membros».

anterior[18]. Houve aqui, no entanto, um pequeno revés. O Regulamento (UE) 2016/95 do Parlamento Europeu e do Conselho, de 20 de janeiro de 2016, que revoga certos atos no domínio da cooperação policial e da cooperação judiciária em matéria penal, revogou aquele Mandado. Nada de novo. A história da UE em matéria de justiça penal tem sido de avanços e retrocessos.

Isto não significa que não se tivesse experimentado já outras soluções no âmbito do reconhecimento mútuo[19] na área que aqui nos convoca: a da perda de bens. Quer a Decisão-Quadro 2003/577/JAI[20], relativa à execução na União Europeia das decisões de congelamento de bens ou de provas, quer a Decisão-Quadro 2006/783/JAI[21], relativa à aplicação do princípio do reconhecimento mútuo às decisões de perda, do Conselho, constituíram dois passos muito importantes para o aparecimento do Regulamento de 2018.

A base de um tal investimento era a confiança mútua. Sem isto não se podia falar de reconhecimento mútuo. Foi este reconhecimento mútuo que permitiu uma verdadeira e comprometida cooperação judiciária em matéria penal como a que hoje conhecemos[22].

[18] Decisão-Quadro 2008/978/JAI do Conselho, de 18 de dezembro de 2008, relativa a um mandado europeu de obtenção de provas destinado à obtenção de objectos, documentos e dados para utilização no âmbito de processos penais (JO L 350/72 de 30.12.2008).

[19] Elencando alguns exemplos em outras áreas – mandado de detenção europeu, reconhecimento mútuo de sanções pecuniárias, mandado europeu de obtenção de provas, ordem europeia de execução, reconhecimento mútuo de medidas de coação não detentivas, reconhecimento e supervisão de sanções alternativas à pena de prisão e suspensão de condenação –, veja-se, por todos, Fernanda PALMA, «O princípio...», cit., p. 14.

[20] Decisão-Quadro 2003/577/JAI do Conselho, de 22 de julho de 2003, relativa à execução na União Europeia das decisões de congelamento de bens ou de provas (JO L 196 de 2.8.2003).

[21] Decisão-Quadro 2006/783/JAI do Conselho, de 6 de outubro de 2006, relativa à aplicação do princípio do reconhecimento mútuo às decisões de perda (JO L 328 de 24.11.2006).

[22] Sobre a evolução de uma cooperação tradicional, muito assente na harmonização, até à cooperação suportada no reconhecimento mútuo, com todas as implicações que isso tem para a construção de um direito penal europeu (da União europeia), veja-se Fernanda PALMA, «O princípio...», cit., *passim*.

II. O Regulamento (UE) n.º 2018/1805 – reconhecimento mútuo das decisões de apreensão e de perda – e os instrumentos conexos (a Decisão-Quadro do Conselho 2005/212/JAI de 24 de fevereiro e a Diretiva 2014/42/UE de 3 de abril de 2014)

1. Dos instrumentos jurídicos percursores

Sabendo que o regime jurídico que vigorou na União Europeia em matéria de reconhecimento mútuo das decisões de apreensão e de perda, antes do Regulamento, se baseava nas Decisões-Quadro 2003/577/JAI e 2006/783/JAI, do Conselho, é muito importante perceber quais as razões pelas quais este regime jurídico não foi suficiente. A explicação constante do Regulamento[23] é clara: «não é inteiramente eficaz. Essas decisões-quadro não foram transpostas e aplicadas de modo uniforme nos Estados-Membros, o que levou a um reconhecimento mútuo insuficiente e a uma cooperação transfronteiriça aquém do que seria de desejar». Por isso, no dia 18 de dezembro de 2020, as Decisões-Quadro 2003/577/JAI e 2006/783/JAI, do Conselho, deixaram de vigorar, uma vez que foram revogadas pelo Regulamento de 2018 que aqui tratamos.

O Regulamento surge assim como uma medida de maior eficácia, sem dependência de transposição, apto a ser aplicado do mesmo modo em toda a União Europeia. Sabemos que esta determinação, que leva à produção de um instrumento desta natureza, não é a regra. Se aqui assim sucedeu é porque a União Europeia reputou esta matéria de grande importância para toda a União.

Tudo isto faria todo o sentido, não fosse o facto de a União Europeia ter produzido a Decisão-Quadro do Conselho 2005/212/JAI de 24 de fevereiro, relativa à perda de produtos, instrumentos e bens relacionados com o crime, e a Diretiva 2014/42/UE do Parlamento europeu e do Conselho, sobre o congelamento e a perda dos instrumentos e produtos do crime na União Europeia, com regras mínimas comuns para a apreensão e a perda de bens a serem adotadas nos Estados Membros. Então, isso não era suficiente?

[23] Cf. considerando 6.

Aquela Decisão-Quadro de 2005 era ambiciosa: «assegurar que todos os Estados-Membros disponham de regras efetivas que regulem a perda dos produtos do crime, nomeadamente no que respeita ao ónus da prova relativamente à origem dos bens detidos por uma pessoa condenada pela prática de uma infração relacionada com a criminalidade organizada. A presente decisão-quadro relaciona-se com um projeto dinamarquês de decisão-quadro relativa ao reconhecimento mútuo, na União Europeia, de decisões relativas à perda dos produtos do crime e à partilha de bens perdidos e que é apresentado simultaneamente»[24]. Mas, como é exposto nos considerandos da Diretiva de 2014, referindo-se a diversos instrumentos jurídicos, entre os quais aquela Decisão-Quadro de 2005, «os regimes vigentes de perda alargada e de reconhecimento mútuo das decisões de congelamento e de perda não são plenamente eficazes. A perda é dificultada pelas diferenças existentes entre os direitos dos Estados-Membros». E, por isso, a Diretiva de 2014, vindo «alterar e alargar as disposições» da Decisão-Quadro de 2005[25], determinou que esta fosse parcialmente substituída para os Estados-Membros vinculados pela Diretiva.

Ora, a Diretiva de 2014 não foi menos ambiciosa: «estabelece regras mínimas para o congelamento de bens tendo em vista a eventual perda subsequente e para a perda de produtos do crime»[26]. Trata-se de um instrumento que procurou harmonizar as normas dos Estados-Membros em matéria de perda de instrumentos e produtos do crime, inclusive em casos de não condenação penal, no âmbito de um processo penal instaurado a propósito de um facto típico e ilícito e também em casos de perda alargada, ou seja, embora não diretamente relacionados com um determinado facto, demonstrassem a existência de um património incongruente a propósito de um crime do catálogo da Diretiva pelo qual o agente pudesse ter sido condenado, e ainda em casos de perda de terceiros. Se é certo que a Diretiva teve um efeito muito positivo, embora não tanto como alguns Autores esperavam[27], a verdade é que não resolveu

[24] Considerando 10 da Decisão-Quadro 2005/212/JAI, do Conselho, de 24 de fevereiro.

[25] E também a Decisão-Quadro 2001/500/JAI.

[26] Artigo 1.º da Diretiva 2014/42/UE de 3 de abril de 2014 (e considerando 41).

[27] Dando conta de que a Diretiva 2014/42/UE, de 3 de abril de 2014, foi «considerada, por diversos motivos, mais uma oportunidade perdida», apesar «de ter consagrado soluções

alguns problemas que as Decisões-Quadro relativas ao reconhecimento mútuo de decisões deixavam expostas em matéria de perda de bens.

Era preciso ir mais longe para que, na criminalidade transfronteiriça, o crime não compensasse à custa de bloqueios processuais impostos pelos Estados contra um verdadeiro espaço judicial europeu. Como se reconheceu no Regulamento[28], «[a]quando da adoção da Diretiva 2014/42/UE, o Parlamento Europeu e o Conselho salientaram, numa declaração, que a eficácia de um sistema de apreensão e perda na União estava intrinsecamente ligada ao bom funcionamento do reconhecimento mútuo das decisões de apreensão e das decisões de perda».

Daí que fosse necessário um instrumento único que afetasse todos os Estados e que viabilizasse o reconhecimento mútuo das decisões em matéria de perda de bens[29]. Foi isso que sucedeu com este novo Regulamento.

2. O Regulamento de 2018 e sua compatibilização com a Decisão-quadro de 2005 e a Diretiva de 2014

O Regulamento n.º 2018/1805, sem revogar aquela Decisão-Quadro de 2005 e a Diretiva de 2014 – nem tinha de o fazer, uma vez que o reconhecimento mútuo não contradiz a harmonização normativa produzida por aqueles instrumentos, ao invés, até intensifica os seus termos –, tem como principal objetivo facilitar a recuperação transfronteiriça de bens de origem criminosa, através da apreensão e da perda mais eficiente de fundos ilícitos na União Europeia.

inovadoras», vai Conde Correia, «Que futuro para a recuperação de ativos na União Europeia?», *in* Maria Raquel Ferreira *et. al.* (Coords.), *O Novo Regime de Recuperação de Ativos à Luz da Diretiva 2014/42/UE e da Lei que a Transpôs*, 1.ª edição, Lisboa: IMCM/Ministério Público/Procuradoria-Geral Distrital do Porto, 2018, p. 340.

[28] Cf. considerando 8.

[29] Como se aponta no considerando 11 do Regulamento: «A fim de garantir a eficácia do reconhecimento mútuo das decisões de apreensão e das decisões de perda, as regras relativas ao reconhecimento e à execução destas decisões deverão ser estabelecidas por um ato jurídico da União juridicamente vinculativo e diretamente aplicável». Sobre as razões e vantagens da utilização do regulamento enquanto instrumento jurídico, veja-se Conde Correia, «Reconhecimento...», cit., p. 189.

Concorda-se que o Regulamento «vai ainda ao encontro da necessidade de alinhar o quadro jurídico em matéria de reconhecimento mútuo das decisões de perda e de apreensão com a harmonização preconizada pela Diretiva 2014/42/UE, que estabeleceu regras mínimas comuns para a apreensão e perda de bens, que o instrumento em causa visa abranger»[30]. Note-se que o Regulamento também concretizaria os intentos da Decisão-Quadro de 2005. Mas como esta tinha sido parcialmente substituída pela Diretiva de 2014, naturalmente que o que vem a importar verdadeiramente é o «confronto» entre o Regulamento de 2018 e a Diretiva de 2014.

E sobre isto, reconhecendo-se que «o Regulamento não vem, no essencial alterar o enquadramento normativo já previsto para a identificação, apreensão e perda de bens, na União Europeia»[31], veio, no entanto, estabelecer normas aplicáveis a todos os Estados-Membros sobre o reconhecimento mútuo das decisões de apreensão e perda.

Ora, mais do que harmonização – com as decisões-quadro e a diretiva até então existentes –, que sempre permitia alguma margem de desfasamento entre ordenamentos jurídicos estaduais[32], e sem a afastar completamente, agora é mesmo o reconhecimento mútuo que se impõe de um modo unificado. Ficam assim superadas eventuais diferenças de regimes jurídicos que pudessem constituir obstáculos à efetivação das decisões de apreensão e de perda transfronteiriças. Por isso, faz sentido a alusão que Fernanda Palma faz, neste âmbito, a duas velocidades que se complementam: a da harmonização, mais lenta, e a do reconhecimento mútuo, mais célere[33].

[30] Rita Simões, «O Regulamento...», cit., p. 62.

[31] *Idem*, p. 64.

[32] Como explica Conde Correia, «Reconhecimento mútuo de decisões de apreensão e de confisco: o regulamento (UE) 2018/1805 do Parlamento Europeu e do Conselho de 14 de novembro de 2018», *in Revista Julgar*, n.º 39, setembro-dezembro 2019, p. 188, o sistema de reconhecimento mútuo baseado nas Decisões-Quadro anteriores não era inteiramente eficaz.

[33] Fernanda Palma, «O princípio...», cit., p. 20. A Autora acrescenta que a velocidade mais célere, do reconhecimento mútuo, «tendo uma natureza processual, irradia para o Direito Penal substantivo, criando um mecanismo de protecção penal por via processual, impeditivo de lacunas de punição ou de santuários. Tal mecanismo impulsiona a própria harmonização, na medida em que exige uma confiança mútua que pelo menos está dependente de uma pro-

Em suma, mantendo-se em vigor a Diretiva de 2014, com os efeitos que esta deve produzir – no caso português, a Lei n.º 30/2017, de 30 de maio, fez a sua transposição, alterando parcialmente o regime jurídico do Código Penal e do Código de Processo Penal, na matéria relativa à apreensão e perda de bens –, o Regulamento vem, vistas as coisas, viabilizar a efetivação da apreensão e perda de bens sempre que em causa estejam bens localizados em outro Estado-Membro que não aquele na qual se dá a decisão de apreensão e/ou de perda[34].

III. O reconhecimento mútuo de decisão e perda

1. Âmbito material do Regulamento

1.1. Decisões emitidas no âmbito de «processos em matéria penal»

No Regulamento[35] explica-se que o reconhecimento mútuo é aplicável «a todas as decisões de apreensão e a todas as decisões de perda emitidas no âmbito de processos em matéria penal», o que é confirmado no artigo 1.º, n.º 1, excluindo-se, no n.º 4, decisões emitidas no âmbito de processos em matéria civil ou administrativa.

É claro que a expressão «processos em matéria penal» não é muito clara. Por exemplo, no processo em matéria penal pode discutir-se questões de natureza civil.

Por isso, o Regulamento[36], além de considerar que a expressão «Processos em matéria penal» envolve «um conceito autónomo do direito da União interpretado pelo Tribunal de Justiça da União Europeia, não obstante a jurisprudência do Tribunal Europeu dos Direitos Humanos», explica que abrange o seguinte:

dução de efeitos semelhantes no tratamento das diversas matérias nos diferentes sistemas jurídicos».

[34] Afinal, nada mais natural do que a evolução que se experimentou, «baseada quer em mecanismos de harmonização prévia, quer, ainda, em mecanismos de reconhecimento mútuo», como explica Conde Correia, «Reconhecimento...», cit., p. 186.

[35] Cf. considerando 13.

[36] *Idem.*

- «todos os tipos de decisões de apreensão e de decisões de perda emitidas na sequência de um processo relativo a uma infração penal, não se limitando a incluir as decisões abrangidas pela Diretiva 2014/42/UE»;
- «outros tipos de decisões proferidas sem uma condenação definitiva», mesmo que esta situação esteja prevista num determinado Estado-Membro;
- «as investigações criminais da polícia ou de outras autoridades de aplicação da lei».

Aparentemente, este enunciado resolve o problema. Excluindo-se os processos em matéria civil e/ou administrativa e apostando-se nos processos em matéria penal, parece não haver dúvidas de que, para que se tome a decisão de perda e se acione a execução da decisão num outro Estado, imperioso é que aquela decisão tenha sido tomada no âmbito de um processo penal, o que implica sempre uma das seguintes situações:

- que tenha havido um facto típico e ilícito ao qual estejam ligados os bens – situação que, por exemplo, no ordenamento jurídico português está prevista nos artigos 109.º e 110.º do CP;
- que tenha havido uma condenação penal, a partir da qual se tenha verificado um património incongruente – o que, no direito português, encontra acolhimento no artigo 7.º da Lei n.º 5/2002, de 11 de janeiro;
- que, apesar de haver processo penal por um facto típico e ilícito, não tenha havido condenação penal – situação que em Portugal está prevista nos artigos 109.º e 110.º do CP;
- de investigações criminais em curso;
- e de perda de bens de terceiros, porque, se bem que não esteja expressamente prevista no Regulamento, está compreendida nas várias hipóteses anteriores – e no ordenamento jurídico português está prevista no artigo 111.º do CP e no artigo 7.º, n.º 2, al. b), da Lei n.º 5/2002, de 11 de janeiro.

Mas a delimitação do âmbito material ainda não fica esclarecida. Passemos a um outro problema.

1.2. Infrações penais particularmente graves que tenham dimensão transfronteiriça

Tendo em conta a formulação do artigo 82.º do TFUE, devem as infrações penais visadas no Regulamento ter relevância transfronteiriça? Ou apenas deve ter esta relevância a situação dos bens a perder?

A resposta constante do considerando 14 não é clara. Diz-nos o seguinte: «as infrações penais abrangidas pelo presente Regulamento não deverão ficar limitadas aos crimes particularmente graves que tenham uma dimensão transfronteiriça, porquanto o artigo 82.º do Tratado sobre o Funcionamento da União Europeia (TFUE) não impõe tal limitação às medidas que preveem regras e procedimentos para assegurar o reconhecimento mútuo das sentenças em matéria penal».

Porém, partindo do princípio de que a aplicação do Regulamento implica a interação de dois ou mais Estados – caso contrário, ou seja, se tudo se passasse apenas em um Estado, não seria necessário –, a questão subsiste: não devem as infrações ter relevância transfronteiriça, se forem particularmente graves, ou não têm de ser particularmente graves, se tiverem relevância transfronteiriça? Ou nem uma coisa nem outra, e nesse caso, então como se justificaria a aplicação do Regulamento?

A nosso ver, a infração não tem de ter relevância transfronteiriça, mas a situação dos bens, como é natural, deve-a possuir. Quanto a esta segunda ideia, ela é evidente: se os bens estão em outro Estado-Membro e é necessário acionar o reconhecimento mútuo, é óbvio que a situação dos bens tem relevância transfronteiriça. E mais: não esquecendo que tais bens estão ligados a infrações penais (diretamente, nas situações clássicas, ou indiretamente, nas situações de perda alargada), acaba por haver relevância transfronteiriça da infração, não pelo lugar da prática do facto, mas pelo lugar dos instrumentos, produtos, vantagens ou valores correspondentes (direta ou indiretamente) ligados à infração. Mas seria forçado que a infração devesse possuir relevância transfronteiriça pelo lugar da prática do facto e até do resultado – sem atender ao lugar da situação dos bens –, porque isso não resulta do Regulamento, nem é isso que está na sua mira. Este instrumento visa essencialmente desmotivar a que os autores dos factos coloquem os bens em lugares diferentes do da prática do facto ou da atividade ilícita, com o objetivo de não virem a perder esses bens. Ora, como já foi dito por vários Autores[37], a perda de bens tem o efeito de afetar os agentes dos factos naquilo que provavelmente mais lhes custa: os proveitos económicos dos factos – quando estes são realizados com o objetivo destes proveitos.

Dito isto, também não podemos concluir que as infrações tenham de ser «particularmente graves». As infrações podem ser as que o Estado emissor entender, sendo certo que, se estiverem no catálogo do artigo 3.º do Regulamento, dispensam a verificação da dupla incriminação, ao passo que, se não estiverem, implicam essa comprovação. Aliás, de outro modo não seria compreensível. Por um lado, porque nem todas as infrações descritas no artigo 3.º do Regulamento podem considerar-se particularmente graves. Por exemplo, a burla, será seguramente um desses casos. Por outro lado, porque a decisão de perda pode ocorrer relativamente a uma infração «nos termos da legislação do Estado de execução», que não conste no catálogo do n.º 1 do artigo 3.º, ainda que, nesse caso, fique sujeita a verificação da dupla incriminação. E, finalmente, porque o que importa é que os bens, ligados à infração penal, se encontrem num outro Estado-Membro. Deste modo, o que se desmotiva é que potenciais criminosos utilizem outros Estados para «fugir» à perda de bens.

2. Objeto da perda de bens

Sobre o que pode ser objeto de perda, o Regulamento é muito abrangente. Tanto podem ser produtos como instrumentos. Sendo que, no caso dos produtos, o alcance é notório: «qualquer vantagem económica resultante, direta ou indiretamente, de uma infração penal, consistindo em qualquer tipo de bem e abrangendo a eventual transformação ou rein-

[37] Nesse sentido, Faria Costa, «O fenómeno da globalização e o direito penal económico», *in* AAVV, *Estudos em Homenagem ao Professor Doutor Rogério Soares*, Coimbra: Coimbra Editora, 2001, p. 541, Cura Mariano, «A perda de bens de terceiro relacionados com o crime», *in* Maria Raquel Ferreira *et. al.* (Coords.), *O Novo Regime de Recuperação de Ativos à Luz da Diretiva 2014/42/UE e da Lei que a Transpôs*, 1.ª edição, Lisboa: IMCM/Ministério Público/Procuradoria-Geral Distrital do Porto, 2018, p. 137, e Cruz Bucho, «A transposição da diretiva 2014/42/UE. Notas à Lei n.º 30/2017, de 30 de maio (aspetos processuais penais)», *in* Maria Raquel Ferreira *et. al.* (Coords.), *O Novo Regime de Recuperação de Ativos à Luz da Diretiva 2014/42/UE e da Lei que a Transpôs*, 1.ª edição, Lisboa: IMCM/Ministério Público/Procuradoria-Geral Distrital do Porto, 2018, p. 185.

vestimento posterior do produto direto, assim como quaisquer ganhos quantificáveis»[38].

Acresce que o Regulamento, no artigo 2.º, vai mais longe do que a tradicional distinção entre instrumentos, produtos e vantagens, porque, ao enunciar que a perda recai sobre «bens» e ao traçar a sua definição, traz uma noção muito abrangente: «os ativos de qualquer espécie, corpóreos ou incorpóreos, móveis ou imóveis, bem como documentos legais ou atos comprovativos da propriedade desses ativos ou direitos com eles relacionados».

E se tivermos em conta que estes bens podem ser produtos, instrumentos e vantagens de um facto ilícito e típico, bem como os que sejam passíveis de perda nos termos da Diretiva 2014/42/UE – ou seja, basicamente, a perda alargada, que não depende de um facto ilícito e típico, mas consubstanciam um património incongruente, tendo como pretexto a prática de um facto previsto na Diretiva, sem fazer depender esse património desse facto –, e ainda todos os bens «passíveis de perda por força de quaisquer outras disposições relacionadas com os poderes de perda, incluindo a perda sem condenação definitiva, previstos na legislação do Estado de emissão relativamente a uma infração penal»[39], então podemos dizer que praticamente pode ser tudo o que esteja ligado com ou seja fruto de um facto típico e ilícito ou tenha relação com atividade criminosa (desde que, neste caso, tal incongruência não tenha justificação)[40]. Nesta abrangência lassa podem caber os instrumentos, produtos, vantagens ou valores correspondentes ligados a factos típicos e ilícitos concretos ou a atividades criminosas, desde que neste caso não haja uma justificação

[38] É o que consta do artigo 2.º, n.º 4, do Regulamento.

[39] Cf. artigo 3.º, al d), do Regulamento.

[40] Note-se que referimos a perda alargada nos termos da Diretiva 2014/42/UE. Temos consciência de que o direito resultante da transposição dessa Diretiva pode não ser inteiramente coincidente com o que a Diretiva pressupunha. E, sendo assim, como adverte Conde Correia, «Reconhecimento...», cit., p. 195, atendendo ao âmbito fixado pelo artigo 7.º da Lei n.º 5/2002, de 11 de janeiro, «nem tudo o que o legislador apelida de perda alargada – como o faz o legislador português – o é efetivamente». Donde, podendo haver diferenças, como explica o Autor, podem implicar o «não reconhecimento legítimo das decisões de apreensão e perda proferidas pelos tribunais portugueses».

para a sua existência, tendo em conta os rendimentos lícitos das pessoas que são titulares dos bens e/ou dos autores dos factos.

Mas, sendo assim, como se compreende o artigo 3.º que apresenta um catálogo de factos? Afinal os bens têm de ter ligação com esse catálogo? Têm de ser instrumentos, produtos e vantagens desses factos?

Na verdade, não. O catálogo previsto no artigo 3.º não serve para condicionar a perda à prática de um determinado facto típico e ilícito. Já vimos que os bens podem ou não estar ligados a um determinado facto. O artigo 2.º, n.º 3), al. c) e d) é disso expressão, ao admitir que os bens não têm de ter relação com um determinado facto típico e ilícito.

O catálogo serve, em primeiro lugar, para dispensar a verificação da dupla criminalização quando a infração em causa seja uma das que estiver nesse catálogo. Portanto, se o Estado emissor decide pela perda de bens junto do Estado executor, este não tem de verificar se a infração referida naquele está prevista no seu ordenamento jurídico. O que tem de verificar é se a infração é uma das que consta no catálogo. Em segundo, se a infração não consta do catálogo, então «o Estado de execução pode sujeitar o reconhecimento e a execução de uma decisão de apreensão ou de uma decisão de perda à condição de os factos que deram origem a essa decisão constituírem uma infração penal nos termos da legislação do Estado de execução, quaisquer que sejam os elementos constitutivos ou a qualificação da mesma na legislação do Estado de emissão»[41]. E aqui sim, o Estado de execução pode condicionar a resposta à verificação de dupla criminalização[42].

3. Natureza jurídica da decisão de perda de bens

Questão interessante é a de saber o que se considera ser a decisão de perda para efeitos de reconhecimento mútuo. Será uma sanção? Será uma medida de outra natureza?

[41] Artigo 3.º, n.º 2, do Regulamento.

[42] Para o fazer, e como consta do próprio Regulamento, no considerando 20, «a autoridade competente do Estado de execução deverá verificar se os elementos factuais subjacentes à infração penal em causa, constantes da certidão de apreensão ou da certidão de perda enviada pela autoridade competente do Estado de emissão seriam também, enquanto tais, sujeitas a sanção penal no Estado de execução, caso estivessem presentes nesse Estado no momento da decisão de reconhecimento da decisão de congelamento ou da decisão de perda».

A este propósito a doutrina já se pronunciou. Parece claro que a perda de bens não é uma condenação penal. Mas também não parece que seja «uma medida de carácter não penal (no sentido de que nada tem a ver com um crime)... No fundo, uma sanção administrativa prejudicada por uma anterior condenação penal», como propõe Damião da Cunha[43]. Mesmo que o Autor se refira, neste caso, ao confisco previsto na Lei n.º 5/2002, de 11 de janeiro, e admitindo que de facto a perda de bens ali não tem qualquer relação direta com o crime pelo qual o arguido tenha sido condenado, a verdade é que, tomando de empréstimo as palavras de Augusto Silva Dias[44], o confisco de bens «cumpre finalidades político-criminais idênticas à da perda de bens e vantagens relacionados com a prática do crime: reforçar na consciência coletiva o lema de que o crime não compensa e evitar que o património obtido de forma criminosa organizada seja utilizado para cometer novos crimes ou para ser "investido" na economia legal». Perante isto, não atribuir carácter penal a esta medida é, pelo menos, desconsiderar os propósitos que lhe subjazem, que são claramente penais. Não é, todavia, uma sanção penal. As sanções penais, previstas normalmente nos códigos penais, não abrangem a perda de bens. E também não parece que possa considerar-se uma sanção acessória. Embora em Portugal o artigo 8.º do Decreto-Lei n.º 28/84, de 20 de janeiro, a preveja como sanção acessória, em geral, ela não surge nos códigos penais como tal. Mais sustentável seria poder tratar-se de um efeito da condenação. Por exemplo, Augusto Silva Dias[45], relativamente ao confisco previsto na Lei n.º 5/2002, de 11 de janeiro, considera que se trata de um efeito da pena e

[43] Damião da CUNHA, «Perda de bens a favor do Estado. Arts. 7.º-12.º da Lei n.º 5/200, 11 de Janeiro (Medidas de combate à criminalidade organizada e económico-financeira)» in *Medidas de Combate à Criminalidade Organizada e Económico-financeira*, Coimbra: Coimbra Editora, 2004, p. 134.

[44] Augusto Silva DIAS, «Criminalidade organizada e combate ao lucro ilícito» in *2.º Congresso de Investigação Criminal*, Coimbra: Almedina, Coimbra, 2010, p. 39.

[45] *IDEM*, p. 39 e s. O Autor, relativamente ao confisco previsto na Lei 5/2002, considera que se trata de um efeito da pena e não de uma reação análoga à da medida de segurança, sendo por isso inaplicável em caso de absolvição do arguido, por exemplo. Igualmente considera que não se trata de uma media não penal, de natureza administrativa, contrariamente ao que sustenta Damião da Cunha.

não de uma reação análoga à da medida de segurança, sendo por isso inaplicável em caso de absolvição do arguido. Mas também é verdade que nos casos de perda de bens sem condenação e de perda de bens de terceiros, não é forçoso que haja condenação penal. Logo, nestas situações, concebe-la como efeito da condenação, não resulta fácil. Não é uma medida de segurança, por razões óbvias, desde logo porque não é uma reação a um facto típico, ilícito e perigoso assim prevista[46]. Não andará longe de ser uma medida (providência) sancionatória análoga à medida de segurança[47], por em causa estarem bens perigosos e/ou por se pretender prevenir a prática de futuros factos, desmotivando idênticas condutas[48]. Do que não há dúvidas é que, sendo uma sanção (acessória) – nos casos assim previstos – ou uma medida análoga a uma medida de segurança, é uma medida claramente vocacionada à resti-

[46] Sobre várias posições em relação à definição e à caracterização da perda de bens, veja-se Hélio RODRIGUES, «O confisco das vantagens do crime: entre os direitos dos homens e os deveres dos Estados. A jurisprudência do Tribunal Europeu dos Direitos do Homem em material de confisco», *in* Maria Raquel Ferreira *et. al.* (Coords.), *O Novo Regime de Recuperação de Ativos à Luz da Diretiva 2014/42/UE e da Lei que a Transpôs*, 1.ª edição, Lisboa: IMCM/Ministério Público/Procuradoria-Geral Distrital do Porto, 2018, p. 46 e s.

[47] Nesse sentido, Figueiredo DIAS, *Direito Penal Português. As Consequências Jurídicas do Crime*, Lisboa: Aequitas Editorial Notícias, 1993, p. 628, e Pinto de ALBUQUERQUE, *Comentário do Código Penal à Luz da Constituição da República e da Convenção Europeia dos Direitos do Homem*, 3.ª edição atualizada, Lisboa: Universidade Católica Editora, 2015, p. 452.

[48] Neste duplo sentido, da perigosidade, para os casos de perda de instrumentos e, no caso da perda de vantagens, a ideia de que "o crime não compensa", vai Maria do Carmo Silva DIAS, «"Perda alargada" prevista na Diretiva 2014/42/UE (artigo 5.º) e "perda do valor de vantagem de atividade criminosa" prevista na Lei n.º 5/2002 (artigos 7.º a 12.º)», *in* Maria Raquel Ferreira *et. al.* (Coords.), *O Novo Regime de Recuperação de Ativos à Luz da Diretiva 2014/42/UE e da Lei que a Transpôs*, 1.ª edição, Lisboa: IMCM/Ministério Público/Procuradoria-Geral Distrital do Porto, 2018, p. 91. Interessante é a ligação que Isidoro BLANCO CORDERO, «Recuperación de activos de la corrupción mediante el decomiso sin condena (comiso civil o extinción de dominio)», *in* Eduardo Fabián Caparrós *et. al.* (Edt.s), *El Derecho Penal y la Política Criminal Frente a la Corrupción*, Azcapotzalco: Ubijus Editorial, 2012B, p. 340 e s., estabelece entre a necessidade de se «remediar um estado patrimonial ilícito» e a finalidade preventiva geral, uma vez que se visa «reduzir a comissão de crimes que suponha a obtenção de ganhos». Neste sentido, complementa a função da pena.

tuição de bens ou à recuperação de ativos[49]. Portanto, não será exagerado dizer que se trata de uma consequência jurídica do facto ou de um estado de coisas tendo latente uma situação criminosa, mas de natureza civil[50]. Ora, se assim é, pode ocorrer mesmo que não haja condenação penal pelo facto.

O Regulamento tem uma posição sobre este assunto. Determina no artigo 2.º que a decisão de perda é «uma sanção ou medida de caráter definitivo, imposta por um tribunal relativamente a uma infração penal, que conduza à privação definitiva de bens de uma pessoa singular ou coletiva». Admite o seu caráter sancionatório ou não. De facto, se estiver prevista como sanção acessória, por exemplo, ela será uma sanção em sentido próprio. Mas se não estiver como tal prevista, ela será uma medida ou providência referida a uma infração penal – mas não necessariamente ligada ao facto típico e ilícito –, consubstanciando-se na privação definitiva de bens. Esta privação definitiva, que visa restaurar a situação do agente (ou de terceiro) é uma reação jurídica à questão penal, mas de carácter civil – e, portanto, pode acontecer, mesmo que não haja condenação penal. Não pode desencadear-se sem haver uma ligação a uma infração penal, mas pode existir mesmo que não haja condenação penal, ainda que a infração a referenciar tenha sido realizada apenas no Estado de emissão e os bens se encontrem no Estado de execução.

[49] No sentido de que a declaração de perda de vantagens visa repor o *status quo* anterior à prática do facto ilícito ou de uma mera restituição ou ainda de uma recuperação de ativos, vai Hélio Rodrigues, «O confisco das vantagens...», cit., p. 51.

[50] Como o faz Hélio Rodrigues, «O confisco das vantagens...», cit., p. 54. É muito interessante a este respeito o texto de Joachim Vogel, «The legal construction that property can do harm. Reflection on the rationality and legitimacy of "civil" forfeiture», *in* Jon Petter Rui, Ulrich Sieber (eds.), *Non-Conviction-based Confiscation in Europe: Possibilities and Limitations on Rules Enabling Confiscation Without a Criminal Conviction*, 1.ª ed., Berlin: Duncker & Humblot, 2015, p. 225 e ss., que nos dá conta de que, por exemplo, nas «non-conviction-based forfeiture on the notion that forfeitable property can do (or can be used to do) (criminal) harm, so that the harm principle – and not the principle of culpability – might legitimize such forfeitures», o que claramente atira este tipo de confisco para uma consequência jurídica do facto de natureza civil, onde o que vem a prevalecer é o dano provocado pelo facto ilícito e típico e não a culpa por este facto.

4. Fundamentos de recusa, de impossibilidade e de adiamento da execução de decisão de perda

4.1. Os casos de recusa

O Regulamento, no considerando 31, determina que «[o] reconhecimento e a execução de uma decisão de apreensão ou de uma decisão de perda não deverão ser recusados por outros motivos que não os previstos no presente regulamento. O presente regulamento deverá permitir que a autoridade de execução não reconheça ou não execute decisões de perda com base no princípio *ne bis in idem*, com base nos direitos das pessoas afetadas ou com base no direito de comparecer em julgamento». Vamos analisar os motivos de recusa de reconhecimento e de execução das decisões de perda, tomando como referência sistemática a deste considerando, embora tais motivos não se reconduzam exclusivamente a estes três fundamentos, ou pelo menos não se reconduzem à simplicidade destes fundamentos, como resulta do artigo 19.º

4.1.1. A violação do princípio «ne bis in idem» e a hipótese da al. d) do n.º 1 do artigo 19.º

O Regulamento não explica a que se refere a colisão do princípio «ne bis in idem», neste âmbito: se à perda propriamente dita dos bens; se à infração subjacente à perda. E a questão não é de somenos importância. Vejamos.

Suponhamos que A comete um crime de corrupção ativa na Alemanha, do qual advêm ganhos, que são investidos em Portugal. Aqui, A também pratica uma infração (tráfico de estupefacientes). Por causa desta infração, o tribunal português decreta a perda de bens. Logo, os bens de A, mesmo que não relacionados diretamente com aquela infração, mas porque constituem um seu património incongruente, são confiscados. Se o tribunal alemão decretar a perda de bens e, em consequência, emitir decisão de perda junto das autoridades portuguesas, poderia o tribunal português invocar o n.º 1, al. a), do artigo 19.º do Regulamento?

A resposta, para nós, deve ser negativa, pela simples razão de que não se trata dos mesmos factos. E, no princípio «ne bis in idem», o que se pretende evitar é que um agente seja julgado mais do que uma vez pelo mesmo crime (*v.g.*, art. 29.º, n.º 5 da CRP). Logo, se os factos não são os mesmos, não há julgamento em violação do princípio «ne bis in idem».

E quanto aos bens? Podemos falar de violação daquele princípio apenas porque sobre os mesmos bens recai mais do que uma decisão de perda (hipótese, de resto, que está prevista no art. 21.º, n.º 1, al. c) do Regulamento)?

Os bens não têm de estar diretamente ligados a uma determinada infração. Por exemplo, em Portugal, nos termos do artigo 7.º da Lei n.º 5/2002, de 11 de janeiro, é necessário que haja uma condenação por um dos crimes previstos no catálogo do artigo 1.º daquela Lei, mas não é forçoso que tenha de haver uma ligação entre os bens e a infração (aqueles não têm de ser instrumentos ou produtos dessa infração). O que é necessário é que haja um património incongruente e que essa constatação resulte de uma condenação penal. Portanto, mesmo que hipoteticamente aqueles bens tenham sido produto da infração cometida na Alemanha, o facto de constituírem um património incongruente de A, uma vez que se presume constituir «vantagem de atividade criminosa a diferença entre o valor do património do arguido e aquele que seja congruente com o seu rendimento lícito», implica que as autoridades portuguesas podem decretar o confisco de bens nos termos do artigo 7.º, n.º 1, da Lei n.º 5/2002, de 11 de janeiro. Neste caso, não parece que haja violação do princípio «ne bis in idem», uma vez que A não está a ser julgado duas vezes pelo mesmo crime.

Tratando-se o confisco de uma medida análoga às medidas de segurança, ou um efeito da condenação, mas sempre uma medida de restituição de bens ligados direta ou indiretamente a factos típicos, embora de natureza civil, não há neste caso violação daquele princípio se os factos que estão na origem das decisões de perda não são os mesmos. Isto, na verdade, é possível porque a Diretiva 2014/42/UE de 3 de abril veio admitir que os bens sejam confiscados mesmo que não tenham uma ligação direta com um determinado facto típico e ilícito. Coisa diferente seria se estivéssemos a tratar de um caso de perda previsto no Código Penal (arts. 109.º a 111.º), ou se, apesar de se tratar de um caso de perda alargada nos termos daquela diretiva, a infração que dá causa à perda for exatamente a mesma, *rectius*, o facto for o mesmo. Vejamos.

Por um lado, no caso da perda clássica, prevista no Código Penal, exige-se uma relação direta entre o facto típico e ilícito e os instrumentos, produtos ou vantagens; na perda alargada da lei extravagante, não se exige qualquer relação entre o património incongruente e um determinado facto típico e ilícito, embora se exija a condenação prévia por um facto previsto no catálogo do artigo 1.º da Lei n.º 5/2002, de 11 de janeiro. Por outro lado, naquela primeira perda o que pode ser confiscado são os instrumentos, produtos e vantagens (ou o valor correspondente) ligados ao facto típico e ilícito; na perda alargada, será o património incongruente, ou seja, «a diferença entre o valor do património do arguido e aquele que seja congruente com o seu rendimento lícito», que se presume ilicitamente obtida[51]. Por isso, quando a perda é alargada e o facto que lhe dá causa não é exatamente o mesmo, não há violação de princípio «ne bis in idem». Mas, nos casos de perda clássica – em que deve haver ligação direta entre bens e facto – e nos casos de perda alargada em que o facto que está na base da condenação é exatamente o mesmo, há risco de violação do princípio «ne bis in idem». Vejamos um exemplo.

Pode suceder que A tenha cometido um crime com relevância transfronteiriça. Por exemplo, pode ter cometido tráfico de estupefacientes em Portugal e Alemanha. Por esse crime é sancionado na Alemanha. E,

[51] Como explica Maria do Carmo Silva Dias, «"Perda alargada"...», cit., p. 91., na perda dos artigos 109.º a 111.º do CP está em causa a «privação definitiva de bens relacionados (ligados/associados) com o facto ilícito típico que está a ser objeto do processo em apreciação (sejam instrumentos, produtos ou vantagens para usar a linguagem do legislador português», ao passo que na perda alargada está em jogo «a privação definitiva de bens, que possam ocasionar benefício económico, desde que se conclua que provém de comportamento criminoso, caso o arguido seja condenado por crime que faz parte de determinado catálogo (artigo 5.º da Diretiva 2014/42/UE)» – *Idem, ibidem.* Note-se que na perda alargada o que o legítimo detentor dos bens tem de provar é a congruência do património, mas não que o património não tem ou deixa de ter relação com um determinado facto típico e ilícito. Augusto Silva Dias, «Criminalidade organizada...», cit., p. 38, estabelece aqui uma relação interessante com a hipótese já tentada, de balde, da incriminação de enriquecimento ilícito: «Enquanto neste [enriquecimento ilícito] a não infirmação pelo arguido da suspeita de proveniência ilícita do património constitui a confirmação da culpa e portanto o fundamento da punição, no confisco essa não confirmação é apenas pressuposto de um efeito da pena, nenhuma relação mantendo com a culpa».

tendo sido julgado em Portugal, pelo mesmo facto, podem as autoridades portuguesas recusar o cumprimento da decisão de perda de bens emitida pelas autoridades alemãs, uma vez que aqui A já teria sido julgado pelo mesmo facto e, a existir perda de bens, esta poderá ter sido decretada pelas autoridades portuguesas.

É claro que estamos a simplificar o problema. Porque, na verdade, ele pode tomar outros contornos bem mais complexos. Por exemplo, que sucederia se o facto estivesse a ser julgado em Portugal quando chega a decisão de perda da Alemanha, pelo mesmo facto? Dir-se-á que cessa o julgamento em Portugal, uma vez que A não pode ser julgado duas vezes pelo mesmo crime (art. 29.º, n.º 5, da CRP). E se já tiver havido julgamento, com ou sem condenação, mas não tiver havido perda de bens? Neste caso, poderiam as autoridades portuguesas decretar a perda de bens, e não executar a decisão alemã com base na violação do princípio «ne bis in idem»? Diríamos que sim, porque em rigor está em causa o duplo julgamento pelo mesmo facto. Problema é o de saber se ainda se pode decretar a perda de bens, quando a decisão penal já tiver transitado em julgado. Diríamos que a decisão de perda de bens deve obedecer aos requisitos previstos, quer nos artigos 109.º a 111.º do CP, quer na Lei n.º 5/2002, de 11 de janeiro, respetivamente[52]. Se assim for, ela pode ser decretada. Se assim não for, então, o que as autoridades portuguesas podem fazer é executar a decisão de perda nos termos do Regulamento.

Uma última palavra impõe-se para dizer que não nos parece que o princípio «ne bis in idem» aqui deva valer para os bens, independentemente do facto que está subjacente. É que isso seria tomar a perda como uma sanção penal pelo facto e, portanto, por esta via, seria em rigor invocar o princípio relativamente aos factos. Ora, o estranho desta situação é que estaríamos a admitir que a mesma sanção pudesse recair sobre factos diferentes – corrupção em Portugal e tráfico de estupefacientes na Alemanha –, embora tais factos pudessem não estar diretamente ligados ao património incongruente. A invocação da violação do princípio «ne bis in idem» teria aqui um efeito devastador e contrário ao espírito que

[52] Note-se que nesta segunda situação o que prefiguramos é que a mesma infração tenha sido causa da perda de bens, por existência de património incongruente, enquanto perda alargada, quer no Estado de emissão, quer no Estado de execução.

presidiu à Diretiva 2014/42/UE de 3 de abril e ao presente Regulamento. Vejamos.

A comete um crime de tráfico de estupefacientes na Alemanha e um crime de corrupção em Portugal. Tanto as autoridades alemãs como as portuguesas decretam o confisco alargado, ou seja, os bens não estão diretamente ligados aos factos, mas, havendo condenação penal por um facto daqueles previstos no artigo 5.º da Diretiva 2014/42/UE de 3 de abril, transposta pelos dois Estados, leva a presumir-se «constituir vantagem de atividade criminosa a diferença entre o valor do património do arguido e aquele que seja congruente com o seu rendimento lícito», como se refere no artigo 7.º, n.º 1 da Lei n.º 5/2002, de 11 de janeiro. Ora, não só o confisco é possível, como é legal e recomendável. Porque o património incongruente existe, porque o agente é condenado por crimes previstos naquela diretiva, entretanto transposta. Invocar a violação do princípio «ne bis in idem» nesta situação, por atendimento aos bens, sem que haja um mesmo facto pelo qual o agente esteja a ser julgado duas vezes, além de, a nosso ver, não contender com o princípio «ne bis in idem», contradiz o espírito que presidiu àquela Diretiva: decretar a perda de bens, mesmo que estes não tenham uma relação direta com o facto pelo qual o agente tenha sido condenado.

E, por isso, excetuando os casos em que a perda de bens é decretada por, na base, estar o mesmo facto (julgado duas vezes, portanto), não deve ser invocado este princípio nas restantes situações.

O que pode suceder é os bens relativamente aos quais vem a ser decidida a perda estarem a ser objeto de um processo de execução, e impor o adiamento dessa execução, nos termos do artigo 21.º, n.º 1, al. c). Esta hipótese, que não configura qualquer situação de violação do princípio «ne bis in idem», dá razão à nossa convicção, segundo a qual, não são os bens que relevam para efeitos daquele princípio, embora possam impor um adiamento da execução. Sobre esta questão faremos mais considerações adiante.

Uma palavra apenas para uma referência breve à hipótese prevista na al. d) do n.º 1 do artigo 19.º Pode tratar-se de um facto total ou parcialmente cometido no Estado de emissão e no Estado de execução, mas não constituir infração penal no Estado de execução. Neste caso, está afastada a hipótese de violação do princípio «ne bis in idem», uma vez que o facto não configura infração no Estado de execução – e, portanto, não haverá duplo julgamento –, mas este pode não reconhecer ou executar a decisão de perda, justamente por não constituir infração no seu ordenamento jurídico.

Sobre isto, duas considerações se impõem.

A primeira, para dizer que, em parte, esta situação contradiz o que está previsto no artigo 3.º (dupla criminalização). Porque, se o facto não é punível no Estado de execução, ainda que total ou parcialmente aí realizado, a verdade é que não deixa de ser punido no Estado de emissão. Sendo punido no Estado de emissão, vale sempre o que está determinado no artigo 3.º: se se trata de uma das infrações previstas no n.º 1, não existe obrigação de dupla verificação; logo, mesmo que a infração não seja assim considerada no Estado de execução, deve a decisão ser executada; se se trata de uma outra infração, então, sim, nos termos do n.º 2, o Estado de execução pode sujeitar a dupla verificação e, constatando que não é punível no seu ordenamento jurídico, não tem de a executar.

Isto significa que a hipótese da al. d) do n.º 1, do artigo 19.º, deve ser lida em articulação com o artigo 3.º, caso contrário, tratar-se-ia de uma «contradictio in terminis».

A única questão que sobra neste particular aspeto é a que está na al. f) do n.º 1 do artigo 19.º: se o facto está abrangido pelo n.º 2 do artigo 3.º, o Estado de execução pode recusar cumprir a decisão; «todavia, em casos que envolvam contribuições ou impostos, ou regulamentação aduaneira e cambial, a execução da decisão de perda não pode ser recusada pelo facto de a legislação do Estado de execução não impor o mesmo tipo de contribuições ou impostos ou não prever o mesmo tipo de regras em matéria de contribuições e impostos ou regulamentação aduaneira e cambial que a legislação do Estado de emissão».

A segunda consideração é para aludir a um problema que já foi sinalizado por Rita Simões. A Autora dá conta que o Regulamento não se aplica a processos de natureza contraordenacional, o que, sabendo que o «reconhecimento mútuo é aplicável à apreensão para efeitos probatórios em sede de processos desta natureza», torna a exclusão «menos compreensível»[53].

[53] Rita SIMÕES, «O Regulamento...», cit., p. 72.

Naturalmente que sobre esta questão muito haveria a discorrer. Desde logo, saber se o legislador, no artigo 1.º, n.º 4, ao excluir processos em matéria administrativa estaria a referir-se a processos contraordenacionais. Não estamos certos disso. Mais: se é isso, não deixa de ser muito estranho. Sabemos que os Estados-Membros apresentam muitas diferenças quanto à área sancionatória adjacente ao direito penal que sanciona condutas sem dignidade penal, mas carentes de sanção, ou com dignidade penal, mas não necessitadas de uma pena. Aquilo que em Portugal é tratado no direito das contraordenações, tal como sucede na Alemanha, por exemplo, não coincide com outros ordenamentos, como seria o caso do direito espanhol que conhece o direito sancionador administrativo. Ainda assim, em países como Portugal ou Alemanha, é consabido que o direito das contraordenações não se confunde com o direito administrativo, nem os processos contraordenacionais se confundem com os processos administrativos.

Mas também sabemos que se alguém tiver sido sancionado pelo direito contraordenacional, nos termos dos artigos 21.º, 21.º-A, n.º 1, 22.º, 23.º, 24.º e 25.º do Regime Geral das Contraordenações (DL n.º 433/82, de 27 de outubro), para além de idênticas disposições em legislação especial, é possível a perda de bens. Ora, isto significa que se um processo de execução de perda de bens estiver a ser prosseguido em resultado de um processo contraordenacional, isto pode ser motivo de adiamento do processo de execução de uma decisão de perda vinda de outro Estado, nos termos do artigo 21.º, n.º 1, al. c).

Mas a questão que ainda assim se pode levantar é a de saber se a invocação do princípio «ne bis in idem» pode ocorrer se o facto for tipificado no Estado de emissão como crime e no Estado de execução como contraordenação. Embora, por exemplo, o artigo 29.º, n.º 5, da CRP, se refira a *crime*, a verdade é que já se considerou que o princípio «ne bis in idem» pode ser invocado na União Europeia em situações em que o mesmo facto é tipificado de modo diferente[54]. De resto, o mesmo entendimento tem sido adotado em Portugal[55].

[54] Por exemplo, no Processo C-150/05, de 28 de setembro de 2006 (Jean Leon Van Straaten contra Staat der Nederlanden e Republiek Italië), diz-se claramente que para efeitos do artigo 54.º da Convenção de aplicação do Acordo de Schengen, «o critério relevante (...) é o da iden-

Portanto, se os factos são exatamente os mesmos, ainda que qualificados de modo diferente, claro que se pode colocar o problema previsto no artigo 1.º, n.º 2 – não ser considerada «infração penal nos termos da legislação do Estado de execução, quaisquer que sejam os elementos constitutivos ou a qualificação da mesma na legislação do Estado de emissão» –, é certo, mas isto nada tem que ver com a violação do princípio «ne bis in idem». Trata-se de saber se a infração é também penal no Estado de execução. Não sendo, o Estado de execução pode não executar a decisão de perda, como está determinado no artigo 19.º, n.º 1, al. d).

Coisa diferente desta situação é saber se, independentemente da qualificação jurídica que os Estados dão aos factos, estes forem exatamente os mesmos pelos quais, no Estado de execução, o agente tenha sido condenado, independentemente de esta condenação configurar um crime ou uma contraordenação. E se se entender que sim e que esta hipótese configura uma situação de violação do princípio «ne bis in idem», então o problema não estaria só na relação com artigo 1.º, n.º 2 e 19.º, n.º 1, al, d), mas diretamente com a al. a), n.º 1, deste artigo.

Ainda assim, as críticas que Rita Simões faz ao Regulamento, nesta parte, fazem todo o sentido. Só por um processo interpretativo e, portanto, sempre crítico poderá chegar-se a uma conclusão, quando, em rigor, o Regulamento deveria ter previsto a aplicação das decisões de perda também no âmbito de processos contraordenacionais[56] (ou san-

tidade dos factos materiais, entendido como a existência de um conjunto de circunstâncias indissociavelmente ligadas entre si, independentemente da qualificação jurídica desses factos ou do bem jurídico». Esta posição foi já seguida em outros processos (Processo C-367/05, de 18 de julho de 2007; Processo T-228/02, de 12 de dezembro de 2006, entre outros).

[55] Por exemplo, no Acórdão do STA, de 5.07.2018: «O princípio "non bis in idem" tem assento no art. 29.º, n.º 5, da C.R.P., dispondo que "ninguém pode ser julgado mais do que uma vez pela prática do mesmo crime" e sendo aplicável a todos os procedimentos de natureza sancionatória, inclusive os contra-ordenacionais».

[56] Parece ir neste sentido, se bem entendemos, Conde Correia, «Reconhecimento...», cit., p. 193. Pelo menos, como explica o Autor, se «a definição de "matéria penal" há de ser independente da qualificação das infrações pelos Estados-Membros», e se em causa não têm de estar «apenas as decisões proferidas num processo penal *stricto senso*», então, será de admitir que o mesmo facto seja qualificado num Estado como crime e em outro como contraordenacional (ou punível de modo diferente do penal) e, nesse caso, nada obste que uma decisão de perda

cionatórios, não penais), com todas as consequências que isto implicasse, nomeadamente para o princípio «ne bis in idem».

4.1.2. Direitos das pessoas e limites à perda de bens

4.1.2.1. Arguidos e terceiros (possuidores de boa fé)

A perda de bens constitui uma privação de direitos. Inclusive, direitos fundamentais, nomeadamente o direito à propriedade. Logo, as pessoas visadas têm de poder reagir a tal decisão.

O considerando 15 do Regulamento determina que «[e]sta cooperação pressupõe também que sejam preservados os direitos das pessoas que são afetadas por uma decisão de apreensão ou uma decisão de perda. Tais pessoas afetadas, que podem ser pessoas singulares ou coletivas, deverão incluir a pessoa contra quem foi emitida uma decisão de apreensão ou uma decisão de perda, ou a pessoa que é proprietária dos bens abrangidos pela referida decisão, assim como quaisquer terceiros cujos direitos relacionados com esses bens sejam diretamente prejudicados pela referida decisão, incluindo os terceiros de boa-fé. O direito do Estado de execução servirá de base para determinar se tais terceiros são diretamente afetados por uma decisão de apreensão ou uma decisão de perda».

Impõem-se duas questões: quem são afinal estas pessoas e quais são os seus direitos? E, depois, uma terceira vem ser inevitável: e as vítimas do facto típico e ilícito também merecem proteção?

A esta última, tentaremos responder em ponto autónomo. Veremos agora as primeiras duas.

Quanto às pessoas, parece evidente que há duas distinções a fazer: entre pessoas singulares e coletivas; entre agentes do facto e terceiros.

Quanto à primeira distinção, o Regulamento admite que tanto as pessoas singulares como as coletivas possam ser sujeitos deste processo de perda. Isto, independentemente de o Estado prever a responsabilidade penal das pessoas coletivas. Quer isto dizer que se os bens estiverem na titularidade de pessoas coletivas, mesmo que estas não sejam penalmente

proferida num processo de contraordenação possa ser objeto de reconhecimento mútuo nos termos do Regulamento. Aliás, é nesse sentido que vai expressamente o Autor (p. 195 e s.).

responsáveis pelo ordenamento jurídico em referência, ao poderem ser privadas dos seus bens, devem ter o direito de reagir contra a perda.

Quanto ao agente e a terceiros, é preciso dizer que, sé é óbvio que o agente do facto deve poder reagir contra a decisão de perda, não menos relevante é a possibilidade de um terceiro o poder fazer também. Não podemos omitir que isto pode suceder porque o terceiro pode ter adquirido esses bens, quer haja ou não condenção penal. E é, portanto, para o terceiro que agora voltamos a nossa atenção.

Fundamentalmente, é preciso ter em conta que o terceiro pode estar de boa-fé. Pode ser um legítimo proprietário dos bens. O problema que se tem colocado no plano nacional é o de que normalmente o terceiro não é um sujeito processual nem tem um estatuto definido. Para termos uma ideia das implicações que isto pode ter, analisemos a questão, tomando como referência o exemplo português.

Em face da legislação portuguesa, em especial o artigo 374.º-A do Código de Processo Penal, o terceiro não é um sujeito processual, nem se confunde com o arguido nem com o assistente. Também nada tem que ver com as testemunhas ou com as partes civis.

Podia dizer-se que o terceiro é um «quase-arguido». Falamos de alguém que precisa de demonstrar que os bens são seus e não padece de um dos problemas enunciados no n.º 2 do artigo 111.º do CP ou no n.º 2, al. b), do artigo 7.º da Lei n.º 5/2002, de 11 de janeiro. Tentando demonstrar que não terá concorrido, de forma censurável, para a utilização ou produção dos bens, ou do facto ter retirado benefícios, ou que tais bens não terão sido, por qualquer título, adquiridos após a prática do facto, conhecendo ou devendo conhecer o adquirente a sua proveniência, ou ainda que tais bens ou o seu valor não terão sido, por qualquer título, transferidos para si para evitar a perda decretada nos termos dos artigos 109.º e 110.º, sendo ou devendo tal finalidade ser por ele conhecida, claramente entra num terreno cujas fronteiras entre o facto ilícito e típico e a sua condição de terceiro são muito fracas[57]. Quem tem de provar que

[57] No mesmo sentido, Cruz Bucho, «A transposição...», p. 237 («a fronteira entre a atuação por parte do terceiro e a sua responsabilidade criminal pode ser muito ténue»).

não concorreu para a utilização ou produção dos instrumentos, produtos ou vantagens ou que não tenha obtido qualquer benefício do facto típico e ilícito, coloca-se numa posição em tudo semelhante à do arguido, uma vez que tem de provar que não teve relação com o facto, que não o cometeu, pelo menos a título de comparticipante. Uma intervenção processual deste jaez é muito semelhante à de um arguido. É um «quase-arguido».

Porém, contra isto, por força do n.º 2 do artigo 347.º-A, aplica-se ao terceiro o artigo 145.º, n.º 3, do CPP, e consequentemente não tem direito ao silêncio, mas tem o dever de dizer a verdade, sob pena de ser criminalmente responsabilizado[58]. Não estar protegido pelo direito ao silêncio e ser obrigado a dizer a verdade, nada tem que ver com a condição de arguido. Por isso, a hipótese de se tratar de um «quase-arguido» perde força.

Em face disto, há quem defenda que melhor será uma aproximação ao estatuto de parte civil em jeito de um demandado civil[59]: quer pela inserção sistemática da norma – a seguir ao artigo 347.º que trata das partes civis[60]; quer pela aplicação «do disposto nos n.ºs 2 e 4 do artigo 145.º e no n.º 3 do artigo 345.º» às partes civis[61].

Equiparar a um demandado civil para fazer a demonstração de que é legítimo detentor, implica necessariamente a constituição de advogado[62].

Tais conclusões são alcançadas a partir do artigo 347.º-A do CPP, sem que alguma outra norma se refira ao estatuto deste terceiro. O que nos remete para uma questão mais delicada: a da ausência de regulação processual desta intervenção em Portugal. E nem mesmo o modo como este terceiro pode intervir em juízo é pacífico.

[58] E aqui temos logo um problema de deficiente conformação recíproca entre o direito penal e o processo penal. É que tal responsabilização penal teria de ocorrer por força do artigo 359.º, n.º 2, do CP, e todavia esta norma expressamente inclui o «assistente e as partes civis relativamente a declarações que prestarem em processo penal, bem como o arguido relativamente a declarações sobre a sua identidade», mas não este terceiro.

[59] Nesse sentido, Cura Mariano, «A perda de bens...», cit., p. 176. Na mesma direção, Cruz Bucho, «A transposição...», cit., p. 235.

[60] Cruz Bucho, «A transposição...», cit., p. 235.

[61] *Idem, ibidem.*

[62] No sentido de que o terceiro deveria fazer-se representar por advogado, veja-se Cruz Bucho, «A transposição...», cit., p. 235 e s.

E no Regulamento, podemos dizer que a questão está devidamente resolvida?

A resposta é negativa. Ao garantir-se que as pessoas afetadas devem ser ouvidas, o Regulamento limita-se a explicitar que, de entre essas pessoas, se incluem terceiros, como sendo aqueles «cujos direitos relacionados com esses bens sejam diretamente prejudicados pela referida decisão, incluindo os terceiros de boa-fé». E que regulamentação jurídica lhes deve ser aplicada? A resposta é obviamente insuficiente: «O direito do Estado de execução servirá de base para determinar se tais terceiros são diretamente afetados por uma decisão de apreensão ou uma decisão de perda». À uma, porque a possibilidade de intervir como terceiro acaba por ficar dependente do que cada Estado disser sobre se são ou não diretamente afetados por uma decisão de apreensão ou de perda. À outra, porque, como vimos pelo exemplo português, não estando a questão da intervenção devidamente disciplinada no direito português, cai-se necessariamente num problema de efetivação do direito de intervenção do terceiro sem grande possibilidade de solução. Face ao modo instável com que esta questão é tratada a nível nacional – certamente que nos ordenamentos de outros Estados-Membros não se espera que esteja melhor tratada, uma vez que ela é relativamente nova no processo penal, tendo como referência a diretiva de 2014 –, esperava-se que o Regulamento a tivesse resolvido de modo mais satisfatório.

Dito isto, há direitos que devem ser respeitados e que são das pessoas que podem ser afetadas pela perda: «podem ser pessoas singulares ou coletivas, deverão incluir a pessoa contra quem foi emitida uma decisão de apreensão ou uma decisão de perda, ou a pessoa que é proprietária dos bens abrangidos pela referida decisão, assim como quaisquer terceiros cujos direitos relacionados com esses bens sejam diretamente prejudicados pela referida decisão, incluindo os terceiros de boa-fé»[63]. Importa, por isso, aprofundar um pouco mais.

[63] Tal como consta do considerando 15 do Regulamento.

4.1.2.2. Os direitos das pessoas

4.1.2.2.1. Que direitos?

Depois de vermos que pessoas podem ser afetadas, importa saber que direitos têm as pessoas. Apenas os que estão previstos no Regulamento ou também os das legislações nacionais? E se não forem concordantes?

Quanto à primeira questão, a resposta só pode ser: os dois. Se há um pedido de declaração de perda feito a Portugal, as autoridades judiciárias devem observar os direitos previstos no Regulamento, bem como aqueles que estão previstos no CP e CPP portugueses. Isso é o que decorre do próprio Regulamento.

Quanto à segunda, deve fazer-se um esforço para compatibilizar os dois, mas é evidente que, sendo o Regulamento um ato jurídico da União vinculativo e diretamente aplicável, deve prevalecer sobre qualquer norma interna, em caso de conflito.

4.1.2.2.2. O direito de comparecer em julgamento

No capítulo do respeito pelos direitos das pessoas, importa começar por sublinhar, para efeitos de oposição aos pedidos de perda, o considerando 34 do Regulamento: «A criação de um espaço de liberdade, segurança e justiça na União baseia-se na confiança mútua e na presunção de que os outros Estados-Membros cumprem o direito da União e, em particular, respeitam os direitos fundamentais. Contudo, em situações excecionais, se houver motivos sérios para crer que, com base em elementos precisos e objetivos, a execução da decisão de apreensão ou da decisão de perda, nas circunstâncias especiais do processo, implicaria uma violação manifesta de um direito fundamental relevante consignado na Carta, a autoridade de execução deverá poder decidir não reconhecer ou não executar a decisão em causa».

O Regulamento vai ainda mais longe naquele considerando e determina que «[o]s direitos fundamentais que deverão ser relevantes neste contexto são, em particular, o direito a um recurso efetivo, o direito a um julgamento equitativo e o direito de defesa».

A pessoa afetada pela decisão de perda deve ter direito de defesa. Isto significa que, independentemente do estatuto processual que tiver – arguido, demandado civil, terceiro, etc. –, não pode perder os bens sem poder exercer o direito de reagir contra a decisão. Se para o arguido esta questão não oferece dúvidas – uma vez que pode defender-se no processo penal –, já para terceiros isso não será bem assim. Podíamos dizer que em alguns casos isto poderia satisfazer-se com um direito de audição. Se tomarmos como exemplo o artigo 347.º-A do CPP, o que se consagra para o terceiro é a garantia do exercício do direito de contraditório e a prestação de declarações. E, em termos processuais, acrescenta-se que isto pode ser feito «mediante perguntas formuladas por qualquer dos juízes ou dos jurados ou pelo presidente, a solicitação do próprio terceiro, do Ministério Público, do defensor ou dos advogados do assistente ou das partes civis». Sabemos que isto não é suficientemente claro. Não se diz o que pode, quando pode e que meios podem ser utilizados para exercer o seu direito.

Ora, face ao Regulamento, há pelo menos um aspeto que ajuda a resolver o problema. É que o outro direito que ali se prevê é o direito a um julgamento equitativo. Mais, portanto, que um mero direito de audição. E com isto passamos à análise do segundo fundamento.

Mesmo nos casos em que o afetado não é arguido – isto pode suceder sobretudo nas situações de perda de terceiros e em casos de não condenação –, os proprietários têm direito a um julgamento equitativo em caso de perda. Significa que a decisão de perda não pode ser executada sem ter havido um julgamento que determine essa decisão. O Estado emissor deve cumprir esta exigência sob pena de o Estado de execução não executar.

Problema que ainda assim se colocará é o de saber como na prática isto deve ser garantido. O julgamento deve ser feito no Estado de emissão. Parece claro. Só depois deste julgamento é que pode ser proferida decisão. O que significa que, por exemplo, para terceiros, o artigo 374.º-A deve ser lido como o direito de audição e contraditório a ser exercido em audiência de julgamento. Naturalmente que isto em termos práticos pode envolver sérias dificuldades. O terceiro pode estar no outro Estado, onde estão os bens. O julgamento deve ser feito no Estado de emissão. Tratando-se do arguido, é relativamente fácil, porque a questão da perda será tratada no julgamento da questão penal. Logo, aplicam-se as normas do processo penal, quanto à presença do arguido. Mas se se trata de um terceiro, já não será bem assim. Pode até não haver condenação penal. Mas tem de ser garantido julgamento equitativo. Certo que pode ser emitida decisão de apreensão, e, entretanto, fazer-se o julgamento, para evitar que os bens se dissipem. Mesmo assim, basta pensar nas dificuldades que podem existir na notificação do proprietário dos bens, para se imaginar quão difícil pode ser a resolução deste problema. Certo é que deve haver julgamento. E só satisfeito este direito é que pode executar-se a decisão de perda.

Mais pacífico é o direito a recurso. Havendo julgamento, para que a decisão se torne efetiva, tem de transitar em julgado. Pressupõe-se assim que só depois de esgotado o direito de recurso é que pode avançar-se para a execução da decisão de perda.

O Regulamento acrescenta[64] ainda que «[o] direito de propriedade não deverá, em princípio, ser relevante, uma vez que a apreensão e a perda de bens implicam necessariamente uma ingerência no direito de propriedade de uma pessoa e que as necessárias salvaguardas a este respeito já estão previstas no direito da União, inclusive no presente regulamento». Naturalmente que se o proprietário o é de modo ilegítimo, depois de isto ser confirmado em sede de julgamento, o direito de propriedade não pode ser motivo de impedimento da execução da decisão de perda, porque se trata de um proprietário de má-fé.

Mas isto significa que outros direitos deixem de ser opostos se os seus detentores estiverem de boa-fé? Suponhamos que uma pessoa é proprietária ilegítima de um imóvel, que vem a perder em função de uma decisão de perda. Mas o imóvel está arrendado a uma outra pessoa, esta de boa-fé. Este direito é irrelevante? O Regulamento nada diz a este propósito. Mas sabemos que em princípio não é irrelevante. Transpondo a questão para o direito português, vejamos o que poderia suceder.

Em primeiro lugar, o terceiro não pode ser comparticipante no facto ilícito e típico pelo qual o arguido tenha sido condenado – por referência aos artigos 109.º, n.º 1 e 110.º, n.º 1, do CP –, seja em qualquer uma das modalidades da autoria, seja mesmo em caso de cumplicidade, e nem sequer «beneficiário» desses bens. Estarão na situação de beneficiário os

[64] No considerando 34.

herdeiros[65] do arguido - uma vez que, não tendo cometido o facto típico e ilícito, sucedem ao arguido no seu património -, os adquirentes de negócio simulado[66] - uma vez que, sendo nulo o negócio, os bens deixam de ser de terceiro -, os adquirentes fiduciários de má-fé[67] - uma vez que se o negócio fiduciário for ilegítimo, o terceiro deixa de o ser por perda de título - e as pessoas coletivas[68] quando lhes sejam aplicadas algumas das condições negativas previstas no artigo 111.º do CP.

Acresce que, além dos agentes do facto típico e ilícito e dos beneficiários dos bens, independentemente do título que possa invocar, não será protegido enquanto terceiro aquele que, relativamente aos instrumentos, produtos ou vantagens do facto típico e ilícito, «tiver concorrido, de forma censurável, para a sua utilização ou produção, ou do facto tiver retirado benefícios» (art. 111.º, n.º 2, al. a)), ou quando aqueles bens «forem, por qualquer título, adquiridos após a prática do facto, conhecendo ou devendo conhecer o adquirente a sua proveniência» (art. 11.º, n.º 2, al. b)), e ainda quando «[o]s instrumentos, produtos ou vantagens, ou o valor a estes correspondente, tiverem, por qualquer título, sido transferidos para o terceiro para evitar a perda decretada nos termos dos artigos 109.º e 110.º, sendo ou devendo tal finalidade ser por ele conhecida». Trata-se aqui de uma distinção relevante entre terceiros de boa e de má-fé.

Aquele que não está ligado à prática do facto ilícito e típico ou que não é beneficiário dos bens, também não pode ter realizado uma daquelas três condutas previstas no n.º 2 do artigo 111.º do CP, sob pena de não poder ser considerado terceiro de boa fé e, consequentemente, não estar protegido pelo n.º 1 do artigo 111.º

Dito isto, se não é proprietário e pode considerar-se um terceiro de boa-fé, como pode ver o seu direito protegido? Embora possa ser detentor de outro direito real, que não o direito de propriedade, ou direito

[65] Nesse sentido, Cura Mariano, «A perda de bens...», cit., p. 143 e s. Mas já não estarão naquela situação, como explica o Autor, os legatários.

[66] Cura Mariano, «A perda de bens...», cit., p. 144.

[67] *Idem, ibidem.*

[68] *Idem*, p. 146.

contratual, desse que possa ser compatibilizado com a perda de bens[69], não há razão para fazer cessar esse direito. Nesse caso, naturalmente que o terceiro, uma vez colocada a hipótese de ver confiscados os bens, deve poder demonstrar que o é, para afastar esse confisco[70], *rectius*, para evitar perder esse direito, atendendo a que a perda de bens pode não ser incompatível com a fruição desse direito. Não esqueçamos que o terceiro está de boa fé.

Tudo visto, retomamos o direito de defesa, para acrescentar que se a pessoa afetada – seja o arguido, seja um terceiro – não tiver tido o direito de se defender em julgamento, o Estado de execução pode não executar a decisão de perda. Isso só não sucederá se o Estado de emissão demonstrar que essa possibilidade foi dada ao interessado e este não quis ou não pôde defender-se, apesar de terem sido esgotadas todas as possibilidades legais que ao caso cabiam. É o que grosso modo resulta da al. g) do n.º 1 do artigo 19.º

Por último, o Regulamento, na al. h) do n.º 1 do artigo 19.º, enuncia uma cláusula geral de salvaguarda de respeito pelos direitos fundamentais, em termos de consequência da execução da decisão. Naturalmente que o direito a julgamento já está determinado na al. g), mas ainda assim, se o Estado de execução verificar que a decisão ao ser aplicada «implicar uma violação manifesta de um direito fundamental relevante tal como estabelecido na Carta, em especial o direito a um recurso efetivo, o direito a um julgamento equitativo ou o direito de defesa», pode não a aplicar.

4.1.2.3. Os limites: imunidades, privilégios e limitações em matéria de liberdade de imprensa ou de expressão

Especificando, são três hipóteses, todas difíceis de entender, previstas na al. b) do n.º 1 do artigo 19.º, que se impõem como limites à declaração de perda: privilégios; imunidades; limitações em matéria de liberdade de imprensa e/ou de expressão.

[69] Nesse sentido, Hélio Rodrigues, «O confisco...», cit., p. 69 e s. Em idêntico sentido, Cura Mariano, «A perda de bens...», cit., p. 142 e s.

[70] Sobre o respeito pelo direito à propriedade, nos casos de confisco, veja-se Isidoro Blanco Cordero, «Recuperación...», cit. p. 340 e s.

Quanto aos privilégios e imunidades, cremos que as hipóteses que aqui se configuram só podem ser as de existirem normas no Estado de execução que claramente refiram que não podem ser aplicadas decisões de perda relativamente a determinadas pessoas. Não cremos que tenham que ver com imunidades penais. As imunidades penais evitam que um Estado exerça jurisdição penal sobre determinada pessoa, que goza de tal imunidade, e por consequência, poderia entender-se que também evitaria a perda de bens. Mas tal não é verdade.

Suponhamos que um titular de um alto cargo político de um Estado comete crimes transfronteiriços, sendo que parte do facto é cometido em Portugal. Imaginemos que esse agente tem imunidade de Chefe de Estado. Não será punido em Portugal, por causa da imunidade. Mas é julgado no seu país de origem. O país de origem pede a Portugal para congelar os bens, para os arrestar. Parte dos bens estão em Portugal e outra parte em outros países da União Europeia. Portugal pode emitir decisão de perda, baseada na condenação ocorrida no país de origem desse Chefe de Estado, pode até decretar a perda de bens, sem condenação penal – uma vez que isso é possível, desde que haja facto típico e ilícito, mesmo que não haja condenação. Nesta situação, Portugal não está impedido de decretar a perda de bens, apesar da imunidade; não está impedido de emitir decisão de perda a ser executada em outro Estado da União Europeia.

Donde, a menos que se trate de um privilégio ou imunidade que expressamente diga respeito à situação dos bens, não parece que as imunidades penais, só por si, sejam um impedimento à declaração de perda de bens.

O mesmo se diga para as situações de limitação da responsabilidade penal em matéria de liberdade de imprensa ou de liberdade de expressão. Se com isto se quer dizer que existem normas que isentam de responsabilidade criminal agentes que praticam factos que poderiam ser crimes, mas não são, então o que se quer dizer muito simplesmente é que, pelo princípio da legalidade criminal, não há lugar à condenação penal, porque não há responsabilidade penal. Se não há responsabilidade penal porque o facto, quando praticado no âmbito da liberdade de imprensa e/ou de expressão, não é criminalmente relevante, então, não há facto.

Não havendo facto típico e ilícito, não há possibilidade de decretar a perda de bens.

Se é isto que se pretende alcançar, bastaria dizer que uma decisão de perda não é atendível quando não se baseia num facto típico e ilícito ou numa atividade criminosa, nos termos do artigo 3.º, n.º 1 e 2. Não se percebe a formulação contida no artigo 19.º, aplicável apenas aos casos de responsabilidade penal em matéria de liberdade de imprensa ou de liberdade de expressão.

4.1.3. Motivos de recusa meramente procedimentais

O artigo 19.º, n.º 1, al. c) contém ainda um fundamento meramente procedimental. Se a certidão de perda estiver incompleta ou manifestamente incorreta e não tiver sido suprida essa deficiência, nos termos do n.º 2 do artigo 19.º, o Estado de execução pode não reconhecer ou executar a decisão. Embora seja uma questão procedimental, ela pode ter implicações relevantes. Em causa podem estar elementos importantes para aferir questões de natureza material, antes enunciadas, e, portanto, não é de somenos importância.

4.2. Motivos de adiamento da execução

Apesar de o Estado de execução não invocar o artigo 19.º para recusar a execução da decisão de perda, pode ter motivos para a adiar. Esta possibilidade está prevista no artigo 21.º do Regulamento.

São quatro os motivos para o adiamento:

a) «A execução da decisão possa prejudicar uma investigação criminal em curso». Neste caso, que é compreensível, uma vez que a decisão de perda pode comprometer a investigação criminal, o único problema que se levanta é o do efeito útil daquela decisão. Uma vez que o adiamento pode ser «pelo tempo que a autoridade de execução considere razoável», isso pode levar a que, se não forem tomadas medidas cautelares, quando for executada, os bens tenham sido dissipados. Seria lamentável que esta razão funcionasse como uma linha de fuga ao reconhecimento mútuo. Seria uma manifestação de falta de confiança mútua.

b) «No que respeita a uma decisão de perda relativa a um montante em dinheiro, a autoridade de execução considere que existe o risco de o valor total resultante da execução dessa decisão de perda poder exceder largamente o montante especificado na decisão de perda devido à execução simultânea da decisão em vários Estados-Membros». Neste caso, o problema que faz sentido salientar é o de, tratando-se de dinheiro, este poder não estar disponível quando o Estado de execução finalmente der execução à decisão de perda. A nosso ver, embora compreendendo a *ratio* da medida, será sempre mais prudente arrestar o dinheiro, e apenas executar adiante, do que nada fazer, adiar e correr o risco de não haver valores para executar quando terminar o motivo de adiamento.

c) «Os bens já sejam objeto de um processo de execução da decisão de perda em curso no Estado de execução». Esta medida é compreensível, uma vez que há aqui uma precedência, não pelo facto de os bens estarem num outro Estado que não o de emissão, mas por já existir um processo de execução da decisão de perda em curso no Estado de execução. Não há decisões mais importantes que outras. Mas há decisões mais antigas e preferentes que outras.

d) «Tenha sido invocada uma via de recurso referida no artigo 33.º». Trata-se de assegurar o direito de recurso no Estado de execução. Um direito fundamental que não pode deixar de ser observado, sobretudo se, no processo que levou à decisão de perda, a pessoa em causa não tiver participado no julgamento por uma das razões previstas no artigo 19.º, n. 1, al. g), nas subalíneas respetivas.

4.3. Motivos de impossibilidade de execução

Diferente da recusa de execução, situação prevista no artigo 19.º, é a impossibilidade de execução, prevista no artigo 22.º do Regulamento. As várias hipóteses estabelecidas no n.º 3 dizem respeito à impossibilidade do objeto da perda (já terem sido declarados perdidos, terem desaparecido, terem sido destruídos, não terem sido encontrados). Naturalmente que, não havendo bens, por alguma daquelas razões, não pode haver execução da decisão de perda, a menos que, entretanto, essa possibilidade venha a surgir, como está prevista no n.º 4. Mas também pode haver substituição desses bens por outros ou por valor correspondente. Isso, que já estava previsto na Diretiva de 2014, está assegurado no n.º 5 do artigo 22.º do Regulamento.

5. A proteção de vítimas

O Regulamento, como não podia deixar de o fazer, salvaguarda os direitos das vítimas. E fá-lo num tríplice sentido[71]: a) dando «prioridade à indemnização e à restituição dos bens às vítimas»[72]; b) salvaguardando «as regras em matéria de indemnização e de restituição dos bens às vítimas no âmbito de um processo nacional»[73], se estas forem melhores que as do Regulamento; e c) garantindo o dever de o Estado de execução «assegurar que os bens em causa são apreendidos e restituídos à vítima logo que possível»[74]. Pode, portanto, dizer-se que as vítimas veem os seus direitos reforçados, seja pelo Regulamento, seja pela legislação nacional quando a solução daquele for pior.

O Regulamento remete para o conceito de vítima do ordenamento jurídico do Estado de emissão, mas salvaguarda a possibilidade de as pessoas coletivas também serem integradas nesse conceito, mesmo que o Estado de emissão não o considere[75]. *Brevitatis causa*, não vamos aprofundar este tópico. Mas sabemos que isto pode dar azo a muitas divergências. Se atendermos a que a vítima pode ser o lesado civil, mas também o lesado penal e que, neste caso, pode ou não constituir-se assistente, mas mesmo que não tenha sofrido o facto, pode vir a constituir-se nessa condição, logo percebemos que o conceito de vítima, no plano nacional, para efeitos de perda de bens, teria de ser o mais amplo possível: não só o que sofre diretamente o facto, mas aquele que tem danos patrimoniais

[71] É o que resulta do considerando 45 e do artigo 29.º do Regulamento.

[72] Cf., considerando 45 do Regulamento.

[73] *Idem.*

[74] Considerando 46. Mas acrescenta o Regulamento que «[a]obrigação de restituir bens apreendidos à vítima deverá estar sujeita a três condições, designadamente, o direito da vítima aos bens não deverá ser objeto de impugnação, ou seja, admite-se que a vítima é o seu legítimo proprietário e que não há nenhuma reclamação séria que ponha isso em causa; os bens não deverão constituir elementos de prova em processo penal no Estado de execução; e os direitos das pessoas afetadas, nomeadamente os direitos de terceiros de boa-fé, não deverão ser prejudicados». É o que está determinado no artigo 29.º do Regulamento.

[75] Considerando 45.

emergentes do facto ainda que não tenha sido vítima direta desse facto. Veremos como este tópico será entendido nos vários Estados-Membros, quando sabemos que as opções processuais para tratar juridicamente a vítima são muito diversificadas. Seja como for, como o ordenamento jurídico do Estado de emissão é que deve funcionar como referente, as dúvidas sobre este ponto devem ser supridas de acordo com o que tiver sido estabelecido no Estado de emissão. Também aqui se impõe o reconhecimento mútuo em termos de interpretação e aplicação do direito.

6. Outras questões processuais relevantes

Nos artigos 14.º e seguintes do Regulamento encontramos várias normas relativas a matéria processual. Não as vamos tratar todas por manifesta falta de espaço. Mas vamos evidenciar alguns pontos que nos parecem de maior relevância.

Em primeiro lugar, saliente-se a celeridade e a lealdade com que a decisão de perda deve ser tratada. Por um lado, após a transmissão de perda[76] nos termos do artigo 14.º, a um ou vários Estados de execução[77], a autoridade de execução, a menos que haja motivos que o impeçam, e nesse caso devem ser comunicados à autoridade de emissão, «toma a decisão de reconhecimento e execução da decisão de perda sem demora e, sem prejuízo do disposto no n.º 4, o mais tardar 45 dias após ter recebido a certidão de perda». «Sem demora» é uma expressão que é frequentemente utilizada no Regulamento no que respeita à decisão de reconhecimento e

[76] Reza assim o n.º 1 do artigo 14.º: «A decisão de perda é transmitida através de uma certidão de perda. A autoridade de emissão transmite a certidão de perda prevista no artigo 17.º diretamente à autoridade de execução ou, se aplicável, à autoridade central a que se refere o artigo 24.º, n.º 2, por qualquer meio que permita conservar um registo escrito e em condições que permitam à autoridade de execução determinar a autenticidade da certidão de perda».

[77] Nos termos do artigo 15.º, a decisão pode ser transmitida simultaneamente a vários Estados, se «a) A autoridade de emissão tiver motivos razoáveis para crer que diferentes bens abrangidos pela decisão de perda se encontram em diferentes Estados de execução; ou b) A perda de um bem específico abrangido pela decisão de perda implicar ações em vários Estados de execução», ou ainda quando e se trate de valor em dinheiro, e nos termos do n.º 3, haja necessidade de o fazerem em simultâneo. Mas em regra, como consta do n.º 1, a transmissão é feita a um Estado de execução de cada vez.

execução por parte do Estado de execução[78]. Por outro lado, sempre que o Estado de execução não pode ou não deve executar a decisão, ou a deve adiar, tem o dever de comunicar ao Estado de emissão essa circunstância (arts. 20.º, n.º 2, n.º 4, 21.º, n.º 3).

Em segundo lugar, é de relevar que, ainda que se determine ser de respeitar o direito do Estado de execução quanto à execução da decisão de perda, tal como está previsto no artigo 23.º, são várias as normas que determinam uma certa supremacia do Regulamento sobre normas nacionais que o contradigam. Por exemplo, quanto às pessoas coletivas, mesmo que não sejam como tal reconhecidas, ou pelo menos não seja reconhecida a sua responsabilidade penal (como, por exemplo, está previsto no art. 23.º, n.º 2); um outro exemplo tem que ver com o facto de o Estado de execução não poder aplicar medidas alternativas às previstas na decisão de perda, sem autorização do Estado de emissão, como determina o artigo 23.º, n.º 3, do Regulamento, à exceção das que estão previstas no artigo 18.º, n.º 2 e 3. Naturalmente que o Estado de execução não está impedido de propor medidas alternativas. Mas, se o fizer, o Estado de emissão tem de ser ouvido e concordar com essa proposta. Há aqui como que uma supremacia do Estado de emissão, só possível graças ao princípio do reconhecimento mútuo que o Regulamento impõe.

Finalmente, outra questão que a nosso ver o Regulamento não resolve convenientemente, mas admite, é a de o Estado de emissão não estar impedido de executar a decisão de perda, uma vez transmitida nos termos dos artigos 14.º e 15.º. Cremos que aqui não se estará a abranger situações em que a perda se efetiva totalmente no Estado de execução. Caso con-

[78] No considerando 40, sobre a comunicação de impossibilidade de executar uma decisão de perda; no artigo 7.º, n.º 2, 8.º, n.º 2 e 3, 9.º, n.º 1, 4 e 6, e 13.º, n.º 1, para a informação da execução da decisão de apreensão; no artigo 18.º, n.º 5, para a execução das decisões de perda; no artigo 19.º, n.º 2 e 3, para a decisão de não reconhecimento da decisão de perda; no artigo 20.º, n.º 1, 2, 3, 4 e 5, para a execução da decisão e perda; no artigo 21.º, n.º 3 e 4, para a comunicação do adiamento da execução de decisão de perda; no artigo 22.º, n.º 1, para a comunicação da impossibilidade de executar uma decisão e perda; no artigo 25.º, n.º 1, para a consulta mútua entre Estados de emissão e de execução, sobre a eficiência da execução; no artigo 27.º, n.º 1 e 3, para o Estado retirar a decisão de perda, quando esta cessa; no artigo 29.º, quanto às condições relativas à restituição de bens à vítima; no artigo 32.º, n.º 1, quanto à obrigação de informar as pessoas afetadas.

trário, seria incompreensível. Uma vez transmitida a decisão de perda ao Estado de execução, este tem o dever de a cumprir, sem necessidade de o Estado de emissão o fazer também. Por isso, a hipótese prevista no artigo 16.º, n.º 1, dirá respeito a situações em que o Estado de emissão também pode executar a decisão no seu próprio Estado ou ainda naqueles casos em que os bens estão em mais do que um Estado e, portanto, o Estado de emissão prossegue com a execução da perda, nos termos do Regulamento, junto dos demais Estados.

Conclusão

Pese embora alguns aspetos mais obscuros ou pelo menos de menor claridade que resultam do Regulamento (UE) 208/1805, que aqui procurámos enunciar, pode dizer-se que constitui um instrumento valioso de reconhecimento mútuo em matéria de perda de bens. Este instrumento, a par com outros que caminharam no mesmo sentido através da harmonização de normas, vem permitir no espaço da União Europeia uma atuação judiciária mais eficaz na anulação dos proveitos económicos de certo tipo de criminalidade. Não resolve totalmente o problema, porque há mais mundo que o do espaço europeu. Mas seguramente que constituirá um instrumento de grande préstimo, não só para o efeito imediato que pretende atingir – a restituição dos bens emergentes do crime –, mas também para a consolidação do espaço de segurança que deve ser o da União Europeia.

Ao mesmo tempo, e esta parece-nos uma nota essencial, o reconhecimento mútuo das decisões de perda consolida a ideia segundo a qual as instituições judiciárias no espaço da União Europeia atingiram já um assinalável estado de maturidade; caso contrário, seria impossível um reconhecimento mútuo, quase incondicional, numa matéria tão sensível como é a da perda de bens.

5. Cooperação judiciária em casos de confisco não baseado numa condenação

HÉLIO RIGOR RODRIGUES
Procurador da República

I. Noções introdutórias

Num Estado de Direito, em que o processo penal se desenvolve numa estrutura acusatória de base constitucional, o confisco não será naturalmente arbitrário, nem fundado em razões[1] puramente retributivas ou de perseguição política ou ideológica.

Enquanto «medida de caráter definitivo, imposta por um tribunal relativamente a uma infração penal, que conduza à privação definitiva de bens de uma pessoa singular ou coletiva»[2], o confisco está legalmente limitado, e não depende da criatividade do julgador, ou muito menos do intérprete. Esta vinculação à lei não impede, porém, que existam dúvidas e dificuldades.

Não se pretendendo enveredar pela defesa de qualquer teoria construtivista, que faça depender a compreensão de determinados problemas de base científica da existência de um «conhecimento anterior» ou «*background knowledge*», haverá de reconhecer-se que o tratamento de um tema como o confisco não baseado numa condenação, especialmente quando apreciado numa dimensão supranacional, não dispensa que se apresentem as premissas em que se alicerçam as conclusões alcançadas.

É dessas premissas essenciais que trataremos neste título «I».

[1] Sobre a evolução dos mecanismos de confisco, e sobre a sua justificação atual: Correia, João Conde, *Da proibição do confisco à perda alargada*, Lisboa, INCM, 2012, pag. 36.

[2] Esta definição de «perda» é comum à generalidade dos instrumentos normativos supranacionais, estando refletida no artigo 2.º da Diretiva 2014/42/EU de 3 de abril de 2014 sobre o congelamento e a perda dos instrumentos e produtos do crime na União Europeia, e no artigo 2.º do Regulamento (UE) 2018/1805 do Parlamento Europeu e do Conselho de 14 de novembro de 2018 relativo ao reconhecimento mútuo das decisões de apreensão e de perda. Sempre que ao longo do texto se façam referências ao «Regulamento» sem o identificar, será este o instrumento a que nos referimos.

1. O objeto do confisco – os bens

Considerando as singularidades do ordenamento jurídico nacional, nomeadamente no que concerne à designação das tipologias de confisco admissíveis por referência aos bens sobre que incide e que constituem o seu objeto, verifica-se que o ordenamento jurídico nacional estabelece que o confisco tem como objeto os instrumentos os produtos e as vantagens.

A tipologia mais relevante é representada pelo confisco das vantagens, que visa remover todo e qualquer benefício económico que o agente tenha obtido através do facto ilícito típico, independentemente desse benefício se materializar num aumento do ativo, ou numa mera poupança ou supressão de despesas. As finalidades do confisco[3] das vantagens condensam-se na ideia aparentemente simples e impressiva de que é necessário «garantir que o crime não compensa». Essa garantia, conjuntamente com a necessidade de restabelecer a ordem patrimonial dos bens correspondente ao direito vigente alcança-se restabelecendo o «*status quo ante*» patrimonial.

Esta reposição da situação patrimonial preexistente à prática do facto ilícito não possui finalidade punitiva, nem os seus efeitos correspondem a uma sanção, ou muito menos uma pena. Não sendo o crime título aquisitivo da propriedade, o agente do crime apenas é desapossado daquilo que não lhe pertence, e que não é seu por «direito». É sob esta égide que se densifica a expressão «recuperação de ativos», uma vez que que as vantagens são, com a decisão de confisco, devolvidas a quem efetivamente pertencem, ou seja, ao Estado enquanto sociedade de pessoas afetadas pelos comportamentos penalmente relevantes que geraram as vanta-

[3] Quanto às finalidades do confisco vide, DIAS, Jorge de Figueiredo, "*Direito Penal Português, Parte Geral II – As consequências jurídicas do crime*" reimpressão, 2009, pág. 635, e ainda: CAEIRO, Pedro, «Sentido e função do instituto da perda de vantagens relacionadas com o crime no confronto com outros meios de prevenção da criminalidade reditícia (em especial, os procedimentos de confisco in rem e a criminalização do enriquecimento 'ilícito')», in *Revista Portuguesa de Ciência Criminal*, ano 21 n.º 2 (2011), p. 267-321; SIMÕES, Euclides Dâmaso e TRINDADE, José Luís F., "*Recuperação de activos: da perda ampliada à actio in rem (virtudes e defeitos de remédios fortes para patologias graves)*", in Revista Julgar online, 2009, pág. 2, (disponível em: http://sites.google.com/site/julgaronline/).

gens. É nesta medida que defendemos que os seus efeitos são puramente restitutivos, e a sua natureza[4] é, consequentemente, civil[5].

O confisco dos instrumentos e produtos, por seu lado, justifica-se pela necessidade de afastar da sociedade os perigos associados a determinados objetos, seja pela sua perigosidade ontológica, seja porque pelas circunstâncias do caso, são suscetíveis de colocar em perigo a segurança das pessoas, a moral ou a ordem públicas, ou oferecem sério risco de ser utilizados para o cometimento de novos factos ilícitos típicos[6]. Os produtos do crime, por seu lado, representam as coisas que não existiam e que foram geradas ou produzidas pela prática do crime, e incluem objetos como uma nota contrafeita, uma arma de fogo artesanal ou um documento forjado. Estamos, nestes casos, perante o confisco como *medida de natureza análoga à medida de segurança*[7].

[4] Pese embora a tese que defendemos, importa reconhecer que a definição da natureza do confisco das vantagens não é neste momento uma questão pacífica ou isenta de discussão, existindo aspectos que merecem devida reflexão, como bem assinala ANTUNES, Maria João, «Recuperación de activos. Garantías procesales del decomiso de bienes en el Derecho português», *in*: BERDUGO GÓMEZ DE LA TORRE, Ignacio: e outros (org.), *Decomiso y recuperación de activos. Crime doesn't pay*. Valencia: Tirant lo Blanch, 2020, p. 587-602. Ainda relativamente à relevância da definição da natureza do confisco, especialmente do confisco das vantagens como medida sancionatória ou «outra coisa diferente»: SIMONATO, Michele, «Confiscation and fundamental rights across criminal and non-criminal domains», *ERA Forum* volume 18, (2017) pag. 365-379, (consulta online em Springer Link a 01.03.2021).

[5] Quanto à justificação relativamente à posição que assumimos no que concerne à natureza do confisco das vantagens: RODRIGUES, Hélio Rigor, «O confisco das vantagens do crime, entre os direitos dos Homens e os deveres dos Estados – A Jurisprudência do Tribunal Europeu dos Direitos do Homem», *in* Maria Raquel Desterro Ferreira, Elina Lopes Cardoso e João Conde Correia, (org.), *O Novo Regime de Recuperação de Ativos à luz da Diretiva 2014/42/EU e da Lei que a Transpôs*, Lisboa, INCM – Imprensa Nacional-Casa da Moeda, 2018, p. 85 a 117.

[6] Artigo 109.º do Código Penal.

[7] Quanto às diferenças entre a natureza do confisco de objetos perigosos (caso dos instrumentos) e as vantagens do crime, vide: PANZAVOLTA, Michele, «Confiscation and the concept of punishment: can there be a confiscation without a conviction?», *in*: Ligeti, K., Simonato, M. (org.) *Chasing Criminal Money. Challenges and Perspectives on Asset Recovery in the EU*, Oxford, Hart Publishing, 2017, pp. 25-52.

2. O processo de recuperação de ativos – as fases

Para além desta alusão às diferentes tipologias substantivas por referência ao objeto do confisco (vantagens, instrumentos ou produtos) existe uma outra noção introdutória que assume igualmente relevância no âmbito da cooperação judiciária nesta matéria, e que se traduz na identificação das diferentes fases do procedimento de recuperação de ativos, enquanto realidade dinâmica organizada de acordo com uma sequência cronologicamente orientada de atos que podemos identificar como «processo de recuperação de ativos».

O mecanismo de cooperação a adotar, a sua base legal e os procedimentos e formalidades necessários á sua execução variam consoante a fase em causa, pelo que importa considerar igualmente para estes efeitos uma abordagem individualizada[8].

A primeira fase do processo de recuperação de ativos é a identificação e localização dos ativos a confiscar, ou se preferirmos, a fase da investigação patrimonial e financeira.

Segue-se uma segunda fase, intimamente dependente do sucesso da primeira, que consiste na aplicação de medidas de garantia patrimonial sobre aqueles bens ou valores identificados como sendo suscetíveis de declaração de perda ou necessários para assegurar o valor destes[9]. Esta fase inclui naturalmente a gestão e necessária custódia de tais bens.

[8] Quanto à definição dessas fases, vide: Boucht, Johan, «Asset confiscation in Europe – past, present, and future challenges», *Journal of Financial Crime*, Vol. 26, n.º. 2, 2019, pp. 526-548.

[9] A fase de apreensão, embora não seja objeto deste estudo, apresenta-se como a mais relevante no processo de recuperação de ativos, por ser nela que, na generalidade dos casos, se define a eficácia futura do confisco, e onde a compatibilidade com os direitos fundamentais é particularmente exigente. Relativamente à aplicação de medidas cautelares para efeito de confisco, vide: Andrade, Manuel da Costa, e Antunes, Maria João, «Da natureza processual penal do arresto preventivo», *Revista Portuguesa de Ciência Criminal*, ano 27, n.º 1 Janeiro-Abril de 2017, p. 135 a 155; Andrade, Manuel da Costa, e Antunes, Maria João, «Da apreensão enquanto garantia processual da perda de vantagens do crime», *in Revista de Legislação e Jurisprudência*, ano 146.º, n.º 4005, p. 360 a 370; Antunes, Maria João, «Recuperación de activos. Garantías procesales del decomiso de bienes en el Derecho português», *(...) ob. cit.* 587-602; e ainda Correia, João Conde, «Apreensão ou arresto dos proventos do crime» *in Revista Portuguesa de Ciência Criminal*, Ano 25, n.ºs 1 a 4, Janeiro Dezembro de 2015; p. 505 a 544.

Como terceira fase identifica-se a fase do confisco, ou seja, aquela em que o tribunal decide a declaração de perdimento a favor do Estado dos bens ou valores.

Por fim, reconhece-se ainda a existência de uma quarta fase, em que os bens ou valores declarados perdidos são executados, e colocados sob a esfera patrimonial do Estado, podendo autonomizar-se nesta fase, um quinto momento, que corresponde àquele em que o Estado decide o destino dos bens declarados perdidos, ou seja, a fase de gestão dos ativos que foram confiscados.

O enquadramento que acabamos de enunciar corresponde ao denominador mínimo comum a todas as jurisdições que se regem pelos princípios de um Estado de Direito, independentemente dos mecanismos processuais internos definidos para garantir que os ativos são efetivamente apropriados pelo Estado. Em breve síntese, a circunstância de o confisco estar legitimado pela ocorrência de um facto ilícito típico, numa das referidas tipologias substantivas (vantagens, instrumentos ou produtos) e de o procedimento para garantir a recuperação dos ativos poder ser organizado logica e cronologicamente pelas referidas fases, poderá eventualmente servir como referencial de estabilidade e imutabilidade na compreensão do sistema evolutivo de confisco, correspondendo ao travejamento elementar na disciplina de recuperação dos ativos do crime, que se mantém consistente não obstante a dinâmica evolutiva relativamente à criação ou reconhecimento de formas mais ou menos modernas e ousadas de garantir a sua eficácia.

3. Qual o lugar dos mecanismos de confisco não baseados numa condenação (*Non-Conviction Based Confiscation – NCB)* no contexto do processo evolutivo da recuperação de ativos?

A implementação de novas formas de confisco resulta essencialmente da necessidade que os Estados sentiram de criação de estratégias com vista a potenciar a eficácia[10] do confisco das vantagens. As premissas que justi-

[10] Sobre a máxima da eficácia no contexto do Direito Penal da União Europeia, seus perigos e potencialidades, vide Rodrigues, Anabela Miranda, «Direito penal europeu pós-Lisboa – um direito penal funcionalista?», *Revista de Legislação e Jurisprudência*, Ano 146.º, n.º 4004, maio-junho, (2017), pp. 320-334; Rodrigues, Anabela Miranda, «O Direito Penal europeu à

ficam essa dinâmica evolutiva[11] residem na constatação que os criminosos são essencialmente, e na sua maioria, motivados pelo lucro, e conseguem obter lucros significativos, especialmente no âmbito de fenómenos criminais associados à criminalidade organizada e económico-financeira. Nessa medida, é importante «atacar onde mais lhes custa»[12], garantido que esses recursos não ficarão disponíveis para investimento na prática de novos crimes, nem serão canalizados para o mercado lícito, com a consequente distorção das regras da concorrência[13]. Por fim assenta ainda na ideia que as formas tradicionais de repressão baseadas na aplicação de uma pena não são eficazes[14] no crime que visa o lucro.

Norteados por estes considerandos e motivados pela ideia de potenciar a eficácia do confisco das vantagens, diversos Estados foram criando novos mecanismos de confisco, ou adaptando os existentes, motivados pela necessidade de garantir que não existirá um porto seguro para as vantagens do crime.

Em todas essas vias alternativas ou adaptadas que resultaram do processo evolutivo dos mecanismos de confisco, encontramos um denominador comum composto por duas constatações essenciais.

luz do princípio da necessidade – o caso do abuso de mercado» *[Documento electrónico] Católica Law Review*, Lisboa, Vol. 1, n. 3 (Novembro 2017), p. 11-41.

[11] Com esta evolução, surgem novas preocupações a que cumpre dar resposta, designadamente a definição do limite até onde podemos ir, bem como a necessidade de garantir os direitos fundamentais. Relativamente estas preocupações, vide: Boucht, Johan, «Asset confiscation in Europe – past, present, and future challenges», *Journal of Financial Crime*, Vol. 26, No. 2, 2019, pp. 526-548.

[12] Simonato, Michaël Fernandez-Bertier, «Confiscation and fundamental rights: the quest for a consistent European approach», *in*: Alessandro Bernardi e Francesco Rossi (org) *Improving confiscation procedures in the European Union*, Napoles, Jovene Editore, 2019, p. 4.

[13] Simões, Euclides Dâmaso e Trindade, José Luís F., *«Recuperação de activos: da perda ampliada à actio in rem (virtudes e defeitos de remédios fortes para patologias graves)»*, *in* Revista Julgar online, 2009, disponível em: http://sites.google.com/site/julgaronline/.

[14] Importa a este respeito sublinhar que quando referimos o crime que visa o lucro não estamos unicamente a pensar nas formas mais complexas de criminalidade organizada, uma vez que nos fenómenos criminais praticados com esta intenção «lucrativa» ou de «enriquecimento» está igualmente incluída a criminalidade mais comum e frequente, associada à prática dos crimes de burla, de furto, de abuso de confiança, à criminalidade tributária e aduaneira, a alguns crimes praticados em ambiente digital entre outros.

Não se criaram subespécies nas tipologias que constituem o objeto do confisco, designadamente no que às vantagens diz respeito, nem se suprimiram ou excluíram as fases do processo de recuperação de ativos, nos termos anteriormente identificado.

Os caminhos que exploram o alargamento de novas modalidades de confisco são trilhados sobre o universo da redefinição ou reconstrução das exigências relativas ao estabelecimento do vínculo entre os bens ou valores confiscados, por um lado, e a prática do facto ilícito típico que os justifica e legitima, por outro[15].

É precisamente com base no modo como se estabelece esse vínculo entre o crime e os bens confiscados que germinaram e se autonomizam as diversas «novas» modalidades de confisco.

A este respeito, e tendo por referência essa variedade[16] nos caminhos legalmente estabelecidos para alcançar a apropriação dos ativos pelo Estado, poderemos organizar a evolução nos mecanismos de confisco em pelo menos quatro gerações[17]. Apresentaremos de seguida estas diferentes gerações, não por ordem cronológica, mas por referência à intensidade do vínculo exigível entre o facto lícito típico e os ativos confiscáveis[18], o que contribui em nossa perspetiva, para uma melhor compreensão do panorama global atual.

[15] Grandi, Ciro, «Non conviction based confiscation», *in*: Alessandro Bernardi e Francesco Rossi (org), *Improving confiscation procedures in the European Union*, Napoles, Jovene Editore, 2019, p. 33.

[16] Relativamente às diferentes formas de confisco identificadas no âmbito da União europeia remetemos para o ponto 3.2 do Comission Staff Working Document Impact Assessment – Accompanying the document Proposal for a regulation of the European Parliament and of the Council on the mutual recognition of freezing and confiscation orders Brussels, [21.12.2016 SWD(2016) 468 final].

[17] Como explica Boucht, Johan, «Asset confiscation in Europe – past, present, and future challenges», *Journal of Financial Crime*, 1 April 2019.

[18] Quanto à compatibilidade de cada uma das soluções constantes destas 4 gerações com os direitos fundamentais previstos na Convenção Europeia dos Direitos do Homem, pronunciamo-nos anteriormente em: Rodrigues, Hélio Rigor, *O confisco das vantagens do crime, entre os direitos dos Homens e os deveres dos Estados – (...)* ob. cit. p. 85 a 117. Por referência à compatibilidade com o direito de propriedade, pronuncia-se: Torrão, Fernando, «Direito de propriedade e o confisco», In: *Comentário da Convenção Europeia dos Direitos Humanos e dos Proto-*

A primeira geração será composta pelos mecanismos tradicionais de confisco, que, para além de dependerem da condenação do agente pela prática de um crime, dependem igualmente da demonstração do vínculo entre esse específico crime pelo qual o agente foi condenado e os bens que devem ser declarados perdidos a favor do Estado.

Existe uma variação ainda incluída nesta primeira geração que merece, em minha perspetiva, ser autonomizada, e que poderá enquadrar-se numa eventual geração identificada como: 1.5. Trata-se precisamente da possibilidade de confisco pelo valor equivalente[19] e pelo confisco de bens de terceiro[20]. No caso do confisco pelo valor equivalente, o Estado conseguiu demonstrar não apenas a prática do crime que conduziu à condenação do arguido, mas igualmente que este crime gerou vantagens, identificando os ativos em que essa vantagem se materializou. Sucede, porém, que nos casos em que a apropriação em espécie desses ativos não foi possível, designadamente porque os mesmos desapareceram, foram consumidos, ou transferidos para terceiro de boa-fé impõe-se recorrer à faculdade legal[21] que permite que o arguido seja condenado a pagar ao Estado o valor equivalente a esses bens que não foi possível apropriar em espécie.

colos Adicionais, ALBUQUERQUE, Paulo Pinto de (org.), Lisboa, Universidade Católica Editora, 2020. 3.vol., p. 2131-2165.

[19] Relativamente à definição dos mecanismos de confisco de bens de terceiro e de confisco pelo valor equivalente como realidades excluídas do conceito de perda não baseada na condenação: CORREIA, João Conde, «Non-conviction based confiscations no direito penal português vigente "quem tem medo do lobo mau?"», *Revista Julgar*, Coimbra, N.º 32 (Maio-Agosto 2017), p. 71-95.

[20] Sobre o confisco de bens de terceiro, vide: MARIANO, João Cura, «A perda de bens de terceiro relacionados com o crime», *in* Maria Raquel Desterro Ferreira, Elina Lopes Cardoso e João Conde Correia, (org.), *O Novo Regime de Recuperação de Ativos à luz da Directiva 2014/42/EU e da Lei que a Transpôs*, Lisboa, INCM – Imprensa Nacional-Casa da Moeda, 2018; pags. 137 a 183, e ainda, na mesma obra: BUCHO, José Manuel Saportiti Machado da Cruz, «A transposição da Directiva 2014/42/EU. Notas à Lei n.º 30/2007, de 30 de Maio (Aspectos Processuais Penais)», *in* Maria Raquel Desterro Ferreira, Elina Lopes Cardoso e João Conde Correia, (org.), *O Novo Regime de Recuperação de Ativos à luz da Directiva 2014/42/EU e da Lei que a Transpôs*, Lisboa, INCM – Imprensa Nacional-Casa da Moeda, 2018; pags. 185 a 263.

[21] Este é precisamente o mecanismo que se encontra previsto nos artigos 110.º, n.º 4, e 109.º, n.º 3, do Código Penal.

Sucede, todavia, que os Estados rapidamente compreenderam que relativamente a determinados fenómenos criminais existiam razões empíricas e de experiência comum que permitiam extrair da sabedoria popular traduzida na expressão «*cesteiro que faz um cesto faz um cento, caso tenha verga e tempo*» reflexos normativos adequados a confiscar ativos que, não estando diretamente relacionados com o crime pelo qual o arguido foi condenado, terão sido obtidos através de uma «carreira criminosa» precedente. Esta segunda geração é assim integrada pelo «confisco alargado» [22], que permite o confisco de outros bens em espécie para além (é por isso que se considera alargado) daqueles que é possível relacionar com o crime investigado e julgado que conduziu à condenação do seu agente, mas que ainda assim o tribunal considera que terão sido obtidos através de um outro facto ilícito típico anteriormente praticado[23]. Nessa medida, independentemente de a aplicação desta faculdade de confisco ampliado poder estar dependente da condenação pela prática de um crime, os bens são confiscados com fundamento na circunstância de estarem relacionados com uma conduta criminosa anterior, pela qual o arguido não foi condenado, e nessa medida deve ser classificado como uma modalidade de confisco não baseado numa condenação.

A terceira geração deriva do reconhecimento formal dos designados mecanismos «*Non-Conviction Based Confiscation*» ou de perda não baseada numa condenação em sentido estrito. Este modelo resulta da necessidade de garantir a possibilidade de confisco nos casos em que, pese embora

[22] Sobre este mecanismo de perda ampliada vide: DIAS, Maria do Carmo Saraiva de Menezes da Silva, «"Perda alargada" prevista na Diretiva 2014/42/UE (Artigo 5.º) e "perda do valor de vantagem de atividade criminosa" prevista na Lei n.º 5/2002 (Artigos 7.º a 12.º)», *in* Maria Raquel Desterro Ferreira, Elina Lopes Cardoso e João Conde Correia, (org.), *O Novo Regime de Recuperação de Ativos à luz da Diretiva 2014/42/EU e da Lei que a Transpôs*, Lisboa, INCM – Imprensa Nacional-Casa da Moeda, 2018; pags. 85 a 117.

[23] Importa esclarecer a este respeito que este modelo de confisco ampliado tem por referência ativos concretos, e não o resultado de uma equação. Visa-se, com o modelo implementado nesta segunda geração, que, por exemplo, o tribunal considere que uma mala com dinheiro que um traficante de estupefacientes guarda na sua residência constitui vantagem do crime de tráfico, independentemente de ser não ser possível relacionar esse dinheiro com o crime pelo qual que está a ser julgado, e independentemente de o seu rendimento lícito justificar tais valores. O juízo que o tribunal formula, é por referência àquele objeto concreto (neste caso, uma mala com dinheiro).

não tenha sido possível garantir a condenação do agente pela prática do crime[24], é possível estabelecer o nexo ou vínculo entre os ativos e a prática do facto ilícito típico. Estes mecanismos, como vermos adiante com maior detalhe, poderão ocorrer no âmbito do processo penal, ou através de mecanismos de «confisco civil»[25], fora do processo penal.

Por fim, como quarta e última geração no âmbito deste percurso evolutivo do confisco, podemos identificar os mecanismos tendentes a confiscar o enriquecimento ilícito ou o enriquecimento injustificado[26], que na sua designação internacional começam a ser identificados como «*Unexplained wealth mechanisms*» (UWM). Em regra, estes mecanismos de confisco do enriquecimento ilícito são aplicáveis unicamente quando relacionados com determinados fenómenos criminais mais graves, como os crimes de corrupção ou criminalidade organizada e económico-financeira. O seu funcionamento baseia-se na formulação de uma presunção de ilicitude (que legitima o confisco) sobre o valor do património incongruente, ou seja, o valor do património que um condenado pela prática

[24] Designadamente nos casos previstos no artigo 4.º, n.º 2, da Diretiva 2014/42/EU, do Parlamento Europeu e do Conselho, de 3 de abril de 2014 sobre o congelamento e a perda dos instrumentos e produtos do crime na União Europeia, ou seja, em situações de doença ou fuga do suspeito que impeçam a condenação.

[25] A criação destes mecanismos de confisco civil são incentivados pela União Europeia, tendo o Parlamento Europeu, na Resolução do Parlamento Europeu, de 11 de junho de 2013, sobre a criminalidade organizada, a corrupção e o branqueamento de capitais: (relatório intercalar) [2012/2117(INI)], convidado «*os EstadosMembros, no que diz respeito ao confisco, e com base nas legislações nacionais mais avançadas, a considerar a implementação de modelos de Direito civil em matéria de confisco de bens, nos casos em que, sopesadas as probabilidades e sujeito à permissão de um tribunal, se possa determinar que os bens resultam de atividades criminosas ou são usados para atividades criminosas; considera que podem ser previstos modelos preventivos de confisco na sequência de uma decisão judicial, em conformidade com as garantias constitucionais nacionais e sem prejuízo do direito de propriedade e do direito de defesa*».
No mesmo sentido veja-se ainda o Relatório do Parlamento Europeu «*on the fight against corruption and follow-up of the CRIM resolution*», [2015/2110(INI)], 11.4.2016, e ainda o Documento de trabalho da Comissão europeia sobre «Analysis of non-conviction based confiscation measures in the European Union, Brussels», 12.4.2019 SWD(2019) 1050 final.

[26] Quanto ao confisco do enriquecimento ilícito e suas variações na lei nacional e europeia, vide: Correia, João Conde, «O confisco e a "fixação" do enriquecimento ilícito», *in Estudos Projeto Ethos*, Procuradoria Geral da república, (org.), INCM – Imprensa Nacional-Casa da Moeda, 2018; pp. 279 a 274.

de um dos referidos crimes não consegue justificar, tendo por referência o seu rendimento lícito.

Deste modo, os mecanismos de confisco do enriquecimento ilícito são, igualmente, mecanismos de confisco não baseado numa condenação, uma vez que que o património confiscado, tal como na perda alargada, não foi obtido com o crime pelo qual o arguido foi condenado, mas por uma carreira criminosa precedente que se presume tenha gerado vantagens.

4. Categorização dos diferentes modelos de confisco não baseados numa condenação identificados nas referidas 4 gerações

Uma vez contextualizado a título introdutório o lugar que os mecanismos de confisco não baseados numa condenação ocupam na constelação normativa e dogmática da recuperação de ativos, importará agora refletir sobre as diferentes variações ou singularidades deste modelo de confisco, com vista a determinar de que modo é que essas diferenças se refletem na determinação dos mecanismos de cooperação judiciária.

O percurso que traçamos até este momento permite igualmente compreender a importância que os mecanismos de confisco não baseado numa condenação (ou mecanismos NCB) representam na atual estrutura global da recuperação de ativos, e permite do mesmo modo antecipar que, mantendo-se a mesma estratégia legislativa dos Estados, e o incentivo[27] das diferentes organizações supranacionais neste sentido, assistiremos certamente num futuro próximo à intensificação das medidas que tem por base a possibilidade de confisco de bens relacionados com crimes pelos quais nenhum agente foi condenado[28].

[27] Incentivo que no âmbito da União Europeia é evidente e atual, refletindo-se, desde logo, no recente Relatório da Comissão ao Parlamento Europeu e ao Conselho -Recuperação e perda de bens: garantir que o crime não compensa, [Bruxelas, 2.6.2020 COM(2020) 217 final], onde se refere que: «A Comissão considera que a introdução de mais medidas no domínio da perda não baseada numa condenação é viável e apresenta vantagens em termos de aumento das atividades de congelamento e perda dos produtos do crime».

[28] Cumpre inclusivamente notar que o Tribunal de Justiça da União Europeia de 19 de março de 2020, proferido no processo C234/18, estabeleceu que «*A Decisão Quadro 2005/212/JAI do Conselho, de 24 de fevereiro de 2005, relativa à perda de produtos, instrumentos e bens relacionados com o crime, deve ser interpretada no sentido de que não se opõe a uma regulamentação de um Estado Membro*

Como tivemos igualmente oportunidade de constatar, com exceção da perda clássica ou tradicional, todas as demais modalidades constantes das referidas gerações de confisco são relativas a mecanismos de perda não baseados numa condenação. A relevância prática destes mecanismos no âmbito da cooperação judiciária é por isso mais intensa do que alguns poderiam supor[29].

Importa, todavia, reconhecer que não é possível uma categorização precisa das diferentes modalidades NCB, uma vez que os Estados adotam, em regra, soluções híbridas. Não obstante, em termos gerais, e como critério que permita explorar as diferentes soluções teóricas em matéria de cooperação judiciária internacional, importa seguir o mesmo critério que foi adotado no documento de trabalho da Comissão Europeia relativamente à análise das medidas de confisco não baseado numa condenação na União Europeia de 2019[30], que, partido da enumeração constante do guia que a rede CARIN (*Camden Asset Recovery Inter-Agency Network*) elaborou a este respeito, identifica quatro tipologias de confisco não baseado numa condenação ou NCB[31].

Pese embora não exista uma definição legal de «confisco não baseado numa condenação», é possível identificar os seguintes modelos em que este se reflete[32]:

que prevê que a perda de bens obtidos ilegalmente seja ordenada por um órgão jurisdicional nacional no termo de um processo que não está subordinado à constatação de uma infração penal nem, a fortiori, à condenação dos presumíveis autores de tal infração».

[29] Posição que defendemos em consonância com as posições assumidas por alguns autores, designadamente: Panzavolta, Michele, «Confiscation and the concept of punishment: can there be a confiscation without a conviction?» *in:* Ligeti, K., Simonato, M. (org.) *Chasing Criminal Money. Challenges and Perspectives on Asset Recovery in the EU*, Oxford, Hart Publishing, 2017, pp. 25-52, bem como: Simonato, Michele, «Confiscation and fundamental rights across criminal and non-criminal domains», *ERA Forum,* volume 18, (2017) pag. 365–379,(consulta online em *Springer Link* a 01.03.2021).

[30] Comission Staff Working Document: Analysis of non-conviction based confiscation measures in the European Union, Brussels, 12.4.2019 SWD(2019) 1050 final.

[31] Sobre esta categorização: Correia, João Conde, «Non-conviction based confiscations» *(...) ob. cit.* p. 71-95.

[32] Ainda que nem o Regulamento nem a Diretiva 214/42/EU definam este conceito, o certo é que em alguns documentos da UE essa definição é ensaiada de forma abrangente, designadamente no: Comission Staff Working Document Impact Assessment – Accompanying the

Modelo 1: **Confisco não baseado numa condenação tradicional,** que se aplica nos casos em que, pese embora o processo penal tenha iniciado, não poderá terminar com a condenação do agente do crime, designadamente porque o mesmo faleceu, ou se ausentou para parte incerta.

Modelo 2: **Confisco ampliado**, que nos termos anteriormente enunciados, permite que o confisco se «alargue» ou se «amplie» para outros bens para além daqueles que é possível vincular com a prática do crime que está a ser investigado e julgado no processo penal respetivo.

Modelo 3: **Confisco Civil**, que pode ser desenvolvido fora do processo penal mediante uma ação contra o património (*in rem*) obtido com a prática de um facto ilícito típico.

Modelo 4: **Confisco do enriquecimento ilícito**, que compara o património que um visado possui com o seu rendimento lícito, com vista a identificar uma incongruência entre ambos, incidindo o confisco sobre o valor dessa incongruência (que em regra se presume proveniente da prática de crime).

5. Mecanismos de confisco não baseados numa condenação existentes em Portugal

Ao contrário daquilo que uma leitura mais superficial poderia sugerir, os mecanismos de confisco não baseado numa condenação não são uma realidade desconhecida do ordenamento jurídico português, podendo mesmo afirmar-se que fazem parte da tradição jurídica nacional[33] em matéria de perda de bens a favor do Estado.

document Proposal for a regulation of the European Parliament and of the Council on the mutual recognition of freezing and confiscation orders Brussels, [21.12.2016 SWD(2016) 468 final], pag. 9.

[33] Com efeito, desde a primeira versão do Código Penal, aprovada pelo Decreto-Lei n.º 400/82, de 23 de setembro, que o artigo 107.º estabelecia que «*A perda dos objectos tem lugar, ainda que nenhuma pessoa determinada possa ser criminalmente perseguida ou condenada*». Esse regime de confisco não baseado numa condenação foi depois alargado, após a revisão produzida pelo Decreto-Lei n.º 48/95, de 15 de março ao Código Penal, ao confisco das vantagens, que no artigo 111.º trocou o vocábulo «crime» pela referência ao «facto ilícito típico», permitindo-se o confisco nos casos não condenação por ausência da demonstração da culpa, designadamente nos casos de inimputabilidade. A este respeito: Jorge de Figueiredo Dias, «*Direito Penal Português, Parte Geral II – As consequências jurídicas do crime*» reimpressão, 2009, pág. 635.

Não obstante em Portugal há muito se reconheça a máxima de que é possível «confiscar sem castigar»[34], a aplicação destes mecanismos na prática é claramente limitada, quase inexistente. Por ventura por isso, a mera ideia relativa à possibilidade de confiscar património a alguém que não foi condenado continua a gerar, ainda hoje, grande desconfiança e uma postura que, intuitivamente, associa tais soluções a outras latitudes, designadamente aos países com tradição *common law*[35], e a uma insuficiente proteção dos direitos fundamentais.

Em Portugal, o confisco não baseado numa condenação ocorre unicamente no âmbito da ortodoxia e do ritualismo próprio do processo penal, o que não significa que no ordenamento jurídico nacional não existam mecanismos que são classificados como civis em conformidade com a categorização que anteriormente enunciamos.

Com efeito, podemos encontrar no ordenamento jurídico português dois modelos diferentes de confisco não baseado numa condenação.

5.1. O confisco não baseado numa condenação clássico

Em primeiro lugar, destaca-se o mecanismo de confisco não baseado numa condenação previsto no Código Penal, que se enquadra nos modelos tradicionais nesta matéria, em que se exige que o processo penal se inicie[36], que se demonstre a existência de um facto ilícito típico e bem

[34] Em inspiração do sugestivo título de MONSERRAT, Carlos Castellví, «*Decomisar sin castigar Utilidad y legitimidad del decomiso de ganancias*», InDretRevista para el análisis del Deerecho, (www.indret.com 1/2019 - consulta a 01.02.2021).

[35] É todavia esclarecedor o pensamento assumido por CORREIA, João Conde, «Non-conviction based confiscations» no direito penal português vigente "quem tem medo do lobo mau?", *Revista Julgar*, Coimbra, N.º 32 (Maio-Agosto 2017), p. 71-95, quando afirma que: «*A aversão dos sistemas da civil law às soluções da common law parece, muitas vezes, radicar mais no desconhecimento e no preconceito do que numa reflexão profunda. Bem vistas as coisas, muitas vezes, essas soluções não são assim tão diferentes das nossas nem são, como aqui acontece, completamente desconhecidas. A miscigenação é recíproca: nos sistemas da common law há confisco baseado numa condenação e nos sistemas da civil law há, igualmente, confisco não baseado numa condenação*».

[36] Não exige todavia que o processo prossiga para a fase de julgamento, uma vez que nos casos de arquivamento esta faculdade mantem-se, cabendo, consequentemente, ao Juiz de Instrução a competência para decretar o confisco, nos termos do artigo 268.º, n.º 1, alínea e), do Código de Processo Penal.

assim que os bens a confiscar se encontram vinculados com esse facto ilícito típico.

Este mecanismo de confisco, em bom rigor, distingue-se da perda clássica unicamente porque prescinde da condenação do agente, e da demonstração da sua culpa (uma vez que lei faz referência ao facto ilícito típico, e não ao crime).

Esta modalidade de confisco não baseado numa condenação pode incidir sobre os instrumentos[37], os produtos e as vantagens e opera por referência a pressupostos semelhantes para todos estes[38], nos termos seguidamente enunciados.

O reflexo normativo deste mecanismo encontra-se nos artigos 109.º, n.º 2, e 110.º, n.º 5, do Código Penal, onde se enuncia que o confisco dos instrumentos produtos ou vantagens «*tem lugar ainda que nenhuma pessoa determinada possa ser punida pelo facto, incluindo em caso de morte do agente ou quando o agente tenha sido declarado contumaz*». O regime previsto no Código Penal é mais abrangente do que o constante da Diretiva 2014/42/EU, que prevê apenas a possibilidade de confisco não baseado numa condenação em caso de *doença ou de fuga do suspeito ou arguido.*

Em Portugal, o recurso ao vocábulo «incluindo», revela que o legislador criou, com a entrada em vigor da Lei n.º 30/2017, de 30 de maio, um regime de perda dos instrumentos produtos ou vantagens que opera independentemente dos motivos que conduziram a essa ausência de condenação, não estando assim limitado a quaisquer causas específicas, sendo a morte ou a contumácia indicações meramente exemplificativas. Este regime depende assim unicamente da demonstração da ocorrência do facto ilícito típico e da demonstração de que os bens correspondem a um instrumento, produto ou vantagem desse facto ilícito típico que constitui o objeto do processo penal instaurado.

[37] Existem igualmente mecanismos de confisco dos instrumentos sem condenação para determinados tipos legais de crime ou de fenómenos criminosos, como é o caso do artigo 35.º, n.º 3, do Decreto-Lei 15/93, de 22 de Janeiro, no âmbito da legislação de combate à droga.

[38] Sobre as especificidades do confisco não baseado numa condenação para cada uma destas modalidades substantivas, vide: Correia, João Conde, «*Non-conviction based confiscations*» *ob. cit.*, pag. 88 e sgts.

Deste modo, nos casos em que em Portugal a ausência de condenação tenha sido motivada por morte ou qualquer outra razão que não à «doença ou fuga do suspeito ou arguido», a aplicação dos mecanismos de reconhecimento mútuo previsto no Regulamento (UE) 2018/1805 não terá assim por base um dos mecanismos de perda previstos da Diretiva 42/2014/EU, mas sim a circunstância de os bens em casa serem «*passíveis de perda por força de quaisquer outras disposições relacionadas com os poderes de perda, incluindo a perda sem condenação definitiva, previstos na legislação do Estado de emissão relativamente a uma infração penal*», nos termos definidos no artigo 2.º, n.º 3, alínea d), do Regulamento[39].

5.2. O confisco não baseado numa condenação previsto na Lei n.º 5/2002, de 11 de janeiro

Em segundo lugar, existe em Portugal, para além deste mecanismo de confisco não baseado numa condenação «clássico» um outro mecanismo, que se encontra previsto nos artigos 7.º e seguintes da Lei n.º 5/2002, de 11 de janeiro. O regime do confisco previsto na Lei n.º 5/2002, de 11 de janeiro, depende da condenação do agente por um dos crimes do catálogo, mas constitui ainda assim um mecanismo de confisco não baseado numa condenação, na medida em que os valores confiscáveis consideram-se (nos termos da presunção estabelecida no artigo 7.º, da enunciada lei) provenientes de uma atividade criminosa precedente, pela qual o arguido não foi condenado.

Acresce ainda que, pese embora a designação legal faça referência à «perda alargada», este mecanismo previsto na Lei n.º 5/2002, de 11 de janeiro, não se enquadra nos parâmetros que servem de referência à definição dos modelos de «perda alargada ou ampliada»[40], tendo em conta, designadamente, a categorização anteriormente enunciada.

[39] Com reflexo prático na necessidade de assinalar esta especificidade no preenchimento da secção «D» da certidão de perda que consta do anexo II do Regulamento.

[40] Salientando, com razão, que as diferenças entre o modelo de confisco alargado previsto na Diretiva 2014/42 e na Lei portuguesa poderão criar obstáculos ao reconhecimento mútuo, vide: Correia, João Conde, «Reconhecimento mútuo de decisões de apreensão e de confisco: o Regulamento (UE) 2018/1805 do Parlamento Europeu e do Conselho de 14 de novembro de 2018», *Revista Julgar*, Lisboa, n.º 39 (Set.-Dez. 2019), p.183-201, pag. 196.

Por outro lado, importa ainda sublinhar que o modelo constante da lei portuguesa não é, certamente, o mecanismo de perda alargada previsto na Diretiva 2014/42/EU[41]. Com a Lei n.º 30/2017, de 30 de maio, Portugal não transpôs o mecanismo previsto no artigo 5.º desta Diretiva[42]. O modelo que a lei n.º 5/2002, de 11 de janeiro, identifica como perda alargada é um exemplo paradigmático de um mecanismo de confisco do enriquecimento ilícito ou injustificado, embora enquadrado no âmbito do processo penal[43]. Trata-se, no caso da lei portuguesa, de confrontar o rendimento lícito com a globalidade do património obtido durante um determinado período[44] e em caso de verificação de incongruência con-

[41] Este problema identificado logo em 2014, por Correia, João Conde, «Reflexos da diretiva 2014/42/EU (do Parlamento Europeu e do Conselho, de 3 de abril de 2014, sobre o congelamento e a perda dos instrumentos e produtos do crime na União Europeia) no Direito Português vigente», *Revista do CEJ*, Lisboa, N.º 2 (2.º Semestre 2014), p. 83-112, e depois detalhadamente desenvolvida pelo mesmo autor em: Correia, João Conde, «O confisco e a "fixação" do enriquecimento ilícito», *(...) ob. cit.*

[42] Quanto à distinção entre o modelo de perda alargada previsto na Diretiva 2014/42/EU e o mecanismo de confisco do património incongruente consagrado na Lei n.º 5/2002, de 11 de janeiro, vide, para além das referências da nota anterior: Dias, Maria do Carmo Saraiva de Menezes da Silva, *«"Perda alargada" prevista na Diretiva 2014/42/UE (Artigo 5.º) e "perda do valor de vantagem de atividade criminosa" prevista na Lei n.º 5/2002 (Artigos 7.º a 12.º)», in* Maria Raquel Desterro Ferreira, Elina Lopes Cardoso e Correia, João Conde, (org.), *O Novo Regime de Recuperação de Ativos à luz da Diretiva 2014/42/EU e da Lei que a Transpôs*, Lisboa, INCM – Imprensa Nacional-Casa da Moeda, 2018; pags. 85 a 117; e ainda Nunes, Duarte Alberto Rodrigues, «Reflexões acerca da transposição da Diretiva 2014/42/UE em matéria de confisco "alargado" de vantagens provenientes da prática de crimes»*, in* Maria Raquel Desterro Ferreira, Elina Lopes Cardoso e João Conde Correia, (org.), *O Novo Regime de Recuperação de Ativos à luz da Directiva 2014/42/EU e da Lei que a Transpôs, Lisboa, INCM – Imprensa Nacional-Casa da Moeda, 2018; p. 119 a 134.*

[43] Pese embora o mecanismo de perda previsto na Lei 5/2002, de 11 de Janeiro, se encontre enquadrado no processo penal, é inevitável concordar com Caeiro, Pedro, *sentido e função (...) ob cit.*, quando este autor afirma que o procedimento para aplicação do mecanismo de perda alargada previsto na Lei 5/2002, de 11 de Janeiro, é *«totalmente alheio às regras do processo penal»*.

[44] Não tem por isso razão Valente, Manuel Monteiro Guedes, «Da Perda de bens e de Direitos no Direito Penal e Processual Penal em Portugal: As controvérsias de um regime em 'apuração'» *in* Adriano Teixeira, (org.) *Perda das Vantagens do Crime no Direito Penal. Confisco Alargado e Confisco sem Condenação*, Marcial Pons Brasil, 2020, p. 35-72, quando afirma que a questão da não transposição do modelo de perda ampliada previsto na Diretiva 2014/42/UE é uma «falsa questão, uma vez que o regime português é muito amplo e já contempla

fiscar o respetivo valor, ao abrigo de uma presunção de ilicitude que o condenado pode afastar.

Não pretendemos neste estudo aprofundar as singularidades substantivas de qualquer dos mecanismos de confisco não baseado numa condenação no âmbito da Lei nacional, mas apenas enfatizar que, pese embora integrado no rito do processo penal, Portugal possui um mecanismo de confisco não baseado numa condenação extremamente robusto, que poucos países se atreveram ainda a consagrar[45]. Não obstante, foi considerado pelo Tribunal Constitucional plenamente compatível com as garantias constitucionais previstas no ordenamento jurídico nacional[46]. Nessa medida, o que importa destacar a este respeito é que não seria razoável que um país que permite uma modalidade de confisco não baseado numa condenação que tem por base o enriquecimento ilícito, e que opera por referência a uma presunção de ilicitude dos bens, encare com desconfiança mecanismos de confisco não baseados numa condenação existen-

as medidas determinadas pela própria Diretiva». Esta conceção ignora que a lei portuguesa apenas permite o confisco do valor da incongruência patrimonial, e não de objetos concretos ou em espécie. Para além do mais, a conclusão que se poderá retirar é precisamente a contrária à que assume este autor, uma vez que como afirma com propriedade Caeiro, Pedro, «O confisco numa perspetiva de Politica criminal Europeia» *in* Maria Raquel Desterro Ferreira, Elina Lopes Cardoso e João Conde Correia, (org.), *O Novo Regime de Recuperação de Ativos à luz da Directiva 2014/42/EU e da Lei que a Transpôs*, Lisboa, INCM – Imprensa Nacional-Casa da Moeda, 2018; p. 21 a 38: «Pode afirmar-se que a Diretiva é, em certo sentido, mais ampla do que a formulação da Lei Portuguesa, pois permite o confisco alargado mesmo quando não existe desproporção patrimonial (...)».

[45] Veja-se a este respeito o estudo promovido pela comissão europeia: «*Comparative law study of the implementation of mutual recognition of orders to freeze and confiscate criminal assets in the European Union*» Publicado a 2015-02-06 – JUST/2011/JPEN/PR/0153/A4 FINAL FINDINGS REPORT, e ainda o Documento de trabalho da Comissão europeia sobre «*Analysis of non-conviction based confiscation measures in the European Union, Brussels*», 12.4.2019 SWD(2019) 1050 final.

[46] Designadamente no Acórdão do Tribunal Constitucional 392/2015. Sobre a jurisprudência do Tribunal Constitucional em matéria de confisco: Correia, João Conde, «*Presunção de proveniência ilícita de bens para perda alargada: anotação aos acórdãos do Tribunal Constitucional n.ºs 101, 392 e 476/2015*», *in* Revista do Ministério Público n.º 145, Janeiro – Março 2016, pp. 207-221, e ainda: Nunes, Duarte Alberto Rodrigues, «*Admissibilidade da inversão do ónus da prova no confisco "alargado" de vantagens provenientes da prática de crimes – Anotação aos Acórdãos n.ºs 392/2015 e 476/2015 do Tribunal Constitucional*», *in Revista Julgar online*, Fevereiro de 2017.

tes noutros Estados, apenas porque são decididos fora do processo penal, mesmo quando estes exigem a prova dessa ilicitude (ou seja o vínculo com a prática do crime).

Recorrendo ao sugestivo título de João Conde Correia, podemos seguramente afirmar que não existe nesta matéria razão para que se tenha «medo do lobo mau»[47].

II. Cooperação judiciária em matéria de recuperação de ativos

A recuperação de ativos assume-se como instrumento de interesse global num mundo cada vez mais globalizado. Será difícil encontrar um único Estado (de Direito) que não concorde com o princípio que é indispensável confiscar as vantagens obtidas com a prática do crime, garantindo que este não compensa e removendo as vantagens ilícitas da economia[48].

A certeza de que o confisco (especialmente o confisco das vantagens) constitui não só o mecanismo mais eficaz, mas essencialmente o único meio não ingénuo de combater a criminalidade organizada e económico-financeira, bem como a criminalidade que visa o lucro em geral, não é uma referência privativa e exclusiva da União Europeia.

Desde a década de 60 que existe um claro ímpeto verificado a nível internacional[49] tendente a harmonizar os diferentes mecanismos de confisco existentes, bem como a facilitar a cooperação neste domínio, não apenas a cooperação judiciária entre diferentes Estados, mas igualmente a cooperação entre as diferentes entidades a nível nacional.

[47] Correia, João Conde, «*"Non-conviction based confiscations" no direito penal português vigente "quem tem medo do lobo mau?"*». *ob. cit.*

[48] Ligeti, Katalin, e Simonato, Michele, «Asset Recovery in the EU: Towards a Comprehensive Enforcement Model beyond Confiscation? An Introduction», *in* Katalin Ligeti, e Michele Simonato (org.), *Chasing Criminal Money. Challenges and Perspectives on Asset Recovery in the EU*, Hart, 2017, p. 1-21.

[49] Bernardi, Alessandro, «Presentation», *in*: Alessandro Bernardi e Francesco Rossi (org), *Improving confiscation procedures in the European Union*, Napoles, Jovene Editore, 2019, p. 4.

Neste sentido, foram adotadas diversas recomendações[50] e guias de boas práticas[51] que integram um conjunto de regras não vinculativas, classificadas como instrumentos *soft law* que visam assegurar que os mecanismos de confisco são efetivamente implementados com vista a assegurar a remoção das vantagens obtidas com a prática do crime, garantindo que o crime não compensa.

Conjuntamente com estes instrumentos *soft law* foram igualmente implementados diversos instrumentos normativos *hard law*, com repercussões ao nível da harmonização e cooperação[52] no âmbito dos mecanismos de confisco não baseado numa condenação, que de seguida, e muito sinteticamente procuraremos enumerar.

Considerando essa globalização do confisco, não será possível limitar geograficamente as regiões do globo que potencialmente estarão em

[50] Destacam-se a este respeito as recomendações do Grupo de Acção Financeira Internacional (GAFI) conhecido pela sigla internacional «FATF» (*Financial Action Task Force*), que é uma entidade intergovernamental e *supra* nacional, que foi criada em 1989, e visa promover a criação de políticas efetivas de combate ao branqueamento de capitais, financiamento de terrorismo e demais criminalidade económico-financeira que ameacem a estabilidade dos mercados financeiros. São particularmente relevantes em matéria de recuperação de ativos as recomendações n.º 4, 36 e 38. A recomendação n.º 4 inclui inclusivamente referências à importância de adopção de mecanismos sem condenação, estabelecendo que: «*Countries should consider adopting measures that allow such proceeds or instrumentalities to be confiscated without requiring a criminal conviction (non-conviction based confiscation), or which require an offender to demonstrate the lawful origin of the property alleged to be liable to confiscation, to the extent that such a requirement is consistent with the principles of their domestic law*». A recomendação 38, por seu lado, recomenda igualmente a adoção de mecanismos de cooperação a este respeito, estabelecendo-se que as autoridades nacionais «*should include being able to respond to requests made on the basis of nonconviction-based confiscation proceedings and related provisional measures, unless this is inconsistent with fundamental principles of their domestic law*».

[51] Designadamente, entre outras, as instruções do «*G8 Best Practices for the Administration of Seized Assets (2005)*». Destaca-se a este respeito a recomendação n.º 28, relativa à cooperação judicial, que prescreve que «*States are encouraged to consider according the fundamental principles of their domestic law and the nature of the judicial or other proceeding, adopting the appropriate arrangements to permit the enforcement of freezing and confiscation orders of another State, in appropriate circumstances, irrespective of whether or not a criminal conviction was obtained in the requesting State*».

[52] Quanto à evolução e ao sentido da intervenção da União Europeia em matéria de harmonização e cooperação, vide: Rodrigues, Anabela Miranda, *O Direito Penal Europeu Emergente. (...) ob. cit.* p. 325 sgts.

condições de dialogar com Portugal relativamente a esta matéria através da linguagem dos mecanismos da cooperação judiciária internacional.

A definição do instrumento de cooperação adequado depende de dois fatores essenciais: por um lado origem geográfica dos interlocutores (de emissão e execução dos pedidos) por referência à integração comum em organismos supra-estaduais, e por outro a matéria em causa no concreto pedido de cooperação.

Nessa conformidade, este estudo terá por base uma necessária apreciação individualizada do posicionamento de Portugal enquanto Estado interlocutor nesse diálogo de cooperação em matéria de confisco não baseado numa condenação, tendo sempre presente a ideia que não pode existir um lugar seguro para as vantagens do crime e outros fluxos ilícitos[53].

1. Cooperação entre países da União Europeia – o território (que poderia ser) da confiança mútua

Ao nível da União Europeia, a intervenção em matéria de recuperação de ativos assenta numa estratégia consistentemente organizada em três pilares[54].

Em primeiro lugar identifica-se o empenho em garantir a possível harmonização em todos os Estados Membros relativamente às formas e metodologias de confisco[55] – *dimensão substantiva.*

[53] O documento das Nações Unidas: Report of the High-Level Panel of Eminent Persons on the post-2015 development agenda, «A new global partnership: eradicate poverty and transform economies through sustainable development» (May 2013) assinalou que os Estados «*have special responsibilities in ensuring that there can be no safe haven for illicit capital and the proceeds of corruption and that multinational companies pay taxes fairly in the countries in which they operate*».

[54] Vide: SIMONATO, Michele, «Directive 2014/42/EU and Non-Conviction Based Confiscation: A Step Forward on Asset Recovery?», *New Journal of European Criminal Law*, June 2015 6(2):213-228; GRANDI, Ciro, «Non conviction based confiscation», *ob. cit.* p. 37.

[55] Reflexo desta metodologia são, enquanto instrumentos mais importantes: a acção comum 98/699/JAI, de 3 de Dezembro de 1998 adotada pelo Conselho com base no artigo K.3 do Tratado da União Europeia, relativa ao branqueamento de capitais, identificação, detecção, congelamento, apreensão e perda de instrumentos e produtos do crime; seguida da Decisão-Quadro 2001/500/JAI, do Conselho, de 26 de junho de 2001, relativa ao branqueamento de capitais, à identificação, deteção, congelamento, apreensão e perda dos instrumentos e produtos do crime, bem como a Decisão-Quadro 2005/212/JAI do Conselho, de 24 de fevereiro

Depois, por outro lado, a intervenção da União foi, e continua a ser, marcada pela intensificação dos mecanismos de reconhecimento mútuo nesta matéria, onde se enquadra o Regulamento (UE) 2018/1805 do Parlamento Europeu e do Conselho, de 14 de novembro de 2018, relativo ao reconhecimento mútuo das decisões de apreensão e de perda[56] – *dimensão operacional ou de cooperação.*

Por fim, e como terceiro pilar, salienta-se ainda a implementação de mecanismos de cooperação entre as autoridades nacionais com intervenção na recuperação de ativos, designadamente através da criação de Gabinetes de Recuperação de Ativos e da definição de regras relativs à comunicação e cooperação entre estes[57] – *dimensão híbrida.*

Relativamente à harmonização através destes 3 pilares e à sua influência na confiança entre os Estados, não podemos todavia deixar de salientar a posição de Pedro Caeiro[58] quando defende que não é a harmonização dos sistemas jurídicos que cria ou reforça a confiança, uma vez que esta confiança é necessária precisamente onde a lei não alcança, pois é nestes casos que, faltando a confiança, a cooperação fica comprometida.

de 2005, relativa à perda de produtos, instrumentos e bens relacionados com o crime. Por fim, salienta-se ainda a este respeito, como mecanismo mais relevante, a Diretiva 2014/42/UE do Parlamento Europeu e do Conselho, de 3 de abril de 2014, sobre o congelamento e a perda dos instrumentos e produtos do crime na União Europeia.

[56] Bem como as anteriores Decisão-Quadro 2003/577/JAI relativamente à apreensão de bens entre os Estados-Membros por ele vinculados (transposta em Portugal pela Lei n.º 25/2009, de 05 de junho, entretanto revogada) e a Decisão-Quadro 2006/783/JAI do Conselho, de 6 de outubro de 2006, relativa à aplicação do princípio do reconhecimento mútuo às decisões de perda (transposta em Portugal pela Lei n.º 88/2009, de 31 de agosto).

[57] Decisão 2007/845/JAI do Conselho, de 6 de dezembro de 2007, relativa à cooperação entre os gabinetes de recuperação de bens dos Estados-Membros no domínio da deteção e identificação de produtos ou outros bens relacionados com o crime, transposta em Portugal pela Lei n.º 45/2011, de 24 de junho.

[58] Caeiro, Pedro, «Reconhecimento mútuo, harmonização e confiança mútua (primeiro esboço de uma revisão)», *in*: Santos Margarida, Monte, Mário Ferreira e Monteiro, Fernando Conde (org.), *Os Novos Desafios da Cooperação Judiciária e Policial na União Europeia e da Implementação da Procuradoria Europeia*, Centro de Investigação Interdisciplinar em Direitos Humanos (e-book), dezembro de 2017, p. 35-44.

1.1. Intervenção em matéria de harmonização substantiva e seus reflexos na eficácia da cooperação

A intenção de estabelecer um regime uniformizado em matéria de confisco não baseado numa condenação encontrou resultados muito limitados na Diretiva 2014/42/EU. Com efeito o mecanismo de confisco não baseado numa condenação previsto no artigo 4.º, n.º 2, para além de estar limitado aos casos de doença ou fuga do suspeito ou arguido, e de operar exclusivamente no âmbito do processo penal, não permite o confisco nos casos em que a identidade do agente seja desconhecida. Por outro lado, exige que a prática do crime (e porventura também a identificação dos seus autores) fique demonstrada com o mesmo grau de certeza que seria exigível para a sua condenação, caso o mesmo tivesse comparecido em juízo[59].

Nessa medida, pese embora se possa reconhecer que «os Estados-Membros são livres de desencadear procedimentos de perda que estejam ligados a um processo penal instaurado perante qualquer tribunal competente»[60], o certo é que, em matéria de confisco não baseado numa condenação, a Diretiva 2014/42/EU não logrou alcançar o objetivo de assegurar um nível de harmonização substantiva suficientemente abrangente, e dessa perspetiva, poderemos considerar que a Diretiva foi, nesta parte, uma desilusão[61].

1.2. Intervenção em matéria de cooperação judiciária

O insucesso da harmonização do confisco não baseado numa condenação, (motivado pelos constrangimentos verificados na criação de um regime satisfatoriamente uniformizado nesta matéria[62], e que são desde

[59] O que se poderá extrair do segmento normativo previsto no artigo 4.º, n.º 2, da Diretiva 2014/42/EU onde se prescreve que a perda ocorreria nos casos: «*em que tal processo possa conduzir a uma condenação penal se o suspeito ou arguido tivesse podido comparecer em juízo*».

[60] Considerando 10 da 2014/42/EU.

[61] Alagna, Federico, «Non-conviction Based Confiscation: Why the EU Directive is a Missed Opportunity», *European Journal on Criminal Policy and Research*, 2015, p. 447–461, https://doi.org/10.1007/s10610-014-9252-8, (última consulta 01.03.2021).

[62] Relativamente à elevada fragmentação dos diversos sistemas europeus em matéria de recuperação de ativos, veja-se: Correia, João Conde, «Que futuro para a recuperação de ativos na União Europeia», *in* Maria Raquel Desterro Ferreira, Elina Lopes Cardoso e João Conde

logo evidentes nos diversos documentos indicados no portal do Parlamento Europeu relativo ao *legislative train Schedule – common rules for non-conviction based confiscation*[63]), transfere para o domínio da cooperação judiciária, em geral, e os instrumentos de reconhecimento mútuo, em particular[64], as soluções relativas à necessária implementação de um sistema global de recuperação de ativos a nível europeu que funcione de modo eficaz e articulado, independentemente da subtileza das diferenças (mais ou menos evidentes) nos diversos Estados Membros[65].

Mas, se a harmonização no espaço da União Europeia em matéria de confisco não baseado numa condenação é apenas uma miragem, mantendo-se uma acentuada diversidade e fragmentação[66], será que os mecanismos de cooperação judiciária existentes podem ser considerados garantia do sucesso desta modalidade de confisco a nível transfronteiriço?

Em teoria sim.

Na verdade, partindo da premissa que o princípio do reconhecimento mútuo permite que uma decisão que um juiz profere num Estado Mem-

Correia, (org.), *O Novo Regime de Recuperação de Ativos à luz da Diretiva 2014/42/EU e da Lei que a Transpôs*, Lisboa, INCM – Imprensa Nacional-Casa da Moeda, 2018; pags. 333 a 357.

[63] Disponível em: https://www.europarl.europa.eu/legislative-train/theme-area-of-justice-and-fundamental-rights/file-common-rules-for-non-conviction-based-confiscation.

[64] Quanto às vantagens de um sistema de harmonização em contraposição de um modelo baseado na cooperação, designadamente para a proteção dos direitos processuais e fundamentais dos cidadãos, vide RODRIGUES, Anabela Miranda, *O Direito Penal Europeu Emergente*, Coimbra, Coimbra Editora, 2008, p. 216 segts.

[65] MITSILEGAS, Valsamis, «Autonomous concepts, diversity management and mutual trust in Europe's area of criminal justice», *Common Market Law Review*, Volume 57, Issue 1 (2020) pp. 45 – 78. Como refere este autor: «The challenges of legal diversity become more pronounced in cases where EU law organises the interaction of diverse national criminal justice systems. Rather than establishing a unified, or highly harmonised, EU system of criminal justice, EU criminal law has consisted thus far largely of a system of inter-state co-operation in criminal matters. (....) For Member States concerned about the over-extension of EU powers in criminal matters, mutual recognition was perceived to have the distinct advantage of extending extraterritorially the enforcement power of the state while avoiding harmonisation and thus without requiring Member States to change their domestic law in order to implement EU law».

[66] WEYER, Vera, «Mutual recognition of confiscation orders and national differences», *in:* Alessandro Bernardi e Francesco Rossi (org), *Improving confiscation procedures in the European Union*, Napoles, Jovene Editore, 2019, p. p. 85-94.

bro seja, desde que tenha implicações supranacionais, imediatamente aceite em todos os demais Estados Membros, produzindo nestes, pelo menos, efeitos análogos aos que produzidos no Estado em que foi proferida[67], então, este mecanismo será, indubitavelmente, adequado a suprir as insuficiências potencialmente resultantes de uma harmonização mínima ou mesmo inexistente[68].

E na prática?

No âmbito da União Europeia, o recurso a mecanismos de reconhecimento mútuo como instrumento tendente a facilitar e incentivar o confisco a nível europeu não constitui uma novidade. Esta opção teve no passado como referência mais importante em matéria de confisco ou reconhecimento de decisões de perda a Decisão-Quadro 2006/783/JAI do Conselho, de 6 de outubro de 2006. Em matéria de cooperação subordinada ao princípio do reconhecimento mútuo no âmbito da aplicação de medidas cautelares ou de garantia patrimonial com vista a assegurar a efetividade do confisco, o instrumento legislativo europeu é ainda anterior, tendo sido implementado pela Decisão Quadro n.º 2003/577/JAI, do Conselho, de 22 de julho.

A Decisão-Quadro 2006/783/JAI tinha um objetivo expresso e definido no seu considerando 8, que passava precisamente por «facilitar a cooperação entre Estados-Membros, no que se refere ao reconhecimento mútuo e à execução de decisões de perda de bens, de forma a obrigar um Estado-Membro a reconhecer e executar no seu território decisões de perda proferidas por um tribunal competente em matéria penal de outro Estado-Membro».

[67] COM (2000) 495: Communication from the Commission to the Council and the European Parliament - Mutual recognition of Final Decisions in criminal matters disponível em (https://eur-lex.europa.eu/procedure/EN/158026). A este respeito *vide*: Correia, João Conde, *Reconhecimento mútuo de decisões de apreensão e de confisco (...) ob. cit.*, p. 191 e ainda: Simões, Rita, «O regulamento relativo ao reconhecimento mútuo das decisões de apreensão e perda: inovações e continuidade», *Revista do CEJ*, Lisboa, n.1 (1.º Semestre 2019), p.59-84.

[68] Para uma apreciação detalhada do princípio do reconhecimento mútuo, considerando a sua génese e as suas finalidades, vide: Rodrigues, Anabela Miranda, *O Direito Penal Europeu Emergente, (...) ob. cit.* p. 66 segts.

É indiscutível que esses objetivos expressamente assumidos nos instrumentos normativos da União não foram alcançados[69].

Quem o reconhece são as próprias instituições europeias, quer no ponto 3 da exposição de motivos da Proposta de Regulamento[70], quer no relatório que avaliou a implementação desta Decisão-Quadro 2006/783/JAI [71] onde, entre o demais, se concluiu que «*a transposição parcial e incompleta deste instrumento pelos Estados-Membros dificulta gravemente a aplicação plena e eficaz do princípio do reconhecimento mútuo na União Europeia. Limita o papel das autoridades judiciárias no combate à criminalidade financeira, combate esse que priva os infratores dos benefícios financeiros que obtêm da sua conduta criminosa*».

Estes problemas ao nível da cooperação, que poderíamos classificar como estruturantes, motivaram uma alteração na estratégia da UE, e nesse contexto foi adotado o Regulamento (UE) 2018/1805 do Parlamento Europeu e do Conselho, de 14 de novembro de 2018, relativo ao reconhecimento mútuo das decisões de apreensão e de perda.

Os insucessos do passado não deverão constituir fator de pessimismo nesta matéria. Existem inclusivamente autores que defendem que, com o Regulamento, podemos testemunhar pela primeira vez um mecanismo de reconhecimento mútuo na sua forma mais pura[72].

O Regulamento (UE) 2018/1805 assenta igualmente na cooperação entre os Estados Membros com base no princípio do reconhecimento mútuo, mas ao contrário das enunciadas Decisões Quadro, não necessita

[69] Aguado-Correa, Teresa, «Embargos y Decomiso en la Unión Europea: Novedades Legislativas y Retos», *in* Manuel Monteiro Guedes Valente, (org.), *Criminalidade Organizada Transnacional – Corpus Delicti – I*, Coimbra, Almedina, 2019, p. 99-122, afirma mesmo que estes instrumentos não estiveram à altura das mudanças nas legislações dos Estados Membros, e da evolução dos mecanismos de harmonização da União.

[70] Proposta de Regulamento do Parlamento Europeu e do Conselho relativo ao reconhecimento mútuo das decisões de congelamento e de confisco COM/2016/0819 final – 2016/0412 (COD).

[71] Relatório da Comissão ao Parlamento Europeu e ao Conselho, elaborado com base no artigo 22.º da Decisão-Quadro 2006/783/JAI do Conselho, de 6 de Outubro de 2006, relativa à aplicação do princípio do reconhecimento mútuo às decisões de perda – COM/2010/0428 final.

[72] Meyer, Frank, «Recognizing the unknown: the new confiscation regulation», *European Criminal Law Review*, v.10, n.º 2 (2020), p.140-170.

de transposição, sendo imediatamente aplicável, e prevê limitadas causas de recusa, o que deve ser assinalado como positivo quando a finalidade é assegurar maior eficácia.

Sucede, porém, que não basta reconhecer a validade e o interesse teórico do princípio do reconhecimento mútuo como instrumento privilegiado de cooperação judicial entre os Estados Membros. Este princípio, em matéria de cooperação no âmbito da recuperação de ativos, apenas deixara de constituir uma mera abstração quando se materializar na prática enquanto efetiva consequência não só do elevado grau de confiança entre os Estados mas, essencialmente, de entendimento mútuo com reflexo existencial no reconhecimento comum de determinados «conceitos chave», ou seja, na forma como esse universo conceptual, fundamental e elementar para a cooperação é definido e interpretado com base nessa confiança feita de valores comuns e partilhados[73].

2. O âmbito de aplicação do Regulamento (UE) 2018/1805 como laboratório onde se testa a confiança e a capacidade de encontrar entendimentos comuns quanto a «conceitos chave»[74]

É precisamente no âmbito da definição de determinados conceitos relevantes que deveriam ser inequivocamente compreendidos e uniforme-

[73] O Tribunal de Justiça da União Europeia classifica a confiança recíproca entre os Estados-Membros como «pedra angular da cooperação judiciária na União». Processo C-60/12, parágrafo n.º 30, decisão de 14 de novembro de 2013 disponível em: http://curia.europa.eu/juris/liste.jsf?lgrec=fr&td=;ALL&language=en&num=C-60/12&jur=C.
Este principio da confiança mútua é classificado numa outra decisão do Tribunal de Justiça da União Europeia como impondo, «*designadamente no que respeita ao espaço de liberdade, segurança e justiça, que cada um dos Estados-Membros considere, salvo em circunstâncias excecionais, que todos os outros Estados-Membros respeitam o direito da União e, muito em especial, os direitos fundamentais reconhecidos por esse direito (v., neste sentido, parecer 2/13, EU:C:2014:2454, n.º 191)*». Julgamento plenário de 5 de Abril de 2016, Processos conjuntos C-404/15 and C-659/15 PPU, Pál Aranyosi and Robert Căldăraru v Generalstaatsanwaltschaft Bremen, disponível em https://eur-lex.europa.eu/legal-content/EN/TXT/?uri=CELEX%3A62015CJ0404.

[74] Utilizamos propositadamente a expressão «conceitos chave» na medida em que são essencialmente estes que permitem abrir as portas da cooperação em matérias de maior incerteza, como veremos de seguida.

mente aceites pelos Estados[75], que se define o âmbito de aplicação do Regulamento por referência às diferentes modalidades de confisco não baseado numa condenação.

Apurar se todos os mecanismos de confisco não baseados numa condenação, especialmente aqueles que são classificados como «civis», (ou seja, os *non conviction based confiscation* puramente *in rem*, aplicados fora do contexto do processo penal, e o confisco do enriquecimento injustificado), estão abrangidos pelas regras do reconhecimento mútuo, nos termos previstos no Regulamento, constitui uma tarefa que reclama algum esforço interpretativo. Quanto a esta dificuldade não existe inovação, uma vez que já no âmbito da Decisão-Quadro 2006/783/JAI[76] a definição do âmbito de aplicação constituía igualmente uma tarefa controversa e de difícil recorte jurídico.

Não obstante, procuraremos de seguida apresentar alguns contributos com propostas de solução a este nível, considerando a categorização teórica anteriormente enunciada relativamente às diferentes modalidades de confisco sem condenação.

Quais as decisões de confisco que cabem no âmbito de aplicação do Regulamento?

O artigo 1.º, n.º 1, do Regulamento refere que «o presente regulamento estabelece as regras segundo as quais um Estado-Membro reconhece e

[75] O modo como os conceitos utilizados pelos instrumentos normativos da União são interpretados assume enorme relevância, e a jurisprudência do Tribunal de Justiça, fornece critérios orientadores a este respeito. Com efeito, considerando a necessidade de aplicação uniforme do direito da União, a tarefa de determinar o seu sentido e o alcance de um conceito jurídico que não seja integrado por remissão para o direito nacional, deve encontrar, em toda a União, uma interpretação autónoma e uniforme que deve ser procurada tendo em conta o contexto da disposição e o objetivo prosseguido pela regulamentação em causa, como determina o Tribunal de Justiça nos Processos: C-60/12, Baláz (publicado no JO C 65, de 3.3.2012); C-327/82, Ekro, n.º 11, e Processo C-287/98, Linster, n.º 43, que serviram de referência durante o processo legislativo do Regulamento na definição do conceito de «processo em matéria penal», designadamente no documento do Conselho ST 12708/17.

[76] Já no âmbito do período de vigência desta Decisão-Quadro defendemos a possibilidade de cooperação ao abrigo das regras do reconhecimento mútuo nestes casos, designadamente em: Rodrigues, Hélio Rigor e Rodrigues, Carlos Alberto Reis, *Recuperação de activos na criminalidade económico-financeira: viagem pelas idiossincrasias de um regime de perda de bens em expansão*, Lisboa, Sindicato dos Magistrados do Ministério Público, 2013. p. 282.

executa no seu território uma decisão de apreensão ou uma decisão de perda emitida por outro Estado-Membro no âmbito de processos em matéria penal».

Resulta imediatamente do seu elemento literal que o Regulamento define o seu âmbito de aplicação limitando-o aos casos em que a decisão tenha sido proferida *«no âmbito de processos em matéria penal»*, excluindo-se expressamente do seu objeto os casos de apreensão ou perda emitidas no âmbito de processos em matéria civil ou administrativa (cfr. artigo 1.º, n.º 4).

Importa, por isso, começar por refletir sobre as possíveis variações hermenêuticas deste conceito de *«processos em matéria penal»*.

O percurso introdutório que empreendemos anteriormente, onde definimos as diferentes modalidades genericamente aceites de confisco não baseado numa condenação, deve aqui ser convocado. Importa assim considerar que existem modelos de confisco não baseado numa condenação que operam no contexto do processo penal, (modelos 1 e 2), mas outros são tramitados, (ou pelo menos podem ser) fora do processo penal sendo classificados como mecanismos «civis» de confisco não baseado numa condenação (modelos 3 e 4).

Importa sublinhar, primeiramente, que o Regulamento não limita o seu âmbito de aplicação ao confisco (ou apreensão) decididos no âmbito do «processo penal».

Seguiu-se nesta parte uma terminologia semelhante àquela que consta do artigo 82.º do Tratado sobre o Funcionamento da União Europeia, que faz referência à *«cooperação judiciária em matéria penal na União (...)»*.

A primeira e porventura mais importante conclusão que poderemos retirar da terminologia utilizada pelo legislador europeu é a de que se admite que existem realidades com conteúdo jurídico que, podendo ser classificadas como «matéria penal», são tramitadas e decididos fora do processo penal[77].

A segunda, derivada da anterior, é precisamente a de que as decisões de apreensão ou confisco apreciadas e decididas fora do processo penal

[77] Caso contrário, se o legislador europeu considerasse que apenas no processo penal se decidem as «matérias penais» teria limitado a cooperação às decisões proferidas no âmbito do «processo penal».

estarão ainda incluídas na disciplina do Regulamento, desde que tal processo possa classificar-se como sendo relativo a «matéria penal».

2.1. Incertezas relativamente certas

Do mesmo modo que entendemos que aquelas conclusões poderão ser extraídas da formulação prevista no artigo 1.º, n.º 1, do Regulamento, lamentamos, todavia, que outras perguntas extremamente relevantes para este efeito não tenham resposta imediata[78]. Designadamente: que parâmetros deverão ser observados para que se considere que um determinado modelo de confisco pode ser enquadrado no âmbito de um «*processo em matéria penal*»? Que elementos distinguem a «matéria penal» das questões de «matéria civil» para estes efeitos?

Na tentativa de responder a essas questões e definir se os mecanismos de confisco não baseados numa condenação estarão ou não integrados no «*âmbito de processos em matéria penal*», importará, eventualmente começar por apelar à função hermenêutica do elemento histórico deste conceito.

Não poderá, todavia, deixar de se reconhecer que o percurso legislativo[79] que conduziu à aprovação do Regulamento fornecerá um contributo importante, mas não exclusivo, na tarefa definir a concreta amplitude prática do conceito de «*processos em matéria penal*».

Relativamente à evolução histórica das soluções vertidas no Regulamento, facilmente se alcança que a proposta de Regulamento apresentada pela Comissão possuía um âmbito de aplicação diferente, porventura

[78] Sobre estas e outras dificuldades, vide: MEYER, Frank, «Recognizing the unknown»: *(...) ob. cit.* p. 144 e ainda WEYER, Vera «Mutual recognition of confiscation orders and national differences», *in*: Alessandro Bernardi e Francesco Rossi (org), *Improving confiscation procedures in the European Union*, Napoles, Jovene Editore, 2019, p. 85-94.

[79] Note-se que a este respeito existiram diversas propostas de solução para este artigo 1.º, sendo que algumas, inclusivamente, defendiam a inclusão expressa dos processos de natureza civil ou administrativa, designadamente o Parecer da Comissão dos Assuntos Económicos e Monetários dirigido à Comissão das Liberdades Cívicas, da Justiça e dos Assuntos [COM(2016)0819 - C8-0002/2017 - 2016/0412(COD)]. A versão proposta por este parecer para o artigo 1.º, n.º 1 apontava no seguinte sentido: *O presente regulamento estabelece as regras segundo as quais um Estado-Membro reconhece e executa no seu território uma decisão de congelamento ou de confisco emitida por outro Estado-Membro no âmbito de um processo de natureza penal, cível ou administrativa.*

mais reduzido, uma vez que apenas incluía as decisões de congelamento e de confisco emitidas no âmbito de «*processos penais*».

As razões que motivaram a substituição do conceito de decisões de congelamento e de confisco emitidas no âmbito de «processos penais» que constava da Proposta de Regulamento, pelo conceito de «processos em matéria penal» que acabou por ser adotado, encontra-se devidamente esclarecida no documento do Conselho ST 12685/2017 [80].

Afirma-se nesse documento, onde se discutia o âmbito de aplicação do Regulamento, que «(...) existem diferentes sistemas de confisco nos Estados-Membros, incluindo várias formas de confisco não baseado numa condenação. (...) Todavia, os debates no Grupo mostraram que alguns Estados-Membros, nomeadamente a Itália, parecem dispor de sistemas de confisco que, embora estejam claramente associados a atividades criminosas, não são aplicados no âmbito de processos penais. Desde o início dos debates, a Delegação italiana, apoiada por outras delegações, assinalou que a redação proposta para o âmbito de aplicação do regulamento tal como definido no artigo 1.º, n.º 1, com os termos «processo penal» colocava um problema, uma vez que o seu sistema do chamado «confisco preventivo» ficaria excluído. (...)

De acordo com a Itália, o seu sistema de confisco não ficaria abrangido, pelo menos não inteiramente, pelo conceito de "processo penal" tal como é utilizado atualmente no regulamento proposto. Todavia, a Itália sugeriu que se utilizasse o conceito do artigo 82.º, n.º 1, do TFUE e que se referisse "investigação e exercício da ação penal". Tal permitiria incluir o seu sistema de confisco preventivo (...)».

Apelando ao elemento histórico, podemos assim constatar que o legislador europeu pretendeu incluir no âmbito de aplicação do Regulamento as decisões em matéria de confisco não baseadas numa condenação que, mesmo sendo proferidas fora de um processo penal, cabem no conceito de matéria penal, designadamente o confisco preventivo italiano[81].

[80] Disponível para consulta online em: https://data.consilium.europa.eu/doc/document/ST-12685-2017-INIT/pt/pdf, (data de consulta 01.03.2021).

[81] Relativamente ao mecanismo de confisco italiano baseado na *misure di prevenzione*, Francesco Diamanti, Francesco; Cas, Eleonora Anna Alexandra dei; Bolis, Samuel, «Italy», *in*:

3. Primeira abordagem: a autonomia do conceito de «processos em matéria penal»

O conceito de «processos em matéria penal» é autónomo. Ou seja, constitui um «conceito autónomo do direito da União» que deve ser objeto de interpretação uniforme, em todos os Estados da União.

Esta necessidade de apreciação autónoma do conceito de «processos em matéria penal» não facilita, todavia, a identificação precisa do seu conteúdo. Como subsídio relevante na tarefa de identificar este conceito importa, todavia, convocar o disposto no considerando 13 do Regulamento, que esclarece que este conceito «(...) *deverá, portanto, abranger todos os tipos de decisões de apreensão e de decisões de perda emitidas na sequência de um processo relativo a uma infração penal, não se limitando a incluir as decisões abrangidas pela Diretiva 2014/42/UE. O termo deverá abranger também outros tipos de decisões proferidas sem uma condenação definitiva. Mesmo que tais decisões não existam no ordenamento jurídico de um Estado-Membro, o Estado-Membro em causa deverá poder reconhecer e executar a decisão emitida por outro Estado-Membro*».

3.1. A abordagem por referência às categorias de confisco não baseados numa condenação

Depois deste enquadramento estaremos em condições de avançar uma solução definitiva relativamente à integração de todos os modelos de perda sem condenação nos mecanismos de reconhecimento mútuo previstos no Regulamento?

A resposta dependerá, naturalmente, das diferentes variações substantivas de cada um dos modelos de confisco não baseados numa condenação que referimos anteriormente.

Relativamente aos mecanismos de confisco não baseado numa condenação tradicionais, ou seja, aqueles que se encontram previstos no artigo 4.º, n.º 2, da Diretiva 42/2014/UE ou nos artigos 109.º, n.º 2, e 110.º, n.º 5, do Código Penal, a solução não suscita especiais dificuldades, sendo inequívoco que estão neste momento sujeitos às regras de reconhecimento mútuo previsto no Regulamento.

Alessandro Bernardi e Francesco Rossi (org), *Improving confiscation procedures in the European Union*, Napoles, Jovene Editore, 2019, p. 287 a 368.

Do mesmo modo, os mecanismos de perda alargada que se encontram previstos no artigo 5.º da Diretiva 42/2014/UE[82], que identificamos como integrando o modelo 2, estarão igualmente abrangidos pelas regras de cooperação estabelecidas pelo Regulamento, uma vez que que esta modalidade de confisco, para além de ocorrer em regra no processo penal, materializa-se em consequência do apuramento da responsabilidade penal do titular dos bens visados pelo confisco.

A questão coloca-se, por isso, unicamente nos casos de confisco puramente *in rem*, ou confisco civil[83] (modelo 3) ou de confisco do enriquecimento injustificado (modelo 4).

Estes mecanismos baseados num modelo de «confisco civil» são mais frequentes do que alguns poderiam considerar. Em 2019 existiam 13 Estados que integravam nos seus ordenamentos nacionais alguma das modalidades deste confisco «civil» não baseado numa condenação (modelos 3 e 4), maioritariamente através de mecanismos híbridos que misturavam elementos de mais do que um dos modelos apresentados, sendo que pelo menos 2 outros Estados estavam nesse momento em fase de implementação de modelos desta natureza (Lituânia e Polónia)[84].

[82] Importa recordar o que enunciamos anteriormente, que este mecanismo de perda ampliada, embora possua idêntica designação, não é aquele que se encontra previsto na Lei 5/2002, de 11 de Janeiro.

[83] Relativamente às diferentes formas que estes modelos de confisco não baseado numa condenação assumem nos diferentes países da União Europeia vide: «*Comparative law study of the implementation of mutual recognition of orders to freeze and confiscate criminal assets in the European Union*», publicado a 2015-02-06 – JUST/2011/JPEN/PR/0153/A4 FINAL FINDINGS REPORT, pag. 237 e sgts. e ainda o relatório: Comission Staff Working Document, Analysis of non-conviction based confiscation measures in the European Union, Brussels, 12.4.2019 SWD(2019) 1050 final.

[84] Commission Staff Working Document, Analysis of non-conviction based confiscation measures in the European Union, Brussels, 12.4.2019 SWD(2019) 1050 final. Refere-se neste documento a este respeito que: 13 Member States (EE, DE, EL, IT, LV, LT LU, NL, PL, RO, SK, SL, ES) also have some form of in rem/unexplained wealth procedures (Models 3 and 4) in addition to classic ones, or have draft law envisaging such regime. Este documento não considera o mecanismo de confisco do património injustificado em Portugal, pelo que em bom rigor serão 14 Estados.

3.2. Critério que consideramos determinante para estabelecer a fronteira entre a «matéria penal» e a «matéria civil», especialmente no âmbito do confisco NCB *in rem*

É certo que determinados modelos de confisco não baseado numa condenação através de mecanismos *in rem* ou civis poderão mover-se para terrenos perigosamente próximos da fronteira com os domínios do direito em matéria civil.

Mas a questão que realmente importa colocar a este respeito é precisamente a de saber qual a linha que marca o limite a partir do qual um confisco desta natureza deixa de fazer parte de um processo em matéria penal, ou na formulação em língua inglesa, deixa de estar «*within the framework of proceedings in criminal matters*»?

Em nossa perspetiva, um modelo de confisco civil ou de enriquecimento injustificado (bem como qualquer modelo de confisco sem condenação) deixa de fazer parte do conceito de processo «em matéria penal» para estes efeitos precisamente quando deixa de ter na ocorrência do crime o seu referencial ou a sua justificação.

Ou seja, neste critério que defendemos, enquanto o confisco, mesmo que não baseado numa condenação, e mesmo que decidido fora do processo penal, encontrar na relação entre os bens ou valores sobre que incide (por um lado) e a prática de um facto ilícito típico (por outro), a sua justificação ou fonte legitimadora, estaremos perante um confisco em «matéria penal», e consequentemente, sujeito ao âmbito de aplicação do regulamento.

Esta posição encontra-se inclusivamente validada pelo disposto no artigo 2.º, 3, alínea d) do Regulamento que identifica como bens confiscáveis aqueles que «*são passíveis de perda por força de quaisquer outras disposições*[85] *relacionadas com os poderes de perda, incluindo a perda sem condenação definitiva, previstos na legislação do Estado de emissão relativamente a uma infração penal*».

[85] Importa realçar que os mecanismos de perda sem condenação a que se refere este 2.º, n.º 3, al d), do Regulamento são «outros» para além dos que se encontram previstos na Diretiva 42/2014/EU, uma vez que estes se encontram identificados na alínea c) como os bens «*passíveis de perda mediante a aplicação no Estado de emissão de um dos poderes de perda previstos na Diretiva 2014/42/EU*».

O mesmo resulta da própria noção de «Decisão de perda»[86], que é definia no Regulamento como «*uma sanção ou medida de caráter definitivo, imposta por um tribunal relativamente a uma infração penal, que conduza à privação definitiva de bens de uma pessoa singular ou coletiva*»[87].

Se os bens forem confiscados porque se consideraram, comprovada ou presumidamente, um instrumento, produto ou vantagem, resultante da prática de crime (ou mais precisamente de facto ilícito típico), estaremos, em nossa perspetiva, perante um mecanismo relacionado com uma infração penal, e consequentemente enquadrado no âmbito de aplicação do Regulamento.

Assumimos este entendimento, desde logo, em primeiro lugar, porque não será certamente com base no *standard*[88] probatório ou nas regras relativas ao ónus da prova tendentes a demonstrar o vínculo ou conexão entre os bens e o crime que se poderá definir se estamos perante um «processo em matéria penal» ou perante um mecanismo que escape a este conceito.

Por outras palavras, saber se a decisão de confisco depende da demonstração, acima de qualquer dúvida razoável, que os bens estão relacionados ou foram obtidos com o crime, ou se poderá bastar-se com um juízo baseado no balanço de probabilidades, ou mesmo que beneficia para este

[86] Relativamente a esta definição de perda, e à importância dos conceitos uniformizados no âmbito do reconhecimento mútuo: CALVANESE, Ersilia, «Enforcement of confiscation orders», *in:* Roberto E. Kostoris, *Handbook of European criminal procedure*», Springer, 2018, p. 433-445.

[87] Discordamos nesse sentido da posição enunciada por: JULIETTE, Lelieur, «Freeezing and Confiscating Criminal Assets in the European Union», *European Criminal Law Review*, n.º 3, 2015,p. 289. Afirma esta autora que o «*Article2 (c) of framework decision2006/783 defines confiscation as "a final penalty or measure imposed by a court following proceedings in relation to a criminal offence or offences, resultingin the definitive deprivation of property." Consequently, mutual recognition applies only if confiscation was ordered in the scope of a criminal conviction*».

[88] Quanto à definição do standard probatório por referência a posição que se assuma relativamente à natureza do confisco, vide: BOUCHT, Johan, «Civil asset forfeiture and the presumption of innocence under Art. 6(2) ECHR», *in:* Jon Petter Rui, Ulrich Sieber (org.), *Non-conviction-based confiscation in Europe: possibilities and limitations on rules enabling confiscation without a criminal conviction*, Berlin: Duncker & Humblot, 2015, p. 151-189 e ainda MEYER, Frank, «Recognizing the unknown»: *ob. cit.* p. 164 e sgts.

efeito de uma presunção[89] quanto á origem dos bens, não altera o essencial – que os bens são confiscados por via dessa relação com o crime (e não com base na intensidade com que esse vínculo se estabeleceu, pois este é apenas um meio para estabelecer aquele fim – a relação com a prática do crime que justifica o confisco).

Por outro lado, e em segundo lugar, o rito processual que os Estados decidiram seguir (enquadrado no processo penal ou sujeito às regras do processo civil ou de outro procedimento), ou a jurisdição em que se enquadra o juiz que o decide, não altera, pelas mesmas razões, a possibilidade de se afirmar que estamos perante um processo em matéria penal desde que não se perca essa conexão com o crime enquanto elemento legitimador substancial do confisco.

Este referencial mínimo de conexão não dispensa, naturalmente, que os mecanismos de confisco não baseado numa condenação ofereçam amplas garantias de proteção[90] contra arbitrariedades e abusos, e ainda que sejam sindicáveis e passiveis de revisão judicial no estado de emissão. Por outro lado, naturalmente que o regime de confisco não baseado numa condenação deverá garantir de forma adequada os direitos de terceiros de boa fé, e das vítimas, e deverá estabelecer um regime suficientemente preciso relativamente às três questões que serão determinantes para aferir se esse mecanismo, mesmo quando aplicado fora do processo penal, teve no crime a sua justificação, designadamente: *Que propriedade; de quem, e em que condições pode ser confiscada*[91]. Estas questões, sendo naturalmente relevantes, assumem maior interesse no âmbito da cooperação com Estados terceiros, onde o princípio da confiança não assuma a mesma preponderância que deve existir no âmbito União Europeia, onde deverá confiar-se que estas garantias mínimas são, naturalmente, respeitadas.

[89] NUNES, Duarte Alberto Rodrigues, «*dmissibilidade da inversão do ónus da prova no confisco "alargado" de vantagens provenientes da prática de crimes* – Anotação aos Acórdãos n.ºs 392/2015 e 476/2015 do Tribunal Constitucional», *Julgar Online*, Fevereiro de 2017.

[90] Quanto às garantias processuais em matéria de confisco, quer no âmbito do confisco previsto na Lei 5/2002, de 11 de Janeiro, quer no âmbito de aplicação de medidas cautelares, vide: ANTUNES, Maria João, «Recuperación de activos». *(...) ob. cit.* p. 587-602.

[91] Sobre todas estas questões, e estas garantias, vide: MEYER, Frank, «Recognizing the unknown»: (...) *ob. cit.* p. 151.

Importa por fim notar a este respeito que sem essa referência ou conexão com o crime, estas modalidades de confisco não baseado numa condenação seriam figuras mais próximas da nacionalização ou expropriação de bens do que verdadeiros mecanismos de perda de bens a favor do Estado.

Mesmo no âmbito dos mecanismos de perda sem condenação decididos fora do processo penal, através de mecanismos *in rem,* o nexo entre o bem e o crime é exigível, mas a sua demonstração é admitida com base no *standard* probatório de balanço de probabilidades. Já nos casos de confisco do enriquecimento ilícito ou injustificado, esse vínculo, sendo igualmente exigido, não carece de demonstração porque o legislador presume a sua existência[92]. Deste modo, em qualquer dos casos, essa relação com a prática do crime que legitima a sua inclusão no domínio do reconhecimento mútuo previsto no Regulamento verifica-se em qualquer des-

[92] Para que se compreenda mais facilmente o funcionamento destes mecanismos de confisco não baseado numa condenação no âmbito do património injustificado, basta que se tenha como referência o regime de confisco previsto no artigo 7.º e seguintes da Lei n.º 5/2002, de 11 de janeiro. Trata-se, neste caso, de um mecanismo que, embora exija a condenação pela prática de um crime de catálogo, pode ser classificado como NCB, precisamente porque os valores confiscados não foram obtidos com o crime pelo qual foi condenado, mas com uma carreira criminosa precedente, pela qual não foi condenado. Por acaso, o funcionamento do mecanismo de confisco previsto na Lei n.º 5/2002, de 11 de janeiro, está integrado no processo penal, embora como referimos anteriormente, concordando com a posição de CAEIRO, Pedro, *sentido e função (...) ob cit.*, este mecanismo seja «totalmente alheio às regras do processo penal». Nada impediria, nessa medida, que que o legislador tivesse decidido que, após a condenação por um crime de catálogo, o MP deveria apresentar a liquidação que se encontra prevista no artigo 8.º da referida lei, num procedimento fora do processo penal, onde visado (réu), anteriormente condenado pela prática do crime, poderia igualmente demonstrar a licitude dos bens considerados no cálculo do património incongruente, com base nas mesmas regras ora estabelecidas. O funcionamento deste mecanismo seria idêntico, e com as mesmas garantias, mas a decisão seria proferida fora do processo penal, num procedimento adaptado para o efeito.
A pergunta que se coloca e que define o objeto deste estudo é se este modelo português previsto na Lei n.º 5/2002, de 11 de janeiro, deixaria de estar contemplado no âmbito de aplicação do Regulamento caso fosse decidido e aplicado depois da condenação e no âmbito de um procedimento diferente do rito próprio do processo penal?
Entendemos que não, quer esse modelo fosse o português, quer seja o búlgaro.

tes mecanismos de confisco não baseado numa condenação classificados como integrando o conjunto de modelos «civis».

3.3. Apreciação global do critério seguido

Nessa medida, e em conclusão, deixamos consignado este percurso argumentativo como sustento do nosso entendimento que aponta no sentido que o conceito de *processos em matéria penal* contido no Regulamento abarca todos os mecanismos de confisco não baseado numa condenação, em qualquer das enunciadas modalidades, desde que a declaração de perda dos bens a favor do Estado tenha na prática do crime, a sua justificação e fonte legitimadora.

Nessa medida, embora não se desconheça que existem posições discordantes[93], mantemos neste momento, quanto ao âmbito de aplicação do Regulamento, a mesma posição que defendemos anteriormente[94] relativamente à possibilidade de, mesmo no âmbito da Decisão-Quadro n.º 2006/783/JAI e da Lei n.º 88/2009, de 31 de agosto, incluir os mecanismos de perda sem condenação *in rem*[95] ou obtidos no âmbito do processo civil nos mecanismos de reconhecimento mútuo.

Nessa medida, consideramos que os tribunais portugueses deverão reconhecer e executar nos termos do artigo 14.º do Regulamento uma

[93] Não concordamos por isso com JUNQUEIRA, Gabriel Marson, «A recuperação de ativos, o regime do reconhecimento mútuo e os pedidos de cooperação judiciária relacionados a confisco non-conviction based em Portugal», *Revista Brasileira de Direito Processual Penal*, Porto Alegre, v. 6, n. 2, p. 765-798, mai.-ago. 2020, quando afirma este autor, referindo-se ao regime resultante da Decisão-Quadro n.º 2006/783/JAI, que «*parece-nos evidente que as perdas NCB's civis não se encontram ao alcance do modelo de reconhecimento mútuo vigente*».

[94] RODRIGUES, Hélio Rigor/RODRIGUES, Carlos Reis, *Recuperação de Ativos na Criminalidade Económico-Financeira*, ob. cit. p. 283.

[95] Não poderá todavia deixar de se reconhecer que a adoção destes mecanismos puramente *in rem* vem sendo fortemente incentivada como mecanismo de luta contra a criminalidade organizada. MAUGERI, Ana Maria, «L'actio in rem assurge a modello di «confisca europea» nel rispetto delle garanzie Cedu? – Emendamenti della Commissione LIBE alla proposta di direttiva in materia di congelamento e confisca dei proventi del reato», *Diritto Penale Contemporaneo Rivista Trimestrale*, (2013) p. 252-292. Como refere esta autora, «*La "Commissione LIBE", addirittura, propone una scelta di politica criminale fondamentalmente e radicalmente diversa, attraverso l'adozione dell'actio in rem pura come modello fondamentale della confisca europea sul quale promuovere il mútuo riconoscimento*».

decisão de perda sem condenação aplicada por um Estado Membro no âmbito de um procedimento civil, contando que a mesma tenha fundamento na prática da infração, e consequentemente os bens tenham sido confiscados porque constituem um instrumento produto ou vantagem do facto ilícito típico.

4. Inexistência de causas de recusa abstratamente aplicáveis aos mecanismos de confisco não baseados numa condenação

Com efeito, admitindo-se que os mecanismos de perda sem condenação identificados como «civis», sejam estes *in rem* ou de confisco do enriquecimento injustificado, estão incluídos no âmbito de aplicação do Regulamento, o seu reconhecimento e execução em Portugal apenas poderia deixar de ocorrer em caso de verificação de alguma das causas de recusa previstas no Regulamento, designadamente nos termos do seu artigo 19.º.

Salientam-se, porém, dois aspetos relevantes a este respeito.

Em primeiro lugar, importa sublinhar que os Estados, com a entrada em vigor do Regulamento, deixaram de contar com a faculdade de recusar o reconhecimento e execução unicamente com base no tipo ou modalidade de perda em causa[96]. Nessa medida, não existe possibilidade de recusar o reconhecimento com base na inexistência daquele específico mecanismo de confisco no Estado Membro de execução[97].

Em segundo lugar, não poderão os Estados de execução recusar o reconhecimento porque consideram, abstratamente, que um determinado mecanismo de confisco não baseado numa condenação é contrário aos princípios fundamentais do seu ordenamento jurídico[98], ou às

[96] Como se refere na proposta de Regulamento relativamente ao elenco de motivos de recusa «*A lista difere significativamente da lista constante da decisão-quadro de 2006. Alguns motivos de recusa continuam a ser os mesmos, por exemplo, o motivo baseado no princípio ne bis in idem ou o motivo baseado na imunidade ou no privilégio. Porém, os motivos de recusa de acesso relacionados com o tipo de decisão de confisco (por exemplo, confisco alargado) não foram incluídos na proposta, o que alargou e reforçou consideravelmente o quadro de reconhecimento mútuo*».

[97] O considerando 13 do Regulamento aponta nesse sentido, ao determinar: «*Mesmo que tais decisões não existam no ordenamento jurídico de um Estado-Membro, o Estado-Membro em causa deverá poder reconhecer e executar a decisão emitida por outro Estado-Membro*».

[98] Nesse sentido, os Estados poderão ser obrigados a reconhecer e executar decisões de confisco que não são consistentes com as suas leis internas, e provavelmente, mesmo que o sejam

imposições constitucionais respetivas, ou que não é compatível com os princípios previstos no artigo 6.º da Convenção Europeia dos Direitos do Homem.

Com efeito, pese embora o Regulamento contenha uma causa de recusa que pode ainda ser considerada um mecanismo integrante da *ordre public*, esta possibilidade de recusa é excecional e fortemente limitada. Assim, nos termos do artigo 19.º, n.º 1, al. h), do Regulamento, o reconhecimento e execução apenas podem ser recusados «*Em situações excecionais, se houver motivos substanciais para crer, com base em elementos de prova objetivos e específicos, que a execução da decisão de perda iria, nas circunstâncias específicas do caso, implicar uma violação manifesta de um direito fundamental relevante tal como estabelecido na Carta, em especial o direito a um recurso efetivo, o direito a um julgamento equitativo ou o direito de defesa*».

Trata-se assim de um motivo de recusa, manifestamente excecional, que se sustenta num conceito de *ordre public* Europeia, mais limitado, e vigente no âmbito da cooperação entre Estados com elevado nível de confiança mútua, que resulta diretamente dos princípios que vem sendo enunciados pelo Tribunal de Justiça da União Europeia[99] em matéria definição dos critérios que devem ser seguidos para que se considere legítima a recusa de cooperação com base no eventual conflito com a «ordem pública» do Estado de Execução.

Salienta-se a este respeito que o motivo de não reconhecimento e de não execução das decisões de perda previsto no artigo 19.º, n.º 1, al. h), do Regulamento, para além de excecional, não poderá operar por referência a critérios gerais de potencial violação de um direito fundamental abstratamente considerado. A enunciação desta norma do Regulamento, conjuntamente com a jurisprudência do TJUE que a sustenta, é suficientemente persuasiva quanto à necessidade de essa avaliação ter como referência exclusiva a «específica situação do caso concreto apreciado». Ou seja, não bastará, para que se recuse o reconhecimento e execução, a

igualmente com alguns dos seus preceitos constitucionais: Weyer, Vera, «Mutual recognition of confiscation orders and national diferences», ob. cit, p. p. 93.

[99] Julgamento plenário de 5 de abril de 2016, Processos conjuntos C-404/15 and C-659/15 PPU, Pál Aranyosi and Robert Căldăraru v Generalstaatsanwaltschaft Bremen, disponível em https://eur-lex.europa.eu/legal-content/EN/TXT/?uri=CELEX%3A62015CJ0404.

invocação genericamente considerada que no Estado de execução uma decisão de confisco aplicada fora do processo penal constitui um desvio substancial à estrutura basilar do ordenamento jurídico, ou que o confisco decidido fora do processo penal viola o direito á propriedade. É necessário justificar, no caso concreto, porque é que essas violações ocorreram.

5. Competência territorial e material para o reconhecimento das decisões de confisco NCB classificadas como civis

Por fim, importa ainda salientar que, relativamente a Portugal, enquanto Estado de execução de uma decisão de confisco não baseado numa condenação num dos enunciados modelos civis, não existem razões para que se alterem os princípios relativos à atribuição de competência territorial e material que constavam da Lei n.º 88/2009, de 31 de agosto, na parte em que não contrariem as regras estabelecidas no Regulamento.

Com esta solução não se contraria o princípio da prevalência dos tratados[100], convenções ou acordos internacionais, ficando unicamente reservada à lei nacional a resolução dos casos omissos, na parte em que não seja incompatível com as regras do instrumento supranacional.

Nessa medida, em Portugal, será competente para a execução e reconhecimento da decisão de perda sem condenação «*o tribunal da comarca da área da situação do bem*» (cfr. art. 11.º, n.º 1, da Lei n.º 88/2009, de 31 de agosto). Salienta-se, porém, a este respeito, que se mantem no Regulamento a regra que impede que a «autoridade de execução» recuse o reconhecimento e execução com base na sua incompetência material ou territorial. O artigo 14.º, n.º 8, do Regulamento, segue a mesma regra enunciada na DQ 2006/783/JAI, ao determinar que «*caso a autoridade do Estado de execução que recebe a certidão de perda não tenha competência para a reconhecer a decisão de perda ou para tomar as medidas necessárias para a sua execução, a autoridade transmite imediatamente a certidão de perda à autoridade de execução competente do respetivo Estado-Membro e informa do facto a autoridade de emissão*».

[100] Com referência a este princípio, Simões, Rita «A recuperação de Ativos através da cooperação Judiciária internacional», *in Estudos Projeto Ethos*, Procuradoria-Geral da República, (org.), INCM – Imprensa Nacional-Casa da Moeda, 2018; pags. 369 a 408.

Por outro lado, a circunstância de a decisão de confisco não baseado numa condenação ter sido proferida, no Estado de Emissão, por um tribunal da jurisdição civil ou administrativa, no âmbito de procedimento diferente do processo penal, não impede que a mesma seja executada ou reconhecida em Portugal pelos tribunais penais.

Com efeito, cabendo nos critérios que anteriormente definimos, a decisão de confisco assume-se como uma consequência jurídica do crime – pois é aqui que o confisco dos instrumentos produtos e vantagens do facto ilícito típico deve ser enquadrado.

Não existe nesta matéria qualquer razão para que se altere a regra constante da Lei n.º 88/2009, de 31 de janeiro. Nessa medida, deverá manter-se a regra que consagra que *à execução da decisão aplica-se a lei processual penal, tendo o tribunal competente em matéria penal competência exclusiva para decidir das modalidades de execução e para determinar todas as medidas com ela relacionadas* (cfr. artigo 12.º, n.º 2, da Lei n.º 88/2009, de 31 de janeiro).

6. Outras decisões legitimadas pela prática do crime, mas excluídas do âmbito de aplicação do Regulamento – a indemnização

Cumpre ainda, relativamente ao âmbito de aplicação do Regulamento, esclarecer que este se aplica unicamente a decisões de confisco e apreensão decididas num «processo em matéria penal», nos termos que anteriormente defendemos. Todavia, as decisões de indemnização, ainda que fundadas na prática de um crime, não estarão sujeitas à disciplina do Regulamento, precisamente porque não são «decisões de confisco». Esta asserção poderá ser «lapaliceana», mas apenas na aparência. Existem casos em que as vantagens do crime correspondem, inversamente, ao prejuízo da vítima, e essa vítima pode por vezes ser o próprio Estado[101].

[101] Declarar a perda a favor do Estado, ou atribuir a indemnização a favor do Estado, são realidades que não se confundem para estes efeitos. Basta que se se considere a prática de um crime de peculato. Os montantes de que o criminoso se apropriou, e que constituem a sua vantagem confiscável, correspondem, inversamente, ao prejuízo do Estado, a quem os valores pertencem. Sobre a necessidade de compatibilizar os direitos patrimoniais das vítimas com o confisco das vantagens: Correia, João Conde/Rodrigues, Hélio Rigor, «Anotação ao Acórdão do TRG de 01-12-2014, processo 218/11.0GACBC.G1 (pedido de indemnização e confisco)», *Julgar online*, abril de 2015; e ainda: Correia, João Conde/Rodrigues, Hélio Rigor, «O confisco das vantagens e a pretensão patrimonial da Autoridade Tributária e Aduaneira

Atribuir uma indemnização ao lesado poderá remover as vantagens, mas a execução transfronteiriça dessa indemnização não estará sujeita às regras do Regulamento, mesmo que a vítima seja o Estado, e a indemnização lhe tenha sido atribuída.

Não poderá, todavia, deixar de se salientar que quer a nível nacional quer no âmbito dos mecanismos de cooperação, a restituição dos bens às vítimas ou a satisfação dos seus interesses patrimoniais prevalecem sobre o confisco em qualquer das suas modalidades e variações. E nessa medida, a questão que acabamos de enunciar não se confunde com a possibilidade de afetação dos bens ou valores declarados perdidos à vítima, nos termos do artigo 30.º do Regulamento[102], ou nos termos do artigo 130.º do Código Penal.

7. A natureza civil do confisco das vantagens versus a definição do conceito de «processos em matéria penal»

Não podemos deixar ainda de salientar uma questão de superlativa importância a este respeito e que foi enunciada no parecer do Serviço Jurídico do Conselho[103] de setembro de 2017, relativamente à circunstância de este conceito de «processo em matéria penal» dever ser considerado autónomo, e não dependente ou limitado a outros conceitos de semelhante recorte conceptual. Refere-se no referido parecer que a questão de saber se, «*a fim de combater eficazmente a criminalidade, o reconhecimento mútuo das decisões de congelamento ou de confisco emitidas por qualquer tribunal competente (por exemplo, civil, administrativo ou penal) no quadro de processos que não são penais se inscreve no âmbito de aplicação da "cooperação judiciária em matéria penal", se bem que com ela esteja relacionada, é diferente da questão de saber se tal medida deve respeitar os direitos e princípios fundamentais aplicáveis aos processos penais, como o artigo 50.º da Carta, as diretivas relativas*

nos crimes tributários, (Anotação ao Acórdão do Tribunal da Relação do Porto de 23.11.2016, proferido no processo n.º 905/15.4IDPRT.P1)», *Julgar Online*, janeiro de 2017.

[102] Quanto à importância que a salvaguarda dos interesses das vítimas assume no Regulamento, vide: Aguado-Correa, Teresa, «Embargos y Decomiso en la Unión Europea» (...) ob cit. p. 99-122.

[103] Parecer do Serviço Jurídico da União Europeia, de 29 de setembro de 2017, documento 12708/17, disponível em: https://data.consilium.europa.eu/doc/document/ST-12708-2017-INIT/pt/pdf.

aos direitos processuais baseadas no artigo 82.º, n.º 2, do TFUE e os artigos 6.º (na sua vertente penal) e 7.º da CEDH, na interpretação que lhes é dada pelo Tribunal Europeu dos Direitos Humanos (TEDH) nos chamados critérios Engel».

Este indispensável esclarecimento dissipa eventuais dúvidas quanto à eventual incongruência de um entendimento que defenda, por um lado, que o confisco não representa uma sanção penal sendo uma medida de natureza civil[104], para efeitos de verificação da respetiva compatibilidade com direitos e garantias processuais fundamentais exclusivas do processo penal, e por outro, entenda que tal modelo de confisco possa estar abrangido pelo Regulamento de reconhecimento mútuo das decisões de apreensão e confisco, enquanto instrumento da União baseado no artigo 82.º, n.º 1, do TFUE[105], precisamente porque o conceito de confisco integra o conceito de «matéria penal». Com efeito, uma consequência jurídica do crime[106] de natureza civil (designadamente o confisco das vantagens, tal como o entendemos) pode naturalmente ser aplicada (e será na generalidade dos casos) no âmbito de um «processo em matéria penal», independentemente do rito próprio a que está sujeito.

III. A cooperação judiciária em matéria de confisco não baseado numa condenação fora do contexto da União Europeia

O percurso argumentativo que enunciamos, com vista a justificar a admissibilidade de cooperação em matéria de confisco não baseado numa condenação, em qualquer das suas modalidades, ao abrigo das regras de reco-

[104] É esta a posição que temos vindo a defender relativamente ao confisco das vantagens do crime, designadamente em: Rodrigues, Hélio Rigor, *O confisco das vantagens do crime, entre os direitos dos Homens e os deveres dos Estados (...) ob. cit.* p. 85 a 117 e Rodrigues, Hélio Rigor/ Rodrigues, Carlos Alberto Reis, *Recuperação de activos (...) ob. cit.* p. 175 e sgts.

[105] Relativamente à base legal para a intervenção da EU nesta matéria, vide: Correia, João Conde, *Que futuro (...) ob. cit.* p. 344.

[106] A circunstância de se reconhecer que o confisco das vantagens assume natureza civil, não afeta a sua qualificação como uma «consequência jurídica do crime», e consequentemente a possibilidade de a União legislar sobre esta matéria, nos termos do artigo 82.º do TFUE. Essa limitação existiria se o TFUE apenas legitimasse a intervenção nos termos definidos no artigo 83.º, uma vez que este preceito limita-se às «sanções» e «infrações penais». O confisco das vantagens, não é uma sanção penal, nem muito menos uma infração penal, mas sendo uma consequência jurídica do crime, será, indubitavelmente integrante do conceito de «matéria penal», não existindo qualquer incongruência neste juízo.

nhecimento mútuo previstas no âmbito da União Europeia, não significa que a cooperação judicial nesta matéria com outros Estados não abrangidos pelo Regulamento se encontre vedada, ou não seja admissível.

Considerando que relativamente aos casos de confisco não baseado numa condenação aplicados no âmbito do «processo penal» não existirão especiais constrangimentos, optamos por analisar os casos em que o pedido de cooperação seja dirigido a Portugal no âmbito de uma decisão de confisco não baseado numa condenação proferida fora do processo penal. Para uma apreciação mais detalhada dos mecanismos de cooperação existentes fora do contexto da União Europeia, remetemos para os textos que constam desta obra relativamente aos mecanismos de cooperação no âmbito das Nações Unidas e do Conselho da Europa[107].

Pese embora não seja objetivo deste estudo enumerar exaustivamente todos os países que possuem mecanismos desta natureza, será pelo menos possível reconhecer o interesse numa abordagem que considere as soluções existentes ao nível da cooperação no âmbito do Conselho da Europa e das Nações Unidas.

Destacam-se a este respeito as soluções implementadas pela Geórgia, que conduziram a decisões paradigmáticas do Tribunal Europeu dos Direitos do Homem em matéria de confisco não baseado numa condenação[108], bem como ao nível da cooperação no âmbito dos instrumentos de alcance global produzidos no seio das Nações Unidas, como forma de encontrar soluções de cooperação com países que possuem estes mecanismos. Estarão aqui em causa, entre outros, os Estados Unidos da Amé-

[107] Designadamente: Antunes, Maria João/Costa, Miguel João, «Cooperação judiciária para efeitos de recuperação de ativos no âmbito da ONU», e ainda Correia, João Conde, «Cooperação judiciária para efeitos de recuperação de ativos no âmbito do Conselho da Europa».

[108] Designadamente as recentes decisões do TEDH: Gogitidze and others v. Georgia, proc. n.º 36862/05, 12 de maio de 2015; e ainda Giorgi Devadz v. Georgia, processo 21727/05, de 3 de novembro de 2016. Relativamente ao Acórdão Gogitidze and others v. Georgia, vide entre nós: Simões, Euclides Dâmaso/Trindade, José Luís, «Recuperação de Activos – Confisco sem acção penal – A "actio in rem" na jurisprudência do Tribunal Europeu dos Direitos Humanos», *in Julgar online*, março de 2016 e Rodrigues, Hélio Rigor, «O confisco das vantagens do crime, entre os direitos dos Homens e os deveres dos Estados» (...) *ob. cit.* p. 76.

rica[109] onde existem mecanismos de «*Civil Forfeiture*», bem como diversos países da América Latina, onde existem instrumentos caracterizados como de «*extinción de dominio*» e que representam mecanismos de confisco não baseado numa condenação no âmbito de procedimentos não penais. Este mecanismo de «*extinción de dominio*» existe, entre outros, na Argentina[110], Bolívia[111], Colômbia[112], México[113] e Peru[114].

[109] Designadamente, e para além das previsões a nível estadual estes mecanismos encontram-se previstos no: Chapter 46 of Title 18 of the United States Code – 18 U.S. Code § 983 – General rules for civil forfeiture proceedings, que define «civil forfeiture statute» como significando «*any provision of Federal law providing for the forfeiture of property other than as a sentence imposed upon conviction of a criminal offense*». A este respeito importa destacar ainda as «Federal Rules of Civil Procedure» (https://www.law.cornell.edu/rules/frcp). Importa aina realçar, relativamente aos pedidos de cooperação emitidos pelos EUA, que na sequência da decisão no processo Kim v. Department of Justice, (No. CV 05-3155 ABC (FMOx) (C.D. Cal. July 11, 2005) (não publicado), que segue de perto a jurisprudência constante da decisão: Collello v. Securities and Exchange Commission, 908 F. Supp. 738 (C.D. Cal. 1995), um tribunal Federal decidiu que os Estados Unidos da América deverão demonstrar a suscetibilidade de perda dos bens em causa em momento anterior à emissão de um pedido de cooperação judiciária a outro país em matéria de apreensão ou confisco de bens, em qualquer das suas modalidades. Veja-se a este respeito: Asset Forfeiture Policy Manual, U.S. Department of Justice Criminal Division Money Laundering and Asset Recovery Section, de 2019.
Esta decisão é relevante, e oferece garantias acrescidas de segurança, designadamente na medida em que o ónus da prova pertence ao Estado, nos termos do referido instrumento legislativo que determina que: «*if the Government's theory of forfeiture is that the property was used to commit or facilitate the commission of a criminal offense, or was involved in the commission of a criminal offense, the Government shall establish that there was a substantial connection between the property and the offense*».

[110] A *acción de extinción de domínio* foi aprovada pelo «Decreto de Necesidad y Urgencia n.º 62/2019, del 21 de enero de 2019».

[111] Mecanismo de *extinción de dominio* implementado Através da Ley n.º 913.

[112] Mecanismo previsto no *Código de Extinción de Dominio* aprovado pela Ley 1708 de 2014 (Modificada por la Ley 1849 de 2017).

[113] Mecanismo atualmente constante da Ley Nacional de Extinción de Domino de 09 de agosto de 2019.

[114] Constante do: Decreto Legislativo 1373 de 4 de agosto de 2018, e do Reglamento del D.L. 1373 de 1 de febrero de 2019.

1. Conselho da Europa

No âmbito das regras relativas à cooperação judiciária nesta matéria no seio do Conselho da Europa, destacam-se dois instrumentos com acentuada relevância:

1. Convenção do Conselho da Europa, de 1990, relativa ao branqueamento deteção, apreensão e perda dos produtos do crime (Convenção de Estrasburgo);
2. Convenção do Conselho da Europa, de 2005, relativa ao branqueamento, deteção apreensão e perda dos produtos do crime e ao financiamento do terrorismo (Convenção de Varsóvia), que substitui a convenção 1990 relativamente às partes que a tenham ratificado.

Importa primeiramente reconhecer que pese embora estas Convenções estabeleçam um quadro normativo relevante em matéria de confisco, não existe qualquer instrumento no âmbito do Conselho da Europa que defina regras vinculativas matéria de harmonização do confisco não baseado numa condenação[115].

As referências que existem a este nível integram unicamente instrumentos de *soft law*, traduzidos em recomendações ou incentivos sem carater vinculativo, designadamente as orientações que constam da *Resolution 2218 (2018), Fighting organised crime by facilitating the confiscation of illegal assets*[116], que nos seus pontos 5 e 6 refere que:

> «*Such measures (also referred to as non-conviction-based confiscation, civil forfeiture, confiscation in rem or unexplained wealth orders) have successfully withstood scrutiny by the highest courts of the countries concerned and also by the European Court of Human Rights. They were found to be compatible with human rights, including the presumption of innocence and the right to peaceful enjoyment of one's possessions.*
>
> *Provided sufficient safeguards exist, in particular full judicial review of any confiscatory measures by independent and impartial courts, the Assembly strongly supports*

[115] Grandi, Ciro, *Non conviction based confiscation, (...) ob. cit.* pag. 36.

[116] Disponível online no seguinte endereço: https://assembly.coe.int/nw/xml/XRef/Xref-XML2HTML-en.asp?fileid=24761&lang=en

non-conviction-based confiscation or similar measures as the most realistic way for States to tackle the enormous, and inexorably growing, financial power of organised crime, in order to defend democracy and the rule of law».

Nessa medida, inexistindo qualquer mecanismo vinculativo em matéria substantiva, ou de harmonização, a solução terá que partir da premissa que reconhece a diversidade das soluções constantes dos distintos ordenamentos jurídicos nacionais que integram o Conselho da Europa, e procurar, uma vez mais, respostas no âmbito dos mecanismos de cooperação judiciária potencialmente aplicáveis.

Relativamente aos mecanismos de cooperação enunciados na Convenção de Varsóvia com interesse no âmbito das decisões de confisco não baseado numa condenação, importa destacar primeiramente a regra estabelecida no artigo 15.º, n.º 1, que estabelece que «*As Partes cooperarão entre si, na mais ampla medida possível, para fins de investigação e de procedimento com vista à perda dos instrumentos e dos produtos*»[117].

Não obstante tal encorajadora disposição, o certo é que se inclui igualmente entre as causas de recusa, nos termos do artigo 28.º, n.º 4, que «*a cooperação prevista na secção 4 do presente capítulo* (relativa à perda) *poderá ser também recusada se:*

> «*Sem prejuízo do disposto no n.º 5 do artigo 23.º, o pedido não se referir a uma condenação anterior, a uma decisão de natureza judicial, ou a uma declaração que conste dessa decisão, declaração segundo a qual foram cometidas uma ou várias infrações penais e que esteve na origem da decisão ou do pedido de perda*».

Sucede que esta disposição, que aparentemente concede uma faculdade de recusa inequívoca nos casos em que a perda tenha sido decretada sem condenação, não será, em nossa perspetiva, tão categórica e inequí-

[117] Repete-se para os domínios do confisco a regra geral que consta do artigo 1.º da Convenção Europeia de Auxílio Judiciário Mútuo em Matéria Penal, adotada em Estrasburgo em 20/04/1959, que determina que «*As Partes Contratantes comprometem-se, de acordo com as disposições da presente Convenção, a conceder mutuamente o mais amplo auxílio judiciário possível, nos processos relativos a infracções cuja repressão seja da competência das autoridades judiciárias da Parte requerente no momento em que o auxílio for solicitado*».

voca como uma primeira leitura poderia fazer supor, precisamente porque ressalva expressamente os casos previstos no artigo 23.º, n.º 5. Nessa medida, se a decisão de perda que fundamenta o pedido de cooperação puder ser enquadrada no referido artigo 23.º, n.º 5, não existirá motivo de recusa.

Dispõe o artigo 23.º, n.º 5, desta Convenção:

> «*As Partes cooperarão na mais ampla medida possível, nos termos do seu direito interno, com as Partes que solicitem a execução de medidas equivalentes à perda e que conduzam à privação da propriedade, mas que não constituam sanções penais, desde que tais medidas tenham sido* ***ordenadas por uma autoridade judicial*** *da Parte requerente,* ***com referência a uma infração penal*** *e na medida em que se constate que* ***os bens constituem produtos ou bens referidos no artigo 5.º*** *da presente Convenção*» (sublinhado nosso).

Neste contexto, a solução relativamente aos mecanismos de cooperação no âmbito do Conselho da Europa em matéria de confisco não baseado numa condenação encontra-se num patamar semelhante àquele que anteriormente exploramos no âmbito da União Europeia. Isto porque, também aqui o fundamento legitimador da eventual cooperação não reside na existência ou não de uma decisão de condenação, mas sim na relação que os bens possuam com a prática da infração penal, designadamente a possibilidade de serem classificados como produtos [ou seja, vantagens, nos termos do artigo 1.º, alínea a)] ou outros bens identificados no artigo 5.º.

Nessa medida, repetem-se aqui os argumentos anteriormente enunciados (designadamente no título II ponto 3 deste texto), onde deixamos expresso que a ausência de condenação pela prática de um crime não impede que no âmbito do processo penal, ou fora dele, se estabeleça um vínculo ou conexão entre os bens ou valores confiscáveis e a prática de uma infração penal, designadamente classificando tais bens como instrumentos produtos ou vantagens de «*uma infração penal*».

Nesta medida, a formulação do artigo 23.º, n.º 5, permite abarcar todas as formas de confisco não baseado numa condenação, designadamente aquelas que são classificadas como mecanismos civis que ocorrem fora da ortodoxia do processo penal, desde que tenham ainda como referencial legitimador do confisco a *referência a uma infração penal* que permita integrar os bens numa das categorias do artigo 5.º desta Convenção de Varsóvia.

A análise deverá assim ser casuística. Não poderá admitir-se a recusa de cooperação unicamente com base na circunstância de a decisão que decretou a o confisco dos bens não ter sido precedida de uma condenação penal.

Em conclusão, desde que a decisão de perda no Estado requerente tenha como fundamento a relação entre os bens declarados perdidos e a prática de uma infração penal, será admissível a cooperação a este nível entre os países vinculados à referida Convenção de Varsóvia do Conselho da Europa.

2. No contexto das Nações Unidas

No contexto global, em que intervém os instrumentos das Nações Unidas, poderemos, efetivamente, ser confrontados com mecanismos de confisco não baseado numa condenação onde não existe qualquer afinidade com a tradição jurídica nacional.

Não obstante, cumpre assinalar que as regras estabelecidas nos diferentes países da américa latina que adotaram o *supra* referido mecanismo de *extinción de dominio*, ou seja, que admitem a decisão de confisco não baseado numa condenação através de procedimentos civis, são, globalmente, inspiradas pela *Ley Modelo de Extinción de Dominio*[118] de abril de 2011, que resultou de uma iniciativa do programa de assistência na América Latina e Caribe, no âmbito dos projetos desenvolvidos pelo Departamento das Nações Unidas em matéria de Drogas e Crime (*United Nations Office on Drugs and Crime* (UNODC). As soluções adotadas pelos Estados em matéria de *extinción de dominio*, para além de, no geral, não prescindirem da demonstração entre os bens sobre que constituem o seu objeto e a atividade ilícita de que resultam, assumem uma intensa preocupação com a salvaguarda das garantias processuais e com o respeito pelos direitos fundamentais dos titulares do património visado.

[118] O texto do documento pode ser consultado no seguinte link: https://www.unodc.org/documents/legal-tools/Ley_Modelo_Sobre_Extincion_de_Dominio.pdf.

Seguindo o mesmo critério utilizado no âmbito do Conselho da Europa, podemos identificar no âmbito das Nações Unidas 3 instrumentos relevantes ao nível da cooperação em matéria de confisco não baseado numa condenação, designadamente:

1. Convenção das Nações Unidas contra o tráfico ilícito de estupefacientes (1988 – Viena);
2. Convenção das Nações Unidas contra a criminalidade organizada transnacional e seus protocolos (2000 – Palermo);
3. Convenção das Nações Unidas contra a corrupção (2003 – Mérida).

Todas estas Convenções possuem regras específicas relativamente ao confisco, quer no âmbito do específico fenómeno criminal sobre que incidem (no caso da Convenções de Viena e de Mérida) quer no âmbito da criminalidade transfronteiriça em geral, (Convenção de Palermo).

O instrumento mais importante a este respeito será, todavia, a Convenção das Nações Unidas contra a corrupção[119], na medida em que estabelece o confisco como princípio fundamental[120], prevendo igualmente, de forma expressa, mecanismos de confisco não baseado numa condenação, designadamente no artigo 54.º, n.º 1, alínea c) da Convenção.

Refere este artigo que cada Estado parte deverá «*considerar a adoção de medidas que se revelem necessárias para permitir a declaração de perda desses bens na ausência de sentença criminal quando contra o autor da infração não possa ser instaurado um procedimento criminal em razão de falecimento, fuga, ausência ou noutros casos apropriados*»[121].

[119] Considerada por muitos, ainda hoje, o ponto alto da cooperação internacional em matéria de confisco: Borlini, Leonardo Sergio e Nessi, Giulio, «International Asset Recovery: Origins, Evolution and Current Challenges», *Diritto del Commercio Internazionale*, Ano NXXVIII N.º 2, 2014, p. 377-415, disponível em SSRN: https://ssrn.com/abstract=2391713 (data da consulta: 01.03.2021)

[120] Simões, Rita, «A recuperação de Ativos através da cooperação *(...)*, *ob. cit.* Pag. 384.

[121] Sobre a implementação deste artigo 54.º no âmbito dos países da União Europeia, vide: «*Comparative law study of the implementation of mutual recognition of orders to freeze and confiscate criminal assets in the European Union*» Publicado a 2015-02-06 – JUST/2011/JPEN/PR/0153/A4 FINAL FINDINGS REPORT.

Pese embora a inequívoca importância desta referência aos mecanismos de confisco não baseados numa condenação, os seus efeitos no âmbito da harmonização global nesta matéria são manifestamente limitados. Com efeito, o artigo 54.º, n.º 1, alínea c) constitui um instrumento de *soft law*[122], que se limita a recomendar aos Estados que considerem a adoção de tais medidas. Esta formulação contrasta com o caráter imperativo das demais alíneas do mesmo artigo, onde não se recomenda que os Estados possam *«considerar a adoção»*[123], indicando-se, outrossim, que cada Estado deverá *«adotar as medidas (...)»*.

Não obstante, importa salientar que o parágrafo 708 do guia legislativo de implementação da Convenção das Nações Unidas contra a corrupção sublinha um conjunto de vantagens relevantes na adoção destes mecanismos[124].

Nesta conformidade, inexistindo instrumentos legislativos vinculativos (ou de *hard law*) tendentes à harmonização nesta matéria[125], a resolução dos problemas será, uma vez mais, transferida para a necessidade de encontrar mecanismos de cooperação adequados.

Tal como ocorre no âmbito dos instrumentos vigentes no seio do Conselho da Europa, também a Convenção das Nações Unidas contra a corrupção estabelece uma obrigação ampla de cooperação. No artigo 55.º,

[122] Grandi, Ciro, «Non conviction based confiscation», *(...) ob. cit.* p. 35.

[123] Idêntica formulação, com caráter meramente encorajador ou sugestivo, pode ser encontrada noutro domínio igualmente complexo em matéria de confisco, nos termos do artigo 31.º, n.º 8, onde se refere que «*Os Estados Partes poderão considerar a possibilidade de exigir que o autor de uma infracção demonstre a proveniência lícita do presumido produto do crime ou de outros bens que possam ser objecto de perda, na medida em que este requisito seja compatível com os princípios do seu direito interno e com a natureza do procedimento judicial ou outros*».

[124] Refere-se no parágrafo 708 deste guia legislativo (versão revista 2012) a existência de vantagens no reconhecimento destes mecanismos de confisco não baseado numa condenação, designadamente, «*Other advantages of civil prosecution include the possibility of establishing liability on the basis of civil standards without the requirement of a criminal conviction of the person possessing or owning the assets, and the pursuit of assets in cases of acquittal on criminal charges where sufficient evidence meeting civil standards shows that assets were illegally obtained*».

[125] Reconhece-se, porém, que tal seria, eventualmente, demasiado ambicioso no âmbito de um instrumento de âmbito global adotado no seio das Nações Unidas, uma vez que nem no âmbito da União europeia se conseguiu ainda encontrar um entendimento concertado em matéria de confisco decidido fora do processo penal.

n.º 1, desta convenção de Mérida contra a corrupção refere-se expressamente a necessidade de cooperação «*to the greatest extent possible within its domestic legal system*[126]» em matéria de confisco.

Não poderá, todavia, deixar de se reconhecer que a expressão utilizada pela tradução portuguesa[127] não é, em nossa perspetiva a mais adequada. Poderá mesmo considerar-se que a referência singela à obrigação de cooperação «*na medida em que o seu sistema jurídico interno o permita*» limita a amplitude que o instrumento internacional pretendeu imprimir a este preceito[128], e poderá, inclusivamente, induzir em erro o intérprete.

Com efeito, esta obrigação de cooperar «*to the greatest extent possible within its domestic legal system*» deveria merecer uma tradução semelhante àquela que se encontra plasmada no artigo 15.º da Convenção de Varsóvia[129], onde ficou claro que a cooperação deverá ser tão ampla e abrangente quanto possível, ou seja, deverá ocorrer na maior medida possível[130]. Existe uma obrigação de «esforço», de ir até ao limite do possível,

[126] A redação do artigo 55.º na língua original dispõe que «*A State Party that has received a request from another State Party having jurisdiction over an offence established in accordance with this Convention for confiscation of proceeds of crime, property, equipment or other instrumentalities referred to in article 31, paragraph 1, of this Convention situated in its territory shall, to the greatest extent possible within its domestic legal system*».

[127] Que acompanha o Decreto do Presidente da República n.º 97/2007 de 21 de Setembro, que a ratificou, e da Resolução da Assembleia da República n.º 47/2007, que a aprovou Publicada em versão bilingue no Diário da República, 1.ª série – N.º 166 – 27 de Agosto de 2009.

[128] O Guia legislativo de implementação da Convenção, no seu parágrafo 719 sublinha essa obrigação de cooperar «*com a maior amplitude possível*», quando refere que: «*Article 55 contains obligations in support of international cooperation "to the greatest extent possible" in accordance with domestic law, either by recognizing and enforcing a foreign confiscation order, or by bringing an application for a domestic order before the competent authorities on the basis of information provided by another State party. In either case, once an order is issued or ratified, the requested State party must take measures to "identify, trace and freeze or seize" proceeds of crime, property, equipment or other instrumentalities for purposes of confiscation*».

[129] Onde a expressão «*The Parties shall mutually co-operate with each other to the widest extent possible (...)*» foi traduzida pela referência a que «*As Partes cooperarão entre si, na mais ampla medida possível (...)*».

[130] Seguindo-se, eventualmente, uma formulação semelhante à que foi formulada por Espanha que traduziu este conceito com a expressão «*en la mayor medida en que lo permita su ordenamiento jurídico interno*» – «Boletín Oficial del Estado, BOE», n.º. 171, de 19 de julio de 2006, p. 27132 a 27153.

e de procurar cooperar explorando e esgotando todas as vias possíveis, que não se encontra minimamente refletida na versão portuguesa. Nessa medida, consideramos que o conceito constante da tradução do artigo 55.º da versão portuguesa, onde se faz referência à «*medida em que o seu sistema jurídico interno o permita*», deverá ser entendido e interpretado como pretendendo assinalar que os Estados estão obrigados a cooperar nesta matéria «*na mais ampla medida possível permitida pelo ordenamento jurídico interno*»[131]. Deveria, em nossa perspetiva, ter sido este o sentido da tradução.

Esta formulação permitiria admitir a cooperação ao nível do reconhecimento e execução de uma decisão de perda não baseada na condenação produzida no âmbito dos mecanismos civis ou de extinção de domínio consagrados em alguns Estados da América latina e do Norte, por exemplo. Isto, na medida em que não existe, segundo a posição que defendemos, e que anteriormente enunciamos, qualquer impedimento a que se reconheça em Portugal uma decisão de confisco que tenha como fundamento a circunstância de que os bens confiscados estão relacionados com um facto ilícito típico, independentemente de tal constatação ter sido alcançada no âmbito de um processo não penal.

O que anteriormente se consignou vale *mutatis mutandis*, para a redação do artigo 13.º da Convenção das Nações Unidas contra a criminalidade organizada transnacional (Convenção de Palermo), uma vez que a expressão seguida é a mesma, ou seja, a necessidade de cooperar para efeitos de confisco com base em «*the greatest extent possible within its domestic legal system*». A referência aos mecanismos de cooperação para estes efeitos previstos no artigo 13.º desta convenção de Palermo assume maior relevância, uma vez que o seu âmbito de aplicação é mais amplo, abarcando diferentes fenómenos criminais. Não poderá, todavia, deixar de se reconhecer que a cooperação com base neste instrumento normativo

[131] As diferenças não são insignificantes, nem se reduzem a uma questão semântica. Isto porque, se no âmbito da versão que consta da tradução oficial ainda se permitiria o entendimento que é admissível uma eventual recusa com base na inexistência daquele específico procedimento ou modalidade de confisco no ordenamento jurídico nacional (questão formal), já na versão que propomos e que reflete, segundo cremos, a intenção do texto original, apenas questões substantivas ou de «ordem pública» permitiriam tal recusa.

internacional pode ser recusada caso a infração a que se refere o pedido não esteja prevista na Convenção.

Por fim, salienta-se igualmente que no âmbito da Convenção de Mérida a definição do conceito de «matéria penal» é igualmente relevante, nos termos do artigo 43.º, n.º 1, que determina que «*os Estados Partes deverão cooperar em matéria penal de acordo com o disposto nos artigos 44.º a 50.º da presente Convenção*».

Embora este preceito não seja diretamente aplicável aos casos de cooperação em matéria de confisco, servirá certamente como elemento de referência nos casos em que existam dúvidas sobre se a cooperação é ou não admissível.

3. As soluções constantes da Lei n.º 144/99, de 31 de agosto

Por fim, não poderíamos igualmente deixar de enunciar as soluções que neste domínio de cooperação judiciária internacional constam da Lei n.º 144/99, de 31 de agosto, que aprova a lei da cooperação judiciária internacional em matéria penal.

No artigo 160.º, n.º 3, da referida lei «*a autoridade portuguesa providencia pelo cumprimento de decisão que decrete a perda de produtos do crime, proferida pelo tribunal estrangeiro, observando-se correspondentemente o disposto no título IV, na parte aplicável*».

Importa, porém, relembrar que nos casos não incluídos no contexto do reconhecimento mútuo, essa decisão deverá ser objeto de reconhecimento e execução[132], designadamente nos termos do mecanismo previsto no artigo 95.º do mesmo diploma normativo. A questão que se coloca é se uma decisão proferida em matéria de confisco não baseado numa condenação é ainda uma «sentença penal». Considerando as referências que anteriormente estabelecemos relativamente ao conceito de «matéria penal» entendemos que nessas condições uma decisão desta natureza poderá ser objeto do mecanismo previsto nos artigos 95.º e seguintes, designadamente para os efeitos do artigo 98.º, n.º 1, al b).

[132] Simões, Rita, *A recuperação de Ativos (...) ob. cit.* p. 400.

6. Cooperação judiciária para efeitos de recuperação de ativos e direitos de defesa, em especial no âmbito do Regulamento (UE) 2018/1805

NUNO BRANDÃO
Professor auxiliar, Univ Coimbra, Faculdade de direito

I. O contexto político-criminal

Numa deambulação, mesmo que fugaz, pelo mundo normativo da recuperação de activos deparamos com um mantra: o crime não pode, não deve compensar e o Estado deve atacar os criminosos onde lhes dói mais, no lucro. Ao que, recorrentemente, se segue um lamento: as medidas e instrumentos de que dispomos não se têm revelado suficientes e eficazes para responder à necessidade político-criminal de privar os criminosos dos proventos que arrecadam com o crime, dado que só uma ínfima parte das vantagens criminosas são alvo de apreensão e/ou confisco, agudizando-se o problema quando se trate de criminalidade organizada e transnacional. A este *smart crime* deve responder-se com um *smart enforcement* e isso passa pela previsão de medidas de congelamento e de perda de bens engenhosas, que ultrapassem os espartilhos e barreiras formais da personalidade e da autonomia jurídicas de pessoas individuais e colectivas ou da prova do crime e da proveniência delituosa de bens cuja posse se mostra inexplicada e inexplicável, mas passa também pela criação de *mecanismos processuais que facilitem e agilizem a cooperação judiciária entre os Estados.*

Tudo isto e muito mais vem animando as iniciativas legislativas nacionais e internacionais e os discursos e análises doutrinais que emergem na matéria, conduzindo por todo o lado à proliferação de institutos processuais e penais da mais variada ordem e natureza[1], com pressupostos

[1] *V. g.*, o confisco clássico (*convicted based confiscation*), o confisco alargado, o confisco de bens de terceiros, o confisco de valor equivalente (*value-based confiscation*) e o confisco não baseado

e fins também eles obviamente diversos, dando corpo a domínios normativos extensos, complexos e com tendência para a cacofonia, onde os problemas abundam e as soluções claras e indiscutidas escasseiam. Por isso, numa espécie de círculo vicioso, vem crescendo também o capital de queixa em relação às dificuldades inerentes a esta manta de retalhos, *maxime* no plano da efectivação transnacional do programa político-criminal do combate ao lucro criminoso. É neste quadro que nos aparecem os regimes instituídos pela Directiva 2014/42/UE do Parlamento Europeu e do Conselho, de 3 de Abril de 2014, sobre o congelamento e a perda dos instrumentos e produtos do crime na União Europeia[2], e agora, adicionalmente, a disciplina introduzida pelo Regulamento (UE) 2018/1805 do Parlamento Europeu e do Conselho, de 14 de Novembro de 2018 relativo ao reconhecimento mútuo das decisões de apreensão e de perda (doravante, Regulamento)[3].

Sendo esta a linha político-criminal que, neste domínio da recuperação de activos, vem sendo há décadas seguida pela União Europeia e pelos Estados-Membros, não é de estranhar que o Regulamento relativo ao reconhecimento mútuo das decisões de apreensão e de perda tenha sido proposto pela Comissão Europeia com os seguintes objectivos: gerais, *i)* de apreender e confiscar mais bens provenientes de actividades criminosas em casos transnacionais, para prevenir e combater o crime,

numa condenação («non-conviction based confiscation») – EUROPEAN COMMISSION, *Commission Staff Working Document. Impact Assessment*, SWD(2016) 468 final, 21.12.2016, p. 9.

[2] Para uma aproximação de carácter geral a esta Directiva 2014/42/UE e ao contexto político-criminal em que se integra, CAEIRO, Pedro, «O confisco numa perspetiva de política criminal europeia», *in:* Maria Raquel Desterro Ferreira et al. (Coords), *O Novo Regime de Recuperação de Ativos à Luz da Diretiva 2014/42/UE e da Lei que a Transpôs*, Lisboa, INCM, 2018, p. 21 e ss.; e MAUGERI, Anna Maria, «La Direttiva 2014/42/UE relativa alla confisca degli strumenti e dei proventida reato nell'Unione Europea tra garanzie ed efficienza: un "work in progress"», *Diritto Penale Contemporaneo*, 1/2015, p. 300 e ss.

[3] Cf. CORREIA, João Conde, «Reconhecimento mútuo de decisões de apreensão e de confisco: o Regulamento (UE) 2018/1805 do Parlamento Europeu e do Conselho de 14 de novembro de 2018», *Julgar*, n.º 39, p. 183 e ss.; SIMÕES, Rita, «O regulamento relativo ao reconhecimento mútuo das decisões de apreensão e perda: inovações e continuidades», *Revista do CEJ*, I, 2019, p. 59 e ss.; e MIRANDOLA, Sofia, «Borderless enforcement of freezing and confiscation orders in the EU: the first regulation on mutual recognition in criminal matters», *Era Forum*, https://doi.org/10.1007/s12027-019-00581-x, 2019.

incluindo o terrorismo e o crime organizados e *ii)* de melhorar a protecção dos direitos das vítimas em casos transnacionais; e específicos, *iii)* de melhorar o reconhecimento mútuo de decisões de apreensão e de perda, *iv)* de proporcionar aos Estados-Membros procedimentos e certificados mais simples e céleres e *v)* de aumentar o número de vítimas que recebam compensações em casos transnacionais[4].

II. A posição de subalternidade das pessoas afectadas

A proposta que culminou no Regulamento (UE) 2018/1805 não se orientou, assim, por quaisquer objectivos ligados à protecção das pessoas afectadas[5] pelas acções transnacionais de apreensão e de perda e aos direitos substantivos e processuais que lhes devem ser reconhecidos e garantidos. O que não deixa de ser sintomático. Nomeadamente, de uma menor consideração desses seus interesses quando contrapostos aos interesses, públicos e privados (das vítimas), que comandam o programa normativo da recuperação transnacional de activos. Não tendo o reforço da tutela dos direitos e garantias das pessoas visadas pelas medidas de apreensão e de perda sido erigido a objectivo a cumprir pelo novo Regulamento, não admira que essa salvaguarda tenha sido nele relegada para um plano secundário, resumindo-se, no essencial, à proclamação genérica de alguns direitos basilares (direito à informação, art. 32.º; direito a vias de recurso eficazes no Estado de execução, art. 33.º) e à previsão expressa de vários motivos (taxativos) de recusa de reconhecimento e de execução das decisões de apreensão e de perda (arts. 8.º e 19.º, respectivamente). Uma posição processual de subalternidade das pessoas afectadas pelas decisões de apreensão ou de perda evidenciada por este seu estatuto processual que, aliás, é comum no âmbito da cooperação judiciária internacional, apesar de se entender que que nela se desenvolve uma relação

[4] European Commission, *cit.*, (n. 1), p. 34.

[5] Aqui e nas demais referências que lhe faremos em texto, atribuímos à expressão «pessoa afectada» o significado constante da definição inscrita no art. 2.º, 10), do Regulamento: «"Pessoa afectada"», a pessoa singular ou coletiva contra a qual é emitida uma decisão de apreensão ou uma decisão de perda, ou a pessoa singular ou coletiva que é proprietária dos bens abrangidos pela referida decisão, assim como quaisquer terceiros cujos direitos relacionados com esses bens sejam diretamente prejudicados pela referida decisão, em conformidade com a legislação do Estado de execução».

triangular, em que participam os Estados de emissão e de execução e a pessoa visada[6].

O confronto entre, por um lado, as normas que o Regulamento dedica à definição dos termos da tramitação dos pedidos de reconhecimento e execução de decisões de apreensão e de perda, num tratamento minucioso de todos e cada um dos passos a dar nos Estados de emissão e de execução para a consecução desses pedidos, e, por outro lado, as normas dirigidas à salvaguarda dos direitos das pessoas atingidas por esses pedidos, com um carácter em boa parte programático, revela um desequilíbrio que, como é evidente, maximiza as chances de reconhecimento e de execução de tais pedidos e diminui as oportunidades de defesa e de contraditório por quem seja afectado e a efectividade do seu exercício.

É sobre esse desfasamento que centraremos a nossa atenção.

Não curaremos das específicas circunstâncias previstas no Regulamento que, podendo obstar ao reconhecimento e execução de pedidos de apreensão ou de perda dirigidos pelo Estado de emissão ao Estado de execução, serão invocáveis pela pessoa afectada quando deseje opor-se ao reconhecimento e execução requeridos, mediante utilização dos *remédios jurídicos* de que disponha (*v. g.*, oposições, reclamações, recursos, arguições de invalidades, *etc.* – na terminologia do Regulamento, art. 33.º, *vias de recurso*)[7]. Sendo notificada do reconhecimento e execução de uma decisão de apreensão ou de perda, a pessoa afectada poderá ter interesse em contrariá-la logo nesse plano, de reconhecimento e execução, perante o Estado de execução, opondo-lhe possíveis desconformidades formais do pedido face à regulamentação aplicável e eventuais circunstâncias que dão corpo a motivos de não reconhecimento com acolhimento no Regulamento (arts. 8.º e 19.º)[8]. Entre esses

[6] Costa, Miguel João, *Extradition Law. Reviewing Grounds for Refusal from the Classic Paradigm to Mutual Recognition and Beyond*, Leiden, Brill Nijhoff, 2019, p. 359 e ss.

[7] Seguimos assim o conceito lato de «vias de recurso» para que aponta Ramos, Vânia Costa, «Meios processuais de impugnação da Decisão Europeia de Investigação: subsídios para a interpretação do artigo 14.º da Directiva com uma perspectiva portuguesa», *Anatomia do Crime*, n.º 7, 2018, p. 114 e ss.

[8] Especificamente sobre este tipo de motivos no âmbito da cooperação judiciária para recuperação de activos, referindo-se à Decisão-Quadro 2006/783/JHA, Gascón Inchausti, Fernando, «Mutual recognition and transnational confiscation orders», *in:* S. Ruggeri (ed.),

motivos destacam-se os seguintes: a colisão do pedido com o princípio *ne bis in idem*[9] (arts. 8.º/1/*a*) e 19.º/1/*a*)); a existência, no ordenamento legal do Estado de execução, de um privilégio ou imunidade susceptível de impedir a apreensão ou a perda dos bens em causa (arts. 8.º/1/*b*) e 19.º/1/*b*)); em situações excepcionais, a violação manifesta de um direito fundamental relevante previsto na Carta dos Direitos Fundamentais da União Europeia, em especial o direito a um recurso efectivo, o direito a um julgamento equitativo e o direito de defesa (arts. 8.º/1/*f*) e 19.º/1/*h*))[10]/[11]; os direitos das pessoas afetadas impossibilitarem, nos termos da legislação do Estado de execução, a execução da decisão de perda, nomeadamente em casos em que tal impossibilidade decorra da aplicação das vias de recurso nos termos do artigo 33.º (art. 19.º/1/*c*)); a pessoa contra a qual a decisão de perda foi emitida não tiver comparecido pessoalmente no julgamento que conduziu a uma decisão de perda associada a uma condenação definitiva (art. 19.º/1/*g*)), fora dos casos ressalvados no preceito.

A viabilidade de uma oposição à apreensão ou à perda de bens, nos Estados envolvidos na recuperação de activos, com base nas circunstâncias enunciadas, relativas à execução, e noutras, relativas às razões de fundo que lhes dão fundamento, está dependente não só da previsão de motivos susceptíveis de serem contrapostos a essas decisões, mas tam-

Transnational Inquiries and the Protection of Fundamental Rights in Criminal Proceedings, Berlin, Springer, 2013, p. 261 e ss.

[9] *Vd.*, novamente, Gascón Inchausti, Fernando «Mutual recognition and transnational confiscation orders», (n. 8), p. 262 e s.

[10] Cf. Wahl, Thomas, «Regulation on freezing and confiscation orders», *eucrim*, 4/2018, p. 202: «The most hotly debated issue during the negotiations was whether the Regulation should include a (more or less general) refusal ground if fundamental rights were infringed. Germany (in the council) and the EP favoured the introduction of such a refusal ground; however, the final text was a compromise: Art. 8(1)(f) and Art. 19(1)(h) formulate a refusal ground in the style of the recent CJEU case law in *Arranyosi & Căldăraru* containing a similar refusal ground in cases of European Arrest Warrants. As a result, non-recognition because of fundamental rights infringements will only be possible in exceptional situations».

[11] Especialmente crítico desta circunstância de recusa, Correia, João Conde, «Reconhecimento mútuo de decisões de apreensão e de confisco», (n. 3), p. 191 e s., considerando que «introduz um grande entorse ao princípio do reconhecimento mútuo, podendo mesmo comprometer a livre circulação de decisões judiciais».

bém, naturalmente, da própria existência, a montante, de procedimentos e mecanismos processuais de que a pessoa afectada possa lançar mão com vista a fazer valer os seus interesses: as chamadas *vias de recurso efectivas*, impostas pelo art. 47.º da CDFUE, pelo art. 6.º da CEDH, pelo art. 8.º/1 da Directiva 2014/42/UE, pelo art. 33.º do Regulamento, *etc.* É sobre isso que nos deteremos, procurando avaliar se os meios de defesa postos à disposição das pessoas afectadas e os direitos processuais que lhes são garantidos pela legislação europeia são idóneos a assegurar um *direito de defesa efectivo* nos casos transnacionais de recuperação de activos.

III. Os direitos processuais reconhecidos pelo acervo comunitário e o *wishful thinking* que sobre eles recai

Para justificar a não introdução no Regulamento de normas que densifiquem o direito de defesa no âmbito dos distintos procedimentos que nele se definem – *v. g.*, mediante criação de um procedimento específico de defesa integrado na tramitação dos pedidos de reconhecimento e execução de decisões de apreensão e de perda que tenha lugar no Estado de execução – invoca-se a aplicabilidade das normas instituídas pelas Directivas que visam assegurar a vigência no espaço da União Europeia de padrões mínimos de direitos processuais que devem ser garantidos aos arguidos e suspeitos em processo penal. Designadamente, os direitos previstos nas Directivas relativas ao direito à interpretação e tradução (Directiva 2010/64/UE), ao direito à informação (Directiva 2012/13/UE), ao direito de acesso a um advogado em processo penal (Directiva 2013/48/UE), à presunção de inocência e ao direito de comparecer em julgamento em processo penal (Directiva (UE) 2016/343), às garantias processuais para os menores (Directiva (UE) 2016/800) e ao apoio judiciário para suspeitos e arguidos em processo penal e para as pessoas procuradas em processos de execução de mandados de execução de detenção europeia (Directiva (UE) 2016/1919). Uma vez que, por força destas Directivas, os Estados-Membros estão obrigados a adoptar todo um conjunto de salvaguardas mínimas destinadas a garantir que o estatuto processual dos arguidos e suspeitos em processo penal se coaduna com as exigências de um processo equitativo próprias de um Estado de Direito, admite-se que isso será suficiente para assegurar vias de recurso efectivas e um *due process* às pessoas afectadas pelo reconhecimento e execução de decisões de apreensão e de perda, ao abrigo do Regulamento[12].

Receamos, no entanto, que se trate de posição não só demasiado optimista, como até redutora.

1. Considerar que os direitos processuais das pessoas afectadas se encontram devidamente defendidos pela circunstância de já integrarem o acervo comunitário releva, em nossa perspectiva, de um *wishful thinking* que ignora a real e longa distância que vai de Bruxelas aos gabinetes dos procuradores e juízes dos Estados-Membros nos casos em que a legislação da UE não é efectiva e devidamente transposta para os ordenamentos nacionais ou em que, mesmo sendo acolhida na legislação num plano geral, não é explicitada através de regras precisas destinadas a disciplinar um determinado procedimento.

Para ilustrar o que pretendemos significar, basta dar alguns exemplos da *praxis* no âmbito da recuperação de activos:

1.1. Comecemos por dois casos retirados da experiência búlgara, levados ao conhecimento do TEDH e do TJUE: o caso Ünsped Paket Servisi san. Ve Tic. A.Ş. vs. Bulgária, apreciado pelo Ac. do TEDH de 13.10.2015 (queixa n.º 3503/08); e o caso OM, objecto de um reenvio prejudicial decidido pelo TJUE no Ac. de 14.01.2021 (processo C-393/19).

No primeiro caso, de 2007, estava em causa um crime de tráfico de estupefacientes e no segundo, de 2018, um crime de contrabando, cometidos por condutores de empresas de transportes, à revelia e com o desconhecimento delas. Descobertas as cargas ilegais (de droga, no caso Ünsped, e de moedas antigas, no caso OM), na fronteira entre a Turquia a Bulgária, as autoridades búlgaras procederam à apreensão dos respectivos camiões, por constituírem instrumentos dos crimes em apreço, sem ter dado oportunidade às empresas donas dos camiões de sequer inter-

[12] European Commission, *Proposal for a Regulation of the European Parliament and of the Council on the mutual recognition of freezing and confiscation orders*, Brussels, 21.12.2016, COM(2016) 819 final, SWD(2016) 468 final, p. 10

virem nos processos, de forma a contestarem e a impugnarem as decisões atentatórias do seu direito de propriedade.

Daí que o TEDH tenha concluído o seguinte: «the applicant company bore an individual and excessive burden which could have been rendered legitimate only if it had had the opportunity to challenge effectively the forfeiture of its property resulting from the criminal proceedings to which it was not a party; however, the applicant company had no such opportunity and therefore the fair balance which should be struck between the protection of the applicant's right to property and the requirements of the general interest was upset, in violation of Article 1 of Protocol N.º 1 to the Convention» (47.).

Esta decisão do TEDH, de 2015, numa altura em que a Directiva 2014/42/UE havia já sido publicada no Jornal Oficial da União[13], parece não ter sido suficiente para mudar a *praxis* búlgara de negar o acesso aos tribunais dos terceiros afectados por apreensões e perdas de bens instrumentos de crimes, já que uma situação idêntica ao caso Ünsped voltou a ocorrer no caso OM, em 2018, tendo um Tribunal de recurso búlgaro sentido inclusivamente necessidade de realizar um reenvio prejudicial para o TJUE, que acabou por declarar o óbvio: «62. A este respeito, importa igualmente salientar que, nos termos do artigo 47.º, primeiro e segundo parágrafos, da Carta, toda a pessoa cujos direitos e liberdades garantidos pelo direito da União tenham sido violados tem direito a uma acção perante um tribunal nos termos previstos neste artigo e, nomeadamente, a que a sua causa seja julgada de forma equitativa. 63. Em especial, o direito a um recurso efectivo significa que um terceiro cujo bem seja objecto de uma medida de perda deve poder contestar a legalidade dessa medida para recuperar esse bem quando a perda não seja justificada. 64. No caso em apreço, o órgão jurisdicional de reenvio sublinhou na sua decisão de reenvio que o terceiro cujos bens tenham sido objecto de uma medida de perda não tem acesso direto à justiça nos termos da regulamentação nacional, pelo que não está em condições de fazer valer validamente os seus direitos. 65. Nestas condições, há que concluir que,

[13] Cf. art. 8.º/9 da Directiva 2014/42/UE: «Os terceiros têm direito a invocar o seu título de propriedade ou outros direitos reais, inclusive nos casos referidos no artigo 6.º».

numa causa como a do processo principal, o terceiro cujo bem seja declarado perdido está privado do direito a um recurso efectivo»[14].

Esta realidade búlgara mostra uma total desconsideração logo por aquele que é o direito do qual dependem todos os outros, o do acesso a um tribunal. Uma realidade que tem persistido não obstante as claras proclamações de numerosos diplomas da União Europeia e de ter sido até alvo de censura de tribunais internacionais, como sucedeu no caso Ünsped.

1.2. Continuemos com dois exemplos portugueses, apesar de tudo bem menos chocantes do que os búlgaros. Temos em vista práticas processuais das nossas autoridades judiciárias que dão a perceber pouca preocupação pela tutela dos interesses das pessoas afectadas pelos procedimentos de recuperação de activos. Uma delas é a frequente ultrapassagem do prazo máximo de 30 dias estabelecido pelo art. 219.º/1 do nosso CPP para a decisão de recursos de despachos de aplicação de medidas de garantia patrimonial. Uma disposição que parece constituir letra morta, dada a sua sistemática inobservância pelos nossos Tribunais da Relação, sem que haja notícia de que daí venham derivando consequências disciplinares para quem infringe o prazo legal. Outra é a demora, também ela comum, com que as pessoas afectadas por apreensões e arrestos são deles notificados. Não raro, tomam deles conhecimento, já depois da sua concretização, não por via do processo mas por pessoas a ele exteriores, aguardando meses até que a autoridade judiciária competente se digne ordenar a sua notificação dos elementos do processo necessários a formar um conhecimento preciso do decidido e executado e a poder reagir processualmente. Ora, se, neste domínio, mesmo as regras nacionais vêm sendo encaradas não como injunções imperativas que deverão ser obedecidas nos estritos termos prescritos legalmente, mas como uma espécie de directrizes que se hão-de ir cumprindo se e quando for oportuno,

[14] O TJUE concluiu, por isso, que «o artigo 4.º da Decisão-Quadro 2005/212, lido à luz do artigo 47.º da Carta dos Direitos Fundamentais, deve ser interpretado no sentido de que se opõe a uma regulamentação nacional que permite a declaração de perda, no âmbito de um processo penal, de um bem pertencente a uma pessoa diferente da que praticou a infração penal, sem que a primeira pessoa disponha de uma via de recurso efetiva».

só por ingenuidade se poderá ficar tranquilo quanto ao respeito pelos direitos das pessoas afectadas pelo facto de beneficiarem de previsão em Directivas da União Europeia.

Numa visão menos benigna, poderá mesmo opor-se a essa suposição a ideia de que a consagração dos direitos processuais em tais Directivas acaba, isso sim, por abrir caminho a mecanismos processuais assentes no reconhecimento mútuo cada vez mais agressivos para os direitos fundamentais das pessoas, na pressuposição de que, considerando o direito positivo, estas gozarão de meios de defesa próprios de um processo equitativo, sem que, porém, depois se cure de verificar se estão, de facto, em condições de se materializar na vida real dos processos[15].

2. A confiança de que os direitos processuais dos visados se encontram salvaguardados pelas referidas Directivas parece-nos ainda ser fruto de uma perspectiva que procura atribuir a estas Directivas uma projecção e uma efectividade que elas, na realidade, não estão em condições de ter neste contexto da cooperação judiciária para recuperação de activos. E daí dizermos que se trata de uma posição redutora.

Com efeito, basta pensar no paralelismo que se pode traçar entre as Directivas dirigidas à protecção dos direitos processuais dos arguidos e suspeitos em processo penal e os regimes normativos que a União Europeia instituiu para a recuperação de activos.

Recorde-se que, desde a década de 2000, se encontram em vigor vários diplomas da União Europeia que têm em vista viabilizar o reconhecimento mútuo de decisões de apreensão e de perda, destacando-se a Decisão-Quadro 2003/577/JAI, relativa à execução na UE das decisões de congelamento de bens ou de provas); a Decisão-Quadro 2006/783/JAI, relativa à aplicação do princípio do reconhecimento mútuo às decisões

[15] Sobre «a subordinação das novas regras [relativas aos direitos processuais] ao desígnio de facilitar o reconhecimento mútuo», Costa, Miguel João, «Comentário à proposta de Directiva do Parlamento Europeu e do Conselho relativa ao apoio judiciário provisório para suspeitos ou arguidos privados de liberdade e ao apoio judiciário em processos de execução de mandados de detenção europeus (COM(2013) 824 Final)», *in:* Pedro Caeiro (org.), *A Agenda da União Europeia sobre os Direitos e Garantias da Defesa em Processo Penal: a «segunda vaga» e o seu previsível impacto sobre o direito português*, Coimbra, Instituto Jurídico, 2015, p. 65 e s.

de perda; e a Directiva 2014/42/UE, sobre o congelamento e a perda dos instrumentos e produtos do crime na União Europeia. E todavia, acabou por se concluir que esse «regime de reconhecimento mútuo das decisões de apreensão e das decisões de perda não é inteiramente eficaz»[16], mais se considerando que «essas decisões-quadro não foram transpostas e aplicadas de modo uniforme nos Estados-Membros, o que levou a um reconhecimento mútuo insuficiente e a uma cooperação transfronteiriça aquém do que seria de desejar»[17].

Ora, se nem a existência de decisões-quadro foi suficiente para promover uma cooperação judiciária eficaz neste campo – tendo sido por isso necessário recorrer a um instrumento normativo directamente aplicável aos Estados-Membros, o Regulamento –, a que título se poderá supor que as Directivas relativas aos direitos processuais serão suficientes para assegurar um direito de defesa efectivo às pessoas atingidas pelas decisões de apreensão e de perda? Entendeu-se que a atribuição de eficácia a este regime de recuperação transnacional de activo careceria de um Regulamento. O diploma aprovado faz jus ao *nomen juris* que ostenta: prevendo de forma detalhada toda a tramitação inerente aos pedidos de reconhecimento e de execução das decisões de apreensão e de perda, trata-se, na verdade, de um regulamento no sentido material do termo. Um regimento que tem assim uma vocação aplicativa de *natureza dinâmica*, visando, como regulamentação processual que é, conformar a marcha do procedimento. Nessa medida contrasta de modo substancial com os *enunciados normativos estáticos e genéricos* que dão corpo a uma larga parte do conteúdo dos direitos processuais inscritos nas referidas Directivas. O que torna duvidosa a capacidade dessas normas, ademais carecidas de transposição, para assegurar uma oportunidade de defesa efectiva.

Claro que a este receio sempre se poderá contrapor a existência de mecanismos processuais de defesa inscritos na regulação dos procedimentos dirigidos à apreensão e à perda de activos legalmente previstos tanto no Estado de emissão como no Estado de execução. Em regra, por certo, o Estados de emissão, aquele onde a pessoa afectada poderá

[16] Considerando n.º 6 do Regulamento (UE) 2018/1805.

[17] Considerando n.º 6 do Regulamento (UE) 2018/1805.

discutir os motivos de fundo subjacentes à emissão de uma decisão de apreensão e/ou de perda (art. 33.º/2 do Regulamento), contará com um regime processual que terá em consideração os direitos da pessoa visada, assegurando-lhe condições para fazer valer os seus interesses e defender os seus direitos. E o mesmo se dirá quanto ao Estado de execução, que, seguramente, não deixará de prever meios de defesa a que os interessados poderão recorrer para reagir à execução de tais pedidos (art. 33.º/1 do Regulamento).

Esta possível contra-argumentação passa, no entanto, por alto da circunstância de os meios de defesa previstos nas legislações dos Estados de emissão e de execução, aplicáveis a estas questões processuais de carácter transnacional, não serem, em regra, pensados e regulados a essa luz, não estando por isso normalmente vocacionados para responder aos específicos e difíceis problemas que a transnacionalidade do caso é susceptível de levantar. Sendo a malha processual dos meios e direitos de defesa dos visados cerzida para um contexto nacional, nem sempre será fácil estendê-la e reconfigurá-la de modo a que garanta uma tutela efectiva dos seus interesses quando o caso extravase as fronteiras nacionais e envolva a intervenção de duas ou mais jurisdições. Ora, essa necessidade de reconformação das regras e procedimentos do direito nacional para acomodar um procedimento transnacional de recuperação de activos é, naturalmente, factor de incerteza e insegurança, potenciando arbitrariedades na definição das concretas salvaguardas de defesa postas à disposição das pessoas afectadas.

É bom de ver que nada disto é salutar para um exercício cabal e efectivo de defesa. Se há coisa de que uma pessoa visada por um processo penal necessita, para defender os seus interesses, é de previsibilidade. E para isso são imprescindíveis regras claras e precisas, a partir das quais se possa saber, com rigor, as vias de oposição e recurso disponíveis (e indisponíveis), os prazos e formalidades respectivos, *etc.* Tudo isto é indispensável, antes de mais, para traçar uma estratégia de defesa e, depois, para executá-la. Nada, portanto, que se compadeça com regulações do direito de defesa abertas e incertas. Exigências que se exasperam num domínio como o presente, em que, pela própria natureza (transnacional) das coisas, as pessoas afectadas tendem a encontrar-se numa posição de maior dificuldade para actuar em defesa dos seus interesses do que num típico caso exclusivamente nacional[18]. Isto, tendo em conta a normal diversidade das línguas dos procedimentos e dos documentos que os integram e que para eles devam ser carreados, a larga distância geográfica que pode separar o visado do lugar onde o processo principal decorre e a frequente necessidade de recorrer a uma pluralidade de advogados, dos países de emissão e de execução do pedido de cooperação. Podendo perfeitamente ser este um estado de coisas que aflija já a pessoa afectada, ela e quem a defenda dispensarão bem as incertezas inerentes a uma falta de regulação específica dos meios de defesa com que podem contar.

IV. As vias de recurso no Estado de execução

É ao Estado de execução que cumpre escolher o tipo de procedimento (nacional) a adoptar para dar execução ao pedido de reconhecimento e execução da decisão de apreensão e/ou de perda recebido: "A execução da decisão de apreensão ou da decisão de perda rege-se pela legislação do Estado de execução, tendo as suas autoridades competência exclusiva para decidir das modalidades de execução das mesmas e determinar todas as medidas com elas relacionadas" (art. 23.º/1 do Regulamento).

Não dispondo o direito positivo do Estado de execução de um instituto de apreensão ou de perda como aquele a que se refere o pedido do Estado de emissão, julgamos que a opção do procedimento a seguir há-de recair naquele que, tendo em conta o seu objecto, fins e natureza, mais se assimilar ao daquele cujo reconhecimento e execução são solicitados pelo Estado de emissão. E dele deve ser dado também conhecimento às pessoas visadas pelas decisões executadas quando chegue o momento em que devam ser notificadas da execução do pedido (arts. 11.º/2 e 32.º/1 do Regulamento)[19]. Em tal comunicação, deve constar de forma clara a base legal do direito positivo do Estado de execução tida em conta para

[18] Cf. Ramos, Vânia Costa / Luchtman, Michiel / Munteanu, Geanina, «Improving defence rights. Including available remedies in and (or as a consequence of) cross-border criminal proceedings», *eucrim*, 3/2020, p. 235 e ss.

[19] Cf. ainda o Considerando n.º 39 do Regulamento: «Após a execução de uma decisão de apreensão, e na sequência da decisão de reconhecer e executar uma decisão de perda, a autoridade de execução deverá, na medida do possível, informar de tal execução ou decisão as pessoas por ela afectadas das quais tenha conhecimento. Para esse efeito, a autoridade de execução deverá fazer todos os esforços razoáveis para identificar quem são as pessoas afecta-

dar seguimento ao pedido do Estado de emissão, bem como «as vias de recurso disponíveis ao abrigo do direito do Estado de execução» (art. 32.º/2 do Regulamento).

Sendo dado cumprimento ao que estatui o Regulamento, pensamos que, nesta vertente, a posição da defesa estará devidamente salvaguardada, dado que poderá contar com uma indicação inequívoca dos meios processuais de defesa que tem ao seu dispor. Ponto é então que a autoridade do Estado de execução adopte um quadro processual já previsto no seu ordenamento legal, incluindo nos casos em que não exista homologia entre o tipo de apreensão ou de perda decretado no Estado de emissão e as modalidades de recuperação de activos legalmente previstas no Estado de execução. Não será aceitável a criação *ad-hoc* de um rito processual sem respaldo legal, sob pena de se instalar uma indeterminação que comprometerá o exercício do direito de defesa.

V. As vias de recurso no Estado de emissão

O juízo positivo que fazemos quanto à tutela da posição da defesa nos planos da definição dos meios de reacção que lhe devam ser reconhecidos no Estado de execução e da informação que sobre eles lhe deve ser prestada, a nosso ver suficientemente acautelada pelo Regulamento, não se repete quando viramos o nosso olhar para o Estado de emissão e para o tratamento normativo que no Regulamento é dispensado a esses dois aspectos, de elevada importância para o exercício da defesa.

O Regulamento segue a ideia rectora de que «cada Estado poderá conhecer a impugnação de decisões para as quais tem em primeira linha competência decisória em função da repartição de tarefas característica da cooperação internacional – emissão vs reconhecimento e execução»[20]. E assim determina que «os motivos de fundo subjacentes à emissão de

das, verificar o modo de as contactar e informá-las da execução da decisão de apreensão ou da decisão de reconhecer e executar uma decisão de perda».

[20] Ramos, Vânia Costa, «Meios processuais de impugnação da Decisão Europeia de Investigação», (n. 7), p. 120, a propósito da Decisão Europeia de Investigação, numa lógica – «a repartição de papéis nos meios de impugnação contra uma DEI também deve ser o espelho desta repartição [de competência entre EM de emissão e de execução]» (Zimmerman, *apud* Vânia Costa Ramos, *idem*, nota 21) – plenamente transponível para o domínio da recuperação de activos.

uma decisão de apreensão ou de uma decisão de perda não podem ser impugnados perante um tribunal do Estado de execução» (art. 33.º/2). É, portanto, no Estado de emissão que a pessoa afectada se poderá opor a tais decisões quando as pretenda questionar nesse plano de fundo. Por isso, será aí que tenderá a travar-se o essencial da discussão que o visado deseje abrir para evitar a consolidação da apreensão e/ou da perda com que se veja confrontado.

Embora assim seja, o certo é que o Regulamento desguarnece a pessoa afectada, sendo completamente *omisso em relação a dados essenciais para o exercício da defesa junto do Estado de emissão*, potenciando a desorientação nem mais nem menos ali onde mais se faz sentir a necessidade de certeza: é ambíguo quanto à notificação à pessoa afectada da decisão de apreensão e/ou de perda proferida pelo Estado de emissão; não impõe um dever de comunicação das vias de recurso de que a pessoa afectada pode lançar mão no Estado de emissão, para impugnar a decisão; e gera dúvidas sobre o termo inicial do prazo para essa impugnação.

O Regulamento pouco diz acerca da notificação da decisão de apreensão e/ou de perda originariamente tomada no Estado de emissão. Não é claro se o Estado de execução deve fornecer à pessoa afectada uma cópia da decisão propriamente dita. O art. 32.º inculca a ideia de que não: o Estado de execução informa de tal decisão as pessoas afectadas de que tenha conhecimento (art. 32.º/1), devendo a informação especificar «também, pelo menos de forma concisa, os motivos dessa decisão» (art. 32.º/2); especificação esta que, à partida, se diria desnecessária se houvesse o dever de lhes fornecer uma cópia integral da decisão. É igualmente dubitativo sobre a questão de saber se impende ou não sobre o Estado de emissão uma obrigação de notificação da decisão, sendo este importante ponto somente abordado em sede de Considerandos, de um jeito ambíguo: «A obrigação imposta à autoridade de execução nos termos do presente regulamento de informar as pessoas afectadas não prejudica qualquer obrigação da autoridade de emissão de informar as pessoas nos termos do direito do Estado de emissão, como, por exemplo, no que se refere à emissão de uma decisão de apreensão ou às vias de recurso existentes nos termos do direito do Estado de emissão» (Considerando n.º 39).

Esta indefinição conduz a uma outra, quanto ao momento em que a notificação deverá ocorrer: entendendo-se, apesar de tudo, tendo em conta o determinado pelo art. 8.º/2/6 da Directiva 2014/42/UE, que o Estado de emissão está obrigado a notificar a pessoa afectada da decisão de apreensão e/ou de perda que contra ela nele tenha sido proferida, em que momento deverá fazê-lo? Logo que seja informado pelo Estado de execução de que a decisão foi reconhecida e executada (cf. arts. 9.º/4 e 18.º/6 do Regulamento) ou só depois, uma vez concluído o procedimento aberto no Estado de execução?

Para piorar, a tudo isto acresce a falta de imposição expressa de um dever de informar a pessoa afectada dos meios processuais de reacção à decisão que poderá opor no Estado de emissão[21], dos prazos respectivos e dos momentos em que tais prazos se iniciam.

Coloquemo-nos, enfim, no lugar de um cidadão português que veja a sua casa, sita em Portugal, apreendida por decisão de um tribunal da Letónia, por se tratar de um imóvel que antes pertencia a um fundo de investimento imobiliário que não passava de uma empresa de fachada para branquear as vantagens delituosas de uma organização criminosa com actuação nos países bálticos. Tendo adquirido a casa de boa-fé, procurará este nosso cidadão mostrar isso mesmo, que desconhecia por completo a associação do imóvel a um esquema criminoso, que não tinha razões para suspeitar de tal conexão criminosa e que foi, de facto, efectuado um pagamento em cumprimento do contrato de compra e venda. Para esse efeito, terá interesse em apresentar a sua versão dos factos, juntar documentos, arrolar testemunhas, *etc.* Mas, antes de tudo, ele e o advogado que constituir terão necessidade de conhecer e compreender o conteúdo da decisão que determinou a apreensão e perante quem, de que forma e até quando deverá expor as suas razões. Ora, sobre nada disso encontrará resposta no Regulamento. Deverá o visado aguardar por uma notificação proveniente da Letónia, só depois apresentando a sua oposição formal junto da autoridade letã competente para conhecer a sua defesa? Uma espera que poderá ser atormentada por esta dúvida: mas e se o prazo para reagir já estiver em curso, tendo-se iniciado com a notificação da execu-

[21] Com um crítica similar, no âmbito da DEI, Klip, André, *European Criminal Law*, 3.ª ed., Antwerpen, Intersentia, 2016, p. 470.

ção da decisão de apreensão promovida pelo Estado português, aquela espera não poderá implicar a perda do prazo de defesa?

Estas dúvidas e questões, ligadas às condições mínimas para um exercício informado e efectivo do direito de defesa, mostram que o regime vago e lacunoso do Regulamento em matéria de vias de recurso no Estado de emissão o faz ficar substancialmente aquém do necessário para assegurar uma tutela efectiva dos interesses e direitos processuais das pessoas afectadas.

VI. O alcance limitado das Directivas relativas aos direitos processuais

Além do que já vai recenseado, a defesa das pessoas afectadas nestes casos transnacionais de recuperação de activos poderá debater-se com dificuldades de monta em aspectos decisivos para um seu exercício efectivo, designadamente, os que se prendem com a compreensão linguística dos actos processuais e dos documentos relevantes para a decisão de apreensão e/ou de perda e sua execução, com o acesso aos autos respectivos, com a constituição de advogados com competências técnicas e linguísticas para actuar nas jurisdições relevantes e com o custeio dessa assistência judiciária. Dificuldades para as quais as pessoas afectadas poderão não contar com a protecção conferida pelas Directivas relativas aos direitos processuais, ficando na dependência da álea de uma eventual tutela concedida pelos direitos nacionais dos Estados envolvidos nas matérias sob a sua alçada.

Repare-se que o Regulamento não chega a determinar a aplicabilidade do acervo de direitos e garantias processuais constante dessas Directivas aos procedimentos de reconhecimento e execução nele previstos. A referência a essas Directivas faz-se apenas em sede de Considerandos e somente para reconhecer o óbvio, que tais Directivas têm incidência sobre os processos penais no âmbito dos quais estes procedimentos de recuperação de activos se desenrolam[22].

[22] Considerando n.º 18: «Os direitos processuais estabelecidos nas Directivas 2010/64/UE, 2012/13/UE, 2013/48/UE, (UE) 2016/343, (UE) 2016/800 e (UE) 2016/1919 do Parlamento Europeu e do Conselho deverão ser aplicáveis, no âmbito de aplicação dessas directivas, aos processos penais abrangidos pelo presente regulamento no que se refere aos Estados-Membros vinculados às mesmas».

Sempre sobrará, não obstante, a possibilidade de as próprias Directivas ora em apreço conterem normas que devam valer para os presentes procedimentos de recuperação de activos a que as pessoas afectadas possam recorrer mesmo no caso de não terem sido atempada e correctamente transpostas para os direitos nacionais dos Estados que neles intervenham, mediante mobilização do *princípio do efeito directo*[23].

A este propósito, cumpre começar por notar que uma parte dessas Directivas contém disposições especialmente dirigidas a um procedimento de cooperação judiciária entre Estados-Membros, o relativo à execução de mandados de detenção europeu. O que é sinal de que o legislador comunitário acolheu a ideia de que o carácter transnacional desse procedimento suscita problemas específicos que reclamam soluções normativas também elas específicas. Como temos visto, o mesmo se poderá entender quanto aos procedimentos transnacionais de recuperação de activos previstos e disciplinados no Regulamento. O que não resultou, todavia, numa intervenção normativa, por exemplo no próprio Regulamento, no sentido de prever a aplicabilidade desses direitos processuais no âmbito destes procedimentos e de regular os termos em que neles deverão valer. Que daí poderá derivar uma impossibilidade de apelo ao regime das Directivas para afirmar certos direitos processuais nelas previstos que as pessoas afectadas pretendam reivindicar no curso desses procedimentos é uma consequência que nos parece bem real.

Sucede, com efeito, que, o âmbito *subjectivo* e *objectivo* de *aplicação* dessas Directivas está longe de cobrir a *totalidade das pessoas afectadas* por tais procedimentos e das *questões processualmente relevantes* que neles podem emergir.

Em regra, os regimes das Directivas que consagram direitos processuais em processo penal *não abrangem um núcleo importante das pessoas afectadas pelas decisões de recuperação de activos*, o daqueles que, não sendo arguidos ou suspeitos nos processos respectivos, são, em todo o caso, proprietários dos bens por elas abrangidos ou titulares de direitos relacionados com esses bens que sejam por elas prejudicados. Na realidade, essas Directivas referem-se invariavelmente aos direitos de pessoas suspeitas

[23] Cf. Gorjão-Henriques, Miguel, *Direito da União*, 9.ª ed., Coimbra, Almedina, 2019, p. 306 e ss.

ou acusadas da prática de infracções penais[24], deixando, portanto, *de fora do seu âmbito de protecção os proprietários de bens e outros terceiros que não sejam eles próprios alvos de suspeitas criminais em tais processos.* E mesmo quando estejam em causa decisões de apreensão e/ou de perda que afectem bens de suspeitos ou acusados nem sempre lhes será reconhecida a titularidade de direitos em geral reconhecidos por estas Directivas. É o caso, nomeadamente, do direito a apoio judiciário quando não se encontrem privados da liberdade e não tenham de ser obrigatoriamente assistidos por um advogado em conformidade com o direito da União ou o direito nacional (art. 2.º/1 da Directiva (UE) 2016/1919).

Mesmo aqueles que, à partida, detenham uma qualidade processual que os coloca sob abrigo das Directivas – por serem suspeitos ou acusados no processo penal que corre termos no Estado de emissão e no âmbito do qual é formulado um pedido de cooperação judiciária para reconhecimento e execução de uma decisão de apreensão e/ou de perda – poderão ser confrontados com a objecção de que determinados direitos processuais que nelas se prevêem não valerão no âmbito da recuperação de activos, mesmo quando possam ser decisivos para um exercício efectivo do direito de defesa[25]. É o caso, por exemplo, sem pretensões de exaustão, do direito à interpretação (gratuita) das comunicações entre a pessoa afectada e o seu advogado, caso se entenda não ser necessário à garantia da equidade do processo[26]; do direito à tradução (gratuita) das peças processuais e da prova documental que estão na base do decretamento da apreensão ou da perda, quando não assumam a forma de acusação, de pronúncia ou de sentença e sejam tidos como documentos não essenciais à salvaguarda da possibilidade de exercício do direito de defesa e de garantia da equidade do processo, nos termos e para os efeitos previstos no art. 3.º da Directiva 2010/64/UE; do direito de acesso aos

[24] Cf. o art. 1.º/2 da Directiva 2010/64/UE (interpretação e tradução), o art. 1.º da Directiva 2012/13/UE (direito à informação), os arts. 1.º e 2.º/1 da Directiva 2013/48/UE (direito de acesso a um advogado), o art. 2.º da Directiva (UE) 2016/43 (presunção de inocência e direito de comparecer em julgamento) e o art. 1.º da Directiva (UE) 2016/1919 (apoio judiciário).

[25] Para mais desenvolvimentos, embora num plano mais geral, RAMOS, Vânia Costa / LUCHTMAN, Michiel / MUNTEANU, Geanina, «Improving defence rights, (n. 18), p. 235 e ss.

[26] Art. 2.º/2 da Directiva 2010/64/UE.

elementos do processo determinantes para a decisão de apreensão ou de perda, no caso de o processo se encontrar sujeito a segredo de justiça[27]; do direito a receber informações gerais que facilitem a contratação de um advogado[28]; e, como se referiu, do direito de financiamento, por um dos Estados partes no procedimento, da assistência de advogado necessário ao exercício do direito de acesso a um advogado (apoio judiciário)[29].

VII. Conclusão

O Regulamento (UE) 2018/1805 constituiu um passo mais de um percurso que que a União Europeia vem há décadas trilhando para que os Estados-Membros não sejam abandonados à sua sorte na difícil e crucial missão de recuperação de activos com ligações ao crime. Um passo no sentido do reforço, clarificação e agilização dos mecanismos de cooperação judiciária entre os Estados-Membros, procurando essencialmente criar condições para que, no âmbito de casos transnacionais, se apreendam e confisquem cada vez mais bens provenientes de actividades criminosas. E muito bem.

Esse esforço, que inevitavelmente conduzirá a um aumento das acções transnacionais de recuperação de activos, atingindo cada vez mais pessoas de uma forma cada vez agressiva não foi, porém, acompanhado de um reforço dos direitos processuais de que deverão estar munidas para as poder enfrentar e impugnar. Se não pode propriamente dizer-se que foram abandonadas à sua sorte, talvez não seja temerário considerar que foram abandonadas à sorte que os Estados-Membros lhes decidam reservar, com todos os riscos de assimetrias e disparidades inerentes. Receamos que o acervo normativo comunitário aplicável neste âmbito nem sempre seja suficiente para garantir que lhes são assegurados os meios e prerrogativas de defesa necessários a assegurar de que dispõem de vias de recurso efectivas. Um risco que deriva essencialmente de duas ordens de razões: primeiro, do alcance limitado das Directivas relativas aos direi-

[27] Cf. o art. 7.º (Direito de acesso aos elementos do processo) da Directiva 2012/13/UE, aplicável apenas a suspeitos ou acusados privados da liberdade, para impugnação da legalidade da detenção ou da prisão.

[28] Art. 3.º/4 da Directiva 2013/48/UE.

[29] Art. 4.º da Directiva (UE) 2016/1919.

tos processuais, por não abrangerem terceiros titulares de direitos reais sobre os bens sujeitos a decisões de apreensão e de perda e pelo facto de os direitos nelas previstos nem sempre deverem valer na esfera da recuperação de activos; e segundo, da falta de previsão, no próprio Regulamento, de regras que prescrevam de forma clara os termos necessários à apresentação de defesa perante o Estado de emissão.

Espera-se, por isso, que no relatório sobre a aplicação do Regulamento que a Comissão Europeia ficou incumbida de apresentar até 2025 haja um escrutínio real sobre «a interacção entre a observância dos direitos fundamentais e o reconhecimento mútuo de decisões de apreensão e de decisões de perda», um dos pontos sobre os quais esse relatório deverá incidir (art. 38.º/*b)* do Regulamento), não sendo essa análise encarada como uma mera formalidade a cumprir. E espera-se ainda, caso se constate que aqueles riscos se vêm materializando de forma expressiva, que a União Europeia, sem demora, tome as medidas legislativas necessárias para que as vias de recurso neste domínio sejam, de facto, efectivas, como se exige.

7. Cooperação judiciária para efeitos de defesa dos interesses patrimoniais da vítima*

VÂNIA COSTA RAMOS
Mestre em Ciências Jurídico-Criminais (FDUL)
Investigadora não Integrada do CIDPCC (FDUL)
Advogada

DIOGO PEREIRA COELHO
Mestre em Direito das Empresas (FDUL)
Advogado

Introdução

Se o fenómeno da globalização e a consequente política de liberdade de circulação levou a um aumento exponencial do número de situações jurídico-penais transfronteiriças, os avanços tecnológicos, aliados à situação de pandemia global, tornaram esse aumento cada vez mais notório[1]. Dos avanços nas tecnologias de computação e comunicação, resultam cada vez maiores riscos relacionados com a *cibercriminalidade*. Aliás, uma enorme franja da população dispõe de uma identidade digital, acedendo às mais diversas plataformas digitais e para todo o tipo de fins (como, a título de exemplo, redes sociais, correio electrónico, contas bancárias, comércio *on-line*, etc.), o que as torna alvos potenciais de fraude e de fraude informática em particular. Por seu turno, o confinamento levou,

* O artigo é escrito ao abrigo do antigo acordo ortográfico.

[1] A par de crimes que, por natureza, são transnacionais (como, por exemplo, a *cibercriminalidade*), crimes que eram tradicionalmente praticados em Portugal e maioritariamente por portugueses, passaram a ser praticados cada vez mais também por cidadãos estrangeiros que, ou são residentes em Portugal, ou deslocam-se para Portugal, muitas vezes com vista à prática do crime. *Vide* a este respeito RAMOS, Vânia Costa, «A importância das redes de cooperação judiciária europeia em matéria penal – qual o papel do advogado?», *Julgar* 21/2013, p. 259.

inevitavelmente a um incremento significativo da aquisição de produtos através da internet, com pagamentos efectuados através de plataformas digitais como o *MBWay* ou *homebanking*, potenciando aqueles riscos.

Em consequência, é cada vez mais usual um Advogado ou uma Advogada serem contactados por vítimas[2] de burlas de dimensão internacional.

Tal contacto tem lugar, em regra, no momento em que aquelas constatam que foram ou ainda estão a ser vítimas da prática de crimes na sua jurisdição (frequentemente, de burlas informáticas ou mesmo tradicionais, mas perpetradas à distância), mas em que as vantagens[3] desses cri-

[2] A definição de «*vítima*» no contexto internacional, pode equiparar-se à definição de Jorge de Figueiredo Dias do ofendido em processo penal, ou seja, «*a pessoa que, segundo o critério que se retira do tipo preenchido pela conduta criminosa, detém a titularidade do interesse jurídico-penal por aquela violado ou posto em perigo*» – Dias, Jorge de Figueiredo, *Clássicos Jurídicos, Direito Processual Penal*, 1,.ª Ed. 1974 Reimpressão, Coimbra Editora, Coimbra, 2004, p. 505. Utilizando este conceito no contexto internacional, Escudeiro, Maria João Simões, *Procedimentos criminais internacionais*, Dissertação apresentada à Universidade Católica Portuguesa para obtenção do Doutoramento em Ciências Jurídico-Criminais, Faculdade de Direito, Lisboa, 2013, p. 63, https://repositorio.ucp.pt/handle/10400.14/14077 (consulta em: 31.01.2021). Na União Europeia, o conceito é definido pela Directiva (UE) 2012/29 do Parlamento Europeu e do Conselho, de 25 de outubro de 2012, que estabelece normas mínimas relativas aos direitos, ao apoio e à proteção das vítimas da criminalidade, como «*i) uma pessoa singular que tenha sofrido um dano, nomeadamente um dano físico, moral ou emocional, ou um prejuízo material diretamente causados por um crime; ii)*
os familiares de uma pessoa cuja morte tenha sido diretamente causada por um crime e que tenham sofrido um dano em consequência da morte dessa pessoa».

[3] As vantagens podem definir-se como «*qualquer benefício, que possa ser economicamente avaliado, emergente da prática de um facto ilícito típico*» – cf., representativamente, Correia, João Conde, «Apreensão ou arresto preventivo dos proventos do crime?», *RPCC* 25/2015, p. 516, e pp. 508-518, sobre a diferença entre instrumentos, produtos e vantagens, e os seus reflexos no direito substantivo e processual. Cf. ainda, Caeiro, Pedro, «Sentido e função do instituto da perda de vantagens relacionadas com o crime no confronto com outros meios de prevenção da criminalidade reditícia (em especial, os procedimentos de confisco *in rem* e a criminalização do enriquecimento "ilícito"», *RPCC* 2/2011, pp. 271-273; Correia, João Conde, *Da proibição do confisco à perda alargada*, INCM, Lisboa, 2012, pp. 68-90, com referências adicionais. O conceito internacional de produtos é mais abrangente do que o interno, incluindo os «produtos» (algo que resulta do próprio crime, por exemplo um documento falsificado), as recompensas (por exemplo o preço pago ao homicida contratado) e as vantagens – cf. Correia, João Conde, «Cooperação judiciária internacional em matéria de recuperação de ativos», *Anatomia do Crime* 7/2018, p. 213, e nota 7, com referências adicionais. *V.* ainda Dias, Augusto

mes foram ou ainda estão a ser transferidas para outras jurisdições com enorme celeridade – a título de exemplo, para contas bancárias junto de instituições de crédito portuguesas, essencialmente com vista ao seu branqueamento e dissipação em Portugal e, possivelmente, para outras jurisdições, nomeadamente para fora da União Europeia (UE).

Perante uma situação desta natureza, a vítima dispõe de diversos mecanismos legais, tanto nacionais, como internacionais, para salvaguardar os seus interesses patrimoniais, sendo certo que o Advogado desempenha um papel fundamental na escolha desses mecanismos e na inerente defesa daqueles interesses. Porém, as dificuldades jurídicas, mas também de ordem prática, com que a vítima e o seu Advogado se deparam, são significativas.

Procuraremos ilustrar esta realidade a partir de dois casos-exemplo:

Caso-exemplo 1: terceiro(s) não identificado(s) obtém (ou obtêm) ilicitamente, por meios informáticos, acesso às credenciais de correio electrónico do CEO de empresa localizada na Alemanha e, na posse da referida informação, faz-se passar por aquele, ordenando a uma funcionária do departamento de contabilidade que tramite duas ordens de pagamento de valores superiores a € 1.000.000,00 com carácter de muita urgência, a título confidencial, para conta bancária titulada por empresa portuguesa junto de uma instituição de crédito portuguesa, o que esta faz. É rapidamente ordenada transferência desses valores da conta em Portugal para contas fora da UE, através de serviços de *homebanking*. Entretanto, o departamento de contabilidade solicita ao CEO os documentos de suporte da operação, e este decobre a fraude.

Silva, «Criminalidade organizada e combate ao lucro ilícito», *in* Palma, Maria Fernanda, Dias, Augusto Silva & Mendes, Paulo de Sousa, *2.º Congresso de Investigação Criminal*, Org. Associação Sindical dos Funcionários de Investigação Criminal da Polícia Judiciária e Instituto de Direito Penal – Ciências Criminais, Faculdade de Direito da Universidade de Lisboa, Almedina, Coimbra, 2010, pp. 30-32, identificando na criminalidade económica e na criminalidade organizada um denominador comum: «*a relevância do lucro como finalidade objectiva e motivação do agir*». O autor nota um alargamento progressivo do conceito de lucro na doutrina e nos ordenamentos jurídicos nacionais e internacionais, de forma a exceder a vantagem do crime, fazendo esse alargamento parte integrando das medidas adoptadas no âmbito da estratégia de combate ao crime organizado.

Caso-exemplo 2: A, cidadão alemão, efectuou, a partir da sua conta bancária, um pagamento no valor total de € 600.000,00 a favor da conta «*fiduciária*» junto de instituição de crédito alemã, titulada por B, cidadão alemão, destinando-se tal valor a um investimento numa central hidroeléctrica, a construir pela empresa alemã C, da qual era gerente D, com quem tinha negociado o contrato. Porém, este último nunca ter teve intenção de construir tal central hidroeléctrica e, com essa conduta enganosa sobre factos que astuciosamente provocou, levou o A a realizar a transferência *supra* referenciada. Cerca de € 400.000,00 são transferidos da conta fiduciária para uma conta em Portugal, pertencente à empresa E, com sede em Portugal, com vista à sua dissipação e apropriação por parte de D e eventuais terceiros.

Tendo por base estes dois tipos de caso-exemplo, no presente texto pretendemos analisar as principais dificuldades que, na perspectiva da experiência de aplicação prática do Advogado (português), ainda se colocam na cooperação judiciária internacional para efeitos de salvaguarda dos interesses patrimonais das vítimas no âmbito de situações jurídico-penais transfronteiriças ao abrigo das normas até agora vigentes. Pretendemos, portanto, dar nota não tanto das fragilidades ao nível das disposições normativas (*law in the books*), mas antes daquelas que se identificam na sua aplicação prática (*law in action*).

O presente texto – como não podia deixar de ser, tendo em conta a data em que foi escrito –, é baseado na experiência adquirida sobretudo antes da aplicabilidade do Regulamento (EU) 2018/1805, relativo ao reconhecimento mútuo das decisões de apreensão e de perda[4]. No entanto, não deixaremos de tecer algumas considerações sobre a sua aplicação neste contexto.

[4] Regulamento (EU) 2018/1805 do Parlamento Europeu e do Conselho, de 14 de Novembro de 2018, relativo ao reconhecimento mútuo das decisões de apreensão e de perda. O Regulamento é aplicável desde 19 de Dezembro de 2020 (cf. art. 41.º).

I. Enquadramento normativo: brevíssima referência

Na doutrina vem-se apontando que «*estas atividades criminosas transnacionais minam as bases da economia legítima, ameaçam a estabilidade, a segurança e a soberania dos próprios Estados e geram rendimentos e fortunas consideráveis que permitem às organizações criminosas invadir, contaminar e corromper aquelas estruturas, as atividades comerciais e financeiras legítimas e as sociedades a todos os seus níveis*»[5].

Deste modo, a estratégia a nível internacional é cada vez mais orientada para privar os autores deste tipo de crimes das vantagens económicas ou patrimoniais obtidas, alargando os mecanismos substantivos e processuais que permitem a perda de bens ou o «confisco»[6], de forma a colocar os autores do crime na situação patrimonial em que estavam antes da infracção. Desenvolveram-se assim inúmeros instrumentos internacionais neste domínio[7], que visam a punição e prevenção da cri-

[5] *Vide* Correia, João Conde, «"Ne bis in idem" internacional: anotação ao acórdão do Tribunal da Relação de Lisboa de 26 de março de 2015, processo n.º 147/13.TELSBS-9 (Crime de branqueamento, Competência Internacional, Proventos do Crime, Confisco)», RMP 143/2015, p. 180. Conforme melhor veremos *infra* a propósito do enquadramento legal, com vista a evitar esta situação, a UE procura a cooperação estreita entre os Estados-Membros e todas as entidades envolvidas, principalmente através da harmonização e uniformização do sistema legal. A este respeito, *vide* Silva, Patrícia Godinho, «*Recent developments in EU legislation on anti-money laundering and terrorist financing*», *NJECL* 10/2019, pp. 57-67.

[6] Sobre o conceito de «perda» ou «confisco», cf. Caeiro, Pedro, «Sentido e função...», op. cit. nota 3, p. 269 – «*medidas jure imperii que instauram o domínio do Estado sobre certos bens ou valores, fazendo cessar os direitos reais e obrigacionais que sobre eles incidissem, bem como outras formas de tutela jurídica das posições fácticas que os tivessem por objecto (v.g. a posse)*». Dias, Augusto Silva, «Criminalidade organizada ...», op. cit. nota 3, pp. 37-39, parece preferir usar o conceito do «confisco» para designar o «confisco ampliado», distinguido da perda de bens, referindo no entanto que o confisco ampliado precedido de condenação criminal «*cumpre finalidades político-criminais idênticas à da perda de bens e vantagens relacionados com a prática do crime: reforçar na consciência colectiva o lema de que o crime não compensa e evitar que o património obtido de forma criminosa seja utilizado para cometer novos crimes ou para ser «investido» na economia legal*» tendo assim natureza «*eminentemente penal*», sendo «*efeito da pena*».

[7] Sobre a evolução, *v.* representativamente Correia, João Conde, *Da proibição...* op. cit. nota 3, pp. 23 e ss., com referências adicionais; Correia, João Conde, «Cooperação judiciária internacional...», op. cit. nota 3, pp. 228-238; com foco nos desenvolvimentos na União Europeia, Simões, Rita, «O Regulamento relativo ao reconhecimento e execução das decisões de apreensão e perda: inovações e continuidades», *Revista do CEJ* 1/2019, pp. 59-64.

minalidade através da promoção do confisco dos instrumentos, produtos e vantagens do crime. Mas também visam a salvaguarda os interesses patrimoniais das vítimas[8]. Para o objecto deste texto, interessa apenas dar nota das disposições desses instrumentos referentes à restituição ou indemnização das vítimas de crimes, no particular contexto dos nossos casos-exemplo *supra* expostos[9].

1. Nações Unidas

A nível das Nações Unidas, vários instrumentos merecem destaque. Desde logo, a Declaração de princípios básicos de justiça relativos às vítimas da criminalidade e de abuso de poder, adoptada pela Assembleia Geral das Nações Unidas na sua resolução 40/34, de 29 de Novembro de 1985, onde é estabelecido como princípio a reparação da vítima, através da restituição e indemnização por parte dos autores do crime. Nesta estabelece-se que «[o]*s autores de crimes ou os terceiros responsáveis pelo seu comportamento devem, se necessário, reparar de forma equitativa o prejuízo causado às vítimas, às suas famílias ou às pessoas a seu cargo. Tal reparação deve incluir a restituição de bens, uma indemnização pelo dano ou prejuízo sofrido, o reembolso das despesas realizadas em consequência da vitimização, a prestação de serviços e o restabelecimento de direitos*» (ponto 8). E ainda que «[o]*s Governos devem rever as respetivas práticas, regulamentos e leis, de modo a fazer da reparação uma alternativa possível nas sentenças penais, para além de outras sanções penais.*» (ponto 9).

A Convenção contra a Criminalidade Organizada Transnacional de 2000 (também conhecida por «UNTOC» ou Convenção de Palermo), estabelece a possibilidade de, no contexto da cooperação internacional para efeitos de perda de bens, os Estados acordarem a entrega de bens ao

[8] Neste sentido Correia, João Conde/Rodrigues, Hélio Rigor, «Anotação ao Acórdão do Tribunal da Relação de Guimarães de 01-12-2014, proferido no processo 218/11.0GACBC. G1», *in JULGAR Online*, Abril de 2015, pp. 8-9, http://julgar.pt/anotacao-ao-acordao-do-trg-de-01-12-2014-processo-21811-0gacbc-g1-pedido-de-indemnizacao-e-confisco/ (consulta em: 06.03.2021); The World Bank Group, «*Module 5 Asset Recovery Process and Avenues for Recovering Assets (adopted from the Handbook for Practitioners on Asset Recovery under StAR Initiative)*», p. 16, http://pubdocs.worldbank.org/en/824561427730120107/AML-Module-5.pdf (consulta em: 31.01.2021).

[9] Quanto aos demais aspectos, serão tratados noutros capítulos desta obra.

Estado requerente. O seu artigo 14.º, n.º 2, prevê que «[q]*uando os Estados Partes agirem a pedido de outro Estado Parte em aplicação do artigo 13.º da presente Convenção, deverão, na medida em que o seu direito interno o permita e se tal lhes for solicitado, considerar prioritariamente a restituição do produto do crime ou dos bens perdidos ao Estado Parte requerente, para que este último possa indemnizar as vítimas da infracção ou restituir este produto do crime ou estes bens aos seus legítimos proprietários*». A Convenção contra a Corrupção, adotada em 31 de outubro de 2003 (também conhecida por «UNCAC» ou Convenção de Mérida) apresenta disposições semelhantes[10].

2. Conselho da Europa

No Conselho da Europa, merece destaque a Convenção do Conselho da Europa relativa ao Branqueamento, Detecção, Apreensão e Perda dos Produtos do Crime e ao Financiamento do Terrorismo, adoptada em Varsóvia em 16 de Maio de 2005. Esta inclui normas semelhantes às *supra* referidas, indicando que, no contexto da cooperação internacional para efeitos de perda de bens, o Estado requerido deverá «*na medida em que o seu direito interno o permita e se tal lhe for solicitado, procurar restituir à Parte requerente, com carácter prioritário, os bens declarados perdidos, por forma a que esta possa indemnizar as vítimas da infracção ou restituir tais bens ao seu legítimo proprietário*» (cf. art. 25.º, n.º 2)[11].

[10] Nos termos do artigo 57.º, n.º 3, al. c), deve o Estado Parte considerar prioritária a restituição dos bens declarados perdidos «*aos seus anteriores legítimos proprietários ou a indemnização das vítimas do crime*».

[11] A Convenção relativa ao Branqueamento, Detecção, Apreensão e Perda dos Produtos do Crime de Estrasburgo de 1990, não mencionava as vítimas, no entanto, o relatório explicativo referia, a propósito da possibilidade prevista no artigo 15.º de os Estados fazerem acordos quanto ao destino a dar aos bens declarados perdidos através de pedidos de cooperação internacional, a necessidade de ter em conta os interesses das vítimas de crime – Conselho da Europa, *Explanatory Report to the Convention on Laundering, Search, Seizure and Confiscation of the Proceeds from Crime*, comentário ao art. 15.º, p. 17, https://rm.coe.int/CoERMPublicCommonSearchServices/DisplayDCTMContent?documentId=09000016800cb5de (consulta em: 06.03.2021). Sobre a recuperação de activos ao abrigo desta Convenção, cf. Correia, João Conde, «Cooperação judiciária para efeitos de recuperação de ativos no âmbito do Conselho da Europa», nesta publicação, pp. 397 e ss.

3. União Europeia

Na União Europeia, os direitos das vítimas tinham sido objecto das primeiras medidas de harmonização na Directiva 2004/80/CE relativa à indemnização das vítimas da criminalidade[12] e depois na Directiva (UE) 2012/29 que estabelece normas mínimas relativas aos direitos, ao apoio e à protecção das vítimas da criminalidade[13]. A Directiva relativa à indemnização não trata da indemnização das vítimas pelos infractores, mas apenas por parte do Estado em caso de crimes violentos, não sendo relevante para os nossos casos-exemplo.

A Directiva (UE) 2012/29 estabelece que as vítimas de crime têm «*direito a obter uma decisão*» sobre a indemnização por parte do infractor em prazo razoável no processo penal, a não ser que o direito interno preveja que esta decisão seja objecto de processo judicial separado (art. 16.º). Não estabelece, no entanto, um direito à indemnização harmonizado. Este instrumento estabelece ainda um direito à restituição, nos termos do qual os Estados-Membros (EM) «*devem assegurar que, na sequência da decisão de uma autoridade competente, os bens restituíveis apreendidos durante o processo penal sejam devolvidos às vítimas sem demora, salvo se forem necessários para efeitos de processo penal*». Todavia, «[a]*s condições e regras processuais que regem a restituição de bens às vítimas*» permanecem reguladas nos termos do direito nacional (cf. art. 15.º). Estas normas foram transpostas em Portugal pela Lei n.º 130/2015, de 04.09 (Estatuto da Vítima), que reconhece a toda a vítima de crime, no âmbito do processo penal, «*o direito a obter uma decisão relativa a indemnização por parte do agente pelo crime, dentro de um prazo razoável*». E ainda prevê que o imediato exame e restituição dos bens pertencentes à vítima que sejam alvo de apreensão, «*salvo quando assumam relevância probatória ou sejam suscetíveis de ser declarados perdidos a favor do Estado*». Parece-nos que esta última parte, tendo em conta que os direitos do ofendido prevalecem sobre a perda a favor do Estado (art. 110.º, n.º 6, e 130.º, n.º 2, do CP), apenas terá aplicação no caso de bens cuja detenção

[12] Directiva 2004/80/CE do Conselho, de 29 de Abril de 2004, relativa à indemnização das vítimas da criminalidade.

[13] Directiva (UE) 2012/29 do Parlamento Europeu e do Conselho, de 25 de outubro de 2012, que estabelece normas mínimas relativas aos direitos, ao apoio e à proteção das vítimas da criminalidade.

seja proibida por lei. A norma do artigo 186.º, n.º 1, do Código de Processo Penal, vai no mesmo sentido.

Os instrumentos no domínio da apreensão e da perda de bens não previam qualquer disposição sobre os direitos patrimoniais das vítimas[14]. No domínio da harmonização, apenas a Directiva 2014/42/UE sobre o congelamento e a perda dos instrumentos e produtos do crime na União Europeia[15] veio expressamente introduzir na equação de forma expressa os interesses da vítima. Esta Directiva obrigou os Estados-membros, nos termos dos artigos 4.º e 7.º, a tomarem «*as medidas necessárias para permitir a perda, total ou parcial, dos instrumentos e produtos*» (no seu conceito internacional amplo[16]) ou dos bens cujo valor corresponda a tais instrumentos ou produtos, inclusive para permitir o congelamento desses bens, com vista à eventual decisão de perda subsequente. Assim sendo, tudo o que possa ser declarado perdido (o que inclui o património lícito ou, pelo menos, «*sem ligação conhecida com um qualquer crime*») pode (e deve) ser congelado. Está em causa o congelamento de bens que consubstanciam as vantagens em espécie (património ilícito) e o congelamento de bens susceptíveis de garantir a perda do seu valor (património lícito)[17]. No artigo 8.º, n.º 5, estabelece que «[o]*s bens congelados que não venham a ser objeto de uma decisão de perda subsequente são restituídos imediatamente.*» Mais uma vez, «[a]*s condições ou as regras processuais que permitem restituir tais bens são determinadas no direito nacional*». Nos termos do seu artigo 8.º, n.º 10, «*caso, em consequência de infração penal, as vítimas possam pedir uma reparação*

[14] Cf. Decisão-Quadro 2001/500/JAI do Conselho, de 26 de Junho de 2001, relativa ao branqueamento de capitais, à identificação, detecção, congelamento, apreensão e perda dos instrumentos e produtos do crime; Decisão-Quadro 2005/212/JAI do Conselho, de 24 de Fevereiro de 2005 relativa à perda de produtos, instrumentos e bens relacionados com o crime; Decisão 2007/845/JAI do Conselho, de 6 de Dezembro de 2007, relativa à cooperação entre os gabinetes de recuperação de bens dos Estados-membros no domínio da detecção e identificação de produtos ou outros bens relacionados com o crime.

[15] Directiva (UE) 2014/42 do Parlamento Europeu e do Conselho, de 3 de abril de 2014, sobre o congelamento e a perda dos instrumentos e produtos do crime na União Europeia. Sobre a Directiva, cf. a obra colectiva Ferreira, Maria Raquel Desterro, Cardoso, Elina Lopes & Correia, João Conde (coord.), *O novo regime de recuperação de ativos: à luz da Diretiva 2014/42/EU e da Lei que a transpôs*, INCM, Lisboa, 2018.

[16] *V. supra* nota 3.

[17] Correia, João Conde, «Apreensão ou arresto...», op. cit. nota 3, pp. 531-532.

a pessoas sujeitas a medidas de perda previstas ao abrigo da presente diretiva, os Estados-Membros tomam as medidas necessárias para assegurar que as medidas de perda não impeçam que as vítimas reclamem uma indemnização». Finalmente, o considerando preambular 29 ressalva que «*no âmbito de uma ação penal, os bens podem também ser congelados com vista a uma eventual restituição subsequente ou no intuito de salvaguardar a indemnização pelos danos causados por uma infração penal*».

No domínio da cooperação judiciária internacional, o Regulamento (UE) 2018/1805, relativo ao reconhecimento mútuo das decisões de apreensão e de perda, veio introduzir novidades significativas, já que consagrou expressamente normas para tutela dos interesses patrimoniais das vítimas, ao contrário dos instrumentos anteriores, como melhor veremos *infra*. A este respeito, em 2016, a Comissão Europeia, na avaliação de impacto que acompanhava a proposta de Regulamento do Parlamento Europeu e do Conselho relativo ao reconhecimento mútuo das decisões de congelamento e de confisco[18], identificava a «*protecção insuficiente dos direitos das vítimas à restituição e compensação nos casos transfronteiriços*» como um dos problemas gerais do reconhecimento mútuo nesta matéria. A Comissão reconhecia que frequentemente as vítimas apenas conseguem ser ressarcidas através de valores objecto de perda. Considerava assim necessário fortalecer os direitos das vítimas neste contexto, visto que inexistia harmonização em matéria do reconhecimento mútuo de decisões de apreensão com vista à perda e de confisco no que se refere à salvaguarda dos direitos das vítimas, e apenas uma harmonização muito ténue em matéria de indemnização e restituição, como vimos. Nessa sequência foi aprovado o Regulamento (UE) 2018/1805 que veio consagrar regras específicas em favor das vítimas neste contexto.

[18] Comissão Europeia, *Commission Staff Working Document, Impact Assessment accompanying the document Proposal for a regulation of the European Parliament and of the Council on the mutual recognition of freezing and confiscation orders*, SWD/2016/0468 final – 2016/0412 (COD), pp. 15, 22-23, https://eur-lex.europa.eu/legal-content/EN/ALL/?uri=CELEX%3A52016SC0468 (consulta em: 06.03.2021), que identifica 5 fases: identificação/rastreio, congelamento, confisco, execução e devolução dos activos. Em idêntico sentido, o Comité Europeu sobre Problemas Criminais, publicou em 2016 um Plano de Acção para o Combate à Criminalidade Organizada Transnacional (2016-2020), prevendo como um dos pontos o fortalecimento dos direitos das vítimas neste contexto – Conselho da Europa, *Explanatory Report*... op. cit. nota 11.

II. Principais dificuldades e obstáculos na prática

Entre as dificuldades e obstáculos sentidos, escolhemos destacar quatro áreas problemáticas. A primeira reside na celeridade e na facilidade de dissipação dos activos através da utilização de meios de pagamento electrónico internacionais e nacionais, principalmente quando estamos perante actividades de carácter muito bem estruturado e estruturas de carácter altamente organizado montadas pelos autores para execução do ilícito, envolvendo várias jurisdicções, e aumentando assim o perigo e a velocidade de dissipação.

A segunda concretiza-se na necessidade de reacção imediata da vítima (em todas as jurisdições envolvidas) logo que tenha conhecimento de que foi ou está a ser alvo da prática de um crime, através da escolha dos mecanismos legais adequados ao caso concreto, que permitam a mais eficaz e eficiente salvaguarda dos interesses patrimoniais da vítima. Isto é, quando seja possível, aqueles que permitam a execução dos procedimentos de rastreamento, identificação, localização, congelamento, manutenção do congelamento e restituição dos activos. E, quando não seja possível, a localização e congelamento de activos que permitam a obtenção da devida compensação[19].

A terceira consiste na morosidade dos processos internos e da cooperação internacional e a falta de actuação transnacional articulada entre autoridades policiais e judiciárias, bem como de articulação com a própria vítima.

Por último, a quarta reside na dificuldade decorrente da circunstância de a satisfação dos direitos das vítimas estar localizado numa intersecção entre os meios processuais penais e civis, o que lhe confere complexidade jurídica e prática acrescida, mais ainda quando estamos numa dimensão transfronteiriça onde os mecanismos jurídicos existentes nem sempre são suficientes e em que o tratamento dos direitos das vítimas nos diferentes sistemas nem sempre é coincidente.

[19] *Vide* a este respeito Fozzard, Adrian & Steele, Tim, *Stolen Assets, Towards a global architecture for asset recovery, UNCAC Conference Edition*, The World Bank, 2010, p. 14, https://www.unodc.org/unodc/en/corruption/StAR.html (consulta em: 03.03.2021); Comissão Europeia, *Commission Staff Working Document*... op. cit. nota 18, pp. 8.

De seguida, apresentamos algumas reflexões baseadas na nossa prática processual em processos do tipo dos casos-exemplo *supra* referidos (e, por isso, certamente não exaustivas). As considerações são apresentadas sem qualquer pretensão dogmática, constituindo apenas mera reflexão a partir da prática que poderá constituir um ponto de partida para outros trabalhos com maior profundidade.

1. A dissipação transnacional dos proventos da fraude

O carácter transnacional do crime aumenta substancialmente os riscos de ocultação fraudulenta do património, uma vez que existem múltiplas vias para dissipar os bens antes de as autoridades (ou as próprias vítimas) detectarem a fraude e conseguirem reagirem à mesma de modo apropriado.[20] As vantagens do crime podem vir a ser transferidas múltiplas vezes, num curto espaço de tempo após a prática do crime, para múltiplas instituições bancárias em múltiplas jurisdições, sem que isso implique sequer a presença física dos autores nas instituições bancárias, o que dificulta as pretensões da vítima. As manobras do autor do crime utilizadas nos nossos casos-exemplo para deslocar os activos através de movimentos bancários a nível internacional apenas têm um objectivo: a rápida dissipação patrimonial por outras contas, instituições e jurisdições, nomeadamente para fora da União Europeia (por exemplo para a China e Turquia). Com esse *modus operandi*, pretende impossibilitar a restituição à vítima das quantias ilicitamente obtidas através do esquema fraudulento, bem como qualquer compensação, tendo em conta a impossibildiade de identificar o beneficiário último e a inexistência de garantia patrimonial dos intermdiários. Este tipo de actuação é, por vezes, acompanhada de contacto permanente com a vítima, no qual fornece informações com vista a manter a vítima em erro, continuando a levá-la a fazer disposições patrimoniais, ou a ganhar o tempo suficiente para executar o plano de dissipação, através da pulverização, do gasto ou do branqueamento dos proventos obtidos, de forma a conseguir que a vítima apenas descubra que o é quando os proventos já se tenham esfumado. Neste quadro, os

[20] Correia, João Conde, «Cooperação judiciária internacional...» op. cit. nota 3, p. 241.

mecanismos de cooperação internacional afiguram-se essenciais para mitigar o perigo de dissipação e atenuar as respectivas consequências.

2. Da importância da reacção inicial da vítima

Sempre que a vítima tome conhecimento que está a ser alvo de um esquema fraudulento transnacional e os activos tenham sido transferidos para múltiplas jurisdições, a reacção terá de ser imediata ou, pelo menos, o mais imediata possível. Este momento inicial é, no mínimo, crucial. Na maioria das vezes, as autoridades acabam por ter apenas uma oportunidade para intervir de forma eficaz e eficiente. Por isso, no momento em que a vítima toma conhecimento do crime, deve proceder imediata e urgentemente à denúncia do mesmo, tanto junto da Polícia Judiciária, como do Ministério Público, em Portugal[21], como das autoridades equivalentes de todas as jurisdições relevantes, e ainda junto de todas as instituições de crédito envolvidas. A denúncia junto destas entidades financeiras pode espoletar o uso de mecanismos de prevenção de branqueamento de capitais que podem revelar-se cruciais para não perder o rasto dos montantes indevidamente obtidos[22]. Trataremos *infra* estes mecanismos.

A este propósito, é importante recordar que a denúncia junto da instituição de crédito ordenante da transferência é imprescindível para solicitar a anulação das operações por fraude informática, em que a vítima ordena o pagamento para uma conta com o IBAN incorrecto, devido ao

[21] Em alguns casos, poderá fazer sentido apresentar denúncia junto das próprias entidades de regulação e supervisão das instituições bancárias (como, por exemplo, o Banco de Portugal), ou outras, dependendo do tipo de fraude (como, por exemplo, a CMVM, no caso de se tratar de uma fraude internacional relacionada com instrumentos financeiros).

[22] Para uma resenha da evolução do sistema internacional de prevenção do branqueamento de capitais com a intensificação dos mecanismos preventivos, cf., representativamente, Piaskoski, Augusto César, «*Reporte de informações sobre operações suspeitas de branqueamento de capitais e a sua utilização como prova no processo penal*», *in* Mendes, Paulo de Sousa/Pereira, Rui Soares, *Novos Desafios da Prova Penal*, Coimbra, Almedina, 2020, pp. 408-412; Machado, Miguel da Câmara, «Deveres antibranqueamento de capitais: de onde vieram, quais são e como vão evoluir (do "4G" ao "5G")», *in* Palma, Maria Fernanda, Dias, Augusto Silva & Mendes, Paulo de Sousa (coord.), *Novos Estudos sobre Law Enforcement, Compliance e Direito Penal*, Almedina, Coimbra, 2020, pp. 269-291.

erro em que é colocado pela actuação do autor. Muito embora a instituição de pagamento ordenante não seja responsável, deve ainda assim, após comunicação da vítima, «*envidar esforços razoáveis para recuperar os fundos envolvidos na operação de pagamento com a colaboração do prestador de serviços de pagamento do beneficiário, o qual, para o efeito, lhe deve prestar todas as informações relevantes*» (cf. art. 129.º, n.º 3, do DL n.º 91/2018, de 12 de Novembro, em Portugal[23]).

Neste ponto crucial, o papel da cooperação entre Advogados e Advogadas pode também ser essencial para garantir uma actuação imediata, concomitante e coordenada nas várias jurisdições, orientada para a defesa dos interesses da vítima. O que torna importantíssimo o estabelecimento de redes de cooperação[24]. Aliás, é de sublinhar a importância do papel e a utilidade do Advogado durante esta reação inicial da vítima, uma vez que a denúncia deve ser apresentada de forma célere, mas deve ser elaborada com a máxima diligência e cuidado, de forma a que o resultado final apresente uma estrutura simples, clara, com factos concretos, e o mais completa, informativa e detalhada possível, com vista a contribuir para o impulso processual inicial, para a eficácia das investigações e, principalmente, para fundamentar eventuais pedidos de aplicação de medidas cautelares com vista a acautelar os aspectos patrimoniais. Evidentemente, logo nesta fase inicial surgem dificuldades significativas para a vítima, uma vez que, em regra, é muito difícil encontrar com a necessária rapidez um Advogado ou Advogada na jurisdição de destino dos fundos, desde logo, pela barreira linguística, mas também pela própria distância geográfica e social. Por isso, em regra, aconselhamos as vítimas a, independentemente do destino dos fundos, imediatamente denunciarem os factos também na sua própria jurisdição, de forma activar com a maior celeridade os meios de cooperação policial que, por sua vez, poderão permitir uma rápida comunicação (por exemplo, via UIF respectivas – *v.*

[23] Tendo em conta que se trata de norma que transpõe norma de direito da União Europeia, existirão normas semelhantes nas demais ordens jurídicas da UE.brigo do disposto no artigo 249.º, n.º 1, al. c), a UE lizaçte informada dos desenvolvimentos da investigaç00 e RT 19) BES)011 eões de ..

[24] Sobre o tema, cf. Ramos, Vânia Costa, «A importância das redes de cooperação...», op. cit. nota 1, p. 260.

infra) susceptível de desencadear uma medida que permita evitar a dissipação de activos na jurisdição de destino.

3. Morosidade dos processos internos e da cooperação e falta de articulação

Como acertadamente refere PAULO DE SOUSA MENDES, «*só conseguiremos combater eficazmente a criminalidade organizada se seguirmos a pista do dinheiro e assim descobrirmos os beneficiários económicos (ultimate beneficial owners), os quais, como se imagina, não podem deixar de ser os mandantes dos crimes*»[25].

A propósito do nosso tipo de caso-exemplo 1, podemos sublinhar que, em Portugal, sempre que o IBAN da conta bancária para a qual foram transferidos os activos for conhecido (tendo sido, por exemplo, directamente disponibilizado pelo autor do crime na execução do seu plano ardiloso), é possível à própria vítima identificar o titular dessa conta, bastando, para o efeito, simular uma transferência multibanco para esse IBAN, visto que, na confirmação dessa transferência, é disponibilizado o nome do titular[26]. Tal disponibilização devia, a nosso ver, ser obrigatória também nos serviços de *homebanking* – muitas fraudes se evitariam com esta simples «inovação». Essa informação pode ser importante, quer para identificação de suspeitos directos, quer de partes relacionadas e beneficiários económicos – alvos potenciais de actuação com vista à actuação para obtenção de garantia patrimonial. Assim, caso se trate de uma empresa, através de uma pesquisa via canais públicos (como o motor de busca *Google*), a vítima pode facilmente obter o NIPC da mesma que, por sua vez, poderá ser utilizado para a recolha de informações sobre a sociedade e os respectivos detentores de capital e legais representantes, quer junto dos portais *on-line* gratuitos, quer de portais pagos. A solicitação de uma certidão permanente junto da Conservatória de Registo Comercial

[25] MENDES, PAULO DE SOUSA, «A orientação da investigação para a descoberta dos beneficiários económicos e o sigilo bancário», *in* PALMA, Maria Fernanda, DIAS, Augusto Silva & MENDES, Paulo de Sousa, *2.º Congresso de Investigação Criminal*, Org. Associação Sindical dos Funcionários de Investigação Criminal da Polícia Judiciária e Instituto de Direito Penal – Ciências Criminais, Faculdade de Direito da Universidade de Lisboa, Almedina, Coimbra, 2010, p. 201.

[26] Isto, caso a conta ainda não tenha sido «congelada» – se foi, não será possível simular a transferência, uma vez que é apenas indicado que a conta bancária se encontra bloqueada.

(que tem de ser paga) também é uma opção. Uma útil ferramenta acessível aos Advogados e Advogadas é o Registo Central do Beneficiário Efectivo[27]. Fora destas possibilidades, em regra, resta à vítima aguardar pelas investigações financeiras das autoridades[28] para poder obter mais informações sobre o destino dos valores transferidos, visto que o sigilo bancário impede a obtenção de qualquer informação adicional (sem prejuízo de alguma informação limitada que possa ser obtida junto da instituição de crédito ordenante, usando o mecanismo previsto no artigo 129.º, n.º 4, do DL n.º 91/2018, de 12 de Novembro[29]).

Neste ponto, têm especial relevância as Unidades de Informação Financeira (UIF)[30]. Sempre que determinado activo é transferido entre contas bancárias, deixa um rasto (*audit trail*), ou seja, um registo que per-

[27] Introduzido em Portugal pela Lei n.º 89/2017, de 21 de agosto, e regulamentada através da Portaria n.º 233/2018, de 21 de agosto e da Portaria n.º 200/2019, de 28 de junho. Também aqui se trata da transposição de normativos europeus, pelo que nos outros EM da UE é expectável encontrar registos semelhantes.

[28] Para uma análise da perspectiva das estratégias para a recuperação de activos por parte das autoridades, *v.* Dornbierer, Andrew/Monteith, Charlie, «*Tracking and Tracing Stolen Assets in Foreign Jurisdictions*», *EUCRIM* 2/2013, p. 51, https://eucrim.eu/media/issue/pdf/eucrim_issue_2013-02.pdf#page=21 (consulta em: 06.03.2021).

[29] A norma em causa prevê que «caso não seja possível a recuperação dos fundos nos termos do número anterior [através de pedido de colaboração com o prestador de serviços de pagamento do beneficiário], o prestador de serviços de pagamento do ordenante fornece ao ordenante, mediante solicitação por escrito, todas as informações de que disponha, que sejam relevantes para o ordenante poder intentar a correspondente ação judicial». Nos restantes países da UE existirão normas equivalentes.

[30] Em inglês, *Financial Intelligence Unit (FIU)*. É preciso ter em atenção que as UIF não têm natureza idêntica nos diversos países, podendo ser entidades administrativas, policiais ou judiciárias. Em Portugal, não é uma entidade judiciária, não é sequer um OPC, é uma entidade policial destinada à recolha de *intelligence* financeira, concebida para a prevenção criminal, mas de cuja a actividade resultam também informações utilizadas em processo penal, e não só. Em Portugal, foi incluída na orgânica da Polícia Judiciária com DL n.º 304/2002, de 13.12, e encontra-se hoje prevista na Lei n.º 37/2008, de 06.08. É um serviço da Direcção Nacional. Sobre as UIF em Portugal, cf. Nunes, Carlos Casimiro, «O Ministério Público na prevenção do branqueamento e do financiamento do terrorismo», *RMP* 153/2018, pp. 93-140, com a definição de UIF na p. 95, nota 2, e a pp. 108-116, com a delimitação entre as competências, função e natureza da intervenção da UIF face à intervenção do Ministério Público, no contexto do sistema dual de comunicação de operações suspeitas vigente em Portugal.

mite reconstruir os fluxos e levar à identificação e localização de activos. Para o efeito, a UIF da jurisidição em apreço pode recolher informação financeira, inclusivamente através de cooperação internacional com as entidades congéneres[31]. Esse conjunto de informações, para além de contribuir para o processo de localização dos activos, serve ainda para, em conjunto com aquelas recolhidas já a nível do DCIAP, definir e criar o perfil financeiro do suspeito. Tal perfil, pode ser útil para a vítima obter conhecimento sobre o património do autor do crime, de forma a que possa fazer o melhor uso das garantias processuais penais e cíveis[32].

Nesta perspectiva, pode ser problemática a limitação da utilização destas informações para fins judiciários, uma vez que a mesma é informação útil e, em regra, é de obtenção extremamente morosa quando são utilizadas as vias da cooperação judiciária. Sem prejuízo de uma melhor análise da questão, parece-nos que, de uma perspectiva de defesa dos direitos das vítimas, a mesma é essencial, e talvez pudesse ser sujeita a um procedimento de validação judiciária que permita a sua integração no processo, pelo menos quando se trata da informação recolhida em momento imediato ao da notícia do crime, prevendo-se concomitamente mecanismos que evitem a utilização abusiva[33].

[31] Como salienta Nunes, Carlos Casimiro, «O Ministério Público na prevenção...», op. cit. nota 30, pp. 115-116, «*a UIF realiza essencialmente um trabalho de intelligence de natureza financeira, recolhendo informação suportada nos antecedentes conhecidos pela PJ, em informação fiscal, em conhecimentos vindos das suas congéneres internacionais e fontes abertas, para além da informação das entidades suspeitas*». O autor salienta que a UIF tem como dificuldades não só a falta de acesso a informações na posse de outros órgãos policiais que não a PJ, mas à própria informação judiciária e judicial. Por este motivo, é a actuação do DCIAP que permite fazer uma investigação mais abrangente, incluindo o recurso à informação a que a UIF não tem acesso.

[32] Dornbierer, Andrew/Monteith, Charlie, «Tracking and Tracing...», op. cit. nota 28, p. 53. Nunes, Carlos Casimiro, «O Ministério Público na prevenção...», *RMP* 153/2018, p. 116 identifica a mais-valia da UIF na respectiva «*expertise*» técnica, e possibilidade de acesso a informações por via da cooperação internacional com as suas congéneres e nomeadamente através do *Egmont Group*.

[33] Sobre esta problemática, *v.* Nunes, Carlos Casimiro, «O Ministério Público na prevenção...», *RMP* 153/2018, pp.117-118, referindo que com a Lei n.º 83/2017, o legislador tornou claro que as informações retiradas a partir das acções preventivas abertas no âmbito da comunicação de operações suspeitas, onde se inclui o relatório da UIF, podem ser utilizadas em processo penal quer nos inquéritos abertos por via da comunicação, quer em outros, e

Aberto inquérito, a coordenação entre as autoridades judiciárias competentes de cada jurisdição envolvida é essencial, pelo que deve ser solicitado, em particular quando se trata de jurisdições da UE[34], o apoio da EUROJUST, com vista ao exercício de uma ação penal assente em bases comuns.[35] Por outro lado, a articulação da cooperação judiciária com a cooperação entre os OPC envolvidos na investigação, bem como os Gabinetes de Recuperação de Activos das várias jurisdições, também é importante[36]. Aliás, essa articulação revela-se crucial. A falta de coordenação

ainda processos de contra-ordenação ou averiguações, de acordo com o art. 56.º, n.º 7, de Lei n.º 83/2017, de 18.08. No mesmo sentido, Dente, Joana Maria, «O dever de comunicação de operações suspeitas ao abrigo da Lei n.º 83/2017: breve anotação e comentário da perspetiva das instituições bancárias», *in* Palma, Maria Fernanda, Dias, Augusto Silva & Mendes, Paulo de Sousa (coord.), *Novos Estudos sobre Law Enforcement, Compliance e Direito Penal,* Almedina, Coimbra, 2020, p. 235. Contra, ainda que sem analisar expressamente o art. 56.º, n.º 7, cf. Piaskoski, Augusto César, «*Reporte de informações...*», op. cit. nota 23, pp. 405-450. Cf., para maiores desenvolvimentos sobre esta matéria relativamente às acções preventivas, Dias, Augusto Silva/Pereira, Rui Soares, Sobre a validade de procedimentos administrativos prévios ao inquérito e de fases administrativas preliminares no processo penal, Almedina, Coimbra, 2018; sobre a utilização em processo penal de informações obtidas pelos reguladores, cf. Mendes, Paulo de Sousa, «A utilização em processo penal das informações obtidas pelos reguladores dos mercados financeiros», *in* Costa, José de Faria et al. (org.), *Estudos em homenagem ao Prof. Doutor Manuel da Costa Andrade,* vol. 2, Universidade de Coimbra, Coimbra, 2017, pp. 587-611, defendendo a sua legitimidade desde que não seja protelada a actividade de supervisão para realizar diligências investigatórias com vista à responsabilização.

[34] Devendo, no entanto, salientar-se que existem vários Estados que têm agentes de ligação na EUROJUST, tornando esta articulação também relevante também quando estejam envolvidos Estados terceiros.

[35] Correia, João Conde, «Cooperação judiciária internacional...», op. cit. nota 3, p. 243. Sobre o papel da EUROJUST na recuperação de activos, cf. Trindade, José Luís, «O papel da Eurojust na recuperação de ativos», nesta publicação, pp. 453 e ss.

[36] Cf. Lei n.º 45/2011, de 24.06, e Decisão 2007/845/JAI do Conselho, de 6 de Dezembro de 2007, relativa à cooperação entre os gabinetes de recuperação de bens dos Estados-membros no domínio da detecção e identificação de produtos ou outros bens relacionados com o crime. Como refere Mendes, Paulo de Sousa, «A problemática da punição do autobranqueamento e as finalidades de prevenção e repressão do branqueamento de capitais no contexto da harmonização europeia», *CLR* 3/2017, p. 150, o GRA «*tem atribuições de investigação análogas às dos órgãos de polícia criminal e procede à investigação financeira ou patrimonial, por determinação do Ministério Público, quando estejam em causa instrumentos, bens ou produtos relacionados com crimes puníveis*

por parte das autoridades de cada jurisidição envolvida, torna o inquérito e as respectivas investigações num processo extremamente burocrático, obsoleto e demasiado moroso. Um exemplo desta problemática (real), é representado pelos casos em que inexiste coordenação efectiva entre as jurisdições do crime precedente da localização das vantagens, ou nenhuma das jurisdições investiga a fundo o caso, remetendo reciprocamente responsabilidades para a outra. Sem a referida articulação, muitas vezes, é mesmo impossível investigar, tendo em conta as dificuldades probatórias com que se defronta a jurisdição da localização dos activos (documentação e comunicações todas em língua estrangeira, plurilocalização de vítimas e suspeitos, etc.).

Por vezes, nesta fase, existem problemas de articulação com a própria vítima. Quer a nível interno, quer a nível transfronteiriço. Logo a nível interno, em regra, não é fornecida à vítima informação em tempo real ou sem demora, e evolutiva (por exemplo, sendo a vítima periodicamente informada dos desenvolvimentos da investigação), que lhe permita trazer os seus argumentos e, assim, influir na estratégia de investigação que venha a ser traçada. Em regra, esta informação só é fornecida a pedido e por iniciativa da vítima, exigindo desta um esforço e proactividade acrescidos. As intervenções escritas, por requerimento, não são suficientes, evidentemente. E também a consulta «avulsa» do processo, sempre a iniciativa da vítima, não parece ser a melhor alternativa – isto face a uma eventual possibilidade de as autoridades estabelecerem uma ligação mais proactiva com a vítima, o que compreende actualizações do estado do processo. Sem mencionar, evidentemente, aqueles casos em que a informação é obstaculizada pela aplicação de segredo de justiça, sem salvaguardar o acesso pela vítima aos dados essenciais para exercer os seus direitos.

Visto que a dissipação de activos ocorre inúmeras vezes para fora da União Europeia e que a cooperação neste domínio é ainda mais difícil e extremamente morosa, é de salientar que, para a vítima, é *crucial* saber com a maior celeridade o destino dos fundos no exterior, com vista a

com pena de prisão igual ou superior a três anos e o valor universal estimado dos mesmos seja superior a 1000 unidades de conta (102 000€)».

encetar nessa jurisdição, autonomamente, diligências junto das autoridades respectivas para acautelar os seus direitos. Por isso, a garantia efectiva e célere dos direitos à informação, participação e intervenção, é imprescindível para acautelar a sua posição. Seria aconselhável uma total mudança de paradigma neste ponto.

Existem também casos em que, apesar de uma maior abertura das autoridades (maioritariamente as policiais, por vezes também as judiciárias) para comunicarem com a vítima, se verifica a já referida dificuldade de comunicação e falta de coordenação com as autoridades dos demais países envolvidos.

Temos por exemplo conhecimento de casos em que, exactamente por falta desta colaboração e coordenação, as vítimas localizadas em outros Estados não chegam sequer a ser informadas de que as vantagens do crime se encontram «congeladas» na jurisdição da instituição de crédito de destino situada em Portugal. Por vezes, por falta de uma investigação mais proactiva no sentido de esclarecer o crime precedente e identificar essas vítimas. Por outras, mesmo apesar de estas estarem identificadas. É um reflexo de uma investigação que não está orientada para a recuperação de activos com vista à satisfação dos interesses patrimoniais das vítimas localizadas a montante do crime de branqueamento.

Em outros, mesmo quando há coordenação entre autoridades judiciárias, por exemplo através da EUROJUST, a vítima fica numa espécie de *limbo*, pois não tem verdadeiro direito de participação activa e pessoal (por exemplo, participação em reuniões de coordenação). A cooperação maioritariamente horizontal entre autoridades dos Estados envolvidos não facilita, e as liminares formas de cooperação vertical, como acontece no caso de intervenção da EUROJUST, não são suficientes, neste contexto, para permitir cabalmente à vítima o exercício dos seus direitos de informação, participação e intervenção activa.

Evidentemente, é particularmente difícil a situação das vítimas que não têm meios económicos suficientes para suportar os elevados custos com uma defesa transfronteiriça, com todos os custos que tal acarreta, nomeadamente ao nível de deslocações, traduções e representação por equipas multi-nacionais de Advogados ou Advogadas, para não falar da contratação de empresas especializadas em localização de activos.

4. Da complexidade dos mecanismos legais à disposição da vítima para efeitos de defesa dos seus interesses patrimoniais em contexto transfronteiriço

Rastreados, identificados e localizados os activos disponíveis, é necessário escolher quais as medidas processuais adequadas para garantir que não sejam dissipados e para que a vítima possa ser ressarcida. De salientar, desde logo, as dificuldades derivadas da circunstância de a satisfação dos direitos das vítimas estar localizada numa intersecção entre os meios processuais penais e civis. Esta particularidade traz consigo significativa complexidade jurídica e prática. E na dimensão transfronteiriça, onde os mecanismos jurídicos existentes nem sempre são suficientes e o tratamento dos direitos das vítimas nos diferentes sistemas nem sempre é coincidente, essa complexidade agrava-se. A este propósito, refira-se que as possibilidades de reacção e o próprio papel mais ou menos activo da vítima no âmbito das investigações e diligências iniciais depende do regime de processo penal de cada jurisdição, variando os direitos das vítimas consoante se enquadrem no sistema adversarial ou continental, e, mesmo dentro destes, existindo vários modelos[37].

Nos primeiros, não é em regra admitida a participação das vítimas nos procedimentos penais a não ser enquanto testemunhas, uma vez que não são partes formais no processo. No entanto, em alguns destes sistemas, por exemplo em Inglaterra, há mecanismos no processo penal que permitem acautelar os interesses patrimoniais das vítimas dentro do próprio processo penal, por exemplo, condenando o arguido a pagar indemnização às vítimas, mesmo que não solicitado (e decretando que o produto da execução de declarações de perda de bens reverta a favor das vítimas). Além do mais, a abordagem por vezes menos formal das autoridades de investigação permite uma mais próxima coordenação entre estas, as vítimas e respectivos Advogados. Por outro lado, o regime de processo civil nestas jurisdições pode, por vezes, ser favorável para a intervenção neste tipo de casos, uma vez que permite à vítima obter, com rapidez, a maior parte da informação patrimonial que em Portugal tipicamente apenas logrará obter através de um processo penal, podendo, no entanto, inter-

[37] *Vide* a este propósito Escudeiro, Maria João Simões, *Procedimentos criminais...*, op. cit. nota 2, pp. 219-220

vir no processo enquanto parte, com todos os direitos que tal implica. A menor exigência probatória é outro factor favorável do processo civil[38]. No entanto, os custos associados são muito elevados.

Já os segundos, concedem uma posição participativa às vítimas no processo penal (até porque, muitas vezes, são elas próprias que iniciam os processos), designadamente através da participação enquanto partes civis (ou mesmo enquanto assistentes, como acontece no sistema português). As vítimas têm, assim, um papel importante, podendo pedir a indemnização civil pelos danos sofridos no âmbito do próprio processo criminal, e dispondo de poderes processuais para apresentar os seus argumentos, assim como questionar as testemunhas ou o próprio arguido (através de Advogado) e, ainda, fazer uso de diversas instâncias de recurso.[39]

Em processos de dimensão transfronteiriça é essencial que os Estados-Membros da UE cooperem para assegurar a satisfação dos interesses da vítima. Sucede que, não raras vezes, esta matéria é deixada no domínio da cooperação civil, o que resulta amiúde na não satisfação dos interesses das vítimas no contexto da criminalidade transfronteiriça, dados os custos e as dificuldades inerentes à justiciabilidade transfronteiriça de direitos de natureuza civil. A actuação do Advogado neste contexto requer uma abordagem multi-facetada e nem sempre assenta no uso de mecanismos de cooperação judiciária internacional para «*recuperação*» de activos. Com efeito, não raras vezes, o juízo de custo-benefício leva a que seja preferível uma actuação directa da vítima na jurisdição onde se encontram os activos, e não na jurisdição onde a vítima se encontra. Por vezes, é este o caminho mais célere e com menor risco em termos de exequibildade dos direitos da vítima. Muitas vezes, no entanto, é necessária acção cumulativa nas duas (ou

[38] *V.* ESCUDEIRO, Maria João Simões, *Procedimentos criminais...*, op. cit. nota 2, pp. 219-220; BRUN, Jean-Pierre, GRAY, Larissa, SCOTT, Clive & M. STEPHENSON, Kevin, *Asset Recovery Handbook A Guide for Practitioners*, The World Bank, UNODC, 2011, pp. 13 e 120, https://star.worldbank.org/sites/star/files/asset_recovery_handbook_0.pdf (consulta em: 06.03.2021).

[39] *V.* ESCUDEIRO, Maria João Simões, *Procedimentos criminais...*, op. cit. nota 2, pp. 219-220; BRUN, Jean-Pierre, GRAY, Larissa, SCOTT, Clive & M. STEPHENSON, Kevin, *Asset Recovery ...*, op. cit. nota 38, p. 181.

mais) jursidições envolvidas. Demonstrativa desta circunstância é a nossa experiência prática em que, inúmeras vezes, somos contactados precisamente nessas constelações quando os activos estão em Portugal, actuando directamente aqui, mas coordenando com os Colegas as acções nas outras jurisdições. Nesta dimensão, estamos perante cooperação transnacional, mas é a *cooperação entre os Advogados ou Advogadas* da vítima que poderá não gerar necessariamente o uso de mecanismos de cooperação judiciária, embora seja comum que tal aconteça.

Desta forma, uma das funções mais importantes dos Advogados e Advogadas envolvidos nesta fase é a definição da estratégia e a selecção da jurisdição adequada e dos meios de actuação mais eficazes no caso concreto, preventivos, penais e/ou civis, depedendo das circunstâncias do caso e das jurisdições envolvidas[40]. Nas palavras de BRUN ET AL, a «*recuperação de activos bem sucedida requer um plano de acção abrangente que incorpore um número de passos e considerações importantes. Os profissionais envolvidos terão de se reunir e avaliar os factos para compreender o caso; reunir uma equipa; identificar parceiros-chave; comunicar com profissionais estrangeiros; lidar com os desafios legais, práticos, e operacionais; e assegurar uma gestão eficaz do caso. Cada uma destas dimensões ajudará os profissionais a seleccionar a via jurídica mais apropriada para a recuperação de activos.*»[41]

Deste modo, daremos de seguida uma visão geral dos mecanismos estão actualmente ao dispor das vítimas, a partir de uma perspectiva portuguesa, sabendo que a actuação do Advogado poderá ter lugar directamente em Portugal quando aqui estejem os activos e, em particular, saldos em contas bancárias em instituições de crédito portuguesas. Não deixaremos, todavia, de apresentar algumas notas sobre os mecanismos transfronteiriços disponíveis, com maior relevo para a União Europeia.

[40] Neste ponto, é muito útil o manual de BRUN, Jean-Pierre, GRAY, Larissa, SCOTT, Clive & M. STEPHENSON, Kevin, *Asset Recovery* ..., op. cit. nota 38, pp. 5-14 e 19-38. Os autores focam a sua atenção na recuperação de activos nos casos de grande corrupção previstos na UNCAC, mas reconhecem a aplicabilidade também noutros domínios, nomeadamente da UNTOC (pp. 3-4).

[41] BRUN, Jean-Pierre, GRAY, Larissa, SCOTT, Clive & M. STEPHENSON, Kevin, *Asset Recovery*..., op. cit. nota 38, p. 19.

III. Dos mecanismos legais à disposição da vítima para efeitos de defesa dos seus interesses patrimoniais em contexto transfronteiriço

1. Processo Penal

1.1. Mecanismos Preventivos (Lei n.º 83/2017, de 18.08)

Nas constelações dos tipos de caso-exemplo *supra* referidos, por norma, a restituição dos proventos da fraude afigura-se apenas possível numa fase mais adiantada do processo quando estes tenham sido imediatamente «congelados» no seguimento do reporte e/ou exercício do dever de abstenção exercido pelas instituições de crédito, ou por ordem das autoridades judiciárias. Acções que, por vezes, têm lugar antes da própria vítima ter sequer conhecimento de que foi alvo da prática de um crime. Este «congelamento» pode suceder em função do exercício do dever de abstenção por parte das instituições bancárias e do decretamento da suspensão temporária de operações bancárias ao abrigo da actual Lei n.º 83/2017, de 18 de Agosto – cf. artigos 47.º e 48.º[42].

Com efeito, nos termos do artigo 47.º, n.º 1, as instituições de crédito «*abstêm-se de executar qualquer operação ou conjunto de operações, presentes ou futuras,* que saibam ou que suspeitem poder estar associadas a fundos ou outros bens provenientes ou *relacionados com a prática de atividades criminosas* ou com o financiamento do terrorismo» (realce nosso). Assim, perante uma denúncia da vítima, deverão abster-se de fazer operações que possam constituir dissipação do produto do crime obtido pela burla que lhes é denunciada, sob pena de responsabilidade da instituição financeira. A abstenção da realização de operações deve ser comunicada à UIF e ao DCIAP (cf. art. 47.º, n.º 1, 43.º e 44.º daquela Lei)[43], comunica-

[42] Para uma interessante análise deste dever, no contexto da relação bancária, cf. Costa, José Neves da/Neves, Mário, «Dificuldades e impossibilidades, algumas notas práticas à aplicação da Lei n.º 83/2017, de 18 de junho, no contexto da atividade de *compliance*», *in* Palma, Maria Fernanda, Dias, Augusto Silva & Mendes, Paulo de Sousa (coord.), *Novos Estudos sobre Law Enforcement, Compliance e Direito Penal,* Almedina, Coimbra, 2020, pp. 215-220. Os autores enquadram-no como uma excepção aos deveres gerais de conduta resultantes do artigo 74.º do RGICSF, habilitando os bancos a um bloqueio preventivo de contas.

[43] Sobre o dever de comunicação de operações suspeitas, cf. o trabalho de Dente, Joana Maria, «O dever de comunicação...», op. cit. nota 33, pp. 229-258.

ção que protege a instituição de crédito face a pedidos de indemnização do ordenante (ou seja, quando o suspeito tenha ordenado operações a débito que não seja executada – cf. art. 135.º do DL n.º 91/2018, de 12 de novembro).

Esta comunicação deverá ser objecto de pronúncia por parte da UIF que enviará, no prazo de três dias úteis, a informação apurada ao DCIAP. Após esta informação, poderá dar origem a uma ordem de suspensão de operações bancárias (conhecida na gíria por «SOB») a débito na conta em causa (e eventuais contas associadas), impedindo assim a dissipação do produto da burla (a ordenar nos 4 dias úteis seguintes à recepção do relatório da UIF pelo DCIAP, e a confirmar pelo juiz de instrução nos dois dias seguintes a esta decisão – cf. artigos 47.º, n.º 4, 48.º, n.º 1, e 49.º, n.º 1, da Lei n.º 83/2017, de 18 de Agosto). A ordem em causa poderá ainda ser ordenada pelo DCIAP a partir da denúncia da própria vítima (cf. artigo 48.º, n.º 2, Lei n.º 83/2017, de 18 de Agosto).

Em nossa opinião, deveria ser estabelecido claramente na lei um mecanismo de imediato «congelamento cautelar» dos valores constantes de conta bancária em caso de denúncia de fraude, por comunicação da vítima (ou do seu Advogado ou Advogada) ou do OPC, a validar pelo MP e pelo JIC. Com efeito, o prazo de 7 dias úteis previsto na Lei 83/2017, de 18 de Agosto, para intervenção do DCIAP, é demasiado longo face à velocidade com que são dissipados os proventos nos casos-tipo como aquele que aqui utilizamos. E o regime de apreensão cautelar do CPP visa apenas meios de prova e há doutrina que entende que sendo a apreensão de saldos bancários da exclusiva competência do JIC não pode em caso de perigo na demora ordenada cautelarmente a apreensão por OPC[44]. Poderá eventualmente sustentar-se que uma tal denúncia pela vítima (ou do seu Advogado ou Advogada), desde que devidamente concretizada, ou comunicação pelo OPC (ou UIF) obriga ao exercício do dever de abstenção previsto no artigo 47.º, n.º 1, da Lei n.º 83/2017, de 18 de Agosto, posição que aqui expressamente defendemos[45]. No entanto, a Lei não é

[44] Cf. artigo 249.º, n.º 1, al. *c)*, do CPP. Albuquerque, Paulo Pinto de, *Comentário do Código de Processo Penal, 4.ª Ed.*, UCP, Lisboa, 2011, artigo 249.º.

[45] Muito embora o conceito de «operações suspeitas», para efeitos de activação do dever de comunicação, não esteja suficientemente definido na própria lei, conforme salientam Pias-

clara e pode deixar as instituições financeiras e as vítimas numa posição muito pouco satisfatória.

Sem aquela rápida intervenção, o mais certo é a vítima não conseguir localizar o produto da infracção, e, menos ainda, outros bens susceptíveis de serem alvo de medidas com vista à recuperação de montante equivalente ao dos activos defraudados. Pelo menos, nos casos-tipo que servem de base a este contributo, já que, em regra, estamos perante a utilização de complexos esquemas internacionais, com a utilização de «mulas», muitas sem qualquer relação com o nosso país (tendo-se apenas cá deslocado para abrir empresa e/ou conta bancária). Os proventos são transferidos para jurisdições estrangeiras, nomeadamente para fora da UE, tornando muito difícil (normalmente impossível) identificar os beneficiários últimos do crime e recuperar o montante obtido com a fraude ou encontrar outros bens susceptíveis de execução para satisfação do interesse da vítima.

É verdade que os mecanismos *supra* referidos não foram concebidos a pensar na intervenção directa da vítima, ou numa interacção directa desta com as autoridades, mas podem perfeitamente ser utilizados pelo Advogado da vítima, desencadeando assim o cumprimento das obrigações legais das instituições de crédito e das autoridades policiais e judi-

koski, Augusto César, «*Reporte de informações...*», op. cit. nota 23, p. 433, e Machado, Miguel da Câmara, «Deveres antibranqueamento...», op. cit. nota 22, p. 299, cremos que perante a denúncia devidamente fundamentada terá de assumir-se que estamos perante operação dessa natureza, já que tal denúncia seria desde logo suficiente para gerar a abertura de inquérito criminal. A posição de Dente, Joana Maria, «O dever de comunicação...», op. cit. nota 33, pp. 246-247, pronunciando-se sobre o significado de «*provêm de atividades criminosas*», *parece permitir sustentar o sentido por nós defendido. Assim também a posição de* Costa, José Neves da/Neves, Mário, «Dificuldades e impossibilidades...», op. cit. nota 44, pp. 217-2018, com exemplos ilustrativos, sustentando que se do exame de uma operação resultarem suspeitas fundadas de origem ilícita dos fundos, a instituição poderá abster-se, devendo o bloqueio «*ocorrer nas estritas medida, necessidade e proporção dos indícios de ilicitude detetados, na medida em que (i) apenas em relação aos fundos sobre os quais recaem suspeitas de ilicitude há ausência de confiança relativamente à sua origem e (ii) sobre os demais valores não será legítima qualquer intervenção sem a presença de indícios que ditem que os mesmos poderão não ser lícitos*». Os autores definem, a p. 220, o grau de conhecimento exigível da ilicitude para este efeito – «*saibam ou* (...) suspeitem» – como «*ou certeza ou grau de suspeição sólido*». Sobre o bloqueio com base no dever de recusa, cf. os mesmos autores, a pp. 225-227.

ciárias perante a denúncia da prática de crime (não raramente enquadrável na Lei n.º 5/2002, de 11 de Janeiro: branqueamento de capitais, acesso ilegítimo a sistema informático com dano de valor consideravelmente elevado – nos casos de interferência nas comunicações electrónicas – e, por vezes, associação criminosa).

Além do mais, tendo em conta que, dentro da União Europeia, este tipo de mecanismos está presente nos vários Estados-Membros[46], em regra é possível desencadear a sua aplicação «transfronteiriça», no sentido de que os pedidos de restituição de transferências comunicados entre instituições bancárias com base em fraude podem dar origem a comunicações pela instituição de crédito de destino às respectivas UIF ou às autoridades judiciárias, com a consequente intervenção e prolação de decisões de suspensão de operações que permitam acautelar posteriores pedidos de apreensão proferidos na jurisdição da instituição ordenante. A comunicação pela instituição de crédito da jurisdição ordenante à respectiva UIF obriga-a a transmitir essa comunicação à UIF da jurisdição de destino[47].

Pela importância da rápida intervenção nas constelações como as dos «casos-tipo», seria, aliás, interessante explorar até que ponto poderão criar-se instrumentos ainda mais céleres que, aproveitando as redes de comunicação SWIFT e de cooperação entre UIF, possam garantir bloqueios consecutivos que acompanhem o rasto dos valores produto da fraude através das várias jurisdições envolvidas. Ainda que possa considerar-se importante a intervenção ou validação judiciária (e judicial), tem de garantir-se que as autoridades operam com a mesma celeridade que os autores das fraudes. Ora, tal implicaria que fossem criadas estruturas judiciárias «24/7» em todos os Estados envolvidos, o que parece difícil e porventura não suficiente do ponto de vista operacional, pelo que seria

[46] Apesar da semelhança das legislações, cf. o alerta de Mendes, Paulo de Sousa, «A problemática da punição...», op. cit. nota 36, p. 142, referindo que «[a]*pesar de os avanços em matéria de prevenção administrativa do branqueamento de capitais seguirem universalmente as mesmas recomendações de organizações internacionais e regionais (soft law), os exemplos nacionais estão ainda longe de apresentar soluções harmonizadas no que respeita à possibilidade de congelamento de ativos.*»

[47] Artigo 138.º, n.º 1, da Lei n.º 83/2017, de 18 de Agosto; cf. Dente, Joana Maria, «O dever de comunicação...», op. cit. nota 33, p. 239.

útil explorar-se a possibilidade de melhorar as vias de bloqueio cautelar através das comunicações das UIF e instituições de crédito[48].

No domínio da cooperação judiciária, pelo menos Conde Correia defende que, ordenada uma SOB, nos termos do artigo 48.º da Lei 83/2017, de 18.08, é possível lançar mão do Regulamento 2018/1805 para solicitar o congelamento de contas também em outros EM da UE, tendo em conta que o conceito europeu de «congelamento»[49] ou de «apreensão»[50] é um conceito muito amplo[51]. O Regulamento permite obter uma decisão de apreensão em outro EM no prazo de 48h, executada nas 48h seguintes. No contexto dos meios de pagamento electrónicos é demasiado lento.

Como refere aquele autor, «*o congelamento do saldo de uma conta bancária sediada num determinado Estado deve acontecer ao mesmo tempo que o congelamento do saldo de outra conta bancária sediada noutro Estado*». Caso esse «congelamento» não suceda no mesmo instante, são criadas condições para que o autor do crime possa igualmente reagir logo que tenha conhecimento do primeiro «congelamento», procurando, pois, evitar novos «congelamentos» e, com isso, conseguir a dissipação através de outra via –

[48] A este propósito, ver o interessante regime suíço referido por Mendes, Paulo de Sousa, «A problemática da punição...», op. cit. nota 36, pp. 142-143, consagrando «*expressamente a possibilidade de os intermediários financeiros, especialmente os bancos, realizarem por sua própria iniciativa o congelamento de ativos*», o que, como refere o autos, «é uma medida potencialmente bastante eficaz contra o *branqueamento de capitais, se for corretamente aplicada por parte dos bancos, pois garante a posterior intervenção eficaz das autoridades judiciárias, através dos mecanismos do processo penal*», muito mais eficaz que o dever de abstenção consagrado em Portugal. Cf.. no entanto, Costa, José Neves da/Neves, Mário, «Dificuldades e impossibilidades...», op. cit. nota 44, pp. 215-220, vendo no dever de abstenção uma excepção aos deveres gerais de conduta resultantes do artigo 74.º do RGICSF, habilitando os bancos a um bloqueio preventivo de contas.

[49] Cf. art. 2.º, n.º 5, Directiva (UE) 2014/42 («*proibição temporária de transferir, destruir, converter, alienar ou movimentar um bem ou de exercer temporariamente a guarda ou o controlo do* mesmo»).

[50] Cf. art. 2.º, n.º 2, Regulamento 2018/1805 («*"Decisão de apreensão", uma decisão emitida ou validada por uma autoridade de emissão para impedir a destruição, transformação, retirada, transferência ou afetação de bens tendo em vista a perda*»).

[51] Correia, João Conde, «Reconhecimento mútuo de decisões de apreensão e de confisco: o regulamento (UE) 2018/1805 do Parlamento Europeu e do Conselho de 14 de novembro de 2018», *JULGAR* 39/2019, p. 198.

o que torna a recuperação dos activos difícil ou mesmo impossível (especialmente quando se trate de uma rede criminosa bem organizada)[52].

Por isso é que, nestes casos, é essencial uma actuação coordenada e simultânea, que nos parece só poder ser obtida através de um mecanismo de coordenação através das instituições de crédito, das UIF e respectivas autoridades judiciárias, ou da EUROJUST, se necessário com um serviço «24/7».

1.2. Medidas Cautelares em Processo Penal

O direito da União Europeia não procedeu à harmonização das normas processuais internas no que diz respeito à garantia patrimonial da vítima, sendo assim aplicáveis as normas de direito interno. Desta forma, quando se fala de «congelamento» no Regulamento (UE) 2018/1805, podemos estar a referir-nos não só à apreensão com vista à perda, mas também de outras garantias processuais penais, nomeadamente o arresto preventivo, que se torna relevante nesta matéria, tendo em conta que o Regulamento abrange não só a restituição, como a indemnização das vítimas do crime (cf. artigo 30.º e Considerando 45).[53]

1.2.1. A apreensão

A primeira medida possível para acautelar a garantia patrimonial da vítima é a apreensão. O artigo 178.º do CPP consagra «*a apreensão cautelar dos instrumentos, dos produtos, das recompensas (incluindo o preço) e das vantagens (lucros) da prática de um facto ilícito típico*», ou seja, tudo o que resulta, directa ou indiretamente, do crime e o que materialmente pode ser confiscado em espécie, deve ser apreendido. A apreensão abrange, assim, «*todos os incrementos economicamente avaliáveis resultantes*» do crime, como lucros, juros (a título de exemplo, de contas bancárias utilizadas pelo autor do crime para depositar os activos), prémios, etc[54].

[52] Correia, João Conde, «Cooperação judiciária internacional...», op. cit. nota 3, pp. 242-243.

[53] A propósito do Regulamento 2018/1805, *v.* Correia, João Conde, «Reconhecimento mútuo de decisões de apreensão..., op. cit. nota 50, pp. 198-199. Já assim, a propósito do conceito de «congelamento» constante da DQ 2003/577/JAI, Correia, João Conde, «Apreensão ou arresto...», op. cit. nota 3, p. 525.

[54] Correia, João Conde, «Apreensão ou arresto...», op. cit. nota 3, pp. 517-520.

A apreensão apresenta uma dupla natureza. Por um lado, serve de prova, pelo que desempenha uma «*função processual penal probatória*». Por outro, serve de garantia processual penal da perda, desempenhando, portanto, uma «*função processual penal conservatória*». Estas funções são independentes, podendo existir uma sem a outra[55]. Tendo em conta os casos-tipo que nos ocupam, apenas tem relevância a função conservatória, já que o *saldo* de uma conta bancária não necessita de ser objecto de apreensão para funções probatórias.

Em Portugal, a apreensão com vista à perda pode ser decretada pelo Ministério Público (cf. artigo 178.º, n.º 3) e, em determinados casos, até pelos próprios órgãos de polícia criminal, ficando, no entanto, dependentes de validação pela autoridade judiciária no prazo máximo de 72 horas (cf. art. 178.º, n.ºs 4, 5 e 6)[56]. No entanto, tratando-se de saldos bancários – aquilo que nos interessa particularmente nos nossos casos-tipo – a apreensão tem de ser decretada judicialmente, nos termos do artigo 181.º do CPP.

Durante o processo, cumpre ao Advogado ou Advogada da vítima manter uma atitude vigilante, no sentido de obstar ao eventual levantamento da apreensão, devendo, a nosso ver, ser sempre notificada a vítima para se pronunciar em momento anterior a tal levantamento, sob pena de eventual responsabilidade do Estado[57].

[55] Correia, João Conde, «Apreensão ou arresto...», op. cit. nota 3, pp. 505-508.

[56] *Vide* a este propósito Correia, João Conde, «Apreensão ou arresto...», op. cit. nota 3, pp. 539-540. Em determinadas jurisdições, o prazo máximo de validação é de 48 horas, cf. – cf. Albert, Jean, Cutajar, chantal, Fargier, Cécile & Leplat, Frédéric, *Comparative law study of the implementation of mutual recognition of orders to freeze and confiscate criminal assets in the European Union*, Publications Office of the European Union, Luxemburgo, 2014, https://op.europa.eu/en/publication-detail/-/publication/d8aab3cf-4844-43a8-913c-89f702814d40 (consulta em: 06.03.2021), p. 132.

[57] *Vide* a este respeito, o Acórdão do Tribunal da Relação de Guimarães – 413/14.0IDBRG-BC.G1, de 25 de Maio de 2020 (www.dgsi.pt), sobre a inexistência de limite temporal na manutenção da apreensão: «*O tempo decorrido desde a efectivação da apreensão não pode constituir fundamento para se concluir pela desnecessidade da sua manutenção. Embora sujeito ao princípio da precariedade (cessa logo que for desnecessário manter a apreensão para efeitos de prova ou de confisco – art. 186.º, n.º1, do C.P.P.), o mecanismo processual da apreensão não está – entre nós – sujeito a nenhum prazo máximo: não existe um limite temporal (equivalente, por exemplo, aos prazos máximos de duração*

Não obstante a inexistência de lei de aplicação do Regulamento em Portugal, parece-nos evidente que a emissão de um pedido de execução de decisão de apreensão de saldo bancário noutro EM terá de ser emitida, a nosso ver, pelo Juiz de Instrução, ou Juiz de Julgamento, consoante a fase processual, pois são estes as autoridades competentes para o efeito segundo a lei interna (cf. artigo 2.º, n.º 8, do Regulamento). Igualmente, para a execução de um pedido dessa natureza, serão as mesmas autoridades as competentes (art. 2.º, n.º 9, do Regulamento). A declaração apresentada por Portugal nos termos do artigo 24.º, n.º 1, do Regulamento, indicou precisamente como autoridade competente para a emissão de decisões de apreensão ao abrigo do Regulamento a autoridade judiciária portuguesa competente para a mesma decisão relativamente a bens situados em Portugal (Ministério Público, Juiz de Instrução ou de julgamento, consoante a natureza do bem a apreender e a fase processual).[58]

A ser criada uma lei de aplicação – o que seria aconselhável – consideramos que poderia ser equacionada a possibilidade de, quanto à execução, a mesma pertencer sempre à competência do Juiz de Instrução Criminal, tal como acontecia no domínio da Lei 25/2009, de 05.09, que transpunha a DQ 2003/577/JAI. Rita Simões chama a atenção para a necessidade de intervenção legislativa neste domínio, pugnando pela continuidade quanto ao regime da Lei 25/2009, de 05.06, no que se refere às autoridades de emissão e de execução competentes.[59] Após a publicação deste artigo da autora, Portugal apresentou uma declaração indicando como autoridade competente para a execução de decisões de apreensão ao abrigo do Regulamento o tribunal com competência para proceder à instrução criminal da área onde o bem objecto da decisão de apreensão se encontra à data da decisão, da localização da maior parte dos bens, ou, não sendo isso possível, o tribunal que primeiro toma conhecimento da

do inquérito ou da prisão preventiva) findo o qual tenham de ser restituídos os objectos apreendidos (a não ser, claro, os prazos de prescrição do procedimento criminal)».

[58] Informação comunicada por Portugal nos termos do artigo 24.º, n.º 1 do Regulamento (UE) 2018/1805, https://www.ejn-crimjust.europa.eu/ejn/libdocumentproperties/EN/3317 (consulta em: 06.05.2021).

[59] E da Lei n.º 88/2009, de 31.08, para os casos de perda de bens, *v.* Simões, Rita, «O Regulamento...», op. cit. nota 7, pp. 62-63, e nota 16.

decisão de apreensão.[60] Na declaração apresentada, Portugal fez referência à Lei 25/2009, de 05.06. Esta remissão não faz grande sentido, nem resolve os problemas da falta de uma lei de aplicação, pois o seu regime legal é decalcado da Decisão-Quadro 2003/577/JAI, que é diferente do regime do Regulamento.

Não trataremos em detalhe o regime do Regulamento no que se refere à apreensão transfronteiriça, pois será tratado em outro capítulo da presente publicação[61].

Interessa apenas, na perspectiva da vítima, indicar que, no contexto da acção necessária por parte do Advogado ou Advogada na perspectiva de defesa dos interesses da vítima, o Regulamento é um importantíssimo instrumento. Sobretudo, por permitir não só obter a apreensão para a restituição transfronteiriça dos bens da vítima, como veremos *infra,* mas também para assegurar a apreensão transfronteiriça de quaisquer sucedâneos ou mesmo de produtos de ilícitos não cometidos contra a vítima representada, suceptíveis de virem a ser declarados perdidos e, a partir destes, serem utilizados para satisfazer o direito da vítima à indemnização, bem como do património lícito susceptível de ser declarado perdido e que pode vir a reverter a favor da indemnização da vítima, como veremos *infra.*

1.2.2. A caução económica e o arresto preventivo

De salientar que a apreensão com vista à perda de bens apenas abrange os instrumentos, produtos e vantagens em espécie, ou seus sucedâneos, e ainda as vantagens indirectas – ou seja, aqueles activos que têm ligação directa ou indirecta ao crime[62]. Fica excluída «*a perda do valor, que constitui o campo de atuação exclusivo da caução económica e do arresto preventivo*», prevista no artigo 111.º, n.º 3, do Código Penal, para os casos em que «*os pro-*

[60] Informação comunicada por Portugal nos termos do artigo 24.º, n.º 1, do Regulamento (UE) 2018/1805, https://www.ejn-crimjust.europa.eu/ejn/libdocumentproperties/EN/3317 (consulta em: 06.05.2021).

[61] *V.* Lima, Branca, «Reconhecimento mútuo de decisões de apreensão», nesta publicação, pp. 79 e ss.

[62] Artigo 110.º, do CP.

dutos ou vantagens [...] *não puderem ser apropriados em espécie*», caso em que «*a perda é substituída pelo pagamento ao Estado do respetivo valor*»[63].

Ao contrário da garantia processual penal da apreensão, a caução económica e o arresto preventivo permitem, assim, que o património lícito do autor do crime sirva de garantia para aquilo «*que, ab initio ou a posteriori, não é possível garantir com «património ilícito*»[64]. Por isso, sempre que não seja possível apreender os activos que consubstanciam a vantagem, pode o Ministério Público, ou mesmo a vítima, promover/ requerer o arresto preventivo de bens de valor equivalente, independentemente da sua origem. Recuperar os próprios bens obtidos através de fraude em espécie, ou um valor equivalente, sobretudo quando se trata, como nos nossos casos, de valores em dinheiro, não faz diferença para a vítima. No entanto, o regime processual aplicável é bastante diferente, pois, num caso, estaremos perante uma restituição, em outro, perante indemnização. No entanto, o direito à indemnização poderá ser garantido por medidas cautelares diferentes – a apreensão (no caso dos sucedâneos, por exemplo), ou o arresto preventivo.

As medidas de garantia patrimonial apresentam pressupostos de aplicação mais apertados do que a apreensão. Enquanto a apreensão se basta com a demonstração da existência de indícios da prática de um determinado crime e da relação, directa, ou indirecta, entre o crime e os activos que se pretendem recuperar (*fumus boni iuris*), a aplicação de medidas de garantia patrimonial depende tanto do *fumus boni iuris*, como da demonstração de indícios de que a demora poderá aumentar o perigo de dissipação (*periculum in mora*)[65]. Nos termos do artigo 227.º, n.ºs 1, 2, e 3, do CPP, havendo «*fundado receio de que faltem ou diminuam substancialmente as garantias*», a caução económica pode ser decretada pelo Juiz tanto a pedido do Ministério Público, como a pedido da vítima – em todo o caso, o requerimento do Ministério Público também aproveita à vítima.

A caução económica apresenta «*uma pluralidade de funções processuais de diferente densidade axiológica*» e inclui uma cláusula aberta que, na teo-

[63] Correia, João Conde, «Apreensão ou arresto...», op. cit. nota 3, p. 539, e p. 521 para a definição da perda do valor.

[64] Correia, João Conde, «Apreensão ou arresto...», op. cit. nota 3, pp. 536-537.

[65] Correia, João Conde, «Apreensão ou arresto...», op. cit. nota 3, pp. 539-540.

ria, «*envolve todas as situações imagináveis*»[66]. Nos termos do n.º 1 daquele artigo, serve para garantir o pagamento da «*renda pecuniária*», das «*custas do processo*», de «*qualquer outra dívida para com o Estado relacionada com o crime*» e da «*perda dos instrumentos, produtos e vantagens de facto ilícito típico ou do pagamento do valor a estes correspondente*». Uma vez determinado o *quantum* da caução económica, fica o condenado obrigado ao pagamento de tal valor (cf. n.º 4). Nos casos em que a caução seja insuficiente para satisfazer as necessidades cautelares com vista à satisfação dos interesses patrimoniais da vítima – será o caso irremediavelmente nas constelações do nosso caso-exemplo – a pedido do Ministério Público ou da própria vítima, o Juiz pode decretar «*o arresto preventivo de bens do arguido ou mesmo de terceiros, bastantes para caucionar o valor dos proceeds*»[67] e que sejam impossíveis de recuperar em espécie, nos termos dos artigos 228.º, n.º 1, e 268.º, n.º 1, al. b), ambos do CPP. Caso tenha sido previamente fixada a caução económica e não prestada, fica o requerente dispensado da prova do fundado receio de perda da garantia patrimonial, nos termos do artigo 228.º, n.º 1, parte final do CPP.

Os mecanismos previstos no Regulamento (UE) 2018/1805 podem ser usados para a execução de uma decisão de arresto preventivo[68], mas já não de prestação de caução económica, em nossa opinião. Sendo decretado o arresto em Portugal, no âmbito de um processo penal, este poderá ser executado em outro EM mediante a emissão de uma certidão de decisão de apreensão nos termos do Regulamento.

1.3. Mecanismos de satisfação do interesse patrimonial da vítima

1.3.1. A restituição ordenada no âmbito do processo penal

Havendo despacho que determine a apreensão de activos, cumpre considerar a viabilidade da apresentação do respectivo pedido de restituição. Como vimos, o direito da União Europeia não procedeu à harmonização

[66] Correia, João Conde, «Apreensão ou arresto...», op. cit. nota 3, pp. 532-534.

[67] Correia, João Conde, «Apreensão ou arresto...», op. cit. nota 3, p. 535.

[68] Assim Correia, João Conde, «Reconhecimento mútuo de decisões de apreensão...», op. cit. nota 50, pp. 198-199. Em sentido concordante, Simões, Rita, «O Regulamento...», op. cit. nota 7, p. 63, e nota 21.

das normas processuais internas em matéria dos mecanismos processuais para satisfação da garantia patrimonial da vítima, sendo assim aplicáveis as normas de direito interno. No entanto, o Regulamento (UE) 2018/1805 veio consagrar algumas soluções normativas no que diz respeito ao reconhecimento e execução transfronteiriça das decisões em matéria de apreensão com vista à perda de bens, incluindo expressamente normas referentes ao reconhecimento e execução de decisões referentes à restituição e indemnização às vítimas, o que constituiu inovação face ao anterior quadro normativo, constituído pelas DQ 2003/577/JAI e 2006/783/JAI.

No âmbito destas Decisões-Quadro, um pedido de apreensão não permitia o envio dos bens para o Estado de emissão, a não ser que tal fosse autorizado para efeitos probatórios (que aqui não nos interessam) ou em execução de decisão de perda. Sucede que, numa execução de decisão de perda de outro EM, em princípio os valores resultantes da execução, em caso de saldos bancários, se inferiores a 10.000,00 EUR, revertiam a favor do Estado de execução; se superiores, seriam divididos numa proporção de 50%-50% entre os dois Estados. Poderia ser acordada uma repartição diferente, mas sem que a vítima tivessse um direito a obter uma determinada solução ou repartição[69]. Esta regra é, agora, no Regulamento, subsidiária às outras formas de afectação dos bens apreendidos, nomeadamente para restituição à vítima, ou para indemnização (cf. art. 30.º, n.º 7)[70].

No que diz respeito à restituição, o Regulamento (UE) 2018/1805 estabelece no n.º 1 do artigo 29.º (*Restituição dos bens apreendidos à vítima*) que, «*caso a autoridade de emissão, ou outra autoridade competente do Estado de emissão, emita, nos termos do seu direito nacional, uma decisão de restituição dos bens apreendidos à vítima, a autoridade de emissão inclui informações sobre essa decisão na certidão de apreensão, ou comunica informações sobre essa decisão*

[69] Cf. artigo 16.º, n.º 1, als. a) e b), e n.º 4, da DQ 2006/783/JAI, transposto em Portugal pela Lei n.º 88/2009, de 31.08

[70] Sobre a partilha internacional dos bens, e a precedência da sua atribuição à vítima, cf. Dias, Maria do Carmo Silva, «Partilha internacional dos ativos recuperados», nesta publicação, pp. 301 e ss., sugerindo a consagração de normas com definição de critérios para o efeito, bem como a criação de fundos internacionais para indemnizações às vítimas.

à autoridade de execução numa fase ulterior». Recebidas essas informações, de acordo com o n.º 2 do mesmo artigo, devem as autoridades tomar «*as medidas necessárias para assegurar que os bens em causa, caso tenham sido apreendidos, sejam restituídos logo que possível à vítima, de acordo com as normas processuais do Estado de execução, se necessário através do Estado de emissão, desde que*», cumulativamente: (i) «*o direito da vítima aos bens não seja objecto de impugnação*»; (ii) «*os bens não constituam elementos de prova em processo penal no Estado de execução*»; (iii) «*os direitos das pessoas afectadas não sejam prejudicados*».

Nos termos em que o Regulamento está redigido, um pedido de restituição poderá ser feito através de uma certidão de *apreensão*, nos termos do artigo 29.º, indicando-se a existência da decisão de restituição. Em Portugal, por exemplo, na qualidade de Estado de emissão, a restituição poderá ter sido ordenada nos termos do artigo 186.º, n.º 1 e 2, do Código de Processo Penal, durante o processo, ou nos termos do artigo 374.º, n.º 3, al *b)*, do Código de Processo Penal, na própria Sentença.

Igualmente, caso tenha sido declarada a perda de bens em Portugal, mas tenham sido reconhecidos direitos da vítima à restituição, esse pedido poderá ser feito no âmbito de uma emissão de certidão de perda. A vítima deve aqui ter uma atitude proactiva com vista à emissão destas certidões. Sendo tomada uma decisão de restituição no processo no Estado de emissão, este deverá informar o Estado de execução na certidão de perda, devendo o último tomar «*as medidas necessárias para assegurar que, quando são declarados perdidos, os bens em causa são restituídos logo que possível à vítima, se necessário através do Estado de emissão*» (artigo 30.º, n.º 1 e 2, do Regulamento). Caso a restituição não seja possível, pode o direito da vítima ser satisfeito através de montantes em dinheiro obtidos através da venda dos bens (artigo 30.º, n.º 3, do Regulamento). Sempre que esteja pendente processo para determinação da restituição, a autoridade de emissão informará o Estado de execução e este deverá suspender a afectação dos bens declarados perdidos até que as informações sobre a decisão de restituição dos bens sejam comunicadas à autoridade de execução, mesmo que a decisão de perda já tenha sido executada (artigo 30.º, n.º 5, do Regulamento).

Torna-se assim possível obter a restituição transfronteiriça, mesmo durante o processo, o que é um desenvolvimento de monta e que favorece significativamente os direitos das vítimas. Não é que anteriormente as vítimas não pudessem obter a restituição. Poderiam obtê-la, eventualmente ao abrigo da Convenção de Auxílio Judiciário Mútuo em Matéria Penal entre os Estados-Membros da UE, de 29 de Maio de 2000, que previa normas sobre a restituição aos legítimos proprietários, mas estas não tinham um carácter tão preceptivo como o das normas do Regulamento, não dando prevalência a essas restituição[71]. Ou teriam de a requerer directamente no Estado do local dos bens apreendidos, intervindo directamente no processo em causa, o que acarretava também dificuldades de monta.

O Regulamento – pelo menos em tese – facilita o exercício dos direitos da vítima, permitindo que peça a restituição no seu Estado-Membro de bens localizados em outro Estado-Membro, mesmo antes de decisão de perda, podendo a decisão ser executada além-fronteiras, sem ter que actuar no EM do local dos activos. Dizemos pelo menos em tese pois, em regra, é conveniente à vítima, em qualquer caso, intervir e consultar directamente o processo no EM da localização dos bens, de forma a melhor acautelar os seus interesses e designadamente a intervir caso seja suscitada causa de recusa de reconhecimento e execução. Temos ainda assim que reconhecer que esta intervenção poderá ser menos intensa do que aquela intervenção directa «pura», constituindo assim uma melhoria da posição da vítima.

Claro que, regra geral, estas normas do Regulamento só serão particularmente úteis para a vítima, nesta dimensão, se no Estado da residência da vítima existir um processo penal e a partir deste seja feito o pedido. Por exemplo, nos nossos casos-exemplo, se as vítimas denunciassem o crime na Alemanha e os valores obtidos através das fraudes ainda se encontrassem nas contas em Portugal, poderiam ver restituídos os seus valores através da emissão, pelas autoridades alemãs, de uma decisão de apreensão nos termos do Regulamento (UE) 2018/1805, com vista à restituição, a reconhecer e executar em Portugal. Tendo em conta que o conceito de restituição não foi harmonizado e inexiste em vários EM um direito à restituição de bens declarados perdidos a favor do Estado

[71] Cf. art. 8.º (*«a pedido do Estado membro requerente e sem prejuízo dos direitos de terceiros de boa fé, o Estadomembro requerido poderá colocar à disposição do Estado membro requerente objectos obtidos por meios ilícitos, com vista à sua restituição aos legítimos proprietários»*).

à vítima, nesses EM o Regulamento terá pouca utilidade no domínio do direito à restituição[72].

O Advogado ou Advogada que foi contactado pela vítima estrangeira (voltando aos nossos casos-exemplo), enfrenta alguns desafios nesta fase, uma vez que, com vista à restituição dos valores à vítima, é necessário estabelecer que os mesmos são de facto produto de infracção da qual o ou a Cliente foram vítimas, e de que não há disputas sobre a titularidade dos mesmos. Numa primeira dimensão, não raras vezes surgem obstáculos à consulta do processo em Portugal, caso tenha sido aplicado o segredo de justiça. Tal resulta frequentemente na morosidade do acesso aos autos por parte da vítima, o que cria obstáculos de monta. Com efeito, o acesso aos autos é condição essencial para a vítima fazer valer os seus direitos, nomeadamente consultar os elementos que possa utilizar para o seu pedido de restituição (ou, mais tarde, de indemnização, bem como eventual pedido de arresto que abranja outros activos), identificar diligências em falta que possa promover, ou prova que possa ela própria juntar, bem como identificar o destino de activos que tenham sido dissipados para outras jurisdições e ponderar intervir nesses foros.

[72] Referindo que a maioria dos Estados-Membros não apresentam sistemas detalhados no que se refere à restituição ou indemnização de vítimas a partir dos bens susceptíveis de perda – Simonato, Michele, «Directive 2014/42/EU and non-conviction based confiscation – A Step Forward on Asset Recovery?», *NJECL* 2/2015, p. 216; Basel Institute on Governance, «*The need for new EU legislation allowing the assets confiscated from criminal organisations to be used for civil society and in particular for social purposes*», *Study requested by the EU Parliament's Committee on Civil Liberties, Justice and Home Affairs*, Bruxelas, 2012 https://www.europarl.europa.eu/thinktank/en/document.html?reference=IPOL-LIBE_NT(2012)462437 (consulta em: 06.03.2021). Sellier, Elodie/Weyembergh, Anne, *Criminal procedural laws across the European Union – A comparative analysis of selected main differences and the impact they have over the development of EU legislation*, Bruxelas, 2018, p. 144, https://www.europarl.europa.eu/thinktank/en/document.html?reference=IPOL_STU%282018%29604977 (consulta em 01.03.2021), identificam como uma das conclusões-chave a circunstância os mecanismos de restituição não terem sido harmonizados, e de nem sequer existirem em todos os EM, retirando assim o efeito útil ao Regulamento neste domínio (ver também pp. 150-151, com maior detalhe). O problema não é resolvido, nem no Regulamento, nem na Directiva 2012/29/UE, uma vez que o primeiro não regula o direito à indemnização ou restituição, e a segunda não atribui também o direito à indemnização e à restituição a partir dos bens declarados perdidos (cf. pp. 154-155).

Feita essa consulta, existe não raras vezes a necessidade de recolher prova adicional para sustentar o pedido de restituição de valores. Neste ponto, surgem dificuldades na recolha e selecção de provas suficientes junto do ou da Cliente ou Colega que representa a vítima no Estado onde esta se encontra (sobretudo se existir a barreira linguística). Igualmente, poderá ser necessário obter provas que constem de um processo penal referente ao crime precedente que corra termos na jurisdição onde o cliente está localizado (ou outra)[73]. Além da barreira técnico-linguística, a impor, em regra, a colaboração com Colegas locais, também aqui, por vezes, surgem dificuldades na consulta do processo naquela jurisdição, a qual pode ser essencial para identificar elementos cuja obtenção, através de Decisão Europeia de Investigação (DEI), para o processo português, deve ser requerida. Existe ainda morosidade no que respeita à emissão e cumprimento de DEI, não obstante a situação ter melhorado por comparação à anterior aplicação deste instrumento.

Existem casos em que na jurisdição do crime precedente não é instaurado processo (por vezes sendo invocado o *ne bis in idem*), ou o Cliente não tem um interesse relevante nessa instauração, uma vez que apenas redundaria em custos adicionais e os activos estão todos localizados em Portugal. Em alguns casos, esta situação dificulta gravemente a posição da vítima, uma vez que, não raras vezes, a jurisdição portuguesa não pretende investigar o crime precedente, existindo também dificuldades sérias na sua investigação em Portugal, desde logo por força da localização das vítimas, dos suspeitos e da prova na outra jurisdição (muitas vezes, toda ela em língua estrangeira). Nestes casos, a vítima terá de demonstrar cabalmente que tem direito à restituição dos bens fazendo prova do próprio crime precedente, o que é difícil sem a existência de investigação na jurisdição respectiva. As dúvidas sobre a existência de crime ou direito à restituição poderão fazer com que a vítima tenha de aguardar longos períodos pela mesma, durante o desenrolar do inqué-

[73] A colaboração do Estado da jurisdição da vítima (e do crime precedente) será necessária para demonstrar interesse na recuperação dos activos. *Vide* a este respeito Fozzard, Adrian/ Steele, Tim, *Stolen Assets...* op. cit. nota 19, p. 30.

rito, ou, por vezes, mesmo em fases posteriores[74]. Por isso, em regra, pode ser determinante existir um processo pelo crime precedente na jurisdição respectiva, no qual seja emitido um pedido de apreensão com vista à restituição à vítima, actualmente nos termos do Regulamento.

Noutra dimensão, dependendo em larga medida da complexidade do caso, o Advogado ou Advogada da vítima têm frequentemente dificuldades em reconstituir e demonstrar a ligação directa entre os activos apreendidos os valores obtidos da vítima através de fraude. Com efeito, em situações como as dos nossos casos-exemplo, frequentemente os fundos são transferidos na própria instituição de crédito sucessivamente entre várias contas bancárias, ou mesmo através de múltiplas instituições de crédito, de forma fraccionada, onde são somados e subtraídos dos respectivos saldos. Podem, assim, confundir-se com outros fundos não pertencentes à vítima, e até eventualmente pertencentes a outras vítimas[75]. As operações poderão ser de tal modo intrincadas que não é possível, ou é particularmente difícil, reconstituir a ligação entre o valor apreendido e o valor defraudado ao Cliente, tornando impossível ou muitíssimo difícil um pedido de restituição e remetendo para a necessidade de recorrer a outras medidas de garantia patrimonial.

[74] A este propósito, veja-se o Acórdão do Tribunal da Relação do Porto proc. 1733/09.1T3AVR-B.P1, de 29 de Setembro de 2010 (www.dgsi.pt), que explica o seguinte: «*Há, no processo, três momentos específicos em que a avaliação da desnecessidade da manutenção da apreensão dos objectos se impõe: a acusação, a decisão instrutória e a sentença (aqui, na perspectiva do destino a dar-lhes). (...) Não devem ser restituídos objectos apreendidos no âmbito de um inquérito que está na fase inicial e em relação aos quais se verifica a necessidade de proceder a exames e perícias e de desenvolver diligências investigatórias com vista a determinar a sua proveniência*».

[75] Quando existam outras vítimas pode ainda colocar-se o problema da discussão sobre se alguma delas tem um direito prevalecente sobre o das outras, sendo que, em princípio, a restituição prevalece sobre o direito à indemnização, uma vez que estamos perante bens da vítima e não do autor ou comparticipante do crime. No entanto, este tipo de situações poderá dar origem a disputas difíceis e morosas. Essas disputas poderão também surgir face a outros credores que não sejam vítimas de crime. Situação de maior complexidade quando as vítimas estão dispersas por vários Estados, como refere Correia, João Conde, «Cooperação judiciária internacional...», op. cit. nota 3, p. 248. Não podemos tratar aqui esta matéria em detalhe.

1.3.2. O pedido de indemnização civil (PIC) deduzido no processo penal

Sempre que a vítima tenha sofrido danos patrimoniais emergentes do crime que não possam ser ressarcidos por restituição dos activos obtidos através da fraude (por exemplo, porque sofreu danos adicionais, nomeadamente os custos com a recuperação dos activos, ou porque os activos obtidos com a fraude foram dissipados e existem apenas outros bens disponíveis sem relação com o ilícito contra si praticado), terá de fazer valer os seus direitos através de pedido de indemnização civil no processo penal – caso seja deduzida acusação – ou através de acção civil separada, nos casos em que inexista acusação penal, ou em que a vítima considere, por algum motivo, que tal seja adequado.

A susceptibilidade de perda de bens no âmbito de processo-crime e a satisfação dos interesses patrimoniais da vítima estão relacionados. É, aliás, reconhecida a sua utilidade para tutelar os interesses da vítima. Por exemplo, a Directiva (UE) 2014/42/UE prevê no artigo 8.º, n.º 10, que «*caso, em consequência de infração penal, as vítimas possam pedir uma reparação a pessoas sujeitas a medidas de perda previstas ao abrigo da presente diretiva, os Estados-Membros tomam as medidas necessárias para assegurar que as medidas de perda não impeçam que as vítimas reclamem uma indemnização*»[76].

Em sentido idêntico, o Regulamento 2018/1805, refere no Considerando n.º 45 que «[...] [a]*s regras relativas à afetação de bens apreendidos ou declarados perdidos deverão dar prioridade à indemnização e à restituição dos bens às vítimas*», e consagra no artigo 30.º a prioridade da restituição e indemnização à vítima a partir dos bens ou montantes declarados perdidos (cf. artigo 30.º, n.º 1 a 5, e n.º 6 e 7, aplicáveis subsidiariamente). Igualmente, em caso de pedidos concorrentes, o Regulamento estabelece que, sempre que possível, deve ser dada prioridade aos interesses das vítimas (artigo 26.º, n.º 2, proémio). Estabelece-se assim um princípio de prevalência da satisfação dos interesses da vítima em detrimento da perda a favor do Estado[77]. Em idêntico sentido vão os artigos 110.º, n.º 6, e 130.º,

[76] Cf. também o Considerando 29 («*uma eventual restituição subsequente ou no intuito de salvaguardar a indemnização pelos danos causados por uma infração penal*»).

[77] Referindo a tendência internacional de salvaguardar a indemnização das vítimas e a devolução dos bens a estas, reflectida no Regulamento, Simões, Rita, «O Regulamento...», op. cit.

n.º 2, do CP[78]. Tal significa que, por exemplo, bens apreendidos com vista à perda que não constituam os activos nos quais a vítima foi defraudada possam, ainda assim, ser utilizados para satisfação dos direitos de crédito da vítima deduzidos por meio de pedido de indemnização civil. A decisão de perda de bens tem, todavia, natureza diferente e independente do PIC, não ficando a perda dependente da vontade da vítima ou da intenção desta de deduzir ou não um qualquer pedido de indemnização civil[79].

Não trataremos em detalhe o regime do Regulamento no que se refere à perda transfronteiriça. Este será tratado em outro capítulo da presente publicação[80]. Salientamos, todavia, alguns aspectos interessantes na perspectiva da vítima. No Regulamento está previsto o acautelamento do direito da vítima à indemnização em contexto transfonteiriço, no artigo 30.º. Nestes termos, o Estado de emissão deverá informar o Estado de execução da pendência de processo com vista a indemnização, bem como da existência de uma decisão nesse sentido, com vista a que esta possa ser acautelada no Estado de execução (cf. artigo 30.º, n.º 1 e 5).

Nesta perspectiva, é importante uma acção proactiva da vítima, com vista à emissão de decisões transfronteiriças – primeiro de apreensão e posteriormente de perda de bens. As decisões de indemnização com vista ao ressarcimento a vítima que tenham sido comunicadas terão a virtualidade de permitir a entrega de montantes obtidos em execução de decisão de perda (artigo 30.º, n.º 4, do Regulamento). Sempre que esteja pendente processo para determinação da indemnização, a autoridade de emissão informará o Estado de execução e este deverá suspender a afectação dos bens declarados perdidos até que as informações sobre a decisão de indemnização da vítima sejam comunicadas à autoridade de execução, mesmo que a decisão de perda já tenha sido executada (artigo 30.º, n.º 5, do Regulamento).

nota 7, p. 78.

[78] Correia, João Conde/Rodrigues, Hélio Rigor, «Anotação ao Acórdão...» op. cit. nota 8, p. 9, no mesmo sentido, indicam que *«se houver lesados a indemnizar, os bens assim obtidos devem ser usados para esse efeito, deste modo protegendo também os seus interesses.»*

[79] Correia, João Conde/Rodrigues, Hélio Rigor, «Anotação ao Acórdão...» op. cit. nota 8, p. 10.

[80] *V.* Monte, Mário Ferreira, «Reconhecimento mútuo de decisão de perda», nesta publicação, pp. 105 e ss.

Parece-nos que a emissão de certidão de perda nos termos do Regulamento pressupõe *também* a emissão de declaração de perda proferida na Sentença[81] dos bens em causa, sob pena de se tratar de uma execução de pedido de indemnização civil, o qual já não caberia no Regulamento (UE) 2018/1805, mas antes no Regulamento (UE) 1215/2020, relativo à competência judiciária, ao reconhecimento e à execução de decisões em matéria civil e comercial[82]. Com efeito, a certidão de decisão de perda nos termos do Regulamento (UE) 2018/1805, com vista à indemnização da vítima, deverá ser emitida nos casos em que tenha sido decretada a perda de bens, mas em que o resultado desta seja afectado à satisfação do direito de indemnização da vítima, através do mecanismo de afectação previsto no art. 130.º, n.º 2, do Código Penal[83]. O direito da vítima pode ser reconhecido em processo penal (através de PIC ou do art. 82.º-A), mas também em acção cível separada[84].

De acordo com o Regulamento, para os casos de montantes em dinheiro – aquilo que interessa principalmente nos nossos casos-exemplo – «*caso tenha sido obtido um montante em dinheiro em resultado da execução de uma decisão de perda, é transferido para a vítima, para efeitos de indemnização, o montante correspondente, na medida em que não exceda o montante indicado na certidão, se necessário através do Estado de emissão*». É possível também a entrega por parte da autoridade de execução directamente à vítima, devendo esta informar a autoridade de emissão (art. 30.º, n.º 4). Nos nossos casos-exemplo, se as vítimas denunciassem o crime na Alemanha e os valores obtidos através das fraudes já não se encontrassem nas contas em Portugal e tivessem sido dissipados, mas aqui fosse localizado outro património dos suspeitos, poderiam ver ressarcidos os seus valores através da emissão, pelas autoridades alemãs, de uma decisão de perda nos termos do Regulamento (UE) 2018/1805, com vista à indemnização, a reconhe-

[81] Ou, possivelmente, nos termos do artigo 268.º, n.º 1, al. *e)*, do CPP.

[82] Regulamento (UE) 1215/2020, do Parlamento Europeu e do Conselho, de 12 de dezembro de 2012, relativo à competência judiciária, ao reconhecimento e à execução de decisões em matéria civil e comercial.

[83] Assim, Correia, João Conde, «Reconhecimento mútuo de decisões de apreensão...», op. cit. nota 50, p. 200; Simões, Rita, «O Regulamento...», op. cit. nota 7, pp. 77-78.

[84] *V.* Correia, João Conde/Rodrigues, Hélio Rigor, «Anotação ao Acórdão...» op. cit. nota 8, pp. 13-14.

cer e executar em Portugal. Já se o processo tivesse corrido termos em Portugal, e tivessem sido encontrados activos num outro EM, poderia ser emitida pelas autoridades portuguesas uma decisão de perda com vista à indemnização, com base no artigo 130.º, n.º 2, do Código Penal, a título interno, e no Regulamento.

Também neste domínio, tendo em conta que nem o Regulamento nem a Directiva 2012/29/EU atribuem um direito à indemnização da vítima a partir dos bens declarados perdidos a favor do Estado à vítima, a sua utilidade poderá ser reduzida nos países em que inexiste um mecanismo similar ao do artigo 130.º, n.º 2, do Código Penal[85].

2. Processo civil

Como referimos inicialmente, não raras vezes a recuperação de activos na perspectiva da vítima passa pela escolha entre a utilização de meios penais ou civis, ou de uma combinação de ambos. E, por vezes, ainda pela escolha entre accionar os meios civis no âmbito do processo penal, ou fora dele, o que tem diversas implicações a nível também dos instrumentos de cooperação disponíveis, uma vez que para a satisfação de créditos de natureza civil são genericamente aplicáveis os instrumentos de cooperação em matéria civil, existindo algumas zonas de fronteira nas quais a distinção do meio a utilizar nem sempre é fácil. Na maioria das jurisdições[86], o processo civil acarreta mais custos para a vítima do que

[85] Sellier, Elodie/Weyembergh, Anne, *Criminal procedural laws ...*, op. cit. nota 72, pp. 144, 150-151, com maior detalhe, pp. 154-155.

[86] O sistema inglês apresenta algumas medidas eficientes para a salvaguarda dos interesses patrimoniais das vítimas de crimes de, entre outros, fraudes ou corrupção. Algumas dessas medidas são até apelidadas de «*nuclear weapons*» pelos Advogados. Existem providências cautelares que permitem o célere congelamento de todo o tipo de bens, colocando o autor do crime, sem qualquer tipo de aviso, logo a partir do mesmo dia em que o crime foi conhecido, numa posição fragilizada, privado praticamente de meios de subsistência e sem oxigénio financeiro. O efeito surpresa dessas medidas é fatal para as pretensões do autor do crime e impede a dissipação dos activos, ficando, a partir desse momento, dependente das decisões do Juiz (ou Juízes, caso se trate de um crime transnacional e estejam mais jurisdições envolvidas). *Vide* a este respeito Oliver, Keith, «*Civil interim measures in England*», in *Tracing Stolen Assets: A Practitioner's Handbook,* International Centre for Asset Recovery, Basel Institute on Governance, Basel, 2009, pp. 89-99, https://baselgovernance.org/sites/default/files/2018-12/Tracing%20Stolen%20Assets.pdf (consulta em: 31.01.2021); Ferguson, Gerry, *Global corruption:*

o processo penal. A vítima é, desde logo, desencorajada através de taxas de justiça muito elevadas ou outros encargos com o processo. Portugal é disso um bom exemplo. Todavia, podem existir determinados casos que, efectivamente, justifiquem a opção pelo processo civil[87].

Observemos o nosso caso-exemplo 2, em que a vítima, por ter sido induzida em erro, efectua a transferência dos activos no cumprimento de um acordo contratual, mas essa disposição patrimonial foi determinadada por fraude. Nestes casos, nem sempre é fácil provar que estamos perante uma burla penalmente relevante, podendo a linha entre esta e o mero incumprimento contratual civil ser ténue[88].

Law, theory & practice, 3.ª Ed., University of Victoria, Victoria, 2018, p. 443, https://dspace.library.uvic.ca//handle/1828/9253 (consulta em: 31.01.2021).

[87] Uma outra opção, que aqui não trataremos, poderá ser o recurso ao processo de insolvência. À primeira vista, poderá parecer desajustado, uma vez que a restituição de activos aproveita a todos os credores. Contudo, existem jurisdições que apresentam mecanismos legais que permitem a investigação, o congelamento e a restituição de activos de forma eficaz por esta via, atribuindo ao administrador de insolvência poderes para a prática de actos que mitigam o perigo de dissipação do património do devedor, com poderes de acesso a todo o tipo de informação relacionada com o devedor seu património. O alcance destes poderes é em regra limitado à jurisdição do processo em causa, mas existem mecanismos que permitem obter eficácia transfronteiriça, por exemplo, na União Europeia, o Regulamento (UE) 2015/848 do Parlamento Europeu e do Conselho, de 20 de maio de 2015, relativo aos processos de insolvência. É assim mais um mecanismo a considerar, consoante as constelações do caso e as jurisdições envolvidas – cf. Brun, Jean-Pierre, Gray, Larissa, Scott, Clive & M. Stephenson, Kevin, *Asset Recovery ...* op. cit. nota 38, pp. 174-175

[88] Sobre a linha divisória entre as condutas, cf., a título de exemplo, o Acórdão do Tribunal da Relação de Lisboa proc. Proc. 4942/05, de 5 de Julho de 2005 (https://www.pgdlisboa.pt/jurel/jur_mostra_doc.php?nid=3217&codarea=57): «*I – Numa relação contratual pode verificar-se uma situação de incumprimento contratual, não significando, porém, que exista ilícito criminal, prevendo a legislação cível mecanismos próprios para a sua resolução, nomeadamente através do cumprimento coercivo, ou de indemnização ao contraente cumpridor. II – Contudo, por vezes, um normal contrato é usado como instrumento para induzir em erro o outro contraente, determinando este à prática de actos que lhe causem prejuízo e permitam ao agente um enriquecimento ilegítimo, nestes casos, o agente ao concluir o contrato com outrem tem já a intenção de não cumprir, sendo o contrato um elemento da mise-en-scène que conduz ao erro ou engano do ofendido. III – Deste modo, para que numa relação contratual se verifiquem os requisitos do crime de burla é essencial que o propósito de enganar preceda a celebração do contrato ou concorra no momento de celebração do contrato, determinando a vontade da outra parte. IV – Ao contrário, o dolo no incumprimento das obrigações tem carácter subsequente e surge posteriormente à conclusão de um negócio lícito contraído de boa-fé, revelando-se na fase de cumprimento ou execução*

Nesse caso, a causa de pedir de uma indemnização poderá assentar na responsabilidade extracontratual emergente do crime, mas também na responsabilidade contratual, a título subsidiário, podendo até a vítima fazer a opção por demandar apenas com base na segunda, já que tal causa de pedir tem implicações de monta em termos de ónus da prova. Há-que fazer uma análise custo-benefício, nomeadamente, tendo em conta os riscos que uma absolvição poderá trazer, nomeadamente a dificuldade probatória.

Noutro tipo de casos, poderá ser também relevante considerar a propositura de acção cível fundada em enriquecimento[89] sem causa. De salientar que caso o enriquecimento resulte de um acto ilícito (como, a título de exemplo, o dolo – artigo 253.º do CC), a única solução é recorrer à responsabilidade civil, dado o carácter subsidiário do instituto do enriquecimento sem causa. No entanto, conforme decorre do artigo 474.º *a contrario* do CC, sempre que a lei não facultar ao empobrecido (*in casu*, à vítima) outro meio de ser indemnizado ou restituído, negar o direito à restituição ou atribuir outros efeitos ao enriquecimento, há lugar à restituição por enriquecimento sem causa. De acordo com o 498.º, n.º 4, do CC, a prescrição do direito à indemnização não importa a prescrição da ação de restituição por enriquecimento sem causa – o que significa que, enquanto o direito à indemnização não prescrever, apenas a ação de responsabilidade civil é permitida.

Para o nosso caso-exemplo 2, a utilidade deste instituto reside exactamente no seu carácter subsidiário, uma vez que, por cautela, com o pedido principal, pode ser apresentado um pedido subsidiário de restituição por enriquecimento sem causa, nos termos do qual o enriquecido (devedor), por ter a obrigação de restituir (cf. artigo 479.º do CC), fica

do acordado. V – Assim, a linha divisória entre a burla e o incumprimento contratual está no momento da aparição da vontade de incumprimento: se o ânimo de não cumprir existe "ab initio" haverá burla, se surge posteriormente, só pode haver incumprimento contractual». Em sentido idêntico, *v.* o Acórdão do Tribunal da Relação do Porto proc. 1830/12.6JAPRT.P1, de 11 de Janeiro de 2017 (www.dgsi.pt); Acórdão do Tribunal da Relação do Porto proc. 399/14.1T9STS.P1, de 26 de Abril de 2017 (www.dgsi.pt).

[89] O enriquecimento consiste na obtenção de um benefício de cariz patrimonial, que pode revestir a forma de aumento do activo, diminuição do passivo, no uso ou consumo de coisa alheia, no exercício de direito alheio e na poupança de despesas (cf. artigo 473.º, n.º 2, do CC).

a dever ao emprobecido (credor), ou seja, ao sujeito à custa de quem se deu o tal enriquecimento. Para lançar mão deste expediente, exige-se a verificação cumulativa dos seguintes pressupostos: (i) enriquecimento de alguém; (ii) à custa de quem requer a restituição; e (iii) que o enriquecimento seja sem causa justificativa[90]. No nosso tipo de caso-exemplo 1, este instrumento pode também ser útil. Perante dificuldades incontornáveis em provar a existência de crime precedente que possa conduzir a uma decisão de restituição (porque, por exemplo, não foi sequer aberto processo no Estado da residência da vítima, ou neste não foi possível obter prova suficiente sobre a existência de infracção) e a consequente impossibilidade de deduzir pedido de indemnização por força da inexistência de acusação, poderá ser útil lançar mão de uma acção cível por enriquecimento sem causa.

Não obstante a possibilidade de um arresto ordenado para garantia do pedido de indemnização do lesado em processo penal poder vir transitar, juntamente com o pedido de arresto ou o respectivo pedido de indemnização civil apresentado no processo crime, para um processo civil, quando o Tribunal criminal remeta a questão para os tribunais cíveis (cf. artigo 228.º, n.º 4, 82.º, n.º 3, do CPP), nem sempre existirá esta possibilidade, desde logo por inexistência de decretamento de arresto no processo penal. Assim, caso seja equacionada a acção cível, deverão ainda ser equacionadas as respectivas medidas de garantia patrimonial a ordenar no respectivo processo cível, passíveis de articular e, com isso, mitigar o perigo de dissipação e salvaguardar os interesses patrimoniais da vítima. Assim, no contexto de eventual acção cível a propor, deve ser considerada a hipótese de solicitar providência cautelar de arresto ou de arrolamento[91].

Nos termos do artigo 403.º, n.º 1, do Código de Processo Civil, o arrolamento, como medida conservatória que é, procura impedir o extra-

[90] Brun, Jean-Pierre, Gray, Larissa, Scott, Clive & M. Stephenson, Kevin, *Asset Recovery ...*, op. cit. nota 38, p. 168, referem que este tipo de acções, quanto a actos ilegais ou não éticos, está associada ao princípio de que ninguém deve beneficiar de infracções ou de enriquecimento ilícito ou injusto.

[91] Sobre a diferença, cf. a título de exemplo, Acórdão do Tribunal da Relação do Coimbra, proc. 131/11.1TBVLF-B.C1, de 27 de Fevereiro de 2018 (www.dgsi.pt).

vio, ocultação ou dissipação de bens, sejam eles móveis ou imóveis, bem como de documentos, desde que: (i) se verifique *periculum in mora*, isto é, o justo receio de que isso possa acontecer; e (ii) exista *fumus boni iuris*, ou seja, a titularidade dos direitos (reais ou pessoais) sobre os mesmo, por parte da vítima, a quem cabe alegar e provar tais requisitos (cf. o n.º 1, do artigo 342.º, do CC). Tanto o arresto como o arrolamento, nos termos dos artigos 391.º, n.º 2, e 406.º, n.º 5, do Código de Processo Civil, são aplicáveis as disposições relativas à penhora, em tudo o que não contrarie o regime respectivo ou a distinta natureza. Destaque para um dos principais efeitos da penhora que, nos termos do artigo 819.º do Código Civil, se traduz «*na ineficácia, em relação à execução os bens, dos atos de disposição ou oneração os bens penhorados*». Pensado nos nossos casos-exemplo, com aplicação do arrolamento, o saldo de determinada conta bancária deve ficar bloqueado, com vista ao cumprimento de uma finalidade legítima que, *in casu*, é a de salvaguardar os interesses patrimoniais da vítima.

Evidentemente, o uso dos meios civis em separado importa geralmente a inaplicabilidade dos meios de cooperação judiciária penais, remetendo-nos para o domínio dos meios cíveis, com destaque, na União Europeia, e naquilo que interessa ao nosso caso, para o Regulamento (UE) n.º 655/2014 que estabelece um procedimento de decisão europeia de arresto de contas para facilitar a cobrança transfronteiriça de créditos em matéria civil e comercial[92], para a tutela conservatória, e o Regulamento (UE) 1215/2020, relativo à competência judiciária, ao reconhecimento e à execução de decisões em matéria civil e comercial[93]. Sendo instrumentos úteis, a nossa experiência prática é que a utilização dos mesmos não deve dispensar a actuação conjugada de Advogados ou Advogadas nos vários Estados-Membros envolvidos.

Recordamos, no entanto, que caso exista processo penal é possível recorrer ao mecanismo do artigo 130.º, n.º 2, do CP, e pedir a afectação

[92] Regulamento (UE) n.º 655/2014 do Parlamento Europeu e do Conselho, de 15 de maio de 2014 , que estabelece um procedimento de decisão europeia de arresto de contas para facilitar a cobrança transfronteiriça de créditos em matéria civil e comercial.

[93] Regulamento (UE) 1215/2020, Parlamento Europeu e do Conselho, de 12 de dezembro de 2012, relativo à competência judiciária, ao reconhecimento e à execução de decisões em matéria civil e comercial.

dos bens declarados perdidos. Nesse caso, é possível a execução de bens localizados em outro EM através da cooperação judiciária penal e em particular de certidão de decisão de perda do Regulamento (UE) 2018/1805.

IV. Conclusão

As vítimas de crimes têm hoje ao seu dispor vários mecanismos que permitem acautelar a garantia dos seus interesses patrimoniais, quer no processo penal, quer pelos meios civis, inclusivamente a nível transfronteiriço, com destaque para o Regulamento (UE) 1805/2018. No entanto, a articulação e definição da estratégia para utilização destes meios revela-se de elevada complexidade, em particular em casos com dimensão transfronteiriça, tornando essencial a intervenção do Advogado.

Acresce que, no tipo de casos-exemplo na base do presente contributo (fraude seguida de transferência e posterior pulverização dos proventos utilizando o sistema bancário, de forma transfronteiriça), esses meios de nada servirão se não for possível à vítima obter uma intervenção célere logo no momento inicial em que é detectada a fraude. Sem essa rápida intervenção e o «congelamento» das vantagens da fraude, torna-se como regra impossível à vítima conseguir a recuperação dos seus activos, seja pela restituição ou indeminização. Desta forma, seria útil reflectir sobre a possibilidade de criação de mecanismos mais eficazes e céleres, sobretudo na sua aplicação transfronteiriça, fazendo uso das comunicações entre UIF, de redes «24/7» entre as autoridades judiciárias, ou mesmo criando instrumentos que permitam logo às instituições financeiras congelar as vantagens derivadas da fraude, permitindo uma extensão transfronteiriça dessas medidas. A UE está neste momento a trabalhar em acções neste domínio, tendo sido aprovado um plano de acção que prevê, entre outros, a criação de mecanismos de coordenação ou suporte transfronteiriço para as UIF, bem como a instituição de mecanismos de supervisão a nível da União e a adopção de normativos jurídicos mais uniformes.[94]

[94] Cf. as Conclusões do Conselho sobre a luta contra o branqueamento de capitais e o financiamento do terrorismo, de 05.11.2020 (12608/20), https://www.consilium.europa.eu/pt/meetings/ecofin/2020/11/04/ (consulta em 06.05.2021).

Finalmente, deve ter-se presente que na criminalidade com uma vertente patrimonial, como é o caso da fraude e do branqueamento dos seus proventos, a restituição dos activos e a indemnização das vítimas do crime são essenciais para a realização dos fins do processo e do próprio direito penal. Desta forma, é imperativa uma mudança de atitude na investigação criminal, não só orientando-a para a recuperação dos activos, mas também garantindo um efectivo e contínuo direito à informação e participação activa, criando formas de articulação mais efectivas das autoridades policiais e judiciárias com a vítima e seus Advogados ou Advogadas, quer a nível interno, quer no âmbito da cooperação transfronteiriça.

8. A Administração dos bens apreendidos em contexto de cooperação internacional

LUÍS SILVA PEREIRA
Procurador-Geral Adjunto

I. Lei Aplicável

A Directiva 2014/42/EU, do Parlamento Europeu e do Conselho, de 3 de abril de 2014[1], foi o primeiro instrumento de direito Europeu que, ao regular mecanismos de cooperação entre autoridades judiciárias, viria a incluir no seu normativo uma estatuição – cf. artigo 10.º – referente à administração dos bens[2] que foram objecto de apreensão[3], tendo como objectivo assegurar a eficácia de uma decisão de perda[4] que sobre estes venha a recair.

[1] Sobre o congelamento e a perda dos instrumentos e produtos do crime na União Europeia, transposta para o ordenamento jurídico nacional pela Lei n.º 30/2017, de 30 de Maio.

[2] A expressão «bens», na acepção constante do artigo 2.º, n.º 3, do Regulamento (UE) 2018/1805, do Parlamento Europeu e do Conselho, de 14 de Novembro de 2018, compreende os activos de qualquer espécie, corpóreos ou incorpóreos, móveis ou imóveis, bem como documentos legais ou atos comprovativos da propriedade desses activos ou direitos com eles relacionados, que a autoridade de emissão considere que a) constituem o produto de uma infracção penal ou correspondem, no todo ou apenas em parte, ao valor desse produto; b) constituem os instrumentos dessa infracção penal ou correspondem ao valor desses instrumentos; c) sejam passíveis de perda mediante a aplicação no Estado de emissão de um dos poderes de perda previstos na Diretiva 2014/42/UE ou, ainda, d) sejam passíveis de perda por força de quaisquer outras disposições relacionadas com os poderes de perda, incluindo a perda sem condenação definitiva, previstos na legislação do Estado de emissão relativamente a uma infracção penal.

[3] *Decisão de apreensão* é uma decisão emitida ou validada por uma autoridade de emissão para impedir a destruição, transformação, retirada, transferência ou afectação de bens tendo em vista a perda, nos termos do artigo 2.º, n.º 1, do mesmo Regulamento.

[4] Por *decisão de perda* entende-se a sanção ou medida de carácter definitivo, imposta por um tribunal relativamente a uma infração penal, que conduza à privação definitiva de bens de uma pessoa singular ou colectiva, de acordo com o artigo 2.º, n.º 2, do Regulamento.

Contudo, em sede de direito internacional convencional, em idêntico contexto de uma solicitação de apreensão de bens no Estado de execução em virtude de estes terem sido, ou poderem vir a ser, objecto de uma decisão de perda a proferir no Estado de emissão, já a Convenção do Conselho da Europa relativa ao branqueamento, à detecção, apreensão e perda dos produtos do crime e ao financiamento do terrorismo, de 16 de Maio de 2005, dispunha no seu artigo 6.º que *cada uma das Partes adoptará as medidas legislativas e outras que se revelem necessárias para garantir uma gestão adequada dos bens congelados ou apreendidos.*

A explicação para a ausência de uma qualquer referência a esta problemática em qualquer outro instrumento normativo de cooperação judiciária internacional[5] decorre da circunstância de ser da exclusiva

[5] De facto, em nenhum dos instrumentos anteriores, de direito internacional ou Europeu, encontramos qualquer disposição que a ela se refira ainda que de forma indirecta. Assim, e no que concerne à cooperação judiciária entre Estados ou autoridades judiciárias, quando em causa está a apreensão de bens para exclusivos efeitos da sua utilização como meio de prova, não existe qualquer referência à forma como os mesmos devem ser conservados até à sua disponibilização ao Estado ou à autoridade judiciária de emissão (o que é perfeitamente compreensível já que o que está em causa não é a administração destes mas apenas a sua preservação até ao momento em que são utilizados como prova) tal como resulta da análise dos textos da Convenção do Conselho da Europa, de 20 de Abril de 1959, relativa ao auxílio judiciário mútuo em matéria penal, bem como do seu Primeiro Protocolo Adicional, de 17 de Março de 1978, dos artigos 48.º a 53.º da Convenção de Aplicação dos Acordos de Schengen, de 19 de Junho de 1990 e do Segundo Protocolo Adicional à Convenção de 1959, de 8 de Novembro de 2001.
De igual forma, e quando se encontrava em causa a apreensão de bens para efeitos de acautelar a eficácia de uma futura decisão de perda, não havia a tal propósito qualquer menção directa no texto da Convenção do Conselho da Europa relativa ao branqueamento, à detecção, apreensão e perda dos produtos do crime de 8 de Novembro de 1990.
O mesmo se dirá, ainda, do teor das Convenções multilaterais de carácter mais específico e que são susceptíveis de serem utilizadas como instrumento de direito internacional para qualquer um dos fins atrás referidos, sempre que esteja em causa a prática dos crimes nelas previstos, como, por exemplo, sucede com a Convenção das Nações Unidas contra o Tráfico Ilícito de Estupefacientes e Substâncias Psicotrópicas, de 20 de Dezembro de 1988, e com a Convenção das Nações Unidas contra a Criminalidade Organizada Transnacional, de 15 de Novembro de 2000.
Não se encontra também na lei interna de cooperação judiciária internacional em matéria penal qualquer norma a tal respeito, quer quando o pedido de detecção ou apreensão a favor de um Estado estrangeiro seja formulado ou na fase de execução de sentença quer quando

competência das autoridades do Estado onde tais bens se encontram o proceder à respectiva administração, de acordo com o seu direito nacional, ainda que tais bens tenham sido apreendidos a pedido de um Estado, ou de uma autoridade judiciária estrangeira.

Por outras palavras, assume-se que os termos em que devem ser administrados os bens apreendidos na sequência de um pedido de cooperação internacional é uma questão que deverá ser resolvida apenas pelo direito interno de cada Estado e não pelo direito internacional.

Se o postulado agora enunciado é confirmado, no seio da cooperação judiciária interestadual através da referida norma do artigo 6.º da Convenção do Conselho da Europa de 20005, constata-se que ele é objecto de idêntica consagração no âmbito mais específico da cooperação entre as autoridades judiciárias dos Estados membros da União Europeia.

Assim, e a este propósito, o artigo 28.º n.º 1 do Regulamento (UE) 2018/1805, do Parlamento Europeu e do Conselho, de 14 de Novembro de 2018[6], relativo ao reconhecimento mútuo das decisões de apreensão e de perda[7], veio reiterar que *a gestão dos bens apreendidos e declarados perdidos se rege pela legislação do Estado de execução.*

este ocorra numa fase preliminar do procedimento, cf. os artigos 112.º e 160.º, da Lei n.º 144/99, de 31 de Agosto, respectivamente.
Idêntica conclusão se extrai, finalmente, dos instrumentos Europeus de cooperação judiciária, designadamente da Convenção relativa ao Auxílio Judiciário Mútuo entre Estados Membros da União Europeia, de 29 de Maio de 2000, do Acto do Conselho estabelecendo um Protocolo Adicional à Convenção de 2000, de 16 de Outubro de 2001, da Decisão Quadro 2001/500/JAI, do Conselho, de 26 de Junho, relativa ao branqueamento de capitais, à identificação, detecção, congelamento, apreensão e perda dos instrumentos e produtos do crime, da Decisão Quadro 2003/577/JAI, do Conselho, de 22 de Julho de 2003, sobre a execução na União Europeia das decisões de congelamento de bens ou de provas e da Directiva 2914/41, do Parlamento Europeu e do Conselho, de 3 de Abril, relativa à Decisão Europeia de Investigação.

[6] Nos termos dos artigos 1.º e 2.º do artigo 4.º-A, n.º 1, do Protocolo n.º 21, e dos artigos 1.º e 2.º do Protocolo n.º 22, respectivamente, anexos ao TUE e ao TFUE, a República da Irlanda e a Dinamarca não participaram na adoção do Regulamento (UE) 2018/1805, do Parlamento Europeu e do Conselho, de 14 de Novembro de 2018, não tendo ficado por ele vinculados nem sujeitos à sua aplicação.

[7] Emitidas no âmbito de um processo penal, já que idênticas decisões adoptadas no âmbito

II. O Artigo 10.º da Directiva 2014/42/EU

Sendo muito discutível, face aos corolários que resultam da aplicação dos princípios da proporcionalidade e da subsidiariedade, que fosse admissível um qualquer normativo que impusesse, de forma imperativa, quais as entidades e os procedimentos que todos os Estado membros da União Europeia deveriam implementar nas respectivas legislações para assegurar uma adequada administração dos bens apreendidos a pedido de uma autoridade judiciária de outro Estado membro, o artigo 10.º da Directiva 2014/42/EU, do Parlamento Europeu e do Conselho, de 3 de abril de 2014, encontra-se redigido por forma a respeitar os citados princípios.

Assim, limita-se a estatuir, no seu n.º 1, que os Estados-Membros devem tomar as medidas necessárias, *por exemplo,* através da criação de serviços centralizados ou de um conjunto de serviços especializados ou mecanismos equivalentes, tendo como objectivo assegurar a administração adequada destes bens face a uma eventual decisão de perda subsequente que sobre eles recaia. Acrescentando, no seu n.º 2 que, entre tais medidas, se deve incluir a possibilidade de vender ou de transferir os bens, sempre que tal se mostre necessário. Finalmente, o n.º 3 aconselha ainda os Estados-Membros a considerar a possibilidade de tomar medidas que permitam que os bens cuja perda seja decidida venham a ser utilizados para fins de interesse público ou sociais.

Nestes termos, é patente que do seu articulado não resultam, nem poderiam resultar, quaisquer novas obrigações para os Estados membros.

Tal como se esclarece no §32 do Preâmbulo da Directiva, na origem de tal norma está o exclusivo propósito de assegurar que os bens apreendidos sejam geridos de modo a que preservem o respectivo valor ou, no mínimo, a que sejam minimizados os efeitos da sua depreciação natural[8].

Ora, mesmo ainda em sede de cooperação judiciária interestadual, esta obrigação constituía já uma decorrência inerente ao vínculo que o Estado de execução assumia face ao Estado de emissão quando aceitava a

de processos em matéria civil ou administrativa devem ser excluídas do âmbito de aplicação deste Regulamento.

[8] No mesmo sentido o que se dispõe no artigo 28.º, n.º 2, do Regulamento (UE) 2018/1805, do Parlamento Europeu e do Conselho, de 14 de Novembro de 2018, relativo ao reconhecimento mútuo das decisões de apreensão e de perda.

execução de pedidos de cooperação judiciária internacional consubstanciados em solicitações de apreensões cautelares de bens no seu território, com vista a assegurar a eficácia das decisões de perda já proferidas, ou que viessem a ser proferidas, no Estado de emissão.

Efectivamente, desvirtuaría totalmente os objectivos imanentes ao instrumento de direito internacional convencional a que voluntariamente se obrigara se, executada a ordem de apreensão no seu território, o Estado de execução não velasse por uma adequada conservação dos bens apreendidos permitindo que, através de quaisquer condutas activas ou omissivas prosseguidas pelos seus agentes, aqueles se dissipassem ou vissem diminuído o respectivo valor[9].

Acresce que, se tal viesse a suceder, o Estado de execução incorreria em responsabilidade internacional face ao Estado de emissão por incumprimento da Convenção[10], ou em responsabilidade civil face ao titular dos bens apreendidos[11], caso se decidisse, no processo do Estado de emissão, que tais bens lhe deveriam ser devolvidos[12].

[9] O mesmo se diga se a emissão e a satisfação do pedido não tiver por base qualquer instrumento de direito internacional convencional, sendo sustentada apenas pela aplicação do princípio da reciprocidade contemplado no artigo 4.º, da Lei n.º 144/99, de 31 de Agosto.

[10] Como decorre dos artigos 18.º e 26.º da Convenção de Viena sobre o Direito dos Tratados, de 23 de Maio de 1969, um Estado deve abster-se de actos que privem um tratado do seu objecto ou do seu fim, devendo ainda cumpri-lo de boa-fé.

[11] Uma responsabilidade já prevista no artigo 12.º da Decisão Quadro 2003/577/JAI, do Conselho, de 22 de Julho de 2003

[12] Contudo, será legítimo reconhecer que os precisos termos em que se poderia vir a consubstanciar a referida responsabilidade internacional estaria dependente da configuração do respectivo caso concreto. Esta conclusão está intimamente ligada ao facto de, na maioria dos casos, o Estado de execução poder dispor dos bens a que se refere a decisão de perda proferida no Estado de emissão de acordo com o seu direito interno, depois de dar à referida decisão eficácia no respectivo território, facto que, em si mesmo, e muito naturalmente, suscita questões quanto à existência de um efectivo dano patrimonial para o Estado de emissão decorrente de uma conduta negligente prosseguida pelos agentes do Estado de execução e consubstanciada numa desadequada conservação dos bens apreendidos.
Esta é a regra que se encontra expressa, no âmbito da cooperação judiciária internacional interestadual, nos artigos 15.º da Convenção do Conselho da Europa relativa ao branqueamento, à detecção, apreensão e perda dos produtos do crime de 8 de Novembro de 1990 e no artigo 25.º, n.º 1, da Convenção do Conselho da Europa relativa ao branqueamento, à detecção, apreensão e perda dos produtos do crime e ao financiamento do terrorismo, de 16

Assente, portanto, que uma adequada gestão dos bens apreendidos de modo a que preservem o respectivo valor ou, no mínimo, a que sejam minimizados os efeitos da sua depreciação natural consitui, à partida, uma obrigação imanente ao adequado cumprimento de um qualquer pedido de cooperação internacional de apreensão de bens com vista a assegurar a eficácia de uma futura decisão de perda, apenas de forma aparente o n.º 2 do artigo 10.º da Directiva contém qualquer inovação ao «impor» a adopção de medidas de venda ou transferência desses bens sempre que tal se mostrasse necessário para tais fins.

Na realidade, seria impensável que não se enquadrassem já no âmbito das medidas a que o Estado de execução estava vinculado para garantir a preservação do valor dos bens ou, no mínimo, a que fossem minimizados os efeitos da sua depreciação natural, a possibilidade de proceder à venda de bens perecíveis ou susceptíveis de ver o seu valor consideravelmente diminuído com a sua não utilização ou com o mero decurso do tempo (v.g. por exemplo, veículos automóveis) ou ainda, a possibilidade de transferir aqueles do local onde foram apreendidos para outro, mais adequado a garantir a respectiva conservação.

No que concerne às demais medidas a que o artigo 10.º da Directiva faz referência é evidente que, com a utilização das expressões «por exemplo» no n.º 1 ou «devem considerar a possibilidade» no n.º 3, se pretende não impor coisa alguma, mas antes, e simplesmente, formular sugestões.

Nesta conformidade, nada impunha a criação nos Estados membros de serviços nacionais centralizados de administração de ativos para os gerir

de Maio de 2005. No âmbito do direito Europeu, a regra é exactamente a mesma sempre que o montante obtido com a execução da decisão de perda não ultrapassar os 10.000 EUR, tal como resulta do n.º 7 do artigo 30.º do Regulamento (UE) 2018/1805, do Parlamento Europeu e do Conselho, de 14 de Novembro de 2018, relativo ao reconhecimento mútuo das decisões de perda.
As excepções a esta regra ocorrerão sempre que a) a legislação do Estado de execução outorgue ao Estado de emissão a totalidade ou parte do valor dos bens apreendidos, b) exista entre os Estados envolvidos um acordo quanto à repartição de tais bens, c) exista uma obrigação de restituição à vítima ou a terceiro de parte ou da totalidade dos bens e ainda, d) no exclusivo âmbito das relações entre Estados membros da EU face ao Regulamento (UE) 2018/1805, se o montante obtido com a execução da decisão de perda for superior a 10 000 EUR, já que, nesse caso, o valor correspondente a 50 % desse montante pertencerá ao Estado de emissão.

eficazmente, já que a referida norma confere uma considerável margem de liberdade para a adopção de medidas que, embora diferentes, fossem por cada Estado consideradas mais adequadas a tais fins[13].

Contudo, ainda antes da redacção final desta Directiva, já Portugal tinha criado, através da Lei n.º 45/2011, de 24 de Junho, o Gabinete de Administração de Bens (GAB) o qual, funcionando na dependência do Instituto de Gestão Financeira e Equipamentos da Justiça, IP[14] (IGFEJ, IP), se assume como *o serviço nacional centralizado para a administração de ativos* sugerido pelo citado normativo Europeu.

III. Regras Processuais relativas ao depósito dos bens apreendidos

No que concerne à forma como devem ser conservados os bens apreendidos na sequência de um pedido de cooperação internacional, visando assegurar a eficácia de uma decisão de perda subsequente que sobre os mesmos tenha recaído (ou possa vir a recair) no Estado requerente ou de emissão, e na ausência de qualquer norma específica que a tal se refira na Lei n.º 144/99, de 31 de Agosto – cf. o seu artigo 3.º, n.º 2 –, a regra geral aplicável é a que consta do n.º 2 do artigo 178.º do Código de Processo Penal (CPP).

Assim, depois de autorizada, ordenada ou validada por despacho da autoridade judiciária a apreensão de instrumentos, produtos ou vantagens relacionados com a prática de um crime, e sempre que estes não possam ser juntos ao processo, devem ser confiados à guarda do funcionário de justiça a ele adstrito ou a um depositário idóneo para o efeito, ao qual podem ser ordenadas diligências de prestação de cuidados especiais.

[13] No caso da legislação espanhola, e de acordo com o preceituado *na Sexta Disposição Adicional à Lei de Enjuiciamento Criminal*, foi criada através do Decreto Real n.º 948/2015, de 23 de Outubro, a *Oficina de Recuperación y Gestión de Activos* que é o órgão administrativo competente para exercer as funções de localização, recuperação, conservação e administração procedentes das actividades ilicitas nos termos previstos na legislação penal e processual penal. Nestes termos, a Espanha optou por atribuir a um único órgão as competências que, em Portugal, foram repartidas entre o Gabinete de Recuperação de Activos e o Gabinete de Administração de Bens.

[14] O GAB é composto por um Conselho Directivo responsável pela respectiva gestão o qual determina as respectivas normas de funcionamento e regulamenta os seus procedimentos, tal como resulta do disposto no artigo 9.º, da Portaria n.º 391/2012, de 29 de Novembro.

Ora, face ao que se dispõe no artigo 10.º, n.º 1, da Lei n.º 45/2011, de 24 de Junho, o *depositário* a que se refere o n.º 2 do artigo 178.º deverá ser sempre o GAB[15], quando se estime que o valor do bem apreendido exceda as 50 unidades de conta ou, independentemente desse valor, quando se trate de veículo automóvel, embarcação ou aeronave.

De facto, não obstante o artigo 11.º da mesma Lei referir que a intervenção deste gabinete está dependente de uma *solicitação para o efeito* ou do Gabinete de Recuperação de Activos (GRA) ou das autoridades judiciárias, o artigo 20.º-A do mesmo diploma parece indiciar a *obrigatoriedade* dessa solicitação, ao impor à autoridade judiciária que, sem prejuízo dos regimes do segredo de justiça e do segredo de Estado, comunique ao GAB os dados relativos aos bens apreendidos aquando da prolação do despacho de validação da apreensão a que alude o n.º 6 do artigo 178.º do Código de Processo Penal.

Todavia, o GAB não se assume como um mero depositário dos bens apreendidos[16] antes lhe incumbindo também proceder à sua *administração*, já que a natureza e o valor de alguns dos bens apreendidos poderão requerer cuidados e atenções especiais, as quais poderão encontrar-se muito para além das obrigações susceptíveis de ser legalmente exigidas a um mero depositário.

Esclarecem os n.ºs 3 e 5 do artigo 10.º da Lei n.º 45/2011, de 24 de Junho que o exercício desses poderes de administração sobre os bens

[15] Esta regra é aplicável mesmo que a referida apreensão ocorra num contexto de um processo exclusivamente nacional, resultando ainda da sua aplicação que, se o valor do bem apreendido não exceder as 50 unidades de conta e não se trate de veículo automóvel, embarcação ou aeronave, se presume a desnecessidade de proceder à administração dos bens apreendidos e, consequentemente, considerando-se que a instituição de um depositário dos bens, ainda que com a atribuição de deveres de diligência especiais, será suficiente para acautelar os interesses e os objectivos da apreensão.

[16] Nos termos do artigo 1185.º do Código Civil depósito é o *contrato* pelo qual uma das partes entrega à outra uma coisa, móvel ou imóvel, para que a *guarde, e a restitua* quando for exigida. De igual forma poderá acrescentar-se que a actividade de administração que incumbe ao GAB se não confunde com a figura do gestor de negócios a que se refere o artigo 465.º do Código Civil – a qual ocorre quando uma pessoa assume a direcção *de negócio alheio no interesse e por conta do respectivo dono*, sem para tal estar autorizada – nem as suas funções possuem qualquer semelhança com as do administrador da massa insolvente previsto no DL n.º 282/86, de 2 de Setembro.

pelo GAB compreendem a) a protecção, conservação e gestão dos bens recuperados ou à guarda do Estado, b) o poder-dever de determinar a sua venda ou a sua afetação a finalidade pública ou socialmente útil conexa com a administração da justiça, conquanto os bens a afetar se revelem de interesse para a entidade beneficiária e sejam adequados ao exercício e prossecução das suas competências legais ou estatutárias, d) o poder-dever de determinar a destruição dos bens desde que salvaguardado o cumprimento da regulamentação comunitária aplicável, e) o assegurar o destino dos bens recuperados ou declarados perdidos a favor do Estado por decisão transitada em julgado, sem prejuízo do disposto no n.º 5 do artigo 20.º-A da mesma Lei e, ainda, f) o proceder ao exame, à descrição e ao registo da avaliação do bem para efeitos de fixação do valor de eventual indemnização.

IV. O artigo 18.º, n.º 2, do Regulamento (UE) 2018/1805

Contudo, o regime constante da Lei n.º 45/2011, de 24 de Junho, encontra-se desenhado tendo em vista exclusivamente a administração de bens apreendidos em processos penais nacionais, não se encontrando em qualquer das suas normas as especialidades tendente a adaptá-lo às situações em que essa apreensão resulte de um pedido de apreensão formulado por uma auroridade judiciária estrangeira.

Assim sendo, parece exigir-se alguma cautela sempre que esteja em causa a necessidade de aplicar aquele regime, directamente ou por analogia, a estas últimas situações.

Preocupados essencialmente com a sua compatibilidade face quer ao teor do normativo Europeu quer face às regras que presidem à cooperação judiciária internacional em matéria penal, julgamos pertinente abrir aqui um primeiro parêntesis para procurar esclarecer quais os termos e condições em que poderá ser exercido pelo GAB, ou pela autoridade judiciária competente, o referido *poder-dever de determinar a venda dos bens ou a sua afetação a finalidade pública ou socialmente útil*; designadamente, se será necessária obter para o efeito a prévia concordância da autoridade judiciária do Estado de emissão.

A resposta, face ao que expendemos quanto ao conceito de administração de bens, aos fins que a esta presidem e ao facto de lhe ser aplicável a lei do Estado de execução, pareceriam apontar de forma inequívoca para uma resposta negativa.

Todavia, o artigo 18.º, n.º 2 do Regulamento (UE) 2018/1805, veio impor que se a decisão de perda disser respeito a *um bem específico*, as autoridades de emissão e as autoridades de execução podem acordar, caso tal esteja previsto na legislação do Estado de emissão, que a perda a executar no Estado de execução pode ser realizada através da perda de um montante em dinheiro correspondente ao valor do bem que seria declarado perdido.

Por outras palavras, esta norma determina que a venda de um bem cuja apreensão tenha sido *especificamente solicitada* – p.e. veículo automóvel da marca X, moelo Y, matricula Z – só possa ter lugar no Estado de execução quando a autoridade judiciária de emissão der para o efeito o seu acordo, estando este por sua vez subordinado à possibilidade de a sua legislação (do Estado de emissão) admitir a perda de bens de valor equivalente.

Esta opção legislativa que apenas pode encontrar a sua justificação nas situações em que a legislação do Estado de emissão não admita esta última modalidade de perda[17], não nos parece poder ser contrarida pelo disposto quer no artigo 28.º, n.º 2, do mesmo Regulamento, quer ainda pelo artigo 10.º, n.º 2, da Directiva 2014/42/EU, do Parlamento Europeu e do Conselho, de 3 de abril de 2014, que especificam que, na sua actividade de administração dos bens apreendidos, *o Estado de execução tem a possibilidade de os vender ou transferir.*

Em primeiro lugar, porque se as duas últimas normas citadas derrogassem a regra do disposto no artigo 18.º, n.º 2, do Regulamento, esta última deixaria de ter qualquer campo de aplicação.

Em segundo lugar, porque quer o artigo 28.º, n.º 2 do Regulamento, quer o artigo 10.º, n.º 2, da Directiva, se limitam a conferir ao Estado de execução o poder de vender os bens apreendidos como forma de evitar a

[17] Cf. O teor da nota 16 supra, sobre a repartição dos bens apreendidos: a opção legislativa expressa no artigo 18.º, n.º 2, sempre que o Estado de emissão não dê o seu acordo, parece privilegiar a perda específica do bem em si, ainda que este já não possua qualquer valor pecuniário relevante no momento em que é dada eficácia a essa decisão de perda no Estado de execução.

sua desvalorização (embora numa previsão totalmente inútil face ao conteúdo do conceito de administração de bens que vimos utilizando).

Finalmente, porque não obstante a regra do artigo 18.º, n.º 2, do Regulamento, as normas constantes do artigo 10.º, n.º 2, da Directiva e do artigo 28.º, n.º 2, do Regulamento continuam a ter um vasto campo de aplicação, ou seja, sempre que os bens a apreender não sejam objecto de especificação pela autoridade judiciária de emissão – p.e. bens encontrados na moradia X e seus anexos, ou bens imóveis em nome de Y.

Não pode deixar de anotar-se a incongruência que resulta do facto de o legislador Europeu tratar diferentemente as duas situações, isto é, ter existido ou não uma especificação dos bens a apreender no momento da emissão do pedido de apreensão, quando não se vislumbra motivo plausível para as distinguir sempre que a legislação do Estado de emissão não preveja a possibilidade de perda por valor equivalente, condicionalismo esse que é, naturalmente, aplicável a todos os bens independentemente do facto de terem sido ou não objecto de especificação no pedido formulado pela respectiva autoridade judiciária.

Nesta conformidade, e sufragado que seja o entendimento exposto, deverá ter-se em linha de conta, nas diversas situações a que nos iremos referir e que envolvam a obrigatoriedade de venda de bens ou a sua afectação a uma qualquer utilização admitida por lei, *que existe a necessidade de obter o acordo da autoridade judiciária de emissão para os citados fins sempre que sobre estes bens tenha recaído um pedido específcio de apreensão num contexto de cooperação internacional no âmbito do Regulamento (UE) 2018/1805.*

V. Princípios orientadores da gestão dos bens apreendidos

No exercício das competências que foram referidas, o GAB será necessariamente chamado a tomar decisões relativamente a cada um dos bens que administra as quais, de acordo com o disposto no artigo 10.º n.º 4 da Lei n.º 45/2011, de 24 de Junho, devem ser adoptadas no estrito respeito pelo *princípio da transparência, visando a gestão racional e eficiente dos bens administrados e, se possível, o seu incremento patrimonial.*

Mostra-se necessário reconhecer que essa menção genérica aos objectivos que devem presidir à gestão e administração de bens apreendidos se coaduna com a tradição jurídica portugesa quando em causa se encontram institutos semelhantes, já que não se detecta situação alguma em que enunciação desses objectivos seja feita de uma forma mais precisa.

De facto, para proceder a uma adequada administração de bens mostra-se imperativo, em primeiro lugar, percepcionar correctamente a natureza e valor destes e, seguidamente, avaliar das suas potencialidadesde de valorização, bem como o conjunto de situações que, a ocorrerem, poderão implicar que os mesmos se venham a desvalorizar.

Face aos resultados de tal análise económica[18], a administração de um dado acervo patrimonial consiste exactamente *no conjunto de decisões e acções que se adoptem relativamente aos bens que o compõe visando, sucessivamente, a sua valorização ou, quando tal não for possível, a manutenção do seu valor, ou quando tal não for também possível, a sua desvalorização minima.*

Subjacente a tais decisões e acções encontra-se, normalmente, uma considerável margem de discricionariedade concedida ao administrador para a prossecução dos desideratos da sua função, envolvendo a possibilidade de vender os bens, permutar os existentes por outros ou realizar naqueles as benfeitorias que entender convenientes.

Por tal motivo, e não obstante a tutela penal que poderá incidir sobre determinados comportamentos ilícitos susceptíveis de poderem ocorrer no exercício desta actividade de gestão-administração de bens[19], pode

[18] No caso da legislação espanhola, o artigo 23.º, do Decreto Real n.º 948/2015, de 23 de Outubro, determina que, sempre que o pedido para a sua intervenção não especifique o destino a dar aos bens, a *Oficina de Recuperación y Gestión de Activos* procederá a uma análise económica à luz dos critérios tidos como necessários para evitar actuações antieconómicas e, ao mesmo tempo, assegurar o máximo benefício económico.

A essa análise económica presidem os seguintes critérios: a) situação jurídica do bem, b) sua natureza, c) valor resultante da sua avaliação, d) cálculo das despesas relacionadas com o depósito, conservação e manutenção dos bens, d) grau de perecibilidade dos bens, e) avaliação da desvalorização do bem resultante quer da sua não utilização quer do decurso do tempo f) quaisquer outras circunstâncias susceptíveis de afectar o valor dos bens.

Dispõe o artigo seguinte, 24.º, n.º 1 que, com base no resultado dessa análise económica, a referida insituição formulará por escrito uma proposta de actuação sobre esses bens que dirigirá à autoridade judicial competente.

[19] Vejam-se, por exemplo, os casos dos crimes de infidelidade, previsto no 224.º (quem, tendo-lhe sido confiado, por lei ou por acto jurídico, o encargo de dispor de interesses patrimoniais alheios ou de os administrar ou fiscalizar, causar a esses interesses, intencionalmente e com grave violação dos deveres que lhe incumbem, prejuízo patrimonial importante) ou

também suscitar-se a questão de ter de determinar qual o grau de responsabilidade dos gestores-administradores de bens apreendidos, sempre que estejam em causa condutas por si prosseguidas que sejam apenas geradoras de responsabilidade civil, mau grado o reduzido âmbito de discricionariedade na administração de bens que foi conferido, pela lei, aos membros do GAB.

Ora, neste restrito âmbito, à luz da lei actual, pensamos que só poderá avaliar-se a culpa do gestor-administrador quanto ao acto ilícito praticado com recurso ao critério da diligência que seria esperada de um bom pai de família, tal como resulta do artigo 487.º, n.º 2 do Código Civil, na falta de outro critério legal.

Muito embora este padrão abstracto não deixe de exigir uma análise das circunstâncias do caso, ou seja, do condicionalismo da situação e do tipo de actividade em causa, face à especificidade das funções em que se encontram investidos[20], poderá questionar-se se não teria sido mais adequado subordinar os membros do GAB a um efectivo dever de cuidado que, com as necessárias adaptações, poderia ser semelhante ao que se encontra previsto para os gerentes e administradores das sociedades comerciais[21], o que legitimaria a enunciação de uma regra de apreciação da culpa mais clarificadora e que poderia ser inspirada na fórmula legal utilizada para definir o padrão de responsabilidade do administrador de insolvência[22].

de descaminho ou destruição de objectos colocados sob o poder público, previsto no artigo 355.º (quem destruir, danificar ou inutilizar, total ou parcialmente, ou, por qualquer forma, subtrair ao poder público a que está sujeito, documento ou outro objeto móvel, bem como coisa ou animal que tiverem sido arrestados, apreendidos ou objeto de providência cautelar), ambos do Código Penal.

[20] A diligência exigida a um profissional qualificado não será aquela que é exigida a uma pessoa sem essas qualificações, nem a ocorrência de uma situação de emergência implica uma apreciação da culpa distinta da que seria efectuada numa situação normal.

[21] O qual, nos termos do artigo 64.º, n.º 1, do Código das Sociedades Comerciais se caracteriza pela *necessidade de revelar cuidado, disponibilidade, competência técnica e o conhecimento da actividade da sociedade adequados às suas funções, empregando nesse âmbito a diligência de um gestor criterioso e ordenado.*

[22] De acordo com o artigo 59.º, n.º 1, da Lei n.º 53/2004, de 18 de Março o administrador da insolvência responde pelos danos causados ao devedor e aos credores da insolvência e

VI. Determinação do valor dos bens apreendidos

Apreendidos os bens haverá, com certeza, situações em que será necessário proceder à respectiva avaliação para determinar com precisão o respectivo valor. O GAB possui competência para o efeito, devendo essa avaliação ter lugar decorridos que sejam, ou 10 dias sobre a apreensão no caso de o titular destes não requerer ao juiz de instrução a modificação ou revogação da medida de apreensão ou, então, imediatamente após o despacho judicial que indefira essa pretensão, tal como decorre dos artigos 12.º n.º 1 e 3.º n.º 4 da Lei n.º 45/2011, de 24 de Junho.

Quando essa avaliação se revelar de especial complexidade ou exigir especiais conhecimentos, pode o GAB solicitar a colaboração de entidades com reconhecida competência, privilegiando o recurso a entidades públicas sempre que possível, e aplicando-se em qualquer caso as regras relativas à contratação pública[23].

O resultado da avaliação é homologada por despacho do presidente do IGFEJ, I. P., o qual é notificado ao titular dos bens para efeitos de este poder suscitar, no prazo de 10 dias, e por via de reclamação, uma decisão do juiz competente.

Caso se opere tal reclamação, depois de proceder às diligências que julgue convenientes – em incidente que pode ser tramitado por apenso, nos termos do n.º 5 do artigo 68.º do Código de Processo Penal – o juiz decide por despacho irrecorrível que deverá ser comunicado ao GAB (artigo 12.º, n.º 3).

Do regime legal previsto na Lei n.º 45/2011, de 24 de Junho e que acabámos de expor, resultam claras diferenças face ao que para os mesmos efeitos – avaliação de bens apreendidos – se encontra previsto no Código de Processo Penal.

da massa insolvente pela inobservância culposa dos deveres que lhe incumbem, sendo a sua culpa apreciada pela *diligência de um administrador da insolvência criterioso e ordenado.*

[23] Tal o que resulta do disposto no artigo 11.º, da Lei n.º 45/2011, de 24 de Junho, na redacção que lhe foi dada pela Lei n.º 30/2017, de 30 de Maio. Para o efeito, o GAB pode obter informação actualizada referente à identificação, à situação jurídica, ao valor e à localização dos bens e dos respetivos titulares inscritos, que conste das específicas bases de dados existentes na administração tributária, na segurança social, no registo civil, no registo nacional de pessoas coletivas, no registo predial, no registo comercial e no registo de veículos, nos termos do artigo 11.º-B do mesmo diploma.

De entre estas, duas chamam particularmente a atenção.

A primeira decorre da circunstância de, quando para avaliação do bem seja necessária a percepção ou a apreciação dos factos que exigirem especiais conhecimentos técnicos, científicos ou artísticos, o regime da Lei n.º 45/2011 prescindir deliberadamente da realização do meio de prova *perícia*, a qual impreterívelmente deveria ter lugar nos termos e com a observância das formalidades previstas nos artigos 151.º e seguintes do Código de Processo Penal[24].

A segunda resulta do facto de se fixar de forma definitiva o valor do bem em procedimento exterior à audiência de julgamento, já que a afirmação da irrecorribilidade do despacho que decide a reclamação da avaliação operada pelo GAB induz necessariamente a ideia de que o facto sobre o qual este recai fica definitivamente fixado com força de trânsito em julgado.

Ora, sendo sempre admitida a possibilidade de contraditar em julgamento o teor, valor e resultado das provas obtidas nas fases preliminares do processo quer estas, com referência ao caso concreto, resultem de meros exames (artigo 171.º, n.º 1 do CPP) ou de perícias (artigo 151.º do CPP) é evidente que o regime legal descrito consubstancia uma considerável, e talvez inexplicável, diminuição das garantias de defesa do arguido, nomeadamente, quando os bens apreendidos não são apenas susceptíveis de ser declarados perdidos a favor do Estado[25], mas também

[24] A «inovação» traduzida no prescindir da realização de perícia a bens apreendidos no processo penal para a determinação do respectivo valor, mesmo quando as condições previstas no artigo 151.º do Código de Processo Penal se encontrem reunidas, foi introduzida pelo artigo 5.º, do DL n.º 11/2007, de 19 de Janeiro. Nos termos do n.º 2 desse normativo a avaliação do bem é efectuada apenas por peritos nomeados pela entidade pública, de acordo com o que se dispõe na Portaria n.º 1215/2007, de 20 de Setembro, sendo o valor por estes fixado subsequentemente homologado pelo Ministério das Finanças e da Administração Pública (presumivelmente em despacho conjunto) e notificado ao interessado.
Embora este diploma declare conferir ao titular do bem um direito de impugnação *nos termos legais* (sic), ao contrário do previsto na Lei n.º 45/2011, de 24 de Junho, não se especificam quais os termos em que se poderá operar essa impugnação, não se fixa prazo para o seu exercício nem, muito menos, se identificam qual a entidade decisora ou os efeitos do despacho que decidir o recurso.

[25] De facto, a avaliação dos bens apreendidos a operar pelo GAB pode não incidir apenas sobre os bens que podem vir a ser declarados perdidos a favor do Estado «tout court», tal

possam ou vir a ser utilizados como meio de prova (e.g. para determinação do benefício económico obtido com a prática da infracção, por exemplo) ou quando a determinação do respectivo valor seja relevante para a definição do «quantum» da perda alargada.

Com o objectivo de procurar minimizar os efeitos da referida diminuição de garantias, embora ficando muito longe de as eliminar totalmente, poderá o juiz do processo, no momento de decidir sobre a reclamação deduzida do despacho de homologação do valor do bem, fazer uso da considerável margem de discricionariedade que lhe é legalmente atribuída – e.g. *proceder às diligências que julgue convenientes* – e ordenar a realização de perícia aos bens avaliados sempre que a percepção ou a apreciação do seu valor exigir especiais conhecimentos técnicos, científicos ou artísticos, independentemente do grau de credibilidade que lhe mereça a entidade que inicialmente o tenha avaliado.

VII. Venda, entrega ou afectação antecipada de bens apreendidos em contexto de cooperação internacional

Quer a norma do n.º 4 do artigo 12.º quer as normas constantes das alíneas a) e b) do n.º 1 do artigo 13.º suscitam questões de operacionalidade e exequibilidade sempre que a apreensão do bem resulte da satisfação de um pedido de cooperação internacional formulado por autoridade judiciária estrangeira.

No primeiro caso, prevê-se a faculdade, conferida ao proprietário ou legítimo possuidor de um bem que não constitua meio de prova relevante, de requerer à autoridade judiciária competente a sua entrega, após a avaliação, contra o depósito do valor desta à ordem do IGFEJ, I. P.

No segundo caso prevê-se que, previamente à venda, afetação ou destruição de um bem antes de decisão transitada em julgado, o GAB deve solicitar ao Ministério Público que, no prazo de 10 dias, preste informa-

como resulta do disposto do n.º 4 do artigo 12.º que prevê que o proprietário ou legítimo possuidor de um bem que não constitua meio de prova relevante pode requerer à autoridade judiciária competente a sua entrega contra o depósito do valor da avaliação à ordem do IGFEJ, I. P.

ção sobre o seu valor probatório[26] e sobre a probabilidade da sua perda a favor do Estado, ao mesmo tempo que notifica o proprietário ou legítimo possuidor para que, caso o pretenda, no mesmo prazo de 10 dias a contar da notificação, exerça a faculdade prevista no n.º 4 do artigo 12.º.

De facto, por um lado, a autoridade judiciária nacional não dispõe de elementos, nem tão pouco possui competência, para pronunciar-se ou decidir sobre essas questões, ou seja, sobre se o bem apreendido constitui ou não meio de prova relevante no processo a decorrer no Estado de emissão ou sobre se, nesse mesmo processo, existem ou não elementos suficientes para formular, com um qualquer grau de probabilidade, a susceptibilidade de ali ser emitida uma decisão de perda desse bem a favor desse Estado.

Por outro lado, se o proprietário ou legítimo possuidor desse bem residir no estrangeiro é muito duvidoso que o GAB possua competência para proceder a essa notificação ainda que o faça por escrito, caso se entenda que o procedimento subjacente não é de cariz exclusivamente administrativo (e julgamos que não o é, dado que o procedimento subsequente, qualquer que ele seja, tem manifestos reflexos no processo penal onde o bem se encontra apreendido), caso em que tal competência estaria reservada apenas às autoridades judiciárias.

Aliás, muito menos concebível será, nesta mesma hipótese, a regra constante do n.º 3 do artigo 13.º onde se prevê que, havendo especial urgência em realizar a venda ou a afectação do bem face à sua natureza, possa a notificação do proprietário ou legítimo possuidor que resida no estrangeiro ser realizada por via telefónica, ainda que pela autoridade judiciária, não obstante a documentação da realização desta diligência ser feita por escrito escrito e a pessoa que a efectuar se identificar, dando conta do cargo que desempenha e transmitindo todos os elementos que permitam ao notificado inteirar-se do ato a que a notificação se refere e efetuar, caso queira, a contraprova de que se trata de telefonema oficial e verdadeiro.

[26] A menção ao valor probatório de veículos automóveis, aeronaves ou embarcações apreendidos em processo nacional deverão já constar do despacho a que alude o artigo 185.º, n.º 4, do CPP.

Contextualizando ambas as situações anote-se que, nesta fase, a autoridade judiciária nacional já anteriormente informara a autoridade de emissão de que a decisão de apreensão havia sido executada e que, na mesma comunicação, descrevera já os bens apreendidos e eventualmente fornecera uma estimativa do respectivo valor (cf. o artigo 7.º, n.º 2, do Regulamento UE 2018/1805 do Parlamento e do Conselho de 14 de Novembro de 2018).

Ora, sem prejuízo do que foi atrás referido face à obrigação que resulta do disposto no artigo 18.º, n.º 2, e não obstante a gestão dos bens apreendidos e declarados perdidos se reger pela legislação do Estado de execução, tendo este a faculdade de proceder à venda dos bens (cf. artigo 28.º, n.ºs 1 e 2, do mesmo Regulamento e 10.º, n.º 2, da da Directiva 2014/42/EU), certo é que é a própria legislação nacional que impõe condições adicionais para que essa venda se possa realizar, condições essas que são insusceptíveis de serem respondidas pela autoridade judiciária nacional sem prévia consulta à autoridade judiciária de emissão.

Assim sendo, entende-se que, sempre que na origem da apreensão do bem esteja um pedido de cooperação internacional, as notificações a que se reportam o n.º 4 do artigo 12.º e a alínea b) do n.º 1 do artigo 13.º devem ser solicitadas pelo GAB à autoridade judiciária competente, neste caso ao Ministério Público, sendo que ambas apenas devem ser realizadas por este após serem prestadas pela autoridade judiciária de emissão as informações indispensáveis relativas à relevância do bem enquanto meio de prova, à sua susceptibilidade de perda a favor do Estado de emissão e à possibilidade da sua conversão numa quantia em dinheiro.

Não se vislumbra que seja possível, em caso algum, operar a notificação a que alude o n.º 3 do artigo 13.º quando o proprietário ou legítimo possuidor do bem resida no estrangeiro já que em nenhum instrumento de cooperação judiciária, europeu ou internacional, é admitida a possibilidade de proceder validamente a notificações no estrangeiro mediante a utilização de via telefónica.

No que se refere aos poderes que lhe assistem quanto à administração dos bens apreendidos, o GAB pode também solicitar a colaboração de entidades com reconhecida competência, privilegiando o recurso a entidades públicas sempre que possível, e aplicando-se em qualquer caso as regras relativas à contratação pública, sempre que essa administração se revelar de especial complexidade ou exigir especiais conhecimentos – cf. artigo 11.º -A.

No âmbito desses poderes de administração, o artigo 14.º, que reproduz os princípios constantes do artigo 185.º do CPP, impõe ao GAB que proceda à venda dos bens perecíveis, deterioráveis ou desvalorizáveis ou à sua afetação a finalidade pública ou socialmente útil, antes de decisão transitada em julgado, sempre que estes não constituam meio de prova relevante. Esta norma, ao subordinar o acto de venda à verificação deste condicionalismo, determina que o GAB consulte o Ministério Público, em termos idênticos aos referidos na alínea a) do n.º 1 do artigo 13.º, para que este se pronuncie sobre a utilidade do bem para efeitos de prova.

O corpo do n.º 1 do artigo 11.º-C estabelece o princípio de que a venda de bens se proceda preferencialmente segundo a modalidade do leilão electrónico nos termos do disposto para essa modalidade de venda no Código de Processo Civil, salvaguardadas as devidas adaptações[27].

As excepções a esta regra constam das duas alíneas do n.º 1 e do n.º 2 da mesma norma, ocorrendo sempre que, a) se tratar de venda de instrumentos financeiros ou de mercadorias que neles tenham cotação, caso em que a sua venda deverá ter lugar no respectivo mercado e de acordo com os respectivos procedimentos (artigo 830.º do Código de Processo Civil), b) os bens houverem, por lei, de ser entregues a determinada entidade, ou tiverem sido prometidos vender, com eficácia real, a quem queira exercer o direito de execução específica, caso em que se procederá a venda directa (artigo 831.º do Código de Processo Civil), c) quando a especial urgência na venda, dada a natureza do bem, seja incompatível com o recurso a leilão electrónico e, d) nos casos em que a venda em lei-

[27] Cf. Os artigos 811.º, n.º 1, alínea g) e 837.º, do Código de Processo Civil e a Portaria n.º 282/2013, de 29 de Agosto (cuja última alteração foi introduzida pela Portaria n.º 239/2020 de 12 de Outubro).

Por sua vez, o Despacho n.º 12624/2015 de 28 de Setembro de 2015, da Ministra da Justiça, publicado no DR, 2.ª Série, n.º 219 de 9 de Novembro de 2015, definiu como entidade gestora da plataforma de leilão electrónico a Câmara dos Solicitadores, tendo homologado, no anexo a esse despacho, as respectivas regras tal como foram aprovadas por deliberação do Conselho Geral daquela entidade em 19 de Setembro de 2015.

Finalmente, consulte-se ainda o Regulamento da Venda de Bens aprovado pelo Conselho Directivo do IGFEJ.EP., disponível no respectivo sítio da internet.

lão eletrónico se frustrar por ausência de propostas; nestas duas últimas situações operar-se-á a sua venda por negociação particular.

Contudo, na categoria dos denominados bens deterioráveis inserem-se desterminados bens que são objecto de um regime legal especial.

Assim, nos termos do artigo 185.º, n.º 4, do CPP[28], quando se trate de veículo automóvel, embarcação ou aeronave, no prazo máximo de 30 dias após a apreensão, a autoridade judiciária profere despacho determinando a sua remessa ao Gabinete de Administração de Bens para efeitos de administração em conformidade com o disposto na Lei n.º 45/2011, de 24 de junho, comunicando àquele gabinete informação sobre o valor probatório do veículo e sobre a probabilidade da sua perda a favor do Estado[29].

Tais veículos deverão ser vendidos pelo GAB, reunidas que sejam as demais condições expostas, sempre que o valor da sua avaliação for inferior a 3.000 EUR, de acordo com o disposto nos artigos 14.º n.º 2, 17.º n.º 5 e 20.º-A, n.ºs 10 e 11.

No caso de veículos automóveis de valor superior a 3.000 EUR deverá ter lugar o procedimento com vista a averiguar se estes devem ou não ser afectos ao parque de veículos do Estado (PVE), nos termos definidos no Decreto-Lei n.º 31/85, de 25 de Janeiro, e no Decreto-Lei n.º 170/2008, de 26 de Agosto (cf. o n.º 6 do artigo 20.º-A),

[28] De acordo com o disposto nos n.ºs 1, 2 e 3 do artigo 213.º da Lei n.º 2/2020 de 31 de Março, no prazo de 30 dias após a data da sua entrada em vigor, as autoridades judiciárias deveriam proferir despacho determinando a remessa ao GAB, para efeitos de administração, em conformidade com o disposto na Lei n.º 45/2011, de 24 de junho, dos veículos automóveis, embarcações e aeronaves que tivessem sido apreendidos em processo penal em data anterior à da entrada em vigor do n.º 4 do artigo 185.º do Código de Processo Penal, com a redação dada pela Lei n.º 114/2017, de 29 de dezembro, independentemente da fase em que o processo se encontrasse e com informação sobre o seu valor probatório e sobre a probabilidade da sua perda a favor do Estado.

[29] Embora o n.º 5 do artigo 185.º do CPP determine que o Ministério Público deva informar o GAB sempre que o veículo automóvel, a embarcação ou a aeronave que anteriormente considerou constituir meio de prova relevante deixou de o ser, é evidente que tal comunicação igualmente deverá ocorrer quando deixa de haver susceptibilidade da perda do bem a favor do Estado, sempre que essa apreensão se deva manter pela impossibilidade da restutuição imediata do bem ao seu proprietário ou legítimo possuidor.

Para tal efeito impende sobre o GAB a obrigação de informar mensalmente a Entidade de Serviços Partilhados da Administração Pública (ESPAP,I.P.) sobre os veículos que lhe sejam indicados para sua administração, para efeitos de manifestação ou não de interesse por parte desta entidade em que aqueles passem a integrar o PVE.

A decisão desta entidade é comunicada ao GAB nos termos previstos no n.º 1 do artigo 7.º do Decreto-Lei n.º 31/85, de 25 de Janeiro e no n.º 1 do artigo 23.º do Decreto-Lei n.º 170/2008, de 26 de agosto (cf. n.ºs 7 e 8 do artigo 20.º).

Caso se decida pela não afectação do veículo ao PVE, ou não havendo interesse em este ser desmantelado com vista à sua integração num banco de componentes, incumbe ao GAB proceder à sua venda, tal como decorre dos n.º 1 e 2 do artigo 10.º do Decreto-Lei n.º 31/85, de 25 de Janeiro.

Merecem ainda uma referência especial os bens apreendidos que recaiam no âmbito da previsão do artigo 2.º do Decreto-Lei n.º 11/2007, de 19 de Janeiro, ou seja, os que possuam interesse criminalístico, histórico, documental ou museológico ou quando se consubstanciem em armas, munições, veículos, aeronaves, embarcações, equipamentos de telecomunicações e de informática ou outros bens fungíveis com interesse para o exercício das competências legais dos órgãos de polícia criminal.

Muito embora o referido diploma se reporte ao regime jurídico da avaliação, utilização, alienação e indemnização de bens apreendidos no âmbito de processos criminais ou contra-ordenacionais por órgãos de polícia criminal, que sejam susceptíveis de vir a ser declarados perdidos a favor do Estado, nada parece obstar a que o respectivo regime tenha aplicação fora de um contexto puramente nacional por forma a abranger, com as necessárias adaptações, igualmente os bens apreendidos na sequência de um pedido de cooperação internacional.

Assim sendo, e sem prejuízo de tudo o que ficou atrás expresso no que concerne ao regime aplicável a veículos, aeronaves e embarcações, incumbe ao GAB averiguar se o bem se encontra pendente de procedimento de declaração de utilidade operacional[30] ao abrigo do citado

[30] Os objectos referidos no n.º 1 poderiam ser utilizados provisoriamente pelos órgãos de polícia criminal, através de declaração de utilidade operacional, desde a sua apreensão e até

Decreto-Lei n.º 11/2007, de 19 de Janeiro, informando simultaneamente o órgão de polícia criminal de que, caso o pretenda, desencadeie esse procedimento no prazo de cinco dias – cf. n.º 2 do artigo 20.º-A da Lei n.º 45/2011, de 24 de Junho[31].

Na hipótese de esse procedimento se encontrar pendente, o GAB cessa a sua administração sobre o bem, remetendo ao órgão de polícia criminal os elementos relativos ao mesmo que se encontrem em seu poder e comunicando o facto à entidade que lhe dirigiu o pedido de administração – cf. .º n.º 3.

VIII. Especialidades relativas à administração de imóveis

De entre os demais bens sujeitos a um regime especial, a Lei n.º 45/2011, de 24 de Junho, no seu artigo 16.º, regulamenta ainda a forma como incumbe ao GAB proceder à administração, conservação e gestão dos bens imóveis.

A regra geral é a da impossibilidade da sua alienação até ao trânsito em julgado de decisão, excepto se estes se encontrarem em grave risco de perda do seu valor ou de afetação da segurança e saúde públicas e não constituam meio de prova relevante (cf. n.ºs 1 e 2). De igual forma, embora não lhe seja permitido proceder à sua venda, nada impede o GAB de proceder à afetação a finalidade pública, ou socialmente útil dos bens imóveis que se encontrem devolutos e não constituam meio de prova relevante (cf. n.º 3).

Nos casos em que a apreensão do imóvel resulte de um pedido de cooperação internacional formulado por autoridade judiciária estrangeira, o trânsito em julgado da decisão a que se refere o n.º 1 parece ser o da decisão Portuguesa que reconheça ou confira eficácia executiva à sentença

à declaração de perda ou de restituição, mediante despacho fundamentado do responsável máximo da respectiva instituição quando sejam susceptíveis de, a final, virem a ser declarados perdidos a favor do Estado.

[31] Caso este procedimento não se encontrar pendente nem seja desencadeado no prazo de cinco dias após a comunicação do GAB, fica prejudicada a possibilidade de este se poder iniciar em momento posterior, mantendo-se o bem sob administração do GAB – cf. o n.º 4 do artigo 20.º-A.

estrangeira pela qual esse bem é declarado perdido a favor do Estado de emissão.

Questionável é a norma constante do n.º 4 que apenas permite ao GAB proceder às obras de reabilitação que se mostrarem necessárias num edíficio apreendido apenas nos casos em que este imóvel constitua meio de prova relevante (o que quer que seja que com a utilização desta expressão se pretenda significar).

De facto, poderá não ser compaginável com as regras de uma gestão *racional e eficiente dos bens administrados* visando, no mínimo, evitar a sua desvalorização (cf. o n.º 2 do artigo 28.º do Regulamento (UE) 2018/1805, do Parlamento Europeu e do Conselho, de 14 de Novembro de 2018) a impossibilidade de poder proceder num edifício insusceptível de constituir meio de prova relevante as benfeitorias que para o efeito se mostrassem necessárias, no sentido em que este conceito se mostra definido pelo artigo 216.º, n.º 3 do Código Civil.

Ora, poderão existir casos em que a deterioração de um imóvel resultante da não execução dessas benfeitorias resulte, com o decurso do tempo, numa diminuição do respectivo valor muito superior ao do valor inicialmente estimado para essas benfeitorias.

Assim sendo, a norma só será compreensível se o objectivo da proibição for a de fazer reconduzir o imóvel, com o decurso do tempo, à categoria daqueles que se encontram em grave risco de perda do seu valor ou das suas condições de segurança, por forma a preencher as condições legais que legitimariam a sua venda.

Contudo, o facto de poder ser, por esta via, compreensível a solução adoptada, isso não significa necessariamente que a mesma seja compatível com uma regra de administração de bens que imponha a preservação do seu valor ou que vise minimizar os efeitos da sua depreciação natural[32].

[32] Nos termos do artigo 18.º, n.º 1, as despesas efetuadas com imóveis deverão ser ressarcidas pelo proprietário caso estes lhes sejam devolvidos.

9. Partilha internacional dos ativos recuperados

MARIA DO CARMO SILVA DIAS
Juíza Desembargadora

1. Enquadramento Geral

A luta contra a criminalidade tem de fazer-se permanentemente, deixando claro, para ser devidamente interiorizado por todos os cidadãos, que não pode aceitar-se que sejam retiradas quaisquer vantagens da prática de uma infração e, por isso, impõe-se a eliminação/expropriação dos benefícios que venham a ser com ela alcançados.

É sabido que, a globalização aliada à liberalização dos mercados económico-financeiros e, articulada com os avanços tecnológicos (*v.g.* com a evolução informática, a cibernética e a inteligência artificial), contribuem para o desenvolvimento das sociedades, mas também favorecem o crescimento do crime organizado, que se vai expandindo internacionalmente para obter o máximo de lucros e vantagens económicas, que depois são igualmente dissipados e branqueados, assim melhor escondendo os criminosos, respetivos titulares.

Por isso, o princípio de política criminal internacional de que «o crime não compensa» («*crime doesn`t pay*») é tão importante e tem de valer na vida real, na sua plenitude, para se conseguir acabar com os patrimónios/vantagens obtidos ilicitamente através da prática de crime.

Só assim se consegue evitar a proliferação da criminalidade e diminuir o próprio financiamento da criminalidade organizada, que é variada e plural, sendo uma constante ameaça contra a segurança da sociedade (basta pensar, por exemplo, no terrorismo, sabido que nele são investidos ativos ilícitos) que nos faz viver em permanente desassossego.

O mecanismo da perda de bens que visa neutralizar os benefícios económicos ilícitos, é um dos meios/instrumentos essenciais para combater a criminalidade económico-financeira, que começa por apresentar um mínimo de organização e que se vai aperfeiçoando e desenvolvendo à medida que se vai expandindo e movendo a nível nacional e internacional, para precisamente obter o máximo de lucro, sem ser detetada.

O que se tem notado é que o confisco ou perda de bens, nas várias modalidades, como meio de recuperação de ativos procedentes de crimes, apesar de todas as medidas que tem vindo a ser tomadas com vista ao estreitamento de laços mesmo a nível internacional, não tem sido tão eficaz e eficiente como era de esperar porque, o que se tem recuperado, continua a assumir uma percentagem mínima.

É preciso, por isso, conferir eficácia ao funcionamento prático do mecanismo de perda de bens para ser útil (daí igualmente a introdução de presunções legais para facilitar a prova dos bens a declarar perdidos, como já sucede, por exemplo, em determinados Estados com a respetiva legislação relativa à perda alargada e, como acontece entre nós para já com a legislação relativa à perda do património incongruente[1]), o que igualmente significa que se impõe melhorar, também, a nível da cooperação internacional nesta particular área.

Portanto, é preciso que a prática do crime deixe de ser encarada, por qualquer forma, como proveitosa para os infratores, o que significa também que importa deixar transparecer a ideia/mensagem de que «o crime não compensa», incluindo nos vários e diferentes mecanismos que são utilizados no direito penal, mesmo para além do instituto da perda de bens ou confisco (*v.g.* caso do indulto que apenas deve ser aplicado quando, verificados os respetivos pressupostos, também tenha havido recuperação dos ativos procedentes das respetivas ações criminosas[2]).

[1] A propósito, de Portugal não ter ainda transposto a «perda alargada» prevista no art. 5.º da Diretiva 2014/42/UE (sobre o congelamento e a perda dos instrumentos e produtos do crime na União Europeia) e de a perda do «valor» da vantagem de atividade criminosa consagrada na Lei n.º 5/2002, de 11.01, não corresponder à «perda alargada» aludida na referida Diretiva, ver DIAS, Maria do Carmo da Silva, «"Perda Alargada" prevista na Diretiva 2014/42/UE (artigo 5.º) e «Perda do Valor de Vantagem de Atividade Criminosa» prevista na Lei n.º 5/2002 (artigos 7.º a 12.º)», *in* Maria Raquel Desterro Ferreira, Elina Lopes Cardoso e João Conde Correia (coord.), *O Novo Regime de Recuperação de Ativos à luz da Diretiva 2014/42/UE e da Lei que a transpôs*, INCM, 2018, p. 113 e ss.

[2] Assim, RODRIGUEZ GARCIA, Nicolás, *El decomisso de activos ilícitos*, Aranzadi, Navarra, 2017, p. 44.

O objetivo de desapropriar os criminosos dos ativos ilícitos tem de ser alcançado de forma efetiva porque são elevadíssimos os lucros que se geram a nível dos mercados ilícitos na União Europeia[3] (cerca de 110 mil milhões de EUR, ou seja, aproximadamente 1 % do PIB da UE em 2010), e o que é certo é que os montantes em dinheiro recuperados dos produtos do crime na UE correspondem apenas a uma pequena percentagem dos mesmos, uma vez que 98,9 % dos lucros estimados da criminalidade não são confiscados, permanecendo na posse dos criminosos.

Aliás, «a Europol estima que, na UE, apenas cerca de 2 % do produto do crime são congelados e 1 % declarado perdido. Tal permite aos grupos de criminalidade organizada investir na expansão das suas atividades criminosas e na infiltração na economia lícita. A Europol estima que entre 0,7 e 1,28 % do PIB anual da UE estão ligados a atividades financeiras suspeitas.»[4]

Ou seja, apesar do congelamento e perda de bens estar sedimentada nos vários Estados-Membros, até considerando as suas várias modalidades existentes, melhor desenvolvidas pela Diretiva 2014/42/UE[5] (*v.g.* perda comum, perda alargada, perda sem condenação, perda de bens de terceiros) e as suas várias etapas[6], a ineficácia na implementação destes

[3] Ver COM (2016) 819final, Proposta de Regulamento do Parlamento Europeu e do Conselho, relativo ao reconhecimento mútuo das decisões de congelamento e confisco, p. 2, citando Europol, «Criminal asset recovery in the EU, Survey of Statistical Information 2010-2014» (Recuperação de bens de origem criminosa na UE, Inquérito de Informação Estatística 2010-2014), principais constatações, p. 4; ver também o relatório do projeto Organised Crime Portfolio, de 2015, «From Illegal Markets to legitimate businesses: the portfolio of organised crime in Europe» [Dos mercados ilegais às atividades legítimas: a carteira de atividades da criminalidade organizada na Europa], http://www.ocportfolio.eu/. Mais à frente acrescentam que, «A apreensão de mais bens de origem criminosa implica a existência de um regime de recuperação de bens eficaz que inclua um quadro eficiente em matéria de reconhecimento mútuo de decisões de congelamento e de confisco.»

[4] Assim, COM (2020) 217 final, Relatório da Comissão ao Parlamento Europeu e ao Conselho, sobre Recuperação e perda de bens: garantir que o crime não compensa, p. 2.

[5] Diretiva 2014/42/UE do Parlamento Europeu e do Conselho de 3 de abril de 2014, sobre o congelamento e a perda dos instrumentos e produtos do crime na União Europeia.

[6] Tradicionalmente o processo de recuperação de ativos inclui as seguintes fases:
- Identificação, deteção e rastreamento dos ativos/bens adquiridos ilicitamente;
- Congelamento e apreensão dos bens com vista à sua eventual posterior perda;

mecanismos para despojar os criminosos dos lucros obtidos ilicitamente tem-se explicado, designadamente, pelas dificuldades no reconhecimento mútuo das decisões sobre esta matéria a nível internacional.

E, o que acontece, normalmente, é que as organizações criminosas vão investindo internacionalmente os lucros ilícitos que angariam, assim melhor os rentabilizando e, ao mesmo tempo, os branqueando, fazendo com que os sistemas de justiça nacionais percam o seu rasto e desconheçam o seu destino.

A importância do reconhecimento mútuo das decisões de congelamento e confisco (destacando-se agora o Regulamento 2018/1805 do Parlamento Europeu e do Conselho de 14 de Novembro de 2018, aplicável a partir de 19 de Dezembro de 2020) é primordial para uma mais eficiente recuperação de ativos, uma vez que passam a ser mais facilmente executadas, nos diferentes Estados-Membros, muitas das decisões de perda de bens, além dos pedidos de apreensão, o que vai implicar a redução dos lucros da criminalidade.

Este Regulamento (UE) 2018/1805 vai facilitar e promover a cooperação judiciária europeia a nível do cumprimento e execução das decisões de apreensão e de perda de bens entre os diferentes Estados-Membros, o que deve contribuir para uma maior recuperação de ativos.

Obviamente que, é pressuposto desse Regulamento, que os Estados-Membros tivessem previamente harmonizado o seu direito interno (assim assegurando o princípio da confiança mútua), para não haver depois multiplos motivos de recusa de execução de decisões de congelamento ou de decisões de perda em relação a determinados Estados-Membros, por diferente interpretação dos Estados de execução da decisão a executar, relacionada com o incumprimento de Diretivas ou de outros instrumentos comunitários pelos Estados de emissão[7].

- Administração e gestão de bens congelados e apreendidos para no mínimo preservação do respetivo valor;
- Perda/confisco de bens adquiridos ilicitamente;
- Alienação dos bens perdidos/confiscados, o que pode incluir a sua eliminação ou mesmo reutilização para fins públicos ou sociais.

[7] Sobre as dificuldades que podem ocorrer a nível da cooperação internacional, com a execução de decisões de congelamento e de confisco, no âmbito da perda alargada, emitidas por Portugal, cujo cumprimento poderá eventualmente ser recusado por Estados-membros

No processo de recuperação e perda de ativos a nível internacional assumem, ainda, um papel essencial os designados Gabinetes de Recuperação de Bens, implementados pela Decisão 2007/845/JAI do Conselho[8], que foram sendo criados em todos os Estados-Membros.

Estes gabinetes vieram permitir que fossem detetados, identificados e apreendidos mais facilmente os bens ilícitos existentes em qualquer dos Estados-Membros da União Europeia, o que contribui para aumentar a capacidade de recuperação de ativos, designadamente a nível internacional[9].

No entanto, é preciso ainda desenvolver mais a atividade desses Gabinetes, nomeadamente, entre nós: repare-se que, em Portugal, em 2019 (segundo dados da PGR[10]), «durante o ano de 2019 foi solicitada a intervenção do GRA em 112 casos (12 na Região de Lisboa, 68

a quem forem dirigidas para serem executadas, por não ter sido transposta a perda alargada, antes apenas existir a declaração de perda do valor de vantagens de atividade criminosa prevista nos artigos 7.º e 12.º da Lei n.º 5/2002 (que não é o mesmo) e, tudo irá depender da forma como os Estados de execução interpretarem essa decisão de perda, ver Dias, Maria do Carmo da Silva, «"Perda alargada" prevista na Diretiva 2014/42/UE (artigo 5.º) e "Perda do valor de vantagem de atividade criminosa" prevista na Lei n.º 5/2002 (artigos 7.º a 12.º)», *in* Maria Raquel Desterro Ferreira, Elina Lopes Cardoso e João Conde Correia (coord.), *O Novo Regime de Recuperação de Ativos à luz da Diretiva 2014/42/UE e da Lei que a transpôs*, INCM, 2018, p. 116.

[8] Entre nós o Gabinete de Recuperação de Ativos (GRA) foi criado na dependência da Polícia Judiciária pela Lei n.º 45/2011, de 24.06.

[9] Os gabinetes de recuperação de bens também tem acesso a informações financeiras e bancárias para combater a criminalidade mais grave, dentro do condicionalismo da Diretiva (UE) 2019/1153 do Parlamento Europeu e do Conselho de 20 de junho de 2019, que estabelece normas destinadas a facilitar a utilização de informações financeiras e de outro tipo para efeitos de prevenção, deteção, investigação ou repressão de determinadas infrações penais e que revoga a Decisão 2000/642/JAI do Conselho.

[10] Ver *Estratégia Nacional de Combate à Corrupção 2020-2024*, Governo de Portugal, República Portuguesa, Justiça, p. 52, acrescentando-se que «As 112 intervenções do GRA, a nível nacional, respeitaram predominantemente a infrações fiscais (25), a crimes de tráfico de estupefacientes (23), abuso de confiança qualificada e contra a segurança social (17), burla (12), branqueamento de capitais (10), peculato (9), corrupção (8), tráfico de pessoas (6), fraude na obtenção de subsídio (3), insolvência dolosa (3) e lenocínio e outras infrações sexuais (3), para além de casos de administração danosa, associação criminosa, contrabando, falsificação, crimes informáticos, tráfico de veículos, furto qualificado, auxílio à imigração ilegal.»

na Região do Porto, 14 na Região de Coimbra, 11 na Região de Évora e 7 no DCIAP)» e «Foram apreendidos ou arrestados bens e valores no montante total de € 28.610.373,60, tendo o Ministério Público, nas acusações/liquidações elaboradas, requerido a reposição de vantagens patrimoniais resultantes da prática de crimes na importância de € 36.940.739,91.» Também «Foi solicitada a intervenção do GAB em 90 situações (12 na Região de Lisboa, 51 na Região do Porto, 15 na Região de Coimbra, 10 na Região de Évora e 2 no DCIAP). O valor global dos bens entregues foi de 19.221.167,00 €.»

Ora, é porque os criminosos vão investindo, os lucros das atividades criminosas nos vários Estados (para melhor os disseminar, ser mais difícil localizá-los e relacioná-los entre si), particularmente naqueles que não lhes dificultam a vida em termos económicos (designadamente na vertente do controlo da riqueza), que depois se justifica que haja também uma dimensão transfronteiriça a nível da ação da justiça, o que se vai repercutir numa mais estreita e consolidada cooperação internacional para ser mais eficaz e eficiente.

A cooperação internacional e a parceria das diferentes instâncias de controlo dos Estados envolvidos que são chamadas a colaborar, são também meios fundamentais para melhor se conseguir lutar com êxito contra a criminalidade económico-financeira, evitando que ela se ramifique internacionalmente (sem fronteiras), a todos prejudicando de forma impune.

Basta ver que as diferentes formas que a cooperação internacional pode assumir (destacando-se, entre outras, o auxílio judiciário mútuo, a cooperação para efeitos de apreensão e perda de bens, a cooperação na utilização de técnicas especiais de investigação, as investigações conjuntas, a transferência de condenados, a transferência de processos penais), mostram que também contribui para o objetivo comum que é recuperar o máximo de ativos ilícitos.

Obviamente que para a cooperação internacional ser eficaz tem de haver um ambiente de confiança entre os Estados e, consequentemente, envolver uma maior partilha de conhecimentos, informações e dados, entre as respetivas autoridades nacionais competentes que vão colaborar entre si, para que todos possam cooperar de forma relevante e eficiente.

De qualquer modo essa cooperação implica gastos a suportar pelos Estados que colaboram na recuperação internacional de ativos, quando executam as decisões de congelamento ou de confisco, os quais depois, em princípio, devem ser compensados.

Havendo essa compensação por certo que os Estados também estarão mais disponíveis para colaborar e serem mais eficientes no cumprimento dos objetivos que lhes sejam pedidos.

É precisamente o facto do Estado de execução de decisões de congelamento ou de decisões de confisco saber que em princípio vai ser compensado pelos gastos que tiver de suportar nessa tarefa, que pode tornar mais eficiente a recuperação de ativos ilícitos e, portanto, importa criar o procedimento próprio para, de forma regular, com confiança, poder exigir, a final, a partilha internacional dos ativos recuperados, sendo igualmente contempladas todas despesas e custos dispendidos.

A melhor opção, para assegurar o reembolso das despesas e custos suportados pelo Estado de execução será que estes sejam retirados antes da partilha internacional dos ativos recuperados.

Com efeito, uma vez apreendidos os ativos ilícitos pelo Estado de execução importa por um lado tratar da sua melhor gestão e administração (por forma a no mínimo não perderem a sua rentabilidade, isto é, não perderem o seu valor económico, sendo desejável até que sejam geridos e administrados de forma a dar lucro) e, por outro lado, considerar o destino que lhes vai ser dado, tendo presente que, em caso de venda, devem servir primacialmente para compensar os prejuízos sofridos pelas vítimas[11], para subsidiar fundos de proteção das vítimas, assim como para subsidiar políticas de prevenção da criminalidade, além da própria investigação criminal e toda as despesas relacionadas com a atividade relacionada com a recuperação e gestão de ativos.

A boa administração e gestão dos ativos ilícitos apreendidos supõe que se impeça a sua dissipação (*v.g.* que não se deixem estragar, deteriorar ou

[11] Aliás, no Regulamento (UE) 2018/1805 do Parlamento Europeu e do Conselho de 14 de Novembro de 2018, relativo ao reconhecimento mútuo das decisões de apreensão e de perda, refere-se expressamente no ponto 45 que «As regras relativas à afetação de bens apreendidos ou declarados perdidos deverão dar prioridade à indemnização e à restituição dos bens às vítimas.»

perder ou que não se tornem imprestáveis ou inservíveis) e, portanto, que sejam bem geridos de forma que se tornem rentáveis, que produzam o máximo de lucros (no mínimo que paguem os custos/despesas com a sua administração, gestão, destino, incluindo venda, mesmo quando há cooperação internacional o Estado executante também suporta despesas) e, sendo necessário, se for o caso, que sejam vendidos atempadamente para evitar prejuízos.

Haverá que saber administrar bem os ativos apreendidos para que no caso de, por exemplo, os mesmos virem a aumentar de valor (como pode suceder com imóveis ou mesmo com alguns móveis) não haja desvalorizações devido a má gestão (porque, por exemplo, não se fez uma venda antecipada) e, depois, não haja como recuperar o valor perdido.

Importa, por isso, que se estabeleçam normas e regras claras nessa matéria, precisamente para que seja assegurada uma boa administração e gestão dos ativos apreendidos e recuperados.

Na administração dos ativos apreendidos o Estado de execução necessariamente vai ter gastos e despesas (que podem ser variáveis conforme o tipo de bens apreendidos) e, quanto maior for o período de tempo em que os bens estiverem apreendidos, maiores serão os gastos: por isso, compreende-se que, pretendendo-se incentivar uma boa gestão e administração dos bens apreendidos (de modo que sejam rentáveis e lucrativos quando, por exemplo, forem vendidos, no caso de serem perdidos ou quando forem entregues ao arguido por este ter sido absolvido), terá de se garantir, como regra, a compensação das despesas e custos que sejam desembolsados pelos Estados.

Tudo isto para realçar como é essencial que, a visão das instituições dos diferentes sistemas de justiça que cooperam entre si na recuperação de ativos a nível internacional, deve orientar-se igualmente pela rentabilidade e elevação do valor económico dos ativos apreendidos e recuperados (tal como sucedia se estivessem em poder de particulares ou dos próprios criminosos), uma vez que depois os valores obtidos em resultado da execução da decisão de perda vão relevar na fase final da partilha dos ativos, incluindo na compensação dos custos e despesas suportadas por cada Estado envolvido nessas operações.

2. A partilha internacional dos ativos recuperados: breve panorâmica internacional

Com a maior cooperação internacional a nível da recuperação de ativos torna-se essencial estabelecer regras adequados que agilizem a melhor gestão do que é apreendido até ao seu destino final, por forma a obter o máximo de proventos e lucros e, depois, em caso de necessidade (o que normalmente acontece porque, no mínimo, há sempre gastos e despesas a reclamar, designadamente, pelo Estado de execução) haver a sua partilha entre os Estados que cooperam.

E, até quando os ativos estão espalhados em simultâneo por vários Estados, como sucede quando se está perante a criminalidade económico-financeira organizada internacionalmente que procura branquear os seus lucros e vantagens obtidos ilicitamente, é necessário coordenar as diversas intervenções dos respetivos Estados, para haver uma atuação concertada em todos os planos, garantindo uma adequada administração e gestão no sentido de serem obtidos os maiores rendimentos e o máximo de lucros, tal como quando os ativos ainda estão em poder dos criminosos.

Ora, se é certo que existem regras comuns «relativas à identificação, à localização, à demonstração, ao congelamento e ao posterior confisco»[12], que são implementadas por todos em geral, bem como normas que tratam da execução de decisões de apreensão e de perda de bens[13], falta agora regulamentar de forma uniforme e sistematizada a fase relativa à partilha internacional dos ativos recuperados.

Importa, por isso, regular com critérios que sejam aceites pela comunidade em geral, incluindo por todos os Estados envolvidos (a nível da cooperação internacional, pelo Estado requerente e pelo Estado de execução, mesmo quando são vários), a partilha internacional dos ativos recuperados, o que envolve acordar quanto à forma como dividir os proventos resultantes da execução da decisão de perda (que normalmente envolve a venda dos ativos ilícitos recuperados).

[12] Ver Correia, João Conde, «Cooperação Judiciária Internacional em Matéria de Recuperação de Ativos», *Anatomia do Crime*, Janeiro-Junho de 2018, n.º 7, p.228.

[13] Ver Regulamento (UE) 2018/1805 do Parlamento Europeu e do Conselho de 14 de novembro de 2018, relativo ao reconhecimento mútuo das decisões de apreensão e de perda.

Isso significa introduzir regras ou critérios de modo a que a gestão dos bens apreendidos até ao seu destino final (seja este, por exemplo, a sua entrega ou a devolução ou no caso de serem perdidos, a venda ou, em caso negativo, a eventual utilização para fins de interesse social ou de interesse público) tenha em vista sempre obter o máximo lucro possível, até para poder haver suporte económico para pagamento de despesas e para pagamento de qualquer pedido de compensação económica (por exemplo, em caso de indevida apreensão de bens que se valorizaram surpreendentemente depois da apreensão, como pode suceder com a «apreensão de carteiras virtuais de *bitcoins*»[14]).

E que regras ou critérios deverão ser utilizados?

A nível do direito internacional, podemos analisar alguns critérios genéricos que tem sido seguidos na partilha internacional dos ativos recuperados.

Consultando o direito internacional, examinando diferentes convenções (destacando-se aqui as que tem origem nas Nações Unidas e no Conselho da Europa) verifica-se que, em regra, preveem-se normas particulares relativas à perda de bens, nelas se regulamentando, de forma mais ou menos pormenorizada e sistematizada, o seu regime até ao destino final, sendo poucas aquelas que também se preocupam em reger a partilha dos ativos recuperados (o que fazem sempre de forma mais genérica e remetendo, em geral, na parte não regulamentada para acordos ou convénios a celebrar entre os Estados) que é o que aqui nos interessa.

Com origem nas Nações Unidas, podem examinar-se a *Convenção das Nações Unidas contra o Tráfico Ilícito de Estupefacientes e Substâncias Psicotrópicas, assinada em Viena em 20.12.1988* (onde no art. 5.º, n.º 5 e n.º 6[15], se esta-

[14] Exemplo dado por Jiménez-Villarejo Fernández, Francisco, «Recuperación de activos en la Unión Europea», *in Decomiso y Recuperación de Activos Crime Doesn't Pay*, tirant lo blanch, Valencia, 2020, p. 391.

[15] Artigo 5.º (Perda) da Convenção de Viena

1 – As Partes adotam as medidas que se mostrem necessárias para permitir a perda:

a) De produtos provenientes de infrações estabelecidas de acordo com o n.º 1 do artigo 3.º ou de bens cujo valor corresponda ao valor desses produtos;

b) De estupefacientes, substâncias psicotrópicas, materiais e equipamentos ou outros instrumentos utilizados ou destinados a serem utilizados, por qualquer forma, na prática das infrações estabelecidas de acordo com o n.º 1 do artigo 3.º

belecem regras sobre o destino após perda de produtos ou bens apreendidos, designadamente, mediante a celebração de acordos em que preveem

2 – As Partes adotam igualmente as medidas que se mostrem necessárias para permitir às suas autoridades competentes identificar, detetar, congelar ou apreender produtos, bens, instrumentos ou quaisquer outras coisas a que se refere o n.º 1 deste artigo, para efeitos de eventual perda.
3 – Para os fins da aplicação das medidas previstas no presente artigo, cada Parte habilita os seus tribunais ou outras autoridades competentes a ordenar a apresentação ou a apreensão de documentos bancários, financeiros ou comerciais. As Partes não podem invocar o sigilo bancário para recusar dar cumprimento às disposições do presente parágrafo.
4 -:
a) Quando um pedido é formulado nos termos deste artigo por uma outra Parte com competência para conhecer de uma infração estabelecida de acordo com o n.º 1 do artigo 3.º, a Parte no território da qual se encontrem os produtos, bens, instrumentos ou quaisquer outras coisas a que se refere o n.º 1 do presente artigo:
i) Apresenta o pedido às suas autoridades competentes, a fim de que seja proferida uma decisão de perda e, se essa decisão for proferida, procede à sua execução; ou
ii) Apresenta às suas autoridades competentes, a fim de lhe ser dada execução na medida do solicitado, a decisão de perda proferida pela Parte requerente de acordo com o n.º 1 deste artigo na parte respeitante a produtos, bens, instrumentos ou quaisquer outros elementos a que se refere o n.º 1 situados no território de Parte requerida;
b) Quando um pedido é formulado nos termos do presente artigo por uma outra Parte com competência para conhecer de uma infração estabelecida de acordo com o n.º 1 do artigo 3.º, a Parte requerida adota as medidas necessárias para identificar, detetar, congelar ou apreender os produtos, bens, instrumentos ou quaisquer outras coisas a que se refere o n.º 1 do presente artigo, para fins de eventual perda a decretar pela Parte requerente ou pela Parte requerida na sequência de um pedido formulado de acordo com a alínea a) do presente número;
c) As decisões ou medidas previstas nas alíneas a) e b) deste número são tomadas pela Parte requerida de acordo com o seu direito interno e nos termos das disposições respetivas e de acordo com as suas regras de processo, ou com os tratados, acordos ou protocolos bilaterais ou multilaterais pelos quais se encontre vinculada à Parte requerente;
d) O disposto nos n.ºs 6 a 19 do artigo 7.º é aplicável *mutatis mutandis*. Para além das informações referidas no n.º 10 do artigo 7.º, os pedidos formulados de acordo com o presente artigo devem conter o seguinte:
i) No caso de um pedido a que se refere a alínea a), i), uma descrição dos bens a apreender para perda e uma exposição dos factos que fundamentam o pedido da Parte requerente suficiente para permitir à Parte requerida proferir uma decisão de perda ao abrigo do seu direito interno;
ii) No caso de um pedido a que se refere a alínea a), ii), uma cópia legalmente admissível

nomeadamente «a atribuição da totalidade ou de parte considerável do valor desses produtos ou bens, ou dos fundos obtidos com a sua venda, a

da decisão de perda proferida pela Parte requerente na qual se fundamenta o pedido, uma exposição dos factos e a indicação da medida em que se solicita a execução da decisão;
iii) No caso de um pedido a que se refere a alínea b), uma exposição dos factos que fundamentam o pedido da Parte requerente e uma descrição das medidas solicitadas;
e) Cada Parte comunica ao Secretário-Geral o texto das suas leis e regulamentos que deem aplicação ao presente número, assim como o texto de qualquer alteração ulterior dessas leis e regulamentos;
f) Se uma Parte decidir subordinar a adoção das medidas referidas nas alíneas a) e b) à existência de um tratado sobre a matéria, essa parte considera a presente Convenção como a base convencional necessária e suficiente para o efeito;
g) As Partes procuram celebrar tratados, acordos ou protocolos bilaterais e multilaterais a fim de reforçar a eficácia da cooperação internacional prevista no presente artigo.
5 -:
a) A Parte que decretar a perda de produtos ou bens em aplicação do n.º 1 ou do n.º 4 deste artigo disporá dos mesmos de acordo com o seu direito interno e procedimentos administrativos;
b) Quando uma Parte atuar a pedido de outra em aplicação do presente artigo, pode considerar, em especial, a possibilidade de celebrar acordos que prevejam:
i) A atribuição da totalidade ou de parte considerável do valor desses produtos ou bens, ou dos fundos obtidos com a sua venda, aos organismos intergovernamentais especializados na luta contra o tráfico ilícito e o abuso de estupefacientes e substâncias psicotrópicas;
ii) A repartição com outras Partes, de acordo com um critério preestabelecido ou definido para cada caso, desses produtos ou bens ou dos fundos obtidos da sua venda, em conformidade com o seu direito interno, procedimentos administrativos ou acordos bilaterais ou multilaterais concluídos para o efeito.
6 -:
a) Se os produtos tiverem sido transformados ou convertidos noutros bens, esses bens podem ser objeto das medidas a que se refere o presente artigo em lugar desses produtos;
b) Se os produtos tiverem sido misturados com bens licitamente adquiridos, esses bens, sem prejuízo de quaisquer poderes de apreensão ou congelamento, podem ser objeto de perda até ao valor calculado dos produtos misturados;
c) Os rendimentos ou quaisquer outras vantagens provenientes:
i) Dos produtos;
ii) Dos bens nos quais esses produtos tiverem sido transformados ou convertidos; ou
iii) Dos bens com os quais os produtos tiverem sido misturados, podem ser objeto das medidas referidas no presente artigo, da mesma forma e na mesma medida que os produtos.
7 – As Partes podem considerar a possibilidade de inverter o ónus da prova no que diz respeito à origem lícita dos presumíveis produtos ou outros bens que possam ser objeto de

organismos intergovernamentais especializados na luta contra o tráfico ilícito e o abuso de estupefacientes e substâncias psicotrópicas» ou «a repartição com outras Partes, de acordo com um critério preestabelecido ou definido para cada caso», assim como, quando «os produtos tiverem sido transformados ou convertidos noutros bens, esses bens podem ser objeto de perda até ao valor calculado dos produtos misturados»), *a Convenção das Nações Unidas para a Eliminação do Financiamento do Terrorismo, adotada em Nova Iorque em 9 de Dezembro de 1999* (onde no art. 8.º[16], n.º 3 e n.º 4, se admite respetivamente a possibilidade de celebrar acordos prevendo a partilha entre os Estados contratantes, por norma ou caso a caso, dos fundos provenientes das perdas e a criação de mecanismos de afetação dos fundos provenientes das perdas à indemnização das vítimas das infrações previstas no artigo 2.º, n.º 1, alíneas *a*) ou *b*), ou das suas

perda, na medida em que os princípios do respetivo direito interno e a natureza dos procedimentos judiciais e outros o permitam.

8 – As disposições do presente artigo não podem ser interpretadas em prejuízo dos direitos de terceiros de boa fé.

9 – O disposto no presente artigo em nada afeta o princípio segundo o qual as medidas nele previstas são definidas e executadas de acordo com o direito interno de cada uma das Partes e nos termos das disposições respetivas.

[16] *Art. 8.º da Convenção de Nova Iorque*

1 – Cada Estado Contratante adotará, em conformidade com os princípios do seu direito interno, as medidas necessárias à identificação, deteção, congelamento ou apreensão de todos os fundos utilizados ou destinados a ser utilizados para cometer as infrações previstas no artigo 2.º, bem como os lucros resultantes dessas infrações, tendo em vista a sua eventual perda.

2 – Cada Estado Contratante adotará, em conformidade com os princípios do seu direito interno, as medidas necessárias à perda de fundos utilizados ou destinados à prática das infrações previstas no artigo 2.º e o produto dessas infrações.

3 – Cada Estado Contratante poderá considerar a possibilidade de celebrar acordos prevendo a partilha com outros Estados Contratantes, por norma ou caso a caso, dos fundos provenientes das perdas previstas no presente artigo.

4 – Cada Estado Contratante considerará a criação de mecanismos de afetação dos fundos provenientes

das perdas previstas no presente artigo à indemnização das vítimas das infrações previstas no artigo 2.º, n.º 1, alíneas *a*) ou *b*), ou das suas famílias.

5 – O disposto no presente artigo aplicar-se-á sem prejuízo dos direitos dos terceiros de boa-fé.

famílias), *a Convenção das Nações Unidas contra a Criminalidade Organizada Transnacional, adotada em Palermo em 15.11.2000* (onde o art. 14.º[17] prevê que o Estado parte que age a pedido de outro considere prioritariamente a restituição do produto do crime ou dos bens perdidos ao Estado parte requerente, «para que este último possa indemnizar as vítimas da infração ou restituir este produto do crime ou estes bens aos seus legítimos proprietários», assim como a possibilidade de celebrar acordos ou protocolos que prevejam a) Destinar o valor deste produto ou destes bens, ou os fundos provenientes da sua venda, ou uma parte destes fundos, à conta criada em aplicação da alínea c) do n.º 2 do artigo 30.º da presente Convenção – que é uma conta criada para ser prestada assistência técnica aos países em desenvolvimento e aos países com uma economia de transição – e a organismos intergovernamentais especializados na luta contra a criminalidade organizada; e, b) Repartir com outros Estados Partes, sistemática ou casuisticamente, este produto ou estes bens, ou os fundos provenientes da respetiva venda, em conformidade com o seu direito interno ou com os seus procedimentos administrativos»), *Convenção das*

[17] *Artigo 14.º (Disposição do produto do crime ou dos bens declarados perdidos) da Convenção de Palermo*

1 – Um Estado Parte que declare a perda do produto do crime ou de bens, em aplicação do artigo 12.º ou do n.º 1 do artigo 13.º da presente Convenção, deverá dispor deles em conformidade com o seu direito interno e com os seus procedimentos administrativos.

2 – Quando os Estados Partes agirem a pedido de outro Estado Parte em aplicação do artigo 13.º da presente Convenção, deverão, na medida em que o seu direito interno o permita e se tal lhes for solicitado, considerar prioritariamente a restituição do produto do crime ou dos bens perdidos ao Estado Parte requerente, para que este último possa indemnizar as vítimas da infração ou restituir este produto do crime ou estes bens aos seus legítimos proprietários.

3 – Quando um Estado Parte atuar a pedido de um outro Estado Parte em aplicação dos artigos 12.º e 13.º da presente Convenção, poderá considerar especialmente a celebração de acordos ou protocolos que prevejam:

a) Destinar o valor deste produto ou destes bens, ou os fundos provenientes da sua venda, ou uma parte destes fundos, à conta criada em aplicação da alínea c) do n.º 2 do artigo 30.º da presente Convenção e a organismos intergovernamentais especializados na luta contra a criminalidade organizada;

b) Repartir com outros Estados Partes, sistemática ou casuisticamente, este produto ou estes bens, ou os fundos provenientes da respetiva venda, em conformidade com o seu direito interno ou com os seus procedimentos administrativos.

Nações Unidas contra a Corrupção, adotada em Mérida em 31.10.2003 (onde o art. 57.º[18] prevê a forma como se procede à restituição e disposição de ativos, tendo em atenção por um lado o tipo de crime em causa no caso concreto e por outro lado o tipo de confisco efetuado, ponderando também em determinados casos a restituição dos bens declarados perdidos aos seus anteriores legítimos proprietários ou a indemnização das vítimas

[18] *Artigo 57.º (Restituição e disposição dos ativos) da Convenção de Mérida*

1 – Um Estado Parte que declare bens perdidos nos termos do artigo 31.º ou 55.º da presente Convenção dispõe deles, incluindo através da restituição aos seus anteriores legítimos proprietários, nos termos do n.º 3 do presente artigo e em conformidade com as disposições da presente Convenção e com o seu direito interno.

2 – Cada Estado Parte deverá, em conformidade com os princípios fundamentais do seu direito interno, adotar as medidas legislativas e outras que se revelem necessárias para permitir às suas autoridades competentes, a pedido de um outro Estado Parte, restituir os bens declarados perdidos, em conformidade com a presente Convenção e tendo em conta os direitos de terceiros de boa fé.

3 – Em conformidade com os artigos 46.º e 55.º da presente Convenção e os n.ºs 1 e 2 do presente artigo, o Estado Parte requerido deverá:

a) Em caso de desvio de fundos públicos ou de branqueamento de fundos públicos desviados, nos termos dos artigos 17.º e 23.º da presente Convenção, quando a perda foi executada em conformidade com o artigo 55.º e com base numa sentença definitiva no Estado Parte requerente, exigência que o Estado Parte requerido pode retirar, restituir os bens declarados perdidos ao Estado Parte requerente;

b) Em caso de produto de qualquer outra infração prevista na presente Convenção, quando a perda foi executada em conformidade com o artigo 55.º e com base numa sentença definitiva no Estado Parte requerente, exigência que o Estado Parte requerido pode retirar, restituir os bens declarados perdidos ao Estado Parte requerente, quando este prove de forma razoável o seu direito de propriedade anterior sobre os bens declarados perdidos ao Estado Parte requerido ou quando este último reconhece que o prejuízo causado ao Estado Parte requerente constitui fundamento para restituir os bens declarados perdidos;

c) Em todos os outros casos, considerar prioritária a restituição dos bens declarados perdidos ao Estado Parte requerente, a restituição desses bens aos seus anteriores legítimos proprietários ou a indemnização das vítimas do crime.

4 – Quando apropriado e salvo decisão em contrário dos Estados Partes, o Estado Parte requerido poderá deduzir despesas razoáveis decorrentes das investigações e dos processos ou procedimentos judiciais conducentes à restituição ou disposição dos bens declarados perdidos nos termos do presente artigo.

5 – Os Estados Partes poderão também, se for caso disso, considerar de forma particular a possibilidade de concluir, caso a caso, acordos ou outros instrumentos jurídicos, mutuamente aceitáveis, que visem a disposição definitiva dos bens declarados perdidos.

do crime, ficando sempre salvaguardado que, quando fosse apropriado e salvo decisão em contrário dos Estados Partes, o Estado Parte requerido poderia deduzir despesas razoáveis decorrentes das investigações e dos processos ou procedimentos judiciais conducentes à restituição ou disposição dos bens declarados perdidos nos termos do presente artigo; além disso, ainda segundo o n.º 5, os Estados Partes poderão também, se for caso disso, considerar de forma particular a possibilidade de concluir, caso a caso, acordos ou outros instrumentos jurídicos, mutuamente aceitáveis, que visem a disposição definitiva dos bens declarados perdidos).

Por sua vez, com origem no Conselho da Europa, importa realçar a *Convenção Relativa ao Branqueamento, Deteção, Apreensão e Perda dos Produtos do Crime e ao Financiamento do Terrorismo, adotada em Varsóvia em 16 de Maio de 2005* (onde o art. 25.º[19] prevê por um lado a possibilidade de, em determinado condicionalismo, sendo-lhe solicitado, uma parte procurar restituir à Parte requerente, com carácter prioritário, os bens declarados perdidos, por forma a que esta possa indemnizar as vítimas da infração ou restituir tais bens ao seu legítimo proprietário e, por outro lado, a possibilidade de celebração de acordos ou convénios entre as partes em que prevejam a repartição dos bens em causa entre elas, em conformidade com o seu direito interno ou com os seus procedimentos administrativos).

E, com origem na União Europeia, podemos destacar a *Decisão-Quadro 2006/783/JAI do Conselho de 6 de Outubro de 2006, relativa à aplicação*

[19] *Artigo 25.º (Bens declarados perdidos) da Convenção de Varsóvia*

1 – Uma Parte que declare a perda de bens, nos termos dos artigos 23.º e 24.º da presente Convenção, poderá dispor desses bens em conformidade com o seu direito interno e com os seus procedimentos administrativos.

2 – Se uma Parte agir a pedido de uma outra Parte, nos termos dos artigos 23.º e 24.º da presente Convenção, deverá, na medida em que o seu direito interno o permita e se tal lhe for solicitado, procurar restituir à Parte requerente, com carácter prioritário, os bens declarados perdidos, por forma a que esta possa indemnizar as vítimas da infração ou restituir tais bens ao seu legítimo proprietário.

3 – Se uma Parte agir a pedido de uma outra Parte, nos termos dos artigos 23.º e 24.º da presente Convenção, poderá ponderar, especialmente, a celebração de acordos ou convénios que prevejam a repartição dos bens em causa com outras Partes, sistemática ou casuisticamente, em conformidade com o seu direito interno ou com os seus procedimentos administrativos.

do princípio do reconhecimento mútuo às decisões de perda (onde no art. 16.º[20] se dispõe sobre a alienação de bens perdidos, ressalvando-se a hipótese de acordo entre o Estado de emissão e o Estado de execução), *a Diretiva 2014/42/UE do Parlamento Europeu e do Conselho de 3 de abril de 2014, sobre o congelamento e a perda dos instrumentos e produtos do crime na União Europeia* (onde no art. 10.º[21] se regulamenta sobre a administração dos bens congelados e declarados perdidos) *e o Regulamento (UE) 2018/1805*

[20] *Art. 16.º (alienação de bens perdidos) da Decisão-Quadro 2006/783/JAI*

1. O montante em dinheiro obtido mediante a execução da decisão de perda será alienado pelo Estado de execução da seguinte forma:

a) Se o montante obtido mediante a execução da decisão de perda for inferior ou equivalente a 10 000 EUR, reverterá para o Estado de execução;

b) Nos restantes casos, 50 % do montante obtido mediante a execução da decisão de perda será transferido pelo Estado de execução para o Estado de emissão.

2. Os bens que não sejam montantes em dinheiro, obtidos mediante a execução da decisão de perda, serão alienados de uma das seguintes formas, a determinar pelo Estado de execução:

a) Poderão ser vendidos. Nesse caso, o produto da venda será alienado da forma prevista no n.º 1;

b) Poderão ser transferidos para o Estado de emissão. Se a decisão de perda incidir sobre um montante em dinheiro, este só poderá ser transferido para o Estado de emissão quando esse Estado tiver dado o seu assentimento;

c) Sempre que não seja possível aplicar o disposto nas alíneas a) ou b), os bens poderão ser alienados de outra forma, em conformidade com a legislação do Estado de execução.

3. Em derrogação do disposto no n.º 2, não será exigido ao Estado de execução que venda ou restitua determinados bens abrangidos pela decisão de perda que constituam bens culturais pertencentes ao património nacional desse Estado.

4. Os n.ºs 1, 2 e 3 serão aplicáveis salvo acordo em contrário entre o Estado de emissão e o Estado de execução.

[21] *Artigo 10.º (Administração dos bens congelados e declarados perdidos) da Diretiva 2014/42/UE*

1. Os Estados-Membros tomam as medidas necessárias, por exemplo através da criação de serviços centralizados, de um conjunto de serviços especializados ou mecanismos equivalentes, para assegurar a administração adequada dos bens congelados tendo em vista a eventual decisão de perda subsequente.

2. Os Estados-Membros asseguram que as medidas referidas no n.º 1 incluam a possibilidade de vender ou de transferir os bens, sempre que necessário.

3. Os Estados-Membros devem considerar a possibilidade de tomar medidas que permitam que os bens cuja perda seja decidida sejam utilizados para fins de interesse público ou sociais.

do Parlamento Europeu e do Conselho de 14 de novembro de 2018, relativo ao reconhecimento mútuo das decisões de apreensão e de perda (onde no art. 30.º[22],

[22] *Art. 30.º (Afetação dos bens declarados perdidos ou dos montantes em dinheiro obtido com a venda desses bens) do Regulamento (UE) 2018/1805*

1. Caso a autoridade de emissão, ou outra autoridade competente do Estado de emissão, emita uma decisão, nos termos do seu direito nacional, quer seja de restituição dos bens declarados perdidos à vítima, quer seja de indemnização da vítima, a autoridade de emissão inclui informações sobre essa decisão na certidão de perda, ou comunica informações sobre essa decisão à autoridade de execução numa fase ulterior.
2. Caso receba informações sobre uma decisão de restituição de bens declarados perdidos à vítima, tal como referido no n.º 1, a autoridade de execução toma as medidas necessárias para assegurar que, quando são declarados perdidos, os bens em causa são restituídos logo que possível à vítima, se necessário através do Estado de emissão. A autoridade de execução informa a autoridade de emissão caso o bem seja transferido diretamente para a vítima.
3. Caso não seja possível à autoridade de execução restituir os bens à vítima nos termos do n.º 2, mas tenha sido obtido um montante em dinheiro em resultado da execução de uma decisão de perda em relação a esses bens, deve ser transferido para a vítima, para efeitos da restituição, o montante correspondente, se necessário através do Estado de emissão. A autoridade de execução informa a autoridade de emissão caso o dinheiro seja transferido diretamente para a vítima. Os restantes bens devem ser afetados nos termos do n.º 7.
4. Caso a autoridade de execução seja informado sobre uma decisão destinada a indemnizar a vítima tal como referido no n.º 1, e tenha sido obtido um montante em dinheiro em resultado da execução de uma decisão de perda, é transferido para a vítima, para efeitos de indemnização, o montante correspondente, na medida em que não exceda o montante indicado na certidão, se necessário através do Estado de emissão. A autoridade de execução informa a autoridade de emissão caso o dinheiro seja transferido diretamente para a vítima. Os restantes bens devem ser afetados nos termos do n.º 7.
5. Se estiver pendente no Estado de emissão um processo de restituição ou de indemnização da vítima, a autoridade de emissão informa do facto a autoridade de execução. O Estado de execução suspende a afetação dos bens declarados perdidos até que as informações sobre a decisão de restituição dos bens ou de indemnização da vítima sejam comunicadas à autoridade de execução, mesmo que a decisão de perda já tenha sido executada.
6. Sem prejuízo dos n.º 1 a 5, os bens que não sejam montantes em dinheiro obtidos em resultado da execução da decisão de perda são afetados de acordo com as seguintes regras:
a) Os bens podem ser vendidos, devendo nesse caso o produto da venda ser afetado nos termos do n.º 7;
b) Os bens podem ser transferidos para o Estado de emissão, desde que, se a decisão de perda incidir sobre um montante em dinheiro, a autoridade de emissão tenha dado o seu consentimento à transferência dos bens para o Estado de emissão;

se regulamenta sobre a Afetação dos bens declarados perdidos ou dos montantes em dinheiro obtido com a venda desses bens).

Ou seja, enquanto no direito convencional, com origem nas Nações Unidas, foi havendo em geral a preocupação de dar algumas orientações sobre a partilha do ativo recuperado depois de definido o seu destino (sendo utilizado, inclusivamente, como orientação um modelo de acordo sobre a partilha de produtos do crime – aprovado pela *ECONSOC Resolution 2005/14* – para ser subscrito pelos Estados intervenientes), na União Europeia só mais recentemente (desde 2006) é que se notou o cuidado de em algumas matérias se definir, em pontuais normas, ainda que de modo genérico, vago e pontual, a forma como devia ser feita a partilha de ativos entre o Estado de emissão e o Estado de execução, sem prejuízo do que viesse a ser acordado ou convencionado.

Para se ter uma noção sobre o conteúdo de Acordos que tem sido adotados entre Estados, podemos consultar, por exemplo, *o celebrado entre a República Portuguesa e os Estados Unidos da América relativo à Partilha de Bens Declarados Perdidos ou de Bens de Valor Equivalente, assinado em Lisboa a 17 de dezembro de 2019, aprovado por Resolução da Assembleia da República n.º 89/2020, de 26.11*, no qual foi, desde logo, fixado um valor mínimo para os bens que ficam excluídos de partilha (neste caso são os de valor inferior a 40.000 euros ou o equivalente em dólares americanos – art. 6.º, n.º 2, do referido Acordo).

c) Sob reserva do disposto na alínea d), se não for possível aplicar a alínea a) ou a alínea b), os bens podem ser afetados de outra forma, nos termos do direito do Estado de execução; ou

d) Os bens podem ser utilizados para fins sociais ou de interesse público no Estado de execução nos termos do seu direito, sob reserva do consentimento do Estado de emissão.

7. A menos que a decisão de perda seja acompanhada de uma decisão de restituição de bens à vítima ou de indemnização da vítima nos termos dos n.º 1 a 5, ou decisão em contrário dos Estados-Membros envolvidos, o Estado de execução afeta os montantes em dinheiro obtidos em resultado da execução de uma decisão de perda da seguinte forma:

a) Se o montante obtido com a execução da decisão de perda for igual ou inferior a 10 000 EUR, esse montante reverte para o Estado de execução; ou

b) Se o montante obtido com a execução da decisão de perda for superior a 10 000 EUR, 50 % desse montante é transferido pelo Estado de execução para o Estado de emissão.

Quanto aos que podem ser objeto de partilha, que são os de valor superior ao acima indicado, importa verificar se houve cooperação prestada por uma das partes à outra e, em caso afirmativo, se há razão para a partilha de bens (seja por iniciativa do Estado que detém os bens declarados perdidos, seja a pedido do Estado que prestou cooperação, conforme estabelece o art. 4.º do referido Acordo), caso em que tem de ser formulado dentro de determinado prazo, obedecendo ao condicionalismo fixado na norma (art. 5.º do mesmo Acordo).

Havendo partilha de bens, rege o art. 6.º[23] do mesmo Acordo a forma como o mesmo será feito, sendo a Parte que detém os bens que

[23] *Artigo 6.º (Partilha de bens) do Acordo entre a República Portuguesa e os Estados Unidos da América relativo à Partilha de Bens Declarados Perdidos ou de Bens de Valor Equivalente, assinado em Lisboa a 17 de dezembro de 2019*

1 – Quando a Parte que detém os bens se propõe partilhar esses bens com a outra Parte:

a) Determina, de acordo com a sua discricionariedade e com o seu Direito interno, a proporção dos bens a ser partilhados que, na sua opinião, representa a extensão da cooperação prestada pela outra Parte; e

b) Transfere uma quantia equivalente à referida proporção para a outra Parte, de acordo com o artigo 7.º do presente Acordo.

2 – Exceto quando as Partes acordarem de forma diferente, não serão partilhados bens entre as Partes quando o valor desses bens for inferior a € 40 000 ou o seu equivalente em dólares americanos.

3 – Na medida do permitido pelo respetivo Direito interno, as Partes antecipam que em casos comuns, nos quais uma Parte executou, fez cumprir ou de outra forma reconheceu uma decisão de perda que tenha sido obtida principalmente em resultado dos esforços de investigação e de litigância da outra Parte, a partilha será feita em parcelas iguais.

4 – No entanto, se ao facultar cooperação, uma Parte despendeu recursos extraordinários para executar, fazer cumprir ou de qualquer outra forma reconhecer a decisão de perda da outra Parte, ou forneceu provas ou recursos de investigação substanciais para apoiar ou para ser obtida a referida decisão de perda, a outra Parte tem em consideração os referidos esforços ao fazer a determinação da proporção a partilhar, de acordo com a alínea *a*) do n.º 1 do presente artigo.

5 – A Parte que partilha os bens declarados perdidos pode acrescentar os juros ou outros aumentos de valor acumulados desde a apreensão dos bens e deduzir as despesas necessárias para obter a decisão de perda e para a manutenção dos bens, bem como para executar essa decisão de perda. Exceto quando as Partes acordarem de forma diferente, a dedução de despesas é limitada a despesas externas às Partes, tais como as necessárias para a utilização de um profissional não governamental, e não inclui custos de litigância por advogados do governo ou esforços internos de administração e gestão.

determina (de acordo com a sua discricionariedade e com o seu direito interno, atendendo também a despesas com eventuais recursos extraordinários conforme o n.º 4 do art. 6.º, podendo acrescentar os juros ou outros aumentos de valor acumulados desde a apreensão dos bens e deduzir as despesas necessárias para obter a decisão de perda e para a manutenção dos bens, bem como para executar essa decisão de perda, tudo conforme o n.º 5 do mesmo art. 6.º) a proporção dos bens a ser partilhados que, na sua opinião, representa a extensão da cooperação prestada pela outra Parte e transfere a quantia equivalente a essa proporção (n.º 1 do referido art. 6.º); as partes podem acordar antecipadamente que a partilha seja feita em parcelas iguais, desde que se verifique determinado condicionalismo (ver n.º 3 do mesmo art. 6.º); a consideração dos direitos das vítimas (da conduta criminal subjacente à decisão da perda) tem precedência sobre a partilha de bens entre as Partes, exceto nas condições verificadas no n.º 6 do mesmo art. 6.º (pesando como critérios o número de vítimas articulado com o valor dos bens declarados perdidos).

Outra solução que tem sido adotada, é a da partilha de bens entre Estados, mediante acordo, mas celebrado no âmbito de concretos processos que assim o justificam pelos ativos que foram apreendidos e são declarados perdidos (por exemplo, Portugal tem celebrado com a Suíça, acordos quanto aos bens a partilhar, em particulares processos).

De todo o modo, do que se expôs decorre que, um dos motivos que leva à necessidade de estabelecer, de forma clara e sistematizada, regras sobre a partilha de ativos é o facto do Estado que executa a decisão de apreensão e/ou de perda de bens ter de suportar gastos e ter despesas que devem ser reembolsados pelo Estado emissor da declaração de apreensão e/ou de perda de bens.

6 – Quando existirem vítimas identificáveis da conduta criminal subjacente à decisão de perda, a consideração sobre os direitos dessas vítimas terá precedência sobre a partilha de bens entre as Partes, exceto:

a) Quando, após a consulta feita nos termos do artigo 11.º e numa base casuística, a Parte que obteve principalmente a decisão de perda, conforme mencionado no n.º 3 do presente artigo, determine que o número de vítimas e o valor dos bens declarados perdidos são tais que a porção de cada vítima seria *de minimis*; ou

b) Quando o valor dos bens declarados perdidos exceder os prejuízos das vítimas, caso em que o excedente poderá ser partilhado.

Enquanto que não há essa regulamentação sistematizada e global sobre a partilha internacional de ativos recuperados/apreendidos, para promover uma maior cooperação internacional terá que se fomentar o estabelecimento de acordos entre os Estados partes, para saberem que podem contar com a partilha dos ativos confiscados e, assim, estarem cientes que em princípio igualmente disporão dos meios para serem reembolsados das despesas suportadas pela colaboração que prestaram no procedimento de recuperação/apreensão de ativos ilícitos, assim tornando este mecanismo mais eficaz no combate à criminalidade económica.

3. Critérios possíveis a adotar para a partilha internacional de ativos apreendidos e recuperados e tipo de procedimento a seguir

Tal como já está uniformizado e aceite em geral pelos Estados, que preveem na sua legislação interna, regulamentação própria relativa à apreensão e perda de bens até à decisão sobre o seu destino final, assim como depois relativamente à execução da decisão de apreensão e da decisão de perda, é desejável que venha igualmente a ser disciplinado, de forma comum e sistematizada (pelo menos a nível da União Europeia), o procedimento (quer a nível substantivo ou material, quer a nível processual) relativo à partilha internacional de ativos apreendidos e recuperados.

Desse modo conseguir-se-ia, por um lado, promover o consenso entre os vários Estados que cooperam internacionalmente na execução de decisões relacionadas com a apreensão e a perda de bens, após lhes ser dado o destino final e, por outro lado, era suprida a lacuna de normas nesta área que, normalmente, é colmatada com o recurso ao que é estabelecido casuisticamente entre os Estados que celebram convénios e acordos bilaterais ou multilaterais.

Se houvesse essa regulamentação unitária a nível nacional e internacional, da união europeia (o que tornaria, em regra, desnecessária a celebração dos ditos acordos ou convénios, que em geral sofrem as interferências das relações de poder, que são diferentes, entre os Estados envolvidos e, por isso, nem sempre satisfazem todos os interesses em jogo), por certo que seriam melhor acautelados não só os interesses de todos os Estados envolvidos na recuperação/apreensão de ativos a nível internacional, como também haveria maior transparência.

Além disso, importa ter presente que a cooperação internacional nesta matéria envolve todo um processo muito oneroso, que exige no mínimo o devido reembolso de todas as despesas e encargos que suporta cada Estado a quem é pedida colaboração, para de facto se sentir motivado e interessado em ativamente intervir e participar na missão que lhe é pedida, a qual só assim se pode tornar eficiente e eficaz.

Desse modo, conseguir-se-ia que todos os Estados envolvidos soubessem antecipadamente com o que podiam contar quando terminasse todo o processo em que prestaram colaboração e, portanto, podiam preparar previamente e ao longo da sua intervenção, a forma de reclamar todas as despesas, custos, gastos e encargos que tinham suportado, sendo mais fácil e mais célere também terminar com essa fase que ainda não está definida de forma uniforme (ao mesmo tempo, seria um incentivo para os respetivos Estados se sentirem motivados a colaborar ativamente na execução de decisões de apreensão e perda de bens).

A solução adotada no art. 31.º do Regulamento (UE) 2018/1805 do Parlamento Europeu e do Conselho de 14 de novembro de 2018, relativo ao reconhecimento mútuo das decisões de apreensão e de perda, no sentido de estabelecer no seu n.º 1 a regra de Cada Estado-Membro suportar as suas próprias despesas decorrentes da aplicação daquele regulamento, e ressalvar no n.º 2 o caso de «A autoridade de execução poder apresentar uma proposta à autoridade de emissão no sentido de as despesas serem repartidas, quando se afigurar, antes ou após a execução de uma decisão de apreensão ou de uma decisão de perda, que a execução da decisão implicaria despesas elevadas ou excecionais», já mostra que, embora excecionalmente se admite a partilha de despesas, quando estas são elevadas ou excecionais.

Aliás, a esse propósito, esclarece-se no ponto 49 do preâmbulo daquele Regulamento, que «Os Estados-Membros não poderão reclamar uns dos outros indemnização das despesas resultantes da aplicação do presente regulamento. No entanto, caso o Estado de execução tenha incorrido em despesas elevadas ou excecionais, por exemplo, pelo facto de os bens terem estado apreendidos durante um período de tempo considerável, a autoridade de emissão deverá considerar qualquer proposta da autoridade de execução no sentido da partilha dessas despesas.»

Mas, também no art. 30.º, n.º 7, al. b), do mesmo Regulamento, está previsto que (sem prejuízo de se dar prioridade ao direito das vítimas à indemnização e à restituição de bens, bem assim como de decisão em contrário dos Estados-Membros envolvidos), se proceda à partilha em 50%, portanto em partes iguais, entre o Estado de execução e o Estado de emissão, quando o montante obtido com a execução da decisão de perda for superior a 10.000 euros.

Importava, assim, que ao estabelecer um conjunto de regras sobre a partilha internacional dos ativos recuperados, o legislador distinguisse as que eram de natureza material (relacionadas com os pressupostos e critérios para viabilizar a partilha internacional dos ativos recuperados ou apreendidos) das de natureza processual (relacionadas com o andamento e tramitação do pedido de partilha internacional dos ativos recuperados ou apreendidos).

Pressuposto do pedido de partilha internacional dos ativos recuperados será, desde logo, *a existência de uma decisão transitada em julgado quanto ao destino final a dar aos bens (ativos) apreendidos/congelados.*

Portanto, terá de ser uma decisão definitiva proferida por um tribunal, que já não é passível de recurso e que transitou em julgado, tendo força executiva, isto é, tendo passado a ser exequível.

Importante também é que se saiba qual é o valor dos bens/ativo objeto dessa decisão final de perda, concretamente o valor dos respetivos bens localizados no Estado de execução, onde eventualmente até já estarão apreendidos.

A questão do valor é importante, no caso da perda de ativos recuperados, quando está em causa, por exemplo, o pedido de devolução ou repatriamento do bem perdido do Estado de execução para o Estado de emissão (isto é, para o Estado titular do processo).

É que é preciso ponderar em que casos se justifica o repatriamento do bem perdido (logicamente quando é possível), que está localizado em Estado diferente daquele que deve ser o seu titular, por ter sido declarado perdido a seu favor.

Dizemos que o melhor critério para distinguir diferentes situações será o do valor desse ativo recuperado, uma vez que estando em causa a eventual transferência do bem de um Estado para outro, isso envolve custos, impondo-se uma ponderação com os benefícios daí decorrentes, para ver se há ou não vantagens (na transferência), que sejam razoáveis e proporcionais.

E, assim, tratando-se de caso em que o valor do bem a transferir é insignificante, em princípio, não se justificará a transferência, nomeadamente, quando os gastos com a transferência sejam superiores aos do valor do bem a transferir (caso em que ficariam a cargo do Estado de execução, pelo que o ajustado seria que o bem ficasse na titularidade deste último); e, quando o valor do bem seja superior ao custo da transferência, é adequado que seja autorizada a devolução para o Estado de emissão, desde que o Estado de execução seja reembolsado das despesas que suportou com a transferência.

Havendo impossibilidade de efetuar a transferência do bem declarado perdido, dada a sua natureza, por exemplo um imóvel, apesar do valor do bem poder ser superior ao custo da transferência, de qualquer modo, para efeitos de partilha, se for necessário, deverá ser vendido o imóvel ou, no caso de vir a ser reutilizado para fins sociais ou fins públicos, deverá ser atribuído um valor justo (mediante adequada avaliação), para se obter o valor sucedâneo da perda do bem em espécie e, efetuando o desconto do que é devido pela colaboração prestada pelo Estado de execução, designadamente reembolsando as despesas que teve (*v.g.* com a boa gestão desse património), conseguir-se-á fazer a partilha entre os dois Estados.

Tendo em atenção uma relação equilibrada e adequada que se deve estabelecer entre os custos (gastos para se obter a recuperação de ativos) e os benefícios (que neste caso representam o que se espera recuperar), visto o princípio da proporcionalidade[24], convinha deste logo fixar um valor mínimo (por exemplo, considerando o custo de vida, a inflação e os usos nesta área, em 2021 fixar o valor de € 10.000) que justificasse por

[24] Como escreve João Conde Correia, *ob. cit.* anatomia do crime, pp. 240 e 241, «A realização internacional de uma investigação patrimonial e financeira, com recolha de informação policial e de provas dos proventos do crime, deverá obedecer aos princípios da necessidade, adequação e proporcionalidade. Em princípio não fará muito sentido iniciar um dispendioso processo de cooperação judiciária internacional, se o valor a recuperar for mínimo: deverá haver uma certa proporção entre os custos estimados e aquilo que razoavelmente se espera recuperar. Tem de haver algum critério na alocação dos meios sempre escassos ao dispor da máquina repressiva estadual. Tanto mais que, nos Estados requeridos onde vigora o princípio da oportunidade, um pedido irrisório será certamente indeferido.»

em movimento o procedimento de cooperação internacional e, assim, compreendia-se que essa matéria fizesse parte da regulamentação sobre a partilha internacional dos ativos recuperados.

Repare-se que nesse valor mínimo apenas se atendia ao valor dos bens apreendidos (incluindo os seus rendimentos, por exemplo, juros no caso de valores bancários), portanto sem qualquer dedução de eventuais despesas ou outros encargos, mesmo que apenas prováveis, com os ativos a recuperar.

Ou seja, o valor mínimo que viesse a ser adotado seria o que justificava que fosse despoletado o procedimento de cooperação internacional e, assim, por essa via pudessem ser apreendidos bens existentes no estrangeiro, independentemente do modelo seguido no Estado requerente onde corre o processo que, como refere João Conde Correia[25], tanto podia ser o dele próprio «pedir ao Estado parte requerido (onde estão localizados os bens) que, de acordo com o seu direito interno (*locus regit actum*), os declare perdidos e, de seguida execute essa sua decisão», como podia ser o de ele próprio (Estado requerente) «nos termos da sua própria lei substantiva e processual, confiscar os bens localizados no estrangeiro e, depois, solicitar ao Estado parte onde os mesmo se encontram que reconheça e execute esta decisão.»

Claro que, sempre se poderia criticar essa solução do recurso à cooperação internacional apenas ter lugar quando estivessem em causa bens apreendidos ou declarados perdidos de determinado valor mínimo, por tal opção acabar por permitir que sobrassem benefícios ilícitos para o criminoso, assim sendo posto em causa o princípio básico de eliminar todos os benefícios de origem criminosa (assim não seria, caso fossem aplicados mecanismos alternativos de comunicação entre Estados, para tais bens serem declarados perdidos a favor daquele Estado onde os bens estivessem localizados, mesmo que não fosse aquele que era titular do processo).

A outra alternativa, seria admitir que podia haver sempre lugar à cooperação internacional, independentemente do valor dos ativos em questão, mas quando fosse declarada a perda de bens apreendidos que não

[25] Correia, João Conde, *ob. cit.* anatomia do crime, p. 244.

atingissem determinado valor que fosse consensualizado – por exemplo até € 10.000, como sucede no Regulamento (UE) 2018/1805, art. 30.º, n.º 7 –, aqueles revertiam para o Estado de execução.

Claro que, quando assim é, pode haver algum desinteresse do Estado de execução, principalmente por não ser ele o titular do processo e poder não se sentir motivado para uma boa gestão daqueles ativos apreendidos em consequência do pedido de cooperação que lhe foi feito, ainda que os mesmos bens venham a reverter para si no caso de perda.

Ou seja, a reversão dos bens para o Estado de execução no caso de terem um valor que não seja compensador pode não ser «atrativo» para uma intervenção/assistência mais eficiente e eficaz.

Também, independentemente do valor dos ativos declarados perdidos, quando entre os declarados perdidos estivessem em causa bens culturais (*v.g.* de valor artístico, histórico, arquitetónico) do Estado de execução, deviam os mesmo reverter a favor deste, sem possibilidade de deles prescindir, dada aquela sua particular natureza.

Aliás, deveria ter-se em atenção a noção de «bens culturais» constante do art. 2.º/1, da Diretiva 2014/60/UE do Parlamento Europeu e do Conselho[26] e os casos em que aí se prevê a obrigação de restituir bens culturais que tenham saído ilicitamente do território de um Estado-Membro.

Portanto, cremos que poderia ser *aceite a regra geral de que devia haver lugar à partilha internacional dos ativos recuperados, quando estes fossem superiores a determinado valor, salvo quando os mesmos incidissem sobre determinados bens que merecessem uma salvaguarda especial atenta a sua natureza particular* (*v.g.* bens culturais, que então reverteriam para o Estado onde estivessem localizados e a que pertencessem, por fazerem parte do seu património nacional, não havendo lugar a partilha).

[26] Na Diretiva 2014/60/UE do Parlamento Europeu e do Conselho de 15 de maio de 2014, relativa à restituição de bens culturais que tenham saído ilicitamente do território de um Estado-Membro e que altera o Regulamento (UE) n.º 1024/2012 (Reformulação), publicada em *JO L* 159 de 28.05.2014, p. 1 e ss., no art. 2.º/1, entende-se como «"*Bem cultural*", um bem protegido ou definido por um Estado-Membro, antes ou depois de ter saído ilicitamente do seu território, como "património nacional de valor artístico, histórico ou arqueológico", de harmonia com a respetiva legislação nacional ou com os procedimentos administrativos nacionais, na aceção do artigo 36.º do TFUE».

Depois importava uniformizar conceitos e, portanto, estabelecer numa norma as definições essenciais que podem suscitar divergências e que importa unificar, para haver uma linguagem comum entre os diversos Estados, permitindo harmonizar legislações a nível do direito interno e, simultaneamente, dissipar dúvidas, facilitando a cooperação nesta matéria particular que importa disciplinar.

Aliás, em geral, em várias convenções das Nações Unidas acima citadas e, também, a nível do direito comunitário, já existem normas contendo diferentes definições que são equivalentes ou próximas sobre alguns conceitos mais utilizados nesta área (ver, por exemplo, as definições que constam do Regulamento 2018/1805 sobre «decisão de apreensão», «decisão de perda», «bens», «produto», «instrumentos», «Estado de emissão», «Estado de execução», «autoridade de emissão», «autoridade de execução», «pessoa afetada»)[27].

Nos gastos e despesas que iriam ser objeto de reembolso deviam ser imputados os que foram suportados, em consequência da administração dos bens congelados/apreendidos, o que é essencial para a futura execução da decisão final de perda.

A boa gestão e administração dos ativos recuperados pode ver-se, por exemplo, quando há imóveis, mesmo dispersos em vários Estados, que foram apreendidos e que é preciso preservar e/ou até melhorar o seu estado de conservação, para se valorizarem economicamente, caso venham a ser vendidos, assim se tornarem mais rentáveis, o que se vai repercutir em termos de vantagens, inclusive para o Estado que executou a decisão de apreensão[28].

[27] Cfr. na Convenção de Varsóvia de 16.05.2005 as definições constantes do art. 1.º, als. a), b), c), d) e g) respetivamente de «Produtos», «Bem», «Instrumentos», «Perda», «Congelamento ou Apreensão»; na Convenção de Palermo de 15.11.2000, as definições constantes do art. 2.º, als. d), e), f) e g) respetivamente de «Bens», «Produto do crime», «Congelamento ou apreensão», «Perda de bens»; Convenção de Mérida de 31.10.2003, as definições constantes do art. 2.º, als. d), e), f), e g) respetivamente de «Bens», «Produto do crime», «Congelamento ou apreensão», «Perda de bens».

[28] Correia, João Conde, *ob. cit.* anatomia, p. 243, chama à atenção que «O congelamento dos ativos, a fim de garantir a exequibilidade da decisão final, arrasta consigo a necessidade da sua criteriosa administração, tendo em vista a sua integral devolução à comunidade, se possível com algum incremento patrimonial. Os Estados requeridos não se podem limitar a congelar

Para criar *regras para a partilha internacional dos ativos recuperados/apreendidos* importa ponderar os possíveis destinos que os bens apreendidos podem ter a final, por exemplo, a sua entrega ao respetivo proprietário (seja o arguido que foi absolvido, seja a vítima ou um terceiro) ou, no caso de serem declarados perdidos a favor do Estado, a venda (sendo o seu valor utilizado, com precedência, para indemnizar a vítima do crime) ou, em vez da venda, a sua utilização para fins de interesse público ou social (por exemplo, imóvel declarado perdido que passa a ser utilizado para lar de terceira idade ou para museu).

Aliás, é considerando o destino final dos bens apreendidos que os Estados que colaboram na cooperação internacional devem ser estimulados a contribuir para a definição da forma como devem ser partilhados os bens recuperados, ponderando por um lado o valor do reembolso de todos os gastos e despesas que tiveram e, por outro lado, que os proventos obtidos com os bens recuperados (nomeadamente com a sua venda), desde que de determinado valor mínimo (que seja acordado como o necessário para poder haver partilha) terão de ser repartidos, sem prejuízo de considerar com precedência, o valor da indemnização que é devida às vítimas, a que acresce uma percentagem para subsidiar *v.g.* instituições que protegem as vítimas e/ou para subsidiar instituição/departamento que tivesse em conta os custos derivados da gestão de bens apreendidos, além do pagamento dos concretos gastos e despesas desembolsadas pelo Estado reclamante.

Porém, se os proventos obtidos com os bens recuperados fossem insuficientes (o que também podia ser sinal/indício de ter havido uma má gestão dos bens apreendidos, que teriam perdido valor económico[29]),

os ativos identificados e localizados, devem fazer depois tudo o que seja possível para aumentar ou, pelo menos, preservar o seu valor económico. Executar o pedido internacional e de seguida deixar os bens congelados ao abandono será uma clara *contraditio in adjeto*. No final não servirão para nada: nem para reembolsar ou compensar a vítima, nem para restituir à sociedade, nem, tão pouco, para entregar ao arguido, caso ele, seja afinal, malgrado tudo o que se previa, absolvido. Quem congela deve ter o dever jurídico de bem administrar. Até porque, no final, como veremos, uma parte do seu valor pode reverter para ele.»

[29] Aliás, concorda-se com, Correia, João Conde, *ob. cit.* anatomia, p. 244, quando conclui que «Consagrar o princípio geral da administração responsável dos ativos congelados deverá ser, pois, uma nova ambição internacional.»

ainda que atingissem o valor mínimo que fosse acordado para poder haver partilha, então talvez o adequado fosse, após pagar a indemnização à vítima, fazer um rateamento entre o total das concretas despesas que foram pagas no caso concreto e o pagamento de outros eventuais subsídios como acima foi referido[30].

Lembrando que «as vítimas podem estar dispersas por vários Estados, tornando-se necessário estabelecer critérios internacionais para a repartição equitativa dos ativos recuperados, em particular quando são insuficientes para satisfazer os direitos de todos os lesados»[31], esclarece João Conde Correia que «Os bens declarados perdidos servem primeiro para indemnizar o lesado, só podendo reverter para o Estado depois de satisfazer o direito daqueles.»[32]

Portanto, *ponto assente e pressuposto da partilha internacional é que previamente as vítimas já tivessem sido indemnizadas e/ou que já lhe tivessem sido restituídos os seus bens porque, em caso negativo, o direito das vítimas tem precedência sobre a partilha internacional de bens* (o que também deve ficar consignado numa norma para que não haja dúvidas).

Também aqui a noção de *«vítima»* deve ser interpretada de acordo com o direito interno do Estado de emissão e, de harmonia com o que sucede com o Regulamento (UE) 2018/1805, deverá igualmente incluir a pessoa coletiva.

Compreende-se que, aqui (ao contrário do que sucede com a Diretiva 2012/29/UE[33], em que a noção de vítima não abrange a pessoa coletiva) a noção de «vítima» inclua tanto a pessoa singular como a pessoa coletiva, por a partilha internacional de ativos envolver a execução de «decisões de perda» que, como sabido, conduz à privação definitiva de bens, quer sejam de uma pessoa singular, quer sejam de uma pessoa coletiva.

[30] E isso sem prejuízo da eventual responsabilidade civil por má gestão na administração dos bens aprendidos e eventual estabelecimento de um direito de regresso.

[31] Correia, João Conde, *ob. cit.*, anatomia, p. 248.

[32] Correia, João Conde, «Reconhecimento mútuo de decisões de apreensão e de confisco: o Regulamento (UE) 2018/1805 do Parlamento Europeu e do Conselho de 14 de novembro de 2018», *Julgar*, Setembro-Dezembro 2019, n.º 39, p. 200.

[33] Diretiva 2012/29/UE do Parlamento Europeu e do Conselho, de 25 de outubro de 2012 que estabelece normas mínimas relativas aos direitos, ao apoio e à proteção das vítimas da criminalidade e que substitui a Decisão-Quadro 2001/220/JAI do Conselho.

Seria importante criar um ou mais Fundos especiais destinados a subsidiar a indemnização das vítimas e/ou os direitos das vítimas, bem assim, como políticas de prevenção da criminalidade e, também, a custear despesas com a gestão dos bens apreendidos e, em geral, as despesas relacionadas com a apreensão dos ativos nos processos, independentemente do seu destino final.

Para cada um desses Fundos especiais (que eventualmente podiam ser internacionais, a nível da União Europeia, para terem um maior fundo de maneio) reverteria uma percentagem dos proventos obtidos com os bens recuperados (isto é, uma percentagem dos montantes em dinheiro obtidos em resultado da execução de uma decisão de perda), que poderia ser mais elevada (variando de um máximo para um mínimo) consoante também fosse mais elevado o valor dos ativos apreendidos e recuperados em cada processo.

Por exemplo, nos crimes em que não há vítima definida, como sucede com o tráfico de estupefacientes e com o tráfico de armas, munições e explosivos (indicados no catálogo referido no artigo 3.º do Regulamento 2018/1805), o que normalmente acontece é que há mais ativos apreendidos, que são em geral de valor mais elevado, sendo, assim, mais ajustado que, nestes casos, fosse superior a percentagem a reter que iria depois reverter para aqueles Fundos especiais.

Com a criação desses Fundos especiais, preenchidos com os descontos feitos em processos onde havia ativos ilícitos recuperados, nomeadamente de valor elevado (ativos esses que se fossem bem geridos, não perdem rentabilidade, antes aumentam o seu valor económico, dando lucro quando vendidos, como quando estão na posse de particulares), sempre poderão ser pagas as indemnizações às vítimas e reembolsadas as despesas e custos suportados pelos Estados nos processos que não chegam a ter ativos de valor suficiente para poderem ser objeto de partilha internacional.

Além disso, nos casos em que não houvesse declaração de perda de bens, os Estados que cooperaram internacionalmente poderiam reclamar o reembolso das despesas e custos que tiveram com a sua intervenção na apreensão dos bens e sua gestão, mesmo que apenas se conseguisse garantir o reembolso de uma determinada parte/percentagem, o qual seria pago por um dos referidos Fundo especiais, consoante o tipo de reembolso que fosse reclamado (por exemplo, se fosse caso de pagar uma indemnização à vítima, seria feito através do Fundo especial destinado a subsidiar indemnizações das vítimas e/ou os direitos das vítimas; se fosse caso de proceder ao reembolso das rendas pagas pela ocupação do armazém onde tinham estado bens apreendidos antes de lhes ser dado o destino final, ordenando a entrega ao arguido, isso seria feito pelo Fundo especial destinado a custear despesas com a gestão dos bens apreendidos e, em geral, as despesas relacionadas com a apreensão dos ativos nos processos, independentemente do seu destino final).

Dir-se-á, assim, que em cada processo, após ser dado destino aos ativos recuperados, por exemplo, sendo os mesmos declarados perdidos, desde que atingissem o valor mínimo que fosse acordado para poder haver partilha, quando fosse o caso, seria paga a indemnização das vítimas (e/ou ser-lhe-iam restituídos os seus bens), o que teria precedência, e depois, dos demais proventos obtidos com a venda dos bens recuperados, seria descontada uma determinada percentagem para subsidiar direitos das vítimas e, bem assim, políticas de prevenção da criminalidade, bem como, para custear despesas com a gestão de bens apreendidos e com processos, sendo então pagas as concretas despesas e custos que foram desembolsadas no concreto processo em apreciação e, o mais que sobrasse, é que seria objeto de partilha internacional.

Em todo o caso, para ficar tudo bem definido, *seria bom acordar sobre a ordem pela qual seriam feitos os pagamentos e os descontos até chegar ao momento em que se procederia à partilha internacional* do que depois sobrasse.

Seria também conveniente estabelecer entre os Estados uma boa plataforma eletrónica de comunicação, onde igualmente estivessem registados todos os pedidos de partilha internacional, *para poderem trocar informações de forma direta, sempre que necessário, agindo de forma ágil e eficiente, dissipando com rapidez todas eventuais dúvidas* que se suscitassem, com vista a uma pronta resolução e finalização desta fase do processo de recuperação de ativos ilícitos[34].

[34] Plataforma esta que obviamente teria todos os acessos a outros registos informáticos essenciais (neste objetivo comum de combater a criminalidade grave), como previsto na Diretiva (UE) 2019/1153 do Parlamento Europeu e do Conselho de 20 de Junho de 2019, que estabelece normas destinadas a facilitar a utilização de informações financeiras e de outro tipo para

Relativamente aos critérios para a partilha internacional propriamente dita dos ativos recuperados haveria que acertar regras quanto às percentagens a partilhar entre o Estado de emissão e o Estado de execução, distinguindo as diferentes situações que se podem colocar, tendo em atenção a colaboração prestada por cada Estado, uma vez que nem sempre é semelhante, importando distinguir o que é relevante e essencial para as decisões de apreensão e de perda a nível internacional.

Olhando para o critério adotado *v.g.* no Regulamento (UE) 2018/1805, de 14 de novembro de 2018, vemos que (sem prejuízo da prioridade que é dada a uma decisão de restituição de bens à vítima ou de indemnização da vítima), nos termos do art. 30.º, n.º 7, se o montante em dinheiro obtido com a execução da decisão de perda for igual ou inferior a 10 000 EUR, então esse montante reverte para o Estado de execução (al. a), mas se esse montante for superior a 10 000 EUR, então 50% desse montante é transferido para o Estado de emissão (al. b).

Segundo o art. 30.º, n.º 7, al. b), do Regulamento (UE) 2018/1805, se o montante em dinheiro obtido com a execução da decisão de perda for superior a 10 000 EUR, é indiferente que o Estado de execução seja mais ou menos participativo porque 50% daquele valor é transferido para o Estado de emissão.

Isso significa que 50% do montante obtido com a execução da decisão de perda superior a 10 000 EUR ficam para o Estado de execução, independentemente da importância da sua colaboração em todo esse processo, podendo, assim, a colaboração de um Estado reduzir-se ao mínimo e ser menos relevante (ou até irrelevante), mas continuando a receber 50%, tal como a de outro que é muito mais colaborante, preocupando-se com a boa gestão dos bens apreendidos, é eficiente, e acaba por receber o mesmo, o que é injusto.

Ou seja, não parece que seja justo e equilibrado e, ao mesmo tempo que seja incentivador para o Estado de execução ser mais participativo na execução da decisão de perda, para a tornar mais lucrativa, seguir o critério adotado no Regulamento (UE) 2018/1805.

efeitos de prevenção, deteção, investigação ou repressão de determinadas infrações penais e que revoga a Decisão 2000/642/JAI do Conselho (cujo prazo de transposição ao menos para já está previsto até 1.08.2021, segundo o seu art.23.º).

Por isso, haveria que acordar sobre a forma como se iria diferenciar e distinguir as diferentes intervenções de cada Estado, olhando para as suas participações efetivas ao longo de todo o pedido de cooperação e analisando globalmente da sua relevância para o êxito do pedido de execução da decisão de perda, a que previamente se deduzia o reembolso das despesas suportadas, designadamente com a boa gestão dos bens apreendidos (precisamente para motivar a que não se perdesse o valor económico dos bens apreendidos e, portanto, para não se desvalorizarem e antes se tornarem mais rentáveis para, em caso de futura venda, serem mais lucrativos).

Poderia então estabelecer-se, por exemplo, 3 escalões para distinguir, consoante o tipo de assistência/colaboração prestada pelo Estado exequente, para depois ser fixado o valor da partilha internacional:

- quando a colaboração fosse de menor importância, fixar-se-ia o montante a receber, de acordo com as provas apresentadas, segundo uma avaliação equilibrada e ajustada até 20%;
- quando a colaboração prestada fosse mais relevante, nomeadamente prestando vários tipos de ajuda na investigação em curso, permitindo a obtenção de provas importantes para o processo, fixar-se-ia o montante a receber, de acordo com as provas apresentadas, segundo uma avaliação equilibrada e ajustada que podia ir até 50%;
- quando a colaboração prestada fosse essencial para o processo, por exemplo, porque de outra forma nada se conseguiria apreender e confiscar, justificar-se-ia então fixar o montante a receber, de acordo com as provas apresentadas, segundo uma avaliação equilibrada e ajustada que podia ir até 80%, tudo dependendo de a colaboração não se limitar ao ato isolado da apreensão, mas prosseguir com a boa administração dos bens apreendidos até ao seu destino final, de tal forma que os mesmos até se valorizaram e, por exemplo, até permitiram auferir um rendimento razoável na venda posterior[35].

Não repugna que, neste último escalão, em que a cooperação internacional do Estado de execução é essencial para a recuperação de ativos,

[35] Nos EUA existem regras deste género.

a partilha se faça nos moldes apontados (em que quem recebe o maior valor é precisamente o Estado de execução), dada a maior importância e relevância da assistência e colaboração por ele prestada, sendo justo que seja compensado por todo esse contributo que deu no processo, assim como pelas eventuais despesas que haja desembolsado, destinando-se o restante a compensar eventuais despesas suportadas pelo Estado titular do processo.

Em princípio para o Estado titular do processo o que é importante é que se declarem perdidos os bens apreendidos provenientes da prática do crime e que, portanto, o arguido não fique na posse deles, já não devendo ser relevante que aqueles bens revertam para o Estado exequente, que colaborou no pedido de cooperação internacional, tanto mais que se há partilha também é sinal que não há vítimas a compensar ou já foram indemnizadas e, portanto, nesse aspeto estão protegidas.

Calculado o montante a partilhar, o Estado titular do processo ou o que detém os bens a partilhar ou o seu valor, transfere eletronicamente para o Estado credor o valor correspondente à proporção que lhe é devida, bem como transfere pela mesma via o valor correspondente às despesas razoáveis que tiverem sido suportadas, desde que devidamente comprovadas.

De qualquer modo, perante as diferentes normas que existem em convenções dispersas (acima indicadas), que por vezes impõem soluções diversas, nomeadamente sobre para que Estado revertem os bens apreendidos declarados perdidos, importa ter cuidado com a análise de cada caso concreto para determinar as concretas normas aplicáveis.

Por exemplo, no caso de sentença proferida em processo que corre em Portugal, transitada em julgado, por crime de tráfico de armas, sendo declarados perdidos bens no valor de € 50.000, alguns dos quais se localizam em Espanha, nos termos do art. 30.º, n.º 7, do Regulamento (UE) 2018/1805, Espanha, como Estado de execução, ao qual foi transmitida aquela decisão de perda para efeitos de reconhecimento e execução, desde que a aceite, trata de a executar de acordo com o seu direito interno (tendo em atenção, se for o caso, o disposto nos arts. 29.º e 30.º).

Particularmente quanto à gestão dos bens apreendidos importava também fixar regras mínimas para melhorar as suas práticas (*v.g.* uniformizar formas de gerir determinados bens para se tornarem lucrativos, designadamente, indicando casos em que podia haver venda antecipada para evitar prejuízos ou a sua desvalorização ou a depreciação económica; haver um registo informático eficiente de todos os bens apreendidos, incluindo quando se tratam daqueles que estão sujeitos a registo, para ver se estão atualizados).

A dedução do pedido de partilha dos ativos recuperados/apreendidos deve ser feita por escrito, de forma fundamentada, pelo Estado que tem despesas e custos a serem reembolsados, por os ter suportado durante a execução da decisão de apreensão ou de perda.

Esse pedido, deve ser acompanhado das respetivas provas que comprovem o montante do que é peticionado, devendo ser deduzido em prazo razoável (a fixar, por exemplo, no máximo até 5 meses), a contar da data em que o Estado tomou conhecimento da decisão final quanto ao destino dos bens apreendidos (no caso, por exemplo, de absolvição) ou da data da venda dos bens declarados perdidos ou da data em que foram reutilizados os bens declarados perdidos, salvo acordo noutro sentido.

Assim, por exemplo, as despesas a reclamar com a venda dos bens declarados perdidos, seriam apresentadas no pedido de partilha internacional, após aquela venda.

Essa solução parece mais justa e mais incentivadora para o Estado de execução ser mais eficiente do que a prevista no art. 31.º, n.º 1, do Regulamento (UE) 2018/1805, em que a regra, é a de as despesas próprias (não sendo elevadas, nem excecionais) serem suportadas por cada Estado-Membro.

Claro que, se o valor obtido com a execução da decisão de perda não ultrapassar o que for acordado como sendo o que reverte para o Estado de execução (por exemplo, os tais 10.000 EUR), parece que não fará sentido que sejam reclamadas despesas ao Estado de emissão (porque economicamente indiciar-se-á, eventualmente, uma má gestão se o valor das despesas forem superiores ao valor obtido com a execução da decisão de perda).

Mas, entendendo-se que deve admitir-se o pedido de reembolso de despesas quando são elevadas, mesmo quando o valor obtido com a execução da decisão de perda não ultrapassar o que for acordado como sendo o que reverte para o Estado de execução, então seria caso de ser pago através de Fundo especial destinado a subsidiar despesas com a gestão dos bens apreendidos e, em geral, as despesas relacionadas com a apreensão dos ativos nos processos, independentemente do seu destino final.

De todo o modo, o referido pedido para a partilha de bens, apresentado por escrito pelo Estado requerente, deverá conter os elementos de prova necessários para poder ser proferida a decisão pelo Estado competente para o efeito.

Sendo o pedido de partilha formulado pelo Estado de execução deverá ser decidido pelo Estado emissor, titular do processo e, no caso inverso, sendo formulado pelo Estado titular do processo faz sentido que seja decidido pelo Estado de execução, caso os ativos ou o seu valor tivessem para ele revertido.

De qualquer modo, o pedido de partilha internacional dos ativos recuperados ou apreendidos deve conter uma descrição clara e precisa do tipo de intervenção concreta que o Estado requerente teve naquele processo de cooperação internacional de ativos, sendo acompanhado de toda a documentação necessária para poder ser proferida uma decisão fundamentada e poder, a final, ser impugnada em caso de divergência de entendimentos.

Calculado o valor a partilhar, o Estado titular do processo ou o que detém os bens a partilhar ou o seu valor, transfere eletronicamente para o Estado credor o valor correspondente à proporção que lhe é devida, bem como transfere pela mesma via o valor correspondente às despesas razoáveis que tiverem sido suportadas, desde que devidamente comprovadas.

No caso de haver bens que devem ser repatriados para um determinado Estado (por exemplo, para serem entregues ao respetivo proprietário, que foi vítima de assalto na residência ou para serem entregues ao arguido que, tendo sido inicialmente condenado, em recurso extraordinário de revisão veio a ser absolvido) qual o momento próprio em que tal deve ocorrer?

Tratando-se de bens que são para entregar ao respetivo proprietário que, por exemplo, foi vítima de assalto na residência (*v.g.* furtaram da residência de A., sita em Lisboa, uma pintura de Picasso, que foi apreendida em Paris, quando estava a ser objeto de transação, sendo pedida a sua devolução para Portugal, para ser entregue ao respetivo proprietário A.) não terão que esperar pelo final do processo para o repatriamento para Portugal, desde que comprovado que é A. o proprietário daquele bem apreendido [Na União Europeia ver Regulamento (UE) 2018/1805, artigo 29.º].

Agora no caso dos bens que devem ser entregues ao arguido que fora condenado, mas em recurso extraordinário de revisão, foi absolvido, já tudo se pode complicar, uma vez que vai depender do local onde se encontrem esses mesmos bens. Se, por exemplo, tais bens foram declarados perdidos e foram partilhados, o seu repatriamento em virtude da referida absolvição pode estar comprometido.

E qual a solução a seguir?

Se os bens foram vendidos a terceiro de boa fé parece que este não poderá ser prejudicado, mas também o arguido o não pode ser. Uma das soluções será indemnizar o arguido por valor equivalente ao dos bens em espécie que já não é possível restituir (no fundo, à semelhança do que se passa quando não é possível a perda em espécie e esta é substituída pela perda do valor equivalente).

De qualquer modo, cremos que (à semelhança do que sucede na Alemanha) o arguido sempre poderá demandar o Estado titular do processo e invocar erro na partilha dos seus bens, uma vez que foi absolvido e, portanto, nem sequer os mesmos deviam ter sido apreendidos e muito menos partilhados.

4. Conclusões

Sendo definida e regulamentada a forma como deve ser feita a partilha internacional dos ativos apreendidos e recuperados (pelo incentivo que tal traduz para os Estados que intervém na cooperação internacional nesta área), cremos que será elevada a eficácia do confisco/perda de bens e, nessa medida, otimizado este mecanismo essencial na luta contra a criminalidade económica (que em geral assume dimensão transnacional), tornando-se mais eficiente, na medida em que, de facto, se potencia uma mais ampla privação dos ativos ilícitos, independentemente do local onde estejam situados.

Trata-se, pois, de uma etapa que precisa de ser completada a nível internacional, nomeadamente da União Europeia, que já tem evoluído muito nesta matéria, para que efetivamente os Estados democráticos consigam ganhar terreno nesta luta contra a criminalidade organizada, que se quer mais eficaz, desde logo para desarmar a criminalidade violenta, evitando ou colocando um maior travão, por exemplo, ao terrorismo, assim alcançando, também, maior segurança e protegendo os cidadãos.

É tempo, por isso, da União Europeia, emitir ao menos uma Diretiva em que venha a estabelecer um conjunto de regras mínimas sobre a partilha internacional de ativos recuperados, para os Estados-Membros se sentirem motivados a serem mais ativos em toda a cooperação que prestam nesta área e, assim, depois, serem obrigados a transporem-na para o seu direito interno, através de legislação adequada, recorrendo a um conjunto de normas que permitam tornar mais eficiente o mecanismo da perda de bens, nas várias modalidades, concretamente quando chega à fase em que já lhe foi dado um destino final e importa executar a decisão de perda.

10. Cooperação internacional para efeitos de perda no âmbito da Convenção das Nações Unidas Contra a Corrupção

MARIA JOÃO ANTUNES
Professora Associada com Agregação, Univ Coimbra, Faculdade de Direito

MIGUEL JOÃO COSTA
Assessor do Gabinete dos Juízes do Tribunal Constitucional;
Assistente Convidado; Univ Coimbra, Faculdade de Direito

I. Introdução

Há algumas décadas que a ONU vem promovendo a cooperação internacional para efeitos de perda[1].

Um dos instrumentos precursores a este respeito foi a Convenção das Nações Unidas contra o Tráfico Ilícito de Estupefacientes e Substâncias Psicotrópicas, de 1988[2], cujo artigo 5.º dispõe sobre perda de produtos provenientes de infrações estabelecidas de acordo com o n.º 1 do artigo 3.º da Convenção ou de bens cujo valor corresponda ao valor desses produtos e de estupefacientes, substâncias psicotrópicas, materiais e equipamentos ou outros instrumentos utilizados ou destinados a serem utilizados, por qualquer forma, na prática dessas infrações (n.º 1); bem como sobre a identificação, deteção, congelamento ou apreensão de produtos,

[1] Sobre isto, de forma detalhada, RODRÍGUEZ GARCIA, Nicolás, *El decomiso de ativos ilícitos*, Pamplona: Aranzadi, 2017, pp. 55 e ss.

[2] Adotada na Conferência da ONU para a Adoção da Convenção contra o Tráfico Ilícito de Estupefacientes e Substâncias Psicotrópicas, reunida em Viena de 25 de novembro a 20 de dezembro de 1988 e convocada pela Resolução do Conselho Económico e Social n.º 1988/8, com base nas Resoluções da Assembleia Geral n.º 39/141, de 14 de dezembro de 1984, e n.º 42/111, de 7 de dezembro de 1987.

bens, instrumentos ou quaisquer outras coisas anteriormente referidas, para efeitos de eventual perda (n.º 2).

Por seu turno, também o Tratado Modelo da ONU sobre Auxílio Judiciário Mútuo, adotado pela Assembleia-Geral com a Resolução 45/117 (1990), se preocupou já com esta matéria. No entanto, as questões relativas aos «produtos do crime» eram reguladas em anexo, na forma de um Protocolo Opcional, facto que em si mesmo denota a limitada importância que era então atribuída à cooperação para estes específicos fins (sobretudo tendo em conta que os Tratados Modelo da ONU nem sequer são vinculativos para os Estados)[3]. De todo o modo, quando o Tratado Modelo foi modificado através da Resolução 53/88 (1998), aquela matéria já passou a constar do seu corpo, mais concretamente do seu artigo 18.º. E este facto denota a importância que, entretanto, passara a reconhecer-se à cooperação para estes fins.

O marco seguinte foi a Convenção Internacional para a Eliminação do Financiamento do Terrorismo, de 1999[4], ao prescrever no artigo 8.º, n.os 1 e 2, que «cada Estado Contratante adotará, em conformidade com os princípios do seu direito interno, as medidas necessárias à identificação, deteção, congelamento ou apreensão de todos os fundos utilizados ou destinados a ser utilizados para cometer as infrações previstas no artigo 2.º, bem como os lucros resultantes dessas infrações, tendo em vista a sua eventual perda, e que «cada Estado Contratante adotará, em conformidade com os princípios do seu direito interno, as medidas necessárias à

[3] Também adotados sob a égide da ONU, os Tratados Modelo procuram condensar o estado da arte da cooperação judiciária à escala global e oferecer-se como referência para Estados interessados em concluir ou modificar tratados nesta matéria, constituindo, por isso, referências pertinentes para comparação com as soluções acolhidas em outros instrumentos normativos. Cf. *v.g.* Swart, Bert, «Refusal of Extradition and the United Nations Model Treaty on Extradition», *Netherlands Yearbook of International Law* n.º 23 (1992), p. 178; Clark, Roger S., *The United Nations Crime Prevention and Criminal Justice Program: Formulation of Standards and Efforts at Their Implementation*, Philadelphia: University of Pennsylvania Press, 1994, p. 199; Joutsen, Matti, «International Instruments on Cooperation in Responding to Transnational Crime», *in* Philip Reichel / Jay Albanese (eds.), *The Handbook of Transnational Crime and Justice*, Los Angeles: Sage, 2.ª ed., 2014, p. 312.

[4] Adotada através da Resolução da Assembleia Geral da ONU n.º 54/109, de 9 de dezembro de 1999.

perda de fundos utilizados ou destinados à prática das infrações previstas no artigo 2.º e o produto dessas infrações».

Seguiu-se a Convenção das Nações Unidas contra a Criminalidade Organizada Transnacional, de 2000[5], que acrescenta às definições de «perda», de «produtos» e de «bens», constantes do artigo 1.º da Convenção contra o Tráfico Ilícito de Estupefacientes e Substâncias Psicotrópicas, a definição de «congelamento ou apreensão» (artigo 2.º) e cujo artigo 12.º dispõe sobre perda e apreensão. Dispõe sobre a perda do produto das infrações previstas na Convenção ou de bens cujo valor corresponda ao desse produto, dos bens, equipamentos e outros instrumentos utilizados ou destinados a ser utilizados na prática das infrações previstas na Convenção (n.º 1), com a explicitação de que, se o produto do crime tiver sido convertido, total ou parcialmente, noutros bens, estes últimos podem ser objeto das medidas previstas no artigo 12.º, em substituição do referido produto (n.º 3), de que, se o produto do crime tiver sido misturado com bens adquiridos legalmente, estes bens poderão, sem prejuízo das competências de congelamento ou apreensão, ser declarados perdidos até ao valor calculado do produto com que foram misturados (n.º 4) e de que as receitas ou outros benefícios obtidos com o produto do crime, os bens nos quais o produto tenha sido transformado ou convertido ou os bens com que tenha sido misturado podem ser objeto também das medidas previstas no presente artigo, da mesma forma e na mesma medida que o produto do crime (n.º 5). Dispõe ainda sobre a identificação, a localização, o congelamento ou a apreensão dos bens referidos no n.º 1 do artigo para efeitos de eventual perda (n.º 2). Do ponto de vista da cooperação internacional, o que se assinala como o passo mais significativo foi o de dedicar um dos seus artigos – o artigo 13.º – à «cooperação internacional para efeitos de perda»[6].

Não obstante os antecedentes mencionados, é relativamente consensual a relevância da Convenção das Nações Unidas contra a Corrupção,

[5] Adotada através da Resolução da Assembleia Geral da ONU n.º 55/25, de 15 de novembro de 2000.

[6] Cf. Rodríguez Garcia, Nicolás, *El decomiso de ativos ilícitos*, p. 62.

de 2003[7], que dedica um dos seus capítulos à recuperação de ativos – o Capítulo V, cuja disposição inicial e de caráter geral erige a restituição de ativos em «princípio fundamental» da Convenção (artigo 51.º). Este tornou-se, aliás, um dos traços mais distintivos e difundidos da Convenção[8]. Sem que o termo «recuperação de ativos/restituição de ativos» conste do artigo 2.º – dispõe apenas sobre o que se deve entender por «bens», «produto do crime», «congelamento ou apreensão» e «perda de bens» –, o artigo 1.º, alínea b), integra no objeto da Convenção a promoção, a facilitação e o apoio à cooperação internacional e à assistência técnica em matéria de prevenção e de luta contra a corrupção, incluindo a recuperação de ativos; o artigo 3.º, n.º 1, inclui no âmbito de aplicação da Convenção o congelamento, a apreensão, a perda e a restituição do produto das infrações estabelecidas na Convenção; o artigo 31.º (Congelamento, apreensão e perda), reproduzindo o artigo 12.º da Convenção contra a Criminalidade Organizada Transnacional[9], acrescenta que «cada Estado Parte deverá adotar, em conformidade com o seu direito interno, as medidas legislativas e outras que se revelem necessárias para regulamentar a gestão por parte das autoridades competentes dos bens congelados, apreendidos ou declarados perdidos» (n.º 3)[10].

É também comum a ideia de que a Convenção introduziu certas inovações na regulação da matéria da cooperação internacional, autonomizada no capítulo IV, nomeadamente no que se refere à regulação do auxílio judiciário mútuo, que pode ser solicitado, segundo o artigo 46.º, n.º 3, alíneas j) e k), da Convenção, para a identificação, congelamento e localização dos produtos do crime e a recuperação de ativos, em conformidade

[7] Adotada através da Resolução da Assembleia Geral da ONU n.º 58/4, de 31 de outubro de 2003 – doravante, «Convenção».

[8] Cf. *v.g.* Smith, Jack/Pieth, Mark/Jorge, Guillermo, «The Recovery of Stolen Assets: A Fundamental Principle of the UN Convention against Corruption», *U4 Brief* n.º 2 (2007), www.u4.no/ (*último acesso em 5 de maio de 2021*), passim; Zagaris, Bruce, *International White-Collar Crime: Cases and Materials*, Cambridge: Cambridge University Press, 2010, p. 132.

[9] No direito interno, quanto ao âmbito da perda, merecem especial referência os artigos 109.º, n.º 3, e 110.º, n.ºs 1 a 4, do Código Penal.

[10] No direito interno, importa referir a Lei n.º 45/2011, de 24 de junho, que cria entre nós o Gabinete de Recuperação de Ativos (cf. em especial o artigo 10.º).

com o disposto no capítulo V[11], bem como no que diz respeito às regras de restituição e disposição dos ativos, previstas no artigo 57.º[12]. Também a nossa lei interna de cooperação – Lei n.º 144/99, de 31 de agosto (LCJ) – prevê explicitamente, no artigo 145.º, n.º 1, parte final, que o auxílio judiciário mútuo compreende também «os atos necessários à apreensão ou à recuperação de instrumentos, objetos ou produtos da infração».

As disposições da Convenção relevantes quanto à cooperação internacional para efeitos de perda dividem-se por dois capítulos: o capítulo IV (artigos 43.º a 50.º) que regula em geral a cooperação e nomeadamente o auxílio judiciário mútuo no artigo 46.º; e o capítulo V (artigos 51.º a 59.º) que se dedica em geral à recuperação de ativos, contendo disposições em especial sobre cooperação internacional para efeitos de perda nos artigos 54.º, 55.º, 57.º e 59.º

II. Auxílio judiciário mútuo

1. Aspetos gerais

O auxílio judiciário mútuo surge no capítulo IV da Convenção entre formas de cooperação expressamente previstas como a extradição (artigo 44.º), a transferência de pessoas condenadas (artigo 45.º), a transferência de processos penais (artigo 47.º), a cooperação entre as autoridades competentes para a aplicação da lei (artigo 48.º), as investigações conjuntas (artigo 49.º) e as técnicas especiais de investigação (artigo 50.º).

Para todas, em geral, vale o disposto no artigo 43.º, n.º 2, o qual estabelece que, «em matéria de cooperação internacional, sempre que a dupla incriminação é considerada um requisito, este deverá considerar-se cumprido, independentemente do direito interno do Estado Parte requerido e do Estado Parte requerente subsumir a infração na mesma categoria de infrações ou a tipificar com a mesma terminologia, se o comportamento

[11] Cf. *v.g.* Strobel-Shaw, Brigitte, «Asset Recovery in the United Nations Convention against Corruption OSCE – UNODC Workshop on Strengthening International Legal Cooperation among Member States of the OSCE to Combat Transnational Organized Crime 7-9 April 2008», https://polis.osce.org/file/17236/download?token=2LLIQU76 (5 de maio de 2021).

[12] Cf. *infra* III, ponto 3, e IV.

que constitui a infração relativamente à qual foi efetuado o pedido de auxílio for qualificado como infração penal pelo direito interno dos dois Estados Partes». Acolhe-se aqui a ideia, atualmente incontroversa[13], de que o requisito da dupla incriminação, nos termos do qual os factos em questão devem constituir crime tanto no Estado requerente como no Estado requerido, deve ser apurada *in concreto* e não *in abstracto*[14].

O preceito central sobre auxílio judiciário mútuo é o artigo 46.º da Convenção, que se desdobra em 30 números e é inaugurado com a proclamação de que os Estados Partes devem prestar uns aos outros «todo o auxílio judiciário possível» no âmbito de investigações, processos e procedimentos judiciais relativos às infrações presentes na Convenção. Embora se perfile em uma primeira análise como uma convenção sectorial do ponto de vista das infrações a que as suas disposições se aplicam – uma convenção contra a *corrupção*, no setor público e no privado (cf. artigos 15.º, 16.º e 21.º) –, a Convenção tem, no entanto, um âmbito relativamente lato, abrangendo expressamente o peculato, no setor público e no privado, a apropriação indevida ou outro desvio de bens por agente público, o tráfico de influência, o abuso de funções, o enriquecimento ilícito, o branqueamento do produto do crime, a ocultação e a obstrução à justiça (cf. artigos 17.º a 20.º e 22.º a 25.º). E mais lato ainda em razão do crime de branqueamento do produto do crime (artigo 23.º), uma vez que, de acordo com o artigo 2.º, alínea h), se entende constituir infração subjacente «qualquer infração de que derive um produto que possa passar a constituir o objeto de uma infração definida no artigo 23.º», sendo que o próprio artigo 23.º estimula ainda os Estados Partes a estenderem esta incriminação «ao maior número possível de infrações subjacentes» e, «no

[13] Cf. *v.g.* o artigo 2.º, n.º 2, do Tratado Modelo sobre Extradição; Pradel, Jean/Cortens, Geert, *Droit Pénal Européen*, Paris: Dalloz, 2002, pp. 60 ss.

[14] Mas, tomada essa dicotomia numa outra aceção, a dupla incriminação já deve ser apurada *in abstracto*, no sentido de bastar que haja uma identidade no plano dos elementos essenciais do facto socialmente danoso e injustificado (*sc.*, da ilicitude-típica), não sendo necessária uma identidade de *todos* os demais elementos de que depende a aplicação de uma pena (*v.g.*, a culpa): em maior detalhe, cf. Costa, Miguel João, «O princípio da dupla incriminação na extradição», *in* Pedro Caeiro (org.), *Temas de Extradição e Entrega*, Coimbra: Almedina, 2015, pp. 51 ss.

mínimo», a «um conjunto abrangente de infrações penais estabelecidas na presente Convenção» [cf. alíneas a) e b) do n.º 2].

Já de si forte[15], aquela proclamação contida no n.º 1 do artigo 46.º reverbera ainda ao longo desse artigo – por exemplo, logo no n.º 2, onde de novo os Estados são exortados a prestarem «todo o auxílio judiciário possível» no âmbito de investigações, processos, procedimentos judiciais relativos a infrações pelas quais possa ser responsabilizada uma pessoa coletiva no Estado requerente, em conformidade com o artigo 26.º da Convenção; no n.º 7, onde, na hipótese de um conflito entre as disposições da Convenção e as de outro instrumento internacional, os Estados são «fortemente encorajados» a aplicar as primeiras quando elas «facilitarem a cooperação»; ou no n.º 24, onde se estabelece, entre o mais, que o Estado requerido deve prestar o auxílio «tão prontamente quanto possível». Esta terminologia aproxima-se da que é usada no âmbito das relações entre Estados e tribunais internacionais, relações que não são horizontais ou paritárias, como as que devem estabelecer-se entre Estados soberanos, mas verticais, caracterizadas por deveres de 'cooperação plena'[16].

Preceito também significativo é o n.º 13 do artigo 46.º, onde se prevê que os Estados Partes devem «designar uma autoridade central que terá a responsabilidade e o poder de receber pedidos de auxílio judiciário, bem como de os executar ou transmitir às autoridades competentes para a execução». Vista desde há muito como chave para a racionalização e o melhoramento da cooperação judiciária internacional[17], esta comunicação especializada e o mais direta possível entre os Estados também já

[15] Mas não única: ela encontrava-se já no Tratado Modelo sobre Auxílio Judiciário (artigo 1.º), assim como, por exemplo, na Convenção das Nações Unidas contra a Criminalidade Organizada Transnacional (artigo 18.º).

[16] Cf. artigo 86.º do Estatuto de Roma do Tribunal Penal Internacional; CASSESE, Antonio, «The Statute of the International Criminal Court: Some Preliminary Reflections», *European Journal of International Law* n.º 10 (1999), pp. 164 ss.; CAEIRO, Pedro, «O procedimento de entrega previsto no Estatuto de Roma e a sua incorporação no Direito Português», *in* Vital Moreira/Leonor Assunção/Pedro Caeiro/Ana Luísa Riquito, *O Tribunal Penal Internacional e a Ordem Jurídica Portuguesa*, Coimbra: Coimbra Editora, 2004, pp. 72 ss.

[17] Cf. *v.g.* Organização das Nações Unidas – Office on Drugs and Crime UNODC, «Manual on International Cooperation for the Purposes of Confiscation of Proceeds of Crime», Nova

tinha consagração em instrumentos concluídos no âmbito da ONU – cf. artigo 3.º do Tratado Modelo sobre Auxílio Judiciário Mútuo e os artigos 18.º, n.º 13, e 27.º, n.º 1, alínea a), da Convenção contra a Criminalidade Organizada Transnacional –, mas recebe aqui, uma vez mais, renovado impulso[18].

Nos termos do n.º 3, o auxílio judiciário mútuo pode ser solicitado para os mais variados efeitos: «a) Recolha de testemunhos ou depoimentos; b) Notificação de atos judiciais; c) Realização de buscas, apreensões e congelamentos; d) Exame de objetos e locais; e) Fornecimento de informações, produção de elementos de prova e elaboração de pareceres de peritos; f) Fornecimento de originais ou de cópias certificadas de documentos e de processos pertinentes, incluindo documentos administrativos, bancários, financeiros ou comerciais e documentos de empresas; g) Identificação ou localização dos produtos do crime, bens, instrumentos ou outros elementos para fins probatórios; h) Facilitação da comparência voluntária de pessoas no Estado Parte requerente; i) Prestação de qualquer outro tipo de assistência compatível com o direito interno do Estado Parte requerido». Pode ainda ser solicitado, segundo o mesmo n.º 3, no que é uma «característica única» da Convenção em face de outros diplomas internacionais[19], para: «j) Identificação, congelamento e localização dos produtos do crime, em conformidade com o disposto no capítulo V da presente Convenção; k) Recuperação de ativos, em conformidade com o disposto no capítulo V da presente Convenção».

Antes, no entanto, de avançarmos para a análise de algumas disposições desse capítulo, importa dedicar ainda alguma atenção às do artigo

Iorque, 2012, https://www.un.org/ruleoflaw/files/Confiscation_Manual_Ebook_E.pdf (28 de fevereiro de 2021), pp. 14, 20.

[18] No plano interno, o preceito central é o artigo 21.º, n.º 1, da LCJ, que designa como autoridade central a Procuradoria-Geral da República; cf. também os artigos 145.º, n.º 4, e 152.º, n.º 1, LCJ.

[19] Organização das Nações Unidas – Office on Drugs and Crime (UNODC), «Estado de la Aplicación de la Convención de las Naciones Unidas contra la Corrupción: Penalización, aplicación de la ley y cooperación internacional», 2.ª ed., Viena, 2017 https://www.unodc.org/documents/mexicoandcentralamerica/publications/Corrupcion/Estado_de_la_aplicacion.pdf (28 de fevereiro de 2021), p. 243.

46.º Não só porque se lhes aplicam com as devidas adaptações[20], mas também porque algumas delas traduzem uma visão particular da cooperação internacional que se projeta ainda sobre o capítulo V e sobre a qual se justifica refletir em termos mais amplos.

2. Aspetos particulares

2.1. Cooperação oficiosa

No que diz respeito ao momento da cooperação, deve salientar-se que a Convenção antecipa o auxílio judiciário mútuo para um momento em que pode nem ainda haver, no Estado requerente, notícia de um crime – um auxílio, portanto, como que pré-processual. De facto, o n.º 4 do artigo 46.º dispõe que as autoridades de um Estado Parte «poderão, sem pedido prévio, comunicar informações relativas a questões penais a uma autoridade competente de outro Estado Parte se considerarem que estas informações poderão contribuir para que ela proceda ou conclua com êxito investigações e processos penais ou permitir a este último Estado Parte formular um pedido ao abrigo da presente Convenção»[21].

Representa isto um desvio a um princípio segundo o qual a cooperação judiciária internacional tem normalmente lugar em resposta a um pedido feito por outro Estado (daí a terminologia Estado 'requerente' e 'requerido'). Esta troca «espontânea», «voluntária», «proactiva» de informações[22] constitui, pois, mais um exemplo da lógica de cooperação reforçada ou intensificada que aqui se procurou instituir, na esteira do artigo 18.º, n.º 4, da Convenção contra a Criminalidade Organizada e Transnacional[23].

[20] Cf. artigo 55.º, n.º 3.

[21] Cf. também o n.º 5.

[22] Organização das Nações Unidas – Office on Drugs and Crime (UNODC), «Technical Guide to the United Nations Convention Against Corruption», Nova Iorque, 2009, https://www.unodc.org/documents/corruption/Technical_Guide_UNCAC.pdf (28 de fevereiro de 2021), p. 165.

[23] No mesmo sentido já também, por exemplo, o artigo 10.º da Convenção do Conselho da Europa Relativa ao Branqueamento, Deteção, Apreensão e Perda dos Produtos do Crime, de 1990.

2.2. Não invocação do sigilo bancário

Outro ponto muito significativo é a previsão no n.º 8 do artigo 46.º de que «os Estados Partes não poderão invocar o sigilo bancário para recusar o auxílio judiciário previsto no presente artigo». Trata-se, em qualquer caso, de uma disposição não original, atento, desde logo, o artigo 4.º, n.º 2, do Tratado Modelo sobre Auxílio Judiciário e o artigo 18.º, n.º 8, da Convenção contra a Criminalidade Organizada e Transnacional.

De todo o modo, um dos pontos identificados pela Conferência dos Estados Partes da Convenção da ONU contra a Corrupção tem sido a existência de «regras estritas de sigilo bancário» em vários Estados Partes[24].

2.3. Dupla incriminação

Merece também uma referência em especial (e sempre, pelo seu caráter paradigmático) a feição que é conferida à regra da dupla incriminação no n.º 9 do artigo 46.º A alínea a) permite que seja dado seguimento a um pedido de auxílio «na ausência de dupla incriminação», tendo em conta o objeto da Convenção definido no artigo 1.º A alínea b) admite que os Estados Partes poderão invocar a «ausência de dupla incriminação» para recusar o auxílio judiciário, mas estabelece que, quando tal seja «compatível com conceitos fundamentais do seu sistema jurídico», o Estado Parte requerido deverá prestar o auxílio que «não implique uma ação coerciva», podendo esse auxílio ser recusado «quando os pedidos envolvam questões menores[25] ou questões para as quais a cooperação ou o auxílio pedido possam ser obtidos com base noutras disposições» da Convenção. A alínea c) convida os Estados Partes, a considerarem, «na ausência de dupla incriminação», a «adoção de medidas necessárias que

[24] Cf. Organização das Nações Unidas – Conference of the States Parties to the United Nations Convention against Corruption, «Report of the eighth open-ended intergovernmental expert meeting to enhance international cooperation under the United Nations Convention against Corruption, held in Vienna on 31 May 2019», CAC/COSP/EG.1/2019/4, 2 de julho de 2019, https://www.unodc.org/documents/treaties/UNCAC/WorkingGroups/EMInternationalCooperation/31-May-2019/V1905960e.pdf (28 de fevereiro de 2021), p. 6.

[25] Trata-se aqui de uma tradicional cláusula de relevância, que constitui expressão do princípio da proporcionalidade em sentido estrito (cf. Costa, Miguel João, *Extradition Law: Reviewing Grounds for Refusal from the Classic Paradigm to Mutual Recognition and Beyond*, Leiden: Brill, 2019, p. 532).

lhes permitam prestar um auxílio mais amplo», de acordo com o artigo 46.º Note-se que a Convenção não define o conceito de «ação coerciva», tendo sido a definição do conceito deixada aos Estados Partes, de harmonia com a Convenção e com o seu objeto, sem prejuízo dos trabalhos preparatórios serem no sentido de que lhe não corresponderá uma medida como o intercâmbio de informação[26].

O embrião desta abordagem parece encontrar-se no Tratado Modelo sobre Auxílio Judiciário Mútuo[27], onde já se indicava que os Estados «podem desejar, quando possível, prestar auxílio mesmo que o facto em causa não seja criminalizado no seu ordenamento jurídico». Porém, esta formulação do Tratado Modelo continua a exprimir uma visão segundo a qual, na falta de dupla incriminação, a regra deverá ser a oposta (i.e., a recusa do auxílio), ao invés do que acontece na Convenção contra a Corrupção. Outra sugestão feita no Tratado Modelo é a de a dupla incriminação ser exigida apenas quanto a certas formas de auxílio, como as buscas e apreensões[28], uma ideia que se afigura consistente com a limitação da regra da dupla incriminação aos casos em que o auxílio integra uma «ação coerciva». Também aqui, no entanto, a Convenção contra a Corrupção vai mais longe que o Tratado Modelo, porque a regra é agora a prestação do auxílio, constituindo a hipótese de «ação coerciva» a exceção. Esta abordagem vai mais longe, também, do que aquela que fora acolhida na Convenção contra a Criminalidade Organizada Transnacional, cujo artigo 18.º, n.º 9, dispõe que «os Estados Partes poderão invocar a ausência de dupla criminalização para recusar prestar o auxílio judiciário previsto no presente artigo. O Estado Parte requerido poderá, não obstante, quando o considerar apropriado, prestar esta assistência, na medida em que o decida por si próprio, independentemente de o ato

[26] Cf. Organização das Nações Unidas – Assembleia Geral, «Interpretative notes for the official records (travaux préparatoires) of the negotiation of the United Nations Convention against Corruption», A/58/422/Add.1, 7 de outubro de 2003, https://undocs.org/en/A/58/422/Add.1 (28 de fevereiro de 2021), §§ 42 e 26.

[27] Cf. artigo 4.º, nota 6.

[28] Cf. *ibid.*

estar ou não tipificado como uma infração no direito interno do Estado Parte requerido»[29].

Em termos genéricos, também a nossa lei interna de cooperação prescinde da dupla incriminação para efeitos de auxílio judiciário mútuo (artigo 145.º da LCJ, *a contrario sensu*), salvo quando os atos de auxílio «implicarem recurso a medidas de coação» (artigo 147.º, n.º 1), caso em que apenas poderão ser praticados se os factos «constituírem infração também prevista no direito português». Um ponto de interesse reside logo no facto de se mencionar «infração» e não «crime»[30], o que suscita a questão de saber se estamos aqui perante uma mera exigência de «dupla proibição» (que não de «dupla incriminação»), suscetível de considerar-se satisfeita quando os factos em causa integrem uma infração de natureza não penal (por exemplo, contraordenacional). Por outro lado, o conceito de «medida de coação» usado na lei portuguesa, pelo particular significado que transporta consigo do direito processual penal, parece destinado a ter um âmbito mais reduzido que o de «ação coerciva» usado na Convenção. Seja como for, as normas da lei interna de cooperação não prejudicam a aplicação de normas especiais aplicáveis previstas em instrumentos internacionais (cf. artigo 146.º da LCJ).

2.4. *Locus regit actum, forum regit actum*

Aspeto igualmente sintomático do paradigma de cooperação acolhido é o que se encontra regulado no n.º 17 do artigo 46.º, onde se estabelece que «qualquer pedido deverá ser executado em conformidade com o direito interno do Estado Parte requerido e, na medida em que não contrarie este direito e seja possível, em conformidade com os procedimentos especificados no pedido».

A nossa lei interna de cooperação está alinhada com esta disposição (cf. artigos 3.º, n.º 1, e 145.º, n.º 11, da LCJ), que secunda aquela que continua a ser a abordagem preponderante neste domínio: a primazia do princípio *locus regit actum* (o ato é, em regra, praticado de acordo com a lei do Estado a quem é pedido que o pratique), com concessões ao princípio

[29] Neste sentido, cf. Organização das Nações Unidas – Office on Drugs and Crime (UNODC), «Technical Guide to the United Nations Convention Against Corruption», p. 168.

[30] Como acontece por exemplo no âmbito da extradição: cf. artigo 31.º, n.º 2, da mesma LCJ.

forum regit actum (as exigências previstas na lei do Estado que requer a prática do ato, exigências cujo cumprimento pode ser determinante para a que a prova através dele obtida seja válida no processo penal que aí decorre, podem ser observadas, mas apenas quando não conflituem com o direito do Estado ao qual aquela prática é requerida).

No âmbito da União Europeia têm vindo a estender-se as concessões ao princípio *forum regit actum*[31], mas ainda assim algo limitadas [cf., por exemplo, os artigos 21.º, n.º 1, e 22.º, n.º 1, alínea h), da Lei n.º 88/2017, relativa à Decisão Europeia de Investigação]. Em qualquer caso, as concessões feitas na Convenção contra a Corrupção ao princípio *forum regit actum* representaram um desvio à abordagem clássica mais ortodoxa. No âmbito da ONU, era já possível detetar desvios desta índole – por exemplo, na Convenção de 1988 contra o Tráfico Ilícito de Estupefacientes e Substâncias Psicotrópicas (cf. artigo 7.º, n.º 12) e depois, em 2000, na Convenção contra a Criminalidade Organizada Transnacional (cf. artigo 18.º, n.º 17).

2.5. Causas de recusa

O n.º 21 do artigo 46.º prevê outros fundamentos de recusa, a título facultativo. Nos termos desse preceito, o auxílio judiciário «poderá ser recusado» se: «a) O pedido não for feito em conformidade com o disposto no presente artigo; b) O Estado Parte requerido considerar que a execução do pedido é suscetível de pôr em causa a sua soberania, a sua segurança, a sua ordem pública ou outros interesses essenciais; c) O direito interno do Estado Parte requerido proibir as suas autoridades de executarem as providências solicitadas em relação a uma infração análoga que fosse objeto de uma investigação, de um processo ou procedimento judicial no âmbito da sua própria competência; d) A aceitação do pedido contrariar o sistema jurídico do Estado Parte requerido no que se refere ao auxílio judiciário».

Num instrumento jurídico com um propósito tão vincado de reforçar a cooperação, a previsão de um fundamento de recusa tão amplo como

[31] Cf. Ramos, Vânia Costa, «Meios processuais de impugnação da Decisão Europeia de Investigação – subsídios para a interpretação do artigo 14.º da Directiva com uma perspectiva portuguesa», *Anatomia do Crime* n.º 7 (2018), pp. 124.

o previsto na alínea b) chama necessariamente a atenção do intérprete. Esta clássica cláusula de recusa, também presente, por exemplo, no Tratado Modelo sobre Auxílio Judiciário Mútuo (cf. artigo 4.º, n.º 1) e na Convenção contra a Criminalidade Organizada Transnacional [cf. artigo 18.º, n.º 21, alínea b)], oferece aos Estados Partes base normativa para recusar virtualmente qualquer pedido de cooperação, o que só em parte é contrabalançado pelos deveres (previstos nos n.os 23 e 26) de fundamentar a recusa e de ponderar a possibilidade de prestar o auxílio «sob reserva» das condições tidas como necessárias. Trata-se de uma ampla e indeterminada cláusula de recusa própria de um paradigma de cooperação onde o Estado requerido mantém inequívocas prerrogativas de autoproteção na interação com os outros Estados[32].

Em todo o caso, muitas das outras causas de recusa da cooperação mais não são, de um modo geral, do que concretizações ou especificações dos valores contidos na referida alínea b): soberania, segurança, ordem pública internacional e outros interesses essenciais – estes últimos, eles próprios, um conceito extraordinariamente amplo capaz de abrigar as mais variadas considerações, incluindo de natureza económica[33]. Mas se assim é, então a invocação direta desta genérica cláusula de recusa será residual em relação à invocação das causas de recusa mais específicas em que ela se desdobra: da dupla incriminação ao carácter político das infrações, passando pelas hipóteses previstas nas alíneas c) e d) do próprio artigo 46.º, n.º 21. Isso significa que é nestes especificados fundamentos de recusa que geralmente se joga a (im)possibilidade de um Estado prestar a cooperação a outro. E, assim sendo, que é a estes fundamentos de recusa que importa dedicar atenção. No resto, quanto a conceitos como o de soberania ou o de segurança, não pode senão compreender-se ser inexorável – nesta espécie de relações interestaduais como noutras – a interferência de fatores políticos[34].

[32] Cf. Costa, Miguel João, *Extradition Law: Reviewing Grounds for Refusal from the Classic Paradigm to Mutual Recognition and Beyond*, pp. 316 ss.

[33] Cf. *v.g.* Rocha, Manuel António Lopes/Martins, Teresa Alves, *Cooperação Judiciária Internacional em Matéria Penal: Comentários*, Lisboa: Aequitas / Editorial Notícias, 1992, p. 24.

[34] Cf. Costa, Miguel João, *Extradition Law: Reviewing Grounds for Refusal from the Classic Paradigm to Mutual Recognition and Beyond*, esp. pp. 384 ss.

Importa ainda notar que uma premissa e também uma força motriz da cooperação judiciária internacional é o interesse dos Estados em realizarem os seus próprios interesses punitivos, o que lhes é assegurado pelo princípio da reciprocidade[35]. Por essa razão, não se afigura justificado presumir que exista uma atitude genérica de relutância dos Estados em cooperarem uns com os outros, em especial quando a forma de cooperação em causa lhes traga vantagens financeiras diretas, como é o caso evidente da cooperação que tenha em vista a recuperação de ativos[36-37].

III. Cooperação internacional para efeitos de perda

O capítulo V abre com a proclamação de que a «restituição de ativos» é um «princípio fundamental» da Convenção, insistindo novamente na ideia de que os Estados Partes deverão conceder-se «a mais ampla cooperação e assistência neste domínio» (cf. artigo 51.º). A Convenção, recorde-se, foi concluída em 2003. Quase duas décadas depois, a Assembleia Geral da ONU mantém-se firme nesses propósitos, como é evidenciado pela adoção da Resolução 75/194, de 16 de dezembro de 2020, dedicada à prevenção e ao combate a práticas de corrupção e à transferência dos produtos da corrupção através da facilitação da recuperação de ativos e da restituição desses ativos aos seus legítimos proprietários, em particular aos seus países de origem, nos termos preconizados pela Convenção contra a Corrupção[38]; e da Resolução 75/206, de 21 de dezembro de 2020, dedicada à promoção da cooperação internacional para combate aos fluxos financeiros ilícitos e ao reforço das boas práticas de restituição de ativos enquanto formas de promover o desenvolvimento sustentável[39].

[35] Cf. *ibid.*, pp. 3 ss. e 23 ss.

[36] É outrossim nesta linha – embora seja geralmente outra a narrativa oficial – que se explica a abolição da natureza fiscal da infração como fundamento de recusa da cooperação: cf. *ibid.*, pp. 212 e 524 ss.

[37] As principais exceções serão os casos em que o sujeito visado seja uma figura proeminente do Estado a quem a cooperação é requerida: neste sentido, cf. Organização das Nações Unidas – Office on Drugs and Crime (UNODC), «Technical Guide to the United Nations Convention Against Corruption», p. 166.

[38] Em https://undocs.org/en/A/RES/75/194 (último acesso em 5 de maio de 2021), esp. os §§ 10, 13, 17, 18, 21-24, 28-29, 34, 41, 60, 62 e 64.

[39] Em https://undocs.org/en/A/RES/75/206 (último acesso em 5 de maio de 2021).

O ponto 21 da primeira impele os Estados a prestarem uns aos outros «a mais ampla cooperação e assistência» na identificação e recuperação de ativos obtidos de modo ilícito e de produtos da corrupção e a dedicarem «particular e rápida consideração» à execução de pedidos de auxílio judiciário mútuo neste domínio. E resulta transversalmente da segunda o incentivo a uma atitude de prioridade especial e de disponibilidade reforçada na cooperação interestadual para a recuperação de ativos.

A restituição de ativos enquanto princípio fundamental da Convenção alicerçado na «mais ampla cooperação e assistência» que os Estados Partes se deverão conceder desdobra-se em duas linhas fundamentais: a prevenção e deteção de transferências do produto do crime (cf. artigos 52.º e 58.º), de forma a desencorajar essas transferências de forma mais eficaz, conforme é assumido expressamente no Preâmbulo; e a recuperação de bens, quer na modalidade de recuperação direta quer na de recuperação através de mecanismos de cooperação internacional (cf. artigos 53.º, 54.º a 57.º e 59.º). Sob a epígrafe «cooperação especial», o artigo 56.º da Convenção prevê que, sem prejuízo do seu direito interno e das suas próprias investigações ou processos judiciais, os Estados Partes devem esforçar-se por transmitir a outros Estados Partes informações sobre o produto de infrações, sem pedido prévio, quando julguem que isso pode ser-lhes útil. Trata-se, muito simplesmente, de uma concretização, para os efeitos da recuperação de ativos, da abordagem da cooperação oficiosa já prevista para o auxílio judiciário em termos gerais[40].

O artigo 53.º, por um lado, e o bloco constituído pelos artigos 54.º a 55.º e 57.º, por outro, embora contenham ambos disposições possíveis de reconduzir ao domínio da cooperação tomado num sentido amplo, apresentam uma diferença estrutural nítida. O primeiro prevê que cada Estado Parte deverá, em conformidade com o seu direito interno, adotar as medidas que se revelem necessárias «para permitir a um outro Estado Parte instaurar nos seus tribunais uma ação civil para o reconhecimento da titularidade ou do direito de propriedade sobre bens adquiridos através da prática de uma infração» [alínea a)]; «para permitir aos seus tribunais determinar que os autores de infrações estabelecidas em conformi-

[40] Cf. *supra*, II, ponto 1.

dade com a presente Convenção indemnizem o Estado Parte lesado pelo prejuízo sofrido em consequência da prática dessa infração» [alínea b)]; e «para permitir aos seus tribunais ou autoridades competentes, quando tenham de decidir da perda, reconhecer o direito de propriedade legítimo reivindicado por um outro Estado Parte sobre bens adquiridos através da prática de uma infração estabelecida em conformidade com a presente Convenção» [alínea c)]. Trata-se aqui, como aliás se anuncia na epígrafe do preceito, de um Estado criar condições para que outros Estados possam alcançar uma recuperação «direta» de bens na própria jurisdição do primeiro.

Em contraste, o segundo bloco referido contempla medidas a adotar por um Estado, na sua jurisdição, também em benefício de outros Estados, mas sem qualquer intervenção direta destes na sua jurisdição. Esta distinção encontra uma certa analogia na consagrada distinção entre «*direct enforcement system*» e «*indirect enforcement system*», traçada no quadro do direito penal internacional por Bassiouni[41]. É no segundo bloco que se integra a cooperação judiciária internacional em matéria penal, em geral, e, logo, a cooperação internacional para efeitos de perda por via de pedidos de auxílio judiciário.

1. Pedidos de auxílio judiciário

Com fundamento no artigo 46.º, n.º 3, alínea k), e de acordo com o artigo 55.º, n.º 1, da Convenção, podem ser feitos a um Estado Parte, na medida em que o seu sistema jurídico o permita, por outro Estado Parte competente para conhecer de uma infração prevista na Convenção, dois tipos de pedidos de perda do produto do crime, bens, equipamentos ou outros instrumentos referidos no artigo 31.º da Convenção, que se encontrem no território do primeiro: pedido a fim de obter por parte do Estado requerido uma declaração de perda e a execução respetiva, quando for caso disso, segundo a alínea a); pedido para que seja executada no Estado requerido a decisão de perda emitida por um tribunal do Estado requerente, segundo a alínea b). Pedido este que também tem o sentido de

[41] Cf. Bassiouni, M. Cherif, ***Introduction to International Criminal Law***, 2.ª ed., Leiden: Brill, 2013, pp. 487 ss.

pedido de restituição dos bens declarados perdidos (cf. artigo 57.º, n.º 2, da Convenção).

Se for caso de declaração de perda – onde se inclui também a declaração de perda sem sentença criminal, por força da alínea c) do n.º 1 do artigo 54.º –, o pedido deve conter as informações referidas no n.º 15 do artigo 46.º e o referido na alínea a) do n.º 3 do artigo 55.º: «uma relação dos bens que deverão ser declarados perdidos, incluindo, na medida do possível, a sua localização e, quando seja relevante, o valor estimado dos bens e uma exposição dos factos em que o Estado Parte requerente se baseia, que permita ao Estado Parte requerido obter uma declaração de perda em conformidade com o seu direito interno». Se for caso de execução de decisão de perda, o pedido deve conter as informações referidas no n.º 15 do artigo 46.º e o referido na alínea b) do n.º 3 do artigo 55.º: «uma cópia legalmente admissível da declaração de perda emitida pelo Estado Parte requerente em que se baseia o pedido, uma exposição dos factos e informações sobre os termos em que é pedida a execução da decisão, uma declaração que especifica as medidas tomadas pelo Estado Parte requerente para notificar devidamente os terceiros de boa-fé e assegurar um procedimento regular, bem como uma declaração de que a decisão de perda é definitiva».

Pode ainda ser feito um terceiro tipo de pedido, com fundamento no artigo 46.º, n.º 3, alínea j), em face do disposto nos n.os 2 do artigo 54.º e 2 do artigo 55.º: pedido para que sejam identificados, localizados, congelados ou apreendidos no Estado requerido o produto do crime, os bens, os equipamentos ou os outros instrumentos referidos no n.º 1 do artigo 31.º da Convenção, com vista a uma eventual perda que venha a ser ordenada no Estado requerente, caso em que o pedido visa garantir a efetividade da decisão de perda que venha a ser tomada por um tribunal desse Estado. Este pedido pode ser feito para execução de «decisão de congelamento ou de apreensão emitida por um tribunal ou outra autoridade competente do Estado parte requerente» (alínea a) do n.º 2 do artigo 54.º); ou para decisão de congelamento ou apreensão de bens por parte das autoridades competentes do Estado requerido (alínea b) do n.º 2 do artigo 54.º). Pedidos deste tipo devem conter as informações referidas no n.º 15 do artigo 46.º e o referido na alínea c) do n.º 3 do artigo 55.º: «uma exposição dos factos em que se baseia o Estado Parte requerente e uma descrição das medidas pedidas e, caso haja, uma cópia legalmente admissível da declaração em que se baseia o pedido».

Em relação a qualquer um dos três tipos de pedido mencionados, «o Estado Parte requerido deverá tomar as medidas para identificar, localizar, congelar ou apreender o produto do crime, os bens, os equipamentos ou os outros instrumentos referidos no n.º 1 do artigo 31.º», de acordo com o determinado no n.º 2 do artigo 55.º

Do ponto de vista da cooperação internacional para efeitos de perda são identificáveis, de um lado, pedidos auxílio judiciário que têm em vista a decisão de perda em si e/ou a sua execução; de outro, pedidos de auxílio judiciário que têm em vista garantir a efetividade de uma decisão de perda que venha a ser proferida no Estado requerente. No plano do direito interno, uma tal distinção também está pressuposta nos artigos 109.º a 112.º-A do Código Penal (CP) e 7.º da Lei n.º 5/2002, de 11 de janeiro, que regulam a perda de instrumentos, produtos e vantagens e a perda alargada, e nos artigos 178.º, 186.º, 227.º e 228.º do Código de Processo Penal e 10.º da Lei n.º 5/2002, que regulam as garantias processuais da perda e da perda alargada – a apreensão, a caução económica, o arresto preventivo e o arresto que garante a perda alargada[42].

O artigo 55.º contém ainda um conjunto de preceitos de índole fundamentalmente adjetiva e formal, relativos à transmissão do pedido (n.os 1 e 3, primeira parte, por remissão para o artigo 46.º). Prevê-se, por outro lado, no seu n.º 4, que as decisões ou medidas previstas nos n.os 1 e 2 do artigo 55.º «são tomadas pelo Estado Parte requerido em conformidade e segundo as disposições do seu direito interno e conforme as suas regras processuais ou qualquer acordo ou outro instrumento jurídico, bilateral ou multilateral, que o ligue ao Estado Parte requerente». Em desvio à regra geral contida no artigo 46.º, n.º 17[43], acolhe-se na primeira parte do preceito, de modo praticamente irrestrito, o princípio *locus regit actum*.

[42] Sobre este tipo de garantias, por referência ao direito interno, ANTUNES, Maria João, «Recuperación de activos. Garantías Procesales del decomiso de bienes en el derecho português», *in* Ignacio Berdugo Gómez de la Torre/Nicolás Rodríguez Garcia (eds.), *Decomiso y Recuperación de Activos, Crime doesn't pay*, Valência: Tirant lo Blanch, 2020, pp. 590 e ss.; e *Direito Processual Penal*, Coimbra: Almedina, 2021, pp. 134 e ss. e 172 e ss.

[43] Cf. *supra*, II, ponto 2.4.

O n.º 6 estabelece que a Convenção deve considerar-se como «a base jurídica e suficiente para o efeito», caso os Estados condicionem a adoção das medidas previstas nos n.os 1 e 2 do artigo à existência de um tratado na matéria. Esta disposição é supérflua para o Estado português, que não só não se submete a semelhante condição – considerando geralmente bastante a prestação por parte do Estado requerente de garantias de reciprocidade, que podem ser solicitadas pelo Ministro da Justiça (cf. artigo 4.º, n.º 2, da LCJ) –, como se disponibiliza mesmo, em certos casos, para cooperar na ausência de reciprocidade. Mais especificamente, quando isso: «a) Se mostre aconselhável em razão da natureza do facto ou da necessidade de lutar contra certas formas graves de criminalidade; b) Possa contribuir para melhorar a situação do arguido ou para a sua reinserção social; c) Sirva para esclarecer factos imputados a um cidadão português» (cf. artigo 4.º, n.º 3, da LCJ).

No n.º 7 do artigo 55.º prevê-se que, «se o Estado Parte requerido não receber atempadamente provas suficientes ou se o valor dos bens for mínimo, poderá recusar a cooperação que lhe é solicitada ao abrigo do presente artigo ou levantar as medidas cautelares». Acontece que não se encontra em nenhum preceito relativo à cooperação para efeitos de perda qualquer outra referência a provas. O único sentido útil que se afigura possível imputar àquela referência feita no n.º 7 do artigo 55.º é o de a mesma se referir aos elementos que o pedido de cooperação deve conter e que se encontram especificados no n.º 3 do mesmo preceito. Quanto ao fundamento do valor dos bens, consagra-se uma cláusula de relevância idêntica àquela que já foi referida no âmbito das normas gerais sobre o auxílio judiciário[44], com a particularidade de que neste caso a relevância mínima do caso se afere por referência ao valor dos bens e não à moldura penal abstrata do(s) ou à pena concretamente aplicada ao(s) crime(s) em questão.

O n.º 8 do artigo 55.º vai no sentido de que, «antes de levantar qualquer medida cautelar adotada nos termos do presente artigo, o Estado Parte requerido deverá, sempre que possível, dar ao Estado Parte requerente a oportunidade de apresentar os seus motivos para a manutenção

[44] Cf. *supra*, II, ponto 2.3.

da medida». Por fim, o n.º 9 determina que as disposições do artigo 55.º «não devem ser interpretadas como suscetíveis de prejudicar os direitos dos terceiros de boa-fé». A proteção de terceiros de boa-fé é expressamente acautelada na alínea b) do n.º 3 do artigo 55.º e no n.º 2 do artigo 57.º Note-se que, ao abrigo da lei interna de cooperação, os terceiros de boa-fé, bem como os legítimos proprietários ou possuidores, podem opor-se à entrega de objetos e valores a outro Estado (cf. artigo 28.º, n.os 3 e 4, da LCJ)[45].

2. Mecanismos de recuperação indireta de bens

Tendo em vista a prestação do auxílio judiciário acabado de referir, o artigo 54.º da Convenção incide sobre mecanismos de recuperação de bens – recuperação indireta – relativamente aos quais importa distinguir as medidas que têm em vista a decisão e/ou a execução da decisão de perda de bens (n.º 1) das que servem para garantir a efetividade da decisão de perda que venha a ser tomada (n.º 2).

2.1. Medidas que têm em vista a perda de bens

Dispõe o artigo 54.º, n.º 1, da Convenção que, a fim de prestar auxílio judiciário nos termos do artigo 55.º em relação aos bens adquiridos através da prática de uma infração estabelecida em conformidade com a Convenção ou utilizados na prática dessa infração, cada Estado Parte deverá, em conformidade com o seu direito interno, adotar medidas que se revelem necessárias para permitir às suas autoridades competentes: executar uma decisão de perda emitida por um tribunal de um outro Estado Parte, o que tem também o sentido de serem adotadas as medidas legislativas e outras que se revelem necessárias para permitir às autoridades competentes restituir os bens declarados perdidos (cf. artigo 57.º, n.º 2, da Convenção); declarar a perda desses bens de origem estrangeira, nos casos que relevam da sua competência, «julgando uma infração de branqueamento de capitais ou outra que releve da sua competência, ou seguindo outros procedimentos autorizados pelo seu direito interno».

[45] Cf. ROCHA, Manuel António Lopes/MARTINS, Teresa Alves, *Cooperação Judiciária Internacional em Matéria Penal: Comentários*, p. 227.

Muito embora ambas as atuações tenham lugar a pedido de um Estado estrangeiro e devam considerar-se ambas integradas na cooperação internacional, no âmbito da alínea a) o que está em causa é que o Estado Parte adote as medidas que se revelem necessárias para que se execute uma decisão de perda já emitida por um tribunal de um outro Estado Parte, ao passo que no âmbito da alínea b) o que está em causa é que o Estado Parte adote as medidas que se revelem necessárias para que proceda ele próprio à declaração da perda (e só então proceda, também, à sua execução, quando for caso disso).

Além destes dois tipos de medidas e com a mesma finalidade, cada Estado Parte deverá, segundo a alínea c) do n.º 1, «considerar a adoção de medidas que se revelem necessárias para permitir a declaração de perda desses bens na ausência de sentença criminal quando contra o autor da infração não possa ser instaurado um procedimento criminal em razão de falecimento, fuga, ausência ou noutros casos apropriados». Trata-se de norma inovadora que vai ao encontro de opções político-criminais no sentido de ser admissível a denominada «perda sem condenação», também contemplada nas alíneas a) e b) do n.º 3 do artigo 57.º Do ponto de vista do direito da União Europeia justifica-se a referência ao artigo 4.º, n.º 2, da Diretiva 2014/42/UE do Parlamento e do Conselho de 3 de abril, sobre o congelamento e a perda dos instrumentos e produtos do crime[46], sendo de mencionar, no plano do direito interno, o disposto nos artigos 109.º, n.º 2, 110.º, n. .º 5, 127.º, n.º 3, e 128.º, n.º 1, do Código Penal[47], aos quais não correspondem, porém, lamentavelmente, as normas processuais que se impõem[48].

[46] A Convenção e a Diretiva de 2014 são referências incontornáveis para o direito interno dos Estados. Assim, MATELLANES RODRÍGUEZ, Nuria P., «Algunas dudas que suscita el decomiso autónomo: en especial, la descoordinación entre la regulación penal y la procesal», *in* Ignacio Berdugo Gómez de la Torre/Nicolás Rodríguez Garcia (eds.), *Decomiso y Recuperación de Activos, Crime doesn't pay*, Valência: Tirant lo Blanch, 2020, pp. 148 s.

[47] Sobre isto, CORREIA, João Conde, «"Non-conviction based confiscations" no direito penal português vigente: "quem tem medo do lobo mau"?», *Julgar*, n.º 32 (2017), pp. 86 ss.

[48] Referimo-nos a normas como as que foram introduzidas, por exemplo, em Espanha. Sobre isto, GASCÓN INCHAUSTI, Fernando, «Las nuevas herramientas procesales para articular la política criminal de decomiso total: la intervención en el proceso penal de terceros afectados por el decomiso y el proceso para el decomiso autónomo de los bienes e produtos del delito»,

Além das garantias processuais referidas e com a mesma finalidade, cada Estado Parte deverá, segundo a alínea c) do n.º 2, «considerar a adoção de medidas suplementares para permitir às suas autoridades competentes conservar os bens com vista à declaração de perda dos mesmos, com base por exemplo na detenção decretada ou acusação deduzida no estrangeiro em relação à sua aquisição».

2.2. Medidas que têm em vista garantias processuais da perda de bens

Dispõe o artigo 54.º, n.º 2, da Convenção que, a fim de prestar auxílio judiciário na sequência de um pedido efetuado nos termos do artigo 55.º, cada Estado Parte deverá, em conformidade com o seu direito interno, adotar medidas que se revelem necessárias para permitir às suas autoridades competentes: congelar ou apreender bens, por decisão de congelamento ou apreensão emitida por um tribunal ou outra autoridade competente do Estado Parte requerente; congelar ou apreender bens com base num pedido do Estado requerente.

Todas estas medidas têm em vista o congelamento ou a apreensão enquanto garantias processuais da perda, isto é, enquanto medidas cautelares, segundo a denominação decorrente do n.º 7 do artigo 55.º, que garantem a efetividade da decisão de perda que venha a ser tomada pelo Estado Parte requerente e que o Estado requerido venha a executar depois [cf. parte final das alíneas a) e b) do n.º 2]. Na primeira hipótese, o Estado requerido atua a partir de uma decisão prévia de congelamento ou apreensão emitida no Estado Parte requerente, executando-a; na segunda, o Estado requerido atua a partir de um pedido de um outro Estado, decidindo ele próprio o congelamento ou a apreensão. Em ambas, a decisão e o pedido do Estado Parte requerente constituem para o Estado parte requerido «fundamento razoável para supor que há motivos suficientes para tomar essas medidas e que os bens serão eventualmente objeto de uma decisão de perda» para efeitos do n.º 1, alínea a) do artigo 54.º Ou seja, o Estado Parte requerido não faz qualquer ava-

Revista General de Derecho Procesal, 38 (2016), pp. 16 e Planchadell Gargallo, Andrea, «El processo de decomiso autónomo: aspectos procesales», *in* Ignacio Berdugo Gómez de la Torre/Nicolás Rodríguez Garcia (eds.), *Decomiso y Recuperación de Activos, Crime doesn't pay*, Valência: Tirant lo Blanch, 2020, pp. 126 ss.

liação sobre o mérito da decisão ou do pedido de base, assumindo antes como razão bastante para utilizar o seu aparelho penal em favor de outro Estado a circunstância de este manifestar, implicitamente, através de um pedido de auxílio judiciário, ser titular de uma legítima pretensão penal.

3. Restituição e disposição dos ativos

De acordo com o n.º 1 do artigo 57.º, cada Estado Parte que declare bens perdidos nos termos do artigo 55.º da Convenção [cf. alínea a) do n.º 1] dispõe deles, incluindo através da restituição aos seus anteriores legítimos proprietários, nos termos do n.º 3 e em conformidade com as disposições da Convenção, designadamente com os artigos 46.º e 55.º, bem como com o seu direito interno.

Segundo o n.º 3 do artigo 57.º, «o Estado Parte requerido deverá: a) Em caso de desvio de fundos públicos ou de branqueamento de fundos públicos desviados, nos termos dos artigos 17.º e 23.º da presente Convenção, quando a perda foi executada em conformidade com o artigo 55.º e com base numa sentença definitiva no Estado Parte requerente, exigência que o Estado Parte requerido pode retirar, restituir os bens declarados perdidos ao Estado Parte requerente; b) Em caso de produto de qualquer outra infração prevista na presente Convenção, quando a perda foi executada em conformidade com o artigo 55.º e com base numa sentença definitiva no Estado Parte requerente, exigência que o Estado Parte requerido pode retirar, restituir os bens declarados perdidos ao Estado Parte requerente, quando este prove de forma razoável o seu direito de propriedade anterior sobre os bens declarados perdidos ao Estado Parte requerido ou quando este último reconhece que o prejuízo causado ao Estado Parte requerente constitui fundamento para restituir os bens declarados perdidos; c) Em todos os outros casos, considerar prioritária a restituição dos bens declarados perdidos ao Estado Parte requerente, a restituição desses bens aos seus anteriores legítimos proprietários ou a indemnização das vítimas do crime». Por força do n.º 4, «quando apropriado e salvo decisão em contrário dos Estados Partes, o Estado Parte requerido poderá deduzir despesas razoáveis decorrentes das investigações e dos processos ou procedimentos judiciais conducentes à restituição ou disposição dos bens declarados perdidos».

O que imediatamente releva do artigo 57.º e da comparação com o artigo 14.º da Convenção contra a Criminalidade Organizada Transnacional, com tradução na epígrafe de cada um dos artigos, é a diferente destinação dos bens declarados perdidos. Em vez da regra da «disposição dos ativos» por parte do Estado que os declara perdidos, complementada com a da «restituição do produto do crime ou dos bens perdidos ao Estado Parte requerente», estabelece-se como regra a «restituição dos ativos» ao Estado Parte requerente[49] ou, inclusivamente, de forma direta, aos «seus anteriores legítimos proprietários» (n.os 1 e 3 do artigo 57.º)[50]. Consequentemente, a disposição dos ativos por parte do Estado que os declara perdidos é como que residual, prevendo-se que «os Estados Partes poderão também, se for caso disso, considerar de forma particular a possibilidade de concluir, caso a caso, acordos ou outros instrumentos jurídicos, mutuamente aceitáveis, que visem a disposição definitiva dos bens declarados perdidos» (n.º 5 do artigo 57.º).

IV. Consideração final

É por todos reconhecida a relevância que a Convenção das Nações Unidas contra a Corrupção dá à recuperação/restituição de ativos – cf. artigos 1.º, 3.º, 46.º, 51.º a 59.º, 60.º e 63.º – e, por via dela, a tendência atual para, do ponto de vista terminológico, substituirmos a expressão tradicional «perda de bens» por uma outra, quiçá mais «sonora» e simbólica – «recuperação de ativos». À custa, porém, do rigor terminológico[51].

[49] O que representa já uma abordagem diferente da mais tradicional, em que a propriedade dos ativos pertence, em princípio, ao Estado requerido, onde tais ativos se encontravam: ZAGARIS, Bruce, *International White-Collar Crime: Cases and Materials*, p. 132.

[50] É também significativo que, onde antes se previa a restituição do produto do crime ou dos bens perdidos ao Estado Parte requerente para que este último pudesse, entre o mais, indemnizar as vítimas da infração (n.º 2 do artigo 14.º), se admite agora que o Estado requerido, ele próprio, indemnize as vítimas do crime (alínea c) do n.º 3 do artigo 57.º).

[51] Vd. também IVORY, Radha, *Corruption, Asset Recovery, and the Protection of Property in Public International Law: The Human Rights of Bad Guys*, Cambridge: Cambridge University Press, 2014, p. 5, afirmando que «recuperação de ativos» é uma expressão enganosa, vaga, evasiva – «*elusive*» – e notando que, apesar de a Convenção contra a Corrupção a proclamar como objetivo e princípio fundamental, o facto é que nunca a define.

Com efeito, e desse ponto de vista a Convenção em nada se desvia, o que está em causa é sempre o instituto da *perda de bens* na sua faceta de instrumento político-criminal contra a criminalidade reditícia, através do qual almejamos que o crime não compense, suprindo as insuficiências das sanções penais relativamente a certo tipo de criminalidade. De forma significativa, o artigo 3.º, n.º 1, da Convenção autonomiza o congelamento, a apreensão, a perda e a restituição do produto das infrações nela estabelecidas: o congelamento e a apreensão *garantem a efetividade da perda* que venha a ser declarada; a restituição *dá cumprimento à decisão de perda* que tenha sido tomada.

11. Congelamento de ativos a pedido do Conselho de Segurança das Nações Unidas e da União Europeia

JOSÉ MANUEL SANTOS PAIS
Procurador-Geral Adjunto

1. Introdução

O tema proposto para este artigo é o do congelamento de activos a pedido do Conselho de Segurança das Nações Unidas e da União Europeia[1].

Na verdade, poder-se-á dizer, quanto a ambas as organizações, como veremos mais adiante, que a Organização das Nações Unidas tomou a iniciativa, no âmbito da adopção de medidas relativas ao congelamento e perda de activos. Medidas, essas, de que a União Europeia se fez depois eco, uma vez que os seus países membros são igualmente membros das Nações Unidas, prosseguindo, em seguida, a União Europeia, o seu próprio caminho neste domínio.

Analisaremos, então, as razões para a adopção de tais medidas de congelamento e perda de activos, a sua génese, quer no âmbito das Nações Unidas, quer da União Europeia, o regime que lhes é próprio, os últimos instrumentos da União Europeia em matéria de congelamento, e, finalmente, os desafios que possivelmente haverá ainda a vencer para garantir a utilização adequada e a eficácia de tais medidas, sem prejuízo do respeito pelos direitos das pessoas ou entidades por elas visadas ou afectadas.

[1] O autor gostaria de manifestar aqui o seu grande reconhecimento ao Dr. António Vilhena de Carvalho, responsável da Biblioteca da Procuradoria-Geral da República, cuja colaboração se revelou imprescindível na recolha da bibliografia indispensável à elaboração do presente artigo.

2. Razões que determinam as decisões de apreensão e perda de bens, designadamente por recurso à cooperação internacional

2.1. A possibilidade de apreensão e perda de bens, no âmbito da cooperação internacional, designadamente de natureza penal, é ainda relativamente recente.

As razões que determinam tais decisões são, compreensivelmente, a necessidade de combater eficazmente fenómenos criminais surgidos nos últimos anos, alguns deles particularmente violentos, como o terrorismo, ou ainda a criminalidade organizada, de incidência transnacional ou transfronteiriça, muitas vezes de natureza económico-financeira, envolvendo a prática de crimes como a corrução ou o branqueamento de capitais, que afectam, de forma grave, directamente, os Estados e, indirectamente, os seus cidadãos.

Incidência transnacional que resulta, por exemplo, do facto de a infracção ter sido cometida em mais de um Estado; de ter sido cometida num Estado, mas uma parte substancial da sua preparação, planeamento, direcção ou controlo ter tido lugar noutro Estado; de ter sido cometida num só Estado, mas ter envolvido a participação de um grupo criminoso organizado que pratique actividades criminais em mais de um Estado; de ter sido cometida num só Estado, mas ter produzido efeitos substanciais noutro Estado.[2]

2.2. Como refere a este propósito, lucidamente, João Conde Correia[3]:

«À medida que a recuperação de activos se vai desenvolvendo, também a necessidade de cooperação internacional para esse efeito tem vindo a ganhar importância. Ao lado dos instrumentos de cooperação penal internacional clássica, dirigidos para a perseguição criminal stricto sensu *surgem novos mecanismos destinados a detectar, a apreender e a confiscar os instrumentos, os produtos e as vantagens de um facto ilícito típico. No mundo actual, demasiado centrado no* homo economicus, *a mera puni-*

[2] Cfr. por exemplo artigo 3.º, n.º 2 da Convenção das Nações Unidas contra a criminalidade organizada transnacional, convenção, essa, a que adiante se voltará a fazer referência.

[3] «Reconhecimento mútuo de decisões de apreensão e de confisco: o Regulamento (UE) 2018/1805 do Parlamento Europeu e do Conselho de 14 de Novembro de 2018», Revista *Julgar*, N.º 39, 2019, p. 183-184.

ção dos autores de um facto ilícito típico é insuficiente: para além disso impõe-se, tanto quanto seja possível, ainda que em contexto internacional, a completa ablação dos produtos do crime. Sem ela, a decisão será contraditória e inadmissível para a comunidade. Ninguém compreenderá que, muito embora condenado, o arguido conserve, algures, aquilo que só logrou com a prática do crime, pronto para ser compartilhado ou usufruído mais tarde. Nullum crimen sine confiscatione *converteu-se, assim, numa espécie de imperativo político criminal hodierno.»*

Pretende-se, por outras palavras, como sublinhado por Rita Simões,[4] *«retirar os proventos do crime da esfera dos seus autores e evitar que se disseminem na economia lícita, reparar o dano causado aos ofendidos, e, num desenvolvimento mais recente, combater o financiamento do terrorismo.*

A recuperação de activos visa colocar o agente de factos ilícitos na posição anterior à da obtenção dos ganhos ilícitos e tem vindo a ser assumida, ao menos ao longo das últimas três décadas, como um dos principais instrumentos de luta contra as vantagens do crime.»

2.3. O combate eficaz deste tipo de criminalidade transnacional, envolvendo muitas vezes activos de grande dimensão, requer, assim, uma cooperação estreita e acrescida entre Estados, sob pena de a responsabilidade criminal dos seus autores se poder esgueirar, indemne e airosamente, entre jurisdições penais concorrentes.

Como refere, a este propósito, Conde Correia (cfr. *ibidem*):

«A criminalidade transnacional, que aproveita todas as facilidades concedidas pela globalização e a progressiva abolição de fronteiras para gerar proventos e mesmo a criminalidade que apenas os coloca lá fora não podem passar imunes a esta política criminal, hoje, igualmente, quase global. Se os criminosos não têm fronteira, também as instâncias formais de controlo não as podem ter. A liberdade de circulação de pessoas e de bens deve ser igual para todos, devendo as decisões judiciais gozar de iguais possibilidades práticas. Só assim podemos lograr o necessário equilíbrio entre as vantagens e as desvantagens da crescente abolição das fronteiras.»

[4] «O Regulamento relativo ao reconhecimento mútuo das decisões de apreensão e perda: inovações e continuidades», *Revista do Centro de Estudos Judiciários*, 2019-I, págs. 60-61.

3. A noção de congelamento e apreensão de bens e activos

3.1. A noção de congelamento de bens e activos aponta, desde logo, para a apreensão de bens e valores, tendo em vista a sua eventual perda ulterior, designadamente no âmbito de um processo criminal.

Bens que não só constituem produto do crime ou cujo valor corresponde ao desse produto, mas também aqueles bens, equipamentos ou outros instrumentos, que foram, ou se destinam a ser, utilizados na prática do referido crime.

3.2. Veja-se, a este propósito, a título de exemplo, o disposto no artigo 5.º da Convenção das Nações Unidas contra o Tráfico Ilícito de Estupefacientes e Substâncias Psicotrópicas, concluída em Viena, em 20 de dezembro de 1988.[5]

Veja-se, também, o disposto no artigo 12.º da Convenção das Nações Unidas contra a Criminalidade Organizada Transnacional, concluída em Nova Iorque, em 15 de novembro de 2000.[6]

O artigo 2.º, alínea f), desta Convenção, por exemplo, define congelamento ou apreensão («*freezing*» ou «*seizure*»), como a «*proibição temporária de transferir, converter, dispor ou movimentar bens, ou a assunção do controlo temporário de bens, por decisão de um tribunal ou de outra autoridade competente*».

3.3. Assim, a medida de apreensão de um bem ou de um activo é uma medida preventiva, provisória, cautelar, determinada por uma autoridade judiciária ou outra autoridade competente, destinada a permitir a ulterior decisão sobre a respectiva perda, assegurando-se, desta forma, que o bem ou o activo não desaparecem antes dessa apreciação, designadamente em virtude de qualquer operação, transferência ou alienação.

3.4. A apreensão de activos não é, naturalmente, uma preocupação exclusiva da Organização das Nações Unidas ou da União Europeia.

[5] Aprovada para ratificação pela Resolução da Assembleia da República n.º 29/91 e ratificada pelo Decreto do Presidente da República n.º 45/91 (cfr., Diário da República I-A, n.º 205, de 06/09/1991).

[6] Aprovada para ratificação pela Resolução da Assembleia da República n.º 32/2004 e ratificada pelo Decreto do Presidente da República n.º 19/2004 (cfr., Diário da República I-A, n.º 79, de 02/04/2004).

Por exemplo, o Conselho da Europa tem manifestado preocupações idênticas.

Atente-se, para o efeito, nos artigos 11.º e 12.º da Convenção Relativa ao Branqueamento, Deteção, Apreensão e Perda dos Produtos do Crime, do Conselho da Europa, concluída em Estrasburgo, em 8 de novembro de 1990.[7]

Ou, ainda, nos artigos 5.º, 6.º, 21.º e 22.º da Convenção do Conselho da Europa Relativa ao Branqueamento, Detecção, Apreensão e Perda dos Produtos do Crime e ao Financiamento do Terrorismo, concluída em Varsóvia, em 16 de maio de 2005 e que veio substituir a Convenção anterior.[8]

4. As decisões de apreensão e perda no âmbito das Nações Unidas

4.1. As decisões de apreensão e perda de bens foram previstas, no âmbito das Nações Unidas, no quadro do regime de sanções instituído pelo Conselho de Segurança desta organização. O referido regime começou a aplicar-se, na esfera internacional, no início da década de sessenta do século passado.[9]

Trata-se, sobretudo, de medidas supranacionais, destinadas a combater ameaças à paz e segurança internacionais, adoptadas ao abrigo do Capítulo VII da Carta das Nações Unidas.

A imposição de sanções, particularmente de carácter económico, faz-se tipicamente através da adopção de uma Resolução do Conselho de Segurança, cabendo depois aos Estados Membros, nos termos dos artigos 41.º e 103.º da Carta das Nações Unidas, adoptar as medidas necessárias para assegurar o respectivo cumprimento.

[7] Aprovada para ratificação pela Resolução da Assembleia da República n.º 70/97 e ratificada pelo Decreto do Presidente da República n.º 73/97 (cfr., Diário da República I-A, n.º 287, de 13/12/1997)

[8] Aprovada pela Resolução da Assembleia da República n.º 82/2009, de 27/08; ratificada pelo Decreto do Presidente da República n.º 78/2009, de 27/08

[9] Ver Cardwell, Paul James, «The legalisation of European Union Foreign Policy and the use of sanctions», *Cambridge Yearbook of European Legal Studies*, 17 (2015), págs. 294 e segs.; Vogel, Benjamin, «Targeted sanctions against economic wrongdoing at the UN and EU level», «Prevention, investigation and sanctioning economic crime – alternative control regimes and human rights limitations», RIDP.

4.2. A imposição de sanções económicas aos Estados, designadamente através de embargos (por exemplo, de armas), foi relativamente diminuta, até ao fim da chamada guerra fria, atingindo nessa altura apenas a então denominada Rodésia do Sul, actual Zimbabué (1966-1979) e a África do Sul (1977-1994).

Seguidamente, particularmente por influência dos Estados Unidos, passou a abranger países alegadamente envolvidos no apoio a grupos terroristas, como a Líbia, o Sudão e o Afeganistão, nos anos 90 do século passado.

4.3. Embora inicialmente visando apenas Estados (*comprehensive sanctions*), o regime de sanções das Nações Unidas passou igualmente a abranger, de forma progressivamente mais acentuada, pessoas singulares e pessoas colectivas, usando-se, a este propósito, a designação de medidas restritivas («*restrictive measures*»), sanções inteligentes («*smart sanctions*») ou, ainda, medidas visando um alvo em particular «*targeted sanctions*».[10] As primeiras sanções deste tipo foram aplicadas ao Iraque e a Angola, na década de noventa do século passado e tiveram, depois, expressão mais acentuada, após os ataques de 11 de Setembro de 2001, visando particularmente grupos terroristas e os seus apoiantes.

Pretendeu-se, com a adopção destas medidas mais focalizadas e cirúrgicas, evitar os excessivos efeitos colaterais da imposição de sanções económicas ou de regimes de embargos aos Estados, que naturalmente atingem, muitas vezes de uma forma desproporcionada, a respectiva população (com sérias consequências humanitárias), bem como podem seriamente afectar a economia dos países vizinhos.

Um dos primeiros alvos visados por sanções cirúrgicas desta natureza, foi, compreensivelmente, Osama bin Laden, através da adopção da Resolução 1267 (1999) do Conselho de Segurança, que determinou o congelamento dos seus bens ou de bens por ele controlados. Seguiram-se a Al Quaida e os Taliban.

[10] Ver, a este propósito, SILVA, Frederico – «O Comité de Sanções sobre a Líbia», *apud* «A participação de Portugal no Conselho de Segurança das Nações Unidas (2011-2012)», MNE, 2015, págs. 299-300.

A Resolução 1373 (2001), por seu lado, visou fundamentalmente a prevenção, em geral, do terrorismo.

4.4. A adopção de medidas restritivas ou destinadas a atingir alvos particulares abrangeu, num primeiro momento, pessoas pertencentes a grupos terroristas ou que ocupassem postos importantes num determinado Estado, bem como os seus associados, tendo em vista, por exemplo, provocar uma mudança de política governamental, ou afectar determinados sectores económicos.

Seguidamente, passou a abranger também actores não estatais (por exemplo, membros de grupos armados não governamentais, empresas apoiantes de governos de países considerados problemáticos).

Os objectivos prosseguidos com a adopção deste tipo de medidas abrangem, assim, não só o combate ao terrorismo e ao respectivo financiamento, mas também áreas que suscitam preocupação, como o combate ao comércio ilegal de recursos naturais e animais (ouro, diamantes e outros recursos minerais, protecção de espécies selvagens ameaçadas, etc.).

Incluem, igualmente, outros objectivos políticos mais gerais, como a solução pacífica de diferendos, o processo de transição pacífica do poder (como, por exemplo, na Líbia ou na Guiné-Bissau), a protecção contra violações sistemáticas de direitos humanos, a promoção de não proliferação de armas nucleares.

4.5. Muito embora se refira normalmente, neste âmbito, apenas o papel do Conselho de Segurança das Nações Unidas, a imposição de sanções, dada a sua multiplicidade e complexidade, bem como os Estados, grupos e organizações, em número muitos vezes elevado, aos quais se aplicam, determinou também a intervenção de outros actores primordiais para a respectiva concretização, designadamente Comités de Sanções (um para cada regime de sanções instituído, presidido por um membro não permanente do Conselho de Segurança), o Secretariado das Nações Unidas, Painéis de Peritos (que apoiam o trabalho de onze dos actuais catorze regimes de sanções) e os Estados membros da ONU.[11]

[11] Silva, Frederico, *ob. cit.* (*ibidem*); Silva, Luís Gaspar da – «O Comité de Sanções sobre a Coreia do Norte», *apud* «A participação de Portugal no Conselho de Segurança das Nações Unidas (2011-2012)», MNE, 2015, págs. 315-325.

Não se estranhará, por outro lado, que o regime de sanções reflicta as tensões inerentes ao funcionamento do próprio Conselho de Segurança, composto por 5 membros permanentes (P5) e 10 Membros eleitos (E10), em que o primeiro grupo procura manter intocado o seu papel preponderante.

O regime de sanções e a sua extensão depende, assim, em grande medida, do resultado das múltiplas negociações havidas no seio do Conselho de Segurança, subordinadas não só à composição pontual dos países que o integram, mas também à forma como o Conselho de Segurança interage com outros órgãos das Nações Unidas, designadamente a Assembleia Geral.[12]

4.6. Desde 1966 até à data, foram instituídos trinta regimes de sanções no âmbito das Nações Unidas, encontrando-se, presentemente, catorze em vigor, como atrás referido.

A respectiva lista poder-se-á encontrar em: https://www.un.org/securitycouncil/.

5. A aplicação de medidas restritivas no âmbito da União Europeia[13]

5.1. A União Europeia, à semelhança do que se referiu em relação às Nações Unidas, também adopta regimes de sanções, designadamente impondo medidas restritivas, no âmbito da chamada Política Externa e de Segurança Comum (PESC), quer em aplicação das Resoluções do Conselho de Segurança das Nações Unidas, quer por iniciativa própria (as chamadas sanções autónomas), ao abrigo do art. 215.º do Tratado de Funcionamento da União Europeia (TFUE).

[12] Ver, a este propósito, na obra editada pelo MNE atrás referida: Kowalski, Mateus – «O sistema de poder do Conselho de Segurança das Nações Unidas», págs. 31-52; Coutinho, Francisco Pereira – «A legitimidade do Conselho de Segurança», págs. 53-66; Cabral, José Filipe Moraes – «A participação no Conselho de Segurança» – Perspectiva Global, págs. 129-152; Madureira, João – «Os métodos de trabalho no Conselho de Segurança», págs. 281-296; Madureira, João – «O grupo de trabalho sobre documentação e procedimentos» – págs. 333-348.

[13] Ver Cardwell, ob. cit., ", págs. 287-310; Vogel, ob. cit., págs. 129-157.

As sanções são, nos termos dos artigos 29.º e 31.º do Tratado da União Europeia, adoptadas por consenso de todos os Estados Membros.

Os objectivos, prosseguidos com a adopção das chamadas medidas restritivas, são idênticos aos prosseguidos pelas Nações Unidas, nomeadamente, alterar acções ou políticas que tenham levado a violações de direitos humanos ou do direito internacional, que não respeitem o Estado de direito ou os princípios democráticos de governo, combater o terrorismo e a proliferação de armas de destruição maciça (cfr. artigo 21.º do Tratado da União Europeia, TUE).

Os seus destinatários podem ser governos de países terceiros, altos funcionários ou ex-altos funcionários de entidades estatais, por exemplo, suspeitos de se terem apropriado de bens estatais (Tunísia, Egipto, Ucrânia),[14] actores não estatais (grupos ou organizações) e pessoas singulares ou colectivas.

5.2. As medidas restritivas são normalmente estabelecidas através de Regulamentos da União Europeia,[15] que, nos termos do artigo 288.º do TFUE, beneficiam de efeito directo e de aplicabilidade directa.[16]

Tais medidas incluem o congelamento de recursos económicos e de fundos (cfr., por exemplo, o art. 1.º do Regulamento (UE) 269/2014 do Conselho).

As medidas restritivas presentemente em vigor na União Europeia, quer adoptadas no âmbito das Nações Unidas, quer da própria União Europeia, podem encontrar-se em: https://www.sanctionsmap.eu./#/main.

A lista consolidada de indivíduos, grupos e entidades sujeitos a medidas restritivas financeiras poder-se-á, por outro lado, consultar em:

[14] Vogel, ob. cit., pág. 130.

[15] Pode indicar-se, a título de exemplo, o Regulamento (UE) 269/2014 do Conselho, de 17 de Março, que veio impor medidas restritivas no que diz respeito a acções que comprometam ou ameacem a integridade territorial, a soberania e a independência da Ucrânia.

[16] No entanto, no caso de restrições à admissão ou embargo de armas, as medidas restritivas são estabelecidas através de decisões PESC, vinculativas e directamente aplicáveis pelos Estados Membros.

https://eeas.europa.eu/headquarters/headquarters-homepage/8442/consolidated-list-sanctions_en.

6. A evolução das decisões de apreensão e perda no âmbito da União Europeia[17]

6.1. No âmbito da Estratégia da União Europeia para o início do novo milénio sobre a prevenção e controlo da criminalidade organizada, aprovada pelo Conselho da mesma organização (cfr., JO C 124, de 03.05.2000), foi definida uma orientação política, segundo a qual «*Deverá ser considerado prioritário privar a criminalidade organizada da sua principal motivação, ou seja, os produtos do crime*».

Reconheceu-se, ainda, que «*Deverá ser considerada a possibilidade de tornar menos rigorosas as disposições em matéria de ónus da prova, após a condenação do infrator por um crime grave, relativamente à origem dos bens por este detidos. Por força dessa atenuação, o condenado deverá provar que adquiriu os bens em causa de forma legal. Se tal não for feito a contento do tribunal, os bens poderão ser considerados produtos do crime e confiscados*».

Recomendou-se também, concretamente, no âmbito da referida Estratégia, que «*Deverá analisar-se a oportunidade de aprovar um instrumento que, tendo em conta as melhores práticas em vigor nos Estados-Membros e respeitando devidamente os princípios jurídicos fundamentais, preveja a possibilidade de, na legislação penal, civil ou fiscal, conforme o caso, tornar menos rigorosas as disposições em matéria de ónus da prova no que se refere à origem dos bens que se encontrem na posse de uma pessoa condenada por um crime relacionado com a criminalidade organizada*».

6.2. Na mesma linha desta estratégia, a Decisão-Quadro 2001/500/JAI do Conselho, de 26 de Junho de 2001, relativa ao branqueamento de capitais, à identificação, detecção, congelamento, apreensão e perda dos

[17] Veja-se, a este propósito, designadamente, o Acórdão 392/15, de 12 de Agosto, do Tribunal Constitucional (Relator: Conselheiro João Cura Mariano); Simões, Rita obra citada, págs. 60-64; Correia, João Conde, obra citada, págs. 185-190; Forwood, Nordin, Vangenechten, Vermeeren – «EU restrictive measures» *in* Global Investigation Review – The guide to sanctions (https://globalinvestigationsreview.com/guide/the-guide-sanctions/first-edition/article/eu-restrictive-measures).

instrumentos e produtos do crime (cfr., JO L 182, de 05.07.2001), veio estabelecer, no seu artigo 3.º, sob a epígrafe «*Perda de valores*», que «*Cada Estado-Membro tomará as medidas necessárias para que a sua legislação e procedimentos em matéria de perda dos produtos do crime permitam também, pelo menos nos casos em que esses produtos não possam ser apreendidos, confiscar os bens cujo valor corresponda ao dos produtos, tanto no quadro de procedimentos meramente internos, como de procedimentos instaurados a pedido de outro Estado-Membro, incluindo os pedidos de execução de ordens de perda emanadas do estrangeiro*».

6.3. Seguiu-se a Decisão Quadro 2003/577/JAI do Conselho, de 22 de Julho, relativa à execução, na União Europeia, das decisões de congelamento de bens ou de provas, que veio a ser implementada, no ordenamento jurídico nacional, pela Lei n.º 25/2009, de 5 de Junho.[18]

6.4. Ainda no seguimento da aludida estratégia da União Europeia, a Decisão-Quadro 2005/212/JAI do Conselho, de 24 de Fevereiro de 2005, relativa à perda de produtos, instrumentos e bens relacionados com o crime (cfr., JO L 68, de 15.03.2005), veio referir no seu considerando 1, que «*a principal motivação da criminalidade organizada além-fronteiras é o lucro. Por conseguinte, para ser eficaz, qualquer tentativa de prevenir e combater essa criminalidade deverá centrar-se na detecção, congelamento, apreensão e perda dos produtos do crime*».

Por outro lado, o mesmo instrumento refere igualmente, que o «*objetivo da presente decisão-quadro é o de assegurar que todos os Estados-Membros disponham de regras efectivas que regulem a perda dos produtos do crime, nomeadamente no que respeita ao ónus da prova relativamente à origem dos bens detidos por uma pessoa condenada pela prática de uma infracção relacionada com a criminalidade organizada*» (considerando 10), ressalvando, no entanto, que a «*presente decisão-quadro não impede os Estados-Membros de aplicarem os seus princípios fundamentais sobre o direito a um processo equitativo, em particular a presunção de inocência, os direitos de propriedade, a liberdade de associação, a liberdade de imprensa e a liberdade de expressão noutros meios de comunicação social*» (considerando 11).

[18] A Lei 25/2009 foi, entretanto, revogada pela Lei n.º 88/2017, de 21 de Agosto, no que respeita à execução das decisões de apreensão de elementos de prova.

6.5. Ainda sobre esta matéria, a Decisão-Quadro 2006/783/JAI do Conselho, de 6 de Outubro de 2006, relativa à aplicação do princípio do reconhecimento mútuo às decisões de perda, veio novamente reiterar que «*a principal motivação da criminalidade organizada é o lucro. Por conseguinte, para ser eficaz, qualquer tentativa de prevenir e combater essa criminalidade deverá centrar-se na detecção, congelamento, apreensão e perda dos produtos do crime. Não basta assegurar meramente o reconhecimento mútuo, na União Europeia, de medidas jurídicas temporárias, como o congelamento e a apreensão; um controlo eficaz da criminalidade económica exige também o reconhecimento mútuo das decisões de perda dos produtos do crime*» (considerando 7).

6.6. Mais recentemente, a Diretiva 2014/42/UE do Parlamento Europeu e do Conselho, de 3 de Abril de 2014, sobre o congelamento e a perda dos instrumentos e produtos do crime (cfr. JO L 127, de 29.04.2014), veio estabelecer «*regras mínimas para o congelamento de bens tendo em vista a eventual perda subsequente e para a perda de produtos do crime*» (cfr. artigo 1.º).

Esta Directiva foi implementada, na ordem jurídica nacional, pela Lei n.º 30/2017, de 30 de Maio.

6.7. Não foi, no entanto, possível, com os instrumentos referidos, assegurar, no âmbito da União Europeia, um regime jurídico eficaz de reconhecimento mútuo de decisões de apreensão de bens, em particular devido à não transposição uniforme dos mesmos instrumentos pelos diversos Estados Membros.[19]

A União Europeia acabou, assim, por se ver na necessidade de adoptar, ao abrigo do artigo 82.º, n.º 1, alínea a), do Tratado sobre o Funcionamento da União Europeia, um novo instrumento, o Regulamento (UE) 2018/1805, do Parlamento Europeu e do Conselho, de 14 de Novembro, relativo ao reconhecimento mútuo das decisões de apreensão e de perda, que se encontra actualmente em vigor.

Nos termos dos considerandos 2 e 3 deste novo Regulamento:

[19] Cfr. a este respeito os considerandos 6-12, 51, 53 do Regulamento (UE) 2018/1805 a que, em seguida, no texto, se fará referência.

«(2) *A cooperação judiciária em matéria penal na União assenta no princípio do reconhecimento mútuo das sentenças e decisões judiciais, que é geralmente referido, desde o Conselho Europeu de Tampere, reunido em 15 e 16 de outubro de 1999, como pedra angular da cooperação judiciária em matéria penal na União.*

(3)A apreensão e a perda dos instrumentos e produtos do crime constituem um dos meios mais eficazes de luta contra a criminalidade. A União está empenhada em assegurar uma maior eficácia na identificação, perda e reutilização de bens de origem criminosa, em conformidade com o "Programa de Estocolmo – Uma Europa aberta e segura que sirva e proteja os cidadãos"».

6.8. Revestindo a forma de um Regulamento, é este um instrumento de carácter geral, juridicamente vinculativo e de aplicação directa, destinado a garantir, tanto quanto possível, uma sua aplicação uniforme pelos Estados membros (cfr. artigo 288.º do TFUE). Com efeito, com tal instrumento, garante-se maior clareza e segurança jurídica e evitam-se os problemas decorrentes da necessidade de uma eventual transposição.[20]

Assegura-se, por outro lado, que um mesmo instrumento trate simultaneamente os procedimentos relativos ao reconhecimento mútuo de decisões de congelamento e os procedimentos relativos ao reconhecimento mútuo de decisões de perda definitiva, até aqui repartidos por instrumentos autónomos.[21]

7. Sanções aplicadas[22]

7.1. As sanções aplicadas, quer a nível das Nações Unidas, quer da União Europeia, envolvem normalmente restrições de natureza económico-financeira, que os Estados terão, em seguida, de cumprir e fazer cumprir. Em ambos os casos, os órgãos competentes das Nações Unidas e o Conselho da União Europeia gozam de uma larga margem de apreciação sobre os critérios, fundamentos e tipo de sanções aplicadas.

As sanções podem incluir, para além de medidas de carácter diplomático, sanções económicas, restrições à cooperação económica com determinados países, medidas restritivas individuais (como o congelamento

[20] Cfr. a este respeito os considerandos 11-12 do Regulamento (UE) 2018/1805.

[21] Correia, João Conde, ob. cit., págs. 189-190

[22] Vogel, *ob. cit.*, págs. 130-135, Caldwell, *ob. cit.*, págs. 294-304.

de bens e restrições de viagem), proibição de venda de determinados produtos (por exemplo, armas ou instrumentos destinados à prática da tortura) a entidades ou indivíduos visados pelas medidas restritivas.

7.2. A forma adoptada para a imposição de sanções económicas é muitas vezes semelhante, podendo traduzir-se em determinar, como no exemplo seguinte:[23]

> *«a) São congelados todos os fundos e recursos económicos pertencentes, na posse ou que se encontram à disposição ou sob controlo das pessoas singulares ou das pessoas singulares ou colectivas, entidades ou organismos a elas associados que figurem na lista constante do anexo I.*[24]
>
> *b) É proibido colocar, directa ou indirectamente, fundos ou recursos económicos à disposição das pessoas singulares ou das pessoas singulares ou colectivas, entidades ou organismos a elas associadas que figurem na lista constante do anexo I, ou disponibilizá-los em seu benefício.»*

7.3. Quer os instrumentos das Nações Unidas, quer os da União Europeia admitem, porém, excepções às medidas restritivas aplicadas, designadamente se os fundos e recursos económicos forem utilizados para a satisfação de necessidades básicas (alimentação, saúde, despesas associadas à prestação de serviços jurídicos, etc.) ou de despesas extraordinárias.[25]

Os mesmos instrumentos admitem, por outro lado, em certos casos, o desbloqueamento de determinados fundos e recursos económicos, desde que verificadas certas condições, como a execução de uma decisão arbitral, satisfação de créditos, serem os fundos e recursos económicos destinados a pagamentos no âmbito de contratos ou acordos celebrados antes

[23] Cfr. por exemplo, Regulamento (UE) 269/2014, art. 2.º.

[24] Ver, a propósito da noção de fundos e recursos económicos «sob controlo», o Parecer da Comissão Europeia, de 19 de Junho de 2020, sobre o artigo 2.º do Regulamento (UE) 269/2014 do Conselho [C(2020) 4117 final].

[25] Cfr. por exemplo, Regulamento (UE) 269/2014, art. 4.º.

da inclusão das pessoas ou entidades na lista de visados pela decisão de congelamento, etc..[26]

7.4. A inclusão de pessoas ou entidades na lista de visados por estes instrumentos pode decorrer, por exemplo, da sua participação em actividades terroristas, na sua preparação ou no seu financiamento (v. g. através de receitas obtidas através da exploração de recursos petrolíferos, de recursos naturais ou de bens culturais), ou simplesmente pelo facto de tais pessoas ou entidades terem relações de comércio com grupos terroristas (por exemplo, Al-Quaida, Estado Islâmico/Da'esh).

Pode incluir, também, a colaboração com grupos e entidades, designadamente grupos armados e redes criminosas, que procurem desestabilizar a situação política em determinados países (por exemplo, a República Democrática do Congo).

Pode incluir, ainda, no caso da União Europeia, a colaboração com regimes não democráticos ou suspeitos de violação sistemática de direitos humanos.

7.5. Certos instrumentos requerem, ainda, que as autoridades competentes dos Estados Membros tenham previamente encetado investigações ou prossecuções criminais contra os referidos grupos e entidades (por exemplo, no caso de suspeita de apropriação de bens estatais por certos altos funcionários de um determinado país).

Poderá vir a comprovar-se, com efeito, em tais investigações ou prossecuções criminais, que a inclusão de tais grupos e entidades se não justifica, quer pelo facto de a investigação criminal levada a cabo não comprovar a sua responsabilidade, quer pelo facto de, entretanto, ter ocorrido a prescrição do procedimento criminal.

7.6. Quer os instrumentos das Nações Unidas, quer os da União Europeia, preveem que a inclusão de pessoas e entidades nas respectivas listas seja objecto de revisão periódica (por exemplo, de seis em seis meses, ou anualmente), para se poder tomar em consideração novos factos que

[26] Cfr. por exemplo, Regulamento (UE) 269/2014, arts. 5.º e 6.º.

cheguem, entretanto, ao conhecimento de tais organizações, com vista a determinar se a manutenção de sanções continua a justificar-se (por o grupo ou entidade continuar a ser considerado um risco) e se respeita, ainda, o princípio da proporcionalidade.

7.7. De sublinhar que a adopção de sanções, por parte da União Europeia, pode ter um significativo impacto, em termos de países envolvidos na sua aplicação, muito superior ao mero território dos países membros que integram a mesma União.[27]

Com efeito, países não membros, designadamente países candidatos, mas não só, podem querer alinhar a sua posição com a posição da União Europeia, em termos de adopção de sanções ou de medidas restritivas, através da aceitação de Declarações no âmbito da Política Externa e de Segurança Comum. Assim aconteceu, por exemplo, no âmbito do processo de alargamento a países da Europa Central e Oriental, em 2004-2007. Assim continua a acontecer actualmente, havendo casos em que o número de países, exteriores à União Europeia, que acolhem tais Declarações, atinge o número considerável de catorze.

8. Processo e garantias[28]

8.1. No âmbito do sistema de sanções das Nações Unidas, uma pessoa ou entidade que integre a lista de visados pela Resolução do Conselho de Segurança, poderá pedir ao Comité de Sanções para ser retirada dessa lista. A decisão deste Comité, uma vez ouvidos os Estados interessados, é adoptada por consenso.

Relativamente às sanções adoptadas em relação ao Estado Islâmico (Da'esh) e Al-Quaida, há igualmente lugar à intervenção de um Provedor independente, que recolhe a informação necessária à apreciação da pretensão do requerente e que formula, no final, uma recomendação. Se a recomendação for no sentido de a pessoa ou entidade ser retirada da lista, o Comité de Sanções deve seguir tal recomendação, a menos que, por unanimidade, decida manter a pessoa ou a entidade na lista.

No caso da União Europeia, o pedido de retirada da lista é formulado ao Secretariado do Conselho. O pedido é apreciado pelo Grupo de Tra-

[27] Ver CARDWELL, *ob. cit.*, págs. 304-309.

[28] VOGEL, *ob. cit.*, págs. 135-152.

balho de Conselheiros de Relações Externas, após análise pelo Serviço Europeu de Acção Externa e pelos Serviços Jurídicos do Conselho. No caso de sanções adoptadas para combater o terrorismo, intervirá o Grupo de Trabalho sobre Medidas Restritivas para Combate ao Terrorismo.

De qualquer modo, os instrumentos que determinam a aplicação de sanções podem prever, eles próprios, desde logo, uma data de termo de vigência, podendo, embora, tal termo ser objecto de prorrogação. Mesmo que tal não aconteça, tais instrumentos são normalmente sujeitos a revisão periódica e cessam a sua vigência quando os objectivos, que os determinaram, tiverem sido alcançados.[29]

As medidas restritivas aplicadas pela União Europeia, quer no seguimento de Resoluções do Conselho de Segurança das Nações Unidas, quer no caso de sanções autónomas, encontram-se, ainda, sujeitas a escrutínio pelos tribunais da União Europeia.

8.2. Relativamente à recolha de informação adequada a permitir a adopção, ou a prorrogação, de sanções no âmbito das Nações Unidas, os Comités de Sanções podem recorrer, para o efeito, aos Estados membros ou a órgãos das Nações Unidas. Podem, ainda, socorrer-se dos Grupos de Peritos instituídos para lhes dar apoio, os quais podem conduzir visitas locais, contactar pessoas e entidades visadas pelas sanções, bem como testemunhas e autoridades nacionais dos países Membros. Estas autoridades nacionais deverão proporcionar o apoio de que os Grupos de Peritos necessitarem, designadamente em termos de acesso a documentos, pessoas ou locais com interesse para o desempenho do respectivo mandato.

No caso da União Europeia, o Conselho e o Grupo de Trabalho dos Conselheiros das Relações Externas recorrem normalmente aos serviços do Serviço Europeu de Acção Externa e aos Estados Membros. Podem, ainda, recorrer a organismos especializados, como a Europol. Deve-

[29] Ver as «Directrizes para as sanções», aprovadas pelo Conselho da União Europeia em 2003 e posteriormente revistas por mais do que uma vez.

rão manter, também, contacto com os Comités de Sanções das Nações Unidas.[30]

Se se tratar de sanções de combate ao terrorismo, as decisões do Conselho são preparadas pelo Grupo de Trabalho sobre Medidas Restritivas de Combate ao Terrorismo, o qual pode solicitar a colaboração da Europol, do Eurojust, da Rede Judiciária Europeia ou do Centro de Análise de *Intelligence* da União Europeia.

8.3. O regime de sanções, quer das Nações Unidas, quer da União Europeia, não impõem às pessoas ou entidades visadas um dever de colaboração e muito menos um dever de se auto-incriminar. No entanto, a recusa em fornecer elementos que permitam comprovar a sua inocência ou irresponsabilidade poderão ser apreciados como dando maior sustentação a uma eventual acusação.

Não serão, de qualquer modo, aceites confissões comprovadamente obtidas por intermédio da prática de tortura, ou de tratamentos cruéis, desumanos ou degradantes (cfr. a este propósito, o artigo 7.º do Pacto Internacional sobre os Direitos Civis e Políticos, ou o artigo 47.º da Carta de Direitos Fundamentais).

8.4. No âmbito das sanções aplicadas pelas Nações Unidas, as garantias processuais são menos exigentes do que na União Europeia e, poder-se-á dizer, apenas têm alguma expressão no caso das sanções aplicadas ao Estado Islâmico (Da'esh) e Al-Quaida, em que se prevê a intervenção de um Provedor independente.

Em matéria de prova, que pode abranger relatórios de *intelligence* e de imprensa, exige-se normalmente que haja apenas uma base razoável para supor que a pessoa ou entidade, integrada na lista, está ou esteve envolvida em comportamentos abrangidos pela Resolução específica do Conselho de Segurança. De qualquer modo, dada a natureza confidencial das deliberações dos Comités de Sanções, das informações confidenciais fornecidas pelos Estados Membros, que o Provedor independente é obrigado a respeitar, sendo os relatórios deste, também, confidenciais,

[30] Ver as «Melhores Práticas da UE para a implementação eficaz de medidas restritivas», adoptadas em 2016 e sujeitas a revisões posteriores.

os visados poderão ter grande dificuldade em assegurar condignamente a sua defesa. Por outro lado, os visados não são, normalmente, ouvidos pelos Comités de Sanções, nem informados antes da imposição de sanções, a menos que o Grupo de Peritos que coadjuva o Comité de Sanções julgue a respectiva audição apropriada. Acresce, que os Comités de Sanções apenas divulgam, no respectivo *website*, uma apresentação sumária das razões que determinaram a imposição de sanções, com referência à informação, publicamente acessível, que permitiu a sua adopção.

No caso de sanções adoptadas pela União Europeia, o Tribunal de Justiça tem entendido que as garantias processuais devem incluir, pelo menos, o direito a ser ouvido e o direito a um controlo jurisdicional efectivo da legalidade de tais medidas.

8.5. Relativamente ao ónus da prova, o Tribunal de Justiça tem admitido que, no caso de países em estado de guerra civil ou que possuam um governo autoritário, será difícil ao Conselho reunir as condições necessárias para uma adequada recolha de material probatório. Nessa medida, o Tribunal de Justiça tem considerado admissível que o Conselho apresente um conjunto de indícios suficientemente específicos, precisos e consistentes, para permitir estabelecer uma conexão suficiente entre a pessoa cujos bens são objecto de congelamento e o regime do país que suscita preocupações.

Tais indícios podem resultar de fontes diversas (por exemplo, de organismos das Nações Unidas, no caso de sanções aplicadas pela União Europeia), e integrar informação obtida através de meios de comunicação social, ou de publicações de organismos dedicados à investigação ou pesquisa. Os indícios podem consistir no facto de a pessoa desempenhar um papel importante, por exemplo num governo ou numa organização terrorista, ser seu apoiante ou ter-lhes prestado algum tipo de apoio. Os indícios são, muitas vezes, obtidos através dos Estados Membros, designadamente no âmbito de investigações ou processos criminais contra a pessoa visada. Outras vezes são obtidos de Estados terceiros, como no caso de apropriação indevida de bens públicos ou estatais, em que o regime de sanções se destina, justamente, a auxiliar esses países na investigação dos eventuais responsáveis por tais crimes.

Assistimos, assim, aqui a uma inversão do ónus da prova, cabendo às pessoas ou entidades, objecto de sanções, demonstrar que tais indícios não são verdadeiros, são insuficientes ou que não permitem comprovar a conexão que se pretendeu estabelecer com o regime ou organização visados.

8.6. No âmbito da União Europeia, o Tribunal de Justiça tem entendido, contudo, que as pessoas ou entidades, visadas pelo regime de sanções, gozam dos correspondentes direitos de defesa, quer no caso de sanções aplicadas pelo Conselho de Segurança das Nações Unidas, quer no caso de sanções autónomas aplicadas pela União Europeia.

Tais direitos de defesa compreendem, designadamente, o direito de audição e o direito de acesso ao processo, nos termos do artigo 41.º, n.º 2 da Carta dos Direitos Fundamentais. Neste último caso, porém, requer-se que a pessoa ou entidade visada o solicitem expressamente. De qualquer modo, deverão salvaguardar-se os interesses legítimos que hajam determinado a confidencialidade de certa informação constante do processo (por exemplo, os fundamentos que hajam determinado uma decisão de uma autoridade nacional, a identificação desta, ou ainda do Estado no âmbito do qual tal decisão haja sido tomada, por exemplo, se a divulgação de tais dados puser em causa a segurança pública, ou a protecção da identidade de eventuais fontes).

8.7. Quanto ao direito de audição, o Tribunal de Justiça tem entendido que a pessoa ou entidade visada por uma sanção, quer determinada pelas Nações Unidas, quer pela União Europeia, deverá, em princípio, ser ouvida antes da respectiva adopção e informada da base legal e das razões que a determinam. Tais razões deverão ser as suficientes para permitir à pessoa ou entidade compreender o objectivo da medida e para poder reagir, se necessário, contestando-a. Estará neste caso, por exemplo, uma descrição dos factos que estabelecem a ligação de uma pessoa ou entidade a um regime específico ou a uma organização terrorista. Uma audição oral poderá ainda ter lugar, desde que a pessoa ou entidade visadas o requeiram.

No entanto, o Tribunal de Justiça tem igualmente aceitado, no caso de congelamento de bens, para salvaguardar o efeito de surpresa, que as razões para a adopção de sanções sejam comunicadas aos visados apenas após a tomada da respectiva decisão. Nesse caso, os mesmos visados deverão ser informados logo após a referida tomada de decisão. O mesmo procedimento não poderá, porém, ocorrer no caso de renovação das sanções, uma vez que, aqui, o efeito de surpresa já se não justifica.

8.8. A aplicação de sanções pode estar, e frequentemente estará, associada à instauração de processos criminais, nos Estados Membros, contra as pessoas ou entidades visadas, por exemplo, no âmbito do combate ao terrorismo.

No entanto, o Tribunal de Justiça tem salientado que o objectivo da aplicação de sanções, como o congelamento de bens, não é necessariamente criminal, mas preventivo, cautelar, visando permitir, muitas vezes, que se apure ulteriormente a responsabilidade criminal dos visados. Nessa medida, a aplicação de sanções não está dependente da definição prévia da responsabilidade criminal destes.

9. Alguns aspectos do Regulamento (UE) 2018/1805[31]

9.1. O Regulamento (UE) 2018/1805 baseia-se no princípio do reconhecimento mútuo das decisões de apreensão e perda (cfr. considerandos 2, 5 a 12), encontrando-se um dos seus principais objectivos definido no considerando 12:

> «*Importa facilitar o reconhecimento mútuo e a execução das decisões de apreensão e das decisões de perda estabelecendo regras que obriguem os Estados-Membros a reconhecer sem mais formalidades as decisões de apreensão e as decisões de perda emitidas por outro Estado-Membro no âmbito de processos em matéria penal e a executá-las no seu território.*»

[31] Correia, João Conde, *ob. cit.;* Simões, Rita *ob. cit.*; Meyer, Frank «Recognizing the unknown – the new confiscation regulation», *European Criminal Law Review*, 2/2020, Vol. 10, págs. 140-170; Pais, Ana Isabel Rosa «A decisão de apreensão de bens: reflexões à luz do novo Regulamento da União Europeia de 14 de Novembro de 2018», Revista Portuguesa de Ciência Criminal, Ano 29, n.º 1, págs. 195-208.

Por isso, independentemente de eventuais divergências normativas sobre o conceito de apreensão ou perda de bens nos diversos Estados membros, se proferida por uma autoridade competente, uma decisão desta natureza deve ser respeitada e aplicada noutro Estado membro.[32]

Acrescente-se que, de acordo com o artigo 2.º, n.º 1, do Regulamento, entende-se por «*decisão de apreensão*», «*uma decisão emitida ou validada por uma autoridade de emissão para impedir a destruição, transformação, retirada, transferência ou afectação de bens tendo em vista a perda*».

9.2. O Regulamento prevê a aplicação de decisões de apreensão e perda proferidas no âmbito de «*processos em matéria penal*», utilizando, assim, o critério da natureza do processo.[33]

A este propósito, o considerando 13 explica o que se deverá entender por este conceito:

> «*O presente regulamento deverá ser aplicável a todas as decisões de apreensão e a todas as decisões de perda emitidas no âmbito de processos em matéria penal. «Processos em matéria penal» é um conceito autónomo do direito da União interpretado pelo Tribunal de Justiça da União Europeia, não obstante a jurisprudência do Tribunal Europeu dos Direitos Humanos. O termo deverá, portanto, abranger todos os tipos de decisões de apreensão e de decisões de perda emitidas na sequência de um processo relativo a uma infração penal, não se limitando a incluir as decisões abrangidas pela Diretiva* 2014/42/UE. *O termo deverá abranger também outros tipos de decisões proferidas sem uma condenação definitiva. Mesmo que tais decisões não existam no ordenamento jurídico de um Estado-Membro, o Estado-Membro em causa deverá poder reconhecer e executar a decisão emitida por outro Estado-Membro. Os processos em matéria penal podem também incluir as investigações criminais da polícia ou de outras autoridades de aplicação da lei. As decisões de apreensão e as decisões de perda emitidas no âmbito de processos em matéria civil ou administrativa deverão ser excluídas do âmbito de aplicação do presente regulamento.*»

O conceito de «*processos em matéria penal*» abrange, assim, decisões de apreensão e perda proferidas em processo relativo a uma infracção penal,

[32] Sobre a natureza de medidas de confisco, ver MEYER, Frank, *ob. cit.*, págs. 144-148.

[33] Cfr. o artigo 1.º, n.º 1, do Regulamento.

em investigações criminais de polícia ou outras autoridades de aplicação da lei (por exemplo, nos casos em que a investigação criminal é levada a cabo por entidades policiais e não pelo Ministério Público), mesmo na falta de uma prévia condenação definitiva. Envolverá, também, de acordo com o Tribunal de Justiça, «*um processo que reúna as características essenciais de um processo penal, sem, no entanto, ser exigido que esse tribunal disponha de uma competência exclusivamente penal*».[34]

Nessa medida, o Regulamento parece poder contemplar, também, decisões proferidas no âmbito do direito de mera ordenação social, onde existem, pelo menos em diversos países, garantias próximas, embora não idênticas, às do processo penal.[35]

Estão, porém, excluídas decisões proferidas no âmbito de processos em matéria civil (por exemplo, a *civil confiscation* dos sistemas de common law) ou administrativa.[36]

9.3. As infracções penais contempladas no Regulamento (cfr. artigo 3.º, n.ºs 1 e 2) incluem infracções não só previstas na Directiva 2014/42/EU, como a corrupção, contrafação de moeda, fraude e contrafação de meios de pagamento, branqueamento de capitais, terrorismo, corrupção no sector privado, tráfico ilícito de droga, criminalidade organizada, tráfico de seres humanos, abuso sexual e exploração sexual de crianças, etc. [37], mas igualmente outras infracções penais. Nessa medida, as infracções penais contempladas no Regulamento não têm de ser respeitantes a crimes particularmente graves, nem ter necessariamente uma dimensão transfronteiriça.[38]

Exige-se, contudo, para que as decisões de congelamento ou confisco, referentes a infracções penais contempladas no n.º 1 deste artigo, possam ser executadas sem obediência ao requisito da dupla incriminação, que os factos que lhes deram origem sejam criminalmente puníveis no Estado

[34] Correia, João Conde, *ob. cit.*, pág. 195.

[35] Cfr. Correia, João Conde, *ob. cit.*, pág. 197; Simões, Rita, *ob. cit.*, págs. 72-73.

[36] Cfr. o artigo 1.º, n.º 4 do Regulamento.

[37] Ver o artigo 3.º desta Directiva.

[38] Cfr. considerando 14 do Regulamento.

de emissão com pena privativa de liberdade de duração máxima não inferior a três anos.

Relativamente aos crimes não incluídos no artigo 3.º, n.º 1 do Regulamento, estes encontram-se sujeitos ao requisito da dupla incriminação dos factos que deram origem à decisão de apreensão ou perda.

9.4. As decisões de apreensão e perda a reconhecer e executar devem respeitar os princípios da legalidade, necessidade, subsidiariedade e proporcionalidade[39] e respeitar os direitos das pessoas, singulares ou colectivas, por elas afectadas (pessoas contra quem tais decisões foram proferidas, proprietários dos bens abrangidos por tais decisões, terceiros cujos direitos tenham sido directamente prejudicados, incluindo terceiros de boa-fé).[40]

O Regulamento prevê, por outro lado, a necessidade de respeitar os direitos fundamentais e os princípios reconhecidos na Carta dos Direitos Fundamentais da União Europeia e na Convenção Europeia para a Protecção dos Direitos Humanos e das Liberdades Fundamentais.[41]

Prevê, ainda, a necessidade de respeitar os direitos processuais estabelecidos nas Diretivas 2010/64/UE, 2012/13/UE, 2013/48/UE, (UE) 2016/343, (UE) 2016/800 e (UE) 2016/1919 do Parlamento Europeu e do Conselho, aplicáveis, no âmbito de aplicação dessas diretivas, aos processos penais.[42]

9.5. A decisão de reconhecimento e execução da decisão de apreensão ou da decisão de perda deverá ser tomada e a apreensão ou a perda deverá processar-se, com a mesma rapidez e prioridade que em processos nacionais similares.[43] No que diz respeito às decisões de apreensão, a autoridade de execução deverá começar a tomar as medidas concretas necessárias para a execução dessas decisões o mais tardar 48 horas após

[39] Cfr. artigo 1.º, n.º 3 do Regulamento; Meyer, Frank, *ob. cit.*, págs. 156-163.

[40] Cfr. considerandos 15, 21, 27 e 51 do Regulamento.

[41] Cfr. considerandos 17 e 19 do Regulamento; Frank Meyer, ob. cit., págs. 151-155.

[42] Cfr. considerando 18 do Regulamento.

[43] Cfr. artigos 7.º e 9.º do Regulamento.

ter sido tomada a decisão de reconhecimento e execução da decisão de apreensão.[44]

9.6. Relativamente aos motivos de recusa,[45] apenas são admitidos os motivos expressamente previstos no Regulamento: respeito pelo princípio *ne bis in idem*, respeito pelos direitos das pessoas afectadas, designadamente o direito de comparecerem no julgamento.[46]

Pode, ainda, ser admitida a invocação, pelo Estado de execução, de regras constitucionais em matéria de liberdade de imprensa ou liberdade de expressão noutros meios de comunicação social.[47] Ou, para além disso, a invocação da violação manifesta, nas circunstâncias especiais do processo, de um direito fundamental relevante consignado na Carta, como o direito a um recurso efectivo, o direito a um julgamento equitativo ou o direito de defesa.[48]

9.7. A execução de uma decisão de apreensão ou de uma decisão de perda rege-se pelo direito do Estado-Membro de execução e a decisão sobre as modalidades de execução é da competência exclusiva das autoridades desse Estado. Se for caso disso, a autoridade de emissão e a autoridade de execução deverão poder solicitar a assistência do Eurojust ou da Rede Judiciária Europeia.[49]

9.8. O Regulamento procura, ainda, salvaguardar o direito das vítimas à indemnização e à restituição, o qual não deverá ser prejudicado em processos transfronteiriços. Assim, as regras relativas à afectação de bens apreendidos ou declarados perdidos deverão dar prioridade à indemnização e à restituição dos bens às vítimas, que podem ser pessoas singulares ou colectivas, devendo o Estado de execução tomar as medidas necessá-

[44] Cfr. considerando 29 do Regulamento.
[45] Cfr. artigos 8.º e 19.º do Regulamento.
[46] Cfr. considerandos 31 e 32 do Regulamento.
[47] Cfr. considerando 33 do Regulamento.
[48] Cfr. considerando 34 do Regulamento.
[49] Cfr. considerando 43 do Regulamento.

rias para assegurar que os bens em causa sejam apreendidos e restituídos às vítimas logo que possível.[50]

10. A aplicação de sanções em casos de sérias violações de direitos humanos

10.1. Em Dezembro de 2019, no seguimento de discussões iniciadas pela Holanda[51] e pela Lituânia, no ano anterior, os Estados Membros da União Europeia deram significativos passos para o estabelecimento de um regime de sanções destinadas a combater sérias violações de direitos humanos.[52] O Conselho adoptou, então, a Decisão (PESC) 2020/1999, de 7 de Dezembro, que prevê a imposição de medidas restritivas contra violações e atropelos graves dos direitos humanos em todo o mundo.

Em Março de 2019, o Parlamento Europeu já havia adoptado uma resolução no mesmo sentido (Resolução 2019/2580, de 14 de Março).

10.2. A Decisão (PESC) 2020/1999 previa o congelamento de fundos e de recursos económicos e a proibição de disponibilizar fundos e recursos económicos a pessoas singulares e coletivas, entidades ou organismos responsáveis por violações ou atropelos graves dos direitos humanos, ou envolvidos de qualquer outra forma em violações ou abusos dos direitos humanos, bem como aos associados às pessoas singulares e coletivas, entidades e organismos abrangidos.

10.3. Na mesma data, foi igualmente adoptado, pelo Conselho, o Regulamento 2020/1998, com o objectivo de impor medidas restritivas contra violações e atropelos graves de direitos humanos, designadamente nos casos de [cfr. artigo 2.º, n.º 1, alíneas a), b) e c) do mesmo Regulamento]: genocídio, crimes contra a humanidade, tortura e outros tratamentos ou punições cruéis, desumanos ou degradantes, escravatura, exe-

[50] Cfr. considerandos 45 e 46, e artigo 26.º, 29.º, 30.º do Regulamento.

[51] Ver Have, Nienke van der, «The proposed EU human rights sanction regime – a first appreciation», *Security and Human Rights* 30 (2019), págs. 56-71.

[52] Ver Forwood, Nordin/Vangenechten, Vermeeren – «EU restrictive measures», *in* Global Investigation Review – *The guide to sanctions.*

cução extrajudiciais, sumárias ou arbitrárias, desaparecimento forçado de pessoas, prisões ou detenções arbitrárias.

O Regulamento aplica-se, igualmente, a outras violações de direitos humanos, na medida em que tais violações ou atropelos sejam generalizados, sistemáticos ou suscitem preocupações graves no que respeita aos objetivos da política externa e de segurança comum prevista no artigo 21.º do TUE, como sejam [cfr. artigo 2.º, n.º 1, alínea d) do Regulamento]:

> «i) tráfico de seres humanos, bem como atropelos aos direitos humanos por parte de passadores de migrantes tal como referido no presente artigo,
> ii) violência sexual e baseada no género,
> iii) violações ou atropelos da liberdade de reunião pacífica e de associação,
> iv) violações ou atropelos da liberdade de opinião e de expressão,
> v) violações ou atropelos da liberdade de religião ou de convicção».

10.4. O congelamento de fundos e recursos económicos está contemplado no artigo 3.º do Regulamento.

Pretende-se, por outro lado, que as sanções aplicadas se revelem eficazes, proporcionadas e dissuasoras (cfr. art. 16.º do Regulamento).

A União Europeia alarga, assim, o âmbito do seu regime de sanções a uma área que suscita crescentes preocupações na comunidade internacional, havendo agora que aguardar para ver se o novo regime de sanções se revelará eficaz no controlo de tais violações.

11. Considerações finais

11.1. A adopção, quer pelas Nações Unidas, quer pela União Europeia, ao longo dos últimos anos, de instrumentos jurídicos que preveem o congelamento e a apreensão de bens e activos constitui, compreensivelmente, uma evolução muito positiva no combate à criminalidade transnacional, designadamente violenta, organizada ou de natureza económico-financeira, uma vez que procura retirar a esta o seu principal incentivo: os proventos obtidos com a sua prática.

11.2. Os regimes de sanções instituídos por ambas as organizações, que atingem já o número de algumas dezenas, foram, desde a sua criação, na década de sessenta do século passado, sendo progressivamente ampliados, cobrindo objectivos tão diferentes quanto a defesa da paz e segurança internacionais, a solução pacífica de diferendos, o processo de transição pacífica do poder, a não proliferação de armas de destruição maciça, o combate à criminalidade organizada, o combate ao terrorismo, o combate à criminalidade económico-financeira, bem como ao comércio ilegal de recursos naturais e animais e, por último, o combate a situações de violação de direitos humanos.

11.3. O número de entidades e pessoas visadas pelas sanções também cresceu: inicialmente, apenas os Estados, depois, pessoas singulares e colectivas, grupos e organizações, estatais ou não estatais, por exemplo membros de grupos terroristas ou seus apoiantes.

11.4. Procurou-se, ao mesmo tempo, reforçar a cooperação internacional, através, designadamente, do reconhecimento mútuo de decisões de apreensão e perda de bens e activos, dada a globalização da actividade criminal transnacional, particularmente a criminalidade violenta ou com significativa incidência económico-financeira, que precisa de ser contrariada por uma maior capacidade de interacção entre as autoridades judiciárias e policiais dos países que com este tipo de criminalidade se confrontam.

Um tal reforço de cooperação não invalida, porém, que estamos, ainda, perante um quadro conceptual e legal em gestação.

11.5. Por um lado, as decisões de apreensão e de perda contendem com direitos fundamentais, sendo expectável que as jurisdições nacionais e os tribunais da União Europeia sujeitem tais decisões a um escrutínio progressivamente mais acentuado, tendo em vista a protecção dos direitos fundamentais das pessoas e entidades visadas por tais decisões, ou por elas simplesmente afectadas.

Acresce que tais decisões também têm efeitos colaterais, muitas vezes significativos, em determinados grupos da população, fazendo duvidar, frequentemente, da sua eficácia, proporcionalidade e capacidade dissuasora.

11.6. Por outro lado, a cooperação internacional estará sempre dependente da forma como as jurisdições em confronto quiserem utilizar os instrumentos legislativos aplicáveis sem grandes percalços ou convulsões, designadamente no que respeita à utilização ponderada dos fundamentos de recusa de cooperação.

11.7. De qualquer modo, o facto de a União Europeia ter decidido recentemente incluir os problemas respeitantes a violações de direitos humanos na ponderação das sanções a aplicar, faz supor que não descurará, por idênticas razões, o respeito pelos direitos fundamentais das pessoas visadas ou simplesmente afectadas pela aplicação das mesmas sanções.

Haverá, pois, que encontrar um delicado equilíbrio entre a defesa dos direitos das pessoas e a necessidade de assegurar uma eficaz prossecução criminal, sendo este equilíbrio a pedra de toque para confirmar a justeza do caminho percorrido e o interesse na sua manutenção.

12. Cooperação judiciária para efeitos de recuperação de ativos no âmbito do Conselho da Europa

JOÃO CONDE CORREIA
Procurador da República

I. Conselho da Europa

O Conselho da Europa foi criado, no rescaldo da segunda guerra mundial, pelo tratado de Londres, em 5 de maio de 1947[1], com o propósito de «realizar uma união mais estreita entre os seus membros a fim de salvaguardar e promover os ideais e os princípios que são seu património comum, e de promover o respetivo progresso económico e social» [art. 1.º, al.ª a)][2]. Este objetivo seria «prosseguido, por meio dos órgãos do Conselho, através do exame de questões de interesse comum, pela conclusão de acordos e pela adoção de uma ação comum nos domínios económico, social, cultural, científico, jurídico e administrativo, bem como pela salvaguarda e desenvolvimento dos direitos do homem e das liberdades fundamentais» [art. 1.º, al.ª b)].

No entanto, apesar deste ambicioso propósito inicial, a verdade é que, sobretudo por força da crescente integração europeia, que determinou a criação da CECA, em 1951, e da CEE e da CEEA, em 1957, o Conselho Europeu foi assumindo apenas o papel de guardião dos direitos humanos e de facilitador da cooperação internacional, mediante a celebração de

[1] Portugal ratificou o Tratado de Londres, em 22 de setembro de 1976, tendo o Tratado de Adesão de Portugal ao Conselho da Europa sido aprovado pela Assembleia da República, pela Lei n.º 9/76, de 31 de dezembro.

[2] Para as razões da criação e a evolução do Conselho da Europa, entre outros, CAMPOS, João Mota de, *Direito Comunitário*, Lisboa, Fundação Calouste Gulbenkian, 1988, I, p. 62 e ss.; DUARTE, Maria Luísa «Conselho da Europa» *in* João Mota de Campos (coordenador), Organizações internacionais, Coimbra, Almedina, 2019, p. 571 e ss.

inúmeras Convenções e a consequente aproximação legislativa[3]. O seu contributo para a harmonização do direito europeu e para a facilitação da cooperação internacional é inquestionável. De modo que se pode mesmo considerar que as suas atividades estão na génese de uma verdadeira política criminal europeia[4]. É hoje impossível olhar para o direito internacional penal se reconhecer o seu contributo.

II. O Conselho da Europa e a Recuperação de ativos

O Conselho da Europa despertou, muito cedo, para a recuperação de ativos. Em termos internacionais, foi (embora isso nem sempre seja, devidamente, reconhecido) mesmo uma das primeiras instituições a tomar consciência da importância do problema, sendo, assim, também pioneiro nesta área. A crescente globalização económica e a internacionalização do crime ou a mera deslocalização dos seus proventos para o estrangeiro geraram novas necessidades de cooperação internacional. Isoladamente ninguém consegue, hoje, combater estes fenómenos omnipresentes: «a política criminal está em processo de desnacionalização ou desestadualização. No tempo atual tornou-se comum, apelar à cooperação, policial e judiciária, e à harmonização. Há um processo de internacionalização e de regionalização, mais ou menos alargado, em marcha. Já não é possível conservar intactas as fronteiras jurídicas entre os Estados, quando, em muitos casos, os controlos das fronteiras físicas desapareceram»[5]. As instâncias formais de controlo não têm que resignar, impotentes só porque os proventos do crime surgiram no estrangeiro ou foram, depois, para aí deslocados. Também elas devem ter instrumentos legais que lhes per-

[3] Duarte, Maria Luísa, *Conselho ...*, p. 577.

[4] Pinto, Inês Horta, *A harmonização dos Sistemas de Sanções Panais na Europa: Finalidades, obstáculos, Realizações e Perspetivas de Futuro*, Coimbra, Coimbra Editora, 2013, pp. 160 e ss.; Bernardi, Alessandro, *La Sovranità Penale Tra Stato e Consiglio D'Europa*, Napoli, Jovene editore, 2019, p. 29 e ss.; Para a importância do Conselho da Europa no estabelecimento das bases da cooperação judiciária em matéria penal, com indicação dos instrumentos jurídicos mais relevantes, Triunfante, Luís de Lemos, *Manual de Cooperação Judiciária em Matéria Penal,* Coimbra, Almedina, 2018, p. 240 e ss.

[5] Rodrigues, Anabela Miranda, «Criminalidade Organizada – Das Fronteiras à Cooperação Judiciária», *in* Manuel Monteiro Guedes Valente (coordenação), *Criminalidade Organizada Transnacional – Corpus Delicti – I,* Coimbra, Almedina, 2019, p. 39.

mitam, mesmo nesses casos, cada vez mais frequentes, demonstrar que «o crime não compensa». À circulação dos proventos do crime, devemos contrapor a circulação das decisões necessárias à sua integral recuperação.

1. A Convenção Europeia de Auxílio Judiciário Mútuo, concluída em 20 de abril de 1959 (doravante CCE/1959)[6], apesar de constituir um marco na história da cooperação judiciária internacional, não tem grande importância prática na área da recuperação internacional dos ativos gerados pelo crime. Quando foi idealizada e concluída pelos membros do Conselho da Europa, o confisco dos instrumentos e, sobretudo, dos produtos e das vantagens do crime, ainda não era uma preocupação ou uma prática importante, sequer, ao nível nacional. O mecanismo só renasceu nos anos setenta do século passado, com a americana *war on drugs*[7], ultrapassando a letargia que a proibição iluminista do confisco tinha provocado. Compreende-se, assim, que o auxílio judiciário mútuo para a realização de atos de instrução ou para a transmissão de provas, autos ou documentos não inclua a apreensão para efeitos de recuperação de ativos Ela, só está contemplada para efeitos de prova (arts. 5.º e 6.º)[8]. Por isso mesmo, os objetos apreendidos eram devolvidos pela Parte requerente à Parte requerida logo que possível, salvo se esta renunciasse à sua devolução (art. 6.º, n.º 2).

[6] Portugal assinou a Convenção em 10 de maio de 1979, tendo a mesma sido aprovada pela Resolução da Assembleia da República n.º 39/94, de 14 de julho e ratificada pelo Decreto do Presidente da República n.º 56/94, igualmente, de 14 de julho.

[7] Levy, Leonard W., *License to setal: the forfeiture of property*, Chapel Hill, The University of North Carolina Press, 1996, pp. 62 e ss.; Fernandez-Bertier, Michaël, «The History of Confiscation Laws: from the book of Exodus to the war on White-Collar Crime», *in* Katalin Ligeti/ Michele Simontato (eds), *Chasing Criminal Money – Challenges and Perspectives On Asset Recovery in the EU*, Oxford, Hart, 2017, p. 62; João Conde Correia, «Cooperação Judiciária Internacional em Matéria de Recuperação de Ativos», *Anatomia do Crime*, 2018, 7, p. 228 e ss.

[8] § 9 do *Explanatory Report to the Convention on Laundering, Search, Seizure and Confiscation of the Proceeds from Crime*. Na literatura, Stessens, Guy, *Money Laundering Law: a new International Enforcement Model*, Cambridge, Cambridge University Press, 2000, p. 370/71; Schunke, Malin Thunberg, *Extended Confiscation in Criminal Law: National, European and Internacional Perspetives*, Cambridge, Intersentia, 2017, p. 242; Simões, Rita, «A Recuperação de Ativos Através da Cooperação Judiciária Internacional», AA.VV. *Estudos Projeto Ethos: Corrupção e Criminalidade Económico-financeira*, 2018, Lisboa, PGR, p. 383.

Mesmo assim, uma vez que as Partes se comprometeram a prestar mutuamente o mais amplo auxílio judiciário possível, a mera colaboração com as autoridades judiciárias para efeitos de contabilização, deteção, identificação e localização dos proventos do crime, não está completamente afastada[9]. Apenas a cooperação entre autoridades policiais com o mesmo propósito está excluída: a convenção não tinha de regular estas matérias, ao tempo, melhor resolvidas através da Interpol[10].

Anos mais tarde, embora esta Convenção não tenha sido – insistimos – especialmente desenhada para a recuperação de ativos, o artigo 12.° do segundo Protocolo Adicional à mesma[11], concluído em 8 de novembro de 2001, veio, sem prejuízo dos direitos de terceiros de boa-fé, regular a restituição dos objetos obtidos por meios ilícitos, assim completando o regime de devolução de objetos e documentos solicitados para efeitos probatórios (art. 6.°, n.° 2). Um sistema que prevê a devolução das provas também deverá prever a devolução dos objetos obtidos por meios ilícitos. A sua restituição deverá ser possível, ainda que eles se encontrem no estrangeiro.

2. A Convenção Europeia sobre a Validade Internacional dos Julgamentos Penais, concluída em 28 de maio de 1970 (doravante CCE/1970), foi, assim, um dos primeiros instrumentos internacionais a estabelecer *expressis verbis* regras relativas à cooperação para efeitos de confisco[12], prevendo a execução das decisões confiscatórias [art. 2.°, al.ª b), e arts.

[9] No mesmo sentido, McClean, David, *International Co-operation in Civil and Criminal Matters*, Oxford, Oxford University Press, 2012, p. 171; Schunke, Malin Thunberg, *Extended...*, p. 242. Aliás, os próprios relatórios explicativos reconhecem a eventual convergência da CCE/1959 e da CCE1990 (*Explanatory Report*... 1990, § 36 e *Explanatory Report*... 2005, § 130).

[10] McClean, David, *International*..., p. 171; *Explanatory Report*..., 1990, § 9.

[11] Aprovado pela resolução da Assembleia da República n.° 18/2006, de 9 de março, e ratificado pelo Decreto do Presidente da República n.° 17/2006, igualmente, de 9 de março.

[12] Reyde, Laura Vande/Daele, Dirk Van, «Asset Sharing as a tool for a more efficient cross-border asset recovery *in* the EU? The EU Asset Sharing Model and its implementation in Belgium and the Netherlands», *in* Katalin Ligeti/Michele Simontato (eds), *Chasing Criminal Money – Challenges and Perspectives On Asset Recovery in the EU*, Oxford, Hart, 2017, p. 307. O âmbito objetivo desta convenção era, surpreendentemente, muito amplo, incluindo o confisco meramente administrativo, sujeito apenas à condição da possibilidade de recurso para um tribunal (art. 37.°).

45.º a 48.º], bem como a apreensão como garantia dessa mesma execução (art. 36.º). No entanto, apesar da sua ambição precoce, esta Convenção foi ratificada por um número muito limitado de Estados: em termos práticos, nunca teve, portanto, grande importância. Embora expressamente prevista, a cooperação para efeitos de apreensão e, sobretudo, de confisco, à data ainda muito pouco solicitada, não logrou aqui grande impulso.

3. A Convenção Europeia sobre a transferência de procedimentos em matéria penal, concluída em 15 de maio de 1972 (doravante CCE/1972), apesar de em certos casos (art. 8.º), permitir a transmissão do processo para o local onde estão situados os proventos e a adoção de medidas provisórias tendentes à sua conservação, incluindo o seu congelamento (art. 28.º), também não será a forma mais adequada e mais eficaz de confiscar os proventos do crime. Só em casos muito excecionais, quando os bens estivessem localizados num único Estado, seria, assim, possível lograr tal desiderato. Na prática, mais uma vez, o mecanismo não funcionou.

4. Para ultrapassar todas estas insuficiências, no intuito de facilitar a cooperação internacional na área da recuperação de ativos, a Convenção Relativa ao Branqueamento, Deteção, Apreensão e Perda dos Produtos do Crime, concluída em 8 de novembro de 1990 (doravante CCE/1990), veio aproximar a legislação nacional das partes (arts. 2.º e ss.)[13] e complementar os mecanismos internacionais já existentes (arts. 7.º e ss.), formando um conjunto coerente de regras que cobrem todas as fases da recuperação internacional dos proventos do crime, desde as primeiras investigações até à execução da decisão confiscatória e subsequente partilha. Desse modo, correspondendo a uma necessidade cada vez mais frequente na *praxis* quotidiana, para além de fomentar a harmonização da legislação da Partes, mediante a obrigação de introduzir soluções jurídicas similares, capazes de facilitar a cooperação (capítulo II), a Convenção estabeleceu um conjunto flexível, mas efetivo, de instrumentos de cooperação internacional, especialmente desenhados para a recuperação

[13] *Explanatory Report*...1999, § 8. Esta Convenção foi, entre nós, aprovada para ratificação pela Resolução da Assembleia da República n.º 70/97, de 13 de dezembro e ratificada pelo Decreto do Presidente da República n.º 73/97, também de 13 de dezembro.

internacional dos proventos do crime[14]. Com efeito, em vez de, seguindo o exemplo da Convenção das Nações Unidas contra o Tráfico Ilícito de Estupefacientes e Substâncias Psicotrópicas (1988), abranger a recuperação dos ativos gerados por um determinado tipo de criminalidade, estão aqui incluídos todos os tipos de crime, especialmente crimes graves e outros crimes capazes de gerar grandes vantagens [art. 1.º, al.ªs. a) e d)][15]. Em causa estão, porém, só penas ou outras medidas decretadas por um tribunal, em consequência de um processo relativo a uma ou a várias infrações penais [art. 1.º, al.ª d)], excluindo-se, ao contrário daquela Convenção [art. 1.º, al.ª f)] as decisões de outras autoridades competentes (*v.g.* autoridades administrativas). O seu âmbito de aplicação objetivo é muito mais lato, mas só contempla decisões de tribunais.

5. Imbuída do mesmo espírito, a Convenção Penal sobre a Corrupção, concluída em 27 de janeiro de 1999 (doravante CCE/1999)[16], apesar de, seguindo o já referido modelo da ONU, ter um âmbito muito específico, também instou as Partes a adotar as medidas legislativas e outras que entendam necessárias, em conformidade com o seu direito interno, tendo, para além do mais, em vista identificar, localizar, apreender e declarar perdidos os instrumentos e os produtos do crime de corrupção ou outros bens cujo valor corresponda àqueles produtos (art. 23.º, n.º 3).

Para além das normas gerais, igualmente aqui aplicáveis, a Convenção reforçou, assim, a validade desta recente política criminal: seria incompreensível que, num domínio tão importante como a luta contra a corrupção, onde quem mercadeja com o cargo deve poder contar com a integral ablação das vantagens, assim, conseguidas, não estivesse, expressamente,

[14] *Explanatory Report*...1999, § 10.

[15] Neste sentido, por exemplo, Rodríguez García, Nicolás, *El decomiso de activos ilícitos*, Pamplona, Aranzadi, 2017, p. 68; Idem, «Redescubrimento de las bonanzas del decomiso en las tácticas supranacionales e internacionales para poner freno a la "sociedad incivil"», *in* Ignacio Berdugo Gómez de la Torre/Eduardo A. Fabián Caparrós/Nicolás Rodríguez García (Directores), *Recuperación de Activos Y Decomiso: Reflexiones desde los sistemas penales Iberoamericanos*, Valencia, Tirant lo Blanch, 2017, p. 334; Furciniti, Giuseppe/ Frustagli, Domenico, *Il Sequestro e la Confisca dei Patrimoni Illeciti nell' Unione Europea*, Milão, CEDAM, 2016, p. 49.

[16] Aprovada para ratificação pela Resolução da Assembleia da República n.º 68/2001, de 26 de outubro e ratificada pelo Decreto do Presidente da República n.º 56/2001, também de 26 de outubro.

previsto o confisco dos proventos do crime e as medidas indispensáveis á sua concretização nacional e internacional. O mesmo acontece em muitas outras Convenções posteriores, que, não obstante regularem realidades muito especificas, não esquecem a importância do confisco, assim reforçando esta nova política-criminal[17].

6. A Convenção Relativa ao Branqueamento, Deteção, Apreensão e Perda dos Produtos do Crime e ao Financiamento do Terrorismo, concluída em 16 de maio de 2005 (doravante CCE/2005)[18], procura apenas desenvolver e atualizar a CCE/1990[19]. Como o próprio nome indica, ela abrange também o financiamento do terrorismo (que tinha, entretanto, ganhado grande dimensão), comprometendo-se as Partes a garantir as condições necessárias para detetar, localizar, identificar, congelar, apreender e decretar a perda de bens, de proveniência lícita ou ilícita, utilizados ou destinados a ser utilizados por qualquer forma, no todo ou em parte, no seu financiamento, ou os produtos dessa infração, e para prestar a maior cooperação possível com essa mesma finalidade (art. 2.º, n.º 2).

Não admira, por isso mesmo, não obstante estas inovações, que em muitos casos, quer as medidas a tomar em termos internos (arts. 3 e ss.),

[17] É o caso do artigo 23.º, n.º 3, da Convenção do Conselho da Europa Relativa à Luta contra o Tráfico de Seres Humanos, concluída em 16 de maio de 2005; do art. 27.º, n.º 3, al.ª a), da Convenção do Conselho da Europa para a Proteção das Crianças contra a Exploração Sexual e os Abusos Sexuais, concluída em 25 de maio de 2007; dos artigos 12.º, n.º 3, al.ª a) e 21.º, n.º 1, da Convenção do Conselho da Europa Relativa à Contrafação de Medicamentos e Infrações Semelhantes que Envolvam Ameaças à Saúde Pública, concluída em 28 de outubro de 2011; dos artigos 25.º e 26.º, n.º 1), da Convenção do Conselho da Europa sobre a Manipulação de Competições Desportivas, concluída em 18 de setembro de 2014; ou dos artigos 12.º, n.º 3, al.ª a) e 17.º, n.º 1, da Convenção do Conselho da Europa contra o Tráfico de Órgãos Humanos, concluída em 25 de março de 2015.

[18] Foi aprovada pela Resolução da Assembleia da República n.º 82/2009, de 2 de agosto e ratificada pelo Decreto do Presidente da República n.º 78/2009, também de 27 de agosto.

[19] Neste sentido, Rodríguez García, Nicoláz, *El decomiso...*, p. 69; Idem, *Redescubrimento...*, p. 335; Carrillo Teso, Ana E., «La recuperación de activos como estrategia común contra la criminalidade», *in* Ignacio Berdugo Gómez de la Torre/Eduardo A. Fabián Caparrós/Nicolás Rodríguez García (Directores), *Recuperación de Activos Y Decomiso: Reflexiones desde los sistemas penales Iberoamericanos*, Valencia, Tirant lo Blanch, 2017, p. 23

quer os instrumentos de cooperação internacional (arts. 15 e ss.), sejam os mesmos, sendo, portanto, malgrado o inelutável correr do tempo e os desafios que ele arrasta (a recuperação internacional dos ativos atingiu, entretanto, a maioridade), um mecanismo internacional, indispensável na luta contra os proventos do crime. No contexto do Conselho da Europa, sem prejuízo dos inovadores mecanismos existentes na União Europeia, a CCE/2005 é o instrumento mais avançado e mais robusto de combate aos lucros do crime.

7. Nas últimas décadas, seja através de mecanismos, aplicáveis à generalidade dos crimes, seja através de mecanismos específicos, o Conselho da Europa desenvolveu e consolidou, assim, importantes mecanismos de luta contra a acumulação dos proventos do crime[20]. Do ponto de vista interno, promoveu a aproximação da legislação das Partes, obrigadas a criar regras mínimas (*v.g.* arts. 2.º e ss. da CCE/1990 e arts. 3.º e ss. da CCE/2005) facilitadoras do futuro entendimento[21]; do ponto de vista internacional, potenciou a cooperação, estabelecendo um conjunto de normas que procuram ser, simultaneamente, simples e eficazes. O seu contributo para uma efetiva política de recuperação de ativos europeia é, portanto, inquestionável. A recuperação internacional dos ativos já não é quase impossível. O combate ao crime também se faz pela ablação dos seus proventos, tanto a nível nacional como ao nível internacional.

III. Mecanismos de cooperação para efeitos de recuperação de ativos no seio do conselho da Europa

A cooperação internacional para efeitos de recuperação de ativos é um processo complexo e moroso[22] que, normalmente, inclui várias fases: a

[20] Por exemplo, Furciniti, Giuseppe/Frustagali, Domenico, *Il Sequestro...*, p. 48.

[21] Pinto, Inês Horta, *A harmonização...*, p. 161.

[22] Saber se o Estado requerido pode ser responsabilizado por toda esta demora é uma questão muito melindrosa e complexa, designadamente, porque ele pode não ter em seu poder todos os elementos para fazer uma avaliação global do processo (Lima, José António Farah Lopes de, *Questões de Direito Penal Europeu à Luz do Tratado de Lisboa*, Lisboa, Rei dos Livros, 2012, p. 251). O TEDH tem, aliás, afirmado que os atrasos resultantes da cooperação judiciária internacional «doivent dès lors être considérés comme faisant partie d'un système classique qui,

contabilização, a identificação e a localização dos instrumentos e dos produtos decorrentes da prática do crime ou do património equivalente aos mesmos; o congelamento ou a apreensão dos bens previamente identificados e localizados; o seu efetivo confisco mediante a privação permanente do bem ou do seu valor equivalente; e a posterior destinação e a partilha dos bens assim recuperados[23]. Mesmo que nem todas estas fases processuais sejam necessárias, está sempre em causa um mecanismo multifacetado, que se desenrola em várias etapas sucessivas e culmina com o confisco dos instrumentos e produtos do crime.

1. A identificação e a localização internacional de ativos gerados pelo crime é, normalmente, uma atividade policial prévia, que beneficia de redes informais (*v.g.* CARIN), que ultrapassam os propósitos das Convenções do Conselho da Europa[24]: em causa estão atos de mera *intelligence*, de colaboração prévia ao futuro desenvolvimento das investigações patrimoniais e financeiras.

Para além disso, já nos termos das Convenções, «as Partes conceder-se-ão mutuamente, mediante pedido, o mais amplo auxílio possível para identificarem e detetarem os instrumentos, produtos e outros bens suscetíveis de perda. Este auxílio incluirá qualquer medida relativa à entrega e colocação em segurança dos elementos de prova respeitantes à existência dos bens acima referidos, sua localização ou movimentação, natureza, estatuto jurídico ou valor» (art. 8.º da CCE/1990 e art. 16.º da CCE/2005).

Desta forma, uma vez que as partes devem conceder-se o maior auxílio possível, a assistência investigativa, tanto pode ocorrer no âmbito de um processo crime, como no âmbito de outros procedimentos judiciários, tendentes ao confisco dos instrumentos ou dos produtos relacionados com uma atividade criminal ou dos bens correspondentes a

malheureusement, prend du temps et doit dès lors passer pour inévitable» (*Sari c. Turquia e Dinamarca*, n.º 21889/93, § 92, de 8.11.2001; *D. c. Alemanha*, n.º 11703/85, de 9.12.1987).

[23] Correia, João Conde, *Cooperação...*, p. 238; Malin Tunberg Schunke, *Extended Confiscation...*, p. 237 e ss.

[24] Sobre esta atividade, Monteith, Charlie/Dornbierer, Andrew, «Tracking and Tracing Stolen Assets in Foreign Jurisdictions», *eurocrim*, 2013, 2, p. 51 e ss.

estes[25]. Desde que a perda esteja associada à prática de um crime, ainda que determinada em procedimentos civis, as partes têm a obrigação de colaborar. Embora apenas estejam em causa os instrumentos empregues ou destinados a ser empregues na prática de uma ou de várias infrações penais ou quaisquer vantagens económicas resultantes das mesmas [arts. 1.º, als. a) e c)], a cooperação não se restringe assim à investigação realizada no processo penal. Também outras soluções processuais, dirigidas contra tais bens, estão aqui incluídas.

Por outro lado, embora as convenções se refiram apenas à identificação e à deteção dos instrumentos e dos produtos do crime, estão aqui, igualmente, incluídos outros bens necessários à concretização a perda do valor das vantagens da prática do crime (bens lícitos de valor correspondente aos produtos do crime) e outras diligências (*v.g.* a avaliação dos bens identificados)[26]. A cooperação deverá ser «na mais ampla medida possível» (art. 7.º, n.º 1, da CCE/1990; arts. 15.º, n.º 1, e 16.º da CCE/2005). Quaisquer medidas válidas no plano interno devem também poder ser aqui admissíveis[27].

Especial menção merecem, na CCE/2005, os pedidos de informação sobre contas bancárias (art. 17.º), os pedidos de informação sobre operações bancárias (art. 18.º) e os pedidos de acompanhamento de operações bancárias (art. 19.º). Nenhum sistema de recuperação de ativos poderá ser eficaz sem essas informações capitais. O sistema bancário continua a ser importante para a circulação internacional dos ativos: sem ele tudo seria muito mais difícil. Daí que as partes não possam invocar o segredo bancário para justificar a recusa de cooperação (art. 18.º, n.º 7, da CCE/1990; art. 28.º, n.º 7, da CCE/2005).

1.1. O mais amplo auxílio possível compreende (sem, obviamente, prejudicar ou fazer perigar a investigação ou os procedimentos em curso e com eventual obrigação de confidencialidade (art. 33.º, n.º 3, da CCE/1990; art. 43.º, n.º 3, da CCE/2005) a transmissão espontânea de informações sobre instrumentos e produtos do crime sempre que se con-

[25] *Explanatory Report...* 1999, § 36; *Explanatory Report...* 2005, § 128.

[26] *Explanatory Report...* 1999, § 36; *Explanatory Reports...* 2005, § 130 e 131.

[27] *Explanatory Report...*2005, § 129.

sidere que o envio dessas informações pode ajudar a Parte destinatária a iniciar ou a desenvolver as investigações ou os procedimentos ou sempre que essas informações possam conduzir a um pedido formulado por essa parte (art. 10.º da CCE/1990; art. 20.º da CCE/2005). A cooperação não tem de ser, necessariamente, provocada pela Parte interessada.

1.2. No âmbito do branqueamento de capitais, merece especial destaque a cooperação entre as Unidades de Investigação Financeira (UIF) com vista à recolha e análise das informações pertinentes sobre qualquer facto suscetível de constituir um indício de branqueamento e, se for caso disso, à investigação desta matéria, de acordo com as respetivas competências nacionais (art. 46.º da CCE/2005[28]). Assim, cada uma das Partes assegurará que aquelas unidades trocarão, espontaneamente ou a pedido, quaisquer informações disponíveis que se revelem úteis para o tratamento ou para a análise de informações ou, se for caso disso, para as investigações das transações financeiras relacionadas com o branqueamento e com as pessoas singulares ou coletivas envolvidas. O *Egmont group*, facilitando a cooperação e a troca de informação, é, para este efeito fundamental.

A cooperação entre as UIF inclui a possibilidade de suspender ou de adiar a conclusão de uma transação em curso, quando, com base nos elementos comunicados pela UIF requerente, for de concluir que: a transação está relacionada com uma operação de branqueamento e que ela teria sido suspensa ou a sua conclusão teria sido adiada se tivesse sido declarada como operação suspeita a nível nacional (art. 47.º da CCE/2005).

1.3. O auxílio judiciário compreende, ainda, a entrega e a colocação em segurança dos elementos de prova respeitantes à existência dos bens que podem ser confiscados, à sua colação ou movimentos, natureza esta-

[28] Sobre a importância da UIF para efeitos de recuperação de ativos, cfr., por exemplo, Stessens, Guy, *Money Laundering* ..., p. 269 e ss.: Monteith, Charlie/Dorbierer, Andrew, *Tracking and Tracing*..., p. 52 e ss.; Penna, Marc, «The 'Pre-Investigative' Role of Financial Intelligence Units in Recovering Assets», *in* Katalin Ligeti / Michele Simontato (eds), *Chasing Criminal Money – Challenges and Perspectives On Asset Recovery in the EU*, Oxford, Hart, 2017, p. 269 e ss.

tuto jurídico ou valor (art. 8.º CCE/1990; art.º 16.º CCE/2005) e será executado pela forma prevista e em conformidade com o direito interno da Parte requerida (*locus regit actum*)[29]. Se o pedido que visa uma dessas medidas contemplar determinada formalidade ou procedimento impostos pela legislação da Parte requerente, e ainda que tal formalidade ou procedimento não sejam comuns na Parte requerida, esta dará satisfação ao pedido na medida em que tal não seja incompatível com os princípios fundamentais do seu direito interno (art. 9.º da CCE/1990; art. 15.º, n.º 3, da CCE/2005).

2. Depois de terem recolhido informação sobre a identificação e a localização dos produtos (ou bens de valor equivalente) do crime, as instâncias formais de controlo devem poder gozar de meios eficientes para garantir que o visado não os desloca, frustrando ou prejudicando a atuação das instâncias formais de controlo. A apreensão internacional dos ativos identificados e localizados é imprescindível ao seu posterior confisco. Também aqui, se nada for feito na altura certa, quando, enfim, chegar o momento de executar o *veredictum* final, já nada haverá para declarar perdido: os *instrumenta* e produtos do crime que ainda existam estarão em local inacessível pelas instâncias formais de controlo, disponíveis para, um dia, serem, enfim, usufruídos pelo condenado ou por quem ele bem entender.

As partes devem, portanto, a pedido de outra Parte que tenha «instaurado um procedimento criminal ou um procedimento com vista à perda», sem prejuízo (como veremos *infra*) das causas de recusa, adotar «as medidas provisórias que se revelem necessárias, tais como o congelamento ou a apreensão, de modo a impedir qualquer operação, transferência ou alienação relativamente a qualquer bem que, em consequência, possa vir a ser objeto de um pedido de perda ou que possa permitir a satisfação de tal pedido» (art. 11.º, n.º 1, da CCE/1990 e art. 21.º, n.º 1, da CCE/2005)[30]:

[29] Stessens, Guy, *Money Laundering*..., p. 302.

[30] Como já referimos, a apreensão prevista no artigo 5.º da CCE/1959 tinha como objetivo acautelar a prova. Já o artigo 36.º da CCE/1970 previa a imposição de medidas provisórias na sequência de um pedido de confisco, esquecendo as fases iniciais do processo que, como já

id est, devem tomar as medidas necessárias, seja para garantir a perda *in specie,* seja para garantir a perda pelo valor.

Mais uma vez está em questão «um procedimento criminal ou um procedimento com vista à perda», devendo, em ambos os casos, ressalvada a existência de eventuais causas de recusa, ser adotadas as medidas provisórias adequadas a garantir a exequibilidade futura da decisão que decretar a perda. Não está em causa a natureza do procedimento que desencadeia a medida, mas a natureza criminosa dos instrumentos ou produtos que se procura salvaguardar.

As medidas cautelares podem ser também consequência de um pedido de confisco internacional, abrangendo qualquer bem que seja objeto desse confisco ou que o permita concretizar (art. 11.°, n.° 2, da CCE/1990; art. 21.°, n.° 1, da CCE/2005). Embora seja desejável que a exequibilidade da decisão penal seja acautelada o mais cedo possível, nada impede que só neste momento elas sejam requeridas.

2.1. Estas medidas são executadas por força do direito interno da Parte (*locus regit actum*) e segundo os procedimentos especificados no pedido na medida em que não sejam incompatíveis com o direito interno (art. 12.°, n.° 1, da CCE/1990; art. 15.°, n.° 3, da CCE/2005). A Parte requerente fornecerá à Parte requerida, espontaneamente e logo que possível, quaisquer informações suscetíveis de pôr em causa ou de alterar o objeto ou o âmbito dessas medidas, bem como, de imediato, quaisquer informações complementares solicitadas pela Parte requerida, que se revelem necessárias para a implementação e acompanhamento das medidas provisórias (art. 22.°, n.° 1, da CCE/2005).

2.2. Interferindo com o direito de propriedade (art. 1.° do Protocolo n.° 1 adicional à CEDH) as medidas provisórias não são definitivas, podendo ser levantadas[31]. Antes, porém, cumprindo o propósito de maior cooperação possível, a Parte requerida dará, sempre que possível, à Parte

vimos, são essenciais para a execução futura da decisão. O artigo 28.° da CCE/1972, também, já previa esta possibilidade.

[31] Stessens, Guy, *Money Laundering* ..., p. 377.

requerente a possibilidade de expor as suas razões a favor da manutenção da medida (art. 12.º, n.º 2 da CCE/1990 e art. 22.º, n.º 2, da CCE/2005).

2.3. Apesar deste dever alargado de cooperação, as Partes não são obrigadas a colaborar com *fishing expeditions*. Se a Parte requerente não tem nenhuma indicação sobre o local onde podem ser encontrados os bens em causa ou nem sequer sabe se foi cometido um ilícito, a Parte requerida não está obrigada a realizar diligências para os localizar [art. 27.º, n.º 1, al.ª e), da CCE/1990; art. 37.º, n.º 1, al.ª e), da CCE/2005[32]].

2.4. Quem, por iniciativa própria ou a pedido de outrem, congela os instrumentos e os produtos do crime (ou bens de valor equivalente) tem, pelo menos, o dever de os administrar devidamente, de modo a que, também pelo menos, não percam o seu valor. Só dessa forma, no final, uma vez transitada a decisão definitiva, será possível devolvê-los ou partilhá-los integralmente, assim se recuperando um valor correspondente ao gerado pelo crime. Não admira, por isso mesmo, que cada uma das Partes deva adotar as medidas legislativas e outras que se revelem necessárias para garantir uma gestão adequada dos bens congelados ou apreendidos (art. 6.º da CCE/2005)[33].

3. A efetiva declaração de perda é o momento fundamental de todos os processos de recuperação de ativos, sejam eles nacionais ou internacionais. De nada valerá identificar e congelar os ativos se, depois, o visado for absolvido ou se, apesar de condenado, a decisão não puder ser reconhecida no estrangeiro. Só a definitiva privação internacional da propriedade consuma este longo processo.

Para o efeito, à semelhança das Convenções das Nações Unidas, as Partes comprometem-se a executar uma decisão de perda proveniente de um tribunal da Parte requerente ou a apresentar esse pedido às suas autoridades competentes para obter uma decisão de perda e, em caso positivo, a executá-la (art. 13.º, n.º 1, da CCE/1990 e art. 23.º, n.º 1, da CCE/2005). O primeiro sistema é uma manifestação da exequibilidade

[32] *Explanatory Reports* ... 1990, § 35; *Explanatory Reports* ... 2005, § 125.
[33] Correia, João Conde, *Cooperação*..., p. 243.

internacional de uma sentença penal; o segundo é uma espécie de transferência de procedimentos em matéria penal. Em ambos os casos, parte-se do reconhecimento da validade da sentença transitada em julgado, seja para proceder à sua execução imediata, seja para dar início a um novo procedimento[34].

A decisão confiscatória não é, necessariamente, um *veredictum* penal. Com efeito, «as Partes cooperarão na mais ampla medida possível, nos termos do seu direito interno, com as Partes que solicitem a execução de medidas equivalentes à perda e que conduzam à privação da propriedade, mas que não constituam sanções penais, desde que tais medidas tenham sido ordenadas por uma autoridade judicial da Parte requerente, com referência a uma infração penal e na medida em que se constate que os bens constituem produtos ou bens referidos no artigo 5.º da presente Convenção» (art. 23.º, n.º 5, da CCE/2005[35]). Apenas é, assim, necessário demonstrar a relação entre os bens ou valores a confiscar e uma infração penal. O confisco civil também poderá ser executado. De todo o modo, a verdade é que a execução destas decisões poderá ser sempre considerada contrária aos princípios fundamentais do ordenamento jurídico da parte requerida e, como tal, recusada. A generosidade inicial deste preceito é, depois, restringida pelo reconhecimento de diversas causas de recusa facultativas, gozando a Parte requerida (como iremos ver) de uma ampla margem de apreciação no momento decisivo, de executar ou não, estas decisões[36].

[34] Stessens, Guy, *Money Laundering*..., p. 385.

[35] Embora a CCE/1990 fosse menos clara, também, aí já se defendia que desde que a decisão confiscatória fosse proveniente de um juiz e respeitasse a instrumentos ou produtos de um crime, qualquer tipo de procedimento, independentemente da sua natureza e das regras probatórias aplicáveis, poderia ser suficiente (§ 43 do *Explanatory Report*). A decisão da *Cour de Cassation*, de 13 de novembro de 2003 (*arrêt* n.º 5848, proferido no caso *Crisafulli-Friolo*), é um exemplo paradigmático da execução desse tipo de decisões. Para esta decisão, por exemplo, Maugeri, Anna Maria, «La conformità dell'actio in rem con il principio del mutuo riconoscimento», *in* Silvio Mazzarese/Andrea Aiello (a cura di), *Le Misure Patrimoniali Antimafia*, Milano, Giuffrè, 2010, p. 192 e ss.

[36] A generosidade deste sistema não significa, obviamente, que todas as formas de confisco, sejam elas uma pena ou uma medida decretada por um tribunal [art. 1.º, al.ª d) das duas Convenções] sejam conformes à CEDH. Pelo contrário, o TEDH tem salientado, muitas vezes, a incompatibilidade de certos mecanismos com a Convenção, casos em que, obviamente, se

A fim de facilitar a demonstração da imprescindível relação entre o crime e os instrumentos ou produtos as Partes podem adotar as medidas legislativas e outras que se revelem necessárias para exigir que, em caso de infrações graves, o autor declare a origem dos seus bens suspeitos de constituírem produtos ou de outros bens passíveis de perda, na medida em que tal exigência seja compatível com os princípios do seu direito interno (art. 3.º, n.º 4, da CCE/2005). Mesmo quando é decidido no seio do processo penal, o confisco não tem necessariamente que obedecer às mesmas regras probatórias. Nos casos em que ele não é uma sanção penal, nada impede que a prova da relação entre o crime e os bens ou valores a declarar perdidos seja facilitada. Imprescindível, é, apenas, a demonstração dessa mesma ligação umbilical.

Já as decisões de perda do património incongruente, baseadas numa mera comparação abstrata do património do arguido com os seus rendimentos lícitos, sem demonstrar uma relação entre ele e um crime pregresso, dificilmente poderão ser incluídas no âmbito de aplicação objetivo destas Convenções [art. 18.º, n.º 4, al.ª d), da CCE/1990; art. 28.º, n.º 4, al.ª d), da CCE/2005]. Os bens são provenientes de uma difusa atividade criminosa anterior, não representando um instrumento ou um produto do crime (ou do seu valor) pelo qual o arguido é, efetivamente,

justificará a recusa da cooperação. Para essa rica jurisprudência: Torrão, Fernando, «Direito de propriedade e o confisco», *in* Paulo Pinto de Albuquerque (Org.), *Comentário da Convenção Europeia dos Direitos Humanos e dos Protocolos Adicionais*, Lisboa, Universidade Católica Editora, 2020, III, p. 2139 e ss.; Rodrigues, Hélio Rigor, «O Confisco das Vantagens do Crime: Entre os Direitos dos Homens e os Deveres dos Estados: A Jurisprudência do Tribunal Europeu dos Direitos do Homem em Matéria de Confisco», *in* Maria Raquel Desterro Ferreira/Elina Lopes Cardoso/João Conde Correia (coordenadores), *O Novo Regime de Recuperação de Ativos à Luz da Diretiva 2014/42/EU e da Lei que a Transpôs*, Lisboa, INCM, 2018, p. 39 e ss.; Simonato, Michele/Fernandez-Bertier, Michaël, «Confiscation and Fundamental Rights: the quest for a consistente european approach», *in* Alessandro Bernardi (edited by), *Improving Confiscation Procedures in the European Union*, Napoli, Jovene Editore, 2019, p. 13 e ss.; Maugeri, Anna Maria, «La Tutela della Proprietà nella C.E.D.U. e la Giurisprudenza della Corte Europea in Tema di Confica», *in* Mariangela Montagna (a cura di), *Sequestro e Confisca*, Torino, G. Giappichelli, 2017, p. 3 e ss.; Boucht, Johan, «Civil Asset Forfeiture and the Presumption of Innocence under Art. 6 (2) ECHR», *in* Rui/Sieber (eds.), *Non-Conviction-Based Confiscation in Europe: Possibilities and Limitations on Rules Enabling Confiscation without a Criminal Conviction*, Berlin, Duncker & Humblot, 2015, p. 151 e ss.

condenado[37]. A relação, ainda que de mero valor, entre o crime e os bens confiscados não está, devidamente, demonstrada.

3.1. O pedido internacional de perda deverá, caso não tenham sido – como já referimos – decretadas antes, ser acompanhado das medidas provisórias adequadas a garantir que os bens relacionados com a prática de um crime ou o seu valor equivalente é, efetivamente, confiscado [arts. 11.º, n.º 2 e 27.º, n.º 3, al.ª a), iv, da CCE1990/; arts. 21.º, n.º 2 e 37.º, n.º 3, al.ª a), iv, da CCE/2005].

4. Depois de executada a decisão de perda, coloca-se o problema suplementar da destinação final dos bens confiscados. Segundo a CCE/1970, respeitando a soberania penal das Partes envolvidas e, ainda, o princípio da reciprocidade, os bens declarados perdidos ingressavam no património da Parte requerida (art. 47.º, n.º 1). Em casos excecionais (*v.g.* interesse histórico, cultural, *etc.*) podiam, porém, ser devolvidos à parte requerente (art. 47.º, n.º 2). Desta forma, compensavam-se os custos de colaboração causados às Partes requeridas, encorajando-as a disponibilizar os seus parcos recursos para a execução dos pedidos de cooperação internacional[38].

A CCE/1990, mantendo-se fiel ao mesmo paradigma, continuava a dispor que «a Parte requerida pode dispor, segundo o seu direito interno, de todos os bens por ela declarados perdidos», mas já acrescentava a possibilidade das partes acordarem de outro modo (art. 15.º)[39]. A CCE/2005 foi mais longe, afirmando que «se uma Parte agir a pedido de uma outra Parte (...) deverá, na medida em que o seu direito interno o permita e se tal lhe for solicitado, procurar restituir à Parte requerente, com caráter prioritário, os bens declarados perdidos, por forma a que esta possa indemnizar as vítimas da infração ou restituir tais bens ao seu legítimo proprietário (art.

[37] *Explanatory Report...* 1990, § 71; *Explanatory Report...*, 2005, § 231; Furciniti, Giuseppe/ Frustagli, Domenico, *Il Sequestro...*, p. 50.

[38] Reyde, Laura Vande/Daele, Dirk Van, *Asset Sharing...*, p. 310; Correia, João Conde *Cooperação Judiciária...*, p. 247.

[39] O *Explanatory Report* (§ 55) encorajava as Partes a celebrar acordos de partilha refletindo a participação de cada uma delas no caso concreto.

25.º, n.º 2). E que se uma Parte agir a pedido de uma outra Parte (...) poderá ponderar, especialmente, a celebração de acordos ou convénios que prevejam a repartição dos bens em causa com outras Partes, sistemática ou casuisticamente, em conformidade com o seu direito interno ou com os seus procedimentos administrativos (art. 25.º, n.º 5). Solução legal que consolida e desenvolve o regime já plasmado no artigo 12.º do Segundo Protocolo anexo à CCE/1959. A exportação ou a geração de instrumentos e produtos (ou bens de valor equivalente) do crime no estrangeiro não é um obstáculo à sua total ou parcial restituição à origem, desse modo, compensando a Parte dos danos causados pelo crime.

IV. Causas de recusa

A cooperação ao abrigo destes dois instrumentos internacionais não é obrigatória ou automática, podendo ser recusada quando se detete alguma das causas de recusa, taxativamente previstas nas Convenções[40]. Nenhum sistema de cooperação é incondicional. Mesmo nos modernos mecanismos, baseados no princípio do reconhecimento mútuo, existem causas de recusa, obrigatórias ou facultativas[41]. Elas constituem um verdadeiro contrapeso à generosidade da obrigação de cooperar, contribuindo para o equilíbrio do sistema, mas também para a sua ineficácia prática[42].

1. A cooperação poderá, desde logo, ser recusada nos casos em que a medida solicitada contrarie os princípios fundamentais do ordenamento

[40] Antes de recusar, a Parte requerida deverá verificar se pode satisfazer o pedido parcialmente ou sob reserva das condições que considerar necessárias (art. 20.º da CCE/1999; art. 30 da CCE/2005).

[41] A Decisão-Quadro do Conselho, de 13 de junho de 2002 (relativa ao mandado de detenção europeu e aos processos de entrega entre os Estados-Membros), consagra no artigo 3.º motivos de não execução obrigatórios e no artigo 4.º motivos de não execução facultativos. Esta Decisão consagrou, pela primeira vez, o princípio do reconhecimento mútuo em matéria penal, servindo de modelo para todos os mecanismos posteriores.

[42] Neste sentido, Rodrigues, Hélio Rigor/Rodrigues, Carlos A. Reis, *Recuperação de Ativos na Criminalidade Económico-Financeira: Viagem pelas idiossincrasias de um regime de perda de bens em expansão*, Lisboa, SMMP, 2013, p. 76; Villarejo Fernández, Francisco Jiménez, «Novedades legislativas en matéria de decomiso y recuperación de activos», *Revista de Derecho Penal*, 2011, 34, p. 101.

jurídico da Parte requerida [art. 18.º, n.º 1, al.ª a), da CCE/1990; art. 28.º, n.º 1, al.ª a), da CCE/2005][43]. Ninguém poderá, jamais, ser constrangido a colaborar, colocando em causa a sua Constituição ou outros princípios fundamentais da sua ordem jurídica interna. Ele tem a obrigação de os observar integralmente, não podendo usar um padrão ao nível interno e outro padrão ao nível internacional. Assim, se a Parte requerente não respeitar as garantias processuais mínimas indispensáveis à proteção dos direitos humanos (v.g. art. 6.º da CEDH), se houver razões para acreditar que a vida de uma pessoa está em risco, se a lei interna proibir o confisco de certo tipo de bens, a cooperação poderá ser recusada[44]. Se é verdade que «o direito constitucional não pode aniquilar o direito estrangeiro» também é certo que as normas de direito estrangeiro também não deixam de estar vinculadas aos direitos fundamentais, *maxime* ao núcleo essencial de direitos, liberdades e garantias, «quando aspiram a ser aplicadas num outro ordenamento jurídico»[45].

A recusa de cooperação por violação de princípios fundamentais da ordem jurídica interna da Parte requerida deverá ser coerente. Por isso mesmo, se um Estado reconhece um determinado mecanismo processual relativamente a uma certa categoria de crimes (*v.g.* presunções para determinar o montante da vantagem da atividade criminosa – art. 3.º, n.º 4, da CCE/2005) não poderá recusar a sua aplicação a outras categorias de ilícitos[46]. O padrão deverá ser, insistimos, o mesmo.

2. A cooperação poderá, igualmente, ser recusada nos casos em que a execução do pedido seja suscetível de pôr em causa a soberania, a segurança, a ordem pública e outros interesses essenciais da Parte requerida [art. 18.º, n.º 1, al.ª b), da CCE/1990; art. 28.º, n.º 1, al.ª b), da CCE/2005][47].

[43] Esta causa de recusa corresponde ao artigo 6.º, al.ª a), da CCE/1970 e ao artigo 11.º, al.ª j), da CCE/1972 não sendo, portanto, uma novidade nos instrumentos do Conselho da Europa.

[44] *Explanatory Report*... 1999, § 60; *Explanatory Report*... 2005, § 204.

[45] Canotilho, J.J.Gomes /Brandão, Nuno, «Colaboração premiada e auxílio judiciário em matéria penal: a ordem pública como obstáculo à cooperação com a operação Lava Jato», *RLJ*, 2016, p. 20.

[46] *Explanatory Report*... 1999, § 60; *Explanatory Report*... 2005, § 204, al.ª e).

[47] A CCE/1959 já previa que o auxílio judiciário podia ser recusado se a Parte requerida considerasse que o cumprimento do pedido podia atentar contra a sua soberania, segurança,

Para além da proteção dos princípios fundamentais do ordenamento jurídico da Parte requerida, também «a soberania estadual não pode ser ferida, funcionando como barreira aos atos de cooperação»[48]. Nenhum Estado tem de prejudicar os seus legítimos interesses, ainda que meramente económicos, ou de prejudicar a sua segurança, para colaborar na execução da política criminal de outra Parte. Se, por exemplo, os bens que a Parte requerente reclama já estão congelados ao abrigo de um procedimento fiscal, a Parte requerida poderá, justamente, recusar-se a cooperar.

Na mesma linha, para não prejudicar a Parte requerida, quando a execução do pedido seja suscetível de afetar as suas investigações ou os seus procedimentos, poderá haver um adiamento do seu cumprimento (art. 19.º da CCE/1990; art. 29.º da CCE/2005): se o impedimento for temporário nada impede a conciliação dos interesses de ambas as partes.

3. Em terceiro lugar, a cooperação poderá ser recusada quando a Parte requerida considere que a importância do caso não justifica que seja tomada a medida solicitada [art. 18.º, n.º 1, al.ª c), CCE/1990; art. 28.º, n.º 1, al.ª c), CCE/2005]: ela pode ser recusada se a reduzida importância da infração não a justificar[49].

Em causa está o montante dos instrumentos ou dos produtos que se procuram recuperar e não a maior ou menor gravidade da infração que lhes está subjacente, que pode nem sequer estar em questão, uma vez que a perda pode ser decretada fora do próprio processo penal [art. 1.º, al.ª d), da CCE/1990; arts. 1.º, al.ª d) e 23.º, n.º 5, da CCE/2005). Para que as Partes cooperem, apenas se exige que os bens a declarar perdidos tenham sido empregues ou se destinassem a ser empregues, numa ou mais infrações penais ou que consubstanciem uma vantagem económica resultante daquela ou daquelas ou correspondam ao seu valor patrimonial.

ordem pública ou qualquer outro interesse essencial do seu país [art. 2.º, al.ª b)].

[48] Canotilho, J.J.Gomes/Brandão, Nuno, *Colaboração premiada*..., p. 18; sobre esta causa de recusa, na literatura internacional, Stessens, Guy, *Money Laundering* ..., p. 401 e ss.

[49] A reduzida importância das infrações é, entre nós, apesar do princípio da legalidade no exercício da promoção e da prossecução processual (art. 219.º, n.º 1 CRP), uma causa de recusa de cooperação (art.10.º da Lei n.º 144/99, de 31 de agosto – Lei da cooperação judiciária internacional). A cooperação deverá, pois, obedecer ao princípio da proporcionalidade (Correia, João Conde, *Cooperação*..., p. 240).

Este oneroso processo de cooperação internacional não deverá, assim, ser desencadeado quando o valor dos instrumentos ou dos produtos (ou de bens equivalentes) seja, afinal, mínimo: terá de existir uma certa proporção entre aquilo que, previsivelmente, se poderá, depois, confiscar e os custos necessários para o efeito. Os meios aos dispor das máquinas repressivas estaduais são normalmente escassos, não devendo ser sobrecarregados com bagatelas. Até porque, onde vigorar o princípio da oportunidade, porventura nem os casos internos semelhantes serão atendidos[50]. Executar um pedido internacional seria, nesse caso, um grande contrassenso.

A importância do caso deverá ser medida apenas pelo valor dos bens que se procuram declarar perdidos na Parte requerida, podendo o montante global dos bens a recuperar noutros locais ser irrelevante. Ainda que esse valor global seja considerável, o que importa é não onerar a Parte requerida com pedidos irrisórios. O valor dos bens recuperados deve superar os custos da cooperação.

Os elevados custos da cooperação não devem, também, ser *per si* um obstáculo intransponível à assistência. Em casos extremos, quando as despesas necessárias para cumprir o pedido sejam substanciais ou extraordinárias, as Partes consultar-se-ão para fixar as condições em que o pedido será executado e o modo como tais despesas serão suportadas: as partes não se obrigam a suportar mais do que as despesas ordinárias (art. 34.º CCE/1990 e art. 44.º CCE/2005). A eventual repartição futura dos bens confiscados poderá, depois, compensar estes custos extraordinários.

4. A cooperação poderá ser, ainda, recusada quando a infração a que respeita o pedido seja uma infração fiscal ou política, salvo, no caso da CCE/2005, se se tratar de financiamento do terrorismo [art. 18.º, n.º 1, al.ª d), da CCE/1990; art. 28.º, n.º 1, al.ªs d) e e), da CCE/2005].

A recusa de cooperação com base no caráter fiscal da infração subjacente ao pedido baseia-se num conceito de soberania que vê os Estados como competidores e, assim, procura defender os seus interesses económicos: a cooperação poderia prejudicar a sua própria política de

[50] Correia, João Conde, *Cooperação...*, p. 241.

arrecadação de impostos[51]. Os instrumentos relativos à assistência administrativa mútua em matéria tributária serão suficientes para satisfazer as necessidades de auxílio internacional ao nível fiscal[52].

Já a recusa de cooperação devido ao caráter político da infração generalizou-se no século XIX, para garantir asilo aos revolucionários liberais, visados por um pedido de extradição[53]. Procura-se proteger aqueles que cometeram um crime contra as instituições políticas do Estado do risco de sofrerem um julgamento injusto, mas também tolerar a resistência legítima à opressão política ou, mesmo, garantir o princípio de não ingerência[54]. Poderá assim parecer contraditório recusar a extradição por crimes políticos mas admitir a apreensão ou o confisco baseado nas mesmas razões.

De todo o modo, a verdade é que as situações são diferentes e que se justifica, aqui, uma atenuação do princípio. Neste caso, as partes sempre podem recusar-se a executar uma decisão confiscatória estrangeira se o processo onde foi proferida não respeitar o direito a um julgamento justo[55]. Assim, segundo a Convenção Europeia para a Repressão do Terrorismo, concluída em 27 de janeiro de 1977[56], «a entreajuda judiciária não poderá ser recusada pelo único motivo de que ela concerne a uma

[51] Stessens, Guy, *Money Laundering* ..., p. 299.

[52] A Convenção relativa à Assistência Administrativa Mútua em Matéria Fiscal, adotada em Estrasburgo, em 25 de janeiro de 1988 [pelos Estados Membros do Conselho da Europa e pelos países membros da Organização para a Cooperação e Desenvolvimento Económico (OCDE)] e revista pelo Protocolo de Revisão, adotado em Paris, em 27 de maio de 2010, consagra justamente, para além do mais, medidas relativas à troca de informação, incluindo controlos fiscais simultâneos e participação em controlos fiscais no estrangeiro e medidas relativas à assistência na cobrança, incluindo as providências cautelares (art. 1.º, n.º 2) e abrange, se for caso disso, medidas adotadas por órgãos judiciais (art. 1.º, n.º 1).

[53] Costa, Miguel João, *Dedere aut judicare? A decisão de extraditar ou julgar à luz do direito português, europeu e internacional*, Coimbra, Instituto jurídico, 2014, p. 89; Wyngaert, Christine Van Den, «The Political Offense Exception to Extradition: How to Plug the "Terrorist's Loophole" Without Departing From Fundamental Human Rights», *International Review of Penal Law*, 1991, 62, p. 292.

[54] Costa, Miguel João, *Dedere...*, p. 89; Correia, Eduardo, *Direito Criminal*, Coimbra, Almedina, 1971, 1, p. 186; Stessens, Guy, *Money Laundering* ..., p. 300.

[55] Stessens, Guy, *Money Laundering* ..., p. 300.

[56] Aprovada pela Lei n.º 19/81, de 18 de agosto.

infração política ou a uma infração conexa a uma tal infração ou a uma infração inspirada em móbil político» (art. 8.º, n.º 1), exceto se o Estado requerido tiver razões sérias para crer que o pedido de entreajuda «foi apresentado com o fim de perseguir ou punir uma pessoa por razões de raça, de religião, de nacionalidade ou de opiniões políticas ou que a situação dessa pessoa corre o risco de ser agravada por uma ou outra dessas razões» (art. 8.º, n.º 2).

A diversidade das situações e o crescimento exponencial do terrorismo explicam, portanto, que também a CCE/2005 tenha excecionado desta causa de recusa o financiamento do terrorismo [art. 28.º, n.º 1, al.ªs d) e e)]. As Partes devem auxiliar-se, mutuamente, no combate a este grave flagelo (art. 2.º, n.º 2). Estancar a fontes de financiamento do terrorismo, assim contribuindo para a sua diminuição, deve ser uma preocupação global.

5. Em quinto lugar, a cooperação poderá ser recusada quando a Parte requerida considere que a aceitação da medida solicitada, consubstanciando uma dupla ablação dos instrumentos ou produtos do crime, iria contra o princípio *ne bis in idem* [art. 18.º, n.º 1, al.ª e), da CCE/1990; art. 28.º, n.º 1, al.ª f), da CCE/2005]. Enquanto «direito fundamental do indivíduo reconhecido pelo direito interno de cada Estado e por instrumentos internacionais que protegem direitos humanos»[57], o *ne bis in idem* poderá, assim, constituir um obstáculo à execução da cooperação solicitada. Os instrumentos e produtos do crime não devem (por força dos mecanismos da perda do valor equivalente: art. 7.º, n.º 2, al.ª a), da CCE/1990 e 15.º, n.º 2, al.ª a), da CCE/2005[58]) poder ser confiscados mais do que uma vez.

Uma vez que a perda pode ser configurada pelas Partes como uma «pena ou uma medida decretada por um tribunal em consequência de uma ou várias infrações penais» [em ambos os casos, art. 1.º, al.ª d)]

[57] LEITE, Inês Ferreira, *Ne (idem) Bis in Idem – Proibição de dupla punição e de duplo julgamento: contributos para a racionalidade do poder punitivo público*, Lisboa, AAFDL, 2016, I, p. 483/4.

[58] O confisco da própria coisa *in specie* impede que ela seja, de novo, declarada perdida, mas não impede o confisco do seu valor equivalente. Considerando que a perda dos instrumenta não pode ser substituída pela perda do seu valor correspondente [art. 7.º, n.º 2, al.ª a), CCE/1990; art. 15.º, n.º 2, al.ª a), CCE/2005], esta causa de recusa limita-se à perda dos produtos do crime.

coloca-se, todavia, a questão de saber se todos estes mecanismos estão protegidos pela proibição, *maxime* pelo artigo 4.º, n.º 1, do protocolo n.º 7, adicional à CEDH[59]. Tanto mais que, nos casos em que o confisco não seja uma sanção penal, inexistindo um juízo sobre a culpabilidade de uma determinada pessoa concreta, não se poderá dizer (como tem destacado o próprio TEDH) que esta está a ser, de novo, punida pelo mesmo facto[60].

6. Finalmente, a cooperação poderá, também, ser recusada quando à infração subjacente ao pedido não corresponda uma infração face ao direito interno da Parte requerida, se cometida em território sob a sua jurisdição [art. 18.º, n.º 1, al.ª f), da CCE/1990; art. 28.º, n.º 1, al.ª g), da CCE/2005]. Com efeito, apesar da sua crescente desvalorização[61], a dupla incriminação continua a ser um requisito importante para a completa cooperação entre as partes. Não será concebível que um Estado possa colaborar no confisco de instrumentos ou de produtos (ou de bens de valor equivalente) do crime que ele próprio não possa, jamais, confiscar. Compreende-se, portanto, que o auxílio para efeitos de perda, ou mesmo para efeitos de medidas provisórias, possa ser recusado nos casos em que isso não suceda.

Já não é assim, na sequência da CCE/1959, quando apenas estiver em causa a cooperação para efeitos de investigação, que dispensa a

[59] LEITE, Inês Ferreira, «Ne bis in idem», *in* Paulo Pinto de Albuquerque (org.), *Comentário da Convenção Europeia dos Direitos Humanos e dos Protocolos Adicionais*, Lisboa, Universidade Católica Editora, 2020, III, p. 2481.

[60] Na jurisprudência do TEDH, Donato Prisco v. Itália, n.º 38662/97, de 15 de junho de 1999; Capitani et Campanella v. Itália, n.º 24920/07, §§ 37 e ss., de 17 de agosto de 2011; na doutrina nacional, NUNES, Duarte Alberto Rodrigues, «Sobre a admissibilidade do confisco civil in rem de vantagens do crime», *Anatomia do Crime*, 2017, 6, p. 195; sobre o problema, na doutrina italiana, MAUGUERI, Anna Maria, *La tutela della...*, pp. 67 e ss.

[61] STESSENS, Guy, *Money Laundering ...*, p. 288; PAIS, Ana Isabel Rosa, «A Ausência de Controlo da Dupla Incriminação no Âmbito da Decisão-Quadro Relativa ao Mandado de Detenção Europeu. Breve Anotação ao Acórdão do Tribunal de Justiça de 3 de maio de 2007», *in* Manuel da Costa Andrade/Maria João Antunes/Susana Aires de Sousa (organizadores), *Estudos em Homenagem ao Prof. Doutor Jorge de Figueiredo Dias*, Coimbra, Coimbra Editora, 2009, 1, p. 804 e ss.

dupla incriminação[62]. Esta causa de recusa só será, portanto, aplicável ao auxílio judiciário para efeitos de investigação quando o ato solicitado implique o uso medidas coercivas [art. 18.º, n.º 1, al.ª f), parte final, da CCE/1990 e art. 28.º, n.º 1, al.ª g), parte final, da CCE/2005], caso em que será necessário que, em abstrato, ambas as partes incriminem a conduta em causa. Devido ao caráter embrionário do processo, é difícil verificar essa condição em concreto (*id est,* verificar que a conduta é punível em ambas as Partes), bastando, por isso mesmo, uma mera apreciação abstrata. Esta mesma razão prática, explica porque é que as medidas provisórias só estão sujeitas à verificação, em concreto, da dupla incriminação, quando forem executadas na sequência de um pedido de confisco: os factos já estarão, então, devidamente apurados e fixados (art. 11.º, n.º 2, da CCE/1990; art. 21.º, n.º 2, da CCE/2005). Quando assim não seja, bastará uma verificação, em abstrato (art. 11.º, n.º 1, da CCE/1990; art. 21.º, n.º 1, da CCE/2005).

Para efeitos de confisco, a dupla incriminação deverá ser apreciada em concreto, pressupondo que o visado, ainda que através de outro mecanismo, também seria confiscado na Parte requerida, podendo a Parte requerida solicitar, para poder formular a sua decisão, mais informação (art. 28, n.º 1, da CCE/1990; art. 38.º, n.º 1, da CCE/2005). Ao caráter definitivo dos factos junta-se o caráter irremediável da decisão, que, uma vez executada, transfere a propriedade do visado para o Estado, justificando maiores garantias na cooperação.

A exigência da dupla incriminação será considerada satisfeita independentemente do facto de ambas as Partes classificarem a infração dentro da mesma categoria ou em categorias diferentes de infrações ou de utilizarem igual ou diferente terminologia para a designarem, desde que ambas as Partes incriminem a conduta subjacente à infração [art. 28.º, n.º 1, al.ª g), da CCE/2005]. O *nomen juris* é irrelevante.

[62] Apenas quando estivesse em causa o cumprimento de uma carta rogatória para efeitos de busca ou apreensão, podiam as Partes Contratantes declarar que reservavam a faculdade de submeter o seu cumprimento à condição de a infração em causa ser, simultaneamente, punível pelas leis da Parte requerente e da Parte requerida [art. 5.º, n.º 1, al.ª a)]; na literatura jurídica: STESSENS, Guy, *Money Laundering* ..., p. 288; MCCLEAN, David, *International* ..., p. 171.

7. Para além destas causas de recusa gerais [art. 18.º, n.º 1, al.ªs a) a f), da CCE/1990; art. 28.º, n.º 1, al.ªs a) a g), da CCE/2005], aplicáveis a todos os tipos de cooperação[63], as Convenções preveem, ainda, que, quando a cooperação para efeitos de investigação implique o uso de medidas coercivas ou quando sejam requeridas medidas provisórias, a cooperação poderá ser recusada, se as medidas solicitadas não pudessem ser tomadas em virtude do direito interno da Parte requerida num caso interno análogo [art. 18.º, n.º 2, da CCE/1990; art. 28.º, n.º 2, da CCE/2005]. As partes requeridas não estão obrigadas a fazer mais do que fariam num caso interno semelhante, sendo o pedido executado em conformidade e por força do seu direito interno e segundo os procedimentos especificados no pedido, na medida em que não sejam incompatíveis com esse direito interno (arts. 9.º e 12.º, n.º 1, da CCE/1990; art. 15.º, n.º 3, da CCE/2005)[64]. O mesmo acontece, sempre que a legislação da Parte requerida o exija, nos casos em que as medidas solicitadas ou quaisquer outras medidas com efeitos análogos não sejam autorizadas pela legislação da Parte requerente ou, no que respeita às suas autoridades, se o pedido não tiver sido autorizado por um juiz ou por uma outra autoridade judiciária, incluindo o Ministério Público, atuando estas autoridades em matéria de infrações penais [art. 18.º, n.º 3, da CCE/1990; art. 28.º, n.º 3, da CCE/2005]. De fora ficam os tribunais administrativos bem como juízos ou tribunais exclusivamente competentes em questões civis[65]. Nenhuma parte poderá ser constrangida a colaborar com a ilegalidade alheia.

A cooperação para efeitos de confisco, consumando, finalmente, a eventual privação injusta do direito de propriedade, poderá (para além daquelas causas gerais) ser também recusada se a legislação da Parte requerida não previr a perda para o tipo de infração a que se refere o pedido [art. 18.º, n.º 4, al.ª a), da CCE/1999; art. 28.º, n.º 4, al.ª a), da CCE/2005]. Ainda que exista dupla incriminação, a cooperação poderá, assim, ser recusada: a execução só está garantida quando os bens podem ser confiscados em ambas as Partes[66]. Para além disso, a cooperação poderá ser, igualmente,

[63] McClean, David, *International...*, p. 300.

[64] Stessens, Guy, *Money Laundering...*, p. 302 e ss.

[65] *Explanatory Report...*, 1990, § 69; *Explanatory Report...*, 2005, § 226.

[66] Stessens, Guy, *Money Laundering...*, p. 397.

recusada quando, sem prejuízo do confisco do valor, qualificar aqueles bens como instrumento ou produto daquele crime e, em consequência dessa ligação, decretar a sua perda seria contrário ao direito interno da Parte requerida [art. 18.º, n.º 4, al.ª b), da CCE/1999; art. 28.º, n.º 4, al.ª b), da CCE/2005]. A relação estabelecida pela Parte requerente entre o bem e o crime poderá ser considerada insuficiente pela Parte Requerida (*v.g.* porque não confisca os produtos indiretos ou o sucedâneo das vantagens da prática do crime). A ligação entre os bens e o crime é para ela demasiado remota. Em terceiro lugar a cooperação poderá, igualmente, ser recusada se face à legislação da Parte requerida, a decisão de perda não puder já ser proferida ou executada por motivo de prescrição [art. 18.º, n.º 4, al.ª c), da CCE/1999; art. 28.º, n.º 4, al.ª c), da CCE/2005]. Nesse caso, os bens em causa já não podem ser confiscados. O mesmo acontece, sem prejuízo da obrigação de executar medidas equivalentes à perda (artigo 23.º, n.º 3, da CCE/2005), quando o pedido não se referir a uma condenação anterior, a uma decisão de natureza judicial, ou a uma declaração que conste dessa decisão, declaração segundo a qual foram cometidas uma ou várias infrações penais e que esteve na origem da decisão ou do pedido de perda: o confisco administrativo, sem qualquer intervenção judicial, não está incluído no âmbito destas Convenções [art. 18.º, n.º 4, al.ª d), da CCE/1999; art. 28.º, n.º 4, al.ª d), da CCE/2005][67]. Em quinto lugar, a cooperação poderá ser também declinada quando a perda não for exequível na Parte requerente ou a decisão for ainda suscetível de recurso ordinário. Apesar de ser final, ela poderá (*v.g.* porque está pendente um recurso extraordinário ou porque foi proferida na ausência) ser inexequível [art. 18.º, n.º 4, al.ª e), da CCE/1999; art. 28.º, n.º 4, al.ª e), da CCE/2005][68]. Finalmente, a cooperação para confisco poderá, ainda, ser recusada quando o pedido respeitar a uma decisão de perda proferida na ausência da pessoa por ela visada e, segundo a Parte requerida, o procedimento instaurado pela Parte requerente para esse efeito não tiver respeitado os

[67] *Explanatory Report* ...1990, § 73; *Explanatory Report* ...2005, § 233; Stessens, Guy, *Money Laundering* ..., p. 398.

[68] *Explanatory Report* ...1990, § 74; *Explanatory Report* ...2005, § 234. Nos pedidos de cooperação para confisco as partes devem atestar que a decisão é exequível e já não está sujeita a recursos ordinários [art. 27.º, n.º 3, al.ª ii), CCE/1990; art. 37.º, n.º 3, al.ª ii), CCE/2005].

direitos mínimos de defesa reconhecidos a qualquer pessoa acusada de uma infração penal [art. 18.º, n.º 4, al.ª f),da CCE/1999; art. 28.º, n.º 4, al.ª f), da CCE/2005][69]. Sob pena de violação do direito a um *fair trial*, o visado não deverá ser nunca completamente privado do seu direito a estar presente no julgamento, que constituiu uma das mais importantes garantias dos direitos de defesa consagradas no artigo 6.º da CEDH[70]. De todo o modo, considerando, nomeadamente, que aquele direito não é absoluto e que um procedimento *in absentia* poderá ser, muitas vezes, a única possibilidade de recuperar os proventos do crime, as Convenções determinam que não serão consideradas como proferidas na ausência da pessoa visada as decisões que tiverem sido confirmadas ou proferidas após contestação pelo interessado; ou proferidas em sede de recurso, na condição de o recurso ter sido interposto pelo interessado (art. 18.º, n.º 5, da CCE/1999; art. 28.º, n.º 5, da CCE/2005)[71].

8. A investigação, a apreensão e o confisco dos instrumentos e produtos decorrentes da prática de um crime podem afetar direitos de terceiros, *maxime* de boa-fé, devendo as Partes assegurar que eles têm remédios efetivos (art. 5.º da CCE/1990; art. 8 da CCE/2005)[72]. Assim, quando estiver em causa um pedido de congelamento ou de confisco a

[69] O artigo 3.º, do Segundo Protocolo Adicional à Convenção Europeia de Extradição, concluído em 17 de março de 1978, contém uma disposição semelhante; na doutrina, cfr. Guy Stessens, *Money Laundering* ..., p. 391 e ss.

[70] Entre as inúmeras decisões do TEDH sobre o julgamento na ausência, por exemplo, Colozza c. Itália, n.º 9024/80, § 27 e ss., de 12 de fevereiro de 1985; Sejdovic c. Itália (GC), n.º 56581/00, § 81 e ss., de 1 de março de 2006; ou Hermi c. Itália, n.º 18114/02, § 58 e ss., de 13 de outubro de 2006; na literatura nacional, para esta jurisprudência, Churro, Bárbara, *Julgamento na Ausência: contributo para uma revisão do regime do Código de Processo Penal à luz da Diretiva (UE) 2016/343*, Coimbra, Almedina, 2020, p. 79 e ss.

[71] Esta solução segue o artigo 20.º CCE/1970.

[72] Por exemplo, no caso Silickienė c. a Lituânia (n.º 20496/02, § 50, de 10 de abril de 2012), o TEDH considerou, assim, que as pessoas cuja propriedade seja confiscada devem assumir formalmente o estatuto de parte no processo e no caso Dumagas Transport S.A. v. Bulgaria (n.º 59271/11, § 29 e ss., de 21 de novembro de 2019) criticou o facto do terceiro não ter tido sequer a oportunidade de questioar o confisco. Para a jurisprudência do Tribunal nesta matéria, cfr. Maugeri, Ana Maria, *La Tutela della Proprietà...*, p. 22 e ss. ou, Rodrigues, Hélio Rigor, *O Confisco das Vantagens do crime...*, p. 70 e ss.

parte requerida reconhece qualquer decisão judiciária proferida na Parte requerente relativamente aos direitos por eles reivindicados (art. 22.º, n.º 1, da CCE/1990; art. 32.º, n.º 1, da CCE/2005). Só não será assim quando os terceiros não tiveram possibilidade suficiente de fazer valer os seus direitos; ou a decisão é incompatível com uma decisão já proferida na Parte requerida e referente à mesma questão; ou se ela é incompatível com a ordem pública da Parte requerida; ou se a decisão foi proferida contrariamente às disposições em matéria de competência exclusiva previstas pelo direito da Parte requerida (art. 22.º, n.º 2, da CCE/1990; art. 32.º, n.º 2, da CCE/2005)[73].

V. Conclusões

A CCE/1990 e a CCE/2005 consagram um regime geral de cooperação internacional para efeitos de detenção, investigação, apreensão, perda e partilha dos instrumentos ou dos produtos (ou de bens de valor a eles equivalente) do crime, assim reforçando as referências especiais que outras convenções fazem a estes mecanismos. O conjunto, coerente e uniforme, de todas estas normas jurídicas internacionais exprime uma política criminal dirigida para o combate, intransigente, aos lucros do crime, estejam eles localizados em território nacional ou no estrangeiro. As possibilidades das instâncias formais de controlo devem ser iguais em ambos os casos.

Mesmo assim, para além dos problemas provocados pelo inelutável correr do tempo, este mecanismo internacional contém um leque alargado de causas de recusa, que contribuem para a ineficácia do sistema: «sin duda el *talón de Aquiles* de este instrumento internacional lo encon-

[73] Segundo o TEDH (embora a propósito de outros mecanismos processuais civis), o artigo 6.º, n.º 1, da CEDH exige que a decisão de executar um veredicto judicial estrangeiro não possa ser proferida sem que o visado tenha podido arguir no Estado de emissão ou no Estado de Execução o caráter não equitativo do processo que originou a decisão de execução (Avotiņš c. Letónia n.º 17502/07, § 98 e ss., de 23 de maio 2016; sobre esta decisão, entre nós, Alexandre, Isabel «Relações entre a Convenção e o Direito Internacional Processual Civil», *in* Paulo Pinto de Albuquerque (Org.), *Comentário da Convenção Europeia dos Direitos Humanos e dos Protocolos Adicionais*, Lisboa, Universidade Católica Editora, 2020, I, p. 436 e ss.).

tramos en las causas de denegación»[74]. As Partes requeridas, embora devam agir de boa-fé[75], continuam a gozar de uma grande margem de discricionariedade no momento decisivo de usar uma destas causas de recusa ou de executar o pedido.

[74] Villarejo Fernández, Francisco Jiménez, *Novedades legislativas...*, p. 101; Rodrigues, Hélio Rigor/Rodrigues, Carlos A. Reis, *Recuperação...*, p. 76.

[75] Apesar de, com exceção da CEDH (art. 19.º), não ser competente para controlar o respeito pelos tratados e as obrigações internacionais dos Estados, o TEDH já reconheceu, em certos casos específicos, que as partes podem ter a obrigação de cooperar, devendo, em boa-fé, esgotar as possibilidades disponíveis atentos os instrumentos internacionais de auxílio judiciário mútuo disponíveis para efeitos (caso Güzelyurtlu e otros c. Chipre e Turquia, n.º 36925/07, § 232 e ss., de 29 de janeiro de 2019 ou X e outros contra a Bulgária (GC), n.º. 22457/16, § 191, de 2 de fevereiro de 2021). Tanto mais que, segundo os artigos 18.º e 26.º da Convenção de Viena sobre o Direito dos Tratados, concluída em 23 de Maio de 1969, os Estados devem abster-se de actos que privem um tratado do seu objecto ou do seu fim, devendo cumpri-los de boa-fé.

13. Cooperação e Recuperação de Ativos na Comunidade dos Países de Língua Portuguesa

JORGE DOS REIS BRAVO
Procurador-Geral Adjunto

I. Introdução

A Comunidade dos Países de Língua Portuguesa (doravante CPLP) é definida nos seus Estatutos como um foro multilateral privilegiado para o aprofundamento da amizade mútua, da concertação político-diplomática e da cooperação entre os seus membros (art. 1.º).

Entre os objetivos a prosseguir, avultam o incentivo à difusão e enriquecimento da língua portuguesa, o incremento do intercâmbio cultural e da difusão da criação intelectual e artística no espaço da língua portuguesa, o alargamento da cooperação na área da concertação político-diplomática, o desenvolvimento de ações de cooperação interparlamentar e o reforço dos laços humanos, de solidariedade e fraternidade entre todos os povos que têm a língua portuguesa como um dos fundamentos da sua identidade específica, através, designadamente, da promoção de medidas destinadas a facilitar a circulação dos cidadãos dos países membros no espaço da CPLP.

No art. 3.º, al. *b)* dos Estatutos prevê-se expressamente «[A] cooperação em todos os domínios, inclusive os da educação, saúde, ciência e tecnologia, defesa, agricultura, administração pública, comunicações, justiça, segurança pública, cultura, desporto e comunicação social».

O «espaço da cooperação da lusofonia», corporizado pela CPLP, deve ser entendido, não apenas como um espaço linguístico-cultural partilhado, mas antes como um espaço relevante para o trabalho em redes de diversificadas matérias e atividades. Como plataforma de cooperação interestadual, a CPLP parece poder assumir-se como instrumento de inegável interesse para os seus Estados-Membros – mesmo que o efetivo interesse dos Estados africanos e de Timor-Leste, inseridos noutros quadros de cooperação porventura mais utilitária, possa ser questionado –, conseguindo concitar o interesse de outros Estados, como a Guiné Equatorial, que desenvolvem esforços no sentido de se tornarem membros de pleno direito da organização. Tal constatação não significa que a CPLP seja uma organização de perfil inteiramente acabado ou definitivo, mantendo, antes, um potencial de evolução e desenvolvimento do seu objeto, da sua estrutura e das suas próprias finalidades.

Pode, aliás, desenhar-se um perfil e um programa implícitos da CPLP no preâmbulo da sua Declaração Constitutiva, onde se indicam os direitos humanos – a par da Paz, da Democracia, do Estado de Direito, do Desenvolvimento e da Justiça Social – como «valores perenes» de que estavam imbuídos os Chefes de Estado e de Governo de Angola, Brasil, Cabo Verde, Guiné-Bissau, Moçambique, Portugal e São Tomé e Príncipe ao subscreverem a Declaração. Para além de «valores perenes» ou fundacionais inspiradores da Declaração, os direitos humanos foram também apontados como objetivos a prosseguir pelos Estados subscritores, que assumiram o propósito de promover ações de cooperação e de coordenação conjuntas para assegurar o respeito pelos direitos humanos, nos respetivos territórios e em todo o mundo. Todavia, no texto dos Estatutos, os direitos humanos não figuravam expressamente entre os objetivos gerais da CPLP, mencionados nas alíneas do art. 3.º, ainda que possam, pois, considerar-se objetivos implícitos no escopo de cooperação quanto aos domínios da educação, da saúde e da justiça, enunciados na alínea *b)* desse preceito. Na sua versão de 1996, os Estatutos faziam apenas uma menção aos direitos humanos, no artigo 5.º, alínea e), como princípios orientadores da CPLP, ao lado da Paz, da Democracia, do Estado de Direito e da justiça social. A revisão de Brasília, em 2002, acrescentou um número 2 ao art. 5.º, para estatuir que, enquanto princípios orientadores, a CPLP se rege e estimulará a cooperação entre os seus membros com o objetivo de promover as práticas democráticas, a boa governação e o respeito pelos direitos humanos.

A CPLP assenta constitutivamente numa base de cooperação intergovernamental e, sendo assim, naturalmente que a assunção de competências por parte da mesma terá sempre um âmbito mais limitado, ao invés do que teria se assumisse uma feição de órgão político-institucional internacional como organização federativa ou supraestadual, com poderes e competências próprios e autonomia perante os Estados-Membros[1].

O disposto no art. 5.º, n.º 1 dos Estatutos da CPLP, seguindo a mesma linha da Declaração Constitutiva, estipula que a atuação da CPLP estará subordinada ao princípio da igualdade soberana dos Estados-Membros. Trata-se, pois, de uma Associação de Estados afirmando uma personalidade jurídica que não se confunde, mas concorre, com a personalidade jurídica de cada um dos Estados-Membros.

Foi consensualmente entendido que «A ideia era fortalecer as solidariedades horizontais com base na cultura» e na língua comum, sem embargo de (sem se comprometer a enfâse intergovernamental) não se poder repensar a estratégia de atuação dos órgãos desta comunidade tendo em vista a potenciação dos seus objetivos. A noção de comunidade pressupõe conteúdos políticos, económicos, culturais e outros que geram complementaridades e sinergias de natureza diversificada, pelo que a CPLP é muito diferente de uma instituição que se caracterize por uma matriz de originária integração. Na sua essência, a CPLP carece de um projeto que, de certa forma, enquadre os interesses «soberanos» dos Estados num plano estratégico de integração e articulação que os equacione de forma integrada e que os supere. No entanto, a diversidade de expectativas, de compromissos, de esforços e de objetivos entre os vários Estados-Membros não descaracteriza, por si só, a natureza de uma organização como a CPLP, que originariamente surge como plural e universalista[2].

[1] Para uma visão geral da história e natureza da CPLP enquanto instrumento de tutela de direitos humanos, cfr. Patrícia Jerónimo , «A Comunidade dos Países de Língua Portuguesa, hoje. Fará sentido tratá-la como uma organização de direitos humanos?», consultável em *https://repositorium.sdum.uminho.pt/bitstream/1822/61256/1/JER%C3%93NIMO%2C%20Patr%C3%ADcia%2C%20A%20CPLP%20como%20Organiza%C3%A7%C3%A3o%20de%20Direitos%20Humanos_vers%C3%A3oWB.pdf* (acedido em 13.10.2020). O estudo corresponde ao texto da comunicação apresentada na conferência «Os Desafios da CPLP à Luz do Direito Internacional Público», em homenagem ao Professor Doutor Wladimir Brito, que decorreu na Universidade Lusófona do Porto, no dia 19 de abril de 2018.

[2] Sobre a necessidade de ser reconhecida essa pluralidade do universo lusófono e das contradições que encerra e de se admitir que Portugal não é o detentor do critério de «autenticidade» da lusofonia e que os outros povos lusófonos podem não a conceber como os portugue-

Neste quadro, torna-se especialmente relevante e prospetiva a forma como se procederá à cooperação judiciária em domínios jurídicos cujos desenvolvimentos e positivação recente recomendam uma certa integração normativa, como sejam os regimes do confisco, abrangendo as formas de perda clássica de vantagens do crime e as novas formas de perda alargada ou de perda de património do arguido incongruente com o património licitamente declarado, envolvendo as vertentes de perda de vantagens independentemente de condenação e de perda postecipada (à decisão condenatória), bem como relativamente à cooperação entre instituições nacionais dedicadas à investigação patrimonial e financeira. É este um domínio em que, por excelência, se devem mobilizar os Estados lusófonos, no sentido de dar adequadas e tempestivas respostas no tocante a uma dimensão das consequências patrimoniais e financeiras da prática do crime.

A este propósito, bem poderá indagar-se sobre se, além da cooperação bilateral ou multilateral convencional, não faria sentido a criação de uma agência ou serviço de «diplomacia judiciária» que pudesse servir de plataforma de articulação e coordenação relativamente aos pedidos de apoio e cooperação que fossem necessários, à imagem da Eurojust ou outro modelo, integrada ou autónoma relativamente à Rede de Cooperação Jurídica e Judiciária Internacional dos Países de Língua Portuguesa (RJCPLP).

II. Novas conceções, novos objetivos e novos esforços no âmbito do confisco no espaço da juslusofonia

As necessidades da cooperação judiciária internacional em matéria penal decorrem de cada vez mais imperiosa necessidade de os Estados, num contexto de Globalização do crime e de sofisticação tecnológica, mas procurando preservar a respetiva independência e soberania, colaborarem entre si na resposta aos desafios das atividades criminais de natureza transnacional. A noção de efetividade da prevenção e de repressão de extensos e inquietantes fenómenos criminosos lesivos de interesses pessoais, financeiros ou estaduais, reclama a articulação e coordenação de

ses, cfr. Eduardo Lourenço, *A Nau de Ícaro seguido de Imagem e Miragem da Lusofonia*, Lisboa, Gradiva, 1999, pp. 112 e 165.

esforços no sentido de afrontar os desafios colocados pelas diferenciadas atividades criminosas, em que pontifica o interesse na recuperação de ativos dos factos típicos e ilícitos.

O quadro da cooperação judiciária da justiça criminal «não é necessariamente conformada pelo direito, ou apenas pelo direito»[3], particularmente no que toca ao nível das decisões políticas de vinculação internacional dos Estados a Convenções, tendo sido progressivamente alterado no sentido do reforço da celeridade e simplificação do auxílio judiciário mútuo. As transformações neste domínio traduzem-se na aprovação de instrumentos convencionais que reduzem os mecanismos de filtragem político-administrativa casuísticos em função dos compromissos estaduais no sentido do estabelecimento da confiança recíproca, estabelecendo-se quadros normativos de apoio cuja decisão dos pedidos de intervenção delegada em entidades de natureza preferencialmente judiciária ou com critérios de ponderações e aplicação essencialmente judiciários.

No âmbito dos esforços de concertação e articulação da cooperação judiciária da CPLP em matéria de recuperação de ativos, cumpre salientar a relevância das conclusões da «Declaração de Santa Maria sobre Perda de Bens, Recuperação de Ativos e Cooperação Internacional em Matéria Penal»[4], em resultado dos estudos e debates empreendidos no âmbito da 3.º Fórum de reflexão, partilha e criação de redes colaborativas dos Magistrados do Ministério Público 27 a 29 de novembro de 2019, no Sal, Cabo Verde.

Tratando-se embora de um Fórum de partilha de experiências e de reflexões redes colaborativas entre os Magistrados do Ministério Público dos PALOP e de Timor-Leste[5] [6], os resultados dos trabalhos deste Fórum

[3] Cfr. Gless, Sabine e Vervaele, John A. E., «Law Should Govern: Aspiring General Principles for Transnational Criminal Justice», *Utrecht Law Review*, vol. 9, n. 4, 2013, p. 2.

[4] Disponível em *https://www.paced-paloptl.com/uploads/publicacoes_ficheiros/conclusooes3%C2%BA-forummpcartasalversao-final.pdf* (acedido em 16.11.2020).

[5] Levado a efeito numa atividade integrada no Projeto de Apoio à Consolidação do Estado de Direito (PACED) e realizada em parceria com a Procuradoria-Geral da República de Cabo Verde, com o Instituto de Direito Penal Económico e Europeu (IDPEE) da Faculdade de Direito da Universidade de Coimbra e com o Escritório das Nações Unidas sobre Drogas e Crime (UNODC), com o foco nos temas essenciais da Justiça Criminal e do Estado de direito à luz da cooperação internacional incidindo sobre a importância daquelas redes colaborativas

surgem como inequívocas mais-valias no combate à criminalidade económico-financeira e ao crime organizado, nomeadamente as respostas quanto aos mecanismos de deteção, identificação, apreensão, perda e administração de ativos resultantes da prática, efetiva ou presumida, de tipos de crime daquelas categorias.

Entre as conclusões enunciadas pelos parceiros presentes em tal Fórum, contam-se as seguintes, ilustrando a importância e atualidade das questões ali tratadas:

> «1. O exercício da jurisdição penal exige, hoje, para além da garantia e reforço da autonomia do Ministério Público, a capacitação permanente dos magistrados de forma a enfrentar os desafios decorrentes das novas realidades criminais num mundo globalizado de criminalidade organizada, nomeadamente os crimes de terrorismo, tráfico de drogas, corrupção e branqueamento de capitais.
>
> 2. A perda de bens e a recuperação de ativos é um mecanismo eficaz no domínio das políticas criminais, contribuindo para o restabelecimento da paz jurídica, acentuando os intuitos de prevenção geral e especial, através da demonstração de que o crime não compensa.
>
> 3. Importa agilizar os mecanismos previstos nos instrumentos jurídicos de âmbito regional, nomeadamente as Convenções da União Africana sobre Prevenção e Combate à Corrupção e a Convenção de Auxílio Judiciário em matéria penal entre os Estados membros da CPLP, que concretizam a cooperação entre autoridades competentes nesta matéria.
>
> 4. A eficácia do mecanismo de perda de bens e recuperação de ativos importa uma coordenação entre o regime penal e o regime processual penal, permitindo soluções mais integradas e eficazes.
>
> 5. Salienta-se a importância da consagração da perda ampliada nos termos das melhores práticas internacionais nos diversos sistemas jurídicos.

para a concretização da cooperação entre os países presentes sobre a matéria de perda de bens e recuperação de ativos, como mecanismo essencial no âmbito das respostas contra a criminalidade económica e organizada.

[6] Na economia do presente texto, assumiu-se não desenvolver quaisquer considerações envolvendo o regime jurídico do confisco eventualmente vigente na Guiné-Conacri.

6. É essencial um maior empenhamento das autoridades competentes na concretização das propostas de harmonização legislativa disponíveis, especificamente sobre perda de bens e recuperação de ativos.

7. Defende-se a cooperação específica entre os magistrados do Ministério Público estabelecendo um diálogo a nível nacional e internacional de forma a consolidar o princípio da confiança mútua.

8. Defende-se a necessidade de articulação e coordenação entre a investigação criminal e a investigação financeira e patrimonial na identificação, localização e apreensão dos instrumentos, produtos e vantagens do facto ilícito típico, assim como o acesso às bases de dados, recolha, comunicação e tratamento dos dados estatísticos respetivos.

9. Importa criar unidades de investigação no âmbito do Ministério Público com magistrados dotados de formação e capacitação especializadas.

10. Importa criar e/ou reforçar mecanismos de gestão e administração dos bens apreendidos.

11. Reconhece-se a relevância da criação de um «Fórum Permanente de Cooperação Penal Internacional», à escala dos magistrados do Ministério Público, para agilizar, desenvolver e efetivar a realização da justiça criminal nestes domínios, na continuidade do Projeto de Apoio à Consolidação do Estado de Direito».

Estas conclusões, que bem se podem interpretar como um programa no plano da recuperação de ativos, demonstram a aposta, pelo menos dos operadores judiciários em questão (magistratura do Ministério Público dos PALOP e de Timor-Leste), no sentido de reconhecer, apoiar e prosseguir na criação de iniciativas legais de procedimentos de identificação, de apreensão, de perda e de avaliação e conservação de património resultante da criminalidade económico-financeira e organizada.

Importa reter deste conjunto de conclusões a unanimidade no reconhecimento dos instrumentos de perda de bens e de recuperação de ativos como mecanismos eficazes no domínio da política criminal, contribuindo para o restabelecimento da paz jurídica, para a reposição do arguido na posição patrimonial anterior à prática do crime, reconduzindo-se à máxima antiga de que «o crime não compensa».

Deste conjunto de proposições destaca-se ainda a aposta na eficácia dos mecanismos de perda de bens e recuperação de ativos, a qual importará uma articulação entre o regime substantivo e a disciplina processual penal, permitindo soluções mais integradas e eficazes – no caso de alguns países, a criar *ex novo*.

É ainda salientada a importância da consagração do instituto de perda ampliada ou de perda de património incongruente – a diferença entre o património (total no domínio) do arguido e o que é congruente com o fiscalmente declarado – nos termos das melhores recomendações e dispositivos de instrumentos jurídicos internacionais.

Nesse propósito é assinalada a necessidade de um maior empenhamento das autoridades competentes na concretização das propostas de harmonização legislativa disponíveis, concretamente sobre perda de bens e recuperação de ativos.

Defende-se a necessidade de coordenação entre os planos da investigação criminal e da investigação patrimonial e financeira (na identificação, localização, apreensão e perda dos instrumentos, produtos e vantagens do facto ilícito típico), assim como o acesso às bases de dados, recolha, comunicação e tratamento dos dados estatísticos respetivos.

É salientada a importância na criação de unidades de investigação, investindo-se na formação e capacitação especializada nesses domínios de magistrados do Ministério Público.

Aproveita-se, de resto, este ensejo para sugerir a necessidade de criação e/ou reforço de instituições de gestão e administração dos bens apreendidos.

Por último, reconhece-se a relevância da eventual criação de um «Fórum Permanente de Cooperação Penal Internacional», no quadro dos Ministérios Públicos da Lusofonia, para permitir a agilização, o desenvolvimento e efetivação da justiça criminal nestes domínios, na continuidade do Projeto de Apoio à Consolidação do Estado de Direito[7].

Não se aponta nestas proposições, para o estabelecimento de um concreto enquadramento jurídico-normativo – que se concede ser uma matéria sensível e melindrosa, a ponderar de acordo com o concreto qua-

[7] Conclusão que aponta, afinal, para o mesmo tipo de entidade ou agência acima sugerida (em I. *in fine*), tratando-se de um possível «ponto de encontro de diplomacia judiciária» relativa às questões da cooperação em matéria de recuperação e administração de ativos.

dro constitucional de cada Estado aderente – do que deva ser, p. ex., o instituto de perda alargada ou de perda de património incongruente.

Nem se defende, para já, a proposta de uma específica convenção tendente a disciplinar as questões de cooperação judiciária em matéria de confisco e de reconhecimento das decisões em tal âmbito.

Por outro lado, estamos persuadidos que poderá, afinal, ser de transcendente relevância o estabelecimento de mecanismos no tocante à administração e gestão de bens apreendidos no quadro da cooperação judiciária em matéria de perda clássica ou alargada de bens. Esta preocupação emerge, aliás, de recentes intervenções no contexto da cooperação judiciária no âmbito da recuperação de ativos que envolveram a República Federativa do Brasil[8] e de Angola[9] e a República Portuguesa e que têm colocado desafios e problemas de índole jurídica[10], mas igualmente de natureza prática e gestionária[11].

Se nos parece um bom sinal a efetividade da intervenção judiciária no âmbito da recuperação de ativos envolvendo interesses de pessoas económica e politicamente influentes, não se devem subestimar as dificuldades que podem, por isso, emergir.

[8] Como os pedidos de apreensão/arresto de ativos de arguidos no âmbito de investigações derivadas do processo «Lava-jato».

[9] Relativamente a pedidos de «congelamento» de ativos ligados a algumas individualidades angolanas.

[10] Cfr. o Parecer n.º 2/2016 do CC PGR.

[11] Quanto a alguns problemas suscitados relativamente à situação da gestão e administração desses ativos, cfr. a matéria do *Jornal de Negócios* de 24.11.2020 «Os desafios dos bens arrestados por Angola: *Em boa verdade alguns desses ativos são neste momento um problema para o Estado. Por duas ordens de razão. A primeira é a de que não poderão ser alienados até à conclusão dos processos judiciais, o que se poderá traduzir numa longa caminhada pelos tribunais. A segunda é de que alguns deles, pela sua natureza, acabam por acarretar mais despesa para o Estado. Neste particular, pode ser usado como exemplo a Medianova. O grupo de comunicação social que detinha a TV Zimbo e o jornal O País foi entregue pelos seus proprietários, os generais Dino e Kopelipa e o ex-vice-presidente de Angola, Manuel Vicente, ao Serviço Nacional de Recuperação Ativos em julho de 2020, e desde então constitui mais uma fonte de encargos para os cofres públicos que se materializa no pagamento de salários. Em paralelo, existe um terceiro problema que se coloca neste quadro global, o qual se prende com a gestão temporária desses ativos. Se alguns são capazes de gerar receita capaz de garantir o seu funcionamento, caso dos hipermercados Candando arrestados a Isabel dos Santos, outros afiguram-se mais problemáticos devido à sua incapacidade de produzir liquidez resultante do normal funcionamento do mercado*».

III. O quadro de cooperação judiciária da CPLP no âmbito da recuperação de ativos

O quadro normativo da cooperação judiciária no espaço lusófono em matéria de recuperação de ativos remete, essencialmente, para a Convenção de Auxílio Judiciário em Matéria Penal entre os Estados Membros da Comunidade dos Países de Língua Portuguesa (= Convenção de auxílio judiciário CPLP)[12], um instrumento multilateral celebrado no seio da CPLP, o qual substitui, no que respeita aos Estados aos quais se aplica[13],

[12] Aprovada em Portugal, pela Resolução da Assembleia da República n.º 46/2008, de 12.09, ratificada pelo Decreto do Presidente da República n.º 64/2008, de 12.09 e publicada no DR I.ª Série, n.º 177, de 12.9.2008. Entrou em vigor na ordem jurídica nacional em 01.03.2010. Nos termos e para os efeitos do disposto no n.º 4 do artigo 7.º da Convenção, a autoridade central da República Portuguesa é a Procuradoria-Geral da República.
Ao abrigo da Lei n.º 144/99, de 31.08 (Lei da Cooperação Judiciária Internacional em Matéria Penal, doravante LCJIMP), a PGR, enquanto «autoridade central», não tem qualquer competência decisória sobre a recusa de pedidos de auxílio judiciário rececionados, incumbindo-lhe, tão só, a comunicação das eventuais recusas às autoridades estrangeiras (artigos 24.º, n.º 3 e 30.º, n.º 1, da LCJIMP). Relativamente a pedidos de auxílio judiciário formulados à República Portuguesa que tenham sido encaminhados para a autoridade judiciária portuguesa e em que, no processamento interno, seja aplicável a lei da cooperação judiciária internacional em matéria penal, a decisão final sobre a eventual recusa competirá sempre à autoridade judiciária, nos termos do art. 25.º, n.º 1, da LCJIMP. No âmbito da Convenção de Auxílio Judiciário em Matéria Penal entre os Estados da CPLP, a República Portuguesa aceitou como via de transmissão e de receção dos pedidos de auxílio judiciário a comunicação direta entre autoridades judiciárias competentes ou entre estas e as autoridades centrais ou entre autoridades centrais, nos termos das disposições conjugadas do n.º 2 do art. 7.º da referida Convenção e do n.º 1 do art. 2.º do Decreto do Presidente da República n.º 64/2008, de 12.09. Por isso, a República Portuguesa estabeleceu como facultativa a intervenção da autoridade central nacional na receção de pedidos formulados ao abrigo da Convenção de Auxílio Judiciário em Matéria Penal entre os Estados da CPLP, assumindo tal intervenção um cunho eminentemente administrativo (quer no âmbito da LCJIMP quer no quadro da Convenção de Auxílio Judiciário em Matéria Penal entre os Estados da CPLP). Relativamente às competências da autoridade central em matéria de auxílio judiciário, as mesmas apresentam-se com estrita natureza administrativa, reportando-se à receção e encaminhamento para entidades com poder decisório, sejam elas de natureza executiva ou judiciária, de pedidos de auxílio ativo e passivo. Cfr., neste sentido, Parecer n.º 2/2016 do CC PGR.

[13] De acordo com o Aviso do Ministério dos Negócios Estrangeiros n.º 181/2011, de 10.8.2011, a República Portuguesa depositou em 1 de fevereiro de 2010, junto do Secretariado Executivo da CPLP, o seu instrumento de ratificação relativo à referida Convenção, a qual nessa data já

as disposições de tratados, convenções ou acordos bilaterais que, entre dois Estados Contratantes, regulem o auxílio judiciário em matéria penal (art. 20.º, n.º 1), podendo ainda os Estados Contratantes concluir entre si tratados, convenções ou acordos bilaterais ou multilaterais para completar as disposições dessa Convenção ou para facilitar a aplicação dos princípios nela contidos (art. 20.º, n.º 2).

O auxílio judiciário regulado na Convenção de auxílio judiciário CPLP não abrange todas as tipologias de cooperação judiciária em matéria penal, sendo algumas delas objeto de outras Convenções subscritas pelos mesmos Estados membros da CPLP, como a extradição e a transferência de pessoas condenadas[14].

Contudo, o âmbito da Convenção não se circunscreve à obtenção e produção de prova – entre as quais a realização de revistas, buscas, apreensões, exames e perícias, notificação e audição de pessoas – pretendendo regular outros aspetos envolvendo, designadamente, troca de informações sobre o direito respetivo, quanto aos antecedentes penais de suspeitos, arguidos e condenados e, para o que especificamente aqui interessa, aos atos necessários à perda, congelamento ou recuperação de instrumentos, bens, objetos ou produtos do crime (art. 1.º, n.º 2).

Por seu turno, do seu âmbito são expressamente excluídas as questões da execução das decisões de detenção ou de condenação bem como as relativas a infrações militares (art. 1.º, n.º 4).

se encontrava em vigor para a República de Moçambique, para a República Democrática de São Tomé e Príncipe e para a República Federativa do Brasil, desde 1.8.2009, para a República de Angola, desde 1.1.2011, e para a República Democrática de Timor-Leste, desde 1.5.2011. De acordo com o Aviso n.º 110/2018, de 2.10, esta Convenção encontra-se em vigor em Cabo Verde desde 1.9.2018.

[14] Convenções de Extradição (aprovada pela Resolução da A.R. n.º 49/2008, de 15.09, ratificada pelo Decreto do Presidente da República n.º 67/2008, de 15/09, pub. *in* D.R., 1.ª série – N.º 178, de 15.09.2008) e sobre Transferência de pessoas condenadas (Resolução da A.R. n.º 48/2008, de 15.09, ratificada pelo Decreto do Presidente da República n.º 66/2008, de 15.09, pub. in D.R., 1.ª série – N.º 178, de 15.9.2008) entre os Estados membros da CPLP, ambas de 23 de novembro de 2005. Cfr. informação completa sobre estes dois instrumentos, respetivamente, em *https://www.ministeriopublico.pt/instrumento/convencao-de-extradicao-entre-os-estados--membros-da-comunidade-dos-paises-de-lingua-0* e *https://www.ministeriopublico.pt/instrumento/convencao-sobre-transferencia-de-pessoas-condenadas-entre-os-estados-membros-da-0* (acedidos em 18.11.2020).

A Convenção de auxílio judiciário CPLP pressupõe as especiais relações e laços histórico-culturais entre as nações (a exemplo de acordos celebrados entre outros Estados com afinidades da mesma natureza), tendo optado por um modelo agilizado de cooperação entre autoridades judiciárias não vinculado a determinados tipos ou categorias de crimes (dispensa do requisito de dupla incriminação), na sequência de alguns tratados bilaterais envolvendo Estados membros da CPLP. Apesar disso, coloca-se um limiar mínimo de dignidade e gravidade penal do facto que esteja na origem de pedidos de realização de buscas, apreensões, exames e perícias: devem ser puníveis com uma pena privativa de liberdade igual ou superior a seis meses, também no Estado requerido, exceto se se destinarem à prova de uma causa de exclusão de culpa da pessoa contra a qual o procedimento foi instaurado (art. 2.º, n.º 2 da Convenção).

Para além da Convenção, regem ainda, supletivamente, a disciplina da cooperação em tal domínio, as legislações nacionais dos Estados Contratantes em matéria de cooperação judiciária internacional, naqueles aspetos não diretamente contemplados na Convenção, bem como as diversas legislações nacionais que fixam os pressupostos substantivos e os regimes processuais dos mecanismos de recuperação de ativos, que podem passar pelo instituto de perda clássica (direta) de produtos e vantagens do crime ou por instrumentos de declaração de perda de património incongruente ou de perda alargada.

A Lei de cooperação judiciária internacional, em Angola, é a Lei n.º 13/15 de 19 de junho (Lei da Cooperação Judiciária Internacional em Matéria Penal).

No Brasil não existe uma lei genérica sobre a cooperação jurídica e judiciária em matéria penal, resultando a regulação dos aspetos a tal respeitantes de previsões constitucionais, de processo penal e de ampla jurisprudência produzida a tal respeito.

Em Cabo Verde, as matérias da cooperação em matéria penal são tratadas na Lei n.º 6/VIII - 2011 de 29.08 (Lei da Cooperação Judiciária Internacional em Matéria Penal).

Na Guiné-Bissau não há uma lei geral que regule a cooperação internacional em matéria penal.

Em Moçambique os aspetos da cooperação judiciária internacional encontram-se regulados na Lei n.º 21/2019, de 11 de novembro (Estabelece os Princípios e Procedimentos da Cooperação Jurídica e Judiciária Internacional em Matéria Penal).

Em Portugal a Lei de cooperação internacional em matéria penal é a Lei n.º 144/99 de 31 de agosto (LCJIMP).

As normas da LCJIMP apenas se aplicam ao auxílio judiciário mútuo em matéria penal nas relações da República Portuguesa com Estados Partes da Convenção de Auxílio Judiciário CPLP na falta ou insuficiência das normas deste tratado multilateral, por força do disposto no art. 8.º, n.º 2, da CRP e, ao nível infraconstitucional, de acordo com o prescrito nos artigos 1.º e 20.º da Convenção, 3.º e 145.º, n.º 11, da LCJIMP e 229.º do CPP.

Em São Tomé e Príncipe, o diploma que rege a cooperação internacional matéria penal é a Lei n.º 6/2016 de 30 de dezembro (Lei da cooperação internacional em matéria penal).

Em Timor-Leste está, por seu turno, em vigor a Lei n.º 15/2011 de 26 de outubro (Lei da cooperação internacional em matéria penal).

Por outro lado, em matéria de confisco, no ordenamento brasileiro, encontram-se previstas na Lei n.º 9.613/98 de 03.03 (Lei dos crimes de lavagem ou ocultação de bens, direitos e valores; prevê mecanismos de prevenção da utilização do sistema financeiro para os ilícitos previstos nesta Lei; cria o Conselho de Controle de Atividades Financeiras - COAF, e dispõe sobre outras providências), já revista pelas Leis n.ºs 12.683/12, de 09.07[15] - que torna mais eficiente a persecução da lavagem de dinheiro - e 13.964/19, de 24.09 - que aperfeiçoa a legislação penal e processual penal.

Para além das medidas assecuratórias previstas no art. 4.º dessa Lei - em que ao abrigo do seu § 2.º o juiz só libera os bens, direitos e valores, quando comprovada a licitude da sua origem (inversão do ónus da prova) -, no seu art. 8.º contempla-se a hipótese de ordenar a autoridades estrangeiras as medidas assecuratórias respeitantes a bens, direitos ou valores provenientes de crimes do catálogo praticados no estrangeiro: «O juiz determinará, na hipótese de existência de tratado ou convenção internacional e por solicitação de autoridade estrangeira competente,

[15] Cfr. http://www.planalto.gov.br/ccivil_03/leis/l9613compilado.htm.

medidas assecuratórias sobre bens, direitos ou valores oriundos de crimes descritos no art. 1º praticados no estrangeiro».

Por seu turno, a perda de património incongruente vem prevista no art. 91.º-A do Código Penal, após a alteração introduzida pelo art. 2.º da Lei n.º 13.964/19: «Na hipótese de condenação por infrações às quais a lei comine pena máxima superior a 6 (seis) anos de reclusão, poderá ser decretada a perda, como produto ou proveito do crime, dos bens correspondentes à diferença entre o valor do patrimônio do condenado e aquele que seja compatível com o seu rendimento lícito», ou seja, não depende da condenação por um crime de catálogo, mas é aplicável apenas em função da moldura penal abstrata (desde que o limite máximo seja superior a 6 anos prisão).

Em Moçambique, vigora um regime comum de perda de objetos, coisas, direitos ou vantagens, nos termos dos artigos 137.º a 140.º do Código Penal daquele País (aprovado pela Lei n.º 35/2014 de 31 de dezembro e já revista pela Lei n.º 24/2019, de 24 de dezembro).

Recentemente foi publicada a Lei n.º 13/2020, de 23 de dezembro, que aprovou o «Regime Jurídico Especial de Perda Alargada de Bens e Recuperação de Activos», definindo-se recuperação de activos como «(...) a actividade administrativa e processual, que visa identificar, apreender e confiscar, bem como dar destino aos produtos, bens e valores resultantes ou relacionados com a prática de crimes» (art. 1.º, n.º 1)». Estipula-se aí um catálogo de crimes ao qual são aplicáveis os mecanismos da Lei (além de crimes expressamente previstos, contemplam-se os crimes praticados de forma organizada de que resulte vantagem económica). Enquanto no regime de perda geral (artigos 8.º a 12.º) é prevista a declaração de perda convencional de instrumentos, produtos e vantagens do crime, nos artigos 13.º a 19.º prevê-se a perda de património incongruente em termos muito semelhantes aos que acontecem em Portugal. No art. 13.º, n.º 1 é prevista a presunção, ilidível, de incongruência do património do arguido (entre o valor do património que for liquidado e o que é compatível com o seu rendimento lícito).

As assimetrias e diferenças que se podem surpreender no tocante à previsão e desenvolvimento de aplicação dos regimes jurídicos de confisco nos diversos Estados da CPLP justifica plenamente as formas de cooperação, elas também necessariamente diferenciadas e formatadas pelos institutos privativos de cada Estado requerente e requerido. É entre as autoridades de cada Estado envolvido num procedimento de cooperação – podendo ser mais de dois – que há de encontrar-se a modalidade de entreajuda no que concerne à forma mais adequada, célere e garantística que tenha por finalidade um pedido de ajuda respeitante ao confisco de produtos, de bens ou de vantagens do crime. É, assim, plausível que uma solicitação formulada por um determinado Estado seja satisfeita de forma distinta consoante seja dirigida a um Estado ou a outro[16].

Em Portugal, vigora o regime comum de perda de instrumentos, produtos e vantagens previstos nos artigos 110.º a 112.º-A do Código Penal, em conjunto com o regime de perda de património incongruente (sob a designação de «perda alargada»), previsto na Lei n.º 5/2002, de 11.02.

Aqui, além da previsão de um catálogo de crimes (art. 1.º, n.º 1) estabelece-se uma presunção, ilidível, de incongruência de património: «presume-se constituir vantagem de atividade criminosa a diferença entre o valor do património do arguido e aquele que seja congruente com o seu rendimento lícito» (art. 7.º, n.º 1).

O ordenamento angolano prevê igualmente um regime de perda de património incongruente circunscrito, apenas, aos crimes de natureza patrimonial em que o Estado tenha sido lesado (art. 2.º da Lei n.º 15/2018, de 26 de dezembro – Lei sobre o Repatriamento Coercivo e Perda Alargada de Bens), o que pode significar que podem ser abrangidas situações típicas de criminalidade patrimonial em que não seja exclusivamente lesado o Estado (mas também particulares). Nesse diploma se consagra a presunção, ilidível, de incongruência do património (artigos 5.º e 8.º, n.º 1).

Importa, por outro lado, salientar a importância dos regimes de prevenção do branqueamento de vantagens dos diversos sistemas jurídicos da lusofonia que, por contemplarem medidas de apreensão e congelamento (*freezing orders*) podem assumir relevância no contexto da cooperação judiciária internacional.

[16] Acresce, ainda, que os Estados membros da CPLP podem encontrar-se vinculados, nos espaços regionais em que se inserem, de acordo com modelos diferenciados de recuperação de ativos, conforme se encontrem em África, América Latina, Europa ou Ásia.

Como é sabido, podem ser ordenadas, com carácter urgente, medidas preventivas no âmbito dos regimes de prevenção de branqueamento de capitais e de financiamento do terrorismo, de acordo com vinculações a instrumentos normativos internacionais, que a generalidade dos Estados Membros da CPLP aceita.

Assim, em Portugal, é de realçar o estatuído na Lei n.º 83/2017, de 18.08[17].

Importa, a este respeito, distinguir dois tipos de ações de prevenção: as resultantes dos artigos 43.º e 47.º da Lei n.º 83/2017, de 18.08 (onde o Ministério Público tem poderes reforçados), que têm origem heterodeterminada por comunicação resultante de dever de comunicação e/ou abstenção legalmente imposto a uma *entidade obrigada*[18]; e as ações de prevenção que se encontram previstas na Lei n.º 36/94, de 29.05 (5.ª versão de 2010), que estabeleceu medidas de combate à corrupção e criminalidade económica e financeira consagrando legalmente a possibilidade do Ministério Público proceder à realização de *ações de prevenção*, estabelecendo um catálogo de crimes em que pontifica a corrupção e outras infrações económico-financeiras.

[17] Importa, ainda, referenciar, no âmbito da prevenção e repressão ao branqueamento de vantagens de proveniência ilícita e ao financiamento do terrorismo, que, por força do Despacho n.º 11631/2013, de 27 de agosto, a Excelentíssima Senhora Procuradora-Geral da República delegou, ao abrigo dos artigos 40.º, n.º 1 e 63.º da Lei n.º 25/2008, de 5 de junho, no Senhor Diretor do DCIAP, as competências que lhe são atribuídas na referida Lei, com possibilidade de subdelegação noutros magistrados do Departamento. Subdelegação essa que veio a acontecer por despachos do Senhor Diretor do DCIAP (Despachos n.º 9/2013, de 12.09 e n.º 11200/2014, de 27.08.). Tal possibilidade de delegação de competências foi suprida pela direta atribuição ao DCIAP de tais competências, através do art. 81.º, n.ºs 2 a 4 da Lei n.º 83/2017, de 18.08 (alter. pelo Dec.-Lei n.º 144/2019, de 23.09).

[18] Está em causa no contexto de tal diploma a comunicação de operação simples, ao abrigo do art. 43.º, e a comunicação de operações com suspeita (criminal) para eventual suspensão de operação bancária, nos termos do art. 47.º da Lei n.º 83/2017. A suspensão de operação bancária pelo DCIAP implica a abertura de inquérito, devendo ser confirmada em dois dias pelo juiz de instrução, por 3 meses (poder ao abrigo do art. 49.º, n.º 3), podendo interceder adiamento da notificação da decisão judicial (dilação, para eventual realização de buscas) até 30 dias. A suspensão pode ser convertida em congelamento, ao abrigo do disposto no art. 49.º, n.º 6.

Situamo-nos, aí, numa dimensão especial de recolha de prova, numa intersecção entre a prevenção e a repressão.

Por outro lado, a transposição das Diretivas 2015/849/UE, do Parlamento Europeu e do Conselho, e 2016/2258/UE, do Conselho (normalmente referidas como «4.ª Diretiva»), implicou o alargamento do campo de tipicidade do crime de branqueamento de capitais[19], simplificou a sua repressão em sede de prevenção, por via da adoção do modelo dual de definição de branqueamento. Deste modo, a transposição dessas Diretivas importou a alteração do anterior sistema monista de definição do branqueamento de capitais, para efeitos de prevenção, que se encontrava centrado apenas nas condutas previstas pelo crime de branqueamento no art. 368.º-A do Código Penal.

A prevenção do branqueamento tem uma teleologia diversa da repressão criminal e, embora por vezes os sistemas se combinem coincidindo no seu fim (como, por exemplo, quando num caso concreto se passa da prevenção – de um alerta de operação suspeita – para um bloqueio judicial de uma conta bancária, efetuado já em sede de inquérito criminal), as diferenças nas abordagens, metodologias utilizadas e objetivos não se confundem[20].

A lei portuguesa do combate ao branqueamento de capitais e ao financiamento do terrorismo veio a consagrar o modelo dual, seguindo de perto a diretiva [cf. artigo 2.º, n.º 1, alínea *j)*[21]]. A utilidade deste sistema não pode ser desprezada, pois tem permitido trabalhar diversas situações

[19] Nomeadamente resolvendo as situações de ausência ou desconhecimento de existência de queixa e o catálogo dos crimes precedentes de branqueamento.

[20] Pedro Caeiro questionou já se, na transposição da Diretiva, seria «mais conveniente adotar-se uma noção uniforme de branqueamento, válida para o sistema de prevenção e para a lei criminal (modelo unitário), ou se, pelo contrário, se devem acolher no ordenamento jurídico nacional duas noções diversas de branqueamento, conformadas pela intencionalidade própria de cada um daqueles ramos (modelo dual)» ("Contra uma política criminal «à flor da pele»: a autonomia do branqueamento punível em face do branqueamento proibido", *Estudos em Homenagem ao Prof. Doutor Manuel da Costa Andrade*, Vol. I, Coimbra, BFDUC, 2017, p. 270).

[21] «Para os efeitos da presente lei, entende-se por: [...] alínea j) «Branqueamento de capitais»:
i) As condutas previstas e punidas pelo artigo 368.º-A do Código Penal;
ii) A aquisição, a detenção ou a utilização de bens, com conhecimento, no momento da sua receção, de que provêm de uma atividade criminosa ou da participação numa atividade dessa natureza; e

de operações suspeitas independentemente de se considerarem como crime de branqueamento de vantagens, o que se revela essencial em sede de prevenção e para efeitos de atuação preventiva (e concertação de posições) das diversas instituições de supervisão e de regulação. O conhecimento tempestivo de certas condutas – que se desviem de um padrão de ocorrência em função de critérios, subjetivos, objetivos ou de grandeza observados por um conjunto relevante de entidades obrigadas ao dever de comunicação ao MP – permite a observação de tendências (*v.g.* depósito em numerário ou transferência de quantias divergentes do padrão objetivo e subjetivo de operações) que, não se podendo considerar, em princípio, em si mesmo, um *crime* de branqueamento, deverá, ainda assim, ser entendido como tal para efeitos do sistema de prevenção de branqueamento (e de financiamento do terrorismo).

A Procuradoria-Geral da República, como autoridade central portuguesa, não tem quaisquer competências no estabelecimento da autoridade judiciária competente para apreciação e execução do pedido de auxílio, matéria que deve ser aferida, em primeira linha, pela autoridade judiciária que recebe o pedido de auxílio (diretamente ou por intermédio da autoridade central). Relativamente aos pedidos de notificação de atos e entrega de documentos, obtenção de meios de prova, perícias, notificação e audição de suspeitos, arguidos ou indiciados, testemunhas ou peritos formulados ao abrigo da Convenção CPLP em que Portugal intervenha como Estado requerido, a decisão sobre o pedido incumbe «ao juiz ou ao Ministério Público no âmbito das respetivas competências», face ao disposto nos artigos 2.º, n.º 2, alíneas *a)* a *d)*, e 4.º, n.º 1, da Convenção e nos artigos 1.º, al. *b)*, e 231.º, n.º 2, do Código de Processo Penal.

No plano procedimental, se a autoridade judiciária portuguesa competente concluir que existe motivo de recusa de um pedido de auxílio judiciário em matéria penal formulado ao abrigo da Convenção de Auxílio Judiciário em Matéria Penal entre os Estados da CPLP e rececionado pela autoridade central, a esta entidade incumbe, apenas, devolver a carta

iii) A participação num dos atos a que se referem as subalíneas anteriores, a associação para praticar o referido ato, a tentativa e a cumplicidade na sua prática, bem como o facto de facilitar a sua execução ou de aconselhar alguém a praticá-lo».

comunicando a decisão da autoridade judiciária portuguesa à entidade estrangeira que formulou o pedido[22].

Encontra-se, igualmente, nesse âmbito, em Angola, a Lei n.º 5/20, de 27 de janeiro (Lei de Prevenção e Combate ao Branqueamento de Capitais, do Financiamento do Terrorismo e da Proliferação de Armas de Destruição em Massa), que prevê que as providências de suspensão de operações (congelamento) possam ser decretadas ao abrigo dos artigos 3.º, n.º 11, 18.º (obrigação de abstenção) e 88.º (medidas cautelares).

Também no mesmo âmbito, em Cabo Verde vigora a Lei n.º 38/VII/2009, de 20 de abril (estabelece medidas destinadas a prevenir e reprimir o crime de lavagem de capitais, bens, direitos e valores), prevendo mecanismos de apreensão e congelamento, como medidas temporárias – artigos 2.º, al. *c)* e 21.º (suspensão de execução de operação). No contexto desse diploma se prevê, como medida cautelar, a apreensão e confiscação dos «bens imóveis ou móveis, direitos, títulos, valores, quantias e quaisquer outros objectos depositados em bancos ou outras instituições de crédito pertencentes ao arguido de uma infracção principal ou sobre os quais ele exerce poder de facto correspondente ao direito de propriedade ou qualquer outro direito real» (art. 30).

Em Moçambique, por seu turno, a Lei n.º 14/2013, de 12 de agosto (estabelece o regime jurídico e as medidas de prevenção e repressão, em relação à utilização do sistema financeiro e das entidades não financeiras para efeitos de branqueamento de capitais e de financiamento do terrorismo), contempla algumas medidas preventivas, como a obrigação de abstenção (art. 23.º), bem como as medidas provisórias de apreensão e confisco de bens e direitos (artigos 37.º a 39.º).

É de salientar contudo, que ao abrigo do art. 49.º, n.º 1 deste diploma, «Os pedidos de auxílio judiciário mútuo relacionados com branquea-

[22] Contudo, o Procurador-Geral da República, enquanto órgão superior do Ministério Público pode, nomeadamente, emitir instruções ou diretivas genéricas – em que seja estabelecido um entendimento doutrinal sobre interpretação da lei –, que devam ser adotado e promovido pelos órgãos e magistrados do Ministério Público que intervenham como autoridades judiciárias relativamente a pedidos de auxílio judiciário recebidos pela República Portuguesa no quadro da Convenção de Auxílio Judiciário em Matéria Penal entre os Estados da CPLP, ao abrigo das disposições conjugadas dos artigos 16.º, al. *c)* e 17.º do EMP.

mento de capitais ou financiamento do terrorismo feitos por um outro Estado devem ser executados de acordo com o preceituado na presente Lei». Por seu turno, o art. 54.º, n.º 1 dessa lei dispõe que «O Estado moçambicano tem o poder de disposição sobre a propriedade confiscada no seu território a pedido de autoridades estrangeiras, se o contrário não tiver sido previsto por acordo bilateral ou multilateral».

Assim apresentadas, exemplificativamente, algumas modalidades de confisco nalguns dos Estados da CPLP, a multiplicidade das formas legais pelas quais o mesmo é admissível nos diversos Estados da CPLP indica, assim, a possibilidade de se estabelecerem relações de geometria variável entre os mesmos, havendo, por isso, hipóteses de se definirem diferenciadas formas de cooperação judiciária em tal domínio. Tal constatação é válida, atendendo, também, à diferente natureza de entidades intervenientes na titularidade dos procedimentos de confisco e encarregues da administração e da gestão do património apreendido com vista a ser declarado definitivamente perdido.

As solicitações de cooperação podem recair sobre os bens ou valores a apreender e liquidar por efeito de decisões definitivas de perda ou por virtude da necessidade do estabelecimento de medidas preventivas e de garantia dessas decisões (de declaração de perda de bens), quer se trate de perda clássica ou de perda de património incongruente.

O art. 16.º da Convenção de Extradição entre os Estados da CPLP prevê, em caso de concessão da extradição de pessoa, a entrega de bens que se encontrem no Estado requerido e que sejam produto do crime ou que possam servir de prova mediante solicitação do Estado requerente, sem prejuízo dos direitos de terceiros de boa-fé. Essa possibilidade é ainda admitida mesmo que não se concretize a extradição, por fuga ou morte do extraditando (art. 16.º, n.º 2).

É certo que neste caso, o alcance da «recuperação de ativos» é meramente acessório – quando equiparado aos regimes específicos de recuperação e confisco –, sendo restrito à entrega de bens que sejam produto do crime ou que possam servir de prova e sempre condicionado à (decisão de) extradição da pessoa requerida. Esta condição não se verifica no caso do art. 16.º, n.ºs 2 e 3 da Convenção de auxílio judiciário CPLP

IV. Para uma harmonização e compatibilidade de regimes entre os Estados da CPLP

Deve recordar-se que em Portugal, os problemas da cooperação (passiva) das autoridades judiciárias nacionais a propósito de um pedido das autoridades judiciárias da República Federativa do Brasil já suscitaram o Parecer do Conselho Consultivo da PGR (CC PGR) n.º 2/2016[23], no qual se extraíram enunciados proposicionais sobre a posição jurídico-processual que o Ministério Público português deveria adotar relativamente ao pedido de investigação de contas bancárias tituladas por indivíduos suspeitos da prática de crimes.

As dúvidas foram essencialmente colocadas em torno de dois feixes de questões: 1) a definição da competência para decisão de recusa de auxílio judiciário requerido à República Portuguesa em que seja aplicável a Convenção de Auxílio Judiciário em Matéria Penal entre os Estados Membros da Comunidade dos Países de Língua Portuguesa (embora também fossem colocadas questões sobre as competências da autoridade central no caso de pedidos em que se aplique internamente a lei da cooperação judiciária internacional em matéria penal); 2) um conjunto de questões sobre a admissibilidade da valoração pela autoridade portuguesa, enquanto Estado requerido, do regime processual do Estado requerente, e da concreta direção do processo penal realizada pelas autoridades judiciárias desse Estado, visando uma decisão de eventual recusa de auxílio judiciário[24].

[23] O Parecer n.º 2/2016 do CC PGR foi votado e aprovado por unanimidade na sessão de 17.03.2016, tendo sido determinado pela Senhora Conselheira Procuradora-Geral da República, que a sua doutrina seja seguida e sustentada pelos Senhores Magistrados do Ministério Público. O mesmo é consultável em: *http://www.dgsi.pt/pgrp.nsf/7fc0bd52c6f5cd5a802568c0003fb410/2fcb0c1ca0b57be680257f4d003ffb9e?OpenDocument* (acedido em 12.11.2020). Importa observar que o citado não versou qualquer questão envolvendo concretos aspetos da cooperação judiciária em no âmbito da recuperação de ativos, sendo, contudo, a sua doutrina transponível para questões que potencialmente se suscitem neste domínio.

[24] De notar que o CC PGR autodelimitou as matérias a tratar nos seguintes termos: «[E]ste órgão vai pronunciar-se sobre as *disposições de ordem genérica em matéria de legalidade* cuja apreciação lhe foi solicitada, no quadro de um parecer facultativo que deve apenas incidir sobre «as questões indicadas na consulta», atentas as disposições dos artigos 37.º, alínea *e*) e 42.º, n.º 1, do EMP conjugadas com os artigos 91.º, n.º 1, e 92.º, n.º 1, do Código de Procedimento Administrativo de 2015 (CPA 2015).

De acordo com o referido Parecer do CCPGR, suscitando-se a questão da articulação das regras da Convenção de Auxílio Judiciário em Matéria Penal entre os Estados da CPLP e a lei da cooperação judiciária internacional em matéria penal (LCJIMP), além do valor supralegal da Convenção importa atender, ainda, ao que prescreve o artigo 3.º da referida lei, com a epígrafe *Prevalência dos tratados, convenções e acordos internacionais*, em conjugação com o artigo 1.º, n.º 1, alínea *e)*, do mesmo diploma: o auxílio judiciário mútuo em matéria penal rege-se pelas normas dos tratados, convenções e acordos internacionais que vinculem o Estado Português e, na sua falta ou insuficiência, pelas disposições deste diploma[25].

No princípio consagrado no artigo 299.º do Código de Processo Penal, consagra-se que as relações com as autoridades estrangeiras relativas à administração da justiça penal são reguladas pelos tratados e convenções internacionais e, apenas na sua falta ou insuficiência, pelo disposto em lei especial e, ainda, pelas disposições do livro V do referido código (aplicação subsidiária do Código de Processo Penal também prescrita nos artigos 3.º, n.º 2, e 25.º, n.º 2, da LCJIMP).

Está é a estrutura normativa que deve orientar a aplicação de normas da Convenção de Auxílio Judiciário em Matéria Penal da CPLP e as normas internas dos Estados membros.

A LCJIMP nacional não é, assim, aplicável aos procedimentos decisórios sobre pedidos de auxílio recebidos em Portugal ao abrigo da Convenção de Auxílio Judiciário em Matéria Penal entre os Estados da CPLP, já que aquela lei não prejudica a aplicação de disposições mais favoráveis

Tendo presentes o escopo da consulta e as pautas acabadas de expor, a subsequente fundamentação do parecer vai desdobrar-se por três partes:
§ II.2 Enquadramento da Convenção de Auxílio Judiciário em Matéria Penal entre os Estados Membros da Comunidade dos Países de Língua Portuguesa na ordem jurídica portuguesa;
§ II.3 Competência para proferir decisões de recusa de auxílio judiciário relativo a obtenção de meios de prova em processo penal em que Portugal intervém como Estado requerido ao abrigo da Convenção de Auxílio Judiciário em Matéria Penal entre os Estados da CPLP;
§ II.4 Motivos de recusa de auxílio judiciário formulado para obtenção de meios de prova em processo penal ao abrigo da Convenção de Auxílio Judiciário em Matéria Penal entre os Estados da CPLP».

[25] Cfr., neste sentido, os pareceres do CC PGR n.º 41/1998, de 19.6.1998 e o segundo parecer complementar n.º 2/1993, de 20.4.2005.

de acordos, tratados ou convenções de que Portugal seja parte (artigo 145.º, n.º 11, da LCJIMP).

No domínio da cooperação judiciária entre Estados membros da CPLP, as disposições da Convenção de auxílio judiciário CPLP apresentam-se como «mais favoráveis» ao auxílio do que as da LCJIMP, reforçando a ideia de que a autoridade central não constitui um «filtro» com poderes decisórios que interfiram com o deferimento dos pedidos pelas autoridades judiciárias competentes, intervindo, apenas, para facilitar as comunicações entre autoridades dos Estados implicadas no pedido de auxílio e sua execução.

A intervenção da autoridade central relativamente a pedidos recebidos em Portugal ao abrigo da Convenção de Auxílio Judiciário em Matéria Penal entre os Estados da CPLP, além de facultativa, reveste natureza exclusivamente administrativa, não detendo competências decisórias de recusa de pedidos de auxílio judiciário formulados à República Portuguesa ao abrigo daquela Convenção.

Serão, pois, materialmente competentes para a recusa ou solicitação (solicitação e execução) dos pedidos de auxílio, as autoridades judiciárias concretamente competentes na ordem jurídica nacional, pelo que poderão assumir tais competências órgãos e magistrados do Ministério Público ou judiciais, considerando que mesmo em fase de investigação alguns atos e diligências se inscrevem na reserva de juiz (de instrução).

Todas estas considerações, que se colocaram a propósito de um caso concreto, não podem deixar de suscitar alguma ponderação sobre a necessidade de uma progressiva e tendencial uniformização de regimes respeitantes ao confisco, quer no plano substantivo, quer no âmbito adjetivo, com o que se procuraria evitar a ocorrência de situações de não correspondência de institutos e mecanismos privativos de cada Estado.

Em síntese conclusiva, dir-se-á que a Convenção CPLP admite a cooperação no quadro da recuperação de ativos e do confisco nos seguintes termos:

- dispensa de dupla incriminação, sem embargo de os factos que derem origem a pedidos de realização de buscas, apreensões, exames e perícias devem ser puníveis com uma pena privativa de liberdade igual ou superior a seis meses, também no Estado requerido, exceto se se destinarem à prova de uma causa de exclusão de culpa da pessoa contra a qual o procedimento foi instaurado (art. 2.º);

- o Estado requerido, se tal lhe for pedido, deverá diligenciar no sentido de averiguar se quaisquer objetos ou produtos do crime se encontram no seu território e informará o Estado requerente dos resultados dessas diligências. Na formulação do pedido, o Estado requerente informará o Estado requerido das razões pelas quais entende que esses objetos ou produtos se encontram no seu território. Quando os objetos ou produtos do crime forem localizados, o Estado requerido adotará, em conformidade com a sua legislação, os procedimentos adequados a prevenir a sua alienação ou qualquer outra transação a eles respeitantes ou concederá todo o auxílio no que concerne a esses procedimentos até que uma decisão final seja tomada por um tribunal do Estado requerente ou do Estado requerido (art. 16.º, n.ºs 1 e 2);
- Os motivos de recusa são facultativos e respeitam às hipóteses seguintes: a) Que o pedido se refere a uma infração de natureza política ou com ela conexa; b) Haver fundadas razões para crer que o auxílio é solicitado para fins de procedimento criminal ou de cumprimento de pena por parte de uma pessoa, em virtude da sua raça, sexo, religião, nacionalidade, língua, ou das suas convicções políticas e ideológicas, ascendência, instrução, situação económica ou condição social, ou existir risco de agravamento da situação processual da pessoa por estes motivos; c) Que o auxílio possa conduzir a julgamento por um tribunal de exceção ou respeitar a execução de sentença proferida por um tribunal dessa natureza; d) Que a prestação do auxílio solicitado prejudica um procedimento penal pendente no território do Estado requerido ou afeta a segurança de qualquer pessoa envolvida naquele auxílio; e) Que o cumprimento do pedido ofende a sua segurança, a sua ordem pública ou outros princípios fundamentais (art. 3.º, n.º 1);
- O Estado requerido, na medida em que a sua lei o permita, deve: a) Dar cumprimento à decisão ou adotar os procedimentos adequados relativos à perda, apreensão ou congelamento dos objetos ou produtos do crime ou a qualquer outra medida com efeito similar decretada por uma autoridade competente do Estado requerente;

b) Decidir sobre o destino a dar aos objetos ou produtos do crime e, se tal lhe for solicitado, considerar a sua restituição ao Estado requerente, para que este último possa indemnizar as vítimas ou restituí-los aos seus legítimos proprietários (art. 16.º, n.º 3);

- O pedido de auxílio é cumprido em conformidade com o direito do Estado requerido. Quando o Estado requerente o solicite expressamente, o pedido de auxílio pode ser cumprido em conformidade com as exigências da legislação deste, desde que não contrarie os princípios fundamentais do Estado requerido e não cause graves prejuízos aos intervenientes no processo;

V. Considerações conclusivas

De forma conclusiva, cremos poder dizer que a Convenção CPLP constitui um relevante instrumento normativo de realização da justiça, designadamente no que respeita à matéria de cooperação no âmbito da recuperação de ativos.

Estando disponível para outros planos de cooperação, mostra-se ser instrumento apto a ser utilizado como base mínima de entreajuda e auxílio judiciário no que concerne à declaração de perda de vantagens ou de património incongruente dos agentes de crimes, matéria que, como é sabido, vem sendo crescentemente objeto de aplicação e concretização processual, funcionando como meio de dissuasão da prática de crimes que possam efetivamente compensar os seus agentes, repondo a situação financeira preexistente à prática do crime.

É, nesse sentido, um instrumento com relevante significado político-criminal no quadro da juslusofonia e um fator de integração jusnormativa, mas também civilizacional, dos Estados participantes da CPLP.

A Convenção CPLP constitui, também, inequivocamente, uma importante peça na construção de um conceito de cidadania lusófona multicultural, em que se deve continuar a reconhecer, como lembra Eduardo Lourenço, que «(...) os atlânticos a atravessar, já os atravessámos em todos os sentidos. A *lusofonia* como música apropriada a essa comunidade, está connosco pelo mundo repartida»[26].

[26] *A Nau de Ícaro seguido de Imagem e Miragem da Lusofonia*, cit., pp. 166.

14. O papel da Eurojust na recuperação de ativos

JOSÉ LUÍS TRINDADE
Procurador-Geral Adjunto

I. Breve nota sobre a evolução do sistema de recuperação de ativos na União Europeia

1. A União Europeia (UE) integrou o movimento, iniciado na década de 80 do século passado com a adoção dos instrumentos convencionais elaborados sob os auspícios das Nações Unidas (ONU)[1], de intensificação da ação contra, em especial, o crime organizado e toda a criminalidade que visa a obtenção de vantagens económicas, apenas no final da década seguinte, identificando então a recuperação de instrumentos, bens e produtos resultantes dessas atividades criminosas como a via em que era depositada maior confiança no combate e controlo daquele fenómeno, através da redução do incentivo à prática do crime *aquisitivo* consequente à privação dos ganhos dele advenientes[2].

É sabido que as redes criminosas organizadas visam essencialmente o lucro, incrementos patrimoniais, podendo estes e aquele assumir a mais diversa natureza e origem, desde logo em função da natureza das atividades ilícitas de onde provêm.

[1] *Maxime* a Convenção da ONU concluída em Viena em 19 de dezembro de 1988, contra o tráfico ilícito de estupefacientes e de substâncias psicotrópicas; outras de semelhante importância já do final do século evidenciam a mesma preocupação de utilização de medidas de perda do produto das atividades ilícitas, como a concluída em Nova Iorque, em 9 de dezembro de 1999, relativa à Supressão do Financiamento do Terrorismo (artigo 8.º) ou a aprovada pela Assembleia Geral da ONU a 15 de novembro de 2000 contra o Crime Organizado Transnacional, conhecida por Convenção de Palermo (artigo 12.º).

[2] O confisco do produto do crime visa, pelo menos, três objetivos: um primeiro, que os criminosos não beneficiem com a prática de atos criminalmente punidos, um segundo, reduzir e controlar o crime, e um terceiro, diminuir os efeitos corrosivos provocados pelo crime organizado nos sistemas financeiros.

Devido a essa origem, a sua ocultação, dissimulação ou introdução, por qualquer forma, nos circuitos económicos legítimos, pelo dano geral causado, decorrente, nomeadamente, da utilização de cada vez mais sofisticados e poderosos meios disponibilizados por uma tecnologia em constante evolução, passaram a constituir, elas próprias, atividades que se impunha controlar através dos meios próprios do direito penal, devido à sua comprovada danosidade para os sistemas económicos e financeiros, em particular para a confiança que neles depositava a comunidade[3].

Rapidamente se constatou, porém, que, à semelhança do que estava a suceder com a abordagem tradicional do fenómeno criminal em geral, que colocava sobre os ombros das instâncias formais de controlo a tarefa de reprimir e controlar também as novas formas de criminalidade – mais sofisticadas, complexas e de mais difícil ação probatória – através da aplicação de sanções penais, também a criminalização do branqueamento do produto do crime não estava a corresponder às expetativas nela colocadas.

Para uma mudança da abordagem relativa ao controlo da criminalidade, sobretudo a organizada e de escopo lucrativo, e restabelecer a confiança do público no Estado de Direito, contribuiu também, decisivamente, uma alteração do modelo de *governance* nesta área: o crime – principalmente o económico – passa a ser considerado não como uma consequência das condições sociais, culturais ou económicas mas antes resultado da uma escolha racional.[4]

[3] A evolução legislativa operada neste âmbito na Europa não se reconduziu, como se sabe, aos diplomas que visaram a recuperação de ativos, mas igualmente integrou a reforma legislativa no âmbito do branqueamento de capitais, de que não se tratará no presente trabalho, ambos aspetos envolvidos no movimento sintetizado no princípio *follow the money*.

[4] São referidos na doutrina especializada quatro abordagens alternativas à tradicional de combate ao crime organizado. A administrativa, de que é exemplo o uso da legislação de natureza fiscal ou tributária, como a americana ou a inglesa, esta incluída no Proceeds of Crime Act de 2002; a abordagem preventiva, através da mobilização do setor privado, representada pela legislação sobre prevenção do branqueamento de capitais; a litigância civil, consubstanciada no uso da jurisdição civil para recuperação de bens sujos através da instauração de ações, nos mesmos termos em que os privados pretendem ver resolvidos conflitos, como, por exemplo, as ações destinadas a recuperar bens para a massa falida; e, finalmente, a perda de bens resultantes de atividade criminosa não dependente de condenação. Cfr. Rui, Jon Peter, «The Civil Asset Forfeiture Approach to Organised Crime», *Eucrim*, 2011/4, pág. 153.

Na Europa, a criação do mercado único e a consequente abolição das fronteiras internas para permitir a livre circulação de pessoas, mercadorias e capitais, e a constituição do espaço Schengen[5], ao mesmo tempo que proporcionaram um dinamismo nas várias dimensões da vida das comunidades dos Estados nele integrados, nunca antes experimentado naqueles termos no espaço europeu, inevitavelmente aumentou a dimensão transfronteiriça da criminalidade, criando mesmo novas formas[6].

Impunha-se, pois, seguir o caminho já encetado noutras latitudes a partir do reconhecimento da ineficácia da forma tradicional de combater o crime, através da exclusiva utilização do arsenal de sancionamento de comportamentos proibidos, mas que permitia a fruição do acervo ilicitamente obtido uma vez cumprida uma eventual reclusão.

[5] O Acordo de Schengen – localidade luxemburguesa situada junto na margem do rio Mosela –, relativo à supressão gradual dos controlos nas fronteiras comuns, foi firmado em 14 de junho de 1985, mas abrangia então apenas cinco Estados. Mais tarde substituído por uma Convenção – mantendo, no entanto, a mesma referência à localidade de Schengen –, foi assinada sucessivamente não apenas pelos demais Estados da União como também pela Suíça e Noruega. Só com o Tratado de Amsterdão, a 2 de outubro de 1997, a convenção passa a fazer parte do quadro institucional e jurídico da UE.

[6] São conhecidas algumas previsões sobre as perdas resultantes dos crimes patrimoniais; na primeira década deste século, estimava-se que podia existir disponível para apreensão um valor de 2 biliões de libras esterlinas (GBP) só no Reino Unido, a que acresciam 3,3 biliões GBP enviado para o exterior, o que evidenciava as dificuldades das autoridades judiciárias e de *law enforcement* em localizar, apreender e confiscar as vantagens resultantes dos crimes patrimoniais que se calculavam ser de uma grandeza superior a 70% do total da criminalidade. Por seu turno, as Nações Unidas estimavam que, de 2.1 mil milhões de dólares americanos de valor gerado pelo crime em 2009, apenas 1% havia sido recuperado; Dubourg and Prichards, 2007, pág, 76, cit. Hamram, l., *Confiscation of Proceeds from Crime: a Challenge for Criminal Justice?*, Asser press, 2016. No que se refere aos outros Estados na UE, o estudo preparado pela Matrix Insight para a Comissão Europeia (*Assessing the effectiveness of EU Member States' practices in the identification, tracing, freezing and confiscation of criminal assets*) reconhecia, em 2009, que não estavam disponíveis estatísticas na maioria dos Estados-Membros, embora não fosse claro se isso resultava de não se terem recolhido os dados necessários ou se os Estados não queriam divulgar os que tinham.

Ora, essa mudança do paradigma anterior necessitava de um quadro legal que satisfizesse as exigências da repressão penal das formas criminais que passaram a ter um espaço para maior desenvolvimento[7].

Quadro legal esse que também alargasse os poderes de investigação – *rectius*, de ação em todos os domínios em que se desenvolve o procedimento penal –, a atribuir às autoridades judiciárias e policiais dos EstadosMembros, aí se incluindo poderes que pudessem *atravessar* as fronteiras nacionais e serem executados – ou cumpridos – no território de outro(s) Estado(s).

No que diz respeito ao que se convencionou integrar o conceito de recuperação de ativos, poderes esses que, por força da natureza, complexidade e sofisticação da atividade visada, e sua projeção além-fronteiras, não poderiam deixar de se materializar em instrumentos de nível supranacional que permitissem uma eficaz atividade de monitorização e recuperação de produtos provenientes do crime[8].

2. Apenas após o Conselho Europeu de Amsterdão, de 16 e 17 de junho de 1997, que aprovou o plano de ação do grupo de alto nível «Crime Organizado»[9], o Conselho da União Europeia (UE) vem a adotar, com base no artigo K.3 do Tratado da UE, a Ação Comum 98/699/JAI, de 3 de dezembro de 1998, relativa ao branqueamento de capitais, identificação, deteção, congelamento, apreensão e perda dos instrumentos e produtos do crime[10].

[7] O que determinava também maiores exigências de coordenação e cooperação ao nível da União visando o combate ao crime transnacional, como preconizado com a introdução do que o Tratado de Amesterdão designou por área de Liberdade, Segurança e Justiça. Reconhece-se, aliás, que o controlo e perseguição do crime organizado e a recuperação de *bens sujos* dependem, hoje, como nunca antes, de uma cooperação internacional eficiente e tanto quanto possível isenta de obstáculos. Como se verá adiante no texto, a diferente abordagem das obrigações decorrentes do normativo europeu por parte dos Estados-Membros condicionou grandemente a evolução do sistema europeu de apreensão e confisco.

[8] É comummente aceite a divisão em quatro os estágios em que se desenvolve a atividade de recuperação de produtos do crime: deteção (*tracing*), apreensão (*freezing*), perda (*confiscation*) e recuperação ou retorno ao Estado ou às vítimas (*disposal*).

[9] Em especial a al. b) da Recomendação 26.

[10] O enquadramento visado na exposição é apenas o penal. Por isso, não tivemos em consideração outras dimensões, como a preventiva, em que se coloca *v.g.* a Diretiva 91/308/CEE

Como a sua designação indicava, tratava-se de um programa comum destinado a promover e facilitar a cooperação entre os Estados-Membros da UE no campo da identificação, deteção, congelamento ou apreensão e perda de instrumentos e produtos do crime a fim de *«reforçar a eficácia das ações de combate ao crime organizado»*[11], o que pressupunha, necessariamente, modificações no direito interno, quer substanciais quer adjetivas.

A UE seguia, assim, a preocupação que se começava a generalizar sobretudo nos sistemas democráticos mais desenvolvidos, determinados a assegurar um nível elevado de segurança e justiça para os cidadãos, o que, entre outros aspetos, visava também garantir que as diferenças entre os sistemas judiciários não fossem aproveitadas principalmente pelos grupos de crime organizado transnacional que procuram o lucro e as vantagens provenientes do crime económico.

Mas só após a adoção do programa para a execução do princípio do reconhecimento mútuo das decisões proferidas pelas autoridades judiciárias dos Estados-Membros competentes em matéria penal[12], pelo Conselho, a 29 de novembro de 2000, com base no artigo 82.º do Tratado de Funcionamento da UE, foram criadas condições para novo impulso qualitativo, tanto no que se refere às medidas concretas a implementar no direito interno dos Estados-Membros, como a instrumentos que se pretendiam com uma projeção europeia[13].

do Conselho, de 10 de Junho de 1991, relativa à prevenção da utilização do sistema financeiro para efeitos de branqueamento de capitais; apesar de se referir ao branqueamento de capitais como atividade criminosa que deve ser combatida através de medidas de caráter penal, como a sua epígrafe denuncia, o diploma, não assume relevo naquele plano.

[11] Artigo 1.º, n.º 1.

[12] O denominado Programa de medidas destinadas a aplicar o princípio do reconhecimento mútuo das decisões penais (Jornal Oficial n.º C 012 de 15/01/2001 p. 0010 – 0022) retoma a questão colocada no Conselho Europeu de Cardiff de junho de 1998, estabelecendo, pela primeira vez, os parâmetros a observar na elaboração dos futuros instrumentos baseados nesse princípio, o qual pressupõe, para o que agora interessa referir, que, na execução das decisões das autoridades judiciárias estrangeiras pelas de outro Estado, se observe, em regra, o direito deste, exceto quanto a formalidades exigidas para a admissibilidade ou validade da prova nele obtida, cuja observância deve ser expressamente indicada.

[13] A aprovação da Carta dos Direitos Fundamentais da UE no Conselho Europeu de Nice, em 7 de dezembro de 2000, constitui, pela sua natureza de diploma estruturante do direito da União, uma referência também neste domínio; cfr. o cap.VI.

O primeiro instrumento publicado neste âmbito baseado em tais linhas de orientação é a Decisão-Quadro 2001/500/JAI, do Conselho, de 26 de junho de 2001, relativa ao branqueamento de capitais, à identificação, deteção, congelamento, apreensão e perda dos instrumentos e produtos do crime, cujo objetivo principal era de harmonização, *rectius*, aproximação, da legislação substancial e adjetiva interna dos Estados-Membros em matéria de branqueamento de capitais e confisco de fundos[14].

Entre outras obrigações, este diploma impõe a de os Estados-Membros não oporem reservas a determinadas disposições da Convenção ETS n.º 141 do Conselho da Europa[15], ao mesmo tempo que os determina a punir os crimes relacionados com a atividade de branqueamento, previstos em duas disposições daquele mesmo instrumento – artigo 6.º, n.º 1, alíneas a) e b) –, com penas não inferiores a 4 anos de privação da liberdade, caso o sistema sancionatório o permitisse.

Para o que agora interessa, o seu artigo 3.º impunha aos Estados-Membros a adoção de legislação que admitisse o confisco em valor quando os bens resultantes da atividade criminosa não o pudessem ser, quer nos procedimentos internos quer nos destinados a executar decisões proferidas por autoridades competentes de outro Estado-Membro[16].

E determina ainda que os pedidos formulados pelos outros Estados-Membros relacionados com a identificação, localização, apreensão ou perda fossem processados com a mesma prioridade que a que era conferida às medidas semelhantes decretadas em procedimentos internos (artigo 4.º)[17].

Outros diplomas se lhe seguiram em diversos domínios, evidenciando a preocupação do legislador europeu em aprofundar o movimento de reforma tanto nos aspetos substanciais – como os relativos ao estabelecimento das condições materiais da apreensão e perda de bens produto

[14] Cfr. as conclusões do Conselho Europeu de Tampere, de 15-16 de outubro de 1999.

[15] Convenção Relativa ao Branqueamento, Deteção, Apreensão e Perda dos Produtos do Crime, de 08/11/1990, entretanto substituída pela Convenção do Conselho da Europa Relativa ao Branqueamento, Deteção, Apreensão e Perda dos Produtos do Crime e ao Financiamento do Terrorismo, de 16/05/2005 (ETS n.º 198)

[16] Além disso, essa obrigação podia ficar sujeita à condição de o valor a confiscar ser superior a 4.000,00 EUR.

[17] Esta DQ revoga ainda algumas disposições da referida Ação Comum 1998/699/JAI.

de crimes – como processuais – abrangendo a execução das decisões de apreensão e confisco –, ambos assentes no princípio do reconhecimento mútuo.

As fases seguintes deste processo integraram já um elevado grau de concretização de tais propósitos no plano da cooperação em matéria penal, com a aprovação, em 2003, da Decisão-Quadro 2003/577/JAI (DQ2003) e, em 2006, a Decisão-Quadro 2006/783/JAI (DQ2006), adiante referidas em pormenor.

Na origem desta última, tendo por base uma proposta da Dinamarca, está a Decisão-Quadro 2005/212/JAI do Conselho, de 24 de fevereiro de 2005, relativa à perda de produtos, instrumentos e bens relacionados com o crime, que concretiza as conclusões do Conselho Europeu de dezembro de 1998 em Viena e disposições do Tratado de Amsterdão na área da liberdade, segurança e Justiça[18].

Aí se reconhece que os instrumentos então existentes não teriam permitido alcançar os resultados esperados em matéria de cooperação transfronteiriça no que se refere ao confisco de bens, até porque se constatara existirem Estados em que isso não era permitido pelo seu direito interno relativamente a crimes punidos com pena superior a 1 ano de prisão[19].

Uma importante inovação contida na referida decisão-quadro consiste em determinar os Estados-Membros a preverem, no seu direito interno, a possibilidade de ser exigida a um infrator a prova da origem dos bens que lhe forem encontrados e suscetíveis de serem declarados perdidos, em conformidade com o artigo 12.º da Convenção da ONU sobre o crime organizado transnacional[20].

E prevê também obrigação de adoção de legislação que dê poderes aos tribunais para perda alargada[21] em condições alternativamente esta-

[18] Cfr. o Considerando (3) quanto à obrigação de implementação de disposições relativas à apreensão e perda de produtos do crime no prazo de cinco anos após a entrada em vigor do Tratado de Amsterdão.

[19] Considerando (9). A obrigação veio a ser consagrada no artigo 2.º.

[20] Disposição inovadora neste contexto é também a do artigo 2.º, n.º 2, que permite que, quando a infração perseguida for de natureza fiscal, o confisco possa ter lugar por via não penal, i.e., administrativa.

[21] O confisco alargado é considerado uma das medidas mais eficazes do arsenal construído para combater o crime organizado na medida em que permite recuperar para o Estado patri-

belecidas mas limitadas a específicos tipos de crime, como os cometidos no âmbito de uma organização criminosa ou de terrorismo, permitindo que os bens em questão, ou o seu valor, pudessem ser confiscados ao autor da infração ou pessoas dele próximas com recurso a procedimentos não penais[22].

Esta decisão-quadro, todavia, não conseguiu uniformizar um sistema de confisco ao nível europeu devido a preocupações relacionadas com os direitos humanos, bem como a diferenças entre os diversos sistemas de direito dos Estados-Membros, quer ao nível processual, especialmente quanto ao *standard* e ónus da prova.

Continuando a aprofundar o sistema, em 2007, o legislador europeu determinou os Estados-Membros a instituírem gabinetes de recuperação de bens para facilitar a localização e a identificação de produtos do crime

mónio cuja relação com uma determinada atividade criminosa não foi provada em julgamento segundo o padrão probatório privativo do processo penal.
Deve assinalar-se, no entanto, que a forma como foi introduzida no direito europeu suscitou dificuldades de configuração, e, consequentemente, de transposição, na medida em que permitia aos Estados-Membros a sua implementação segundo três opções. De tal modo que, segundo alguns autores (Flore, D., *Droit pénal européen*, 2.ª ed., Bruxelas, 2014, p.627, cit. por Simonato, M., «Extended confiscation of criminal assets: limits and pitfalls of minimum harmonisation in the EU», *E.L.Review*, 2016, 41, pág. 3), o Estado de execução de uma decisão de confisco alargado podia recusá-la se o Estado de emissão tivesse seguido opção diferente da sua ou simplesmente não houvesse transposto qualquer uma.

[22] Artigos 2.º, n.º 2, e 3.º, n.º 4. Não deve confundir-se esta possibilidade de o confisco poder ser determinado com recurso a procedimento não penal pois esta última disposição apenas admite a utilização de processo de natureza não penal para executar a decisão de confisco. Trata-se antes do que no direito anglo-saxónico se designa por *post-conviction confiscation*.
Como é sabido, a admissão do confisco alargado enquanto possibilidade situada entre a perda tradicional e a que não se baseia numa condenação penal assenta na presunção de que os bens pertencentes a pessoa condenada criminalmente resulta da comissão de ilícitos criminais; ora, para os defensores da medida é aceitável exigir-se ao condenado – e, ao mesmo tempo, baixar as exigências processuais privativas do processo penal – a prova da origem lícita dos proveitos encontrados, sabendo-se que existem os mais variados constrangimentos ao desenvolvimento de uma investigação patrimonial ou financeira, desde logo ao nível dos recursos económicos que exige, sobretudo se centrada em grupos criminosos sofisticados.

com vista à sua apreensão e confisco, bem assim como cooperar internacionalmente com gabinetes congéneres dos outros Estados-Membros[23].

Outro importante passo na evolução do sistema europeu neste âmbito está representado na comunicação da Comissão ao Parlamento Europeu e ao Conselho no ano 2008[24], onde se reconhece a necessidade de alargar o regime de confisco, de modo a incluir as denominadas ações *in rem*, desde que fossem incluídas salvaguardas dos direitos humanos[25].

Pouco tempo antes, o Conselho da UE havia aprovado a Decisão-Quadro 2008/841/JAI, de 24 de outubro de 2008, relativa à criminalidade organizada, com base, essencialmente, no Programa de A Haia de 4/5 de novembro de 2004 que, no seu ponto 3.3.2., apontava a aproximação das legislações nacionais em matéria de direito substantivo como a solução para «*facilitar o reconhecimento mútuo das sentenças e decisões, como a cooperação policial e judiciária em matéria penal*»[26].

[23] DQ 2007/845/JAI, do Conselho, de 6 de dezembro de 2007. Estes gabinetes são verdadeiros pontos de contacto de uma rede por ela instituída destinada à partilha de informação e boas-práticas, visando facilitar a localização e apreensão de bens ilícitos, quer internamente quer ao nível do espaço europeu. Portugal constituiu os seus gabinetes de recuperação de ativos e de administração de bens na sequência da vigência do diploma de transposição, a Lei n.º 45/2011, de 24 de junho, cabendo ao primeiro a «*identificação, localização e apreensão de bens ou produtos relacionados com crimes, a nível interno e internacional*", assegurando também "*a cooperação com os gabinetes de recuperação de ativos criados por outros Estados e exercer as demais atribuições que lhe sejam legalmente atribuídas*» (artigo 3.º, n.º 1), e ao segundo administrar os «*bens apreendidos, recuperados ou declarados perdidos a favor do Estado, no âmbito de processos nacionais ou de atos de cooperação judiciária internacional*» (artigo 10.º, n.º 1).

[24] 20.11.2008, COM (2008) 766, «*Proceeds of organised crime, Ensuring that "crime does not pay"*».

[25] Esta preocupação acompanhava a jurisprudência Tribunal Europeu dos Direitos Humanos (TEDH) que vinha considerando, em regra, ambos os sistemas de confisco – baseado e não-baseado em condenação – compatíveis com a Convenção, nomeadamente em confronto com os artigos 6.º e 7.º da Convenção, e com o artigo 1.º do 1.º Protocolo; cfr. a jurisprudência selecionada do TEDH disponível no em https://rm.coe.int/echr-selected-judgments-decisions-en/16807828fd sob o título «Criminal Asset Recovery – European Court of Human Rights – Selected Judgments and Decisions», 2013. Sobre a natureza das denominadas ações *in rem* que Estados como a Austrália, cinco províncias do Canadá, os EUA ou a Colômbia admitem como confisco civil ou administrativo, é de interesse a consulta do *paper* preparado por Sanber, Arvinder, maio de 2012, «*European Court on Human Rights Jurisprudence and Civil Recovery of Illicitly Obtained Assets (Confiscation In Rem), Project on Criminal Assets Recovery in Serbia*», CoE.

[26] Considerando (3). Esta DQ revoga a Ação Comum 98/733/JAI.

Os propósitos prosseguidos com esta decisão-quadro eram, no entanto, contidos, visando, em primeira linha, determinar os Estados-Membros a criminalizar atos relativos ao tipo criminal *associação criminosa* (artigo 2.º) e respetivas penalidades (artigo 3.º), aí se abrangendo as devidas pela responsabilização das pessoas coletivas (artigo 6.º), e integrando normas visando resolver conflitos de competência (artigo 7.º).

Em 2014, reconhecendo a ineficácia das Decisões-Quadro 2001/500/JAI, do Conselho, de 26 de junho de 2001, e 2005/212/JAI[27], do Conselho, de 24 de fevereiro de 2005 –, mas mantendo, embora, a ligação a Tampere[28], e pretendendo harmonizar as legislações dos Estados-Membros[29], o legislador europeu propôs-se complementar as suas disposições – não substituí-las, dada a limitação do seu campo de aplicação a um catálogo de crimes –, estabelecendo um conjunto de regras mínimas sobre apreensão e perda a serem incluídas no direito dos Estados-Membros, destinadas a tornar as respetivas leis nacionais consistentes entre si num contexto de cooperação judiciária, adotando a Diretiva 2014/42/UE, do Parlamento Europeu e do Conselho, de 3 de abril de 2014, sobre o congelamento e a perda dos instrumentos e produtos do crime na UE[30].

[27] A iniciativa que lhe está na origem era, segundo alguns Estados, na parte relativa à introdução do conceito de confisco alargado, demasiado ambiciosa no que se refere à redução do ónus da prova; a negociação havida ao nível do Conselho não conduziu a um resultado satisfatório, como o confirma a avaliação da implementação de tal decisão-quadro – cfr. COM (2007) 805 final, pág. 6. Para mais este passo na evolução não terá sido alheio o resultado da 5.ª ronda de avaliações, realizada em 2008 pelo Grupo Multidisciplinar sobre Crime Organizado (MDG; desde 1 de julho de 2010 da responsabilidade do GENVAL) cujo respetivo relatório, de outubro de 2012, pode ser consultado em http://register.consilium.europa.eu/doc/srv?l=EN&f=ST%2012657%202012%20REV%202.

[28] Cujas ideias-fortes, atualizadas, recupera logo no Considerando (1): «*A criminalidade internacional organizada, incluindo organizações criminosas do tipo máfia, tem por principal objetivo o lucro. Por conseguinte, as autoridades competentes deverão dispor dos meios necessários para detetar, congelar, administrar e decidir a perda dos produtos do crime*».

[29] Ou, como prefere, o artigo 83.º, n.º 1, do TFUE, aproximar, e aprofundar a cooperação judiciária nos Estados-Membros. A base legal da Diretiva encontra-se, com efeito, nessa disposição e no artigo 82.º, n.º 2, anterior.

[30] Cfr. o seu Considerando (8). O escopo desta diretiva não se apresenta com a abrangência das que visa completar, referidas no texto, uma vez que se limita a um catálogo de crimes, do terrorismo, ao tráfico de seres humanos, abuso sexual de crianças e tráfico de ilícito de pes-

Para além dos aspetos substanciais, importava concretizar as conclusões do Conselho «Justiça e Assuntos Internos», adotadas em junho de 2010 para o período entre 2010 e 2014 constantes do Programa de Estocolmo[31], assumindo-se ser essencial melhorar as condições para uma cooperação internacional eficaz por forma a garantir a eficácia na deteção, congelamento, administração e decisão sobre a perda dos produtos do crime[32].

Apesar do largo consenso relativamente à eficácia da estratégia de privar os criminosos do controlo sobre o *dinheiro sujo* e outros bens adquiridos através da comissão de crimes, o sucesso dos instrumentos adotados para o efeito tem sido modesto, isso mesmo sendo reconhecido na comunicação da Comissão da UE em 20 de novembro de 2008 na expressão aí usada: *«more should be done»*.

A modéstia dos resultados alcançados, também motivada pela falta de vontade política dos Estados-Membros em aceitarem um verdadeiro sistema de reconhecimento mútuo de decisões, geradora de soluções pouco claras, como a relativa às decisões de confisco alargado, e, por outro lado, a avaliação da experiência dos Estados que já dispunham de sistemas – mais ou menos eficazes – de confisco não baseados em condenação, haviam conduzido o debate a centrar-se na questão de se saber se seria possível introduzir regras comuns que previssem um sistema deste tipo ou, ao menos, um sistema capaz de ter um impacto significativo neste campo, que v.g. permitisse decretar a perda em momento anterior ao da condenação.

soas. Para uma análise detalhada da Diretiva, cfr. Arcifa, Gabriella, «The new EU Directive on confiscation: a good (even if still prudent) starting point for the post-Lisbon EU strategy on tracking and confiscating illicit money», *I quaderni Europe*, Maggio 2014, n.º 64.

[31] JO C115, de 4/5/2010. O programa de Estocolmo estabeleceu as prioridades para a área liberdade, segurança e justiça, prestando atenção especial à questão da recuperação de ativos, promovendo uma nova abordagem sintetizada na expressão *«follow the money to crime control»*.

[32] A implementação desta Diretiva foi objeto de um relatório de avaliação (artigo 13.º) adotado em junho do corrente ano publicado em https://ec.europa.eu/home-affairs/sites/homeaffairs/files/what-we-do/policies/european-agenda-security/20200602_com-2020-217-commission-report_en.pdf

Não obstante manter um modelo de confisco baseado numa condenação criminal ou relacionado com uma conduta criminosa[33], continuando, pois, a não existir uma obrigação de introdução da perda não-baseada em condenação ou em momento anterior à condenação penal[34], em 2014, o legislador europeu procurou inovar em matéria de obrigações dirigidas aos Estados neste âmbito, determinando-os a preverem no seu direito a perda decretada na sequência de condenações, mesmo contra agentes revéis, e ainda quando a condenação não pudesse ser proferida devido a fuga ou doença do suspeito ou arguido, desde que a decisão fosse notificada ao visado[35].

Também inova num âmbito que em muitos debates se denominou «*inversão do ónus da prova*», decidindo o legislador europeu impor antes ao tribunal esse ónus, de decidir, a final, em função das probabilidades, se o «*facto de os bens da pessoa serem desproporcionados em relação aos seus rendi-*

[33] Como determina o artigo 5.º, n.º 1, ao dispor que, «*caso um tribunal, com base nas circunstâncias do caso, inclusive em factos concretos e provas disponíveis, como as de que o valor dos bens é desproporcionado em relação ao rendimento legítimo da pessoa condenada, conclua que os bens em causa provêm de comportamento criminoso*» de que resulte um benefício económico indicadas nas diversas alíneas do n.º 2. Trata-se aqui de confisco alargado e não de confisco não-baseado em condenação, que já era admitido pela DQ 2005/212/JAI. Resta saber se, dada a limitação do âmbito criminal da Diretiva, o comportamento criminoso que justifica a decisão de perda alargada pode consistir noutro diferente dos que se incluem no catálogo.

[34] De duvidosa legitimidade pois, como nota SIMONATO, Michele, «Non-Conviction based confiscation. A step forward on Assets Recovery?», *New Journal of European Criminal Law*, Vol. 6, Issue 2, 2015, sendo o artigo 83.º a base legal da Diretiva, essa disposição refere-se ao estabelecimento de «*regras mínimas relativas à definição das infrações penais e das sanções em domínios de criminalidade particularmente grave com dimensão transfronteiriça*». O texto da proposta original – que pode ser consultado em https://www.europarl.europa.eu/doceo/document/A-7-2013-0178_EN.html?redirect – distinguia claramente o confisco baseado e não-baseado em condenação criminal, mas no Parlamento Europeu a discussão não conseguiu convencer os Estados mais influentes no Conselho.

[35] É a solução que constava, de forma não impositiva, do artigo 54.º, n.º 1, al. c), da Convenção da ONU contra a Corrupção. Como se refere no Considerando (19), visou-se uniformizar as disposições sobre a matéria, vista a diversidade de regimes e conceitos então existentes na Europa. Esta espécie de confisco não-baseado em condenação não se assemelha, porém, à perda civil (*civil forfeiture*) na medida em que esta, ao contrário da pressuposta pela Diretiva, se dirige diretamente ao objeto.

mentos legítimos (...) levam (...) a concluir que os bens provêm de comportamento criminoso» (Considerando 21).

E, finalmente, prevê a possibilidade de a determinação do património poder ter lugar após a condenação «*de modo a possibilitar a plena execução das decisões de perda caso inicialmente não tenham sido identificados bens, ou bens suficientes, e a decisão de perda não tenha sido executada*»[36].

Um aspeto importante, que pode definir o recorte das exigências probatórias nos sistemas de processo penal dos Estados-Membros vinculados a esta Diretiva, resulta da liberdade atribuída aos legisladores nacionais em conformar a natureza da perda definitiva: punitiva ou preventiva, dispensando, neste caso, o requisito de perigosidade da utilização dos bens na prática de futuros crimes[37].

Em síntese, apesar da ambição da proposta, esta Diretiva[38] reafirma a exigência de ligação dos mecanismos de apreensão e confisco a uma condenação, mesmo que proferida *in absentia*, afastando a denominada *civil forfeiture*[39] conhecida do direito anglo-saxónico.

[36] Considerando (30). Importante obrigação dirigida aos Estados-Membros é a que se refere à adoção de medidas destinadas a permitir a apreensão dos bens suspeitos e sua administração – aí incluída a venda antecipada com a consequente transferência da propriedade sobre o bem –, assim como a sua manutenção nessa situação pelo tempo necessário à decisão sobre a sua perda ou o imediato retorno no caso de nenhuma decisão de perda ser proferida.

[37] Na maior parte dos Estados-Membros da UE, a perda tem a natureza de sanção. A evolução que é esperada neste contexto deverá alinhar-se com a Recomendação n.º 313 da FATF, de admitir a via civil para a declaração de perda em determinadas circunstâncias, como v.g. a posse de riqueza desproporcionada em virtude das relações com outros, a ausência injustificada ou a existência de imunidades que obstem à perseguição penal.

[38] As suas disposições foram transpostas para o direito interno nacional pela Lei n.º 30/2017, de 30 de maio, que veio a introduzir alterações e aditamentos em diversos diplomas, entre eles, para o que agora interessa, o Código Penal, a Lei n.º 5/2002, de 11 de janeiro, e a Lei n.º 45/2011, de 24 de junho (que cria o GRA e o GAB).

[39] Alguns autores, Calvanese, Ersilia, *Handbook of European Criminal Procedure*, Chapter 12, «Enforcement of Confiscation Orders», 2018, pág. 436, referindo-se às dificuldades enfrentadas pelos sistemas que preveem esta modalidade de perda, sustentam que uma forma de superar os obstáculo passaria pela substituição, através de uma ficção jurídica, da culpa do detentor pela *culpa do bem* – trata-se, afinal, de determinar a natureza criminosa, ou não, do bem objeto da decisão de perda –, o que permitiria, sem perigo de inconstitucionalidade, afirmam, retirar ao procedimento as garantias próprias do processo penal e, assim, aceitar diferentes regras em matéria de prova, nomeadamente o ónus que o direito criminal coloca

II. Quadro legal aplicável na cooperação judiciária internacional[40]

A cooperação judiciária para recuperação do produto da prática de crimes económicos, ou de escopo económico, processa-se num quadro em que concorrem instrumentos destinados à cooperação em geral com outros que se poderia dizer dela privativos.

Não obstante, os primeiros continuam, ainda hoje, mesmo entre os Estados em aqueles instrumentos privativos são aplicáveis, a serem mais usados para aquele específico objetivo.

Com efeito, o instrumento em que se baseia uma larga margem das solicitações de cooperação judiciária em matéria de recuperação de ativos continua a ser a Convenção Relativa ao Auxílio Judiciário em Matéria Penal entre os Estados-Membros da União Europeia (C2000) e seus

sob a responsabilidade da acusação. Deve, porém, salientar-se que, mesmo nos Estados que a admitem, como v.g. o RU e a Irlanda, a solução é criticada pela doutrina precisamente pela ausência das salvaguardas próprias do processo criminal.

[40] As afirmações produzidas no texto a partir deste capítulo reportam-se à experiência de cooperação na Europa – aqui se englobando a cooperação entre Estados-Membros e entre estes e Estados Terceiros – com intervenção da Eurojust. Para uma síntese sobre a articulação dos diversos instrumentos aplicáveis na Europa, cfr. INCHAUSTI, Fernando Gascon, «Mutual Recognition and Transnational Confiscation Orders», 2013, *in Transnational Inquiries and the Protection of Fundamental Rights in Criminal Proceedings* (págs.253-267); para uma visão geral sobre a estratégia europeia de combate à criminalidade organizada corporizada na Decisão 2008/841/JAI, do Conselho, de 24 de outubro de 2008 – que não inclui disposições relativas à recuperação de ativos –, v. «Study on paving the way for future policy initiatives in the field of fight againts organizaed crime: the efectiveness of specific criminal law measures targeting organised crime», *Final report* February 2015 – European Comission.
Os instrumentos europeus referidos no texto, em regra, estão contidos em decisões-quadro, decisões ou diretivas, as quais, como se sabe, são vinculativas para os Estados-Membros no que se refere aos resultados a alcançar, sendo, porém, às instâncias nacionais que compete decidir a forma e método da sua transposição e aplicação (os critérios são: clareza, segurança jurídica e eficácia e a sua interpretação conforme o direito europeu é vinculativa para as decisões-quadro adotadas no contexto do título VI do Tratado da União Europeia; cfr. o acórdão do Tribunal de Justiça Europeu, Processo-105/03, conhecido por «Caso Pupino», de 16 de junho de 2005, no JO C 193 de 6.8.2005, p. 3).
Para uma visão geral sobre o enquadramento convencional e legal existente na primeira década deste século, v. BACARESE, Alan, «Advancing international understanding and cooperation in combating fraud and corruption: Recovering stolen assets—a new issue?», *ERA Forum* (2009) 10: 421–434.

dois protocolos, que, como é expressamente referido no seu artigo 1.º, visava completar as disposições, e facilitar a aplicação, entre os Estados Membros da União Europeia, da Convenção Europeia de Auxílio Judiciário Mútuo em matéria penal, de 20 de abril de 1959 (C1959), e seu Protocolo adicional de 17 de março de 1978, bem como as *disposições sobre auxílio judiciário mútuo em matéria penal da Convenção de 19 de junho de 1990, de aplicação do Acordo de Schengen de 14 de junho de 1985*[41], e do *capítulo 2 do Tratado de extradição e de auxílio judiciário mútuo em matéria penal entre o Reino da Bélgica, o Grão-Ducado do Luxemburgo e o Reino dos Países Baixos, de 27 de junho de 1962.*

Trata-se, como se sabe, de instrumentos abrangentes e de aplicação geral, pois visam disciplinar a cooperação judiciária entre os Estados que a eles se vinculem e, no caso da C2000, entre os Estados-Membros da UE, nomeadamente no que se refere à utilização e execução de um mais ou menos amplo conjunto de medidas de investigação e de atos processuais, bem como da troca de informações processualmente relevantes.

Duas razões fundamentais para o recurso a instrumentos genéricos de cooperação em detrimento dos específicos desta área são perspetiváveis: de um lado, a circunstância de a maior parte da cooperação se processar na fase inicial do processo de recuperação – o da detecção –, nem sempre permitindo os resultados obtidos passar às fases subsequentes, nas quais os instrumentos específicos estão disponíveis; de outro, uma razão extra-processual: a transposição do direito europeu relevante nesta área ter decorrido de forma muito fragmentada nos Estados-Membros[42].

[41] Embora com menor frequência, também a Convenção de implementação da Convenção de Schengen é frequentemente invocada para fundar normativamente os pedidos de cooperação entre os Estados a ela vinculados nesta área; cfr. os artigos 51.º, 72.º e 87.º.

[42] Para uma informação completa sobre o estado da implementação e declarações referidas cfr. o sítio da Rede Judiciária Europeia (RJE) https://www.ejn-crimjust.europa.eu/ejn/EJN_Library_StatusOfImpByCat.aspx?l=EN&CategoryId=24.

Pode, aliás, dizer-se que, a razão da maior utilização do sistema tradicional de cooperação neste âmbito resulta da combinação de ambas as circunstâncias indicadas no texto, atenta a limitação própria de cada instrumento. Com efeito, na fase de identificação de produtos do crime, não é possível a utilização do certificado a que se refere o artigo 9.º da DQ2003, que visa a apreensão, sendo, portanto, necessário solicitar a realização de diligências destinadas a localizar esses bens, muitas vezes longas e dispendiosas, que os Estados requeridos levam a

1. Os dois instrumentos de cooperação específicos nesta área estão contidos na Decisão-Quadro 2003/577/JAI, do Conselho, de 22 de julho de 2003, relativa à execução na União Europeia das decisões de congelamento de bens ou de provas (DQ2003), e na Decisão-Quadro 2006/873/JAI, do Conselho, de 6 de outubro de 2006, relativa à aplicação do princípio do reconhecimento mútuo às decisões de perda (DQ2006).

Em relação à primeira, o prazo para transposição decorria até 2 de agosto de 2005[43], mas o processo ainda está em curso no Luxemburgo, e só em 26 de março de 2016 foi completado em Itália[44]; quanto à segunda, que devia estar implementada antes de 24 de novembro de 2008, ainda não o foi no Luxemburgo[45].

NOTA: A versão inicial, que incluía a Irlanda nos Estados em que a DQ não tinha sido ainda implementada, baseou-se na consulta da tabela constante do sítio da RJE, como consta em nota, a qual passou a conter a notificação da Irlanda ao Conselho efetuada nos termos do artigo 22 da DQ.

Ora, como facilmente se intui, o estado de implementação dos instrumentos europeus que dependam de transposição condiciona necessariamente a escolha, pelo Estado de emissão, do meio a usar nos específicos atos visados para a apreensão ou a perda, razão por que a experiência da utilização destes instrumentos privativos da cooperação entre os Estados-Membros da UE neste âmbito continuou a ser menor que o recurso

cabo de forma mais ou menos relutante pelo dispêndio e alocação de meios que normalmente exige a sua execução, por vezes, sem resultados expressivos, através de Carta Rogatória (CR). O recurso sucessivo a CR é também frequente em combinação com aquela certidão quando é visada a restituição do produto do crime à sua vítima (cfr. o artigo 8.º da C2000).

[43] Nessa obrigação se incluindo as declarações a que se referem os artigos 4.º (autoridades competentes para a execução) e 9.º [idioma(s) aceite(s)]; cfr. Nota do Secretariado Geral do Conselho, consultada em 17/09/2020 em https://www.ejn-crimjust.europa.eu/ejn/libdocumentproperties/EN/3178.

[44] Bem como no Reino Unido (RU); cfr. a tabela constante do sítio da RJE em https://www.ejn-crimjust.europa.eu/ejn/EJN_Library_StatusOfImpByCat.aspx?l=EN&CategoryId=24 consultada em 25/11/2020 e a nota do Secretariado Geral do Conselho consultado em 17/09/2020 em https://www.ejn-crimjust.europa.eu/ejn/libdocumentproperties/EN/3178.

[45] Cfr. tabela de implementação no mesmo local em https://www.ejncrimjust.europa.eu/ejn/EJN_Library _StatusOfImpByCat.aspx?l=EN&CategoryId=34 (consultada em 25/11/2020).

aos instrumentos tradicionais dos pedidos de auxílio judiciário através de carta rogatória (CR).

2. Ambos os referidos instrumentos privativos da recuperação do produto de crimes se baseiam no princípio do reconhecimento mútuo[46], segundo o qual uma decisão de uma autoridade competente de um Estado-Membro é reconhecida e executada por uma autoridade competente de outro Estado-Membro sem ser sujeita a formalidades especiais.

Apesar da estreita relação entre eles, comungando ambos do mesmo conjunto de princípios e similar estrutura, a evolução verificada na discussão sobre o aprofundamento e aperfeiçoamento das medidas destinadas a combater mais eficazmente o crime económico acabou por marcar decisivamente a principal diferença entre ambos.

Assim, além dos bens, ou seu valor, que constituam o produto de uma infração ou sejam seus instrumentos ou objetos[47], a partir de 2006 passam a estar abrangidas as decisões que se refiram, além daqueles, aos bens passíveis de perda, «*em consequência da aplicação no Estado de emissão de um dos poderes alargados de declaração de perda especificados nos n.ºs 1 e 2 do artigo 3.º da Decisão-Quadro 2005/212/JAI*» ou previstos na sua lei interna[48].

Tal como outros instrumentos baseados no princípio do reconhecimento mútuo, ambas as decisões-quadro acabadas de referir contêm disposições destinadas a garantir eficácia na sua execução, como um conjunto especificado de motivos de recusa de reconhecimento ou de execução, a ausência de controlo da dupla incriminação em relação também a um catálogo alargado de infrações[49] e a obrigação de os Estados a elas vinculados preverem disposições destinadas a assegurar a prote-

[46] Princípio que passou a constituir a base da cooperação judiciária tanto em matéria civil como penal por força das disposições dos artigos 81.º e 82.º do TFUE

[47] Artigo 2.º, al. d), da DQ2003.

[48] Artigo 2.º, al. d), iii) e iv), da DQ2006.

[49] Este requisito está relacionado na DQ2006 com o facto de todos os Estados-Membros da UE terem ratificado a Convenção do Conselho da Europa, de 8 de novembro de 1990, relativa ao Branqueamento, Deteção, Apreensão e Perda dos Produtos do Crime, a qual obriga os Estados a assegurar a execução das decisões exceto nos casos em que a infração não seja punível pelo seu direito interno ou a perda não seja uma consequência da condenação por ela.

ção de direitos da parte interessada e de terceiros de boa-fé (regime de recursos)[50].

3. A partir de 19/12/2020, data do início de aplicação do Regulamento (UE) 2018/1805 (R2018)[51] sobre o reconhe-cimento mútuo de decisões de apreensão e perda – exceto nos Estados-Membros por ele não obrigados, à data, apenas a Irlanda e a Dinamarca – ambos os referidos instrumentos cessaram a sua vigência.

Na origem de mais este passo na evolução da normativa europeia neste âmbito, para além das modificações resultantes da nova arquitetura pós-Tratado de Lisboa, esteve a constatação de que apenas 1,1% dos bens ilícitos eram recuperados, o que, considerava-se, seria devido à complexidade dos processos de execução das medidas de apreensão e perda, portanto, de escassa utilização.

Identificando que um dos motivos da escassa eficácia resultava de um processo fragmentado e heterógeno de implementação dos diplomas anteriores, procurou a isso obviar desde logo optando por introduzir as alterações através do recurso a um Regulamento, e não, v.g. à decisão-quadro, como anteriormente – e era preferido por alguns Estados-Membros –, ao mesmo tempo que estabelecia uma *vacatio legis* sem possibilidade de ultrapassagem, dificultando a tentativa de acomodação de idiossincrasias nacionais no processo de transposição[52].

[50] No caso da DQ2003, o recurso deve ser possível em ambos os Estados envolvidos; se interposto no Estado de execução, só pode ter por objeto a decisão de reconhecimento da decisão ou da execução que contrarie o que vai disposto no artigo 7.º, ou decisões proferidas durante a execução; a impugnação dos fundamentos da decisão de apreensão só pode ser apresentada no Estado de emissão (artigo 11.º, n.º 2). A solução adotada na DQ2006 é semelhante (artigo 9.º). O TJUE, a propósito de semelhante exigência contida na DIRDEI, já considerou que a falta de previsão que assegure direitos de impugnação impede o Estado de emissão de fazer uso do instrumento (cfr. o caso C-324/17).

[51] J.O., L 303/1. O Regulamento culmina um processo iniciado com proposta apresentada pela Comissão Europeia ao Parlamento Europeu e ao Conselho, de 21 de dezembro de 2016 [COM (2016) 819].

[52] Desta forma igualmente se evitava a questão do diverso ritmo de implementação da transposição, que, como se refere no texto, condicionou grandemente o início da utilização dos instrumentos que agora se substituem.

Neste instrumento unificador pretendeu-se incluir tanto as ordens de apreensão e confisco referidas na Diretiva 2014/42/UE, de 3 de abril de 2014[53], como de quaisquer outras proferidas em processos referentes a qualquer crime.

Por outro lado, um Estado-Membro passará a executar quaisquer decisões de apreensão e/ou confisco desde que proferidas em processos de natureza penal, mesmo que não baseadas em condenação penal, ainda que o seu direito interno não preveja essa forma de confisco, continuando, pois, excluídas as decisões de apreensão e perda proferidas no âmbito de processos não penais (civis ou administrativos[54]).

Adota-se uma estrutura comum aos últimos instrumentos instituídos no âmbito processual penal baseados no princípio do reconhecimento mútuo, nomeadamente:

- fixam-se agora prazos para o reconhecimento e execução das decisões – embora da sua inobservância não resultem especiais consequências –, assim se procurando potenciar a eficiência da decisão a executar;
- prevê-se um catálogo de motivos de não-reconhecimento e de não-execução[55],
- bem como uma lista de tipos de crimes relativamente aos quais não será permitida a verificação da dupla incriminação, independentemente da configuração que assumam no direito interno de cada Estado-Membro, desde que no Estado de emissão o ilícito que em que se funda a decisão a executar seja punido com uma pena de máximo superior a 3 anos de prisão;

[53] Esta Diretiva abrange apenas os denominados *crimes europeus*.

[54] Trinchera, Tommaso, «Confiscation and Asset Recovery: Better Tools to Fight Bribery and Corruption Crime», *Criminal Law Forum* (2020), págs. 49 e segs., invocando o Considerando (13).

[55] Durante a negociação, o debate centrou-se, quanto a este aspeto, na questão de se saber se haveria que prever a possibilidade de recusa quando da execução pudesse resultar uma violação dos direitos fundamentais, acabando por ficar consagrado uma cláusula de compromisso semelhante à que resultou da decisão no caso *Arranyosi & Căldăraru v. Generalstaatsanwaltschaft* (ECLI:EU:C:2016:198).

- prevê-se agora a possibilidade de usar o instrumento no caso de se visar a compensação e restituição dos bens às vitimas – pessoas físicas e morais –, a que deve ser dada prioridade em detrimento da perda a favor do Estado; e
- um sistema de recursos[56].

4. A finalizar esta breve incursão nos instrumentos mais invocados nesta área específica da cooperação na Europa, uma rápida menção a dois deles, *multi-regionais*. São eles as Convenções do Conselho da Europa, a de 1990 sobre Branqueamento, Deteção, Apreensão e Confisco de Produtos do Crime[57] e a de 2005, relativa ao Branqueamento, Deteção, Apreensão e Perda de Produtos do Crime e sobre o Financiamento do Terrorismo[58].

A sua invocação – desnecessária no âmbito da cooperação entre os Estados-Membros da UE, face à evolução verificada, entretanto, ao nível dos instrumentos disponíveis, mas por vezes ainda indicada a título subsidiário – ; constitui, a par de outros[59], a base da cooperação com Estados-

[56] À semelhança dos instrumentos anteriores, prevê-se que qualquer interessado deve ter a possibilidade de recorrer de decisões que o afetem, quer no Estado de emissão, relativamente às razões substanciais para a emissão da decisão de apreensão ou de confisco (artigo 33.º, n.º 2), quer no Estado de execução, quanto à decisão de reconhecimento ou de execução (artigos 7.º e 18.º), bem como contra decisões durante a própria execução (artigo 23.º, n.º 1).

[57] A ETS n.º 141 foi objeto de um total de 49 ratificações e adesões, incluindo dois de Estados não-membros do Conselho da Europa (Austrália e Cazaquistão); cfr. a página do Conselho da Europa em https://www.coe.int/en/web/conventions/full-list/-/conventions/treaty/141/signatures?p_auth=0HzsXcpc.

[58] CETS n.º 198, que substituiu a anterior. Total de ratificações e acessões: 37 (incluindo a própria União Europeia). Cfr. https://www.coe.int/en/web/conventions/full-list/-/conventions/treaty/ 198/signatures? p_auth=0HzsXcpc. Na cooperação com Estados terceiros são invocados instrumentos da ONU, como a Convenção contra a Corrupção, Nova Iorque, 31 de outubro de 2003, a Convenção contra o Tráfico Ilícito de Drogas e Substâncias Psicóticas, Viena, 20 de dezembro de 1988, e a Convenção contra o Crime Organizado Transnacional, Nova Iorque, 15 de novembro de 2000. No que se refere à cooperação com os Estados da Comunidade dos Países de Língua Portuguesa, cfr. a Convenção de Auxílio Judiciário em Matéria Penal entre os Estados-Membros da Comunidade dos Países de Língua Portuguesa, assinada na Cidade da Praia em 23 de novembro de 2005 – *maxime* os artigos 1.º, n.º 1, *in fine*, e 16.º.

[59] A Convenção das Nações Unidas contra a Corrupção, adotada a 31 de outubro de 2003 e em vigor a partir de 14 de dezembro de 2005, é a mais citada convenção global em matéria

-Terceiros também neste domínio, na medida em que o direito interno do Estado interessado permita o recurso direto às suas disposições para legitimar a recolha de prova ou informação através de cooperação internacional[60].

III. A Eurojust e a cooperação judiciária em matéria penal em geral

Devido ao caráter transnacional da maioria das redes criminosas e dos agentes individuais que procuram o lucro ilícito, sucede frequentemente existirem diversas investigações paralelas ou conexas em curso em mais do que um Estado, pelo que se torna necessário coordenar a sua evolução, evitando a duplicação dos atos de investigação ou prejuízos para qualquer delas, e outros problemas, alguns de difícil resolução, como os reclamados pela observância do princípio *ne bis in idem*.

Além disso, tais investigações apresentam exigências específicas no que se refere à obtenção de prova, nomeadamente à que deva ser recolhida no território de outro Estado.

Com efeito, o objetivo prosseguido pelos autores de tais crimes, que procuram, afinal, atingir o gozo em sossego dos proveitos de origem criminosa, é suscetível de se desenvolver – o que, hoje, pode suceder de forma rápida, dadas as facilidades decorrentes da utilização das novas tecnologias[61] – no território de mais que um Estado – e não apenas no dos Estados da UE –, muitas vezes através da multiplicação da prática de atos semelhantes, concatenados e sucessivos, de modo a iludir as autoridades de prevenção e repressão do crime.

Para se conseguirem níveis de eficácia consentâneos com as exigências atuais, as autoridades competentes pela perseguição criminal neces-

de cooperação e auxílio judiciários (Ziouvas, Dimitris, «International Asset Recover in the United Nations Convention Against Corruption», *The Palgrave Handbook of Criminal and Terrorism Financing Law*, 2018, a págs., 612.

[60] É o caso das jurisdições em que o mero ato de ratificação de uma convenção torna as disposições com vocação executória parte do seu direito interno. Esta solução comporta, porém, dificuldades não desprezáveis no campo da cooperação em matéria de recuperação de produtos do crime como refere Ziouvas, Dimitris, cit., págs. 591-620.

[61] Por exemplo, o recurso generalizado às denominadas moedas virtuais – *criptomoeda* –, como se sabe, coloca grandes dificuldades na sua localização, identificação, apreensão e confisco, sendo um meio eficaz de esconder dinheiro sujo resultante do crime.

sitam, pois, de trabalhar de forma, muitas vezes, conjunta e coordenadamente nas tarefas que lhe estão cometidas, independentemente da latitude em que se encontrem ou em que tenham que desenvolver os atos correspondentes à sua função, quer em comunicação ou contacto diretos, quer através de órgãos ou canais especificamente constituídos e dotados de meios para o efeito.

1. Um desses organismos é a Eurojust.

A Eurojust tem a sua génese na reunião do Conselho em Tampere, de 1999[62], e, na sequência da iniciativa da Alemanha, Portugal, França, Suécia e Bélgica, de dezembro do ano seguinte, a sua instituição formal com a Decisão 2000/799/JAI, de 14 de dezembro de 2000, como Unidade Provisória de Cooperação Judiciária, a operar a partir de Bruxelas. Em 2002 é, então, criada – ou estabelecida – como órgão (*body*) supranacional da União dotado de personalidade jurídica pela Decisão do Conselho 2002/187/JAI, de 28 de fevereiro de 2002 (Decisão Eurojust, DEJ) – posteriormente alterada pelas Decisões do Conselho 2003/659/JAI, de 18 de junho de 2003, e 2009/426/JAI, de 16 de dezembro de 2008 – com vista a, como a sua epígrafe refere, «*reforçar a luta contra as formas graves de criminalidade*», aprofundando a cooperação judiciária, nomeadamente através da coordenação de investigações e procedimentos que envolvessem pelo menos dois Estados-Membros, com observância dos direitos fundamentais inscritos na matriz da União – artigo 6.º, n.º 2, do Tratado da União Europeia (TUE) e Carta dos Direitos Fundamentais da UE (CDFUE).

A Eurojust é, atualmente, uma agência da União Europeia *criada* pelo Regulamento (UE) 2018/1727, do Parlamento Europeu e do Conselho, de 14 de novembro de 2018 (REJ), cujo mandato é o de «*apoiar e reforçar a coordenação e a cooperação entre as autoridades nacionais competentes para a*

[62] Conclusão 46: «*A fim de reforçar a luta contra as formas graves de crime organizado, o Conselho Europeu aprovou a criação de uma unidade (EUROJUST) composta por procuradores, magistrados ou agentes da polícia nacionais com competências equivalentes, destacados por cada Estado-Membro de acordo com o respetivo sistema jurídico. A EUROJUST deverá ter por missão facilitar a coordenação adequada entre as autoridades repressivas nacionais e dar apoio às investigações criminais em processos de crime organizado, designadamente com base nas análises da Europol, bem como cooperar de forma estreita com a Rede Judiciária Europeia, em especial a fim de simplificar a execução das cartas rogatórias. O Conselho Europeu solicita ao Conselho que, até ao fim de 2001, adote o instrumento jurídico necessário*».

investigação e o exercício da ação penal em matéria de criminalidade grave que afete dois ou mais Estados-Membros ou que exija o exercício de uma ação penal assente em bases comuns, com base nas operações realizadas e nas informações transmitidas pelas autoridades dos Estados-Membros e pela Agência da União Europeia para a Cooperação Policial (Europol)[63]».

2. A competência e as funções da Eurojust estavam antes previstas no artigo 3.º da DEJ por referência a investigações e procedimentos que envolvessem dois ou mais Estados-Membros no pelos crimes indicados no artigo 4.º, especialmente se levados a cabo de forma grave e organizada. À Eurojust caberia facilitar e aprofundar a coordenação e a cooperação entre as autoridades competentes dos Estados-Membros no cumprimento de pedidos e na execução de decisões baseadas no princípio de reconhecimento mútuo, bem como assisti-las, a seu pedido, tendo em consideração as necessidades concretas das investigações e procedimentos que dirigissem, visando torná-los mais efetivos, para o efeito se socorrendo de todas as informações fornecidas por outros corpos ou agências europeias.

Este objetivo – o de tornar as investigações e procedimentos mais efetivos – assume um conteúdo genérico, devendo admitir-se que pode

[63] Considerando (3) do REJ; cfr. o artigo 85.º do Tratado sobre o Funcionamento da União Europeia (TFUE). Para o que agora interessa – na medida em que o REJ também modificou o funcionamento da agência noutros domínios, em especial em matéria de *governance*, reforçando a função operacional ao reduzir a intervenção dos membros nacionais em matérias administrativas e consubstanciando a sua dimensão europeia através da participação da Comissão Europeia num novo órgão de gestão (o Conselho Executivo), bem como desenvolveu os princípios relativos à proteção de dados pessoais que decorrem do Regulamento Geral de Proteção de Dados (RGPD) –, a evolução que representa o referido Regulamento está também relacionada com a instituição da Procuradoria Europeia (PE); como se sabe, a *cooperação reforçada*, a que o Regulamento (UE) 2017/1939 do Conselho, de 12 de outubro de 2017 deu corpo, não vincula todos os Estados-Membros, mas apenas os que declararam nela participar, mantendo a Eurojust competência tanto no âmbito coberto por aquela forma de cooperação em relação aos Estados não participantes como igualmente na área que extravasa a competência material da Procuradoria Europeia. A Eurojust e da PE, porém, não se encontram no mesmo plano em matéria de competência, como aparentemente resultaria de uma sua leitura apressada dos Considerandos do REJ, dada a diferente natureza, estrutura e funções de cada um dos organismos.

envolver *o que quer que seja necessário*, desde o apoio logístico e financeiro relativamente a concretos instrumentos[64], à transmissão de pedidos e de decisões que não sejam enviados diretamente de e às autoridades judiciárias envolvidas, à preparação de atos de cooperação e de troca de informações e documentos[65], bem assim na coordenação e de atos recolha de prova que devam v.g. ser levados a cabo simultaneamente no território de mais que um Estado-Membro[66], até ao mero aconselhamento sobre o direito processual ou substancial de outros Estados[67].

Uma característica fundamental deve ser assinalada desde logo. Apesar das funções de coordenação atribuídas pelos atos fundadores, a competência conferida à Eurojust durante o processo de cooperação por si mediado não envolve a concessão aos seus membros de poderes de tipo hierárquico sobre as autoridades a quem as leis nacionais atribuem competência de direção processual, as quais continuam, pois, dela detentoras na qualidade em que intervierem[68].

[64] As equipas de investigação conjuntas, ou JIT no acrónimo inglês mais usado.

[65] V.g. em reuniões de coordenação, mas não limitada a elas.

[66] Mediante a organização dos denominados centros de coordenação.

[67] Embora em menor medida e importância, as delegações nacionais dos Estados-Membros na Eurojust podem intervir, a pedido das autoridades judiciárias competentes, no âmbito de execução de um Mandado de Detenção Europeu para resolução de aspetos que possam v.g. retardar ou condicionar, por qualquer forma, a decisão, como sucedeu recentemente no rescaldo das primeiras decisões do TJUE sobre a competência do Ministério Público para emitir MDE. Não raro é-lhe pedido para transmitir pedidos apresentado por um Estado-Membro nos termos do artigo 27.º, n.º 1, al. g), da Decisão-Quadro 2002/584/JAI, do Conselho, de 13 de junho de 2002. A Eurojust pode ainda ser chamada a aconselhar a autoridade judiciária caso pendam dois ou mais pedidos de detenção emitidos contra a mesma pessoa (artigo 16.º da mesma decisão) e deve ser informada da ultrapassagem e das razões para a inobservância do prazo a que se refere o artigo 17.º seguinte. Outros deveres de informação à Eurojust para efeitos do seu envolvimento na prevenção, deteção e investigação de infrações relacionadas com o terrorismo estão previstos em diversos normativos europeus cuja referência mais extensa extravasa o objeto deste estudo.

[68] Em nosso entender, as disposições estatutárias da Eurojust não admitem (ainda) claramente a possibilidade de assunção da direção de investigações ou a emissão de instruções específicas dirigidas a investigações ou procedimentos pendentes nos Estados-Membros por parte da Eurojust. A possibilidade conferida pelos artigos 6.º, n.º 1, al, a), *i*), e 7.º, n.º 1, al. a), *i*), ambos da DEJ, a que correspondem os artigos 4.º, n.º 2, al. a), e 5.º, n.ºs 1 e 2, al. a), *i*), do REJ, não deve ser interpretada no sentido indicado no texto na medida em que, como ali se

No que se refere a estes aspetos, o REJ não modificou substancialmente as funções da Eurojust ou a sua competência material[69], mas operou uma necessária clarificação relativa a esta através da consagração explícita de um catálogo autónomo e articulado de tipos de atividades criminosas[70]– o qual abrange as infrações com eles conexas –, capaz de legitimar a sua intervenção[71].

Para além dos casos que se incluem no princípio geral do artigo 2.º, n.º 1, do REJ – *«crimes que lesem dois ou mais Estados-Membros, ou exijam uma ação penal em bases comuns»* –, o legislador europeu decidiu incluir no mandato os casos em que a investigação ou a ação penal afete apenas um Estado-Membro[72], mas tenha repercussões a nível da União, e ainda os casos em que afeta apenas um Estado-Membro e um país terceiro, *«desde*

refere, se trata de um pedido fundamentado para a abertura de investigações ou a instauração de procedimentos. A autoridade a quem o pedido é dirigido não está, por isso, obrigada a obedecer-lhe, embora se esse pedido for apresentado pelo Colégio da Eurojust, a recusa deva ser especialmente fundamentada em razões de segurança nacional ou risco para as pessoas ou, em última análise, operacionais (artigos 8.º da DEJ e 4.º, n.º 6, do REJ). Da mesma forma, os casos referidos nos artigos 9.º-C e 9.º-D da DEJ – artigo 8.º, n.ºs 3 e 4, do REJ (cfr. ainda o artigo 8.º, n.ºs 3 e 4, da Lei n.º 36/2003, de 22 de agosto) –, não conduzem a resultado diferente, na medida em que os atos ali indicados são levados a cabo em concertação, ou *de acordo* na terminologia do REJ, com a autoridade judiciária nacional competente que, assim, mantém a direção do procedimento. Diga-se, finalmente, que os termos em que se encontra redigido o artigo 85.º, n.ºs 1, al. a), e 2, do TFUE não permitem conclusão diversa pois, como se refere no último preceito, *«os atos oficiais de procedimento judicial são executados pelos agentes nacionais competentes»*. Uma solução mais avançada baseada em tal disposição do Tratado não conseguiu ser acordada durante a negociação do REJ. Neste sentido, também, SALAZAR, Lorenzo, «Twenty Years since Tampere», *EUCRIM*, 2019/4, pág. 259.

[69] O artigo 4.º da DEJ remetia para o âmbito de competência definida para a Europol no anexo 2 da convenção de 1995 [n.º 1, al. a)], acrescentando, a seguir, na al. b), outras atividades criminosas, algumas delas já incluídas da alínea anterior.

[70] Anexo I. A consagração desse catálogo não significa que a intervenção não possa ocorrer a solicitação de uma autoridade competente de um Estado Membro no âmbito de uma investigação ou procedimento por crime nele não incluído. Admitia-o o n.º 2 do artigo 4.º da DEJ, tal como hoje o n.º 3 do artigo 3.º do REJ.

[71] Artigo 3.º, n.º 4, do REJ.

[72] Pois, como decorre do artigo 2.º, n.º 1, do REJ, em princípio, a intervenção da Eurojust só está legitimada no caso de a atividade criminosa afetar dois ou mais Estados-Membros – o mesmo se devendo observar quanto a pedidos de cooperação que lhe sejam dirigidos por um país terceiro, na medida em que apenas os que devem ser executados em mais que um

que tenha sido celebrado com esse país terceiro um acordo ou um convénio de cooperação que crie uma cooperação (...) ou desde que, num caso específico, exista um interesse essencial na prestação desse apoio»[73].

Se do aprofundamento da cooperação judiciária em matéria penal, lançado em abril de 2017, em que se consubstancia a instituição da Procuradoria Europeia, resultou uma *compressão* da intervenção da Eurojust nos estritos limites da competência material daquela[74], o mandato *saído* do REJ não operou, porém, especiais modificações em relação ao anterior, mantendo-se a sua intervenção em matéria operacional tanto a solicitação das autoridades competentes dos Estados-Membros como a partir de iniciativa própria de um ou mais membros nacionais ou colegialmente[75].

A intervenção da Eurojust pode ser solicitada a todo o tempo e em qualquer fase do procedimento, pela autoridade judiciária nacional competente[76].

Estado-Membro exigem coordenação, e desde que haja consentimento dos Estados-Membros envolvidos – ou exijam uma ação penal em bases comuns.

[73] Artigo 3.º, n.º 5, do REJ.

[74] Mantendo-a, embora, nos casos dos Estados não vinculados à cooperação reforçada e ainda quando, embora relativos a Estados que nela participam, a PE não dispõe de competência ou, dela dispondo, decide não intervir (artigo 3.º, n.º 2, do REJ).

[75] Considerando (12). Porém, com as limitações que considerámos *supra*, nota 69. Apesar de dificilmente exercitável em matéria de recuperação de bens e produtos do crime, mas ainda incluída nas funções operacionais da Eurojust, uma importante função está prevista no artigo 4.º, n.ºs 3 e 4: a de formulação de pareceres, não vinculativos, quer dirigidos à Europol, com base em análises por esta realizadas, quer às autoridades dos Estados-Membros, quando não «*cheguem a acordo sobre qual deles deve realizar uma investigação ou instaurar uma ação penal*», ou no caso de «*recusas ou dificuldades recorrentes relacionadas com a execução de pedidos de cooperação judiciária ou com decisões sobre cooperação judiciária*».

[76] Um aspeto importante a salientar no que se refere às relações com as autoridades judiciárias dos Estados-Membros e o respetivo Gabinete nacional é o de que não estão sujeitas a qualquer formalidade, podendo os contactos serem mantidos por qualquer forma em que seja possível comprovar a qualidade e posição do requerente. Os contactos poderão ser efetuados de forma direta e, nos casos urgentes, podem ser estabelecidos a qualquer momento, para o que cada Gabinete deve indicar membro disponível para o efeito. Trata-se da implementação da obrigação que vinha já do artigo 5.º-a) da DEJ na formulação da Decisão do Conselho 2009/426/JHA, de 16 de dezembro de 2008, e está hoje contida no artigo 19.º do REJ, denominado Coordenação Permanente (*On-Call Coordination* na expressão inglesa).

3. Nem a DEJ nem o REJ[77] contêm disposições que afirmem a sua competência na específica área da recuperação de bens e ativos advenientes do crime. No entanto, essa circunstância não tem constituído óbice à sua intervenção ou ao questionamento da admissibilidade ou validade da prova recolhida com o seu auxílio e assistência, sempre que a solicitação se opere no âmbito do procedimento penal.

Outra é[78] a situação dos pedidos de intervenção quanto à execução de decisões não baseadas em condenação penal, como as proferidas no âmbito de procedimentos de caráter civil ou administrativo previstas em alguns ordenamentos[79].

Apesar de reconhecer a existência de sistemas de perda não baseados em condenação penal em determinados ordenamentos jurídicos de Estados-Membros da UE[80], e não obstante as tentativas de se introduzir a possibilidade de as legislações nacionais consagrarem soluções dessa natureza, o legislador europeu também não previu, nos instrumentos adotados neste campo nem nas leis que se referem à criação da Eurojust – como unidade ou como agência –, uma intervenção específica neste domínio[81].

Na verdade, se os pedidos de intervenção apresentados à Eurojust no âmbito de procedimentos de natureza penal neste contexto específico, sejam eles referentes a decisões de perda tradicional ou resultem de perda alargada, nenhuma dificuldade têm colocado a qualquer jurisdição europeia, que generalizadamente os prevê, qualificando as autoridades competentes em matéria criminal para tomarem decisões neste domínio, a ausência de referência nos atos de constituição e criação da Eurojust, associada à omissão nos instrumentos aplicáveis à cooperação

[77] As leis constitutivas referem-se apenas aos gabinetes de recuperação de ativos a que se refere a Decisão 2007/845/JAI, do Conselho, nas disposições reservadas ao sistema de coordenação nacional [artigos 12.º da DEJ e 20.º, n.º 3, al. e), do REJ].

[78] Ou pode ser, uma vez que não se dispõe de informação devido à escassez de solicitações neste específico domínio.

[79] Ou quando a sua natureza penal não esteja expressamente afirmada.

[80] Os casos da Bulgária, da Irlanda, da Itália, da Eslovénia, e da Eslováquia e do Reino Unido.

[81] Para um modelo europeu de confisco não baseado em condenação criminal, cfr. RUI, Jon Petter, "*The Civil Asset Forfeiture Approach to Organised Crime, Exploring the Possibilities for an EU Model*", EUCRIM, 2011-4, págs. 153-161.

judiciária neste âmbito de um mandato específico para intervir neste domínio – com a correspondente ausência nos diplomas internos que os transponham –, são circunstâncias suscetíveis de inviabilizar a sua intervenção[82] [83].

Como se verá adiante com mais pormenor, as dificuldades de obtenção e concessão de cooperação por parte dos Estados-Membros para execução de decisões de apreensão ou confisco proferidas em processos não penais sobem de monta, já que o atual quadro legal europeu após a vigência do Tratado de Lisboa – cujo compromisso com os princípios estruturantes dos direitos humanos é mais vincado – facilita a recusa devido à menor exigência do regime de garantias concedido pelo procedimento (não-penal) em que são proferidas[84].

[82] A afirmação é válida relativamente a solicitações para execução de decisões proferidas em procedimentos de natureza civil ou administrativa dirigidas a Estados que não disponham de um sistema de perda não baseado em condenação.

[83] Nenhum normativo europeu integra disposição semelhante à al. a) do n.º 1 do artigo 54.º da Convenção das NU contra a Corrupção, nos termos da qual os Estados-Parte deveriam adotar legislação que permitisse às suas autoridades reconhecer e executar decisões de confisco emitidas por uma autoridade de outro Estado-Parte. A amplitude com que esta disposição se encontra consagrada, lida à luz da obrigação constante do artigo 43.º do mesmo instrumento, que obriga os Estados-Parte a conceder assistência aos demais em investigações e procedimentos civis e administrativos relacionados com corrupção, é vista como permitindo que o auxílio judiciário se estende às formas de confisco não baseado em condenação. O artigo 7.º da Convenção n.º 030 do Conselho da Europa – C1959 –, apesar de determinar os Estados a concederem a *maior cooperação possível* em investigações e procedimentos quanto à perda em espécie ou valor de instrumentos e proveitos resultantes do crime, haverá que ser interpretado nos estritos limites do âmbito para que o instrumento foi instituído: a matéria penal; cfr, RAPHAEL, Monty, «Tracing and confiscating illicit proceeds: the perspective of the defence», *ERA Forum*, 2011, págs. 560-564. A avolumar as dificuldades para o Estados que dispõem de um sistema de perda não baseado em condenação está o entendimento do TJUE quanto à impossibilidade de recurso à Convenção de Bruxelas (Regulamento do Conselho n.º 44/2001, sobre jurisdição, reconhecimento e execução de decisões proferidas em matéria civil e comercial) para execução de decisões proferidas em ações de confisco civil, na medida em que, considera-se, o instrumento não cobre conflitos resultantes do exercício de poderes por parte do Estado, mas apenas entre particulares.

[84] A questão da natureza do procedimento para o efeito de avaliar a consistência das garantias e, assim, a conformidade dos procedimentos *in rem* com a matriz da Convenção – entre outros aspetos também relevantes para avaliar uma recusa de cooperação baseada na defesa dos direitos humanos, como as referentes à proteção do gozo em sossego da propriedade

IV. A intervenção da Eurojust no processo de cooperação: algumas questões práticas e problemas na aplicação dos instrumentos europeus[85]

Não será insensato afirmar que um dos grandes contributos da Eurojust, decorrente da assistência por si prestada às autoridades judiciárias nacionais, consistiu numa mudança do ângulo em que estas antes consideravam o procedimento de cooperação judiciária internacional, passando a atribui-lhe uma importância específica, por vezes, decisiva, no quadro do procedimento criminal, atento o resultado da atividade desenvolvida e sua relevância para a consecução dos fins do processo[86].

sobre os bens, à presunção de inocência e à proporcionalidade – foi objeto da atenção do TEDH em diversos casos – Engel v The Netherlands, Walsh v UK, US v Ursery e Gilligan v CAB –, deles se retirando diversos critérios para o diagnóstico necessário, como a classificação atribuída pelo legislador nacional ao processo, a natureza da conduta, do ponto de vista objetivo, que justifica a decisão de perda, ou a severidade das consequências previstas. Para uma análise sobre as principais questões relacionadas com a conformidade das disposições que preveem as denominadas ações *in rem* e a Declaração Europeia dos Direitos Humanos, cfr. SANBEI, Arvinder, cit.. Cfr. ainda a este propósito a proposta do LIBE (Committee on Civil Liberties, Justice and Home Affairs) durante o processo legislativo da Diretiva 2014/42/UE sobre o texto apresentado pela Comissão Europeia quanto à justificação da medida de perda sem condenação criminal nos casos nela previstos.

[85] Para um mais amplo esclarecimento sobre a atividade da Eurojust neste domínio, deve ser consultado o último Relatório sobre a atividade da Eurojust na Recuperação de Ativos, disponível em http://www.eurojust.europa.eu /doclibrary/Eurojust-framework/ Casework/ Report%20on%20 Eurojust% 20 casework%20in%20asset%20 recovery%20(February%20 2019)/2019-02-12_EJ-Casework-Asset-Recovery_full-report_EN.pdf, o qual abrange o período de 1/1/2014 a 31/3/2018. A Eurojust não é o único canal usado para facilitação da cooperação nesta área específica, a da recuperação de ativos. Como facilmente se intui, a qualidade dos Estados envolvidos – Estados-Membros da UE/Estados Terceiros – determina, e, em muitos casos é decisivo, a escolha do canal a utilizar. Alguns dos disponíveis, para além da Eurojust, a rede informal CARIN (Camden Assets Recovery Inter-Agency Network, que está na origem do estabelecimento dos denominados Gabinetes de Recuperação de Ativos) ou, noutro plano, ou de informação operacional financeira, ou o Egmont Group, são entidades de facilitação do processo de cooperação que podem intervir em especial na fase de identificação e localização de produtos e instrumentos do crime.

[86] Para isso contribuiu relevantemente uma alteração do posicionamento das autoridades nacionais ao assumirem o mandato inscrito nos diversos instrumentos, de atribuir ao cumprimento de pedidos e execução de decisões a relevância e prioridade semelhantes a um procedimento interno. É, de facto, com este recorte de importância que alguns instrumentos

Na verdade, a informação prestada sobre instrumentos, o conselho legal e prático visando a resolução de questões colocadas durante o processo de cooperação, a transmissão de pedidos e decisões e o acompanhamento da sua execução ou cumprimento e, em geral, toda a atividade de facilitação em se consubstancia o auxílio prestado pela Eurojust; são aspetos que têm contribuído para o reconhecimento da importância de um procedimento de cooperação legalmente fundado, bem como para uma progressiva consciencialização e abertura das autoridades nacionais para as questões da cooperação judiciária e, em particular, as relacionadas com a específica área da recuperação de instrumentos e produtos do crime.

Isso mesmo o reconheceu o relatório da 5.ª Ronda de Avaliações Mútuas tendo por objeto o Crime Financeiro e as Investigações Financeiras, de 2012[87], que se referiu à Eurojust como uma das agências europeias que melhor poderia desempenhar o importante papel de auxílio às autoridades nacionais em matéria de recolha e disponibilização da prova, nomeadamente da prova eletrónica, no âmbito das investigações patrimoniais e financeiras com dimensão transfronteiriça, sendo por isso, ela própria, encorajada a promover, junto dessas autoridades, essa capacidade de aí facilitar o processo de obtenção de informação e provas.

É, com efeito, reconhecido que o auxílio disponibilizado pela Eurojust, que pode assumir a mais diversa natureza, tanta quanto a variedade de aspetos e dificuldades que se apresentam às autoridades nacionais quando procuram localizar e identificar o produto dos crimes patrimoniais e, depois, concretizar decisões de apreensão e perda, se revela, em muitos casos, importante, por vezes, decisivo, quando se trata de alcançar os fins do procedimento criminal, que também passa pelo regresso desses bens à ordem legítima de disposição e uso.

instam os Estados – Estados-Membros, Estados-Partes ou subscritores – ao integrarem nas respetivas ordens jurídicas as soluções que consagram.

[87] Documento do Conselho 12657/2/12 REV 2. Cfr. nota 27.
De muito interesse é também a consulta do documento intitulado «Conclusões do Conselho e Plano de Ação sobre o caminho a seguir no que respeita à investigação financeira», de 9 de junho de 2016, no qual a Eurojust é encorajada a, nos termos do seu mandato, a constituir-se como uma plataforma de conhecimento especializado em matéria de investigações financeiras visando a sua facilitação.

1. O auxílio mais frequentemente prestado situa-se desde as fases preliminares da investigação patrimonial e financeira, como o aconselhamento ou a prestação de informação sobre aspetos legais[88] ou práticos[89], auxílio esse que, nos casos mais complexos, pode incluir a necessidade de pôr em contacto direto as autoridades envolvidas, v.g. em reuniões de coordenação organizadas pela Eurojust[90].

O recurso a esta agência da UE para facilitação da troca de informação, desde o estádio inicial do processo de cooperação entre as autoridades envolvidas, e bem assim a transmissão das certidões e decisões, constituem, porventura, o auxílio que pode prestar com mais expressão do ponto de vista da concretização de decisões de apreensão, especialmente em casos em que é necessária uma ação urgente sobre os bens visados[91].

[88] Com mais frequência o pedido sobre qual ou quais instrumentos adotar – carta rogatória, certidão referidas na DQ2003 ou DQ2006, DEI –, principalmente nas situações de múltiplas decisões de apreensão com Estados destinatários diferentes. Como se deixou referido na exposição, a opção pelos diversos instrumentos não é isenta de consequências do ponto de vista do destino a dar aos bens apreendidos. Como facilmente se alcança, a apreensão de bens destinados a servir de prova supõe o seu regresso ao Estado de execução depois de satisfazerem as necessidades processuais sem disposição, enquanto que na apreensão destinada a servir de medida preventiva da perda definitiva os bens deverão permanecer no Estado de execução até à sua disposição nos termos contidos na DQ2003.
Também a fase de administração de bens tem motivado o recurso frequente à Eurojust para esclarecimentos relacionados com diversas dimensões, em especial, as relacionadas com a venda antecipada.

[89] Como a identificação da autoridade competente para a execução e o estado de implementação da DQ aplicável no Estado destinatário ou a preparação e preenchimento das certidões. No caso de Estados terceiros, este aconselhamento preliminar reporta-se, na maioria dos casos, a aspetos relacionados com as soluções do direito interno do Estado a que a apreensão deve ser rogada – conteúdo do pedido, formalidades e exigências legais a observar, possibilidade de execução de medidas destinadas a prevenir o descaminho dos objetos, etc.

[90] Como nos casos em que o estabelecimento de canais diretos de comunicação entre as autoridades envolvidas, ou a mediação da Eurojust, não resulte suficiente ou satisfatória.

[91] Um dos aspetos mais críticos da cooperação internacional nesta – e noutras – áreas é o relativo à tradução das certidões, o que, em alguns casos, pode ser determinante. Em casos justificados – não apenas decorrentes da urgência na execução, mas quando v.g. o idioma de destino da certidão é de mais difícil obtenção de tradução em certa latitude – a Eurojust pode providenciar pela tradução da certidão e dos documentos que a devem acompanhar.

A intervenção da Eurojust tem provado ser também particularmente eficiente no auxílio às autoridades nacionais que dirijam investigações paralelas em curso em diversos Estados, na coordenação da execução de decisões de apreensão de bens nelas proferidas, evitando a duplicação de atos ou a necessidade de envolver as autoridades competentes na prolação de decisões destinadas a resolver conflitos[92].

E também a assistência consubstanciada no acesso facilitado à constituição de JIT que devam operar em vista também na recolha de informação no âmbito da investigação patrimonial e financeira[93], sua operação e financiamento da sua atividade, se tem revelado de especial valor.

2. Na fase de execução da decisão de perda, como na que a antecede, a Eurojust é solicitada mesmo antes de emissão do pedido ou da emissão da certidão do artigo 4.º da DQ2006, para aconselhamento sobre os aspetos legais relevantes para uma execução fluida da decisão[94] e bem assim a sua transmissão à autoridade competente[95] e seu acompanhamento[96].

[92] Quando existam várias decisões de apreensão sobre o mesmo bem. Quanto às investigações previstas nas disposições de transposição da Diretiva 2014/42/UE, destinadas a *permitir a deteção e rastreio dos bens a congelar cuja perda seja decidida* após a condenação definitiva por infração penal (artigo 9.º) ou no âmbito de procedimentos *in rem*, quando admitidos, a experiência é ainda escassa, inexistente na casuística da Eurojust.

[93] Quer o artigo 13.º da Convenção de maio de 2000, desenvolvido pela Decisão-Quadro 2002/465/JAI, do Conselho, de 13 de junho de 2002, quer o artigo 20.º do Segundo Protocolo Adicional à Convenção de 1959, apenas se referem à investigação de infrações penais; no entanto, tem-se entendido nada obstar que que a investigação patrimonial ou financeira seja executada pela JIT como uma dimensão da investigação da ou das infrações penais visadas.

[94] Tal como sucede com os demais instrumentos, as solicitações abrangem tanto o próprio esclarecimento sobre o instrumento a ser usado, nomeadamente devido ao antes referido diferente ritmo implementação da DQ nos diversos Estados-Membros, como a vigência dos diversos instrumentos convencionais em Estados terceiros, estendendo-se a todos os aspetos relevantes da execução, desde os relacionados com o chamamento de interessados, aos custos referentes à execução propriamente dita ou à tradução, especialmente em casos urgentes e quando o Estado de execução tenha limitado o recebimento da certidão apenas na(s) língua(s) que declarou aceitar.

[95] Com efeito, a transmissão, por intermédio das delegações dos Estados-Membros e magistrados de ligação presentes na Eurojust, bem como o aconselhamento prestado pelos pontos de contacto nos Estados terceiros quanto às autoridades competentes para o cumprimento

No domínio da execução propriamente dita – v.g. na fase da venda ou disposição dos bens – aspetos relevantes têm justificado a convocação da Eurojust na contribuição para a sua solução.

Questões como a modalidade da venda ou a dedução dos custos com a manutenção dos bens executados, bem como de impostos ou taxas não pagos pelo titular deles desapossado por força da decisão, previamente à partilha do resultado da venda, ou a relativa ao valor dos bens a executar e ainda não avaliados, justificaram que a Eurojust fosse também convocada a auxiliar na sua superação, quer através da intermediação dos contactos entre as autoridades envolvidas[97], quer mediante a utilização de *ferramentas* privativas[98].

No domínio da partilha dos bens e valores declarados perdidos[99], as dificuldades identificadas resultam essencialmente da diferente abordagem do direito interno de Estados terceiros quanto à questão, menos frequente relativamente aos Estados-Membros da EU, uma vez que estes, na

de rogatórias neste âmbito, revela-se o modo mais eficaz a obter uma execução ou um cumprimento urgente das decisões.

[96] Na maior parte dos casos, a intervenção da Eurojust permitiu uma comunicação, por seu intermédio, entre as autoridades envolvidas, facilitando a execução.

[97] Em relação a Estados terceiros, a regra da partilha em partes iguais de valores e do produto da venda de bens confiscados só recentemente logrou disseminar-se e integrar-se no direito interno na maioria dos Estados. Mas a questão da partilha, mesmo entre os Estados em que vigora a aludida regra, admite variações, como a relativa ao seu afastamento quando haja que compensar ou indemnizar – i.e., fora dos casos de restituição – as vítimas do crime. Num caso acompanhado pela Eurojust, o auxílio prestado incluiu o estabelecimento de um canal de comunicação com autoridades dependentes do governo de um Estado terceiro – no caso, o gabinete de administração de bens – bem como com o ministério competente a fim de ser obtido acordo para a partilha.

[98] O caso consistia numa situação relacionada com a existência de investigações paralelas existentes em dois Estados, coexistindo pretensões de partilha do produto confiscado num dos Estados envolvidos e restituição de concretos bens às vítimas noutro Estado; a sua complexidade justificou a organização de diversas reuniões de coordenação visando o estabelecimento das bases necessárias a um entendimento, nomeadamente quanto à restituição daqueles bens às vítimas.

[99] A tipologia dos casos em que a Eurojust interveio aponta para que as situações referenciadas de partilha sejam mais representativas que as demais, como as também indicadas o texto, de restituição de bens às vítimas.

configuração do direito nacional, estão sujeitos à disciplina da normativa europeia.

Subsistem alguns obstáculos ou dificuldades de outra natureza, que, apesar da evolução verificada, não lograram ainda uma superação satisfatória: a barreira da língua e as dificuldades suscitadas pela inadequação das traduções e interpretações, resultantes da, por vezes, diferente terminologia e conceitos usados nos diversos Estados, a diversa cultura institucional – frequentemente geradora de tempos de cumprimento de pedidos e execução de decisões incompatíveis com as necessidades – e de soluções de cada sistema de direito – algumas decorrentes diretamente do processo de transposição – ou mesmo a insuficiência dos instrumentos disponíveis, são disso exemplos[100].

3. A experiência da Eurojust neste específico domínio dos procedimentos penais, o da recuperação do produto de crimes e seus instrumentos, em qualquer das suas fases, não se apresenta especialmente relevante face ao volume global de solicitações endereçadas à agência, o que será, porventura, devido a uma ainda muito provável secundarização, ou subalternização, dessa atividade por parte dos órgãos encarregados da investigação e de exercício da ação penal.

Com efeito, contendo-nos no lapso temporal dos últimos cinco anos (2014-2019), ultrapassada, pois, a fase mais crítica de transposição das decisões-quadro aplicáveis, se é possível divisar uma crescente procura da intervenção dos gabinetes nacionais na Eurojust neste domínio, a atividade de auxílio proporcionado às autoridades nacionais, porém, não alcançou especial expressão no contexto global da atividade da agência. Nos dois primeiros anos daquele período, nenhuma solicitação aparece

[100] Alguns práticos reportam outras dificuldades que poderão parecer insignificantes, mas não menos desincentivadores do recurso aos instrumentos, como as relacionadas com o preenchimento dos certificados anexos às decisões-quadro, bem como a diversos ónus burocráticos geradores de demora. São também referidas dificuldades relacionadas com a margem de discricionariedade atribuída às autoridades requeridas e de execução no que se refere aos motivos de não cumprimento ou de recusa.

registada, e em semelhante período seguinte, – 2016 e 2017 –, apenas um pedido em cada um; apenas oito em 2018 e quarenta e sete em 2019[101].

4. Detenhamo-nos agora brevemente na casuística da intervenção da Eurojust[102].

Como se sabe, a Convenção do Conselho da Europa de 1959, sobre o Auxílio Judiciário Mútuo em Matéria Penal, não contém disposições específicas sobre o cumprimento de cartas rogatórias para apreensão e confisco de bens produto de crimes, embora a amplitude com que é concebido o auxílio judiciário nela configurado tenha permitido sustentar os pedidos de auxílio apresentados nesse âmbito, bem como o seu cumprimento[103].

Mas a Convenção Relativa ao Auxílio Judiciário Mútuo em Matéria Penal entre os Estados Membros da UE não se apresenta aí muito mais profusa, apenas lhe dedicando o artigo 8.º, relativo à restituição de objetos às vítimas.

Daí que toda a cooperação nesta área específica ao abrigo das disposições destes instrumentos se tenha operado com base nos princípios que regem a cooperação em geral, os quais resultam de obrigações normalmente inscritas nos diversos instrumentos internacionais, sintetizadas na obrigação de concessão do *mais amplo auxílio judiciário possível*. O que nos

[101] Apesar das circunstâncias, o ano corrente apresenta-se algo mais auspicioso, com um total de 56 dossiês abertos até 31/08/2020.

[102] A exposição refere-se apenas nesta parte à experiência de intervenção da Eurojust e não a toda a fenomenologia de situações que pode resultar da aplicação do quadro normativo europeu neste domínio específico. Também não foi dada atenção ao procedimento previsto na Decisão-Quadro 2005/214/JAI, do Conselho, de 24 de fevereiro de 2005, não apenas porque a Eurojust não prestou qualquer assistência nesse âmbito, nas igualmente porque o recurso a esse instrumento não envolve necessariamente a execução do produto confiscado.

[103] No seu artigo 5.º, n.º 1, prevê-se que os Estados Contratantes possam apresentar declarações relativamente a condições para cumprimento de cartas rogatórias para buscas e apreensões, tendo muitos países da UE apresentado declarações daquele tipo (Austria, Bélgica, Bulgária, Croácia, Chipre, República Checa, Dinamarca, Estónia, Finlândia, Alemanha, Lituânia, Polónia, Portugal, Eslováquia, Eslovénia, bem como o Reino Unido). As normas pertinentes das demais convenções do Conselho da Europa que abordam a questão da apreensão e perda (STE 141, STE 173 e STE 198) apenas dispõem quanto aos deveres e obrigações das Partes Contratantes e não também quanto à forma de as concretizar.

remete para o direito interno de cada Estado envolvido, atribuindo ao processo de cooperação um tratamento tradicionalmente marcado por idiossincrasias ou mesmo certa discricionariedade[104].

Esta indefinição relativa, potenciadora de alguma insegurança, terá pesado na decisão de, ao nível dos Estados-Membros da UE, se prever a possibilidade de aproximar as legislações internas, o que, de certo modo, foi procurado através das DQ2003 e DQ2006 e em especial pelo R2018.

4.4.1. Fase preliminar e de apreensão de bens[105]

4.4.1.1. A experiência da Eurojust neste, como noutros domínios, revela claramente o *valor acrescentado* da sua intervenção[106], permitindo a

[104] Cfr. os artigos 28.º e 110.º, n.º 4, ambos da Lei n.º 144/99, de 31 de agosto.

[105] A análise da assistência prestada confirma que os objetivos perseguidos nas diversas fases, como decorre do texto, determinam a opção pelos diversos instrumentos, incluindo a sua utilização simultânea ou sucessiva; é o que sucede com o envio de uma DEI para apuramento das do incremento patrimonial e sua localização e o sucessivo ou simultâneo envio da certidão do artigo 9.º da DQ, podendo essa combinação envolver ainda o uso de carta rogatória, no caso de ser visada a apreensão de bens para sua restituição às vítimas – necessidade hoje ultrapassada com o R2018 –, ou, quando se refira a indemnização arbitrada, o recurso ao procedimento previsto na referida DQ 2005/214/JAI.
A qualidade do Estado destinatário - Estado-Membro da UE/Estado terceiro - é igualmente determinante quanto à escolha do instrumento.

[106] As vantagens do recurso à Eurojust neste âmbito – como nos demais procedimentos de cooperação, para sua agilização e facilitação em geral, principalmente nos casos em que é exigida rapidez devido –, não se resumem aos Estados-Membros da UE na medida em que dispõe de pontos de contacto em Estados Terceiros (atualmente 53), com parte dos quais celebrou acordos de cooperação (EUA, Islândia, Liechtenstein, Noruega, Suíça, Moldávia, Montenegro, Macedónia do Norte, Albânia, Ucrânia, Geórgia e Sérvia), alguns com magistrados de ligação destacados na Eurojust (EUA, Noruega, Suíça, Montenegro, Macedónia do Norte, Ucrânia, Geórgia e Sérvia), os quais se têm revelado de grande utilidade na execução de pedidos de cooperação, cumpridas as exigências em matéria de partilha de dados pessoais [cfr. os artigos 36.º e segs. da Diretiva (EU) 2016/680]. Para além dos casos referidos no texto, não raro sucede os gabinetes nacionais, em benefício das autoridades estrangeiras, satisfazerem diretamente, na fase de localização dos bens e ativos, pedidos de informação financeira e outros, máxime relativos à propriedade de bens sujeitos a registo uma vez que, por força do estatuto conferido aos membros nacionais, estes devem dispor de acesso às bases de dados nacionais relevantes.

remoção de dificuldades e obstáculos da mais diversa natureza[107], resultantes, desde logo, de diferenças entre os sistemas jurídicos dos Estados-Membros, aí se incluindo as decorrentes da diversidade de soluções que advêm quer do processo de transposição dos instrumentos europeus nesta área quer de especificidades de alguns ordenamentos jurídicos europeus, impondo, num bom número de casos, um esclarecimento prévio das autoridades judiciárias[108].

Neste específico domínio, o da fase de deteção e localização de bens de origem ilícita, são identificadas, genericamente, dificuldades que vão desde o desconhecimento das soluções do direito interno do Estado destinatário do pedido ou da decisão – incluídas as relativas à identificação da autoridade central ou à autoridade competente para cumprimento de pedidos ou de execução de decisões e respetiva competência material[109], em especial nos casos em que os bens a apreender são de diferente natureza ou situados em diversas áreas no mesmo Estado – ; à possibilidade

[107] A superação dessas e de outras dificuldades e obstáculos é conseguida através de meios próprios do funcionamento da agência, desde a mera informação relevante para o processo de cooperação, ao aconselhamento inicial anterior ao endereçamento dos pedidos, à facilitação de contactos, até ao uso de instrumentos privativos, como a preparação de relatórios sobre a existência de relações entre os sujeitos envolvidos no universo das investigações reportadas à Eurojust, à organização de reuniões de coordenação ou centros de coordenação e à constituição de equipas de investigação conjunta.

[108] É o caso consistente em saber se uma investigação financeira e/ou patrimonial é admissível em fase pós-sentencial do processo penal. Em junho do corrente ano, apenas dezoito dos Estados-Membros haviam implementado a obrigação decorrente do artigo 9.º da DQ 2014/42/JAI, e, entre esses, três consagraram um prazo preclusivo para o efeito. No caso português, quer a lei de transposição da Diretiva DEI, ao prever, no artigo 4.º, n.º 3, da Lei n.º 88/2017, de 21 de agosto, a possibilidade de a DEI ser usada "*em todas as fases do processo*", quer o artigo 12.º-A da Lei n.º 5/2002, de 11 de janeiro, admitem essa possibilidade.
Mas não só. Diferenças de interpretação são reportadas no que se refere ao âmbito de aplicação da DEI e dos outros instrumentos de cooperação tradicional, como a C 2000 na redação do Protocolo de 2001.

[109] O Reino Unido (RU), por exemplo, dispõe de 45 entidades regionais com competência de investigação em matéria penal e poucas com cobertura nacional, como a National Crime Agency ou a Her Majfesty's Revenue and Customs; por seu turno, o Crown Prosecution Service, com competência em Inglaterra e País de Gales, o Crown Office na Escócia ou o Public Prosecution Service na Irlanda do Norte, não dispõem de um registo central de procedimentos ou investigações.

de cumprimento de pedidos e execução de decisões sem descriminação dos bens a localizar e apreender[110], ou às que resultam da ausência, em alguns Estados, de bases de dados centralizadas de registo de património imobiliário e/ou de contas bancárias[111] – fatores que dificultam a deteção e localização dos bens, que se pretende célere e eficaz[112].

4.4.1.2. É, aliás, essa a fase – a da identificação e localização os bens a apreender – aquela em que se verificam os constrangimentos mais significativos do início do processo de cooperação, dadas as exigências que lhes estão associadas, a reclamar a realização de diligências semelhantes em tempo e onerosidade às de um procedimento doméstico, a demandar meios que, por vezes, não estão disponíveis no Estado requerido ou de execução, ou há relutância em alocá-los a essas tarefas.

Outros aspetos condicionam o andamento fluído da fase inicial deste processo, como o cumprimento de direitos processuais da pessoa visada, nomeadamente em matéria de acesso à informação relacionada com o pedido ou a decisão[113].

4.4.1.3. Na fase de emissão de ordens de apreensão, são referidas questões relacionadas com exigências de forma – incompletude, incorreção, incerteza ou inexatidão do certificado ou da decisão e ainda, com frequência, as referentes à exigência de tradução[114] –, bem como de conteúdo, estas da mais diversa natureza, resultantes, v.g. de um desconhe-

[110] O RU, por exemplo, não admite pedidos ou decisões para apreensão de valores em contas bancárias sem a sua identificação.

[111] O caso do RU.

[112] Deve assinalar-se que algumas das dificuldades evidenciadas na consulta às delegações nacionais na Eurojust nesta fase resultam também do desconhecimento da função e poderes processuais e de investigação dos gabinetes de recuperação de ativos.

[113] É o caso da Suíça, onde é organizado um procedimento próprio para o titular da conta visada no pedido se opor à revelação da informação bancária a si respeitante, o que, para além da demora, é suscetível de colocar especiais dificuldades à investigação no Estado requerente e sua posterior apreensão.

[114] Quer a DQ2003 (artigo 9.º, n.º 2), quer a DQ2006 (artigo 19.º) determinam que as certidões devem ser traduzidas para a(s) língua(s) oficiais do Estado de execução ou a(s) que houver declarado aceitar, mas já não as próprias decisões.

cimento da informação a incluir na certidão da decisão de apreensão –, como a exigência de indicação sobre o valor concreto dos bens ou valor a apreender numa fase inicial[115].

Também a possibilidade do uso – sucessivo ou cumulativo – de dois instrumentos não é generalizadamente compreendida quando para além da apreensão seja visado um efeito conexo, como a restituição de bens ou valores à(s) vítima(s)[116].

Diferenças entre as legislações nacionais referentes a aspetos que se reportam à natureza dos bens a apreender ou à relação entre os indicados na certidão e a atividade criminal ou com a pessoa visada resultam na necessidade de endereçar pedidos de informação e esclarecimentos adicionais[117].

Também a existência de investigações paralelas pode assumir extensa fenomenologia neste âmbito, causadora de contratempos nem sempre fáceis de resolver, senão através do levantamento da apreensão dos bens alvo das várias investigações ou da invocação do princípio *ne bis in idem*. Basta pensar nos casos de crimes conexos, como todo o tipo de fraudes e o branqueamento do seu produto, ou nos casos relativos a decisões que apliquem regimes de perda alargada em espécie que nela abranjam bens diretamente resultantes de crime(s) em investigação noutro procedimento e à sua ordem apreendidos.

Um último aspeto ainda desta fase inicial de apreensão a ser salientado, também causador de certa perturbação no processo de cooperação,

[115] É o caso dos valores em saldo de conta bancária.

[116] Como se sabe, a restituição para esses efeitos não estava compreendida na DQ2003, mas foi incluída no R2018.

Outras situações do mesmo tipo podem ser incluídas neste conjunto, como a referente à modificação do propósito inicial da apreensão, i. é, quando os bens houvessem sido apreendidos para efeitos de prova, através do recurso à DQ2003 (até ao início de vigência da Diretiva DEI) e esse objetivo viesse a ser alterado, acabando, a final, por ser determinado o seu confisco a favor do Estado [cfr. o artigo 3.º, n.º 1, al. b), da DQ2003].

[117] As diferenças a que nos reportamos no texto incluem a utilização dos instrumentos que não cobrem as decisões a reconhecer, geradora de recusa de execução, como as medidas preventivas previstas em certos ordenamentos para o que se vulgarizou denominar-se *enriquecimento ilícito* – cuja criminalização não logrou generalizar-se e, portanto, suscetíveis de avaliação da dupla incriminação nos termos do artigo 3.º, n.º 2, da DQ2003 –, ou a decisões não baseadas em condenação.

consiste na definição do período de imobilização dos bens apreendidos – a aguardar a perda[118].

O artigo 6.º da DQ2003 determinava que o *congelamento* dos bens deveria ser mantido pelo tempo estritamente necessário a uma definição sobre o seu destino[119], pelo que poderiam – e deveriam – manter-se nessa situação até à apresentação da certidão da decisão de perda definitiva [artigo 10.º, n.º 1, al. b),], exceto se o direito e prática nacionais do Estado de execução determinassem uma limitação à duração do congelamento (n.º 2 do artigo 6.º, cit.)[120].

4.4.1.4. A administração dos bens apreendidos constitui uma fase do processo de cooperação com iniludível importância – porque à privação dos bens e produtos do crime deverá corresponder um efetivo aproveitamento, não apenas por razões fundadas numa economia de escassez de bens, mas igualmente para contribuir para restaurar a confiança nos agentes da Administração da Justiça –, consubstanciando um fator que motiva a necessidade de as autoridades envolvidas no processo de cooperação relacionado com a apreensão e confisco comunicarem entre si, por forma a superar dificuldades relacionadas com a manutenção dos bens até à decisão de perda.

[118] A experiência da Eurojust referencia um caso de alegada violação do artigo 6.º da Convenção (direito a um julgamento justo e em tempo razoável) diretamente relacionado com a duração da imobilização dos bens decorrente de ordem de apreensão (caso Juan v. Bélgica 5950/05), tendo o tribunal considerado procedente a alegação de que o bloqueio de conta bancária pelo período de três anos excede o conceito de *tempo razoável* a que a norma se refere. Para uma visão centrada nos casos de corrupção, cfr. Ivory, Radha Dawn, «The Right to a Fair Trial and International Cooperation in Criminal Matters: Article 6 ECHR and the Recovery of Assets in Grand Corruption Cases», *Utrecht Law Review*. N.º 9, 2013, págs. 147-164. No que se refere á apreensão para restituição à vítima, a prática que já resultava da disposição do artigo 8.º da C2000 permite a sua disponibilização imediata ao Estado requerente ou ao Estado de emissão da certidão.

[119] No mesmo sentido, o artigo 8.º, n.º 3, da DQ 2014/42.

[120] O artigo 12.º do R2018 não modificou substancialmente a situação de inamovibilidade dos bens apreendidos até à decisão final sobre o seu destino ou a ocorrência de qualquer circunstância suscetível de modificar a decisão de apreensão, sem prejuízo de a autoridade de execução apresentar um pedido fundamentado de limitação daquele estado, considerando as *circunstâncias do caso.*

O recurso aos denominados gabinetes de administração de bens, sendo a solução, em princípio, mais eficaz, e desejável, nem sempre logra superar os problemas que surgem com frequência.

Relevam aqui não apenas deficiências inscritas na constituição e funcionamento deste tipo de organismos, muitos deles escassamente dotados dos meios necessários, como dificuldades do processo prescrito para a sua atividade resultantes da própria complexidade de administração de alguns bens – é o caso das *universalidades dinâmicas*, como as empresas comerciais ou industriais, cuja atividade tenha que ser mantida – ou de necessidades próprias associadas a outros – barcos, aeronaves, veículos, ações e outras aplicações financeiras transacionáveis –, as quais têm colocado dificuldades de monta, em geral, mas especialmente nos processos de cooperação internacional neste âmbito.

A ausência de constituição de tais organismos de administração de bens[121] – ou a sua não convocação para as tarefas de gestão do apreendido que lhe incumbem – ou de disposições que regulem especificamente aspetos que visam a boa gestão dos bens apreendidos – como a sua recolha e acomodação ou a sua venda antecipada, ou o recurso a sistemas externos de administração – por forma a acautelarem-se, na medida possível, os interesses envolvidos – em particular, evitar quer a depreciação do valor dos bens quer os custos associados à sua manutenção[122] –, projetam no processo de cooperação dificuldades nem sempre fáceis de ultrapassar.

4.4.1.5. A possibilidade, admitida pela DQ2003, de executar uma decisão de apreensão de bens não transitada em julgado parece inequí-

[121] A Decisão 2007/845, do Conselho, apenas insta os Estados-Membros a instituir os Gabinetes de Recuperação de Bens, e, embora o diploma nunca se refira a matérias relacionadas com a administração de bens recuperados, é assumido que essa é uma fase necessária do processo de recuperação de bens. Hoje, o R2018 refere-se expressamente à gestão e afetação dos bens apreendidos, remetendo a sua disciplina para a legislação interna dos Estados Membros (artigo 28.º).

[122] No direito português – Lei n.º 45/2011, de 24 de junho – a fase de avaliação que antecede a venda antecipada revela-se crítica, quer em situações em que exige a realização de perícias onerosas ou de difícil execução, quer, posteriormente, à notificação do laudo ao visado para lhe dar a possibilidade de contestar os seus fundamentos ou resultados.

voca, face ao que dispõe o artigo 11.º, n.º 1[123], uma vez que, como aí se prevê, o recurso interposto nunca tem efeito suspensivo[124].

Posto que, como o demonstra a casuística da Eurojust, a decisão de apreensão seja comunicada ao visado e a terceiros conhecidos[125] a fim de lhes ser dada uma possibilidade efetiva de contestar o seu fundamento.

Daí que, não obstante a facilidade concedida de execução de decisões não transitadas ao abrigo da referida disposição, mas sendo necessário assegurar o conhecimento aos interessados da sua prolação, e devendo ainda os Estados, nos termos do n.º 4 daquela disposição, tomar *«as medidas necessárias para facilitar o exercício do direito de interpor recurso»* (...), *«facultando, em especial, informações adequadas às partes interessadas»*, facilmente se alcança que a execução nesses termos não se apresenta isenta de dificuldades em processo de cooperação internacional.

4.4.2. Fase da perda ou confisco[126]

4.4.2.1. No que se refere à perda de bens, a gravidade das consequências que constitui e a necessidade de execução além-fronteiras da decisão

[123] Conforme o seu fundamento, o recurso podia ser interposto tanto no estado de emissão como de execução; quando o tiver sido neste, a autoridade de emissão deveria ser notificada para apresentar argumentos – artigo 11.º, n.º 3. Hoje o artigo 33.º do R2018 mantém a previsão relativa à admissibilidade de recurso, quer quanto à decisão de reconhecimento e de execução – remetendo para o regime de recursos do direito interno de cada Estado Membro - quer da decisão de apreensão no Estado de emissão – n.º 4.

[124] Num caso em que a Eurojust foi solicitada a intervir, foi colocada a questão da partilha antecipada do produto da venda de bens apreendidos, i. é, sem decisão de perda definitiva.

[125] Noutro caso tratado na Eurojust, um banco baseado no Estado Membro de execução, notificado da apreensão de determinada quantia, contestou aí a decisão proferida no Estado de emissão com fundamento em motivos relacionados com a própria decisão, acabando por obter provimento a final, no tribunal superior, com base na consideração de que não existiam fun-damentos de facto que permitissem responsabilizar penalmente alguns dos visados à luz do direito do Estado de execução. Trata-se, a nosso ver de decisão de duvidosa conformidade com o princípio do reconhecimento mútuo.

[126] À semelhança do que sucedeu com a fase da apreensão, não nos referimos exaustivamente a todos os aspetos que podem ser suscitados durante um processo de cooperação internacional neste âmbito, que não caberiam no espaço e propósitos desta exposição, antes se privilegiou os que resultam da experiência de intervenção da Eurojust. Os aspetos referenciados

que a decreta justifica que nem sempre ao recebimento do certificado a que se referia o artigo 4.º da DQ2006[127] se siga imediatamente a prolação da decisão de reconhecimento no Estado de execução.

Efetivamente, com frequência, são dirigidas à autoridade de emissão solicitações destinadas a assegurar as condições para esse reconhecimento, as quais se consubstanciam, numa parte substancial, no pedido adicional de envio da decisão de perda – no idioma do Estado de execução – e de informações relacionadas com o trânsito em julgado – v.g. o conhecimento, por parte do visado pela decisão, do seu teor e alcance e se esteve devidamente representado no procedimento.

Este tipo de solicitações prévias ao início da execução da decisão de perda[128] é mais comum quando se trata de executar decisões de perda não baseadas em condenação[129], dada a exigência, contida no artigo 1.º, n.º 1, da DQ2006[130], de que a decisão a executar por aplicação das suas disposições tenha sido proferida por um *tribunal competente em matéria penal de outro Estado-Membro*. Trata-se, como referimos anteriormente, de

no texto como representativos de dificuldades para cuja resolução a Eurojust foi convocada, reportam-se em geral ao apuramento de motivos de recusa de reconhecimento ou de execução a que se refere o artigo 8.º da DQ2006.
De fora se quedaram questões como as que decorrem das exigências do artigo 47.º da Carta dos Direitos Fundamentais da UE, relativas à garantia de intervenção e representação em juízo neste âmbito específico (cfr. ainda a DQ 2009/299/JAI, de 26 de fevereiro de 2009).

[127] A que corresponde o artigo 14.º do R2018.

[128] Ou outras mais específicas da execução de decisões não baseadas em condenação proferidas em procedimentos de perda civil, como as que consistem em saber se o visado esteve envolvido em alguma conduta criminosa.

[129] A execução de decisões deste tipo é suscetível de apresentar uma grande tipologia de pedidos adicionais da parte dos Estados que concedem cooperação, admitindo *incidentes* que reportam às condições do próprio procedimento, como a discussão sobre a titularidade do bem, ou bens, cuja perda é declarada, como sucede quando a declaração de perda incide sobre bens que, estando sujeitos a registo, apresentam inscrição ou registo a favor de pessoa diversa do condenado, circunstância que pode constituir motivo de recusa de reconhecimento da decisão ou da sua execução – artigo 8.º, n.º 2, al. d), da DQ2006, e 19.º, n.º 1, al. e), do R2018.

[130] Igual exigência se mantém no local correspondente do R2018.

circunstância decisiva para a decisão de reconhecimento da decisão proferida pelo Estado de emissão no Estado de execução[131].

4.4.2.2. A decisão que reconhece a decisão de perda e determina a sua execução é recorrível [artigos 9.º, n.º 1, da DQ2006 e 33.º, n.º 1, do R2018], direito que os Estados-Membros têm que assegurar a qualquer parte interessada, incluindo terceiros de boa-fé, recurso que poderá ter efeito suspensivo segundo o direito do Estado de execução[132].

Esta exigência, suscetível de conduzir à inexequibilidade da decisão proferida no Estado de emissão ou requerente transitada em julgado, quando o recurso apresentado no Estado de execução proceda - o que tem constituído motivo para comunicações entre as autoridades envolvidas –, é encarada por alguns autores como um desvio ao princípio do reconhecimento mútuo à margem do catálogo das causas de recusa[133].

Outras decisões tomadas durante o processo de execução – como sejam as relativas à venda dos bens confiscados, maxime a referente ao seu valor - podem ser sindicadas quando assim o preveja o direito do Estado de execução (artigos 12.º da DQ2006 e 23.º do R2018).

[131] Relacionado com a decisão de reconhecimento e execução da decisão de perda, suscitou pedidos adicionais entre as autoridades envolvidas, na fase imediatamente anterior ao reconhecimento, a declaração a que alude o artigo 7.º, n.º 5, da DQ2006 (reconhecimento de decisões de confisco proferidas ao abrigo dos poderes de perda alargada), regime que não transitou para o R2018. A Suécia apresentou esta declaração ao Secretariado-Geral do Conselho da UE em 9/11/2011.

[132] Independentemente da previsão relativa ao efeito do recurso na legislação do Estado de execução, a sua interposição é motivo de adiamento da execução (artigo 10.º, n.º 1, al. b).

[133] Pra Inchausti, Fernando Gascón, *cit.* nota 40, o Estado de execução deve certificar-se de que os direitos do visado e de terceiros de boa-fé foram assegurados no Estado de emissão uma vez que o primeiro não tem competência para o reexame de questões colocadas pelos interessados quanto aos fundamentos da perda; ora, a existência de regras especiais sobre proteção de terceiros de boa-fé no Estado de execução envolve um motivo de não reconhecimento ou de não execução que impede a execução da decisão proferida no Estado de emissão, assim contrariando o princípio do reconhecimento mútuo. Com efeito, os casos de especiais regras existentes no Estado de execução quanto à proteção de terceiros de boa fé, estão previstos no artigo 8.º, n.º 2, al. d), como causa de recusa de execução.

4.4.2.3. Geradora de especiais entraves é também a circunstância de a decisão de perda se referir a concretos bens que se venha a constatar estarem apreendidos à ordem de procedimento que se verifique não apresentar qualquer relação com aquele onde foi proferida, v.g. por não haver sido previamente determinada a sua apreensão visando aquele fim.

A hipótese não estava expressamente admitida como causa de adiamento de execução pelo artigo 10.º, n.º 1, al. *e*), da DQ2006 – e pelo correspondente artigo do R2018 –, na medida em que a disposição supõe a existência da pendência de semelhante procedimento sobre o bem. Não repugnará, porém, pela mesma ordem de razões, que seja concedido a tal situação semelhante tratamento, para se lhe seguir o que dispõe o artigo seguinte.[134].

4.4.2.4. A existência de múltiplas execuções em diversos Estados da mesma decisão de perda gera dificuldades de monta não integralmente cobertas antes pelas disposições do artigo 14.º da DQ2006. [135].

O envio da certidão a diversos Estados para execução da decisão transitada em julgado irá determinar a instauração de múltiplas execuções, como previsto no artigo 5.º[136], a exigir, por isso, aos Estados envolvidos, principalmente nos casos de execução de valores monetários, que mantenham um adequado fluxo comunicacional, em particular nos casos em que a autoridade de emissão considere que existe um risco de a decisão ser executada em excesso, no todo ou em parte, a justificar o adiamento da execução, se necessário (artigo 14.º, n.º 3).

4.4.2.5. Refere-se, por fim, um aspeto que também motiva o recurso à Eurojust para mediar dificuldades não irrelevantes na fase após a execução de decisões, que é o dos encargos.

[134] Foi a solução encontrada por acordo das autoridades judiciárias envolvidas num procedimento concreto, tendo a execução aguardado a definição da situação do bem no procedimento à ordem do qual havia sido apreendido e, uma vez decretada a sua perda definitiva, seguiu-se o regime do disposto no artigo 11.º.

[135] A disposição do artigo 16.º do R2018 é semelhante.

[136] Artigo 15.º do R2018; o Estado de emissão também não fica inibido de instaurar execução da própria decisão.

Tanto o artigo 20.º da DQ2006 como a correspondente disposição do R2018 – artigo 31.º –, em matéria de despesas, seguiu-se o princípio de que correm por conta do Estado de execução, exceto se consideradas elevadas ou excecionais, caso em que os Estados envolvidos poderão acordar na sua repartição.

Os encargos que mais frequentemente motivam a comunicação entre os Estados interessados referem-se às despesas com a tradução das decisões proferidas no procedimento, aqui se incluindo as dos tribunais superiores, havendo-as.

Dado o volume que podem alcançar, o seu montante poderá ser relevante, especialmente em presença do valor dos bens a executar e, assim, provocar um desequilíbrio que injustificadamente onere o Estado de execução.

A motivar o estabelecimento de comunicação entre as autoridades envolvidas para os efeitos do n.º 2 da referida disposição.

V. Conclusão

Existe uma importante parcela da criminalidade, especialmente a organizada e transnacional, que se move pelo lucro.

O princípio de Justiça no âmbito em que nos situamos, que consiste em afirmar que ninguém deve beneficiar da comissão de crimes, pois essa não deve ser admitida como uma forma juridicamente válida de adquirir a propriedade sobre as coisas, deve continuar a constituir o fundamento da estratégia que visa retirar aos criminosos o produto, as vantagens e os instrumentos do(s) crime(s) cometido(s).

Dito de outro modo, a recuperação dos instrumentos, do produto ou das vantagens resultantes da prática de um crime patrimonial, ou com esse fim, visa privar o seu agente de coisas a que não tem direito, fazendo-o regressar ao estado anterior à sua comissão[137], ao mesmo tempo impe-

[137] Sob este ponto de vista, essa consequência não constitui uma punição, ou, para alguns, uma sanção de caráter penal pois, afirmam, a privação dos valores ilicitamente alcançados, podendo ser desagradável para o autor da conduta ilícita, não se compara com o sofrimento próprio da execução de uma reação criminal. A questão da natureza da perda definitiva de bens adquiridos por via da comissão de crimes é controvertida. Alguns autores criticam a falta de clareza e, por vezes, de consistência da posição do TEDH quando analisa os siste-

dindo o seu investimento, quer na comissão de outros ilícitos quer na economia lícita!

Do mesmo passo, a implementação dessa estratégia integra uma mensagem dirigida aos cidadãos cumpridores, de que, privando os criminosos do lucro obtido com a prática do crime, se efetiva a máxima de que «*o crime* não compensa», e que viver honradamente constitui um valor inscrito no ideário de uma sociedade justa.

Se a decisão de comissão do crime que visa o lucro é tomada em função do ganho esperado relativamente ao custo de o cometer – eventual sofrimento de uma pena criminal –, ao recuperar-se a vantagem ilícita para o Estado ou para a comunidade ou a vítima, dela o privando o criminoso, contraria-se aquela motivação e envia-se um sinal desencorajador aos potenciais agentes de crimes aquisitivos, independentemente do *quantum* penal previsto ou aplicado pela comissão do concreto ilícito.

Essa tarefa enfrenta, todavia, muitos obstáculos, de natureza prática e legal, substanciais e processuais.

O anonimato e a rapidez com que hoje se pode realizar grande parte das transações financeiras e a dispersão territorial em que podem ocorrer, a falta de harmonização dos regimes processuais, a escassez de meios – nomeadamente em matéria pericial – ou a lentidão processual – incluída a do próprio processo de cooperação judiciária internacional, apesar da franca melhoria já alcançada – ; são alguns dos obstáculos que ainda one-

mas de confisco à luz dos artigos 6.º (presunção de inocência) e 7.º (*nulla poena sine lege*) da Convenção, e 1.º do Protocolo (direito ao gozo em sossego da propriedade), afastando o caráter punitivo da perda (cfr. o *acórdão Dassa Foundation and Other v. Liechtenstein*); para Ivory (*Corruption, Asset Recovery, and the Protection of Property in Public International Law: The Human Rights of Bad Guys*, Cambridge University Press, 2014, p. 250), algumas medidas de confisco, independentemente do *rótulo* que lhe é atribuído, são por natureza punitivas; daí que ou se a sujeita sempre às garantias constitucionais do processo criminal, dado, até, o potencial para atingir inocentes, ou a perda deve constituir um remédio só autorizado quando dirigido à recuperação do benefício obtido com o crime, e nada mais (Trinchera, Tommaso, cit., pág. 55). Do ponto de vista processual, a inversão do ónus da prova nos sistemas de perda alargada é considerada por alguns autores como uma espécie de punição relativamente a crimes que a acusação não conseguiu prova «*para além da dúvida razoável*».

ram excessivamente o resultado final das investigações e procedimentos nas jurisdições nacionais[138].

Apesar dos constrangimentos provocados, avolumados por um certo ceticismo resultante de um desequilíbrio entre o esforço despendido e o resultado alcançado quando medido pelo volume de bens recuperados[139], não se vê que se possa recuar perante os efeitos negativos da manutenção das vantagens resultantes de criminalidade económica na esfera dos seus agentes.

A recuperação dos bens ilícitos – para o Estado ou para as vítimas[140] – constitui um dever para com a Justiça e um propósito para os que estão do lado dela.

Seguir sempre o dinheiro e assegurar que *o crime não compensa* deve continuar a ser o desígnio para restaurar a Justiça.

[138] As dificuldades indicadas projetam-se igualmente na perseguição do crime de branqueamento de capitais que, a par da recuperação de ativos e, em certos países, a criminalização do *enriquecimento não demonstrado*, integram a estratégia global de combate ao crime económico e organizado.

[139] Para uma perspetiva crítica – ou cética – sobre o sistema inglês baseado no Proceeds of Crime Act de 2002, cfr. Harvey, Jackie, «Asset Recovery: Substantive or Symbolic?», *in Dirty Assets, Emerging Issues in the Regulation of Criminal and Terrorist Assets*, 2014; segundo aí refere, para o ano financeiro 2005/2006, estimava-se que, por cada libra esterlina (GBP) recuperada, eram gastas 3,73GBP, e, da análise da informação disponível, concluía-se então que os criminosos perseguidos «*estavam longe de ser indivíduos sofisticados em termos financeiros*»; o mesmo sucedia após a constituição da Serious Organised Crime Agency em 2006, agora de forma ainda mais agravada: cada 1GBP recuperada exigia um dispêndio de 15GBP do orçamento da agência; e concluía a págs. 201, «...existe um conjunto cada vez maior de evidências que sugerem que, embora a tática faça sentido em teoria, na prática isso não sucede. (...). Claramente, a redução (?) do crime envolve um foco diferente do da recuperação de ativos (...)». Para alguns autores, a previsão de que o sistema de confisco se tornaria neutro em termos de custos não se confirmou, estimando-se antes que poderá custar quatro vezes mais do que o produto recuperado.

[140] Para uma perspetiva do problema da recuperação do produto do crime de corrupção, subtração e descaminho de bens públicos por parte de governantes à luz dos direitos humanos das vítimas, cfr. ATTISSO, Kodjo, «The Recovery of Stolen Assets: Seeking to balance fundamental human rights at stake», Basel Institute on Governance, *Working Paper Series*, N.º 8.

15. O papel da Procuradoria Europeia na Recuperação de Ativos

MARGARIDA SANTOS[1]
Professora auxiliar
Universidade do Minho

I. Considerações iniciais

A tutela dos interesses financeiros da União Europeia e a defesa do sistema financeiro europeu e da respetiva democracia económica[2] são aspirações que desde sempre acompanharam a União Europeia. Com efeito, a «inegável marca económica da União» reflete-se em vários instrumentos jurídicos da União Europeia, sendo que a «ambiciosa política financeira só faz sentido num contexto económico e financeiro sólido, que exige a proteção do orçamento e a prevenção e sanção das condutas que lesem os pilares económicos»[3].

[1] Agradeço à Senhora Procuradora-Geral Distrital do Porto, Dr.ª Maria Raquel Desterro Ferreira, e ao Senhor Procurador da República Doutor João Conde Correia a oportunidade de participar nesta obra coletiva, a quem aproveito também para agradecer penhoradamente a partilha generosa de elementos bibliográficos.

[2] Sobre o tema, ver o nosso, «A Procuradoria Europeia, a democracia económica e a ação penal dos crimes que lesem os interesses financeiros da União Europeia», *in* Carvalho, Maria Miguel, Messa, Ana Flávia, Nohara, Irene Patrícia (coord.), *Democracia Económica e Responsabilidade Social nas Sociedades Tecnológicas*, Braga, Escola de Direito da Universidade do Minho, *ebook*, 2019, disponível em *http://bit.ly/demo-economica-dnl*, pp. 187-206 e «A Procuradoria Europeia e o exercício transnacional da ação penal relativamente aos crimes que lesem os *interesses financeiros da União Europeia*», *Julgar*, n.º 39, set-dez 2019.

[3] Assim ver PÉREZ MARÍN, Mª Ángeles, «The European Public Prosecutor's Offic, Protecting the Union's Financial Interests through Criminal Law», *Eucrim*, 1, 2020, disponível em *https://eucrim.eu/articles/the-european-public-prosecutors-office-spain/*, p. 36. Como se sublinha na *Nova Agenda Estratégica para 2019-2024*, do Conselho Europeu, onde se define que uma das quatro prioridades principais consiste em «[d]esenvolver uma base económica forte e dinâmica»: «[u]ma base económica sólida é de importância fundamental para a competiti-

De resto, vários têm sido os instrumentos jurídicos que visam proteger o orçamento da União Europeia e prevenir e reprimir os ilícitos que afetam os interesses financeiros da União Europeia[4]. Afigura-se, por isso, imperioso que a União Europeia «otimize» as suas estratégias de controlo e deteção da *fraude*[5].

Apesar da insuficiência dos dados, e do risco de se produzirem «"números míticos"» sem prova empírica», as estimativas revelam que «[os] [m]ercados ilícitos na União Europeia produzem cerca de 110 bilhões de euros a cada ano», sendo que a *fraude*, nas suas múltiplas formas, está a tornar-se «uma das mais lucrativas atividades ilícitas»[6]. De acordo com a Europol, entre 2010 e 2014, «2,2% das receitas estimadas do crime foram

vidade e a prosperidade da Europa (...). Num panorama mundial redesenhado por desafios tecnológicos, de segurança e de sustentabilidade, temos de renovar as bases para um crescimento sustentável e inclusivo a longo prazo e reforçar a coesão na UE» (A Agenda pode ser consultada em *https://www.consilium.europa.eu/pt/press/press-releases/2019/06/20/a-new-strategic-agenda-2019-2024/*). Ver também a *Nova Estratégia da Comissão Europeia contra a Fraude* (CAFS), adotada em 29 de abril de 2019. Ver também o *Trigésimo primeiro relatório sobre a proteção dos interesses financeiros da União Europeia – Luta contra a fraude* – 2019 [COM(2020) 363 final], disponível em *https://ec.europa.eu/anti-fraud/sites/antifraud/files/pif_report_2019_pt.pdf*, bem como, com muito interesse para a temática, o *Relatório Anual do OLAF* (disponível em *https://ec.europa.eu/anti-fraud/about-us/reports/olaf-report_en*).

[4] Sobre o movimento de europeização do direito penal económico por referência ao abuso de mercado e ao branqueamento, ver Rodrigues, Anabela Miranda, *Direito Penal Económico: uma política criminal na era compliance,* Coimbra, Almedina, 2019, nomeadamente pp. 81 e ss. Refira-se que para o próximo orçamento da União Europeia (2021-2027), a Comissão propõe disponibilizar 181 milhões de euros para apoiar os esforços dos Estados-Membros para combater a fraude, a corrupção e outras irregularidades que afetam o orçamento da União Europeia – cf. Comunicado de imprensa, 30 de maio de 2018, disponível em https://ec.europa.eu/commission/presscorner/detail/pt/IP_18_3967.

[5] Ver Gil García, Francisco Salvador, «Atribuciones y competencias de la Fiscalía Europea en materia de embargo preventivo, decomiso y recuperación de activos», *in* Gómez de la Torre, Ignacio Berdugo, Rodríguez-García, Nicolás (ed.), *Decomiso y Recuperación de Activos – Crime Doesn´t Pay,* Valencia, Tirant lo Blanch, 2020, p. 401.

[6] Cf. Savona, Ernesto U./Riccardi, Michele (Eds.), *From illegal markets to legitimate businesses: the portfolio of organised crime in Europe. Final Report of Project OCP – Organised Crime Portfolio,* Trento, Transcrime – Università degli Studi di Trento, 2015, p. 8. Sobre os «números míticos» («mythical numbers»), ver Reuter, Peter, «The (continued) vitality of mythical numbers», The Public Interest, 75, 1984, pp. 135–147.

provisoriamente apreendidas ou congeladas; no entanto, apenas 1,1% dos lucros do crime foram finalmente confiscados ao nível da EU»[7].

É neste enquadramento que se se revela urgente impulsionar o processo de recuperação de ativos[8], quer a nível nacional, quer internacional, potencializando o caminho que tem sido já trilhado[9].

[7] Europol, «Does crime still pay? Criminal Asset Recovery in the EU – Survey of statistical information 2010-2014», 2016, disponível em *https://www.europol.europa.eu/publications-documents/does-crime-still-pay*, p. 4.

[8] Importa já sublinhar que o conceito de recuperação de ativos é mais abrangente do que o conceito de perda ou de confisco, sendo ainda um conceito que carece de densificação pela doutrina para uma maior uniformização no seu entendimento. Nomeadamente, podemos já referirmo-nos a uma divergência de entendimento ao nível do direito internacional (*v.g.* a Convenção contra a Corrupção, adotada pela Assembleia Geral da Nações Unidas, em 31 de outubro de 2003) e ao nível do direito da União Europeia (mais amplo). Para maiores desenvolvimentos, ver Correia, João Conde, «Que futuro para a recuperação de ativos na União Europeia?», *in* Ferreira, Maria Raquel Desterro, Cardoso, Elina Lopes, Correia, João Conde (coord.), *O Novo Regime de Recuperação de Ativos à Luz da Diretiva 2014/42/EU e da Lei Que a Transpôs*, Lisboa, INCM, 2018, p. 333 e, entre outros, Ligeti, Katalin, Simonato, Michele, «Asset Recovery in the EU: Towards a Comprehensive Enforcement Model beyond Confiscation? An Introduction», *in* Ligeti, Katalin, Simonato, Michele (eds.), *Chasing Criminal Money – Challenges and Perspectives on Asset Recovery in the EU*, Oxford, Hart Publishing, 2017, pp. 2 e ss.
A recuperação de ativos assenta em múltiplos fundamentos interligados, nomeadamente relacionados com as funções preventivas (gerais e especiais) de demonstrar ao agente e à comunidade que o crime não compensa. Com efeito, a ablação do produto do crime dos agentes infratores impede-os, desde logo, de usar esse produto para financiar outras atividades criminosas (prevenção especial). Por outro lado, também pode ter um impacto sobre outros perpetradores em potencial, que seriam desencorajados se soubessem que esse lucro potencial provavelmente será identificado e confiscado (prevenção geral) – sobre esta *ratio* múltipla e interligada da recuperação de ativos, ver Ligeti, Katalin, Simonato, Michele, «Asset Recovery in the EU: Towards a Comprehensive Enforcement Model beyond Confiscation? An Introduction», *in* Ligeti, Katalin, Simonato, Michele (eds.), *Chasing Criminal Money – Challenges and Perspectives on Asset Recovery in the EU*, Oxford, Hart Hart Publishing, 2017, pp. 1 e ss. As Autoras referem-se à função punitiva (enquanto função mais evidente – no sentido de atingir «onde doi mais» e de demonstrar que o crime não compensa), à função preventiva (prevenção geral e especial) e à função estratégica importante na luta contra o crime organizado e o terrorismo.
Com efeito, tem sido sublinhado pela doutrina como fundamento político-criminal do regime da recuperação de ativos as finalidades preventivas (quer de prevenção geral, quer de prevenção especial). No entanto, além destas finalidades preventivas, a este regime também tem sido atribuída uma necessidade de restauração da ordem patrimonial dos bens corres-

É claro em termos de política criminal que a prevenção e repressão da criminalidade só pode ser «eficaz se conseguir neutralizar os seus lucros avultados», ou seja, «[s]ó dessa forma, através da asfixia económica, se poderá combater essa criminalidade, impedir que ela se consolide, reinvista os seus lucros, diversifique as suas operações, colocando em perigo a sobrevivência do próprio Estado de Direito»[10].

Neste sentido, revela-se mister «remover os incentivos económicos subjacentes à prática do crime», na medida em que «[a]penas o risco de perda do património poderá influenciar o *homo economicus* (que raciocina em termos de custos/benefícios) no momento capital de o decidir cometer»[11].

pondente ao direito vigente – neste sentido, ver, entre outros, CORREIA, João Conde, «A recuperação dos ativos dos crimes contra a economia e a saúde pública (Decreto-Lei n.º 28/84, de 20 de janeiro)», *Revista do Ministério Público*, vol. 37, n.º 146, abril-junho 2016, p. 69. Ver também a síntese constante do Acórdão do Tribunal Constitucional n.º 387/2009 (processo n.º 383/18), disponível em *www.tribunalconstitucional.pt*. Alertando para o risco de «desencaminhamento» do confisco (com o qual concordamos), onde se nota, em algumas vertentes, «um certo revivescimento de uma racionalidade de justiça absoluta – embora *sui generis*, não retributiva, porque a ideia é precisamente *distanciar* o confisco da justiça penal» – ver CAEIRO, Pedro, «O confisco numa perspetiva de política criminal europeia», *in* Ferreira, Maria Raquel Desterro, Cardoso, Elina Lopes, Correia, João Conde (coord.), *O Novo Regime de Recuperação de Ativos à Luz da Diretiva 2014/42/EU e da Lei Que a Transpôs*, Lisboa, INCM, 2018, p. 37.

[9] Com efeito, sobretudo a partir da década de setenta do século XX, temos vindo a assistir a um «fulgurante renascimento» do confisco, sendo atualmente «uma vertente imprescindível de uma qualquer política criminal realista» – CORREIA, João Conde, «Prefácio», *in* Vieira, Roberto D'Óliveira, *Confisco alargado de bens, Análise de Direito Comparado*, Editora JusPodivm, 2019, p. 15. Para uma caracterização do confisco enquanto instrumento de política criminal, ver CONDE, João Correia, D*a Proibição do Confisco à Perda Alargada*, Lisboa, INCM, 2012 e CAEIRO, Pedro, «Sentido e função do instituto da perda de vantagens relacionadas com o crime no confronto com outros meios de criminalidade reditícia (em especial os procedimentos de confisco *in rem* e a criminalização do enriquecimento "ilícito"», Revista Portuguesa de Ciência Criminal, 21, 2011, pp. 273 e ss., 306 e ss., entre outros.

[10] RODRIGUES, Hélio Rigor, CORREIA, João Conde, *Anotação ao Acórdão do Tribunal da Relação de Guimarães de 01-12-2014, proferido no processo 218/11.0GACBC. G., Julgar Online*, abril de 2015, disponível em *http://julgar.pt/anotacao-ao-acordao-do-trg-de-01-12-2014-processo-21811--0gacbc-g1-pedido-de-indemnizacao-e-confisco/*, p. 8.

[11] *Idem, ibidem*.

Esta problemática da recuperação de ativos tem sido objeto de diversos instrumentos jurídicos internacionais, europeus e ao nível da União Europeia[12].

Olhando em especial para este espaço geográfico, a União Europeia tem dado destaque a esta problemática[13], nomeadamente mais recentemente através da Diretiva 2014/42/UE do Parlamento Europeu e do Conselho, de 3 de abril de 2014, sobre o congelamento e a perda dos instrumentos e produtos do crime na União Europeia (Diretiva 2014/42/UE)[14] e através do Regulamento (UE) 2018/1805 do Parlamento Euro-

[12] Na verdade, como sublinha Conde Correia, «[à] medida que a recuperação de ativos se vai desenvolvendo, também a necessidade de cooperação internacional para esse efeito tem vindo a ganhar importância (...) surg[indo] novos mecanismos destinados a detetar, a apreender e a confiscar os instrumentos, os produtos e as vantagens de um facto ilícito típico» – cf. Correia, João Conde, «Reconhecimento mútuo de decisões de apreensão e de confisco: o Regulamento (UE) 2018/1805 do Parlamento Europeu e do Conselho de 14 de Novembro de 2018», *Julgar*, n.º 39, 2019, p. 183.Ver também do mesmo Autor, entre outros, «Cooperação judiciária internacional em matéria de recuperação de ativos», *Anatomia do Crime*, n.º 7, jan-jun, 2018, pp. 227 e ss. e Simões, Rita, «A recuperação de ativos através da cooperação judiciária internacional», *in* AA. VV., *Estudos do projeto Ehtos*, PGR, Lisboa, 2018, pp. 369 e ss.

[13] Sobre a produção legislativa da União Europeia em matéria de confisco, ver, entre outros, Caeiro, Pedro, «O confisco numa perspetiva de política criminal europeia», *in* Ferreira, Maria Raquel Desterro, Cardoso, Elina Lopes, Correia, João Conde (coord.), *O Novo Regime de Recuperação de Ativos à Luz da Diretiva 2014/42/EU e da Lei Que a Transpôs*, Lisboa, INCM, 2018, pp. 26 e ss.

[14] Em 2014, o Parlamento Europeu e o Conselho adotaram a Diretiva 2014/42/UE, que define regras mínimas para o congelamento, administração e perda de bens de origem criminosa. A Diretiva introduziu, *grosso modo*, disposições sobre a perda não baseada numa condenação (pelo menos em casos de doença ou de fuga do suspeito ou arguido);·disposições sobre a perda alargada para uma lista específica de infrações penais;·disposições sobre a perda de bens de terceiros;·esclarecimentos sobre o congelamento de bens tendo em vista a sua perda subsequente, incluindo o congelamento «urgente», garantias estritas para preservar os direitos das partes afetadas por processos de congelamento ou perda;·regras que permitem a deteção e o rastreio dos bens mesmo após uma condenação definitiva para assegurar a execução efetiva de uma decisão de perda;·disposições sobre a administração dos bens congelados e declarados perdidos;·disposições que exigem aos Estados-Membros a recolha e manutenção de estatísticas exaustivas sobre o congelamento e a perda.
De referir, com ligação direta à nossa temática, que o artigo 3.º da Diretiva define o âmbito de aplicação, estabelecendo as infrações relativamente às quais o congelamento ou a perda são permitidos – fazendo remissão para determinados instrumentos jurídicos da UE (alíneas a)

peu e do Conselho de 14 de novembro de 2018 relativo ao reconhecimento mútuo das decisões de apreensão e de perda (Regulamento (UE) 2018/1805). Com este Regulamento (UE) 2018/1805 pretendeu unificar-se a aplicação do princípio do reconhecimento mútuo às decisões de apreensão e perda, alinhando-se o quadro jurídico em matéria de reconhecimento mútuo das decisões de perda e de apreensão com a harmonização preconizada pela Diretiva 2014/42/UE, que estabeleceu regras mínimas comuns para a apreensão e perda de bens[15].

a k), indicando ainda a possibilidade de abranger outros atos jurídicos que assim o prevejam, como é o caso da Diretiva PIF, que estipula especificamente que a recuperação não é prejudicada (artigo 13.º), bem como o artigo 5.º da Diretiva 2014/42/UE, relativo às infrações penais às quais se deve aplicar a perda alargada. Nesta medida, o congelamento e a perda dos instrumentos e dos produtos das infrações penais que a diretiva criminaliza devem ser permitidos (para uma síntese dos instrumentos jurídicos que substituem os instrumentos já abrangidos pelo artigo 3.º da diretiva e dos instrumentos jurídicos que preveem especificamente que a diretiva se aplica às infrações penais neles harmonizadas ver o anexo constante do Relatório da Comissão ao Parlamento Europeu e ao Conselho – Recuperação e perda de bens: garantir que o crime não compensa [COM(2020) 217 final], de 2 de junho de 2020, disponível em *https://eur-lex.europa.eu/legal-content/PT/TXT/HTML/?uri=CELEX:52020DC0217&qid=1612978078304&from=PT*). De referir, no entanto, que a maior parte dos Estados-Membros (Bélgica, Chéquia, Alemanha, Croácia, Itália, Chipre, Letónia, Lituânia, Luxemburgo, Hungria, Países Baixos, Áustria, Polónia, Portugal, Roménia, Eslovénia, Finlândia, Suécia) aplica o congelamento e a perda a todos os crimes; a França e Malta permitiram-nos para todas as infrações puníveis com pena de prisão de, pelo menos, um ano; a Bulgária, Estónia, Grécia e Espanha permitiram o congelamento e a perda para todos os crimes intencionais; na Eslováquia são permitidos para todas as infrações, sobretudo quando o autor da infração é condenado a uma pena de prisão perpétua ou prisão efetiva por um crime grave; na Irlanda, é permitido o congelamento e a perda de bens no caso de uma lista de infrações – cfr. secção 2 do relatório. Para uma súmula das medidas adotadas pelos Estados-Membros para transpor as disposições da Diretiva, ver o Relatório da Comissão ao Parlamento Europeu e ao Conselho – Recuperação e perda de bens: garantir que o crime não compensa (COM(2020) 217 final), de 2 de junho de 2020, disponível em *https://eur-lex.europa.eu/legal-content/PT/TXT/HTML/?uri=CELEX:52020DC0217&qid=1612978078304&from=PT* (secção 2).

[15] Para uma análise deste Regulamento, ver já Correia, João Conde, «Reconhecimento mútuo de decisões de apreensão e de confisco: o Regulamento (UE) 2018/1805 do Parlamento Europeu e do Conselho de 14 de Novembro de 2018», *Julgar*, n.º 39, 2019, pp. 183-201 e Simões, Rita, «O Regulamento relativo ao reconhecimento mútuo das decisões de apreensão e perda : inovações e continuidades», *Revista do CEJ*, n.º 1, 2019, p. 59-84. Para uma síntese das principais disposições, com considerações práticas, ver a Nota sobre o Regulamento

É, pois, possível apreender a mensagem do legislador da União Europeia, retomando o fio de novelo atrás deixado solto: é necessário impulsionar o processo de recuperação de ativos em toda a União Europeia, a fim de melhor prevenir e reprimir o crime com fins lucrativos e aumentar o nível de segurança dos cidadãos da União Europeia[16]. Não obstante, a análise da concretização desta política penal europeia é difícil, desde logo atendendo às soluções legais nacionais divergentes quanto ao âmbito do confisco, o que implica «um obstáculo à ambição da UE e, em particular, ao desenvolvimento de modelos de recuperação de ativos à escala da EU»[17].

Ora, tendo por base os dados estatísticos enviados pelos Estados-Membros à Comissão Europeia nos termos do artigo 11.º da Diretiva 2014/42/UE, pode perspetivar-se, seguindo o disposto no Relatório elaborado pela Comissão Europeia, que «[o]s Estados-Membros poderiam ainda melhorar a coordenação entre as diversas autoridades envolvidas no processo de recuperação dos bens (por exemplo, os gabinetes de recuperação de bens, as autoridades judiciais e de aplicação da lei, os serviços de

(EU) 2018/1805 emitida pela Eurojust (dezembro de 2020), disponível em *https://www.eurojust.europa.eu/sites/default/files/2021-01/note_regulation_mutual_recognition_freezing_confiscation_orders_pt.pdf*, bem como o Relatório da Eurojust sobre Recuperação de ativos – *Report on Eurojust's Casework in Asset Recovery* (fevereiro de 2019), disponível em *https://www.eurojust.europa.eu/report-eurojusts-casework-asset-recovery*. Neste relatório da Eurojust dá-se conta das principais questões jurídicas e práticas com as quais a Eurojust se tem debatido, o apoio prestado pela Eurojust, bem como os principais instrumentos de cooperação judiciária utilizados e as melhores práticas em matéria de recuperação de ativos.

[16] Ligeti, Katalin/Simonato, Michele, «Asset Recovery in the EU: Towards a Comprehensive Enforcement Model beyond Confiscation? An Introduction» *in* Ligeti, Katalin/Simonato, Michele (eds.), *Chasing Criminal Money – Challenges and Perspectives on Asset Recovery in the EU*, Oxford, Hart Publishing, 2017, pp. 13/14. Na verdade, como se sublinha no Relatório da Comissão ao Parlamento Europeu e ao Conselho – Recuperação e perda de bens: garantir que o crime não compensa (COM(2020) 217 final), de 2 de junho de 2020, disponível em *https://eur-lex.europa.eu/legal-content/PT/TXT/HTML/?uri=CELEX:52020DC0217&qid=1612978078304&from=PT*, «[o] crime organizado é uma das maiores ameaças para a segurança da União Europeia».

[17] Ligeti, Katalin/Simonato, Michele, «Asset Recovery in the EU: Towards a Comprehensive Enforcement Model beyond Confiscation? An Introduction», *in* Ligeti, Katalin, Simonato, Michele (eds.), *Chasing Criminal Money – Challenges and Perspectives on Asset Recovery in the EU*, Oxford, Hart Hart Publishing, 2017, p. 14.

administração de ativos), por forma a assegurar que os dados reflitam o quadro completo da situação nos Estados-Membros»[18]. De acordo com o Relatório da Comissão Europeia, não obstante «[a] melhoria geral verificada nos quadros jurídicos dos Estados-Membros que regem a recuperação de bens»[19], «...os resultados globais em termos dos bens confiscados não são satisfatórios e as taxas de perda na UE continuam a ser muito baixas»[20].

É neste contexto que importa refletir sobre o papel da Procuradoria Europeia na recuperação de ativos, onde, desde logo, uma «cooperação fluída» entre a Procuradoria Europeia, a Agência da União Europeia para a Cooperação Judiciária Penal (EUROJUST)[21], o Organismo Europeu de

[18] Cfr. Relatório da Comissão ao Parlamento Europeu e ao Conselho – Recuperação e perda de bens: garantir que o crime não compensa [COM(2020) 217 final], de 2 de junho de 2020, disponível em *https://eur-lex.europa.eu/legal-content/PT/TXT/HTML/?uri=CELEX:52020DC0217&qid=1612978078304&from=PT* (secção 3).

[19] Com efeito, como aí se escreve: «[d]os 26 Estados-Membros vinculados pela Diretiva, 24 adotaram nova legislação desde 2014 com vista a assegurar que a respetiva legislação respeite as elevadas normas exigidas pela Diretiva. O nível geral de aplicação da Diretiva em toda a UE pode ser considerado satisfatório» – Cfr. Relatório da Comissão ao Parlamento Europeu e ao Conselho – Recuperação e perda de bens: garantir que o crime não compensa [COM(2020) 217 final], de 2 de junho de 2020, disponível em *https://eur-lex.europa.eu/legal-content/PT/TXT/HTML/?uri=CELEX:52020DC0217&qid=1612978078304&from=PT* (secção 6).

[20] Cfr. *Relatório da Comissão ao Parlamento Europeu e ao Conselho – Recuperação e perda de bens: garantir que o crime não compensa* [COM(2020) 217 final], de 2 de junho de 2020, disponível em *https://eur-lex.europa.eu/legal-content/PT/TXT/HTML/?uri=CELEX:52020DC0217&qid=1612978078304&from=PT* (secção 6). De acordo com o Relatório, «...há margem para progredir no domínio da recuperação de bens», mediante, por exemplo: «i) o alargamento da lista de infrações penais às quais a Diretiva é aplicável; ii) a introdução de regras mais eficazes sobre a perda não baseada numa condenação, iii) uma maior precisão na administração dos bens congelados, iv) a introdução de disposições sobre a alienação de bens, incluindo a reutilização social de bens cuja perda tenha sido decidida, v) o estabelecimento de regras sobre a compensação das vítimas de crimes e vi) o reforço da capacidade dos gabinetes de recuperação de bens para detetar e identificar bens ilícitos», pelo que se deu conta no Relatório de que «a Comissão vai estudar a possibilidade der harmonizar mais os regimes de recuperação de bens na UE. Essa avaliação vai abranger tanto a Diretiva 2014/42/UE como a Decisão 2007/845/JAI do Conselho, visto que a capacidade para congelar e decidir a perda de bens ilícitos depende diretamente da capacidade de os detetar e identificar».

[21] Regulamento (UE) 2018/1727 do Parlamento Europeu e do Conselho, de 14 de novembro

Luta Antifraude (OLAF)[22], a Agência da União Europeia para a Cooperação Policial (EUROPOL)[23] e as autoridades nacionais dos Estados-Membros se assume mister, «para garantir que o novo desenho institucional permita melhorar a luta contra a fraude»[24].

Com efeito, os instrumentos baseados no princípio do reconhecimento mútuo (complementado com a aproximação normativa) não alcançaram os resultados esperados e o sucesso da política antifraude tem sido muito limitada, apresentando-se, por isso, a Procuradoria Europeia como um *plus* na política criminal para proteger os interesses financeiros da União Europeia[25]. Na verdade, se num primeiro olhar esta estrutura «mista» – «órgão indivisível da União [qu]e funciona como entidade única com estrutura descentralizada» da Procuradoria Europeia (artigo 8.º do Regulamento da Procuradoria Europeia) – respalda complexidade, pode – através de uma *praxis* concertada – significar paradoxalmente a eficácia que se almeja, na medida em que envolve, de forma umbilical, a estrutura dos Estados Membros e os seus direitos nacionais[26].

de 2018, que cria a Agência da União Europeia para a Cooperação Judiciária Penal (Eurojust), e que substitui e revoga a Decisão 2002/187/JAI do Conselho.

[22] Ver a Proposta de Regulamento do Parlamento Europeu e do Conselho que altera o Regulamento (UE, Euratom) n.º 883/2013 relativo aos inquéritos efetuados pelo Organismo Europeu de Luta Antifraude (OLAF) no que respeita à cooperação com a Procuradoria Europeia e à eficácia dos inquéritos do OLAF – COM/2018/338 final.

[23] Regulamento (UE) 2016/794 do Parlamento Europeu e do Conselho, de 11 de maio de 2016, que cria a Agência da União Europeia para a Cooperação Policial (Europol) e que substitui e revoga as Decisões 2009/371/JAI, 2009/934/JAI, 2009/935/JAI, 2009/936/JAI e 2009/968/JAI do Conselho.

[24] Ver Gil García, Francisco Salvador, «Atribuciones y competencias de la Fiscalía Europea en materia de embargo preventivo, decomiso y recuperación de activos», *in* Gómez de la Torre, Ignacio Berdugo, Rodríguez-García, Nicolás (ed.), *Decomiso y Recuperación de Activos – Crime Doesn't Pay,* Valencia, Tirant lo Blanch, 2020, p. 404.

[25] Ver também Pérez Marín, Ma Ángeles, «The European Public Prosecutor's Offic, Protecting the Union's Financial Interests through Criminal Law», *Eucrim,* 1, 2020, disponível em *https://eucrim.eu/articles/the-european-public-prosecutors-office-spain/*, p. 36. Ver também o nosso, «A implementação da Procuradoria Europeia – a emergência de um modelo de intervenção penal entre a cooperação e a integração penal?», *Revista Brasileira de Direito Processual Penal,* Porto Alegre, vol. 5, n. 2, mai./ ago. 2019, pp. 999-1038.

[26] Como salienta Pérez Marín, Ma Ángeles, «The European Public Prosecutor's Offic, Protecting the Union's Financial Interests through Criminal Law», *Eucrim,* 1, 2020, disponível

Na verdade, a União Europeia está prestes a «dar execução», pela primeira vez na sua história, a um exercício transnacional da ação penal, assente no Regulamento (UE) 2017/1939 do Conselho, de 12 de outubro de 2017, que dá execução a uma cooperação reforçada para a instituição da Procuradoria Europeia (Regulamento da Procuradoria Europeia).

O Regulamento foi publicado no dia 31 de outubro de 2017 e entrou em vigor em 20 de novembro de 2017, já com a participação de vinte Estados-Membros[27], a que, entretanto, se juntaram mais dois[28].

No momento presente, encontra-se a Procuradoria Europeia a finalizar a sua «configuração», o que inclui o preenchimento do nível descentralizado composto pelos Procuradores Europeus Delegados localizados nos 22 Estados-Membros participantes[29].

No âmbito do presente trabalho pretende-se refletir sobre o papel da Procuradoria Europeia na recuperação de ativos, sobretudo perspetivando a atuação da Procuradoria Europeia à luz do Regulamento (UE) 2018/1805. Para tal, depois de se dar conta dos traços principais deste novo órgão da União Europeia (a Procuradoria Europeia), com a função de investigar e exercer a ação penal relativamente aos autores e cúmplices das infrações penais lesivas dos interesses financeiros da União Europeia, tal como definidas na Diretiva (UE) 2017/1371 do Parlamento Euro-

em *https://eucrim.eu/articles/the-european-public-prosecutors-office-spain/*, p. 40, «In this context, we should keep in mind that the EPPO has a double facet: it is a body of the European Union – the first body of the Union responsible for criminal prosecution – independent from the Member States, and, paradoxically and simultaneously, requiring close cooperation with the Member States».

[27] Alemanha, Áustria, Bélgica, Bulgária, Chipre, Croácia, Eslováquia, Eslovénia, Espanha, Estónia, Finlândia, França, Grécia, Itália, Letónia, Lituânia, Luxemburgo, Portugal, República Checa e Roménia.

[28] A Comissão Europeia confirmou a participação dos Países Baixos, em 1 de agosto de 2018 (JO L 196 de 2 de agosto de 2018) e em 7 de agosto de 2018, a participação de Malta (JO L 201 de 8 de agosto de 2018).

[29] Para uma análise do *status quo* da Procuradoria Europeia, nomeadamente sobre as nomeações já efetuadas (*e.g.* da primeira Procuradora-Geral Europeia, dos Procuradores Europeus, dos Procuradores Europeus-Gerais Adjuntos, do Diretor Administrativo e de alguns Procuradores Europeus Delegados, do Encarregado da Proteção de Dados, bem como de outras decisões do Colégio da Procuradoria Europeia (e.g. Regulamento interno da Procuradoria Europeia), ver o site da Procuradoria Europeia (*https://www.eppo.europa.eu/*).

peu e do Conselho, de 5 de julho de 2017, relativa à luta contra a fraude lesiva dos interesses financeiros da União através do direito penal (Diretiva PIF), tecem-se alguns apontamentos em torno das regras relativas às «medidas de investigação e outras medidas» e da atuação da Procuradoria Europeia à luz do Regulamento (UE) 2018/1805.

Um apontamento preliminar é ainda devido para acentuar já a ideia de que o facto de estarmos a dar mais um passo na investigação e no exercício transnacional da ação penal, não pode ao mesmo tempo deixar de nos convocar, mais uma vez, a necessidade de se solidificarem alguns institutos e mecanismos processuais, nomeadamente, para o que agora importa, os relacionados com o sistema de confisco. É, pois, importante que «...a robustez do sistema de confisco (...) seja medida não só pela sua eficácia na recuperação de ativos, mas também pela solidez teórica da construção...»[30].

II. A Procuradoria Europeia – enquadramento

2.1. O Regulamento da Procuradoria Europeia – traços gerais

O Regulamento da Procuradoria Europeia fixa o estatuto da Procuradoria Europeia, define as funções, as condições de funcionamento, as regras de procedimento, as regras sobre o controlo jurisdicional da sua atividade processual, as relações com os Estados Membros não participantes na Procuradoria Europeia e com os Estados terceiros. Contém 11 capítulos: «Objecto e definições»; «Instituição, funções e princípios de base da Procuradoria Europeia»; «Estatuto, estrutura e organização da Procuradoria Europeia»; «Competência e exercício da competência da Procuradoria Europeia»; «Regras processuais aplicáveis às investigações, medidas de investigação, ação penal e alternativas à ação penal»; «Garantias processuais»; «Tratamento de informações»; «Proteção de dados»; «Disposições financeiras e em matéria de pessoal»; «Disposições relativas às relações da Procuradoria Europeia com os seus parceiros»; «Disposições gerais».

[30] Cf. Caeiro, Pedro, «O confisco numa perspetiva de política criminal europeia», *in* Ferreira, Maria Raquel Desterro, Cardoso, Elina Lopes, Correia, João Conde (coord.), *O Novo Regime de Recuperação de Ativos à Luz da Diretiva 2014/42/EU e da Lei Que a Transpôs*, Lisboa, INCM, 2018, p. 38.

À luz do Regulamento da Procuradoria Europeia, a Procuradoria Europeia é um órgão da União dotado de personalidade jurídica (artigo 3.º), que goza de garantias de independência (artigo 6.º) e que responde perante o Parlamento Europeu, o Conselho e a Comissão Europeia pelas atividades gerais, aos quais apresenta um relatório anual (artigo 6.º, n.º 2).

No que concerne ao estatuto e estrutura da Procuradoria Europeia (artigos 8.º e ss. do Regulamento da Procuradoria Europeia), a Procuradoria Europeia «é um órgão indivisível da União e funciona como entidade única com estrutura descentralizada» (artigo 8.º, n.º1), sendo organizada a nível central pela Procuradoria Central (constituída pelo Colégio[31], pelas Câmaras Permanentes[32], pelo Procurador-Geral Europeu[33], pelos Procuradores-Gerais Europeus Adjuntos[34], pelos Procura-

[31] Cfr. artigo 9, n.º 1, de acordo com o qual o Colégio é constituído pelo Procurador-Geral Europeu e por um Procurador Europeu por cada Estado-Membro, sendo responsável pela supervisão geral das atividades da Procuradoria Europeia e pela tomada de decisões sobre questões estratégicas e questões gerais decorrentes de casos individuais, sobretudo para assegurar a coerência, eficiência e coesão da política de ação penal seguida pela Procuradoria Europeia em toda a União (cfr. artigo 9.º, n.º 2). Na esteira do n.º 3, do artigo 9.º, o Colégio cria Câmaras Permanentes sob proposta do Procurador-Geral Europeu e de acordo com o regulamento interno da Procuradoria Europeia.

[32] De acordo com o artigo 10.º, n.º 2, as Câmaras Permanentes acompanham e orientam as investigações e ações penais conduzidas pelos Procuradores Europeus Delegados; asseguram a coordenação das investigações e das ações penais nos processos transfronteiriços, e a aplicação das decisões tomadas pelo Colégio. As Câmaras Permanentes decidem quanto à dedução da acusação, do arquivamento; da aplicação do procedimento penal simplificado; do reenvio de um processo para as autoridades nacionais; da reabertura da investigação; dão instruções ao Procurador Europeu Delegado para iniciar uma investigação quando não tenha sido aberta nenhuma investigação e dão instruções ao Procurador Delegado Europeu para exercer o direito de avocação; redistribuir processos, depois da análise do projeto de decisão proposto pelo Procurador Europeu Delegado competente. Refira-se, ainda, que face ao artigo 10.º, n.º 5, a Câmara Permanente competente, através do Procurador Europeu que supervisiona a investigação ou a ação penal, pode, em conformidade com o direito nacional aplicável, pode dar instruções em casos concretos ao Procurador Europeu Delegado competente.

[33] Na esteira do artigo 11.º, n.º1, o Procurador-Geral Europeu, nomeadamente, dirige a Procuradoria Europeia e organiza os trabalhos da Procuradoria Europeia.

[34] Sendo nomeados dois Procuradores-Gerais Europeus Adjuntos para coadjuvar o Procura-

dores Europeus[35] e pelo Diretor Administrativo[36] – n.º 3, do artigo 8.º) e a nível descentralizado (enformado pelos Procuradores Europeus Delegados, localizados nos Estados-Membros[37]).

2.2. A competência material da Procuradoria Europeia

A competência material da Procuradoria Europeia e o seu exercício são definidos nos artigos 22.º a 25.º do Regulamento da Procuradoria Europeia e na Diretiva PIF.

Na esteira do Regulamento da Procuradoria Europeia (artigo 22, n.º 1), *(i)* a título principal, a competência da Procuradoria Europeia diz respeito às infrações penais lesivas dos interesses financeiros da União nos termos da Diretiva PIF, tal como transposta para o direito nacional, o que inclui, a fraude lesiva dos interesses financeiros da UE[38], o branqueamento de capitais, a corrupção e a apropriação ilegítima (artigo 3.º

dor-Geral Europeu no desempenho das suas funções e substituí-lo em caso de ausência ou impedimento (artigo 11.º, n.º 2).

[35] Desde logo, à luz do artigo 12.º, n.º 1, os Procuradores Europeus supervisionam as investigações e ações penais pelas quais são responsáveis os Procuradores Europeus Delegados competentes nos respetivos Estados-Membros de origem. Face ao artigo 12.º, n.º 5, «funcionam como ligação e canal de informação entre as Câmaras Permanentes e os Procuradores Europeus Delegados nos respetivos Estados-Membros de origem. Acompanham o cumprimento das funções da Procuradoria Europeia nos respetivos Estados-Membros, em estreita consulta com os Procuradores Europeus Delegados, e asseguram (...) que todas as informações pertinentes sejam fornecidas pela Procuradoria Central aos Procuradores Europeus Delegados e vice-versa».

[36] Sobre as responsabilidades do Diretor Administrativo, que gere a Procuradoria Europeia em termos administrativos e orçamentais e é o seu representante legal para estes efeitos, ver artigo 19.º do Regulamento da Procuradoria Europeia.

[37] De acordo com o artigo 13.º, n.º 1, os Procuradores Europeus Delegados agem em nome da Procuradoria Europeia nos respetivos Estados-Membros e têm as mesmas competências que os procuradores nacionais no que respeita a investigar, instaurar a ação penal e deduzir acusação e sustentá-la na instrução e no julgamento, além das competências específicas e do estatuto que o presente regulamento lhes confere, nas condições nele estabelecidas.

[38] Este artigo 22, n.º 1, do Regulamento, esclarece, na linha do estipulado no artigo 2.º, n.º 2, da Diretiva PIF, que relativamente a um dos tipos de fraude – às fraudes relativamente aos recursos próprios do IVA – a Procuradoria Europeia só é competente quando os atos ou omissões intencionais em causa *(i)* estejam relacionados com o território de dois ou mais Estados-Membros e *(ii)* envolvam prejuízos totais de pelo menos 10 milhões de euros.

e 4.º da Diretiva PIF), sendo igualmente competente, *a título secundário*, *(ii)* quanto às infrações relativas à participação numa organização criminosa[39], se a atividade criminosa dessa organização consistir sobretudo na prática daquelas infrações (n.º 3, do mesmo artigo) e *(iii)* quanto a «qualquer outra infração penal que esteja indissociavelmente ligada» àquelas infrações lesivas dos interesses financeiros, sendo que relativamente àquelas infrações «conexas» a competência só pode ser exercida nos termos do artigo 25.º, n.º 3, do Regulamento da Procuradoria Europeia.

Importa agora analisar brevemente as disposições da Diretiva PIF.

No âmbito das definições (al. a), do n.º 1, do artigo 2.º da Diretiva PIF), entende-se por *interesses financeiros da União*: «todas as receitas, despesas e ativos cobertos por, adquiridos através de ou devidos a: i) o orçamento da União, ii) os orçamentos das instituições, dos órgãos e dos organismos da União criados nos termos dos Tratados, ou os orçamentos por eles geridos e controlados direta ou indiretamente». Esta definição afigura-se uma inovação relativamente à Convenção PIF[40].

Ainda nas definições, esclarece-se que relativamente às receitas provenientes dos recursos próprios do IVA, a diretiva apenas se aplica «aos casos de infrações graves ao sistema comum do IVA», ou seja, «caso os atos ou omissões intencionais definidos no artigo 3.º, n.o 2, alínea d), estejam relacionados com o território de dois ou mais Estados-Membros da União e envolvam prejuízos totais de, pelo menos, 10 000 000 EUR»[41].

[39] Tal como definidas na Decisão-Quadro 2008/841/JAI, tal como transposta para o direito nacional.

[40] Para maiores desenvolvimentos, ver MARLETTA, Angelo, «The material competence of the European Public Prosecutor's Office (EPPO) and the PIF Directive», *in* Santos, Margarida, Monte, Mário Ferreira e Monteiro, Fernando Conde (coord.), *Os novos desafios da cooperação judiciária e policial na União Europeia e da implementação da Procuradoria Europeia*, Centro de Investigação Interdisciplinar em Direitos Humanos/Escola de Direito da Universidade do Minho, Braga, 2017, disponível em http://www.jusgov.uminho.pt/publicacoes/os_novos_desafios_cooperacao_jud_e_policial_ue_implementacao_da_pe/, pp. 79 e ss.

[41] Refira-se que a inclusão na Diretiva PIF da fraude em relação a receitas provenientes dos recursos próprios do IVA (que constava na versão inicial da respetiva Proposta e que durante as negociações foi retirada) vem em sequência do Acórdão *Taricco*, de 8 de setembro de 2015, Processo C-105/14. Para maiores desenvolvimentos, ver, entre outros, MARLETTA, Angelo, «The material competence of the European Public Prosecutor's Office (EPPO) and the PIF Directive», *in* Santos, Margarida, Monte, Mário Ferreira e Monteiro, Fernando Conde

Relativamente à competência a título principal, retomando o fio de novelo atrás deixado solto, de forma sumária, o objeto de atuação da Procuradoria Europeia abarca os crimes de fraude lesiva dos interesses financeiros (artigo 3.º da Diretiva PIF), bem como outras infrações penais lesivas dos interesses financeiros da União Europeia contempladas no artigo 4.º da Diretiva – branqueamento de capitais (artigo 4.º, n.º 1, da Diretiva PIF), corrupção passiva e ativa (artigo 4.º, n.º 2, al. a) e b), da Diretiva PIF) e apropriação ilegítima (artigo 4.º, n.º 3, da Diretiva PIF).

Relativamente ao esquema da Diretiva PIF quanto à fraude lesiva dos interesses financeiros, no artigo 3.º, podemos dividi-la em: *(i)* fraude relativa às despesas não relacionadas com contratação pública; *(ii)* fraude relativa a despesas relacionadas com a contratação pública, *(iii)* fraude em relação a receitas distintas das receitas provenientes dos recursos próprios do IVA e *(iv)* fraude em relação a receitas provenientes dos recursos próprios do IVA[42].

(coord.), *Os novos desafios da cooperação judiciária e policial na União Europeia e da implementação da Procuradoria Europeia*, Centro de Investigação Interdisciplinar em Direitos Humanos/Escola de Direito da Universidade do Minho, Braga, 2017, disponível em http://www.jusgov.uminho.pt/publicacoes/os_novos_desafios_cooperacao_jud_e_policial_ue_implementacao_da_pe/, especialmente pp. 85 e ss.

[42] No que concerne a despesas não relacionadas com contratação pública, são considerados fraude lesiva dos interesses financeiros da União: «os atos ou omissões relativos: i) à utilização ou à apresentação de declarações ou de documentos falsos, inexatos ou incompletos, que tenha por efeito a apropriação ou a retenção ilegítimas de fundos ou de ativos provenientes do orçamento da União ou dos orçamentos geridos pela União ou por sua conta, ii) à não comunicação de uma informação, em violação de uma obrigação específica, que produza o mesmo efeito, ou iii) à aplicação ilegítima de tais fundos ou ativos para fins diferentes daqueles para os quais foram inicialmente concedidos» – artigo 3.º, n.º 2, al. a).

Quanto às despesas relacionadas com contratação pública, são considerados fraude lesiva dos interesses financeiros da União «pelo menos quando cometidos tendo em vista um proveito ilícito em benefício do autor da infração ou de terceiros, causando prejuízo aos interesses financeiros da União, os atos ou omissões relativos: i) à utilização ou à apresentação de declarações ou de documentos falsos, inexatos ou incompletos, que tenha por efeito a apropriação ou a retenção ilegítimas de fundos ou de ativos provenientes do orçamento da União ou dos orçamentos geridos pela União ou por sua conta, ii) à não comunicação de uma informação, em violação de uma obrigação específica, que produza o mesmo efeito, ou iii) à aplicação ilegítima de tais fundos ou ativos para fins diferentes daqueles para os quais foram inicialmente concedidos, que lese os interesses financeiros da União» – artigo 3.º, n.º 2, al. b).

Como *supra* indicámos, nos termos do artigo 4.º da Diretiva PIF, a Procuradoria Europeia terá competência no âmbito de «[o]utras infrações penais lesivas dos interesses financeiros da União».

A competência da Procuradoria Europeia estende-se ao branqueamento de capitais – tal como descrito no artigo 1.º, n.º 3, da Diretiva (UE) 2015/849 – quando envolva bens que sejam produto das infrações penais lesivas dos interesses financeiros (artigo 4.º, n.º 1, da Diretiva PIF).

A Procuradoria Europeia terá também competência no âmbito dos crimes de corrupção passiva e ativa (artigo 4.º, n.º 2, da Diretiva PIF). Na esteira da al. a) e b), do n.º 2, deste artigo, a corrupção passiva diz respeito «[a]o facto de um funcionário público solicitar ou receber, diretamente ou por interposta pessoa, vantagens de qualquer natureza, para si próprio ou para terceiros, ou aceitar a promessa de tais vantagens, para realizar, ou para se abster de realizar, um ato inerente às suas funções ou no exercício das mesmas, de modo que lese ou possa lesar os interesses financeiros da União»; e a corrupção ativa «[a]o facto de uma pessoa prometer, oferecer ou conceder, diretamente ou por interposta pessoa, uma vantagem de qualquer natureza a um funcionário público, para o próprio ou para terceiros, para realizar, ou para se abster de realizar, um ato inerente às suas funções ou no exercício das mesmas, de modo que lese ou possa lesar os interesses financeiros da União».

No que respeita a receitas distintas das receitas provenientes dos recursos próprios do IVA a que se refere a alínea d), constituem fraude lesiva dos interesses financeiros da União «os atos ou omissões relativos: i) à utilização ou à apresentação de declarações ou de documentos falsos, inexatos ou incompletos, que tenha por efeito a diminuição ilegal de recursos do orçamento da União ou dos orçamentos geridos pela União ou por sua conta, ii) à não comunicação de uma informação, em violação de uma obrigação específica, que produza o mesmo efeito, ou iii) à aplicação ilegítima de um benefício, obtido legalmente, que produza o mesmo efeito» – artigo 3.º, n.º 2, al. c).

No que concerne a receitas provenientes dos recursos próprios do IVA, constituem fraude lesiva dos interesses financeiros da União «os atos ou omissões cometidos no âmbito de esquemas fraudulentos transfronteiriços, relativos: i) à utilização ou à apresentação de declarações ou de documentos relativos ao IVA falsos, inexatos ou incompletos, que tenha por efeito a diminuição dos recursos do orçamento da União, ii) à não comunicação de uma informação relativa ao IVA, em violação de uma obrigação específica, que produza o mesmo efeito, ou iii) à apresentação de declarações relativas ao IVA corretas para fins de dissimulação fraudulenta do não pagamento ou da criação ilícita de direitos a reembolso do IVA» – artigo 3.º, n.º 2, al. c).

Ainda, a Procuradoria Europeia também terá competência no âmbito da apropriação ilegítima referida no artigo 4, n.º 3, da Diretiva PIF, sendo a introdução deste tipo legal uma inovação relativamente à Convenção PIF e aos seus Protocolos. Para efeitos da Diretiva PIF, a apropriação ilegítima refere-se «[a]o facto de um funcionário público, direta ou indiretamente encarregado da gestão de fundos ou de ativos, afetar ou desembolsar fundos, ou se apropriar de ativos ou utilizar ativos para fins contrários ao objetivo para o qual estavam previstos de modo que lese os interesses financeiros da União».

O artigo 4.º, n.º 4, da Diretiva PIF, dá-nos uma noção de «funcionário público» para os crimes de corrupção e de apropriação ilegítima mais ampla do que a constante no anterior Protocolo da Convenção PIF de 96, que tinha uma noção minimalista. De resto, de certa forma, «parece captar melhor a realidade moderna da administração compartilhada e indireta de fundos e ativos da EU»[43].

O conceito de «funcionário público» abrange, à luz das definições constantes das alíneas a) e b), do n.º 4, do artigo 4.º, da Diretiva PIF, quer um «funcionário da União»[44] ou um «funcionário nacional»[45], aqui se

[43] Assim, ver MARLETTA, Angelo, «The material competence of the European Public Prosecutor's Office (EPPO) and the PIF Directive», *in* Santos, Margarida, Monte, Mário Ferreira e Monteiro, Fernando Conde (coord.), *Os novos desafios da cooperação judiciária e policial na União Europeia e da implementação da Procuradoria Europeia*, Centro de Investigação Interdisciplinar em Direitos Humanos/Escola de Direito da Universidade do Minho, Braga, 2017, disponível em http://www.jusgov.uminho.pt/publicacoes/os_novos_Desafios_cooperacao_jud_e_policial_ue_implementacao_da_pe/, p. 88.

[44] Nos termos da alínea a), ponto i), entende-se por «funcionário da União»: «uma pessoa que seja: – funcionário ou outro agente admitido por contrato pela União, na aceção do Estatuto dos Funcionários e do Regime aplicável aos Outros Agentes da União Europeia, estabelecidos pelo Regulamento (CEE, Euratom, CECA) n.º 259/68 do Conselho (1) («Estatuto dos Funcionários»), ou – destacada para a União por um Estado-Membro ou por um organismo público ou privado, e que exerça funções equivalentes às exercidas pelos funcionários ou por outros agentes da União. Sem prejuízo das disposições relativas aos privilégios e imunidades constantes dos Protocolos n.os 3 e 7, são equiparados a funcionários da União os membros das instituições, dos órgãos e dos organismos da União criados nos termos dos Tratados, bem como o pessoal dessas entidades, desde que o Estatuto dos Funcionários não lhes seja aplicável».

[45] Nos termos da alínea a), ponto ii), entende-se por «funcionário nacional»: «uma pessoa definida como "funcionário" ou "funcionário público" no direito nacional do Estado-Membro

englobando «os funcionários nacionais de outros Estados-Membros e os funcionários nacionais de países terceiros» – al. a) –; bem como «[q]ualquer outra pessoa que assuma e exerça funções de serviço público que impliquem a gestão de interesses financeiros da União ou a tomada de decisões sobre os interesses financeiros da União nos Estados-Membros ou em países terceiros» – al. b).

Além do mais, e uma das temáticas mais problemáticas, nos termos do artigo 22.º do Regulamento da Procuradoria Europeia, a Procuradoria Europeia também é competente no âmbito de outras infrações penais «indissociavelmente ligada[s]», de acordo com o artigo 25.º n.º 3, do Regulamento.

Com efeito, o Regulamento da Procuradoria Europeia estabelece um regime (altamente) complexo de exercício de competência da Procuradoria Europeia, contemplando igualmente situações em que este órgão não poderá intervir, muito embora estejam em causa os crimes que lesem os interesses financeiros da União Europeia.

Desde logo, nos termos do artigo 24.º, n.ºs 1 e 2, do Regulamento, as instituições, órgãos e organismos da União e as autoridades dos Estados-Membros competentes devem comunicar à Procuradoria Europeia qualquer conduta criminosa que caiba na sua competência à luz dos artigos 22.º e 25.º, n.ºs 3 e 4, do Regulamento da Procuradoria Europeia, sendo que se a entidade nacional competente abrir uma investigação nesta matéria tem igualmente de informar, para que a Procuradoria Europeia decida se vai ou exercer o seu direito de avocação previsto no artigo 27.º do Regulamento da Procuradoria Europeia.

Na verdade, como se estabelece no considerando 58 do Regulamento, «[a] competência da Procuradoria Europeia relativamente às infrações lesivas dos interesses financeiros da União deverá, regra geral, prevalecer

ou do país terceiro em que exerce as suas funções». Acrescenta-se que «[n]ão obstante, em caso de ação penal que diga respeito a um funcionário nacional de um Estado-Membro, ou a um funcionário nacional de um país terceiro, instaurada por outro Estado-Membro, este último só é obrigado a aplicar a definição de «funcionário nacional» na medida em que essa definição seja compatível com o seu direito nacional» e que «[a] expressão "funcionário nacional" inclui qualquer pessoa titular de um cargo executivo, administrativo ou judicial a nível nacional, regional ou local. Qualquer pessoa que exerça um cargo legislativo a nível nacional, regional ou local é equiparada a um funcionário nacional».

sobre as reivindicações nacionais de competência, de modo a que a Procuradoria Europeia possa garantir a coerência e a direção das investigações e ações penais ao nível da União...»[46].

Importa, agora, olhar para o regime relativo ao exercício – e não exercício – de competências da Procuradoria Europeia, previsto no artigo 25.º do Regulamento da Procuradoria Europeia.

Com efeito, relativamente ao exercício da competência da Procuradoria Europeia, na esteira do artigo 25.º, n.º 1, do Regulamento da Procuradoria Europeia, no caso de a Procuradoria Europeia decidir exercer a sua competência (abrindo a investigação ao abrigo do artigo 26.º ou mediante a decisão de fazer uso do seu direito de avocação ao abrigo do artigo 27.º), as autoridades nacionais competentes não exercerão a sua competência relativamente àquele facto criminoso. Não obstante, nos termos do n.º 6, do artigo 25.º, se não houver acordo entre a Procuradoria Europeia e os ministérios públicos nacionais quanto à questão de saber se o facto criminoso cai no leque de competências que *supra* designamos de competências a *título secundário* as entidades nacionais competentes decidem a quem compete investigar o caso[47].

Os n.ºs 2 e 3 do artigo 25.º, do Regulamento da Procuradoria Europeia estabelecem *limitações* ao exercício da Procuradoria Europeia.

Nos termos do n.º 2, se uma infração penal que cabe na alçada da Procuradoria Europeia *tiver lesado ou for suscetível de lesar os interesses financeiros da União em menos de 10 mil euros*, a Procuradoria Europeia só pode exercer a sua competência em duas situações: *(i)* se «[o] processo tiver repercussões a nível da União que exijam que a Procuradoria proceda a uma inves-

[46] Referindo-se no considerando 59 do Regulamento que deverá considerar-se existir «... repercussão a nível da União sempre que, por exemplo, uma infração penal tenha natureza e escala transnacional, sempre que essa infração envolva uma organização criminosa, ou sempre que o tipo específico de infração possa constituir uma ameaça grave para os interesses financeiros da União ou o crédito das instituições da União e a confiança dos seus cidadãos».

[47] Artigo 25.º, n.º 6: «Em caso de desacordo entre a Procuradoria Europeia e os ministérios públicos nacionais a respeito da questão de a conduta criminosa estar abrangida pelo âmbito de aplicação do artigo 22.º, n.º 2 ou n.º 3, do artigo 25.º, n.º 2 ou n.º 3, as autoridades nacionais competentes para decidir da atribuição de competências relativas à ação penal a nível nacional decidem quem é competente para investigar o caso. Os Estados-Membros especificam qual a autoridade nacional que tomará decisões em matéria de atribuição de competências.»

tigação» – al. a); ou *(ii)* se «[o]s funcionários ou outros agentes da União Europeia, ou membros das instituições da União, puderem ser suspeitos de ter cometido a infração» – al. b).

Além disso, nos termos do n.º 3, a Procuradoria Europeia não irá exercer a sua competência relativamente às infrações penais que cabem na sua competência e reenviará o caso às entidades nacionais competentes nos termos do artigo 34.º, em duas distintas situações. Por um lado, *i)* nas situações em que a sanção máxima prevista no direito nacional para uma infração abrangida pela competência a *título principal* (22.º, n.º 1) da Procuradoria Europeia for de *severidade igual ou inferior* à da sanção máxima para uma infração indissociavelmente ligada (artigo 22.º, n.º 3), a não ser que esta última infração tenha sido instrumental para cometer aquela infração – al. a); por outro, *ii)* nas situações em que se presuma que o prejuízo causado ou suscetível de ser causado aos interesses financeiros da União Europeia pela prática de qualquer infração da competência da Procuradoria Europeia (com exceção da fraude relativa às despesas não relacionadas com a contratação pública; da fraude relativa às despesas relacionadas com a contratação pública e da fraude em relação a receitas provenientes dos recursos próprios do IVA)[48] não ultrapassa o prejuízo causado ou suscetível de ser causado a outra *vítima* – al. b)[49].

Analisado o âmbito material de atuação da Procuradoria Europeia, importa dar conta, de forma perfunctória, das regras processuais aplicáveis às investigações, medidas de investigação (incluindo o

[48] Artigo 25.º, n.º 3, al. b), segundo parágrafo: «O primeiro parágrafo, alínea b), do presente número não se aplica às infrações referidas no artigo 3.º, n.º 2, alíneas a), b) e d), da Diretiva (UE) 2017/1371, tal como transposta para o direito nacional».

[49] Não obstante, face ao disposto no n.º 4, deste artigo, a Procuradoria Europeia poderá exercer a sua competência mesmo nas situações em que o prejuízo causado ou suscetível de ser causado aos interesses financeiros da UE não ultrapassa o prejuízo causado ou suscetível de ser causado a outra vítima com o consentimento das entidades nacionais competentes, se este órgão da UE estiver melhor posicionado para o efeito: «A Procuradoria Europeia pode, com o consentimento das autoridades nacionais competentes, exercer a sua competência em relação às infrações referidas no artigo 22.º, nos casos que, de outro modo, seriam excluídos devido à aplicação do n.º 3, alínea b), do presente artigo, se se afigurar que a Procuradoria Europeia está mais bem colocada para proceder à investigação ou à instauração da ação penal».

«congelamento»[50]) e ao exercício da ação penal (artigos 26.º e seguintes do Regulamento da Procuradoria Europeia).

2.3. As regras processuais aplicáveis às investigações, medidas de investigação e o exercício da ação penal

Desde logo, por regra, de acordo com o artigo 26.º, n.º 3 do Regulamento da Procuradoria Europeia, o processo é aberto e instruído por um Procurador Europeu Delegado do Estado-Membro onde está centrada a atividade criminosa, ou no Estado-Membro onde tiverem sido cometidas a maior parte das infrações (no caso de infrações conexas).

A Procuradoria Europeia exerce a ação penal de acordo com o princípio da legalidade, sendo que a decisão de deduzir acusação deve em princípio ser tomada pela Câmara Permanente competente, com base num projeto de decisão emanado do Procurador Europeu Delegado[51]. Há também a possibilidade, caso ela exista no sistema jurídico nacional, de aplicação de procedimentos penais simplificados, nas condições estabelecidas pelo direito nacional e nas situações previstas pelo Regulamento da Procuradoria Europeia[52].

No que diz respeito às medidas de investigação da Procuradoria Europeia, verifica-se, nos artigos 30 e seguintes do Regulamento da Procuradoria Europeia, um «regime misto» para as medidas de investigação que podem ser ordenadas pelos Procuradores Europeus Delegados, que entrelaça as legislações nacionais com a legislação da União Europeia. Com efeito, o artigo 30.º do Regulamento da Procuradoria Europeia prevê um conjunto mínimo de medidas de investigação ao dispor dos Procura-

[50] Para uma reflexão em torno da terminologia «apreensão» e «congelamento», ver já CORREIA, João Conde, «Apreensão ou arresto preventivos dos proventos do crime?», *Revista Portuguesa de Ciência Criminal*, 25, 2015 (em especial p. 525). De resto, refira-se já que, ao contrário de outros ordenamentos jurídicos, onde se aparta a «apreensão» para efeitos de *prova* da apreensão para efeitos de *perda*, a legislação portuguesa prevê o carácter duplo deste mecanismo. Como sublinha João Conde Correia a apreensão de bens destina-se a obter e a conservar as provas (finalidade processual probatória), mas também a garantir a perda dos objetos, nos termos dos artigos 109.º e seguintes do Código Penal (finalidade processual substancial) – cf. CONDE, João Correia, D*a Proibição do Confisco à Perda Alargada*, Lisboa, INCM, pp.154 e 155.

[51] Cfr. considerando 78 e artigo 35.º e seguintes do Regulamento da Procuradoria Europeia.

[52] Ver considerando 82 e artigo 40.º do Regulamento da Procuradoria Europeia.

dores Europeus Delegados (que podem, em determinadas situações, ser sujeitas a determinadas condições/limitações, de acordo com o disposto no direito nacional aplicável), a que acresce a possibilidade de os Procuradores Europeus Delegados pedirem ou ordenarem outras medidas que estejam ao dispor dos procuradores, de acordo com o direito nacional. Ou seja, além das medidas contempladas no Regulamento da Procuradoria Europeia, podem os Procuradores Europeus Delegados recorrer a qualquer outra medida, em conformidade com o seu direito nacional (artigo 30, n.º 4, do Regulamento da Procuradoria Europeia).

Nos processos transfronteiriços, o Procurador Europeu Delegado competente deverá poder contar com os Procuradores Europeus Delegados assistentes quando for necessário tomar medidas noutros Estados-Membros[53].

Importa aqui ressaltar que «[a] Procuradoria Europeia deverá apoiar-se nas autoridades nacionais, incluindo as autoridades policiais, nomeadamente para a execução de medidas coercivas. De acordo com o princípio da cooperação leal, todas as autoridades nacionais e os organismos competentes da União, incluindo a Eurojust, a Europol e o OLAF, deverão apoiar ativamente as investigações e ações penais da Procuradoria Europeia e cooperar com esta desde o momento em que uma alegada infração é comunicada à Procuradoria Europeia até ao momento em que esta decida da instauração de uma ação penal ou do arquivamento do processo» (considerando 69 do Regulamento da Procuradoria Europeia).

Em especial para a matéria da recuperação de ativos, o artigo 30.º, alínea d) do Regulamento da Procuradoria Europeia contempla que, pelo menos nos casos em que a infração objeto de investigação seja punível com uma pena privativa de liberdade máxima não inferior a quatro anos, os Estados-Membros asseguram que os Procuradores Europeus Delegados possam ordenar ou pedir «[o] congela[mento] dos instrumentos ou produtos de crime, incluindo bens, que se preveja venham a ser objeto de declaração de perda pelo órgão jurisdicional da causa, sempre que exista razão para crer que o proprietário, o possuidor ou o controlador desses

[53] Ver considerando 71 e 72 e artigo 31 do Regulamento da Procuradoria Europeia.

instrumentos ou produtos procure frustrar a decisão judicial de declaração de perda»[54].

[54] Para uma análise das garantias processuais penais do confisco no sistema processual penal português, nomeadamente sobre a apreensão *stricto sensu* contemplada no artigo 178.º, do Código de Processo Penal, o arresto preventivo (artigo 228.º, do Código de Processo Penal) e o arresto para efeitos de perda alargada (artigo 7.º 10.º, da Lei 5/2002, de 11 de janeiro), ver Correia, João Conde, «Apreensão ou arresto preventivos dos proventos do crime?», *Revista Portuguesa de Ciência Criminal*, 25, 2015 e do mesmo Autor, *Da Proibição do Confisco à Perda Alargada*, INCM, pp. 162 e 163.
Desde logo, a diferença entre as referidas figuras reside no facto de os pressupostos para aplicação do arresto serem mais apertados, exigindo a demonstração do fundado receio da perda da garantia patrimonial. Como sublinha Correia, João Conde, *Da Proibição do Confisco à Perda Alargada*, Lisboa, INCM, 2012, pp. 162 e 163, «se é compreensível que as exigências da investigação ou do confisco clássico facilitem os requisitos da apreensão, já não se admite que outras necessidades da questão patrimonial, embora cada vez mais prementes, justifiquem o mesmo tratamento generoso. Depois, porque, enquanto a apreensão se dirige, essencialmente, contra os *instrumenta, producta* ou vantagens do crime (na posse do arguido ou de terceiro), o arresto pode abranger todo o património do arguido (ainda que formalmente não esteja na sua posse ou que nada tenha a ver com o crime investigado), sendo, em princípio, muito mais agressivo para os direitos individuais». Além disso, por exemplo, no que diz respeito ao sujeito processual competente, há diferenças substanciais: as medidas de garantia patrimonial carecem de despacho judicial prévio (artigos 227.º, n.º 1, 228.º, n.º 1 e 268.º, n.º 1, alínea *b)*, do Código de Processo Penal); a apreensão pode ser decretada pelo Ministério Público ou pelos próprios órgãos de polícia criminal (artigo 178.º, n.º 3, 4 e 5 do Código de Processo Penal). Ou seja, «[n]aquelas exige-se que o juiz aprecie previamente a bondade da restrição ao direito de propriedade; nesta, o juiz só intervém depois, a pedido do interessado» – cf. Correia, João Conde, «Apreensão ou arresto preventivos dos proveitos do crime?», *Revista Portuguesa de Ciência Criminal*, Ano 25, jan-dez 2015, p. 540. Numa palavra, pode concluir-se que a apreensão prevista no artigo 178.º do Código de Processo Penal não se confunde com o arresto preventivo (artigo 228.º do Código de Processo Penal) ou com o arresto dos bens do arguido para confisco alargado (artigo 10.º da Lei n.º 5/2002, de 11 de janeiro), nem nos seus requisitos, nem nos seus objetivos, nem sequer no seu âmbito. Como bem sintetiza Correia, João Conde, «Apreensão ou arresto preventivos dos proveitos do crime?», *Revista Portuguesa de Ciência Criminal*, Ano 25, jan-dez 2015, p. 541, desde logo, «[a] pesar da proximidade político-criminal, a caução económica e o arresto não se confundem com a apreensão. As respetivas áreas de tutela são contíguas, mas, ainda assim, diferentes. Não há aqui nenhuma zona cinzenta, de atrito, de sobreposição e de confronto. O Ministério Público e o juiz não podem escolher (...) um destes instrumentos, segundo incontroláveis juízos de mera oportunidade». De resto, pode haver uma «autêntica acumulação sucessiva de medidas», fazendo-se uso simultaneamente da apreensão (ver obra citada, p. 542 e 543 para maiores desenvolvimentos).

De resto, importa sublinhar que a Procuradoria Europeia pode ser relevante, sobretudo, no contexto das decisões de apreensão/congelamento[55], na medida em que não pode emitir decisões de perda (cfr., entre outros, desde logo, o disposto nos artigos 4.º. e 22.º, 23.º e 25.º, do Regulamento da Procuradoria Europeia). Cabe, por isso, ao órgão jurisdicional nacional competente, em conformidade com o direito nacional aplicável, ordenar a perda de quaisquer bens relacionados com uma infração ou com o produto de uma infração da competência da Procuradoria Europeia (artigo 38.º, primeira parte, do Regulamento da Procuradoria Europeia).

Além disso, importa também sublinhar que os Procuradores Europeus Delegados (e referindo-nos aos Procuradores Europeus Delegados portugueses) quando apresentem à Câmara Permanente um projeto de decisão que proponha deduzir acusação (artigo 36.º, n.º 1 do Regulamento da Procuradoria Europeia), devem igualmente formular a «pretensão confiscatória»[56]. Com efeito, «... a pretensão confiscatória estadual terá que ser acionada antes, no momento em que, sem saber como se vai comportar a vítima, deduz acusação. Esperar pela manifestação processual do desinteresse do ofendido será tarde demais»[57]. Neste sentido, «[q]uando deduz acusação o Ministério Público [ou o Procurador Europeu Delegado] deve, sob pena de contradição, tratar a questão penal e a questão patrimonial. Ambas são essenciais ao completo exercício da ação penal»[58].

[55] Ver supra nota de rodapé n.º 50.

[56] Ver artigo 13.º do Regulamento da Procuradoria Europeia.

[57] Rodrigues, Hélio Rigor, Correia, João Conde, «O confisco das vantagens e a pretensão patrimonial da Autoridade Tributária e Aduaneira nos crimes tributários (Anotação ao Acórdão do TRP de 23-11-2016, processo n.º 905/15.4IDPRT.P1)» Julgar Online, janeiro de 2017, disponível em https://julgar.pt/o-confisco-das-vantagens-e-a-pretensao-patrimonial-da-autoridade-tributaria-e-aduaneira-nos-crimes-tributarios/, p. 16.

[58] *Idem, ibidem.* Sendo certo que, «[s]empre que necessário, para efeitos de recuperação, de seguimento administrativo ou de fiscalização, a Procuradoria Central notifica as autoridades nacionais competentes, as pessoas interessadas e as instituições, órgãos e organismos pertinentes da União da decisão de instaurar uma ação penal» (artigo 36.º, n.º 6, do Regulamento da Procuradoria Europeia). Referindo-se ao Procurador Europeu Delegado espanhol, ver Gil García, Francisco Salvador, «Atribuciones y competencias de la Fiscalía Europea en materia de embargo preventivo, decomiso y recuperación de activos», *in* Gómez de la Torre, Ignacio

III. A atuação da Procuradoria Europeia à luz do Regulamento (UE) 2018/1805 – alguns apontamentos

Importa agora tecer alguns apontamentos em torno da atuação da Procuradoria Europeia à luz do recente Regulamento (UE) 2018/1805. Na verdade, importa sublinhar que «[a] execução de uma decisão de apreensão ou de uma decisão de perda deverá reger-se pelo direito do Estado-Membro de execução e a decisão sobre as modalidades de execução deverá ser da competência exclusiva das autoridades desse Estado...» (considerando 43 do Regulamento (UE) 2018/1805).

Como se sublinha no considerando 44 do Regulamento (UE) 2018/1805, «[o] correto funcionamento do (...) regulamento pressupõe uma estreita comunicação entre as autoridades nacionais competentes envolvidas, em especial em caso de execução simultânea de uma decisão de perda em vários Estados-Membros...».

O Regulamento (UE) 2018/1805 «... estabelece as regras segundo as quais um Estado-Membro reconhece e executa no seu território uma decisão de apreensão ou uma decisão de perda emitida por outro Estado--Membro...» (artigo 1.º, n.º 1, do Regulamento (UE) 2018/1805). No que diz respeito a considerações terminológicas, importa para a atuação da Procuradoria Europeia sobretudo a designação de «Estado de emissão» e de «Autoridade de emissão. A designação «Estado de emissão» abrange «o Estado-Membro em que é emitida uma decisão de apreensão ou uma decisão de perda» (artigo 2.º, n.º 6), sendo que uma «Autoridade de emissão», no que respeita a uma decisão de apreensão, pode ser, desde logo, «um juiz, tribunal ou *magistrado do Ministério Público competente no processo em causa*» (artigo 2, n.º 8, alínea a), ponto i) do Regulamento (UE) 2018/1805, itálico nosso)[59].

Berdugo, Rodríguez-García, Nicolás (ed.), *Decomiso y Recuperación de Activos – Crime Doesn´t Pay*, Valencia, Tirant lo Blanch, 2020, p. 419. Como aponta o Autor, « ... será el momento procesal oportuno, para que el FED se reserve, en su escrito de acusación, la acción de decomiso autónomo para un procedimiento posterior a la condena».

[59] Neste âmbito, a «Autoridade de execução», entende-se por «uma autoridade que é competente para reconhecer uma decisão de apreensão ou uma decisão de perda e garantir a sua execução de acordo com o presente regulamento e com os procedimentos aplicáveis nos termos do direito nacional para a apreensão e a perda de bens...» (artigo 2, n.º 9, do Regulamento (UE) 2018/1805). Não parece afigurar-se necessário designar a Procuradoria Europeia

De resto, em conformidade com o artigo 24.º, n.º 1, do Regulamento (UE) 2018/1805, cada Estado-Membro deve informar a Comissão Europeia da autoridade ou autoridades definidas no artigo 2.º, n.ºs 8 e 9, que são competentes ao abrigo da sua legislação nestes casos[60].

também como possível «Autoridade de execução», mesmo que a infração sob investigação no Estado de emissão se inclua no âmbito do objeto material da Procuradoria Europeia. Nesta medida, sempre que uma autoridade nacional de um Estado-Membro participante na Procuradoria Europeia receber uma decisão de apreensão e estiver em causa «qualquer conduta criminosa a propósito da qual a Procuradoria Europeia possa exercer a sua competência em conformidade com o artigo 22.º e o artigo 25.º, n.ºs 2 e 3» (artigo 24.º, n.º 1, do Regulamento da Procuradoria Europeia), essa autoridade nacional deve proceder à respetiva comunicação ao abrigo do disposto no artigo 24.º, n.º 1, do Regulamento da Procuradoria Europeia. A autoridade de execução desse Estado-Membro, ao decidir sobre o reconhecimento e execução da decisão de apreensão, deve, por isso, contactar a Procuradoria Europeia, ao abrigo do princípio da cooperação leal (cfr., entre outros, artigo 5.º, n.º 6, e artigo 24.º, n.º1, do Regulamento da Procuradoria Europeia), atendendo, desde logo, à análise dos possíveis motivos de não reconhecimento e de não execução ou adiamento da execução (artigos 8.º e 10.º do Regulamento (UE) 2018/1805). Assim, por exemplo, veja-se que a Eslováquia, no contexto das notificações relativas às autoridades competentes (artigo 24.º do Regulamento (UE) 2018/1805) comunicou à Comissão Europeia que «[i]n the proceedings on the recognition and execution of the freezing order, the judicial body of the Slovak Republic acting as the executing authority is obliged by Article 24(1) of the EPPO Regulation to inform the European Public Prosecutor's Office if the matter falls under the EPPO's competence in accordance with Articles 22, 23 and 25 of the EPPO Regulation» – a comunicação pode ser consultada em *https://www.ejn-crimjust.europa.eu/ejn/libcategories/EN/4/-1/0#nodesGroups* (última consulta a 31-1-2021). Veja-se, no entanto, que a Lituânia, neste contexto das notificações relativas às autoridades competentes (artigo 24.º do Regulamento (UE) 2018/1805) comunicou à Comissão Europeia que o Procurador Europeu Delegado é a autoridade de emissão/ execução competente de acordo com o artigo 2, n.º 8 e n.º 9, do Regulamento (UE) 2018/1805, relativamente às decisões de apreensão, quando a investigação criminal está a ser levada a cabo pela Procuradoria Europeia – a comunicação pode ser consultada em *https://www.ejn-crimjust.europa.eu/ejn/libcategories/EN/4/-1/0#nodesGroups* (última consulta a 31-1-2021).

[60] Esta comunicação devia ter sido feita até ao dia 19 de dezembro de 2020 (artigo 24.º, n.º 1, do Regulamento (UE) 2018/1805). As comunicações já realizadas podem ser consultadas em *https://www.ejn-crimjust.europa.eu/ejn/libcategories/EN/4/-1/0#nodesGroups* (última consulta a 31-1-2021). De referir que incluindo já a Procuradoria Europeia constam apenas as comunicações da Alemanha (onde se pode ler que «...the European Public Prosecutor's Office (EPPO), within its remit under Articles 22, 23 and 25 of Council Regulation (EU) 2017/1939, is authorised to act as an issuing authority, in accordance with the definition in Article 2(8) of Regulation (EU) 2018/1805, for issuing freezing orders and freezing certificates within

Neste contexto, importa adiantar que se os Estados-Membros, ao abrigo do disposto no artigo 24.º, n.º 2, do Regulamento (UE) 2018/1805, tiverem optado por designar uma ou mais autoridades centrais como responsáveis pela transmissão e receção administrativa das certidões de apreensão (para o que nos interessa), esses Estados-Membros devem agora esclarecer que esta função da autoridade central nacional não se aplica, naturalmente, às decisões de apreensão emitidas por um Procurador Europeu Delegado desse Estado-Membro.

the meaning of that Regulation», da Eslováquia (onde se pode ler que «...the EPPO, in the exercise of its competence laid down in Articles 22, 23 and 25 of Council Regulation (EU) 2017/1939, is competent to act as the issuing authority within the meaning of Article 2(8) of Regulation (EU) 2018/1805 for the purposes of issuing freezing orders and freezing certificates as they are defined in the Regulation» e que «[i]n the proceedings on the recognition and execution of the freezing order, the judicial body of the Slovak Republic acting as the executing authority is obliged by Article 24(1) of the EPPO Regulation to inform the European Public Prosecutor's Office if the matter falls under the EPPO's competence in accordance with Articles 22, 23 and 25 of the EPPO Regulation»; da França (onde se pode ler que «... the European Public Prosecutor's Office, in the exercise of its powers, as provided for in Articles 22, 23 and 25 of Council Regulation (EU) 2017/1939, is competent to act as issuing authority within the meaning of Article 2(8) of Regulation (EU) 2018/1805 for the purpose of issuing freezing orders and freezing certificates within the meaning of Regulation (EU) 2018/1805» , da Lituânia (onde se pode ler que de acordo com o artigo 2, n.º 9 do Regulamento (UE) 2018/1805, relativamente às decisões de apreensão, enquanto autoridade de execução, quando a investigação criminal está a ser levada a cabo pela Procuradoria Europeia, «European delegated prossecutor is the competente executing authority» e de acordo com o artigo 2, n.º 8 do Regulamento (UE) 2018/1805, quando a investigação criminal está a ser levada a cabo pela Procuradoria Europeia, «European delegated prossecutor is the competente issuing authority» e Portugal. No caso de Portugal, de acordo com a informação comunicada, para efeitos de reconhecimento mútuo de uma decisão de apreensão, são autoridades nacionais competentes, na aceção dos n.ºs 8 e 9 do artigo 2.º do Regulamento: enquanto Estado de emissão – a autoridade judiciária portuguesa competente para a mesma decisão relativamente a bens situados em Portugal (artigo 4.º da Lei n.º 25/2009, de 5 de junho), ou seja, o Ministério Público, o juiz de instrução, ou o juiz do julgamento, consoante a natureza do bem a apreender e a fase processual; é, ainda, autoridade competente para emitir uma decisão de apreensão a Procuradoria Europeia, sempre que exerça as suas competências de investigação e de promoção da ação penal em território nacional, conforme previsto nos artigos 22.º, 23.º e 25.º do Regulamento da Procuradoria Europeia, circunstância em que é equiparada ao Ministério Público nacional (ver, por exemplo, artigo 3.º, da Lei n.º 112/2019, de 10 de setembro).

Nesta medida, a Procuradoria Europeia deve poder ser considerada a autoridade de emissão em relação às decisões de apreensão, independentemente da decisão de apreensão a ser transmitida em conformidade com o artigo 4.º, n.º 1, do Regulamento (UE) 2018/1805 se basear numa decisão de apreensão adotada ao abrigo da legislação nacional pela própria Procuradoria Europeia ou por um juiz / tribunal do Estado-Membro do Procurador Europeu Delegado responsável.

Nas situações em que um Procurador Europeu Delegado atuar como «Autoridade de emissão», o Estado Membro do Procurador Europeu Delegado constitui o «Estado de emissão», conforme referido no artigo 2.º, n.º 6, do Regulamento (UE) 2018/1805. Neste medida, tendo em conta as informações a prestar nos termos do artigo 4.º, n.º 6, do Regulamento (UE) 2018/1805, o Procurador Europeu Delegado responsável deve contactar as autoridades competentes desse Estado-Membro antes de emitir uma decisão de apreensão, antevendo-se a mesma necessidade no caso de o Procurador Europeu Delegado responsável receber um pedido da autoridade de execução nos termos do artigo 12.º, n.º 2, do Regulamento (UE) 2018/1805.

IV. Considerações finais

Apesar da insuficiência e eventual precariedade dos dados existentes, as estimativas revelam que a *fraude*, nas suas múltiplas formas, está a tornar-se «uma das mais lucrativas atividades ilícitas»[61], sendo que os dados apontam que apenas «2,2% das receitas estimadas do crime foram provisoriamente apreendidas ou congeladas; [e] (...) apenas 1,1% dos lucros do crime foram finalmente confiscados ao nível da EU»[62].

Afigura-se, pois, urgente que a União Europeia «otimize» as suas estratégias de controlo e deteção da *fraude*, associadas a um eficaz sistema

[61] Cf. Savona, Ernesto U., Riccardi, Michele (Eds.), *From illegal markets to legitimate businesses: the portfolio of organised crime in Europe. Final Report of Project OCP – Organised Crime Portfolio*, Trento, Transcrime – Università degli Studi di Trento, 2015, p. 8. Sobre os «números míticos» («mythical numbers»), ver Reuter, Peter, «The (continued) vitality of mythical numbers», The Public Interest, 75, 1984, pp. 135-147

[62] Europol, «Does crime still pay? Criminal Asset Recovery in the EU – Survey of statistical information 2010-2014», 2016, disponível em *https://www.europol.europa.eu/publications-documents/does-crime-still-pay*, p. 4.

de recuperação de ativos, em prol da defesa do sistema financeiro europeu e da respetiva democracia económica.

O legislador da União Europeia tem dado destaque ao processo de recuperação de ativos. Não obstante, a concretização desta política penal europeia afigura-se difícil.

É neste contexto que a Procuradoria Europeia pode assumir um papel de relevo, num ambiente de «cooperação fluída» com a EUROJUST, o OLAF, a EUROPOL e as autoridades nacionais dos Estados-Membros.

De resto, importa sublinhar que a Procuradoria Europeia pode ser relevante, sobretudo, no contexto das decisões de *apreensão*, na medida em que não pode emitir decisões de perda (artigos 4.º. e 22.º, 23.º e 25.º, do Regulamento da Procuradoria Europeia). Cabe, por isso, ao órgão jurisdicional nacional competente, em conformidade com o direito nacional aplicável, ordenar a perda de quaisquer bens relacionados com uma infração ou com o produto de uma infração da competência da Procuradoria Europeia (artigo 38.º, primeira parte, do Regulamento da Procuradoria Europeia).

Além disso, importa também sublinhar que os Procuradores Europeus Delegados (e referindo-nos aos Procuradores Europeus Delegados portugueses) quando apresentem à Câmara Permanente um projeto de decisão que proponha deduzir acusação (artigo 36.º, n.º 1 do Regulamento da Procuradoria Europeia), devem igualmente formular a «pretensão confiscatória».

No que diz respeito à atuação da Procuradoria Europeia no contexto do Regulamento (UE) 2018/1805 importa sublinhar que a designação «Autoridade de emissão», no que respeita a uma decisão de apreensão, pode ser, desde logo, «um juiz, tribunal ou magistrado do Ministério Público competente no processo em causa» (artigo 2, n.º 8, alínea a), ponto i) do Regulamento (UE) 2018/1805). Nesta medida, a Procuradoria Europeia deve poder ser considerada a «Autoridade de emissão» em relação às decisões de apreensão, independentemente da decisão de apreensão a ser transmitida em conformidade com o artigo 4.º, n.º 1, do Regulamento (UE) 2018/1805 se basear numa decisão de apreensão adotada ao abrigo da legislação nacional pela própria Procuradoria Europeia ou por um juiz / tribunal do Estado-Membro do Procurador Europeu Delegado responsável.

Nas situações em que um Procurador Europeu Delegado atuar como «Autoridade de emissão», o Estado Membro do Procurador Europeu Delegado constitui o «Estado de emissão», conforme referido no artigo 2.º, n.º 6, do Regulamento (UE) 2018/1805. Nesta medida, tendo em conta as informações a prestar nos termos do artigo 4.º, n.º 6, do Regulamento (UE) 2018/1805, o Procurador Europeu Delegado responsável deve contactar as autoridades competentes desse Estado-Membro antes de emitir uma decisão de apreensão, antevendo-se a mesma necessidade no caso de o Procurador Europeu Delegado responsável receber um pedido da autoridade de execução nos termos do artigo 12.º, n.º 2, do Regulamento (UE) 2018/1805.

Não obstante, o facto de estarmos a dar mais um passo na investigação e no exercício transnacional da ação penal, pela primeira vez na história da União Europeia, numa geometria variável, à luz de uma cooperação reforçada, não pode ao mesmo tempo deixar de nos convocar, mais uma vez, a necessidade de se solidificarem alguns institutos e mecanismos processuais, nomeadamente os relacionados com o sistema de confisco, onde abunda a confusão terminológica no plano normativo e dogmático. É, pois, importante que «...a robustez do sistema de confisco (...) seja medida não só pela sua eficácia na recuperação de ativos, mas também pela solidez teórica da construção...»[63].

[63] Cf. Caeiro, Pedro, «O confisco numa perspetiva de política criminal europeia», *in* Ferreira, Maria Raquel Desterro, Cardoso, Elina Lopes, Correia, João Conde (coord.), *O Novo Regime de Recuperação de Ativos à Luz da Diretiva 2014/42/EU e da Lei Que a Transpôs*, Lisboa, INCM, 2018, p. 38.

16. Investigações Financeiras e Recuperação de ativos no TPI

CRISTINA RIBEIRO
Procuradora da República

I. Breve Introdução ao Tribunal Penal Internacional

O Tribunal Penal Internacional[1] é a organização internacional criada pelo Estatuto de Roma[2] com vista ao estabelecimento de uma instituição judicial permanente, complementar às jurisdições penais nacionais. Tem o Tribunal por objetivo e missão trazer Justiça às vítimas de atrocidades e pôr fim à impunidade pela prática dos crimes de maior gravidade que afetam a comunidade internacional no seu conjunto e, por essa via, contribuir para a sua prevenção e para a promoção da paz e da segurança internacionais.

O Tribunal tem jurisdição para julgar crimes de genocídio, crimes contra a Humanidade, crimes de guerra e o crime de agressão[3], quando cometidos por pessoas singulares com 18 anos ou mais à data da prática das condutas criminosas. A jurisdição do Tribunal está ainda dependente de terem essas mesmas condutas criminosas sido cometidas após a entrada em vigor do Estatuto (1 de Julho de 2002) e, em alternativa, terem as condutas criminosas ocorrido no território de um dos Estados Parte do Estatuto ou terem os alegados crimes sido cometidos por nacionais de um desses Estados. Pode ainda o Conselho de Segurança das Nações Unidas submeter casos à jurisdição do Tribunal, não sendo então

[1] Doravante o «Tribunal» ou o «TPI».

[2] Doravante o «Estatuto».

[3] Artigo 5.º a 8 bis do Estatuto.

necessária tal conexão com um Estado Parte, seja por via do território ou da nacionalidade do agente dos crimes[4].

O Gabinete do(a) Procurador(a)[5] é um órgão autónomo do Tribunal, que atua de forma independente, não solicitando nem cumprindo instruções de quaisquer fontes externas. Compete-lhe «*recolher comunicações e qualquer outro tipo de informação, devidamente fundamentada, sobre crimes da competência do Tribunal, a fim de as examinar e investigar e de exercer a ação penal junto do Tribunal.*» (Artigo 42.º, n.º 1, do Estatuto). O artigo 54.º, n.º 1, a), do Estatuto define as funções e poderes do(a) Procurador(a) em matéria de inquérito e estabelece que este(a) deverá: «*A fim de estabelecer a verdade dos factos, alargar o inquérito a todos os factos e provas pertinentes para a determinação da responsabilidade criminal, em conformidade com o presente Estatuto e, para esse efeito, investigar, de igual modo, as circunstâncias que interessam quer à acusação, quer à defesa*». Para além do seu mandato de realizar todas as atividades de investigação necessárias à prova dos crimes e dos seus autores nas diversas situações e casos[6] sob a jurisdição do TPI, confere ainda o Estatuto ao Gabinete poderes de investigação relativamente a infrações contra a administração da justiça (no âmbito do Artigo 70.º do Estatuto), às inquirições necessárias à localização e detenção de fugitivos e a todas as investigações financeiras necessárias à identificação e localização do produto e instrumentos de crimes e à recuperação de ativos.

O Estatuto confere ao Gabinete um mandato amplo e altamente complexo. Do momento, 13 diferentes situações encontram-se em fase

[4] Até à presente data o Conselho de Segurança remeteu dois casos ao TPI – a situação no Darfur Sudão e a situação da Líbia, não sendo nenhum destes países Estados Parte do Estatuto.

[5] Doravante «o Gabinete». O Estatuto define os órgãos que compõem o TPI: a Presidência; as secções judiciais (instrução, primeira instância e recursos) o Gabinete do(a) Procurado(a) e a Secretaria (responsável pelos aspetos não judiciais da administração e do funcionamento do Tribunal) (vide artigos 34 a 43 do Estatuto).

[6] O Tribunal tem distinguido na sua jurisprudência entre 'situação', compreendendo alegadas condutas criminais definidas genericamente através de certos parâmetros temporais e geográficos sobre as quais irá incidir a investigação; e 'caso', compreendendo factos criminais específicos ('incidentes') alegadamente cometidos no contexto de uma 'situação' por determinados indivíduos e em relação aos quais o Gabinete exerce a ação penal (definindo o objeto do processo). Uma determinada 'situação' gera, em regra, vários 'casos' envolvendo cada um diversos incidentes criminais e arguidos.

de investigação[7]. Ao contrário do que acontecia com os tribunais *ad hoc* cujas atividades se focaram numa única situação, tem o Tribunal de estar preparado e ter capacidade para conhecer profundamente diferentes contextos sociais, políticos e culturais, assim como gerir atividades em múltiplas línguas. Tem ainda o Tribunal de assegurar operações em diversos pontos do Globo com vista à obtenção da prova e à realização dos procedimentos judiciais. Áreas remotas, de muito difícil acesso e com comunicações limitadas, regiões marcadas pelo conflito armado ou pela violência generalizada, muitas vezes ainda a ocorrer. Tem o Tribunal que lograr operar em países com poderes políticos instáveis, mais ou menos democráticos, em alguns casos abertamente hostis à sua intervenção ou com pouca motivação para cooperar, tendo pelo contrário a capacidade de impedir a entrada dos investigadores do Gabinete no seu território e todo o aparelho estatal ao seu dispor para interferir com as investigações. Finalmente, tem o Tribunal de estar preparado para lidar com vítimas e comunidades altamente afetadas pelo conflito e pela violência. Populações empobrecidas, vulneráveis, traumatizadas, ainda expostas a grandes riscos e com grandes expectativas (muitas vezes irrealistas) relativamente ao trabalho do Tribunal. Situação que requerer um constante cuidado por parte do tribunal no que toca à sua proteção e segurança.[8]

Todas estas dificuldades operacionais levam a que a prova existente seja muitas vezes inacessível ou muito difícil de obter. Os crimes são eles próprios legalmente complexos, contendo elementos contextuais

[7] Uganda, República Democrática do Congo, Darfur-Sudão, República Central Africana I e II, Quénia, Líbia, Costa do Marfim, Mali, Georgia, Burundi, Bangladeshe/Myanmar e Afeganistão. Recentemente, obteve o Gabinete confirmação judicial da sua jurisdição sobre crimes cometidos nos territórios ocupados da Palestina (https://www.icc-cpi.int/CourtRecords/CR2021_01165.PDF).

[8] O Artigo 68. impõe que o Tribunal e o procurador, adotem durante todas as fases processuais as medidas adequadas a garantir a segurança, o bem-estar físico e psicológico, a dignidade e a vida privada de vítimas e testemunhas. O Estatuto chama à atenção a particular vulnerabilidade das vítimas de certos crimes e das crianças, assim como à necessidade de não poderem tais medidas prejudicar ou ser incompatíveis com os direitos do arguido ou com a realização de um julgamento equitativo e imparcial.

específicos a terem igualmente de ser provados[9]. Acresce que cada situação sob investigação é marcada pela existência de um conflito armado ou violência generalizada, com uma multitude de factos, praticados por uma multitude de indivíduos e organizações, suscetíveis de configurar crimes da jurisdição do TPI, abarcando áreas geográficas mais ou menos vastas e períodos temporais mais ou menos longos. Há, pois, toda uma imensidão de informação e de dados a obter, processar e analisar. Tal realidade força um princípio de oportunidade no que toca à seleção dos incidentes e crimes a investigar, assim como dos casos selecionados para procedimento criminal[10]. O mandato do Tribunal direcionado a pôr fim à impunidade pela prática dos crimes de maior gravidade, seguido pela estratégia processual do Gabinete de procurar exercer a ação penal contra aqueles que se venham a revelar responsáveis pelos crimes cometidos ao mais alto nível, leva a que em regra os arguidos estejam distanciados da autoria material dos crimes por uma longa cadeia de comparticipantes, o que traz dificuldades acrescidas na obtenção da prova necessária para demonstrar *'para além de qualquer dúvida razoável'* que os indivíduos contra quem o Gabinete exerceu a ação penal são individualmente responsáveis pela prática de crimes da jurisdição do Tribunal.

II. Âmbito e objetivos das investigações financeiras do Gabinete do Procurador do TPI

O Estatuto de Roma confere ao Gabinete do(a) Procurador(a) um papel central e ativo na condução de investigações financeiras. Tais investigações têm dois objetivos primordiais: a) a obtenção de provas de natureza financeira da existência dos crimes e da responsabilidade criminal dos

[9] Os crimes contra a Humanidade têm de ser cometidos no «quadro de um ataque, generalizado ou sistemático, contra qualquer população civil» (Artigo 7.º) e os crimes de guerra no contexto de um conflito armado, seja de índole internacional ou não-internacional (Artigo 8.º). Têm estes elementos contextuais dos crimes os seus próprios elementos materiais que cabe ao procurador demonstrar, sendo geradores de avultada jurisprudência.

[10] A «Política de Seleção e Priorização de Casos» publicada pelo Gabinete da Procuradora em Setembro de 2016 define os critérios tomados em consideração pelo procurador no exercício desse seu poder discricionário de selecionar os casos a investigar e a levar a julgamento no âmbito de cada situação. Define igualmente os fatores levados em conta na priorização dos diversos casos selecionados, tendo em conta os meios disponíveis a cada momento.

seus autores; b) a identificação e localização do produto de crimes, bens, haveres e instrumentos ligados aos crimes, com vista ao seu congelamento ou apreensão e à sua eventual declaração de perda.

1. Investigações financeiras como meio de obtenção de prova dos crimes da jurisdição do TPI e dos seus autores

Em primeira linha, as investigações financeiras são cruciais para a averiguação dos crimes da jurisdição do TPI e dos seus autores. Os crimes da jurisdição do Tribunal são, por regra, cometidos de forma a gerar prova de natureza financeira relevante, atenta a organização inerente, a escala e a magnitude de tais condutas criminosas. Um conflito armado (seja por parte de um Estado ou de uma milícia armada) requer a mobilização de significativos meios financeiros. O mesmo se poderá dizer relativamente aos esforços logísticos necessários para desencadear ou contribuir para um ataque, generalizado ou sistemático, contra a população civil, para a prática de atos de genocídio e a para a agressão de um Estado por outro Estado – é necessário adquirir equipamento militar, recrutar combatentes, transportar pessoas e bens, obter meios de comunicação, angariar meios de propaganda. Tais atividades são necessariamente geradoras de transações financeiras, muitas vezes de natureza ilícita, que ocorrem não só nos locais onde os crimes são cometidos, mas têm em regra ramificações a nível regional e internacional. Resulta claro que uma linha de investigação focada nestes esforços financeiros é crucial para demonstrar não só o cometimento dos crimes (em particular dos seus elementos contextuais), mas acima de tudo obter elementos de prova relativamente aos indivíduos eventualmente responsáveis pela sua prática. A identificação e análise de transações financeiras permitirá obter prova valiosa sobre o funcionamento, a organização, a estrutura, a repartição de funções e responsabilidades e as interações existentes entre os membros de um grupo organizado (seja ele um Estado, uma milícia armada, uma estrutura política, religiosa, ideológica ou económica, um grupo extremista, etc.); sobre a planificação de certos ataques e investidas militares; sobre os meios de comunicação utilizados antes, durante e depois de um ataque; sobre as relações sociais, associados e áreas de influência dos diferentes suspeitos. Acresce que os crimes do TPI têm por regra uma motivação económica – assegurar o poder político e um certo *status quo* financeiro; instituir um poder *de facto* sobre um sector da população ou áreas ricas em recursos naturais, com vista à sua exploração económica. Mesmo quando os objetivos de um grupo são propagandeados com base em questões ideológicas, nacionalismos ou de religião, é frequente verificar que os interesses patrimoniais e financeiros em causa são eles próprios determinantes, em maior ou menor escala, na motivação dos agentes à prática dos crimes. A prova financeira é, pois, por norma imprescindível para determinar quem, não sendo autor material dos factos, poderá ainda assim ser identificado como tendo comparticipado, por qualquer outra forma, na prática dos atos criminosos.

Acresce que alguns dos crimes sob a alçada do TPI têm eles próprios uma componente financeira ou económica. Enquadram-se nesta categoria, os crimes de guerra de apropriação ilegítima de bens, saque ou pilhagem, apreensão de bens do inimigo, danificação e destruição de propriedade civil, entre outros.

São igualmente as investigações financeiras vitais para a obtenção de meios de prova de atos de interferência com testemunhas e da prática dos crimes definidos no Artigo 70º do Estatuto, como seja o pagamento de subornos para prestação de falso testemunho ou para dissuadir uma testemunha de continuar a colaborar com o TPI.[11]

A relevância das investigações financeiras efetuadas pelo Gabinete (em particular as atividades que têm em vista a recuperação de ativos), são igualmente relevantes para os esforços de localização e detenção dos arguidos contra quem tenham sido emitidos mandados de detenção. Na ausência de meios coercivos próprios, tem o TPI de recorrer às jurisdições nacionais competentes para a realização das operações policiais e militares necessárias à execução de tais mandados. Todavia, com vista a maximizar oportunidades e a auxiliar as jurisdições nacionais nesses esforços, o Gabinete assegura a recolha de toda a informação possível relativamente aos arguidos evadidos. Tais esforços incluem ter um conhecimento o mais completo e atualizado possível dos meios financeiros ao seu dispor. Identificar e coartar tais meios diminui a esfera de ação e influência dos argui-

[11] Juízo de julgamento VII, *Le Procureur c. Bemba Gombo, Kilolo Musamba, Magenda Kabongo, Balala Wandu et Arido*, Jugement, de 19-10-2016, ICC-01/05-01/13-1989-Red, (par.689 à 703); https://www.icc-cpi.int/CourtRecords/CR2016_18527.PDF (03/01/2020, 16:45).

dos evadidos e, consequentemente, a sua capacidade de fuga à Justiça. Tal atividade pode igualmente gerar informação útil com vista à localização desses indivíduos e à identificação de oportunidades para a sua detenção pelas autoridades nacionais competentes.

A recolha sistemática de informação financeira nas diferentes situações e casos, que se estendem por diversas regiões e abarcam áreas significativas do mundo, como por exemplo a zona dos Grandes Lagos Africanos e do Norte de África, coloca o TPI na posição única de poder conhecer e compreender as relações económicas existentes entre os diversos agentes económico-financeiros, locais e estrangeiros, a operar nessas regiões. A recolha sistemática de tal informação permite determinar padrões de criminalidade, correlações de atividade financeira ilícita entre diferentes regiões, organizações e agentes criminosos. Informação essa que é útil, não só para as investigações do Gabinete, mas também para as investigações de jurisdições nacionais que eventualmente existam relativamente a esses factos. Na realidade, a prática de crimes do TPI está em regra associada ao cometimento de outros ilícitos criminais, muitos deles de caracter económico-financeiro, que não cabem no âmbito da jurisdição do TPI, tais como o tráfico de pessoas, de armas, de recursos naturais e de espécies animais protegidas, o tráfico de drogas, a corrupção, o peculato, o branqueamento de capitais, etc. Quando encontra informação relevante no âmbito das suas investigações, procura sempre que possível o Gabinete dar notícia de tais crimes às autoridades nacionais competentes para que sejam investigados de forma paralela e coordenada com a atuação do TPI, assim contribuindo de forma mais robusta e integrada a pôr fim à impunidade, a prevenir a prática de tais crimes e, consequentemente, a incrementar a segurança das populações afetadas.[12] Acresce que estas investigações paralelas gerarão elas próprias prova relevante para as investigações dos crimes a serem investigados pelo Gabinete (por exemplo, a investigação a nível nacional de uma empresa localizada na Europa pela prática de corrupção ativa internacional e/ou branqueamento de

[12] Tem sempre o Gabinete defendido uma estratégia de complementaridade com a jurisdições nacionais como forma de fortalecer o sistema de Justiça criado pelo Estatuto de Roma. «OTP Strategic Plan 2019-2021» (p.28 a 30); https://www.icc-cpi.int/itemsDocuments/20190726-strategic-plan-eng.pdf.

capitais ou tráfico ilícito de recursos naturais, cometidos no contexto do conflito armado investigado pelo TPI poderá gerar prova muito relevante para as investigações do TPI e *vice-versa*).

2. Investigações financeiras com vista à recuperação de ativos patri moniais

Procura igualmente o Gabinete realizar investigações financeira com vista à identificação e localização de instrumentos e produto de crimes, assim como dos bens, haveres e ativos patrimoniais que sejam propriedade ou estejam sob o controlo dos arguidos (estejam ou não tais bens relacionados com os crimes), a fim de serem os mesmos congelados, apreendidos e eventualmente declarados perdidos. Esta atividade de identificação, localização e recuperação de ativos patrimoniais ocorre com vista a: garantir a execução de eventuais penas de multa e medidas de perda de instrumentos e proventos dos crimes; apoiar a Secretaria nas suas averiguações com vista a apurar da necessidade por parte dos arguidos de apoio judiciário; e a garantir a atribuição de reparações em favor das vítimas. A prática sistemática de atividades de recuperação de ativos permite ainda, a longo prazo, diminuir os meios económicos e financeiros à disposição de agentes criminosos, a sua capacidade de instigar e de fomentar conflitos armados nas suas áreas de influência, corroer o interesse financeiro em investir em certas regiões e contextos, dessa forma contribuindo de forma decisiva e a longo prazo para a prevenção da prática de crimes e para o reforço da segurança das populações afetadas.

2.1. Pena de multa e medidas de perda

O número 2, do Artigo 77.º, do Estatuto determina que, para além da pena de prisão, pode o Tribunal aplicar uma multa, assim como determinar a perda de produtos, bens e haveres provenientes, direta ou indiretamente, do crime, sem prejuízo dos direitos de terceiros que tenham agido de boa fé.

A execução das penas de multa, bem como das medidas de perda, assim como as respetivas medidas cautelares de preservação, são efetuadas pelos Estados cuja cooperação é requerida para o efeito pelo Tribunal em conformidade com os procedimentos previstos no respetivo direito interno. Determina o Artigo 109.º, do Estatuto que sempre que um

Estado Parte não possa tornar efetiva a declaração de perda, deverá tomar medidas para recuperar o valor do produto, dos bens ou dos haveres cuja perda tenha sido declarada pelo Tribunal. Esclarece ainda que «os bens, ou o produto da venda de bens imóveis ou, se for caso disso, da venda de outros bens obtidos por um Estado Parte por força da execução de uma decisão do Tribunal serão transferidos para o Tribunal.»

Nos termos do Artigo 110.º, do Estatuto, aquando do seu reexame, poderá o Tribunal reduzir a pena aplicada se constatar, entre outras circunstâncias, que a pessoa condenada voluntariamente facilitou a execução das decisões e despachos do Tribunal, nomeadamente ajudando-o a localizar bens sobre os quais recaíam decisões de perda, de multa ou de reparação em benefício das vítimas.

2.2. Apoio judiciário

Os indivíduos relativamente aos quais foi emitido um mandado de detenção ou um mandado para comparência têm direito a serem assistidos por defensor nomeado pelo Tribunal, sendo tal assistência gratuita se carecerem os mesmos dos meios suficientes para remunerar o defensor assim nomeado.[13] Declarando um arguido junto da Secretaria do Tribunal não possuir meio financeiros para custear as despesas com a sua defesa (declaração de indigência), inicia a Secretaria[14] uma averiguação com vista a avaliar se tem ou não esse arguido capacidade financeira para custear as despesas com a sua defesa[15], uma vez que a recusa de apoio judiciário exige a demonstração da existência de bens capazes de cobrir tais despesas. Caso venha a ser atribuído apoio judiciário e *a posteriori* sejam

[13] Vide artigos 55.º, nº 2, al. c), 67º, nº 1, al. c), do Estatuto de Roma.

[14] Vide Regulamento 132.º, n.º 2, dos Regulamentos da Secretaria. Esta averiguação financeira é levada a cabo pela Secretaria, que tem a capacidade de solicitar diretamente a cooperação dos Estados relevantes, contando igualmente com a colaboração do Gabinete que partilha a informação relevante que venha a apurar no âmbito das suas próprias investigações financeiras. Tal sistema exige uma boa coordenação por parte dos dois órgãos do Tribunal por forma a evitar a duplicação de atividades, incluindo a remessa aos Estados de pedidos de cooperação com o mesmo objeto.

[15] Este encargo inclui todas as despesas com a equipe de advogados e investigadores afetos à defesa do arguido.

encontrados valores financeiros titulados pelo arguido, poderão os mesmos ser declarados perdidos e afectos ao reembolso dos valores já custeados pelo Tribunal.[16]

2.3. Reparação em favor das vítimas

Ao contrário do regime aplicável nos Tribunais Internacionais *ad hoc* e criando um precedente histórico no âmbito do Direito Processual Penal Internacional, o Estatuto de Roma conferiu às vítimas poderes de representação e de participação processual, assim como regulou o processo de reparação das mesmas pelos danos sofridos com a prática dos crimes. Nos termos do n.º 1, do Artigo 75.º, do Estatuto, cabe ao Tribunal estabelecer os «princípios aplicáveis às formas de reparação, tais como a restituição, a indemnização ou a reabilitação, que hajam de ser atribuídas às vítimas ou aos titulares desse direito. Nesta base, o Tribunal poderá, oficiosamente ou a requerimento, em circunstâncias excecionais, determinar a extensão e o nível dos danos, da perda ou do prejuízo causados às vítimas ou aos titulares do direito à reparação, com a indicação dos princípios nos quais fundamentou a sua decisão.» Obtida a condenação pela prática dos crimes, determinará o Tribunal «a reparação adequada a ser atribuída às vítimas ou aos titulares de tal direito. Esta reparação poderá, nomeadamente, assumir a forma de restituição, indemnização ou reabilitação...». Criou ainda o Estatuto de Roma o 'Fundo a Favor das Vítimas' de crimes da competência do Tribunal, bem como das respetivas famílias.[17] Não tendo o arguido bens suficientes para proceder à compensação, pode o Tribunal ordenar que a indemnização atribuída a título de reparação seja paga por intermédio do Fundo. Pode igualmente o Tribunal ordenar que o produto das multas e de quaisquer outros bens que venham a ser declarados perdidos revertam a favor do Fundo.

[16] A Regra n.º 21, parágrafo 5, do Regulamento Processual precisa : «Quando uma pessoa alega não ter meios suficientes para pagar a assistência judiciária e posteriormente se conclui que assim não é, o juízo que teve o caso a seu cargo pode ordenar a prestação de uma contribuição para recuperar as despesas com a atribuição de advogado.»

[17] Vide Artigo 79.º do Estatuto.

3. Desafios das investigações financeiras e da atividade de recuperação de ativos patrimoniais do TPI

As investigações financeiras e a atividade de recuperação de ativos é, pois, por todas a razões acima descritas, uma atividade extremamente relevante para o cumprimento dos objetivos últimos do TPI. Todavia, é uma atividade que tem de enfrentar obstáculos e que ainda não atingiu o seu potencial.

As investigações financeiras e as atividades de recuperação de ativos do TPI apresentam, desde logo, desafios similares aos sentidos pelas jurisdições nacionais quando investigam redes criminosas de carácter transnacional. A globalização das estruturas financeiras internacionais, a volatilidade dos fluxos financeiros (que circulam de um Estado para outro mais rapidamente do que os pedidos de assistência mútua), as possibilidades ainda existentes de ocultar a identidade de titulares de bens ou ativos financeiros, os novos instrumentos tecnológicos que facilitam a realização de transações rápidas e anónimas, tornam este tipo de investigação particularmente difícil para qualquer jurisdição.

Mas apresentam igualmente as investigações financeiras do TPI algumas especificidades. Atentas as ramificações internacionais das atividades criminosa e financeira dos arguidos, não se limitam em regra tais investigações aos países a que se refere a situação sob investigação, mas pelo contrário estendem-se a várias partes do globo. Sendo os arguidos oriundos em regra de Estados em situação de conflito armado, violência generalizada ou com situações políticas, económicas e sociais caracterizados por grande instabilidade, procuram os mesmos colocar os seus ativos patrimoniais e financeiros em mercados mais estáveis e seguros. Os arguidos são muitas vezes indivíduos com grande capacidade financeira e forte influência sociopolítica, o que lhes permite estender a sua influência patrimonial pelo mundo, bem como aceder aos mais diversificados, exclusivos e complexos mercados e instrumentos financeiros para rentabilizar e proteger os seus capitais, bem como ocultá-los e geri-los de uma forma simples e discreta. Muitos dos indivíduos e organizações alvo das investigações do TPI têm, pois, interesses financeiros muito variados, espalhados por várias jurisdições, em particular *off shores* e jurisdições onde há uma forte proteção do sigilo bancário e do anonimato de ativos financeiros. Mas, tem igualmente o Tribunal que lidar com realidades económicas contrastantes. Situações em que a riqueza de um indivíduo é difícil de determinar pois é composta de bens localizados em áreas remotas e de ativos de difícil identificação e localização, atenta a natureza informal das transações financeiras, que se realizam predominantemente em dinheiro, através da permuta de bens ou de outros mecanismos informais e tradicionais. Acresce que em muitas situações os registos públicos ou não existem, ou estão inoperacionais, ou não são fidedignos, ou não são utilizados pela população.

3.1. Cooperação judiciária

Um dos grandes desafios das investigações financeiras do TPI é a sua quase total dependência da cooperação das autoridades nacionais no que toca à identificação da informação financeira relevante e à recolha da prova necessária.

O Estatuto de Roma instituiu um sistema de justiça fundado numa estreita cooperação entre o Tribunal e os Estados Parte. Se cabe ao Tribunal apreciar os factos e aplicar a lei, não tem o mesmo poderes supranacionais e, consequentemente, não pode exercer poderes coercivos no território dos Estados Parte. Depende o Tribunal da assistência e da cooperação dos poderes nacionais para a execução das atividades de recolha de prova requeridas pelo Gabinete, assim como, para executar as decisões judiciais a terem lugar no território desses Estados. Assim acontece relativamente às investigações financeiras e à atividades de recuperação de ativos. Tem o Gabinete de contar com as jurisdições nacionais para identificar e localizar bens e ativos financeiros, assim como para recolher prova financeira; tem o Tribunal de contar com os Estados no que toca à efetiva execução das medidas cautelares de preservação de bens e património e das medidas de perda que venham a ser determinadas.

O Capítulo IX do estatuto de Roma regula a cooperação internacional e o auxílio judiciário entre o TPI e os Estados Parte e impõe aos Estados Partes um dever geral de cooperação: deverão os mesmos «cooperar plenamente com o Tribunal no inquérito e no procedimento contra crimes da competência deste.»[18] Impõe ainda a obrigação por parte dos Estados

[18] Vide Artigo 86.º do Estatuto – 'Obrigação geral de cooperar'. O facto de um Estado não ser Parte do Estatuto de Roma não o impede de cooperar com o TPI. O Artigo 87.º, n.º 5,

Parte de «assegurar-se de que o seu direito interno prevê procedimentos que permitam responder a todas as formas de cooperação especificadas neste capítulo.»[19] Se um Estado Parte recusar um pedido de cooperação, o Tribunal poderá submeter a questão à Assembleia dos Estados Partes ou ao Conselho de Segurança, quando tiver sido este a submeter a situação sobre investigação Tribunal.[20] Tal obrigação não é, no entanto recíproca, não tendo o TPI o mesmo dever de cooperação. O Artigo 93.º, n.º 10, do Estatuto de Roma determina que mediante pedido, *poderá* o Tribunal cooperar com um Estado Parte e prestar-lhe auxílio na condução de um inquérito ou julgamento relacionado com factos que constituam um crime da jurisdição do Tribunal ou que constituam um crime grave à luz do direito interno do Estado requerente.[21]

Determina o Artigo 93.º do Estatuto que têm os Estados Partes, a *obrigação* de dar «seguimento aos pedidos formulados pelo Tribunal para concessão de auxílio, no âmbito de inquéritos ou procedimentos criminais», descrevendo diversas medidas judiciais e policiais necessárias a

estipula que tais Estados podem prestar auxílio com base num acordo *ad hoc* celebrado com esse Estado ou qualquer outro modo apropriado. De facto, tal cooperação existe com muitos Estados que não são parte do Estatuto de Roma.

[19] Vide Artigo 88.º do Estatuto de Roma. Efectivamente, define o Artigo 99.º do Estatuto que os pedidos de cooperação e auxílio judiciário são executados de harmonia com os procedimentos previstos na legislação interna do Estado requerido, ainda que, na forma especificada no pedido, aplicando qualquer procedimento nele indicado ou autorizando as pessoas nele indicadas a estarem presentes e a participarem na execução do pedido, a menos que o seu direito interno o proíba.

[20] Vide Artigo 88.º, n.º 7, do Estatuto de Roma.

[21] A versão portuguesa refere que «o Tribunal cooperará...», mas as versões inglesa e francesa não deixam margem para dúvida ao disporem: «The Court may, upon request, cooperate with and provide assistance to a State Party...»; «...la Cour peut coopérer avec l'État Partie...». Os pedidos de cooperação efetuados ao Gabinete e Tribunal por Estados Parte (e igualmente por Estados não parte) serão avaliados de forma *ad hoc,* tendo em consideração os potenciais perigos que tal pedido de cooperação poderá trazer para a segurança das testemunhas e o sucesso das investigações e dos casos em julgamento. Por outro lado, o Gabinete deixou bem claro que a sua política estratégica é uma de colaborar com as jurisdições nacionais o mais possível com vista a contribuir de forma concertada para o fim da impunidade pela prática de crimes do TPI e de outros crimes graves correlacionados. Por isso, tem o Gabinete cooperado frequentemente com as jurisdições nacionais, respondendo aos seus pedidos de cooperação a não ser que haja uma razão válida para não o fazer.

uma investigação eficaz e à boa condução dos procedimentos criminais. Entre tais medidas encontram-se, enunciadas as obrigações de: identificar uma pessoa ou objetos, assim como o local onde se encontram; conduzir inquirições e interrogatórios, incluindo sob juramento; produzir perícias e relatórios; realizar inspeções a locais ou sítios, assim como proceder a buscas e apreensões; obter e transmitir registos e documentos, nomeadamente registos e documentos oficiais. Mais especificamente, determina o Art.º 93, n.º 1, alínea k), que é obrigação dos Estados Parte «identificar, localizar e congelar ou apreender o produto de crimes, bens, haveres e instrumentos ligados aos crimes, com vista à sua eventual declaração de perda, sem prejuízo dos direitos de terceiros de boa-fé.»[22]

A realidade é, pois, que a grande maioria das atividades de investigação financeira e de recuperação de ativos estão dependentes do nível de cooperação que o Gabinete e o TPI consegue obter, em primeira linha dos Estados da situação sob investigação, mas também dos Estados nos quais a prova ou os ativos patrimoniais se encontrem localizados. Enquanto que a obtenção de depoimentos de testemunhas que voluntariamente queiram colaborar com o Gabinete do Procurador e o TPI, assim como a obtenção de informação pública[23], pode ser adquirida diretamente pelo Gabinete, já alguns passos básicos da investigação financeira, como sejam identificar contas bancárias ou empresas tituladas ou controladas por certos indivíduos, apurar da titularidade e localização de veículos automóveis, barcos, aviões, propriedades imobiliárias, etc., requerem já a cola-

[22] Nos termos do disposto no Artigo 54.º, n.º 1, alínea a), do Estatuto, o procurador recorre igualmente às disposições sobre cooperação do capítulo IX do Estatuto para obter cooperação dos Estados Parte na realização dos seus inquéritos, incluindo o Artigo 93º. Um Estado Parte pode, pois, receber pedidos de cooperação e de auxílio judiciário quer diretamente do Procurador, assim como dos Juízos, por via da Secretaria, nestes se incluindo os pedidos oriundos da Defesa. É, pois, importante que os órgãos do Tribunal coordenem ao máximo as suas atividades por forma a evitar a duplicação de pedidos com o mesmo conteúdo e a garantir a sua eficaz execução.

[23] É atualmente de particular importância a realização de atividades de investigação através da Internet ('online investigations'), tendo o Gabinete desenvolvido a sua capacidade para o fazer diretamente. Através da consulta de registos públicos, e das redes sociais, é hoje possível obter informações de grande relevo relativamente à realização de operações financeiras, assim como à titularidade e localização de bens e ativos patrimoniais.

boração dos Estados onde tal património eventualmente se encontre. Da mesma forma, sempre que seja necessária a quebra de sigilo profissional, em particular do sigilo bancário, ou quando a obtenção da prova necessária imponha a realização de atos de investigação que afetem direitos individuais (como seja a realização de buscas e de interceções), já está o Tribunal totalmente dependente da cooperação das autoridades nacionais competentes. Da mesma forma quando em causa estejam documentos ou informação cuja partilha com o Tribunal possa, no entender do Estado requerido, afetar os interesses da sua segurança nacional.[24] Encontra-se pois a capacidade do Gabinete de obter os meios de prova necessários ao sucesso das suas investigações financeiras e atividades de recuperação de ativos refém da cooperação e do auxílio judiciário que venha a obter dos Estados onde tal prova se encontre.[25] E tal tem-se revelado em certas circunstâncias um verdadeiro obstáculo à descoberta da verdade, especialmente quando as investigações do Gabinete se focam na atividade criminal de elementos do poder político ou afetem os interesses estratégicos, geopolíticos ou económicos, desses Estados.[26] Para além de

[24] Vide Artigo 71.º, do Estatuto.

[25] Os Estados Parte reconheceram que uma cooperação efetiva e expedita com o Tribunal no que toca aos pedidos de cooperação com vista à recuperação de ativos é crucial para assegurar a reparação das vítimas e para minimizar os custos com o apoio judiciário. Reconhecem ainda os Estados Parte que uma boa cooperação requer da sua parte a adoção da legislação necessária, a implementação de mecanismos de partilha de informação através de canais adequado e a partilha de boas práticas, assim como esforços genuínos com vista a superar quaisquer obstáculos a essa cooperação. Vide Resolução da AEP, ICC-ASP/16/Res.2 e a «Declaração de Paris».

[26] Na situação da República do Quénia, caso Uhuru Muigai KENYATTA (à data o Presidente do país), foi reconhecido o impacto da não cooperação deste Estado com a investigação e os procedimentos judiciais. Muita dessa não-cooperação relacionava-se com pedidos de cooperação com vista à obtenção de informação financeira. Vide «Decision on Prosecution's application for a finding of non-compliance under Article 87(7) of the Statute», de 03-12-2014, ICC-01/09-02/11-982, https://www.icc-cpi.int/CourtRecords/CR2014_09899.PDF (27/12/2020, 18:30); Par. 79: «The Chamber, therefore, finds that the Kenyan Government's non-compliance has not only compromised the Prosecution's ability to thoroughly investigate the charges, but has ultimately impinged upon the Chamber's ability to fulfil its mandate under Article 64, and in particular, its truth-seeking function in accordance with Article 69(3) of the Statute.»; Juízo de Recursos; "Judgment on the Prosecutor's appeal against Trial Chamber V(B)'s «Decision on Prosecution's application for a finding of non-compliance

situações de eventual incumprimento do dever de cooperação por parte de Estados Parte, este condicionalismo gera igualmente situações em que a recolha da prova necessária (quer à investigação dos crimes e dos seus autores, quer à determinação do acervo patrimonial dos suspeitos ou arguidos) apenas se possa realizar quando seja avaliado taticamente que dar a conhecer, através dos pedidos de cooperação direcionados a certos Estados e entidades nacionais, a existência de uma investigação focada num certo indivíduo não vai colocar em perigo a continuação da própria investigação ou a segurança de todos aqueles que nela participam. Tal leva a que algumas atividades de investigação tenham estrategicamente de ser adiadas para um momento em que tal seja seguro (o que por vezes só acontece com a detenção do arguido ou com a publicidade do mandado de detenção).

Desafios a uma boa cooperação resultam igualmente de fatores mais familiares às jurisdições nacionais, como seja a dificuldade em formular pedidos de cooperação e de auxílio judiciário com o grau de especificidade desejado pelo Estado requerido. Muitos Estados requerem *ab initio* que o pedido de cooperação identifique de forma segura e específica os bens e ativos patrimoniais em causa, assim como a titularidade ou controle desses bens pelos suspeitos ou arguido, não estando tão abertos a pedidos de cooperação mais genéricos destinados precisamente a determinar a possível existência, localização e titularidade ou controlo desses mesmos bens e ativos patrimoniais. Tais dificuldades são particularmente sentidas relativamente a jurisdições que estruturam o seu sistema bancário com vista a salvaguardar o mais possível o sigilo bancário e o anonimato dos titulares de contas bancárias e outros ativos financeiros. Dificuldades de cooperação têm igualmente sido sentidas com jurisdições cujas legislações nacionais apenas permitem ainda a adoção de medidas cautelares de preservação do património e medidas de perda em relação a bens que sejam demonstradamente produtos ou instrumentos do crime ou estejam, por qualquer outra forma, correlacionados com a prática dos crimes em investigação (ainda que para o Tribunal tal conexão não seja necessária).

under Article 87(7) of the Statute», de 19-08-2015, ICC-01/09-02/11-1032 https://www.icc-cpi.int/CourtRecords/CR2015_13845.PDF (27/12/2020, 18:40).

A cooperação do Tribunal com as jurisdições nacionais nesta área da investigação é particularmente afetada pela ausência de canais de cooperação direta e operacional com as autoridades judiciárias e policiais a nível nacional, os quais são sabido facilitarem uma cooperação mais eficaz e eficiente. Seria altamente vantajoso poder o Tribunal contar com pontos de contato operacionais a nível nacional especializados na área das investigações financeiras e atividades de recuperação de ativos.

O Artigo 87.º do Estatuto determina que os pedidos de cooperação e de auxílio judiciário entre o Tribunal e os Estados Parte são transmitidos pela via diplomática. Mas, acrescenta o mesmo artigo a possibilidade de poderem os Estados Parte definir qualquer outra via de cooperação que considerem apropriada. A via diplomática tem sido o canal preferencial escolhido pelos Estados Parte, incluindo Portugal, para os pedidos formais de cooperação. Mas começa a haver abertura por parte dos Estados Parte ao estabelecimento de canais diretos de cooperação, pelo menos com vista a facilitar a preparação e execução desses pedidos.

A ausência de canais de cooperação direta e a inexistência de pontos de contato a nível nacional, torna mais difícil ao Tribunal conhecer a organização do sistema financeiro de cada país, confirmar (ou infirmar) de forma célere se um determinado suspeito é ou não titular de contas bancárias ou proprietário de bens no território de um país, conhecer de forma antecipada as possibilidades e limitações de cada Estado, tendo em conta a sua legislação nacional país, em remeter a informação necessária ou aplicar as medidas cautelares requeridas, bem como gerir e preservar os bens apreendidos ou congelados. Já a possibilidade de interação direta com as autoridades nacionais que tenham a seu cargo atividades de investigação financeira e de recuperação de ativos, permitiria pelo contrário obter toda essa informação de forma antecipada, por forma a aferir da necessidade de remeter um pedido de cooperação, ou determinar a forma mais eficiente de o efetuar.

Uma evolução positiva seria, pois, a criação de uma rede de pontos de contato a nível nacional (por exemplo, os Gabinetes de Recuperação de Ativos instituídos no seio da União Europeia[27]) que cooperassem dire-

[27] Vide a Decisão 2007/845/JAI do Conselho, 06-12- 2007, relativa à cooperação entre os gabinetes de recuperação de bens dos Estados-Membros no domínio da deteção e identifica-

tamente com o TPI, assim permitindo ao Gabinete e ao Tribunal preparar e direcionar os pedidos de cooperação e de auxílio judiciário a serem formulados e remetidos pela via diplomática de forma mais rápida e eficiente. Outro passo seria aferir da possibilidade de o TPI poder interagir no âmbito das redes de cooperação judiciária e policial já instituídas entre as autoridades de certos Estados Parte, com vista a facilitar uma cooperação mais ágil e eficaz com os mesmos na área das averiguações financeiras e das atividades de recuperação de ativos, por ser reconhecidamente a via de cooperação mais ajustada ao contexto atual em que bens e ativos financeiros circulam pelo globo de forma flexível e instantânea. A promoção de uma estreita cooperação operacional entre o Tribunal e as entidades competentes nesta matéria nos diferentes Estados Parte abriria ainda caminho a um intercâmbio de informações financeiras relevantes mais intenso que seria mutuamente benéfico. No decurso das suas atividades angaria o Gabinete muita informação relevante sobre as diferentes situações sob investigação, incluindo informação financeira, a qual poderá igualmente partilhar com as jurisdições nacionais, quando possível.[28]

Para além da cooperação com as autoridades judiciárias e de polícia criminal nacionais, a expansão da capacidade de investigação do Gabinete passa igualmente pela sua integração na rede internacional já estabelecida para a troca de informação e partilha de boas práticas neste tipo de investigação.[29] Interage regularmente o Gabinete com diversas organizações internacionais (ex. Nações Unidas, INTERPOL, EURO-

ção de produtos ou outros bens relacionados com o crime (JO L 332 de 18.12.2007, p. 103). Vide também a Diretiva 2014/42/EU, do Parlamento Europeu e do Conselho, de 03-04-2014, sobre o congelamento e a perda dos instrumentos e produtos do crime na União Europeia, transposta para a ordem jurídica portuguesa pela Lei n.º 30/2017, de 30 de Maio.

[28] Vide as referências à Política de Estratégia do Gabinete do Procurador para o período de 2019-2021, e em especial a sua estratégia 6: «Further strengthen the ability of the Office and of its partners to close the impunity gap.»; «OTP Strategic Plan 2019-2021» (p.28 a 30); https://www.icc-cpi.int/itemsDocuments/20190726-strategic-plan-eng.pdf.

[29] O Artigo 54°, n.º 3, alínea d), permite ao procurador celebrar os acordos ou convénios que se mostrem necessários a facilitar a cooperação de um Estado, de uma organização intergovernamental ou de uma pessoa, desde que os mesmos sejam compatíveis com o Estatuto de Roma. Na Declaração de Paris, encorajaram os Estados Parte o TPI a celebrar e a fortalecer parcerias com autoridades nacionais e organizações internacionais com os objetivos de compartilhar informações e boas práticas em matéria de investigações financeiras e recuperação

JUST, EUROPOL), assimo como participa, seja como observador, seja como membro convidado, nas atividades das redes CARIN, GIABA e EGMONT e outras organizações regionais. Procura igualmente estabelecer relações de mútua cooperação com diversas entidades de natureza privada, sejam elas organizações não-governamentais de carácter não lucrativo (Basel Institute on Governance, Mintz Group, C4ADS, etc.) ou empresas privadas dedicadas de forma comercial à atividade de recuperação de ativos. Através das relações de cooperação com estas entidades externas beneficia o Gabinete da experiência dos seus profissionais e do seu conhecimento e especialização nesta área da investigação criminal; obtém o Gabinete informação que tais entidades tenham eventualmente obtido por via da sua própria atividade; partilha das suas redes de cooperação a nível regional e local, assim como do seu '*know-how*' sobre o mundo financeiro existente nos diferentes países e regiões de interesse. Este intercâmbio contribui igualmente para que o Gabinete se mantenha a par das tendências mundiais no que toca a transações financeiras, investimentos, técnicas de ocultação de bens.

Uma estreita cooperação com as autoridades nacionais e as entidades acima referenciadas contribui igualmente para um maior conhecimento do sistema de justiça instituído pelo Estatuto de Roma e do mandato do Tribunal, bem como dos seus limites e das dificuldades em o implementar, incluindo nesta área especifica das investigações financeiras. Por via da interação com estes agentes promover-se-á igualmente o desenvolvimento de boas práticas na área das investigações financeiras e das atividades de recuperação de ativos relacionadas com a investigação de crimes internacionais.

III. Os procedimentos de investigação financeira e recuperação de ativos no TPI

1. Investigação

Conforme já referido supra, o Gabinete do(a) Procurador(a) foca as suas investigações financeiras em primeira linha na obtenção dos meios de

de activos e de disseminar o mandato do TPI nesta matéria. Vide Resolução da AEP, ICC--ASP/16/Res.2 e a «Declaração de Paris».

prova dos crimes da jurisdição do tribunal e dos seus autores. Sempre que possível, procura igualmente o Gabinete estender os seus poderes e meios de investigação disponíveis à determinação da esfera patrimonial dos indivíduos relativamente aos quais se prepara para exercer (ou já exerceu) a ação penal.

De acordo com boas práticas identificadas por muitos, as investigações financeiras com vista à atividade de recuperação de ativos devem iniciar-se o mais cedo possível e decorrer de forma paralela à investigação dos crimes e da responsabilidade criminal dos seus agentes. Igualmente, a jurisprudência do Tribunal[30] reconhece ser imperativo realizar investigações financeiras com vista à recuperação de ativos o mais cedo possível na fase da investigação (ainda que tais averiguações possam continuar na fase de julgamento), com vista a garantir a aplicação atempada de medidas cautelares de preservação. Desde logo, porque estas duas linhas de inquérito, ainda que autónomas, estão correlacionadas e podem reforçar-se mutuamente. A investigação dos meios financeiros obtidos e empregues por uma determinada entidade no cometimento de crimes gera informação relevante para identificar o património dos suspeitos envolvidos; por seu turno, a investigação do acervo patrimonial de um suspeito poderá levar à identificação de uma transação financeira que demonstra o envolvimento desse suspeito na prática dos crimes sob investigação.

Cumpre frisar, no entanto, que, conforme acontece nas investigações de jurisdições nacionais, ainda que exista uma forte correlação entre estes

[30] Juízo de Instrução I, situação R.D. Congo, Caso Thomas Lubanga Dyilo, «Decision on the Prosecutor's Application for a warrant of arrest, Article 58», de 10/02/2006, ICC-01/04-01/06-1-Corr-Red; par. 136 p.54: «*136. [...] early tracing, identification and freezing or seizure of the property or assets of a person against whom a case is launched through the issuance of an arrest warrant or summons to appear is a necessary tool to ensure that, if that person is finally convicted, individual or collective reparation awards ordered in favour of victims will be enforced. Should this not happen, the Chamber finds that by the time an accused person is convicted and a reparation award ordered, there will be no property or assets available to enforce the award. 137. In the Chamber's view, existing technology makes it possible for a person to place most of his assets and moveable property beyond the Court's reach in only a few days. Therefore, if assets and property are not seized or frozen at the time of the execution of a cooperation request for arrest and surrender, or very soon thereafter, it is likely that the subsequent efforts of the Pre-Trial Chamber, the Prosecution or the victims participating in the case will be fruitless.*» *https://www.legal-tools.org/doc/af6679/pdf/* (05/01/2021; 11:45).

dois tipos de investigações financeiras, a realidade é que são também linhas de investigação distintas. Referem-se, muitas vezes, a diferentes períodos temporais e abarcam diferentes áreas geográficas, assim como requerem a obtenção de meios de prova distintos, incluindo a inquirição de diferentes testemunhas. A investigação dos crimes e dos seus autores foca-se no momento e local em que os crimes foram cometidos, enquanto a atividade de investigar o acervo patrimonial de um arguido inclui os períodos temporais anterior e posterior aos factos criminosos, estendendo-se à atualidade, e relaciona-se com os países onde se venha a encontrar acervo patrimonial. Da mesma forma, aqueles que detêm informação de relevo no que toca ao património de um arguido não são necessariamente testemunhas dos crimes e *vice-versa*. O mesmo se poderá dizer relativamente à procura de prova documental relevante. Isto para dizer que, para que ambas as atividades tenham sucesso, são necessários os meios humanos e materiais suficientes para dedicar à realização paralela destes dois tipos de investigação.

O cenário ideal é aquele em que, aquando do requerimento para a emissão de um mandado de detenção ou notificação para comparência, é o Gabinete capaz de indicar, da forma mais precisa e completa possível, o universo dos bens e ativos patrimoniais do(s) suspeito(s) a serem congelados ou apreendidos. Mas, quando os recursos são escassos, são as equipas de investigação forçadas a definir prioridades e consequentemente a afetar os seus meios de investigação em primeira linha à prova dos crimes e dos seus autores, fazendo apenas os esforços possíveis relativamente à atividade de recuperação de ativos. A introdução desde o início de uma componente financeira na investigação dos crimes permite que, à medida que a investigação se desenrola, seja obtido um conhecimento profundo das práticas locais e regionais, assim como das organizações e indivíduos sob investigação, no que toca à forma de realizar transações financeiras e de gerir património. À medida que a investigação progride e o caso se começa a definir, incluído a identificação de potenciais suspeitos, dá-se então início às atividades de identificação e localização do património desses suspeitos, beneficiando dos elementos financeiros já obtidos pelas investigações financeiras até então levadas a cabo para provar os crimes e os seus autores. Tem esta estratégia o benefício de focar os recursos disponíveis apenas naqueles indivíduos relativamente aos quais já se considera a possibilidade de exercer a ação penal e ainda permite iniciar a atividade de recuperação de ativos atempadamente, de forma a proceder à identificação e localização de bens, assim como recolher os necessários elementos de prova. Neste cenário ideal, aquando do requerimento para a emissão de um mandado de detenção ou de um mandado para comparência (no caso do TPI), terá a investigação sido capaz de estabelecer um mapa o mais completo possível da esfera patrimonial dos arguidos, identificando património conhecido, principais fontes de rendimento e fluxos financeiros. Tal permitirá requerer as necessárias medidas cautelares de preservação antes de a investigação ser conhecida pelos visados e de terem estes oportunidade de disseminar ou ocultar o seu património.

A estratégia acima definida é, dentro do possível e atentos os meios disponíveis, aquela que é seguida pelo Gabinete do(a) Procurador(a). Em termos organizacionais, a melhor forma de assegurar que as componentes financeira e de recuperação de ativos sejam efetivamente realizadas em paralelo com as demais componentes da investigação, é afetar recursos qualificados exclusivamente a tais atividades. É objetivo do Gabinete assegurar que em cada equipa de investigação seja afeto o mais cedo possível, no mínimo, um investigador especializado em investigações financeiras e na atividade de recuperação de ativos. Este investigador é integrado na equipa, também podendo participar e contribuir para a recolha de prova não financeira, o que lhe permite adquirir um conhecimento profundo da situação e dos diversos casos sob investigação, assegurando igualmente uma forte integração das inquirições financeiras e das atividades de recuperação de ativos com a investigação dos crimes e dos seus autores. Por seu turno, a sua experiência e competência especializada na área das investigações financeiras fornece à equipa a necessária aptidão para definir e planear as atividades de recolha de prova financeira que se viessem a revelar necessárias. Em paralelo, estes investigadores financeiros são chamados a coordenar entre si as suas atividades nas diferentes equipas, a partilhar o seu '*know-how*' e as suas experiências, sendo assegurada transversalmente a coordenação e a harmonia de atuação das equipas tamnbém nesta área da investigação[31].

[31] Um modelo alternativo seria o estabelecimento de uma Unidade de Investigações Financeiras que trabalharia com todas as equipas, mas sem que os seus investigadores estivessem afe-

Limites orçamentais impossibilitaram até à data o recrutamento de investigadores com o nível de especialização necessário[32] e, por ora, não tem o Gabinete investigadores financeiros afetos de forma permanente e exclusiva à realização de investigações financeiras e às atividades de recuperação de ativos. Tem o Gabinete investigadores com experiência nesta área, os quais, todavia, atento o elevado número de situações e casos a requerer investigação em comparação com os recursos disponíveis, estão primordialmente afectos à investigação em tempo útil dos crimes e dos seus autores, ficando as atividades de recuperação de ativos, infelizmente para segundo plano.[33]

tos à mesma. Todavia, tal modelo revelou-se pouco eficaz no contexto do TPI – a grande complexidade das investigações tornam difícil a quem não pertence à equipa apreender todos os factos relevantes para efetuar uma investigação de qualidade. Optou-se, pois, por um modelo híbrido em que tal unidade (quando exista) será apenas um centro de especialização, de definição de metodologias e de modelos operacionais, de coordenação e de recrutamento e treino dos diversos investigadores financeiros a serem afectos às diferentes equipas.

[32] No seu pedido de orçamento para o ano de 2020, o Gabinete requereu aos Estados Parte o financiamento de uma posição de Investigador Financeiro, a qual, todavia foi recusada com o argumento de que recursos similares tinham sido atribuídos à Secretaria. Esforços estão a ser feitos no sentido de clarificar o papel que a Secretaria e o Gabinete têm relativamente a tais investigações por forma a se definir então os recursos a serem atribuídos a cada órgão para o efeito. Ver «Proposed Programme Budget for 2020 of the International Criminal Court», p.248 ; https://asp.icc-cpi.int/iccdocs/asp_docs/ASP18/ICC-ASP-18-10-ENG.pdf.

[33] Ainda recentemente o painel de peritos que examinou a actividade to Tribunal, incluindo o Gabinete do(a) Procurador(a), reconheceu não ter o Gabinete os recursos necessário à realização de investigações financeiras ao nível que é desejado: «Making progress in this area without having a single member of staff dedicated to the task within the OTP cannot be expected.»; «Independent Expert Review of the International Criminal Court and the Rome Statute System Final Report», 30 September 2020, par. 765 (p. 247). Recomendam os peritos o destacamento de profissionais das autoridades nacionais para exercerem funções no TPI a título temporário, como forma de compensr a falta de recursos do Tribunal nesta área. Comprometeram-se igualmente os Estados Parte a considerar a possibilidade de destacamentos em comissão de serviço e estágios no ICC destinados a profissionais das autoridades nacionais, assim como a colaboração com o Tribunal na realização de formação profissional especializada, com a finalidade de aumentar o conhecimento e a compreensão, mútua em matéria de investigações financeiras e de recuperação de ativos. Vide Resolução da AEP, ICC-ASP/16/Res.2 e a «Declaration of Paris» (pág. 6).

Uma das estratégias para superar esta dificuldade, e ao mesmo tempo contribuir para estreitar o entendimento e estimular a cooperação entre o TPI e os Estados Parte, é a criação de oportunidades para o intercâmbio de profissionais com experiência nesta área da investigação criminal. Tais profissionais teriam a oportunidade de exercer funções no Gabinete por um determinado período, assim ficando a conhecer intimamente as especificidades e a complexidade das suas investigações. O Gabinete, por seu turno, beneficiaria da competência especializada destes profissionais, assim como do seu conhecimento profundo da legislação e procedimentos existentes no seu país de origem. Este intercâmbio contribuiria, pois, não só para incrementar a capacidade de investigação do Gabinete nesta área, mas também para fortalecer a cooperação, pois geraria um melhor conhecimento no que toca às capacidades mútuas e às possibilidades de cooperação na área das investigações financeiras.

Um outro aspeto importante é a necessidade de efetuar o planeamento das atividades de investigação financeira e de as integrar com as atividades de investigação do caso. Assim como acontece com todos os demais aspetos de uma investigação criminal, é importante definir a estratégia e os objetivos a alcançar com uma investigação financeira, assim como definir as suas prioridades e planear as diferentes atividades de recolha de prova a realizar, por forma a garantir a sua eficácia e eficiência. O plano de investigação financeiro é desenvolvido de forma integrada com o plano de investigação dos crimes e dos seus autores, por forma a garantir que os objetivos, prioridades e *'timing'* das duas linhas de investigação estejam ajustados e sincronizados. São ambos os planos de investigação revistos regularmente por forma a focar a investigação, tendo em conta a prova entretanto recolhida, e a ajustar as atividades de recolha de prova a uma avaliação atualizada do impacto da situação geopolítica na cooperação dos Estados envolvidos e na segurança de funcionários, testemunhas e outros que colaborem com a investigação.

2. Exercício da ação penal e juízo de instrução

Nos termos do disposto no artigo 58º, do Estatuto de Roma, a qualquer momento após a abertura do inquérito, quando considere existirem motivos suficientes para crer que uma pessoa cometeu um crime da competência do Tribunal, pode o Procurador requerer ao juízo de instrução a emissão de mandados de detenção contra essa pessoa ou de uma notificação para a sua comparência.[34]

Determina o artigo 57.º, n.º 3, alínea e), que o juízo de instrução, aquando da emissão de um mandado de detenção ou de uma notificação para comparência, poderá, a pedido do Procurador «e tendo em consideração o valor das provas e os direitos das partes em questão, em conformidade com o disposto no presente Estatuto e no Regulamento Processual, procurar obter a cooperação dos Estados, nos termos do n.º 1, alínea k), do artigo 93.º, para a adoção de medidas cautelares que visem a apreensão[35], em particular no interesse superior das vítimas.» Refere-se este último artigo à obrigação por parte dos Estados Parte de dar seguimento aos pedidos formulados pelo Tribunal para «identificar, localizar e congelar ou apreender o produto de crimes, bens, haveres e instrumentos ligados aos crimes, com vista à sua eventual declaração de perda, sem prejuízo dos direitos de terceiros de boa fé».

Em Acórdão datado de 15 de Fevereiro de 2016, esclareceu o Juízo de Recursos que, para efeito dos pedidos de cooperação efetuados nos termos dos Artigos 57.º, n.º 3, alínea e) e 93 (1) (k) do Estatuto, não é necessário que os bens e ativos patrimoniais a que se reporta o pedido sejam derivados ou estejam de qualquer outra forma relacionados com

[34] Em ambas as situações, do requerimento do procurador deverão constar os diferentes elementos referidos no nº 2, do Artigo 58, incluindo os dados conhecidos relativamente à identificação da pessoa em causa, referências precisas relativamente aos crimes da competência do Tribunal que a pessoa tenha presumivelmente cometido, descrição sucinta dos factos que alegadamente constituem o crime e um resumo das provas e de qualquer outra informação que constitua motivo suficiente para crer que a pessoa cometeu o crime. Quando solicitada a emissão de mandado de detenção deverá ainda o Procurador demonstrar a sua necessidade para: i) garantir a comparência dessa pessoa em tribunal; ii) Garantir que não obstruirá, nem porá em perigo, o inquérito ou a acção do Tribunal; ou iii) Se for o caso, impedir que a pessoa continue a cometer esse crime ou um crime conexo que seja da competência do Tribunal e tenha a sua origem nas mesmas circunstâncias. (Art. 58, no 1, al. A, do Estatuto).

[35] As versões em inglês e em francês claramente refletem o facto deste artigo se referir à tomada de medidas cautelares com vista à salvaguarda de ativos patrimoniais que possam a final vir a ser declarados perdidos. A versão inglesa refere-se a «protective measures for the purpose of *forfeiture.*». E a francesa estipula: «des mesures conservatoires aux fins de *confiscation*».

os crimes da jurisdição do Tribunal alegadamente praticados.[36] Entendeu a instância de recurso do Tribunal que o fim último destas medidas cautelares é garantir a existência de bens e haveres que possam vir a ser declarados perdidos, não apenas na sequência da aplicação da medida de perda, que o Artigo 77(2)(b) determina efetivamente terem de ser bens direta ou indiretamente relacionados com a prática dos crimes, mas também para efeitos de garantir a existência de bens e ativos patrimoniais que possam vir a ser afetos à reparação em favor das vítimas, nos termos do disposto no Artigo 75, do Estatuto. Esclareceu esta instância que, em relação a esta finalidade, não apresenta o Estatuto qualquer exigência de terem os bens a serem declarados perdidos de estar relacionados com a prática dos crimes alegadamente praticados.[37] Esta decisão veio reforçar a importância de identificar e preservar os bens e ativos patrimoniais de potenciais suspeitos o mais cedo possível na fase de inquérito. Identificar e localizar tais bens, assim como impossibilitar a sua ocultação e disseminação, irá reforçar a capacidade do Tribunal de conferir às vítimas dos crimes cometidos reparações mais significativas, assim concretizando um dos importantes objetivos do sistema de Justiça instituído pelo Estatuto de Roma.

Em regra, é no momento em que solicita ao juízo de instrução a emissão de um mandado de detenção ou de uma notificações para comparência, que o procurador[38] requer igualmente a emissão dos pedidos de coo-

[36] Acórdão do Juízo de Recursos, Situação e Caso Confidenciais, « Judgment on the appeal of the Prosecutor against the decision of [REDACTED] », de 15-02-2016, ICC-ACRed-01/16, https://www.icc-cpi.int/CourtRecords/CR2016_01145.PDF (20-12-2021, 16:45): «There is no requirement that property and assets subject to a Chamber's request for cooperation under articles 57 (3) (e) and 93 (1) (k) of the Statute be derived from or otherwise linked to alleged crimes within the jurisdiction of the Court.» (par. 1, pág. 3).

[37] Relembra a instância de recurso do Tribunal que a Regra 99, do Regulamento Processual, enquadrado na subsecção intitulada «Reparação em favor das vítimas», reporta-se precisamente às medidas cautelares e de cooperação necessárias a assegurar a efetividade da perda de bens e haveres com vista à reparação das vítimas, as quais poder ser determinadas oficiosamente pelos juízos, assim como a requerimento do procurador, das vítimas ou dos seus representantes legais. Relembra igualmente que o próprio art. 57.º, no 3, alínea e) refere visarem as medidas cautelares aí referenciadas em particular o interesse superior das vítimas.

[38] A Regra 99, n.º 1, do Regulamento Processual, esclarece que o juízo de instrução pode requerer as medidas cautelares para efeitos de preservar bens e ativos patrimoniais com vista

peração e de auxílio judiciário necessários à identificação e localização dos bens e ativos patrimoniais titulados ou controlados, direta ou indiretamente, pelos indivíduos contra os quais serão emitidos os mandados ou notificações, assim como ao congelamento ou apreensão daqueles que à data já tenham sido identificados e localizados, apresentando a respetiva prova.[39] Podem, todavia, tais requerimentos ser efetuados em qualquer outro momento processual – em momento preliminar, caso tal se revele necessário, ou até ao fim do julgamento (uma vez que as averiguações patrimoniais podem continuar mesmo nessa fase processual e novos bens podem entretanto ser identificados e localizados).

Ordena então o juízo de instrução à Secretaria para efetuar e remeter aos Estados competentes os pedidos de cooperação necessários com vista à execução por parte dos mesmos das medidas de averiguação necessárias à identificação e localização de bens e das medidas cautelares de preservação do produto ou instrumentos do crime, assim como dos ativos patrimoniais titulados ou controlados direta ou indiretamente pelo arguido. Sempre que tais medidas venham a ser necessárias em fase de julgamento, clarificam os Artigos 61.º, n.º 11 e 64.º, n.º 6, al. a) ter igualmente o juízo de julgamento em primeira instância poderes para requerer tais pedidos de cooperação. Tais pedidos de cooperação serão preparados, na sequência desta ordem judicial, pela Secretaria, e remetidos para todos os Estado nos quais seja conhecida a existência de bens, assim como Estados relativamente aos quais haja indícios ou a possibilidade de existirem tais bens ou ativos patrimoniais.[40] Durante a fase de execução destes pedidos de

à sua declaração de perda oficiosamente ou a pedido do Procurador, das vítimas ou dos seus representantes legais que tenham feito um pedido de reparação ou declarado por escrito ter a intenção de o vir a fazer.

[39] É público ter o Procurador requerido tais medidas cautelares nos seguintes casos: (i) Thomas Lubanga Dyilo; (ii) Germain Katanga; (iii) Mathieu Ngudjolo Chui; (iv) Bosco Ntaganda; (v) Jean-Pierre Bemba Gombo; (vi) Francis Kirimi Muthaura, Uhuru Muigai Kenyatta and Mohammed Hussein Ali; and (vii) Jean-Pierre Bemba Gombo e outros; (viii) Saif Al-Islam Gaddafi and Abdullah Al-Senussi.

[40] O pedido deverá conter um resumo do seu objeto, especificar a natureza do auxílio solicitado, incluindo os fundamentos factuais e jurídicos e os motivos do pedido, assim como ser instruído com informações tão completas quanto possível sobre os bens e ativos patrimoniais já conhecidos, assim como do arguido, por forma a facilitar o auxílio a ser prestado. Deverá

cooperação e de auxílio judiciário, o Gabinete colabora de forma estreita com a Secretaria, partilhando toda a informação relevante que tenha em seu poder ou entretanto venha a obter sobre a localização de bens conhecidos e a existência de outros que entretanto venha a identificar.

Aos Estados Parte cabe então a obrigação de levarem a cabo todas as medidas ao seu alcance com vista a identificar bens e ativos patrimoniais titulados ou controlados pelos arguidos, assim como a proceder à execução de todas as medidas cautelares necessárias com vista à preservação do património localizado no seu território. Podem estes pedidos de cooperação ser geradores de uma investigação financeira e de uma atividade de recuperação de ativos a ser levada a cabo pelos Estados Parte ao abrigo da legislação nacional a pedido do TPI. São igualmente as autoridades judiciárias nacionais que, no âmbito da execução de um pedido de cooperação do TPI e aplicando a legislação nacional relevante, ordenam a apreensão ou o congelamento de bens e ativos financeiros.

É por regra especialmente requerido pelo procurador ao juízo de instrução que nos pedidos de cooperação formulados aos Estados seja expressamente requerida a sua confidencialidade, assim como dos documentos comprovativos que os instruam e de todas as atividades nacionais que venham a ter lugar com vista aos seu cumprimento, salvo quando a sua revelação for necessária para a execução do pedido.[41] É efetivamente de particular importância que todas as atividades de investigação a serem levadas a cabo pelas jurisdições nacionais sejam efetuadas de

igualmente indicar uma explicação pormenorizada dos procedimentos ou das condições a respeitar e toda a informação que o Estado requerido necessite de acordo com o seu direito interno, ou seja útil, para dar seguimento ao pedido. Podem os Estados requeridos solicitar pedidos de esclarecimento ou a remessa de informação adicional, assim como efetuar consultas com o Tribunal sobre as disposições aplicáveis do seu direito interno e a melhor forma de ultrapassar quaisquer limitações eventualmente existentes ao cumprimento do pedido de cooperação efetuado pelo Tribunal.

[41] A Regra 99, n.os 2 e 3, do Regulamento Processual, esclarece que não tem igualmente o juízo de instrução que notificar aqueles contra quem as medidas cautelares sejam determinadas, «a não ser que atentas as circunstâncias particulares do caso tal notificação não afete a eficácia dessas mesmas medidas. Assim que possível deverão tais notificações ser efetuadas de forma a que os visados e partes interessadas possam apresentar as suas observações e requerer a revogação ou a modificação das medidas cautelares determinadas.»

forma a que os arguidos não tenham a possibilidade de os ocultar ou de os disseminar.[42]

3. Medidas cautelares e gestão dos bens apreendidos

A partir do momento em que as medidas cautelares são requeridas aos Estados pelo Tribunal, o Gabinete, a Secretaria e os Estados requeridos irão cooperar mutuamente com vista a identificar e localizar a maior quantidade possível de bens e ativos patrimoniais titulados ou controlados pelos arguidos, assim como a implementar as medidas cautelares necessárias à sua preservação e conservação, de forma a evitar o seu desaparecimento, deterioração ou desvalorização.

Cabe em primeira linha ao Estado requerido, nos termos da sua legislação nacional, efetuar a gestão e a administração dos bens apreendidos ou congelados na pendência dos procedimentos judiciais. Nos seus pedidos de cooperação solicita o Tribunal aos Estados requeridos quaisquer cuidados específicos a ter com a gestão ou conservação desses bens. É em regra solicitado que seja o Tribunal informado dos elementos de identificação dos administradores provisórios que eventualmente venham a ser nomeados.

As despesas ordinárias com a atividade de gestão e conservação dos bens congelados ou apreendidos ficarão a cargo dos Estados Parte requeridos, nos termos do Artigo 100°, n.° 1 do Estatuto. Mas, na sequência de consultas entre o Tribunal e o Estado Parte requerido, quaisquer despesas extraordinárias decorrentes da execução de um pedido, poderão vir a ser assumidas pelo Tribunal.

4. Declaração de perda dos bens

Obtida a condenação de um arguido, pode o tribunal determinar a perda dos bens derivados direta ou indiretamente do crime, enquanto medida sancionatória. Conforme já referido supra, para além desta declaração de perda, em que tem de ser demonstrado um nexo entre os bens declarados perdidos e os crimes pelos quais a pessoa foi condenada, pode

[42] Não só procurará o Tribunal evitar que os arguidos sejam notificados de tais atividades, como solicita em regra que sejam implementadas pelos Estados requeridos medidas de segurança com vista à redução do risco de divulgação indevida de tal informação.

ainda o tribunal determinar a perda de bens e ativos patrimoniais que se tenha vindo a apurar serem propriedade ou estarem sob o controlo do arguido, ainda que sem conexão com os crimes. Estes outros bens serão afectos, em primeira linha, ao reembolso de despesas da Secretaria com apoio judiciário, caso haja necessidade, e o remanescente à reparação das vítimas.

Até à presente data poucos casos litigados perante o Tribunal atingiram esta fase processual, sendo que apenas no caso de Jean-Pierre Bemba (situação na República Central Africana) houve até à data decisões relacionadas com a perda de bens. Nos demais casos que se encontram na fase processual pós-condenação de reparações às vítimas – Thomas Lubanga Dylo[43], Germain Katanga[44] e Al Mahdi[45] – não foram encontrados bens de relevo titulados ou possuídos pelos arguidos. Os três arguidos foram declarados indigentes e receberam apoio judiciário, não foram condenados em pena de multa e as reparações às vítimas estão a ser e serão realizadas através do Fundo de Apoio às Vítimas.[46]

O caso de Jean-Pierre Bemba é pois aquele onde, até à data, mais se litigou em matérias relacionadas com a apreensão e a gestão de bens apreendidos, incluindo a sua restituição. Na sequência da sua detenção

[43] Juízo de Julgamento I, Situação da República Democrática do Congo, Caso Thomas Lubanga Dyilo, «Decision on Sentence pursuant to article 76 of the Statute«, ICC-01/04-01/06-2901, de 10/07/2012; https://www.icc-cpi.int/CourtRecords/CR2012_07409.PDF (20-12-2020, 10:35); Par. *106.: «Pursuant to Article 77(2) of the Statute and Rule 146(1) of the Rules, the Chamber considers it inappropriate to impose a fine in addition to the prison term, given the financial situation of Mr Lubanga. Despite extensive enquiries by the Court, no relevant funds have been identified.»*

[44] Juízo de Julgamento II, Situação da República Democrátics do Congo, Caso Germain Katanga, «Decision on Sentence pursuant to article 76 of the Statute», ICC-01/04-01/07-3484-tENG, de 23 May 2014; https://www.icc-cpi.int/CourtRecords/CR2015_19319.PDF (20-12-2020, 10:45).

[45] Juízo de Julgamento VIII, Situação do Mali, Caso AHMAD AL FAQI AL MAHDI, «Judgement and Sentence», ICC-01/12-01/15-171, de 27-09-2016; https://www.icc-cpi.int/CourtRecords/CR2016_07244.PDF (20-12-2020, 10:55); par. 110 : «*Lastly, noting that none of the parties or participants requests the imposition of a fine or order of forfeiture under Article 77(2) of the Statute and Rules 146 and 147 of the Rules, the Chamber finds that imprisonment is a sufficient penalty.*»

[46] Tem o Fundo de Apoio às Vítimas diversos mecanismos de financiamento, incluindo doações de particulares e contribuições efetuadas pelos Estados Parte do Estatuto de Roma.

na Bélgica, em Julho de 2008, uma diversidade de bens, incluindo imóveis, um avião, um barco e diversas contas bancárias foram congelados ou apreendidos em várias jurisdições nacionais, incluindo em Portugal.[47]

Foi Jean-Pierre Bemba condenado pelo tribunal de primeira instância, em 21 de Junho de 2016, e sentenciado a 18 anos de prisão. Não lhe foi então aplicada pena de multa, nem declarada a perda de produtos, bens e haveres provenientes, direta ou indiretamente, do crime[48].

Foi, todavia, determinado que o reembolso das despesas do Tribunal até à data com a defesa do arguido seria efetuado pela Secretaria através da utilização de parte dos bens apreendidos. Por ser reconhecidamente possuidor de avultados bens, não foi Jean-Pierre Bemba declarado indigente e, consequentemente, não lhe foi atribuído apoio judiciário. Todavia, na sequência das medidas cautelares aplicadas pelo Tribunal aquando da sua detenção, ficou o arguido impossibilitado de utilizar esses mesmos bens para cobrir as despesas relacionadas com a sua defesa. Ordenou então o tribunal de julgamento à Secretaria o pagamento ao arguido de uma determinada soma mensal (€30,150) para cobrir tais despesas. Tais quantias seriam reembolsadas a final quando os bens ficassem disponíveis, na sequência de um contrato celebrado entre a Secretaria e o arguido para esse efeito.[49]

[47] Juízo de Instrução III, Situação da República Central Africana, Caso Jean-Pierre Bemba Gombo, «Request for Cooperation to Initiate an Investigation Addressed to the Competent Authorities of the Republic of Portugal», de 17/11/2008, ICC-01/05-01/08-254, https://www.icc-cpi.int/CourtRecords/CR2008_06619.PDF (22/12/2020, 14:55). Juízo de Instrução III, Situação da República Central Africana, Caso Jean-Pierre Bemba Gombo, «Decision on the Defence's Application for Lifting the Seizure of Assets and Request for Cooperation to the Competent Authorities of Portugal», ICC-01/05-01/08-251-Anx, de 17-11-2008, https://www.icc-cpi.int/RelatedRecords/CR2008_06578.PDF (22-12-2020, 14:40).

[48] Vide Juízo de Instrução III, Situação da República Central Africana, Caso Jean-Pierre Bemba Gombo, «Decision on Sentence pursuant to Article 76 of the Statute», de 21-06-2016, ICC-01/05-01/08-3399; https://www.icc-cpi.int/CourtRecords/CR2016_04476.PDF (26/12/2020, 10:45).

[49] Juízo de Julgamento III, Situação da República Central Africana, Caso Jean-Pierre Bemba Gombo, "Decision on legal assistance for the accused", de 26-11-2009, ICC-01/05-01/08-567-Red ; https://www.icc-cpi.int/CourtRecords/CR2009_08694.PDF (22-12-2020; 17:10).

A 8 de Junho de 2018, no entanto, o Juízo de Recursos do Tribunal absolveu Jean-Pierre Bemba de todos os crimes pelos quais tinha sido condenado.[50] Determinou ainda assim a instância de julgamento o pagamento por parte do arguido das quantias avançadas pela Secretaria para efeitos de apoio judiciário (um total de €1.8M), tendo os bens apreendidos sido utilizados para efetivar tal pagamento.[51]

Na sequência da sua absolvição apresentou o arguido vários requerimentos, relativamente à gestão e restituição dos bens que lhe haviam sido apreendidos em 2008, aquando da sua detenção, requerendo ao Tribunal informação sobre os bens apreendidos, a restituição desses bens e compensação pela sua deterioração. Na primeira decisão do Tribunal sobre esta matéria, clarificou o Juízo de Julgamento III que: (i) o Tribunal não ordena o congelamento e a apreensão dos bens, mas requer às jurisdições nacionais que o façam aplicando o seu regime legal; (ii) em caso de absolvição, os pedidos de cooperação formulados, assim como as medidas cautelares aplicadas, apesar de se manterem válidos deixam de produzir efeitos, deixando os Estados requeridos de estar sujeitos à obrigação de os cumprir; (iii) compete à Secretaria informar as jurisdições nacionais da absolvição e das suas consequências (cessação do dever de cooperar); (iv) caberá então a esses Estados determinar, de acordo com o regime legal aplicável a nível nacional, que procedimentos adotar, incluindo a restituição dos bens e ativos patrimoniais congelados ou apreendidos.[52]

[50] Juízo de Recursos, Situação da República Central Africana, Caso Jean-Pierre Bemba Gombo, «Judgment on the appeal of Mr Jean-Pierre Bemba Gombo against Trial Chamber III's Judgment pursuant to Article 74 of the Statute»; ICC-01/05-01/08-3636-Red, de 08-06-2018, https://www.icc-cpi.int/CourtRecords/CR2018_02984.PDF (21-12-2020, 11:15).

[51] Juízo de Julgamento III, Situação da República Central Africana, Caso Jean-Pierre Bemba Gombo, «Order in relation to advanced legal assistance fees», de 17-11- 2009, ICC-01/05-01/08-3651-Red, https://www.icc-cpi.int/CourtRecords/CR2018_03749.PDF (22-12-2020; 15 :45).

[52] Juízo de Julgamento III, Situação da República Central Africana, Caso Jean-Pierre Bemba Gombo, 'Decision on Mr Bemba's preliminary application for reclassification of filings, disclosure, accounts, and partial unfreezing of Mr Bemba's assets and the Registry's Request for guidance', de 18-10-2018, ICC-01/05-01/08-3660-Red2, https://www.icc-cpi.int/CourtRecords/CR2018_05455.PDF (22-12-2020; 16 :15).

Jean-Pierre Bemba requereu igualmente ao Tribunal compensação por danos sofridos em virtude da deterioração e desvalorização dos bens e ativos patrimoniais que foram congelados ou apreendidos aquando a sua detenção, por via de não terem sido devidamente geridos e preservados. Indeferiu o Tribunal tal pedido com fundamento no facto de não caber na sua jurisdição avaliar e aferir tal compensação.[53] No mesmo acórdão, esclareceu, todavia, o Tribunal não estar o requerente impedido de recorrer a outras instâncias procedimentos com vista a buscar reparação pelo danos supostamente sofridos em conexão com os bens de sua pertença visados por ordens de congelamento ou de apreensão executadas por diversos Estados, na sequência de pedidos de cooperação formulados pelo Tribunal. Ainda que de forma implícita, seguiu esta instância o seu entendimento de que, assim como cabe às jurisdições nacionais ordenar as medidas cautelares requeridas pelo Tribunal, cabe-lhes igualmente levar a cabo as todas as atividades necessárias à boa gestão e à preservação dos bens congelados ou apreendidos, fazendo-o de acordo com os poderes legais e tendo em conta as medidas aplicáveis por via da legislação nacional. Procurará sempre o Tribunal cooperar com os Estados no sentido de encontrar as soluções e as medidas que entenda serem necessárias com vista à boa gestão e preservação desses bens. Será, todavia, ao abrigo da legislação nacional e por determinação das autoridades nacionais que qualquer medida de conservação e preservação necessária a evitar a deterioração ou desvalorização dos bens e ativos financeiros apreendidos, como sejam a nomeação de administrador, a rentabilização dos bens, ou mesmo a sua destruição ou venda antecipada, será aplicada.

[53] Juízo de Julgamento III, Situação da República Central Africana, Caso Jean-Pierre Bemba Gombo, «Decision on Mr Bemba's claim for compensation and damages», de 18 de Maio de 2020, ICC-01/05-01/08-3694, https://www.icc-cpi.int/CourtRecords/CR2020_01979.PDF (21-12-2020; 10:20). O Tribunal apenas esclareceu que o pedido de compensação pela detrioração e desvalorização dos bens congelados ou apreendidos não se encontra abrangido pela compensação ou indemnização definida no Artigo 85.º, do Estatuto (que regula a indemnização devida a pessoa detida de forma ilegal e à pessoa que, em virtude de sentença absolutória ou de extinção da instância, haja sido posta em liberdade, neste último caso em circunstâncias excecionais e em face de factos que conclusivamente demonstrem a existência de erro judiciário grave e manifesto). Jean-Pierre Bemba recorreu entretanto deste acórdão, não tendo o recurso sido aceite.

IV. Conclusão

A luta contra a impunidade pela prática dos crimes de maior gravidade para a Humanidade, requer a realização atempada de investigações financeiras eficazes. Passados quase 20 anos desde a data de entrada em vigor do Estatuto de Roma, quer o Tribunal, quer os Estados Parte sabem que este tipo de investigações carece ainda de ser desenvolvido. Os seguintes fatores são particularmente importantes para que tal aconteça:

(i) O Gabinete do(a) Procurador(a) tem de ter capacidade para dedicar investigadores, com as qualificações e a experiência profissional necessárias, de forma exclusiva à realização de investigações financeiras e atividades de recuperação de ativos, devendo os mesmos atuar em paralelo e em estreita coordenação com as equipes a investigar os crimes da jurisdição do Tribunal.

(ii) A forte dependência do Tribunal da cooperação que recebe das jurisdições nacionais tem um forte impacto nas investigações financeiras e nas atividades de recuperação de ativos que o Tribunal consegue efetivamente realizar. Está nas mãos dos Estados Parte identificar pontos de contato na área das investigações financeiras, assim como definir as redes de cooperação judiciária e policial a que o Tribunal possa aceder e, por essa via, assegurar a existência de mecanismos que permitam ao Tribunal ter acesso rápido e direto a informação e prova de natureza financeira. Cabe aos Estados Parte igualmente, operando em estreita colaboração com o Tribunal, assegurar uma eficaz aplicação das medidas cautelares requeridas pelo Tribunal, bem como garantir a boa preservação e gestão dos bens congelados e apreendidos.

(iii) Internamente, os diversos órgãos do Tribunal – Juízos, Gabinete do(a) Procurador(a) e Secretaria, têm de atuar de forma integrada e coordenada, partilhando informação de forma atempada, sempre que possível, e auxiliando-se mutuamente em matérias de cooperação com os Estados e com outras entidades externas ao Tribunal.

ÍNDICE